両大戦間期における銀行合同政策の展開

白鳥圭志

八朔社

装幀・髙須賀優

目　次

序　章　両大戦間期銀行合同政策史研究の課題と視角 …………1

　第1節　近現代日本経済史研究における銀行合同政策史研究の意義　1

　第2節　研究史の整理　4

　第3節　本書の課題と視角　9

第1章　両大戦間期における銀行合同政策の歴史的諸前提 …19

　はじめに　19

　第1節　明治中・後期における弱小銀行の簇生と銀行合同政策の登場　20

　第2節　「重層的金融構造」の形成　33

　第3節　銀行経営規制　46

　第4節　第一次世界大戦期における「金融の中央集権」批判の形成　49

　おわりに　56

第2章　金融危機の顕在化と銀行合同政策の形成 ………………59
　　　　──1920年代前半期──

　はじめに　59

　第1節　金融危機発生の構図──内国金融を中心に──　62

　第2節　金融危機への対応Ⅰ〔日本銀行の特別融通〕　84

　第3節　金融危機への対応Ⅱ〔銀行合同政策の形成〕　106

　第4節　金融危機への対応Ⅲ〔銀行経営規制の形成〕　121

　おわりに　142

i

第3章　銀行合同政策を中軸とする普通銀行制度改善政策の展開 …………149

はじめに　149

第1節　銀行合同政策の展開　152

第2節　銀行経営規制のインパクト　164

第3節　金融恐慌期以後における日銀特融の実施と回収過程　187

むすび　225

補論　元大蔵官僚松本修の地方金融観の変容 ……………229
――『北海道地元銀行体系改革ニ関スル私案』を中心に――

はじめに　229

第1節　松本の道内金融問題認識と「混合銀行」の必要性　230

第2節　松本の道内銀行再編案　233

むすびにかえて　234

第4章　地域における銀行合同政策の展開と地方金融の再編成 …………237

はじめに　237

第1節　地域資産家的信用秩序の動揺と再編成　237
――両大戦間期福島県下の銀行合同を事例に――

第2節　岩手県下の金融危機と銀行合同　287

むすびにかえて　318

補論　地方銀行経営の信用基盤 ……………327

はじめに　327

第1節　預金者・他行に対する信用　327

第2節　地方銀行の信用基盤と日銀特融　332
　　むすび　336

第5章　銀行合同政策への地方銀行経営の対応 …………… 339
　はじめに　339
　　第1節　昭和恐慌期における両羽銀行による楯岡銀行救済合併　343
　　第2節　中井銀行の破綻過程　371
　　第3節　昭和恐慌期における第百七銀行の整理更正の挫折　386
　　おわりに　407

第6章　一般向け金融書が叙述した金融危機 …………… 419
　　　　──両大戦間期金融危機＝銀行破綻を巡る時代状況の特質叙述──
　はじめに　419
　　第1節　内部者執筆による一般向け金融書における破綻銀行経営
　　　　　者たちの思考・行動様式　421
　　第2節　外部者執筆による一般向け金融書における破綻銀行批判
　　　　　とその改善策　423
　　むすび　433

終　章　結論と展望 ……………………………………… 435
　　　　──金融構造の再編成と地域の自律性──
　　第1節　両大戦間期における銀行合同政策の歴史的特質　435
　　第2節　戦時期以降への展望　453

あとがき
引用文献一覧

目　次　iii

序章　両大戦間期銀行合同政策史研究の課題と視角

第1節　近現代日本経済史研究における銀行合同政策史研究の意義

　本書は，直接には両大戦間期の日本における銀行合同政策の展開過程を検討対象とする。その上で，この点の分析を通じて，当該期における普通銀行――とりわけ地方銀行――を中心とする金融構造（以下，単に金融構造と略記）の再編成過程の歴史的特質を，地域の自律性確保の問題と関連付けて明確化することを課題とする。より具体的な課題と視角は後述するとおりであるが，このような課題を設定するからには，まずは，具体的な分析に入る前に，近現代日本経済史研究における銀行合同政策史研究の意義について論じる必要があろう。

　既に明らかにされているように[1]，戦前日本の資本主義的工業化過程のもっとも重要な特徴のひとつは，銀行業を中心とする金融業が製造業など他の諸産業に先行して発展し，かつ，これら金融機関からの供給通貨が資本主義的工業化にとって「死活的」[3]重要性を持ったことである[2]。後述のように，戦前日本の金融構造は多数の弱小銀行を包含する「重層」性と強い地域的特性を持っており，在来産業や農業を主要産業とする各地方経済を中心に，国内各地域・国民諸階層の経済動向に与える銀行部門の影響力は広範にわたり，かつ，大きかった[4]。このように日本においては資本主義的工業化の初発から，銀行を通じた資金供給が産業と極めて密接な関係を持ったのであるが，例えば西欧諸国では，英仏といった先進諸国以外の国々でさえ，その多くの国において銀行と産業の関係が密接になるのは第一次世界大戦期であることを想起した場合[5]，この点は国際比較の観点から見ても戦前日本の経済発展の重要な特徴であると言える。

　このような特徴ゆえに，日本金融構造を巡り諸利害関係が錯綜することになった[6]。その後，日本金融構造は，第一次世界大戦期のブームを経て[7]，1920年反動恐慌を画期とする両大戦間期における金融危機の過程で動揺局面に入ったこ

I

表序-1 合同による普通銀行の消滅数

期　間	消滅数	構成比
1895～99	27	1.3%
1900～09	53	2.5%
1910～19	92	4.4%
1920～29	1,034	49.1%
1930～39	614	29.1%
1940～45	287	13.6%
合　計	2,107	100.0%

出所）後藤新一『日本の金融統計』東洋経済新報社，1970年，56～57頁より作成。

とが明確化する。とりわけ，周知の事柄であるが，後に本書でも確認するように，明治以来，日本の銀行業は多数の弱小銀行を抱え込んだ非集約的な産業組織であり，そのため固有の脆弱性を抱え込んでいた。それだけに両大戦間期の金融危機は一層深刻になったが，政策当局は危機への対応として，本書の主要検討対象である銀行合同政策に代表される，いくつかの政策的手段を用いて金融構造の再編成を企図する。ちなみに表序-1にデータが採取可能な1895年から1945年までの銀行合同による普通銀行の消滅数を示しておいた。これによれば本書の主要対象である両大戦間期が，表示した期間全体の消滅数の大半を占めており，ここからこの時期に銀行合同が金融再編成を巡る最重要問題のひとつであったことが確認できる。しかしながら，銀行合同政策に見られる諸政策は，銀行ないし金融を巡る諸利害の錯綜に強い制約を受けることになった。[8]この状況ゆえに，必ずしも円滑でなかったものの，金融再編成が一定程度進展し，戦時期以降の金融のあり方とその変化の歴史的前提条件が形成されてくる。

　以上を踏まえた場合，諸利害関係の錯綜に制約を受けた両大戦間期における銀行合同政策の展開過程は，銀行業中心の金融主導による資本主義的工業化とこれに伴う金融を巡る錯綜する諸利害関係の存在という，戦前日本の経済発展の特質を集約的に表すものであったと言える。それだけに諸利害の錯綜とその調整・解決（ないし破綻）を通じた銀行合同政策の展開と金融構造の再編成の過程は，近現代日本経済史を理解する上で極めて重要な分野のひとつであると言えよう。[9]この点に，近現代日本経済史研究の一環として，両大戦間期における銀行合同政策の展開過程を研究する意義が存在する。

　（1）　この点については石井寛治「金融構造」大石嘉一郎編『日本産業革命の研究』上巻，東京大学出版会，1976年，所収；同『近代日本金融史序説』東京大学出版会，1999年，特に序章；同「戦前日本の株式投資とその資金源泉：

寺西論文『戦前日本の金融システムは銀行中心であったか』に対するコメント」『金融研究』第25巻1号，日本銀行金融研究所，2006年3月を参照。なお，岡崎哲二・浜尾泰・星岳雄「戦前日本における資本市場の生成と発展」『経済研究』（一橋大学）第56巻2号，2005年1月，16～17頁では，個人も含む民間部門において「1880年代～1890年代前半」の時期には銀行借入による資金調達が，株式によるそれを上回ること，1890年代にはその傾向が強まることを指摘し，その上で主要企業の資金調達では株式が「一貫して主導的地位を占めた」ことに注意を促すことで石井説を批判しつつも，条件付きではあるが，石井説の妥当性を認めている。ただし，岡崎氏らにおいては，石井氏が重視した株式担保金融の問題が検討されておらず，また，麻島昭一「両大戦間における地方銀行の有価証券投資」『地方金融史研究』第9号，1978年3月などで論じられた地方銀行など銀行部門の有価証券投資も考慮に入れられていない。この点で石井説批判としては不十分である。以上から，石井説に依拠した本書の記述は，なおも妥当性があると判断される。なお，最近，この点について，寺西重郎氏が再検討を行ったが，少なくとも数量的な比重面からは，必ずしも石井説を否定していないようである（「戦前日本の金融システムは銀行中心であったか」『金融研究』第25巻1号，日本銀行金融研究所，2006年3月を参照）。
（2）資本主義的工業化の確立期をどの期間に求めるのかという点であるが，本書では通説に従い「ほぼ明治三十年ないし四十年を画期する所の，すなわち，正に日清日露両戦争の時期を貫串する所の，過程」（山田盛太郎『日本資本主義分析』岩波書店，1934年，『山田盛太郎著作集』第2巻，岩波書店，1984年にも収録。ただし，引用は文庫版，岩波書店，1977年，7頁による）と見ている。また，議論に相違があるものの，経済発展論の立場にたつ南亮進も「初歩的形態の近代経済成長　1886年から20世紀初頭」と，ほぼ同時期に資本主義的工業化期を求めている（南『日本の経済発展　第2版』東洋経済新報社，1992年，第1章）。工業化の把握方法に関しては議論がありうるが，確立時期に関しては概ね通説に従っても問題はなかろう。
（3）この点は，近年の資本主義的工業化期の産業金融史研究でも確認されている（中林真幸『近代資本主義の組織』東京大学出版会，2003年，第3部を参照）。
（4）寺西「戦前日本の金融システムは銀行中心であったか」18～19・24頁では，第一次世界大戦期以降の在来産業の斜陽化に伴い，資金調達に占める資本市場の比率が上昇することが指摘されている。この点を踏まえた時，通説に依拠した把握には妥当性があろう。
（5）C. Feinstein (ed.), *Banking, Currency, and Finance in Europe Between the Wars*, Oxford University Press, 1995, Chapter 1 を見よ。また，両大戦間期における産業金融についての研究も進展しつつある。P. L. Cottrell et

al (eds.), *European Industry and Banking Between the Wars*, Leicester University Press, 1992; J. J. Van Helten and Y. Cassis (eds.), *Capitalism in a mature economy*, Edward Elgar Publishing, 1990 を例として挙げておく。
（６）　このことは大企業のみならず，各地方の中小産業者まで間接金融に依拠した事業活動をおこなっていたことからも明らかであろう（山口和雄編著『日本産業金融史研究』製糸・紡績・織物の各編，東京大学出版会，1966・70・74年による）。
（７）　この点に関する最新の研究として，石井寛治「戦間期の金融危機と地方銀行」石井寛治・杉山和雄編『金融危機と地方銀行──戦間期の分析──』東京大学出版会，2001年，所収を参照されたい。
（８）　この点は本書全体を通じて明らかにする。さしあたり，後掲の筆者の諸研究を参照せよ。
（９）　本書は近年の金融危機を巡る動きに対して，なんらかの問題を具体的に提起することは全く意図していない。むしろ，筆者はこの点に関して極めて禁欲的ですらある。しかしながら，例えば周知のことではあるが，政府が都市銀行の不良債権減少促進とともに，高リスクな中小企業向け融資の増加をも同時に促している点に見られるように，平成バブル期以降の金融危機と金融再編成も金融を巡る諸利害の錯綜に強く制約されているようにも見受けられる（さしあたり，この点については，東谷暁『金融庁が中小企業をつぶす』草思社，2000年を参照）。だとすれば，歴史を扱った本書の議論も現状に対してなんらかのインプリケーションをもつのかも知れない。

第２節　研究史の整理[10]

　両大戦間期における銀行合同政策，ないし銀行合同問題は，既に同時代の専門家にも強い関心を抱かせ，優れた現状分析的研究がされていたが[11]，この問題についての経済史的研究が本格的に開始されたのは戦後のことである。1948年になると万成滋氏が先駆的な研究を発表したほか[12]，1950年代から60年代にかけて加藤俊彦氏[13]，進藤寛氏[14]，後藤新一氏[15]らによって，詳細な実証研究が開始された。この時期の研究の特徴は，視角として都市銀行＝五大銀行論をとりつつ，都市金融と地方金融の分断性を主張する「金融の二重構造」論に依拠して，銀行合同の実現要因として政府の役割の重要性を強調することに求められる[16]。既に佐藤政則氏が指摘していることではあるが[17]，上記諸氏の諸研究により，銀行

合同行政の「基本的流れ」の明確化といった,「重要な成果がもたらされた」。さらに加藤,進藤両氏においては「大銀行」＝独占の支配力強化が論じられている。

　しかしながら,1970年代以降になると,60年代までの諸研究の前提に疑問を投げかける研究が次々と発表された。まず,石井寛治氏は,産業革命期における「地方銀行と都市銀行の分化」の過程を検討し,いわゆる五大銀行を都市銀行と規定する見解に疑問を投げかけ,「都市銀行」の範囲をシンジケート・ローン銀行にまで拡大・見直したほか,都市銀行の支店展開を通じた都市金融と地方金融の構造的な連関性,ならびに本書も着目する預金吸収を通じた各地方金融の圧迫を先駆的に明らかにした。さらに70年代中葉になると浅井良夫・伊藤正直両氏が精力的に都市銀行・都市金融と地方銀行・地方金融の構造的連関を実証的に明らかにした。このような研究潮流は伊牟田敏充氏の「重層的金融構造」論に総括されるとともに,朝倉孝吉編『両大戦間における金融構造』で全面的に展開されることになった。その際,伊牟田氏の研究では,銀行合同政策などの普通銀行制度改善政策は,重化学工業化に対応した中央集権的な資金の管理・配分政策という意味での「資金社会化政策」と位置づけられており,金融構造の再把握を踏まえた新たな政策の歴史的評価も提示された。さらに,1980年代になると数量経済史研究の側からも,寺西重郎氏が都市と地方の関係と相違を射程に含めた銀行合同論を主張するようになった。この観点は岡崎哲二氏による近年の両大戦間期の金融危機研究も基本的に継承している。ここに至り60年代までの諸研究が前提としていた都市金融と地方金融の分断性を主張する「金融の二重構造」論には重大な批判が寄せられることになった。

　1980年代に入ると杉山和雄氏が地方銀行のトップ・マネジメント層の変化との関係から銀行合同過程を研究する視角を提示し,銀行合同史研究に経営史的視角が導入された。さらに,1990年代に入ると,80年代までの研究潮流を踏まえつつ,経営史的観点も含めて銀行合同を巡る諸利害関係の錯綜と調整の過程を中心的論点に据えた研究が発表された。佐藤政則氏は戦時体制下における銀行合同過程の検討を通じて,都市銀行－地方銀行間の系列関係が,日本銀行による複数の地域にまたがる広域的かつ「バーター的」な利害調整により整理され,銀行合同が進展することを明らかにした。また,筆者も政党政治状況を媒

介とする，銀行合同を巡る党派的かつ地域的な利害対立とその調整・破綻の過程に着目した研究を発表したほか，経営史的視点からの銀行合同を巡る利害調整過程を検討した見解も発表した。その後，迎由里男氏は北九州を対象に都市銀行－地方銀行の系列関係と銀行合同問題との関連を分析した。そこで氏は系列関係が県を利害調整者とする，銀行合同による地方金融の再編成の障害になったことを具体的に明らかにした。また，神山恒雄氏も佐賀県を対象に，大蔵省・県当局の合同勧奨に強制力がない中で，単独存続が可能な銀行は合同に応じなかったことを指摘した。さらに，岩間剛城氏は宮城県七十七銀行の合同過程を検討する中で，合同に参加する銀行の組み合わせは，必ずしも政策当局の意図したそれとは一致していないことを論じている。このほか関連して，寺西重郎氏も銀行合同も含めた両大戦間期における金融再編成過程を，諸利害関係の錯綜との関連から政治経済学的に検討する必要性を問題提起した。このほか，この時期に発表された研究では，直接に銀行合同政策そのものを検討するものではないが，日銀特融や銀行経営規制など，その周辺に位置する関連諸政策を検討するものや，内国金融の再編成を対外金融問題――具体的には金本位制復帰問題――との関連で検討する研究が現れたことも指摘する必要があろう。

以上，1990年代以降の研究潮流は，70・80年代の成果を踏まえつつ，金融を巡る諸利害の錯綜とその調整を問題にすることで，60年代までの銀行合同史研究が強調していた，銀行合同の実現に際しての大蔵省に代表される政策当局の役割の重要性，ないし「強力」性に疑問を投げかけるものであった。さらに，この時期になると銀行合同政策とその周辺部に位置する諸政策との関連を問うような潮流も出てきた。これらの諸点に1990年代以降の研究動向の特徴が見出せる。

(10) 近年に至る研究動向のサーベイとして，西村はつ「普通銀行」加藤俊彦編『日本金融論の史的研究』東京大学出版会，1984年，粕谷誠「信用秩序の維持――銀行合同を中心に――」石井寛治編『日本銀行金融政策史』東京大学出版会，2001年，所収がある。
(11) 金融研究会『我国に於ける銀行合同の大勢』同研究会，1934・35年。
(12) 万成「日本における銀行集中の過程」『経済評論』3巻2号，1948年2月，所収。

(13) 代表的研究として，加藤『銀行合同史』全国地方銀行協会，1960年，同『本邦銀行史論』東京大学出版会，1957年を挙げておく。
(14) 代表的研究として，進藤「わが国地方銀行合同政策の展開」『金融経済』第100・108・115号，所収，1966年12月，68年2月，69年4月のみを挙げておく。
(15) 代表的研究として，後藤『本邦銀行合同史』金融財政事情研究会，1968年のみを挙げておく。
(16) このほか三井高茂氏もほぼ同様の視点から研究をしている。代表的研究として「わが国における政府の銀行合同政策」『松商短大論叢』（松商学園短期大学）第8号，1960年12月を挙げる。
(17) 佐藤「日銀支店と銀行合同」『地方金融史研究』第28号，1998年3月，所収，1頁。
(18) 石井「地方銀行の成立過程」『地方金融史研究』第3号，1970年3月，所収（後に同『近代日本金融史序説』第5章として収録）。ただし，石井氏においては都市銀行支店による地方金融の圧迫と銀行合同政策との関連は検討されていない。
(19) 本書では都市銀行（群）・地方銀行（群）の概念は，基本的に石井氏のそれに依拠する。なお，煩雑さを避けるために，本書では都市銀行等へのカギ括弧は省略する。
(20) 浅井「戦前期日本における都市銀行と地方金融」『金融経済』第154号，1975年10月，所収，同「地方金融市場の展開と都市銀行」『地方金融史研究』第7号，1976年3月，所収。
(21) 伊藤「製糸・養蚕業の動揺と地方銀行群の存在形態」『土地制度史学』第75号，1975年4月，所収，同「水田単作地帯における『地主的銀行』群の衰退過程」『金融経済』第159号，1976年8月，所収。
(22) 伊牟田「地方銀行と他金融機関の関係」『地方金融史研究』第7号，1976年3月，所収（後に加除訂正の上で「日本金融構造の再編成と地方銀行」として，朝倉孝吉編『両大戦間における金融構造』御茶の水書房，1980年に所収されたほか，最近刊行された同『昭和金融恐慌の構造』経済産業調査会，2002年，第4章に「両大戦間における金融構造の再編成」と改題して，加除訂正の上で収録された）。なお，関連する業績として，同「大正期における金融構造」大内力編『現代資本主義と財政・金融　現代金融』東京大学出版会，1976年，所収；同「大正期銀行集中の一考察」石井寛治ほか編『日本資本主義　展開と論理』東京大学出版会，1978年，所収も参照。また，「重層的金融構造」論に基づく銀行合同研究として，高嶋雅明「和歌山県域における銀行合同」朝倉編『両大戦間における金融構造』所収もあるが，銀行合同の際の利害調整分析は殆どされていない。
(23) 伊牟田「日本金融構造の再編成と地方銀行」29～30，110～117頁。

(24) 寺西『日本の経済発展と金融』岩波書店，1984年，第6章．
(25) 岡崎「戦間期の金融構造変化と金融危機」『経済研究』（一橋大学）第44巻4号，1993年10月，所収など，氏の一連の関連する諸研究を参照．なお，ここで岡崎氏は石井氏同様に都市銀行支店による地方資金の流失について論じているが（308～309頁），銀行合同政策との関連は追及していない．この点は後論との関係で留意されたい．
(26) 杉山「『地方的合同』の人的側面」朝倉孝吉先生還暦記念論文集『経済発展と金融』，創文社，1982年，所収．また，秋谷紀男「埼玉県における銀行合同の展開」『埼玉地方史研究』第18号，1992年，所収も，銀行経営者の動きについて簡単な言及がある．
(27) 佐藤「日銀支店と銀行合同」のほか，同「合同政策の展開と三和系地方銀行」伊牟田敏充編『戦時体制下の金融構造』日本評論社，1990年，所収；同「日本銀行の銀行統合構想」伊藤正直ほか編『金融危機と革新』日本経済評論社，2000年，所収．
(28) 白鳥「地方金融の再編と地域利害」『土地制度史学』第160号，1998年7月，所収；同「両大戦間期における銀行合同政策の形成と変容」『社会経済史学』第66巻3号，2000年9月，所収；同「昭和恐慌期における一地方『機関銀行』の破綻とその救済」『社会経済史学』第67巻5号，2002年1月，所収など．このほか，齊藤憲「浅間昼夜銀行の安田財閥への譲渡」『経済史研究』（大阪経済大学）第6号，2002年3月も浅野家の信用に配慮した譲渡方針を指摘している．明示的ではないものの家との関連を踏えた利害調整を示唆しており興味深い．なお，筆者による研究以前にも銀行のもつ党派性が，銀行合同の阻害要因になった点について指摘した研究がある（全国地方銀行協会編『地方銀行小史』同協会，1960年，196～197頁，高橋亀吉・森垣淑『昭和金融恐慌史』清明会新書，1968年，講談社学術文庫版，1993年，27～28頁，伊牟田「日本金融構造の再編成と地方銀行」88頁，日経金融新聞編・地方金融史研究会著『日本地方金融史』日本経済新聞社，2003年の「島根県」「熊本県」「大分県」など．）．ただし，この研究では党派的対抗の背景や，利害調整の過程について踏み込んだ検討はされていない．
(29) 迎「福岡県地方銀行の大合同計画」石井・杉山編『金融危機と地方銀行』所収．
(30) 神山「佐賀県の銀行合同」石井・杉山編『金融危機と地方銀行』所収．ただし，吉田賢一氏はこれとは逆に政策当局の影響力の強さを窺わせる見解を出している（吉田「北海道における銀行合同」石井・杉山編『金融危機と地方銀行』所収）．
(31) 岩間「旧七十七銀行の銀行合同(1)(2)」『研究年報経済学』（東北大学）第63巻第2号，第63巻3号，2001年11月，2002年1月，所収．
(32) 寺西「戦間期の分配対立を巡る政策と金融システム」『経済研究』（一橋大

学）第44巻 4 号，1997年10月，所収。なお，最近，寺西氏は，ここでの問題提起を踏まえて，近現代日本の経済システムの形成と変容に関する包括的な研究を公表された（『日本の経済システム』岩波書店，2003年）。
(33) 永廣顕「金融危機と公的資金導入」伊藤正直ほか編『金融危機と革新』所収。白鳥「製糸・養蚕地帯における金融危機の展開と日銀支店」『経営史学』第35巻 2 号，2000年 9 月，所収；同「1920年における銀行経営規制の形成」『経営史学』第36巻 3 号，2002年12月，所収；同「1920年代における日本銀行の救済融資」『社会経済史学』第69巻 2 号，2003年 7 月，所収。伊藤正直「昭和初年の金融システム危機」安部悦生編『金融規制はなぜはじまったのか』日本経済評論社，2003年，所収。邉英治「大蔵省検査体制の形成とその実態」『金融経済研究』第20号，2003年10月，所収；同「わが国における銀行規制体系の形成と確立」『歴史と経済』第182号，2004年 1 月，所収。なお，関係業績として，世界大恐慌期以前の時期を中央銀行の LLR が信用秩序維持策の中心であった「古典的セイフティ・ネット」期であると論じた鷲見誠良「金融革新とセイフティ・ネットの再構築」法政大学比較経済研究所・金子勝編『現代資本主義とセイフティ・ネット』法政大学出版局，1996年，72～78頁がある。これについては，第 2 章，第 4 章補論と終章で批判的に検討する。
(34) 白鳥「1920年代における日本銀行の救済融資」。
(35) このほか，つい最近になると，岡崎哲二・澤田充両氏が，銀行合同政策の銀行経営・金融システムに対する効果を計量的に測定している（「銀行統合と金融システムの安定性」『社会経済史学』第69巻 3 号，2003年 9 月；「銀行統合促進政策の効果：1927年銀行法の評価」2004年，RIETI Discussion Paper Series 04-J-002）。両氏の議論については，第 5 章と終章でそれぞれ検討の上で問題点を指摘する。なお，同じく最近，三和銀行を事例とする加藤健太『三和銀行の成立過程』COE Discussion Paper COE-J-38, 2006年 6 月，東京大学，が発表された。厳格な資産査定の実現要因としての参加各行の競争への着目は非常に興味深いが，瑕疵担保責任についてはすでに筆者が指摘しており（注(28)の論文を参照），都市銀行に固有な特徴を析出することが望まれる。

第 3 節　本書の課題と視角

このような最近に至る研究動向を踏まえて，本書では次のような課題と視角を設定する。まず，地域内部や都市金融と地方金融の関係，ならびに銀行経営

の観点を踏まえた利害対立といった，地域内部・地域間の関係性を軸とする銀行合同を巡る諸利害関係の錯綜とその調整，あるいは調整の破綻過程を政治史的要素も加味して検討する。さらに，銀行合同政策を中軸にした普通銀行制度の再編成に関わる諸政策相互の関係性＝政策相互の補完関係を分析して，政策の展開過程の特徴を，金本位制復帰問題との関連や「資金社会化政策」という歴史的評価の再考も含めて具体的に明らかにする。これら諸点の検討を通じて，最終的に本書では両大戦間期における銀行合同政策を通じた金融構造の再編成，およびその不安定性の歴史的特質を，とりわけ地域の自律性確保の問題との関係から明らかにする。その上で，最後に，戦時期以降の金融構造の再編成への展望を示す。

　このように，本書では銀行合同＝金融構造の再編成過程における地域の自律性確保の問題が重要な焦点になる。それゆえ，ここでは地域の自律性に関して，若干説明をしておく必要があろう。既に明らかにされているように，戦前期日本の金融構造は内国金融を構成する各地域における主要産業，およびそのあり方の相違を背景とする金融の地域的特性の強さと，地域ならびに金融機関の階層性を包含しており，このような特性に基づく各地域金融・各金融機関の多様性を重要な特徴としていた。そして，内国金融を構成する各地域金融は，中央あるいは他地域ないし日本経済全体に対して，相互に関係をもちつつも，各々の経済的特徴に基づき一定の自律性を持っていた。この場合，各地域の自律性は，抽象的には，少なくとも大別して次の二つの要素から成り立つように思われる。ひとつは，各地域産業の特徴に基づく自律性であり，例えば季節的な資金需給の繁閑・取引方法の相違などがこれである。もうひとつは担い手面における自律性である。このことは各地の有力資産家・名望家が銀行経営者として，自らが所在する地方の金融経済運営上の枢要な役割を果たし，かつ，各地における経済社会の実情の相違に基づきその発展を指向しているという周知の事実に集約的に表れている。これら二つの側面において，歴史具体的次元での各地域金融は内国金融一般には還元し難い固有の特徴をもち，かつ，他地域金融・他金融機関と一定の関係性を有しつつも自律性＝緊張関係を保持しており，この意味で各地域は共通性を持っていた。以上，ふたつの意味での他地域に対する自律的な地域経済社会の発展確保への志向性が，本書で用いる地域の自律性

という概念の意味内容である。また，本書全体を通じて明らかにするが，地域と言った場合の空間的範囲も時代とともに変化することも指摘しておかねばならない。本書を通じて明らかにするように，こと地方銀行とその担い手に関して言うと，両大戦間期までは，主に市町村のほか郡部等の府県域内の小経済圏が，彼らが自律性を維持すべきと考える空間的単位であるが[42]，第二次世界大戦期以降になると府県ないしこれを超える領域を空間的単位として考えるようになる。この意味で，少なくとも，両大戦間期までは，地域の空間単位は多様性を帯びていること，また，その際，必ずしも行政単位と地域の空間的単位は一致しない点には留意されたい。

　ところで，地域の自律性への着目については，1920～30年代における金融規制の形成との関連ではあるが[43]，既にこの点を追究する必要性が問題提起されている。しかしながら，ここでの提起は規制との関連に限定されており，金融構造の再編成全体との関連は射程に含まれていないほか，概念自体も未だ抽象的な域に止まっており，上述のような具体的な分析視点を提起するには至らなかった[44]。また，これに先立つ地方銀行合同史研究でも，この問題にごく簡単に間接した研究もあったが[45]，利害調整の問題や金融構造の再編成全般にまで射程が及ぶ形で，この問題が掘り下げられて検討されることはなかった。さらに，金本位制復帰問題と内国金融再編成の関連についても，内国金融史，対外金融史ともこれまでの研究では殆ど検討されてこなかった[46]。

　このほか管見の限りでは，海外における両大戦間の金融再編成に関する研究でも[47]，このような観点からの分析の必要性は，日本とは歴史的状況が異なるためかも知れないが，アメリカ金融史研究で政治史的要素を踏まえた政策形成についての検討はあるものの，それ以外では金本位制再建問題[48]と各国の内国金融再編成との関連の検討も含めて[49]，十分自覚的ではないようである。しかしながら，近年，特に産業革命期研究において顕著であるが[50]，欧米における経済史研究全般においても，方法論の問題として地域レベルの動向を踏まえて[51]，金融史も含めた全体像を再構築する必要性が認識されはじめ，かつ，このような視角からの検討を踏まえて歴史像の大幅な書き換えが進みつつある。これらの諸点を考慮した場合，このような視角を提起することは，当該期における日本金融構造の再編成の特質把握を可能にするのみならず，外国金融史研究では未だ着

目の必要性が充分自覚されていないという意味でも一定の意義を持つと考えられる。したがって，本書では上述の視点に立脚して金融規制のみならず，これも包含した金融構造の再編成政策全般との関連から，金融構造の再編成と地域の自律性確保の問題との相互関係を検討するつもりである。⁽⁵²⁾

　以上が課題と視角であるが，最後に本書の構成を示して本章を終えたい。第1章では，主として既存の諸研究に依拠して「重層的金融構造」の確立，銀行経営規制の形成，金融の「中央集権批判」の形成といった諸点に着目して，両大戦間期における銀行合同政策の歴史的諸前提がどこまで形成されていたのかを明らかにする。第2章では，1920年代前半における銀行合同政策の形成過程を中心に，銀行経営規制の形成と日銀特融の実施状況を検討する。さらに第3章では，第2章までの分析を踏まえて，金融恐慌以降の銀行合同政策を中軸とする普通銀行制度改善政策の展開過程を検討する。第4章では銀行合同政策が地方資産家・地方名望家層⁽⁵³⁾を主たる担い手とする地方信用秩序を如何に再編成していったのか，という点を福島・岩手両県を主たる事例に明らかにする。第5章では，両大戦間期における金融制度再編政策に個別銀行経営が如何に対応していったのか，という点を危機克服に成功した銀行，破綻銀行，休業銀行の整理過程という，三つの事例を挙げて検討する。第6章では，一般向け金融書が描く破綻銀行経営者の思考・行動様式，ならびにこれに対する批判と改善策を検討し，これら書物が描き出した両大戦間期における金融危機像の特徴を検討する。以上の分析を踏まえて，終章では両大戦間期における銀行合同政策の歴史的特質について，金融構造の再編成や不安定性の特質と地域の自律性確保の問題との関連に着目して論じた上で，第二次世界大戦期以降における再編成の方向性を展望する。その上で，今後に残された課題を示したい。

(36)　以下で提示する課題の大部分は，別の機会に筆者自身が分析の必要性を指摘したことがある。白鳥圭志「書評　伊牟田敏充著『昭和金融恐慌の構造』」『社会経済史学』第68巻3号，2002年9月，所収，104〜106頁も併せて参照されたい。
(37)　大正期の金融制度政策の分析にあたり，政治史ならびに法制度論的要素を導入する必要性は，既に渋谷隆一編著『大正期日本金融制度政策史』早稲田大学出版部，1987年，「序論　課題と方法」（渋谷氏執筆）が指摘している

（1〜43頁）。本書は，渋谷氏の指摘に学びつつも，そこでは取り上げられていなかった，銀行合同政策を中心とする普通銀行制度改善政策を対象に，渋谷氏において十分に着目されなかった，専門官僚支配の社会学的特質，その意義と限界に着目して検討を進める。

(38) 主体の経済行動との関係で金融の不安定性を検討する必要性は，周知のように Hyman Minsky が指摘している（*Stabilizing an unstable Economy*, Yale University Press, 1986, 邦訳『金融不安定性の経済学』多賀出版，1989年）。本書では，主体の経済行動に着目する観点は継承し，「貨幣愛」に基づく行動が，ブーム下の過大な期待形成により，非合理的な投機行動に転化することの帰結として，いわば逆説的に金融の不安定性の発生を説く Minsky の見解に学びつつも，これとは異なる形で当該期日本における金融の不安定性の要因を示したい。

　また，近年の理論研究の成果では，Minsky の見解を継承しつつも，情報の経済学を用いて，経済主体の機会主義的行動と金融システムの不安定性を説く見解が提示されている（Xavier Freixas and Jean-Charles Rochet, *Microeconomics of Banking*, The MIT Press, 1999, Chapter 6）。本書では，このような議論にも学んで，歴史分析を試みる。

(39) 関連して，寺西『日本の経済システム』第2章・第3章でも，戦前における金融も含めた経済システム全体の再編成にとって，地域が重要な焦点になることを指摘している（51〜53頁および70〜198頁）。しかしながら，そこでは金融システム全般の再編成の分析にあたり，地域側も含めた関連諸利害の調整過程とその特質についての検討が弱いと思われる。また，以下で述べる諸点も含めて，本書の課題は，Takeo Hoshi and Anil Kashyap, *Corporate financing and Governance in Japan*, The MIT Press, 2001, Chapter 2. とりわけ本書の取り扱う時期を論じている27〜32頁でも検討されていない。

(40) この点については，伊牟田「日本金融構造の再編成と地方銀行」を，まずは参照すべきである。このほか各地域別の産業の相違を背景とする地域的特性の強さについては，山口編『日本産業金融史研究』製糸金融・紡績金融・織物金融の各編，および日本勧業銀行「季節金融ニ関スル調査」1928年4月，『日本金融史資料』明治大正編第24巻，所収，853〜881頁を参照。さらに，この点に関連して各地域経済の特色が強い山形県金融について，両大戦間期を対象に検討した白鳥圭志「反動恐慌後における地方銀行の経営整理と本支店＝地域間資金移動」『地方金融史研究』第32号，2001年3月，所収も参照されたい。

　なお，このような日本金融構造が包含する特性に着目することは，筆者も報告者として参加した社会経済史学会第68回全国大会（1999年5月29日，京都大学）におけるパネル・ディスカッション『金融の地域性と重層性——銀行合同の検討を通じて——』から重要な示唆を得ている。しかしながら，本

パネルを構成した各報告では，地域の自律性確保との関連で金融構造の再編成を問題にするという論点については非自覚的と思われる。
(41) 一国経済の構造＝動態分析にあたり，国民経済を構成する各地域経済の多様性に着目することの必要性については，経済理論史・学説史研究の側からも提起されている。この点については，さしあたり，フランス古典派経済学研究を通じて，この問題を提起された吉原泰助「『経済表』への路程」『商学論集』（福島大学）第60巻3号，1992年1月，所収，2〜10頁での，F. ケネーによるアインシャン・レジーム期におけるフランス農業構造把握に関する分析を参照。本書では，このような観点に重要な示唆を受けて，両大戦間期における日本金融史を対象に危機と再編成の過程を検討することを課題とする。なお，対象は異なるが，最近の貨幣金融史研究でも地域の多様性を踏まえた分析がされており（黒田明伸『貨幣システムの世界史』岩波書店，2003年），本書もこの研究動向を踏まえている。
(42) 寺西『日本の経済システム』102頁も，地方資産家・地方名望家の主たる活動領域として，ほぼ同様な指摘をしている。同書に関連する論文として，J. Teranishi, *The Fall of the Taisho economic system*, in M. Aoki and G. R. Saxonhouse (eds.), *Finance, Governance, and Competitiveness in Japan*, Oxford University Press, 2000 も参照。
(43) この問題は社会経済史学会第69回全国大会共通論題報告（2000年10月22日，明治大学）で，主としてアメリカについての報告を担当された須藤功氏，コメンテーターの武田晴人氏により提起された（須藤報告は，後に同「アメリカ銀行規制の歴史的展開」『政経論叢』（明治大学）第71巻5・6号，2003年3月，所収として論文化されたほか，同共通論題は安部悦生編著『金融規制はなぜ始まったのか』として纏められた）。なお，これに先立ち筆者も両大戦間期の日本における銀行合同政策を通じた金融構造の再編成にあたり，地域金融経済（この場合，各府県の域内小地域）の自律性確保が焦点になったことを指摘している（白鳥「両大戦間期における銀行合同政策の形成と変容」および同論文のもとになった，社会経済史学会第68回全国大会パネル『金融の地域性と重層性』における白鳥報告による）。
(44) この意味で本書における地域の自律性という概念・着眼点は，前述した社会経済史学会大会における須藤論文のそれに学びつつも，主体論を導入するなど独自性をもっており，それらとは内容が大きく異なる。また，既述のように，これに先立ち，筆者もこの問題に着眼の上で実証研究を行っている。このような理由から，本書で用いる地域の自律性という分析視点は，筆者独自のものと考えカギ括弧は付さない。
(45) 秋谷「埼玉県における銀行合同の展開」50頁。
(46) 金本位制復帰問題にかかわる研究史は，斎藤寿彦「金融政策」石井編『日本銀行金融政策史』所収，88〜104頁を参照。

(47) 一例を挙げれば，最新の両大戦間期の欧州金融史研究である Feinstein (ed.), *op. cit* や，東・中央欧州に関する研究である P. L. Cottrell (ed.), *Rebuilding the Financial System in Central and Eastern Europe, 1918-1994*, Scholar Press 1997; P. L. Cottrell (ed.), *op. cit*.; Van Halten and Cassis (eds.), *op. cit*. などでも，このような観点からの検討はされていない。また，当該期における米国金融史に関する最近の研究では，1926年の Mac-Faden Act による Branch Banking 規制の緩和問題を巡る，国法銀行の保護の必要性を理由とする The American Bank Association の反発による規制緩和内容の後退，および大恐慌期の金融制度改革における Branch Bank の展開規制について検討がされているが，政策を巡る利害調整分析は踏み込んだ形で行われてはいない（Jerry W. Markham, *A Financial History of the United States*, Vol. II, M. E. Sharp, 2002, pp. 113-115, p. 167.）。また，E. N. White, *The political economy of banking Regulation, 1864-1933*, in *Journal of Economic History, 42*, 1982, pp. 33-40 が，支店銀行制度導入の如何を巡る規制改革について，業界団体，連邦政府，州政府などの利害対立を政治経済学的に分析している。このほか，アメリカの金融規制について C.W. Calominis, *U.S. Bank Deregulation in Historical Perspective*, Combridge University Press, 2000, Chapter 1 も同様な指摘をしている。その分析視点は興味深いものの，政策形成過程の利害調整過程については，Unit bank の業界団体に対する影響力の強さのみが指摘されているに止まり，その背景や利害調整の具体的な事実とその特質は必ずしも踏み込んで検討されているとは言い難い。

　　Feinstein や Cottrell らの近年の研究を見る限りでは，欧州においては地域の自律性を震撼せしめるような金融危機は発生していないかのようにも見受けられ，また，アメリカ金融史研究については各州の自律性が与件とされている。このことが地域の自律性を中心とする利害調整が十分に検討されなかったことの理由なのかも知れない。ただし，Agnes Pogany, *Bankers and Families: the case of the Hungarian sugar industry*, P. L. Cottrell et al., *op. cit*., pp. 79-95 では，本書で取り扱う課題のうち，砂糖産業における家と銀行経営との関係について考察を加えている。その際，日本で言う所の，いわゆる「機関銀行」的のものの存在と多様性，ならびに金融危機下でのその再編成（＝解消）という，日本に類似した事実を指摘している。また，Peter Eigner, *Bank-Industry networks; the Austrian experience, 1895-1940* in Cottrell (ed.), *op. cit*., pp. 91-114 では，銀行と事業会社の役員兼任関係を通じて形成された network が，情報共有を可能にすることで過当競争の抑制と事業運営の方向付けを行いえたという点で，経済発展にとって重要な意味をもったことを指摘している。これらは興味深い指摘ではあるが，そこではもっぱら産業発展・同族経営や産業発展との関連から考察されており，地域

経済社会との関連や再編成によるその変容は殆ど検討されていない（なお，Testuji Okazaki et. al., *The Fall of 'organ bank' relationships During the Wave of Bank failures and Consolidations: Experience in Prewar Japan*, CIRJE Discussion Paper CIRJE-F-379, October 2005, p. 24 でも海外での研究に依拠して，機関銀行関係に類似したものが海外にもあったことを指摘している）。

(48) もっとも，Feinstein, *op. cit.* では欧州における金本位制再建を巡る国際的政策協調，ならびに産業と金融の関係性の如何が当該国の金融危機とその政策対応に与えた影響を重要な検討課題に挙げている。しかしながら，そこでは内国金融と対外金融の構造的連関性を踏まえた，金融危機への政策的対応は充分検討されなかった。また，この点は内国金融と対外金融の構造的連関性を指摘しつつも，両大戦間期においては金本位制停止に伴い日本銀行の内国金融政策が，対外金融問題から自立的に実行された点を論じた伊藤正直『日本の対外金融と金融政策　1914～36』名古屋大学出版会，1989年に代表されるように，日本における研究でも同様である。

(49) ただし，P. L. Cottrell, *The domestic commercial banks and the City of London, 1870-1939*, in Y. Cassis (ed.), *Finance and Financiers in European History 1880-1960*, Cambridge University Press, 1992, pp. 17-38 では，1880年代までの地方銀行経営が事業会社との役員兼職とこれら企業への融資活動（日本で言う「機関銀行」的性格）に特徴が見られ，しかも内国金融に地域的特性が見られたこと，ならびに銀行統合運動が始まる1870年代以降の Big　Five への統合進展・グラスゴウ銀行の破綻（1878年），ベアリング恐慌（1890年）に伴い上記の地方銀行経営・地方金融の特徴が消滅し，各地域市場の統合度が強化されることを指摘している。また，G. D. Feldman, *Banks and Banking in Germany after the First World War: strategies of defense* in Y. Casis (ed.), *op. cit.*, pp. 247-248 は，1920年前後のドイツで大銀行が地方銀行を take over する際に，地方銀行側がこれに反対する動きを示したことを指摘している。この意味で，Cottrel や Feldman の議論は先駆的であるが，統合過程での政策当局等による地域・地方銀行経営間の利害調整の方法・経過の如何という点は未検討である。

(50) 例えば Maxine Berg and Pat Hudson, *Rehabilitating the industrial revolution*, in *The Economic History Review XLV, I*, 1992, p. 44. Pat Hudson, *The Genesis of Capital*, Cambridge University Press, 1985, Chapter 4 to chapter 10.; Michael Collins, *Banks and industrial finance in Britain, 1800-1939*, Cambridge University Press, 1995. また，日本における欧米経済史・アジア経済史研究でも，金融史も含める形で地域に着目した研究が進展している（篠塚信義・石坂昭雄・高橋秀行編『地域工業化の比較史的研究』北海道大学図書刊行会，2003年，特に第一部を参照）。さらに日

本経済史研究でも，金融史研究ではないが，このような研究動向を受けて，産業革命期の再検討が進みつつある。武田晴人編『地域の社会経済史』有斐閣，2003年をさしあたり挙げておく。ただし，同書は，個別論文では優れた実証研究はあるものの，特に序章に見られるように，地域社会から見た経済史像をどのように構想しようとしているのかが全く不鮮明である。

(51) 言うまでもなく，この動向はイギリス金融史などの，個別国の研究動向に関わるものではない。

(52) なお，研究対象こそは大きく異なるが，国際金本位制の構造的特質を検討した，吉岡昭彦『帝国主義と国際通貨体制』名古屋大学出版会，1999年も，国際金本位制下のマネー・センター国＝イギリスをはじめ，主要各国の「再生産＝信用構造」(10頁）の特殊歴史的形態の明確化を踏まえて，国際金本位制の「異種的編成」(45頁）の全機構的把握を試みられた。ここで吉岡氏は，国際金本位制の構成要素たる主要「帝国主義国」の金融・実体経済両面における構造的特質と，これに基づく各国の国際経済面における諸利害関係を把握した上で，それらの全統一性を明らかにするとともに，同時に全構造内部での各国の位置を確定されるという，独特の再生産構造分析の方法を提示された。金融構造も含めた再生産構造分析の方法面で，本書も吉岡氏に強い影響を受けた（なお，ほぼ同様な構造分析の方法について，石井寛治『日本の産業革命――日清・日露戦争から考える――』朝日新聞社，1997年も「あとがき」(289～290頁）で，『日本資本主義分析』における山田盛太郎氏の構造分析を挙げつつ，ごく簡単に指摘している）。

(53) 本書で用いる「名望家的」行動という概念は，近年明確化された日本における地方資産家の行動様式に関する諸研究（詳細は谷本雅之「在来的発展の制度的基盤」社会経済史学会編『社会経済史学の課題と展望』有斐閣，2002年，所収，287～289頁を参照）に基本的に依拠している。ここでごく簡単にその定義を述べれば，「行為者自身が経済的・非経済的領域を問わず，必ずしも経済合理的でない場合でも，企業役員も含む地域における役職に就任したり，あるいは寄付などに見られる慈善事業に関係することに価値を見出し，かつ，このような行為により獲得した『社会的名誉』が地域内における『権威的命令的支配』の基礎（参考：Max Weber, *Wirtschaft und Gesellschaft*, J. C. B. MOHR, 1921, S. 582. 世良晃志郎訳『支配の社会学』I，創文社，1968年，149頁）になっている主体」ということになる。

この概念規定は西洋，特にイギリスの史実を前提に「名望家（Honoratioren）」を報酬を受けずに名誉・威勢獲得目的で管理的・指導的な役職に就任する主体としたWeberの議論（*op. cit*., S. 616-620. 世良訳，262～275頁）とは大きく異なる。いうまでもなくWeberは概念形成にあたり，日本も含む近代アジア地域における地方名望家の行動様式に関する史実を殆ど踏まえていない。近年の日本経済史研究の進展による，地方資産家の行動様式

の特徴についての指摘は，西欧のそれとは異なる，もうひとつの「名望家」論の構築の必要性を迫るものと考えられるが，この問題は残念ながら本書の課題と筆者の能力を超える。

　なお，本書では煩雑さを避けるために，「名望家」「企業家」などへの括弧は省略する。

第1章　両大戦間期における銀行合同政策の歴史的諸前提

はじめに

　本章では，両大戦間期における銀行合同政策の展開過程についての分析に入る前に，まず，明治以降第一次世界大戦期までの間に，その後の時期に繋がる歴史的前提条件がどの程度形成されていたのかを検討する。

　先行諸研究でもこの点に関する検討がないわけではない。進藤寛氏は両大戦間期における銀行合同政策の主要な政策課題を，弱小銀行の整理とともに不良化していた不動産担保融資の流動化に求め，その歴史的前提として第一次世界大戦期における不動産担保貸出の状況を検討している(1)。しかしながら，最近の研究で明らかにされたように(2)，第一次世界大戦期には専ら不動産以外の担保による融資がされており，不動産担保融資は反動恐慌後に経営環境が悪化する中で中心を占めるようになった。この点を踏まえた場合，進藤氏のような形で両大戦間期における銀行合同政策の歴史的前提条件を検討するのは適切さを欠くと言わねばなるまい。また，後藤新一氏も明治期から大正初期の銀行合同政策を検討しているが(3)，両大戦間期との相違点を明らかにした上で，その歴史的前提条件の形成度を明確化する，という問題に関しては自覚的検討を行っていない。

　それでは，本章ではどのような点に着目して，歴史的諸前提を検討するのか。序章に示したように，本書では銀行業を中心とする金融を巡る諸利害関係の錯綜とその調整過程を，地域内部および地域間の相互関係を軸にして検討する。さらに，銀行合同政策とそれ以外の普通銀行制度改善諸政策との関連も重視する。この点を踏まえて，本章では，明治期に銀行合同政策が登場した背景，および両大戦間期に焦点となる地域間の資金流失入の背景としての，都市－地方間の金融関係＝「重層的金融構造」の形成，銀行合同政策以外の普通銀行制度

19

改善政策である銀行経営規制の形成状況を検討する。その上で，両大戦間期における銀行合同政策の歴史的前提がどの程度形成されていたのか，という点を論じる。

なお，本章では，上記諸点に関する優れた先行研究もあるところから，新史料を加えつつも，専ら既存の他の研究者による諸研究に依拠して検討する。

(1) 進藤「明治後期から昭和初期までの銀行合同（上・中）」『商学討究』（小樽商科大学）第15巻4号，第16巻1号，1965年4月・8月，所収。
(2) 石井「戦間期の金融危機と地方銀行」5～7頁。
(3) 後藤『本邦銀行合同史』第2章。

第1節　明治中・後期における弱小銀行の簇生と銀行合同政策の登場

　明治期における銀行合同政策の登場については，既に後藤新一氏により主として『明治財政史』を用いて検討がされている。以下では，後藤氏の用いた『明治財政史』を参照しつつも，基本的に氏の議論に依拠して銀行合同政策の登場過程について概観する。さらには，いくつかの史料を用いて，銀行合同政策の形成と密接な関係を持つ弱小銀行の設立過程の特徴を併せて検討する。

　政府が銀行合同の必要性を自覚したのは，銀行合併法を公布した日清戦争後の1896年のことであった。このことは「私立銀行ノ設立従来盛ナリシカ明治二十七八年戦役ノ結果トシテ各種事業ノ勃興スルアリテ従テ私立銀行ノ如キモ二十九年ニ及ヒテハ其数実ニ一千余行ノ多キニ達セシコトハ前ニ述ヘシ如シ此ニ於テ銀行設立過度ノ感アルヲ以テ政府ハ漸次銀行ノ合同行ハレ小資本ノ銀行ハ変シテ大資本ノモノトナリ以テ真ニ金融機関タルノ効用ヲ全フセンコトヲ希望シ」「既設銀行ヲシテ解散鎖店又ハ新設等ノ手続ヲ省キテ合併スルヲ得セシメンカ為メニ」銀行合併法を公布した，という『明治財政史』の叙述からも明らかである。現に，1895年末から98年末まで668行も銀行数が増加し，しかもその内の578行・増加数全体の86.5％が，公称資本金50万円未満の弱小銀行が占

めていた。この結果、98年末時点の普通銀行数1485行のうち、公称資本金100万円以上のものは僅かに61行に過ぎず、30万円未満のものが1282行・86.3％を占める、弱小銀行中心の金融構造が形成された。周知のことではあるが、この時期の銀行の乱設は、銀行産業組織の「非集約化」という事態を招いた。

ところで、これら銀行の設立動機であるが、この点を埼玉県豊岡町本店所在の黒須銀行（1897年設立。公称資本金12万円）を事例に紹介すれば、以下のとおりになる。当時、豊岡町は織物業・製茶業などの産業があるものの、農業中心の「寒村」であったという。このような状況を改善すべく、同地域の大資産家である繁田武平らが中心となり、産業育成のための資金供給機関を設立し、これを通じて同地域経済の振興を図ろうとした。そこで、1897年に同行が設立されるが、同行は1899年に同地方織物業者の取引先が多い所沢に臨時出張所を出したほかはしばらくの間は支店を展開せず、基本的に豊岡で集めた資金を同地域の産業者に貸し付けるという、豊岡という府県域内の小地域における地域産業振興を最重要視した経営行動を採っていた。

このほか岐阜県駄知村における実業銀行（1908年時点、公称資本金10万円）の成立もほぼ同様であった。この点の経緯を元重役塚本六兵衛の回顧に従い、やや詳しく紹介しよう。同村は「貧乏村で名が通って」おり、資金融通に際しては近隣の多治見の第四十六国立銀行、土岐村の蘇東銀行のほか、個人の金貸しに「御機嫌を取り奉って」「融通をつけて貰」い、しかも「額でも、期限でも、利息でもおっしゃる通り、期限が来ては返へせねば、一令の下とに、田でも畑でも乃至家屋でも、直ちに提供せねばならなかった」という。しかしながら、同村は「悪質ながら陶土の出る山があつた」ので、「一番やつて行こうと目星をつける連中が、次から次へと出て、朝は暗い中から、夜は鶏鳴までも不眠不休で、働きぬく人々が多くなつて来たから、自然、懐中が温かくなつてきた」。このようにして同村でも資金蓄積が進んだが、これを預託する金融機関は、泥棒・「強盗窃盗」が横行していたことも相俟って、「一里も二里も持つて出ねばならず不便此上な」い状況であったという。

それゆえ、「縁の下屋根裏を唯一の金庫」にしていたが、「斯くして事業が活発化するにつれ、金持ちも出来るし、資金も入用になるのは事業的原則であ」り、村民籠橋休兵衛の提起により、これへの対応として「銀行を建てて、（資

金の―引用者)有無を調節するのが,一番適切な措置である」と認識されるようになったという。しかしながら,当局からの設立認可確保が難しいためその実現がしばらくできないままでいた。ところが,その後,東京府本店所在の実業銀行が経営難のために営業権を売りに出したことに目をつけて,損失を販売側株主＝「東京側の負担」で処理することを条件に,村内有力者を中心にこれを買収し,1908年7月11日に本店を駄知村に移転の上で,事実上,新銀行を開業した。このように,駄知村への実業銀行買収・移転は同村の自律的発展を促進する手段であった。

　さらに,問題の位相はやや異なるが,しばらく時期が下がった1902年に福島県耶麻郡猪苗代町から設立申請が出された共立銀行(公称資本金3万円)の申請理由もほぼ事態は同様であった。同町では本支店銀行が存在しない故に,「貯蓄金ハ空シク筒底ニ保蔵」されてしまい,余裕資金の効率的利用を図れないという問題が生じていたほか,銀行がないために郵便為替の利用以外に売買資金の「送達ノ道」がなく,「価格表記ノ多額ノ手数料ヲ支払ハサルヲ得ス」「銀行為替ニ至リテハ（約30km弱離れた会津―引用者)若松ニ到ニ之ヲ締結シ又ハ受取ヲ得」えないという,高い資金取引コストをもたらす状況にあったという。それゆえに業務拡張による「商機」への適切な対応が不可能であり,かつ,商取引上の「困難ヲ感ジ」ざるを得ず,生糸(器械製糸)のほか,米穀・繭・木炭・馬産などの在来産業を中心とする地域経済の振興上,問題が生じていた。これらの諸問題への対応の必要性が設立申請の理由であるとされていた。このほか,時期もかなり下がるが,他地域に対する自律性確保と地域発展を重要視した経営姿勢は,1919年の岡山県北部に本店が所在する,姉尾銀行(1918年末時点,公称資本金30万円)支配人姉尾順平の金利協定に反対する意見書の中にも見出せる。これらの諸事例に見られるように,当時,設立された多数の弱小銀行は,地方資産家・地方名望家主導で,府県内の小地域の経済振興を図ることが設立目的であったと強く推定される。

　なお,このような多数の弱小銀行を中心とする銀行設立は,どのような基準で当局により設立認可されたのであろうか。管見の限りでは,これまでの研究では未検討であるように思われる設立申請審査の特徴を,史料の制約上,明治30年代から明治末まで(1897～1912年)の福島県下,明治20年代末葉(1895・96

年頃）の埼玉県下における銀行設立申請の審査過程を事例に検討する。まず，1897年8月の西白河郡白河町における須釜銀行（公称資本金2万円）の設立申請審査過程を取り上げる。同行の設立認可申請が提出された時期に，同じ白河町からは白河銀行の設立認可申請が提出されていた。そのために，福島県は西白河郡長を通じて須釜銀行の設立が「実際経済上ノ必要ニ基キタルモノナルヤ否ヲ取調」た。県知事から大蔵大臣への報告によればその設立は経済的な必要性に「基キタルモノニシテ願人等ハ信用アル者ト相認メ」られると回答した。そこでの調査事項の中には，特に申請者の属人的要素にかかわるものとして，「一 職業及年齢 一 所有財産税額及概価額 一 地税及所得税額 一 破産又ハ家資分散ノ処分ヲ受ケ得サルナリヤ否 一 信用ニ関スル犯罪ノ有無」が挙げられており，具体的な所有資産に関する調書を提出させた上で，本店所在郡長を通じた調査が実施され，設立申請の検討に必要な情報が収集・審査され，その可否が決定された。さらに，同年11月に申請があった同県相馬郡中村町の相馬銀行（同5万円）も同様であり，定款・事業目論見書・印形の確認書に加えて，安田銀行支店との競合の問題など経済上の必要性の確認，発起人が「身分，地位，財産及信用等」で「何レモ地方ニ信用アル者」であることを審査・確認の上で認可を行った。これらのことは1899年の東白河郡の川上（白石）合資会社（資本金3万円）の設立認可申請の審査，1898年9月の須賀川銀行（公称資本金10万円）の設立認可申請の審査，前述した1902年の耶麻郡猪苗代町共立銀行の設立認可申請の審査も同様であった。ただし，共立銀行については，以上のほかにいわゆる機関銀行性の有無，発起人中に貸金業者がいないことや，政党関係の無さの確認がされている。

このように，銀行設立認可の審査の際には，地域経済の状況や他行との競合関係，ならびに定款や目論見書など銀行経営そのものに関わる事項に加えて，申請者（発起人）の資産額・所得額・社会的地位に基づく銀行が設立される地域社会内部での彼らの信用度が認可可否の重要基準にされていた。この意味で，設立認可の可否は，本来，会社制度的には家計・家産と経営が分離されているはずの株式会社形態の銀行も含めて，申請者の家計・家産や大資産家・名望家としての地域社会内部での社会的信用力に密接に結びつけられていた。なお，これら諸事項の審査については，1898年7月に県内務部長も「銀行条例実施

(1890年－引用者）以来大蔵省ノ通牒並農商務省ノ内訓ニ基キ訓令又ハ通牒相成モ様式無之為ニ調査区々ニ渉リ候ノミナラズ要領ヲ得サル為手数ヲ要スル事少カラス」として，この問題を改善するために調査事項として住所，族籍，職業，氏名，年齢，破産又は「家資分散処分」経験の有無，信用に関する犯罪の有無，所有財産の種類及び価格，流通資本額，貸付金額，借入金額，地租納税額，所得納税額を明記した様式を示した上で，銀行諸会社の役職・有価証券の銘柄と金額ならびに払込金額・建物の種類・所有不動産の所在地と金額などを詳細に調査することを求める各郡長宛通牒を作成していた。ここでも，銀行設立申請者の社会的信用に加えて，資産・所得の内容を重視する審査姿勢を示している。ここから上記諸事例と同様な審査は，銀行条例を受けて全国的に実施されたと判断される。

　現に，埼玉県庁文書に合綴された銀行設立関係文書でも，福島県とほぼ同様の諸事項についての調査と審査を実施した上で，設立認可の可否を決定していた。ただし，同県の場合，福島県が調査を実施した諸事項に加えて，「株金募集ノ難易」「将来維持ノ見込」が調査対象にされている点では内容が異なる。その際，それらの諸事項については，前者に関する「資本金額募集方ニ於テハ前陳ノ如ク（「全町及近村」の有力「資産家ノ結合」という意味で－引用者）有力者ノ申合セヲ以成立セントスルモノ故其募集ハ容易ナルモノト信ス」（児玉郡児玉銀行，1895年12月設立申請審査，公称資本金は不明），「前項ノ如ク発起人ニ資力信用共ニ充分ニシテ殊ニ切要希望ノ起業ナレハ株金ノ募集ハ極テ容易ナルヘシ」（北埼玉郡所在深谷銀行，1895年12月設立申請，公称資本金10万円），「株金募集ハ発起人等在住ノ地方ニ於ケル資産家ニ向テ為スノ目的ニシテ内情ノ豊富ナルモノナレハ自然困難ヲ感セサルノ予定ナルニ依リ慈株ヲ補充シ得ラレサルカ如キハ萬無之相考候」（南埼玉郡所在久喜銀行，1897年10月設立申請審査，公称資本金10万円）との記載に見られるように，大資産家の経済力，ないしその信用力が株式応募と払込みを容易にすることが，設立を認可する重要な判断基準のひとつになっていた。

　後者に関しては，「発起者ノ身分地位信用資産等ニ欠クル事ナク」－中略－「将来維持確乎タルヘシ」（北埼玉郡忍商業銀行，1896年2月設立審査，公称資本金10万円），「発起人ノ身元ヲ調査シタルニ資力壱萬円ニ下ルモノナク数十萬ノ

巨富ヲ有スルモノ和(ママ)少ナカラス随テ地位高ク信用厚シ」(深谷銀行),「発起者ノ信用亦厚キヲ以テスレバ之レガ運用方法ニシテ宜ヲ得バ将来ノ維持確乎タルベシ」(北埼玉郡加須銀行，1896年10月設立申請審査，公称資本金6万円)との記載に見られるように，若干の条件が付されているものもあるが，発起人が大資産家であり設立地域内部での信用が厚いことが重要な判断基準のひとつになっていた。以上のように，埼玉県下の銀行設立にあたっても，株式払込や事業継続の可能性の審査も含めて，設立発起人となった大資産家の信用力に依存した審査と事業認可が行われていた。この意味で，株式会社形態の銀行設立の許認可と発起人である地方資産家・地方名望家の家計・家産のあり方や地域社会内部での信用度は密接に結び付けられていた。

なお，個々の発起人の地域内部での信用度を被説明変数(対数変換)，資産額を説明変数(同)とする回帰分析，銀行公称資本金に対する発起人資産合計額の比率，発起人人数と平均資産額の関係などを採って，個々の発起人の信用度の測定基準や，銀行認可と発起人の資産額合計を調べた。回帰分析に関しては，定数項はマイナス，説明変数は有意にプラスであったことから，資産額は個々の発起人の信用度の判定に強い影響を与えていたと判断される。そのほかは，平均資産額が高いほど発起人人数が少なくなる傾向があること，無限責任社員が入る小規模な合資会社形態の銀行の場合，信用調査の対象となる発起人数(ひいては資産額／公称資本金)が少ないことが確認された以外は，有意味な結果は見出せなかった(表1-1)。したがって，これらの諸点は考慮する必要性はある。これに加えて，文書史料で例えば「衆議院議員ニシテ郡下ノ名望家タリ」(埼玉県忍商業銀行発起人湯本義憲の評価),「郵便電信局長ニシテ信用厚シ」(同じく冨田治郎助の評価),「埼玉県会議員，豊野村長ニシテ信用厚シ」(同加須銀行発起人田村庄太郎の評価)といった，銀行設立申請が出された各郡内部での資産面を除く属人的信用度が論じられている発起人がいることも考慮した場合，銀行設立の裏付となる発起人とその信用度の関係であるが，設立申請が出された個別地域の事情を踏まえて，総じて，各発起人の資産額を重視しつつも，資産以外の要素をも考慮して裁量的に発起人の信用度が判断され，認可可否が判断された傾向が強いと推定される。

このようにして，設立許認可が下された上で，全国的に多数の(弱小)銀行

表1-1 明治30年前後福島県・埼玉県における銀行設立発起人の資産額等

銀行名	氏名	資産額	発起人数	銀行名	氏名	資産額	発起人数
忍商業銀行	合計 平均 資本金比 標準偏差	747,169 93,396 747.2% 62,919	8	須釜銀行（合資会社）	大島久六 資本金比	9000 45.0%	1
児玉銀行	合計 平均 資本金比 標準偏差	122,782 7,222 ? 6,046	27	相馬銀行	合計 平均 標準偏差 資本金比	134,200 11,183 5,362 268.4%	12
深谷銀行	合計 平均 資本金比 標準偏差	625,358 56,851 625.4% 35,807	12	川上合資（白石）	白石源吉 資本金比	40,275 134.3%	1
久喜銀行	合計 平均 資本金比 標準偏差	1,233,888 205,648 1233.9% 106,298	6	須賀川銀行	合計 平均 標準偏差 資本金比	353,160 44,145 15,791 353.2%	15
加須銀行	合計 平均 資本金比 標準偏差	189,625 27,089 316.0% 18,459	7	共立銀行（合名会社）	合計 平均 標準偏差 資本金比	134,226 26,845 13,749 447.4%	5

注1）なお，共立銀行については，発起人資産額合計が60万円であるとする調査報告もあるが，明細が記載されておらず，少ない方の史料を示した。（　）内に企業形態を示したもの以外の銀行はすべて株式会社，資本金比は発起人資産合計額の資本金額（公称）に対する比重。
出所）本文を参照。

が設立されたのであるが，以上の経過を経てこれら諸銀行の設立が認められて，これら諸行により預金吸収が図られ，その貸出を通じて在来産業を中心とする地方産業の発展（「地域工業化」）が促進されたことを想起した時[24]，特に地方の工業化原資として必要な貯蓄（銀行預金）の少なからぬ部分が，近世以降の農業や在来産業の発展を背景とする銀行設立申請者＝経営者である大資産家・地[25]方名望家による資産蓄積に基づく，信用力に強く依拠して形成されたことの重要性を強調しなければなるまい[26]。この意味で，このことは近年のミクロ経済学視点の開発経済学がその研究を深化させている，途上国金融市場における情報

の非対称性を緩和する手段のひとつと評価できるかもしれない[27]。さらに，この点は，第4章補論，第5章で論じる両大戦間期における銀行破綻や銀行合同との関係でも重要なので特に注意を促したい。しかしながら，他方で，上記の手続を通じて設立された多数の弱小銀行の存在は，時期は下るが，1900〜01年の恐慌過程における多数のこれら銀行の破綻にも見られるように，銀行産業組織の脆弱化という問題をもたらした。政府が「銀行設立過度」を問題視し，合同を通じて経営規模の拡大を図るべきであると考えたのも，一義的にはこのような属人的資質に基づき多数の弱小銀行の設立を認めるという実態面における動向と，このことが抱える問題点への危惧がその背景であると見られる。

ところで，1899年7月26日になり諸外国と「新条約実施セラレテ外国人内地雑居ノ事遂ニ決行セラルル」[28]と，「是ヨリ先キ外国人ニシテ内地ニ銀行事業営ム者アリ何レモ多大ナ資本ヲ放下シテ之ニ従事シ其勢ヒ当ル可ラサルモノアリ」という状況が生じた。既に明らかにされているように[29]，特に外国為替取引で国内銀行は海外銀行に強い圧迫を受けていた。これに加えて「新条約」が発効され外国人による国内投資がより一層進みやすい状況が生じたため，政府は小銀行乱立の状態では「到底彼ニ対抗」することはできないと判断した。この判断に基づき，同年11月になると斎藤洵銀行課長は銀行合同を促進する内達を地方長官に示達する案を大蔵大臣に具申した。この案は大蔵省内での検討を経て，むしろ「新聞紙及経済雑誌ニ掲載シ善ク銀行業者其他一般事業家ニ示シ」たほうが良いということになった。このように，明治期における銀行合同政策は，「内地雑居」が決定されるに至り，対外自立の確保のための一手段として主張されるようにすらなった。この点は，対外自立の如何が未だ不透明であったこの時期固有の特徴であった[30]。

このような状況は1901年恐慌後になると大きく変化する。まず，同年8月になると大蔵省は理財局長名で新設銀行の資本金認可基準を会社組織で50万円，個人銀行で25万円とする弱小銀行の新設を抑制する通牒を発した。さらに，1911年になると政府は同年5月の商法改正により銀行合同手続きを簡略化するとともに，大蔵事務次官名で地方長官宛に「小銀行ノ合併整理」を図る通牒を発した。なお，この間，銀行設立認可申請審査にも変化が見られた。1912年の福島市における岩代銀行（公称資本金50万円）の設立認可申請においては，前

述した諸事項のほか，同じく前述した共立銀行と同様に「一会社ノ融通機関タルコトヲ目的トセサルヤ」という，いわゆる機関銀行関係についての調査事項や，銀行の政党関係の有無の調査に加えて，発起人とその経営者が少なからず重複する福島信託会社との関係のほか，新たに企業役員就任歴，公職就任歴についても調査がされていた。このような審査内容の変化，特に企業役員関係についての調査は，この間の銀行破綻の頻発が銀行役員の役員兼任先企業への融資に重要な原因のひとつがあったことを踏まえたものと推定される。

さらに，1917年にも大蔵省は銀行合同を奨励するが，これらの合同促進への措置をとる際にもっぱら弱小銀行の淘汰による金融構造の安定性確保のみをその理由に挙げていた。現に，1913・19年末の階層別普通銀行数を示すと[31]，13年末が全1457行中，公称資本金100万円以上は98行に過ぎず，30万円未満のものが1137行・79％を占めていたほか，19年末も同様に総数1345行中，公称資本金100万円以上が190行，50万円未満が585行・43.5％を占めていた。このように，第一次世界大戦期に至っても，弱小銀行中心の構造は根本的には是正されておらず，これが明治期に引き続いて政府が銀行合同の推進に努めざるを得ない重要な要因であった。しかし，この時期になると日本も対外自立を確保しており，このことが外国銀行への対抗が合同勧奨の理由に盛り込まれなくなった理由であろう。この意味で1911年以後の政府の銀行合同に対するスタンスは，1899年時点の合同勧奨とは歴史的位相が異なっていた。

それでは，政府はどのような形態の銀行合同を目標に掲げたのであろうか。この点は，周知のようなイギリス型大銀行支店銀行制（以下では，単に支店銀行制と略記）であった。ただし，注意しなければならないのは，両大戦間期とは異なりこの制度が主張された理由が，単に実態経済の発展に応じる形で，経営規模の拡大を図る必要性のみに求められていたことである。もちろん，両大戦間期においても銀行経営規模の拡大は目標とされた。しかしながら，明治期とは異なり，この時期になると，後述のように，銀行経営者の機会主義的行動が銀行破綻続出の重要要因であるとの観点から，これを組織原理で抑制するために支店銀行制を実現することが重要な目的のひとつにされた。以上の違いは，両大戦間期とは異なり，明治期の時点では合同を実現した銀行業が採用すべき企業形態が，経営者の統治をする上で優れている株式会社形態に限定すること

が唱えられていないことからも確認できる。この点においても，明治期の銀行合同政策の目標と両大戦間期のそれは大きく異なっていた。しかし，このような政府の動きに対して，当時の地方銀行家たちは，必ずしも好意的な反応は示さなかったようである。例えば，前述した黒須銀行経営者の繁田武平などは，銀行合同を通じて域内小地域の経済発展が犠牲にされることに反発し，むしろ中央から資金を地方に還元してでも小地域の発展を図るべきであると考えており，政府主導の銀行合同政策には順応しない姿勢を示していた。このような各地方の信用秩序の中核を担っていた地方資産家・地方名望家たちの姿勢が，政府が銀行合同の必要性を力説しているにもかかわらず，合同を通じた銀行産業組織の「集約化」が中々進展しなかった理由であると推測される。

　このように日清戦争期になると，大蔵官僚を中心とする政府は銀行合同の必要性を強く認識し，これを促進する政策的措置を採るようになった。そして，1911年以降になると銀行合同政策の目的の中心が弱小銀行の整理・統合による銀行産業組織の「集約化」であることが明確に打ち出された。その際，そこでの政策目標は乱立する弱小銀行の整理・合同を通じて支店銀行制を実現するという，単なる銀行経営規模の量的拡大の確保に止まっていた。また，合同の対象とされた弱小地方銀行の経営者である地方資産家や地方名望家たちは，域内小地域の発展確保を理由に政府の方針に必ずしも順応しない姿勢を示したことも併せて指摘しておきたい。この点は，既に第一次世界大戦期以前の時点で，両大戦間期に見られる銀行合同政策の制約要因の原型が見られたことを示しており，かつ，先行研究が指摘していないことでもある。特に注意を促したい。これらの諸点に，明治期以降第一次世界大戦期における銀行合同政策の特徴を見出せる。

(4)　以下での銀行合同政策に関する叙述は，特記しない限り，後藤『本邦銀行合同史』第2章，および同書が引用した『明治財政史』などの史料による。ただし，以下では史料については引用個所を注記し，その上で時期別の特徴を明確化したという意味で，やや史料を並べたのみの観を拭えない後藤氏以上に踏み込んだ検討を行った部分もある。
(5)　『明治財政史』第12巻，丸善，674〜675頁。
(6)　後藤『本邦銀行合同史』表17（38頁）。

(7)　なお，地方資産家・地方名望家主導による在来産業を中心とする地域振興目的の銀行設立は岡田和喜・本間靖夫「地方産業の発展と地方銀行（一）（二）（三）」(『金融経済』第127・129・130号，1971年4・8・10月，所収)でも検討されており，格別新しい論点ではない。しかし，銀行設立にあたった地方資産家・地方名望家らの意識を検討し，単なる地域振興に止まらない，彼らの活動地域の自律性確保志向を付け加えた点は，瑣末ながら，岡田氏らの検討と相違があるように思われる。
(8)　以下，設立過程なども含めて，黒須銀行については，白鳥圭志「明治期から第一次世界大戦期における一地方銀行家の経営観の変容」『地方金融史研究』第35号，2004年3月，所収に依拠している。なお，同行については，加藤隆「明治期における一地方銀行家の経営理念」関未代策教授古希記念論文集刊行会編『経済学の発展』白桃書房，1968年，所収，1～24頁，秋谷「埼玉県における銀行合同の展開」37～52頁も参照。
(9)　以下での，実業銀行移転開業についての引用等は，塚本『駄知金融史』岐阜信用金庫，1956年，398～409頁。
(10)　福島県（推定）「銀行設立地方ノ経済事情」日付等不明，福島県『明治三十五年　第一種　商第四，九，十，十二号』に合綴。
(11)　1902年史料に記載された「最近ノ状況」(上掲「経済事情」)により，同地域の主要産品の生産量を示せば，米4万7320石，生糸1300貫目，繭900石，馬（「二才ニシテ市場ノ取引ニ係ルモノ」）306頭，木炭93万6000貫目，薪1万棚，木材65万坪，5200俵，湯垢（温泉より産出。湯の華を固めたものか）3250貫目，川魚3850貫目，酒2405石，醬油350石，味噌1万2750貫目であったという。ここから，器械製糸業の存在には留意すべきではあるものの，同地方の中心産業が在来産業であったことが確認される。
(12)　中国銀行『中国銀行五十年史』同行，1983年，163頁。
(13)　姉尾は同協定が自行に利益になることを指摘しつつも，「由来作州は個人間の貸借著しく発達せる地方にして，近来金利の低落と銀行の活動とにより，多少其の度を減じたりと雖も，是を両備南部の地方に比較すれば，尚宵壌の如く総ての人士が銀行を利用さるるに至らば，作州に於ける銀行業務の繁栄は恐らく倍加すべく自然金利の低落を見，産業界を刺激して其の振興を齎し，茲に金融業者の真の天職を完ふし得べき也」とした上で，「京阪諸銀行の企図に追従し」長期的には地域経済発展につながる「一時の苦痛を恐れて競争を避け金利を協定し，苟且偸安，以て小康に甘ずる如きは，断じて吾銀行界をして未来に光輝あらしむる所以に非ざる也」「預金利率を引下げ又々資金を他の大都市に吸収せられ，将に発芽せむとする作州企業をして，永へに頭を台ぐるの余地なからしむるは，余等作州人のよく堪え得る処なかるべきか。また，金融業者が真に産業界に忠勇なる所以と言ひ得べきか。若し世に地方産業の振縮を眼中に置かざる銀行業者ありとせば，私利の徒私欲の輩との誹

謗を奈何せむ」と主張して，京阪地方などの他地域に対する「作州」地方の自律性維持とその発展確保のために預金金利協定に反対した（姉尾「預金金利協定反対意見書」1919年6月20日，岡山県立図書館所蔵）。

(14) なお，かつて，筆者は，同じ福島県の電力企業の設立審査について，同様な視点から考察し，同様の結果を得たことがある（白鳥圭志「戦前期東北地方電力業の形成と展開」『アジア流域文化研究I』東北学院大学オープンリサーチセンター，2005年3月，130～132頁を参照）。

(15) 以下，福島県『明治三十年第一種商業第四号　銀行ニ関スル書類　三冊之内第一』に合綴の須釜銀行設立認可申請関係書類による。

(16) 福島県『明治三十年第一種商第四号　銀行ニ関スル書類　二冊之内第三』に合綴の同行設立申請関係書類による。

(17) 福島県『明治三十一年第一種　商第四号　銀行ニ関スル書類　二冊之内第一』に合綴の設立認可申請関係史料による。

(18) 福島県『明治三十一年　第一種　商第四号　銀行ニ関スル書類　二冊之内第二』に合綴の同行設立認可申請関係書類による。

(19) 福島県『明治三十五年　第一種　商第四，九，十，十二号』に合綴の同行設立審査関係史料による。

(20) 県内務部長「内商五五六一号　銀行其他会社ノ発起人身元財産調書様式通牒ノ件」1897年7月20日，県内各郡長宛，福島県『明治三十三年　第一種商第四号　銀行ニ関スル書類』に合綴。

(21) ここで取り上げる諸銀行の史料は，埼玉県立文書館所蔵の埼玉県庁文書『勧業部　類合　会社（銀行）』（明3579），『商工務部　類名　会社（銀行）』（明3580），『商工務部　類名　会社（銀行，株式会社，合名会社，民事会社)』（明3589）に合綴されている。なお，目録で検索したが，設立許認可に関する文書は，本書で引用する銀行のみには止まらない（貯蓄銀行は除外。普通銀行は，管見の限り，1行のみ見つけられなかった）。本書では，特に，筆者の問題関心から見て，重要な記載があった銀行の文書のみを引用してある。なお，深谷銀行の公称資本金のみ，あさひ銀行編『埼玉銀行通史』同行，1993年，696頁による。

(22) 以下，円単位未満切捨てで検討した。

(23) これはデータが採取可能で，かつ，発起人の信用度の格付けがされている埼玉県の収集銀行のみで実施した（OLS推定）。なお，回帰分析の結果は，$\log Y = -0.729 \, (-7.82) + 0.221 \log X \, (10.57)$，adjR2＝0.70であった（観測数48。括弧内はt値。F値は111.80。いずれも1％で有意）。その際，埼玉県庁文書に記載された格付けに従い，無資産だが株式払込は可能を0，中流以上を1，上流を2，「貴族」および信用が頗る厚いとされたもの，ならびに多額納税者を3として信用点数をつけた。これを踏まえて，異常値となる0評価を除外した上で，対数変換を行った。なお，計算結果は省略するが，

上記回帰式の残差を被説明変数，資産額を説明変数とする回帰分析を行い分散不均一性をチェックしたが，t値，F値ともに1％水準で有意にならず，adjR2も−0.02であった。以上から，上記回帰式の分散不均一性の疑いは低いと判断される。なお，関連して横山和輝『金融システムの破壊と創造：金融恐慌』一橋大学大学院経済学研究科博士号請求論文審査要旨，2005年3月では「工業化の初期段階」の銀行経営者が「自らの名声（reputation）に対する社会的信用を背後として，銀行預金というかたちで事業資金を吸収することが可能であった」とあるが，地方銀行に即してその具体的内容を析出していない。

(24) 後藤『銀行合同の実証的研究』など多くの先行研究に見られるように，多くの弱小銀行が両大戦間期の金融危機時まで営業を継続していることからも，このような議論が可能であろう。

(25) 谷本「在来的発展の制度的基盤」。同『日本における在来的経済発展と織物業』名古屋大学出版会，1997年など。

(26) さしあたり，山口和雄編『日本産業金融史研究』製糸・紡績・織物の各編，石井寛治『近代日本金融史序説』，寺西重郎「戦前日本の金融システムは銀行中心であったか」谷本「在来的発展の制度的基盤」による。また，マクロ経済学視点からの開発経済学の標準的見解でも工業化における投資原資としての貯蓄形成の問題が取り上げられているが（速水祐二郎『開発経済学』創文社，1995年，41～43頁，寺西重郎『工業化と金融システム』東洋経済新報社，1991年，23～26，52～64頁。日本についての実証研究として，さしあたり，寺西『日本の経済発展と金融』182～214頁を挙げる），管見の限り，理論面の研究を含む先行諸研究で，ここで論じた金融機関の信用確保という意味での地方資産家による銀行設立の意義の重要性を指摘した研究はないように思われる（なお，寺西『工業化と金融システム』54頁はフィリピンで資産家を利用した銀行制度形成の存在を指摘しているが，これは資産家がもつ「情報チャンネル」の利用という観点からの議論であり，預金吸収の基盤となる信用確保という議論とは異なる。また，泉田洋一『農村開発金融論』東京大学出版会，2003年，第1章，29～46頁では，信用組合などのいわゆる下級金融機関の貯蓄形成と信用の関係を検討しているが，信用基盤としての地方資産家・地方名望家との関係を看過している。この点を踏まえて，下級金融機関とともに農村金融の重要な構成要素であった，地方銀行についての検討が必要とされよう）。

　　　さらに，このことは，ミクロ経済学視点の開発経済学の標準的見解を見ても同様である（黒崎卓・山形辰史『開発経済学』日本評論社，2003年，第4章；Pranab Bardham and Christopher Udry, *Development Microeconomics,* Oxford University Press, 1999, Chapter 7, pp. 76-93）。ただし，Bardham and Christopher は途上国の貸出市場（貸し手はリスク中立

的な個人を前提)における情報の非対称性と機会主義的行動に基づく市場によるコーディネーションの失敗を回避する手段として，借手の個人財産も含む担保の役割を強調している点は注目される。かかる議論を踏まえたとき，この観点に資産家層の歴史的形成の視点を加えて，預金市場も含む金融市場における銀行制度を中心とする信用形成の問題を検討する必要があるように思われる。

　なお，他銀行からの借入金調達とこれを通じた産業資金供給についても（さしあたり白鳥「明治後期から第一次世界大戦期における地方銀行家の経営観の変容」32〜34頁における十五銀行からの黒須銀行の資金調達など多数の事例が報告されている），地方資産家が自らの信用力を生かして銀行を設立しなければ，その調達が不可能だったであろうことを想起した時，両大戦間期との位相の違いには十分に注意を払う必要性はあるものの，同様に地方資産家の果たした役割の重要性を強調できるように思われる。

(27) 　Bardham and Christopher, *Development Microeconomics*, Chapter 7. ただし，上述のように，この見解では貸出市場の静態的分析が前提となっている。
(28) 　『明治財政史』第12巻，695〜700頁。
(29) 　石井寛治「金融構造」97〜102頁。
(30) 　「第37回帝国議会衆議院銀行条例中改正法律案外一件委員会議事録」『帝国議会衆議院委員会議録10』臨川書房，1984年，所収，163・166頁，における森俊六郎銀行課長の発言（銀行条例1916年改正時）などでは，銀行合同を必要とする理由は金融構造の非集約性に基づく不安定性に求められており，このような内容は見出せない。
(31) 　後藤『本邦銀行合同史』表54（128〜129頁）。

第2節　「重層的金融構造」の形成

　「重層的金融構造」の形成期をいつに求めるのか，という点については，1900年前後から形成過程に入り第一次世界大戦期に本格的に成立するという，おおよその共通認識的仮説が存在していた。(32)しかしながら，この点に関する具体的な史実は殆ど提示されていなかった。だが，近年，神山恒雄氏が何人かの研究者の個別実証研究に基づき，この点に関する史実を提示した議論をしている。(33)ここではもっぱら神山氏と氏が依拠した研究者の議論によりつつ，一部新しい史実を提示し「重層的金融構造」の形成過程を確認する。その際，神山

氏において，殆ど論じられなかった，「重層的金融構造」の重要な特徴とされ(34)る，内国金融を構成する各地域金融の地域的特性の強さを補足する。

　この点については，先行研究によって，例えば，同じ紡績・製糸・織物業といった同一産業内でさえも，その金融のあり方は地域によって相当異なることが既に明らかにされている。なお，本書全体を通じて明らかにするように，当時の人々の認識に従えば，一府県あたりの銀行数は金融の地域的特性の強さを示す代理変数と考えられる。その標準偏差と平均値（カッコ内）を示せば，1895年20.65（17.38），1898年30.13（同31.59），1913年29.18（同30.95），1919年27.84（同28.48）であり，これら4時点の標準偏差の平均は26.95（同27.1）であった。経済発展に伴い平均値が上昇しており，この点の標準偏差に対する影響には十分注意する必要はあるものの，標準偏差が幾何平均値であること，その値が高位に止まることを考慮した時，府県内別銀行数の相違の大きさ＝地域的特性の強さが，ここからも，一定程度，確認されよう。

　さらに，同じ年について三大都市所在府県とその他府県の本店銀行数に分けて標準偏差を示すと，前者が16.80，22.86，28.04，35.50，39.96，後者が20.07，29.04，32.42，28.12，26.42であり，1913年に三大都市圏が逆転するまで，その他地域のほうが高い値を示している。もっとも，平均値を示すと，前者が40.66，71.00，64.66，59.66，56.00であるのに対して，後者は15.79，28.63，32.27，29.00，26.61であるから，平均値では前者が後者を隔絶していた。さらに，両系列の分散の差の検定（χ^2検定）を行ったところ，すべての年次において1％水準で統計的に有意な差があるとの結果が出ており，標準偏差についても同様のことが言える。このことは両系列に大きな格差があることを示す。この点には留意する必要がある。しかし，上記の数値から見て，前述した日清戦争期以降の弱小銀行の簇生以後，第一次世界大戦初頭までの期間においては，その他府県において金融の地域的特性が三大都市所在府県よりも強い形で出てきたこと，その後，周知の大都市部における金融の急発展が見られた第一次世界大戦期になり数字の上での動向が逆転し，とりわけ大戦末期にその格差が決定的になることが確認される。特に大戦前において標準偏差で有意な差が検出され，1895年から98年にかけて両系列の値の差が拡大したことは，それまで銀行を設立することが不可能であった，府県域内の小地域において相次

いで銀行設立が見られたことの帰結であると見てよかろう。その意味で，この現象は当該期における在来産業を中心とする地域金融経済の活力の強さを示していると判断される。[37]

　この点を踏まえた場合，府県内部における金融の地域的特性の強さを考慮の上で，各地域金融の構造的連関（＝「重層的金融構造」）の形成過程の特質を把握する必要がある。しかしながら，これまでの研究では都市銀行の支店進出との関係，およびこれを通じた普通銀行部門を中心とする日本金融構造の特質把握は，断片的な事実や個別的事例の指摘・報告はあるものの[38]，地域別相違も踏まえた全体像は正面から検討・提起されなかった。それゆえ，ここでは，既存の研究の限界を踏まえて[39]，都市銀行の進出動向が分かる事例を複数挙げて，金融の地域的特性と内国金融の統一性（＝「重層的金融構造」）の形成過程の特徴を確認する。

　「重層的金融構造」の重要な特徴のひとつは，1882年に設立された日本銀行を頂点とする普通銀行の階層性である。この点について預金量を基準にして簡単に見てみると[40]，1890年時点では三井，第一が他の銀行に比べて隔絶した地位を保っており，普通銀行総預金量の4割を占めていた（「前提としての分化」）。その後，日清戦争期までに上記二行に加えて，三菱，安田，第三，第十五などの東京本店所在の銀行が都市銀行として他行から「分化」したほか，日露戦争期には住友，鴻池，三十四などの大阪本店所在銀行が，さらに日露戦後になると名古屋，愛知，明治など名古屋市本店所在銀行が，他の銀行から都市銀行として「分化」した。このような動向の中でも，注目すべきは上記の都市銀行群の支店設置行動である[41]。1910年時点での都市銀行群が複数以上地方支店を設置している道県を見ると[42]，滋賀（9），福岡（8），広島（6），鳥取（5），福島・千葉・三重（4），秋田・島根・鹿児島（3），北海道・山形・茨城・石川・和歌山・岡山・山口（2）であり，基本的に本店所在地である三大都市周辺の地域と西日本を中心に，工業化期以降，積極的に支店を展開していた。これに加えて，前述のように，とりわけ日清戦争期以降明治末に至る時期まで，多数の弱小銀行が各地方に簇生することになった。ここで重要なのは，このような都市銀行群の支店設置を通じて，階層性と地域経済の固有性を帯びた国内各地域金融・各地域金融機関が有機的に結び付けられたことである。この点は

後述する，両大戦間期における銀行合同政策に重要な影響を与える，都市銀行支店を通じた地方資金の流失問題と，これに対する各地方からの激しい批判が生じる重要な歴史的前提条件となるので留意されたい。

ところで，このような都市銀行群の地方への支店展開は，同時に各地に本店が所在する地方銀行と都市銀行の資金の預託関係を伴っていた。つまり，1914年末時点で日本銀行の支店数は，小樽，函館，福島，名古屋，新潟，金沢，松本，京都，大阪，広島，門司の11店舗であったが，日本銀行の取引先は普通銀行がほとんどで，本支店合計で当座約定142口，コルレス約定が151口であったというし，支店のみであるが手形割引約定先は商業手形179口，保証品付手形214口であったという。これらのことは「同一銀行が複数の日銀店舗と契約していることが多かったので」，日銀取引先になれる銀行は都市銀行や地方銀行上層に限定されていたことを意味する。以上の状況を背景に「地域的な金融調節」を行うために，上述のように特に日清戦争期以降に多数設立された弱小銀行を中心とする地方銀行と都市銀行，あるいは地方銀行間の資金預託関係の形成が進展した。神山氏は具体的事例として，(43)①株式担保金融の失敗を背景に日清戦争後に経営危機に陥った熊本県第九銀行の，地元銀行である細川家経営の肥後銀行と安田銀行による救済過程と，これを通じた肥後銀行の安田系列入りと肥後銀行による第九銀行の合併，および②日清戦争後期から第二次恐慌期の福岡県における，地元銀行の破綻と住友・三井両行の優位の確立とこの両行の残存地元銀行の親銀行化，③製糸・養蚕地帯である西濃尾地方の金融動揺（1904年）を契機とする大垣共立銀行の安田銀行系列入りと，これに伴う同行からの役員の受け入れを挙げている。

なお，工業化期における系列化に伴う地元資金の流失状況であるが，福岡県については石炭業という有望な市場をもっていたがゆえに，進出してきた都市銀行の預金・貸出ポジションは，1899〜1905年までの門司所在銀行（百三十，住友，三井，日本商業，日本貿易，帝国商業の各行）についてみると，(44)1900年の日本商業銀行，05年末の三井銀行を除いて，軒並み貸出超過であった。この事実から資金流失は見られなかったと判断される。次に，浅井氏の検討によれば，(45)岐阜県下西濃尾地方においては明治末時点で大垣共立銀行の預け金は「それほど多額にのぼっていないので，大量の資金流失があったとは考えられない」ほ

か,「安田系銀行の共同貸付形態での都市諸企業への資金運用もそれほど頻繁ではな」く,ここから「地方経済が一定の繁栄を示したこの時期には,都市金融と関係をもつことの基本的意義は一時的・季節的な資金ポジションの変動を調節することにあ」ったという。現に氏の挙げた同行の主要勘定によると,都市銀行を預託先とすると考えられる預け金の動きは,1921年まで18年の70万円を除けば基本的に小額で推移しており,金額が増大するのは1923年以降,とりわけ昭和恐慌期以降であった。また,十六銀行の預け金もほぼ同様の動きを示している。預け金の増額が地方からの資金流失を示すもの,ひいては地域の自律性確保の如何を示すものであるとすれば,ここから同地方の主要産業である製糸業が没落過程に入る以前の時点での系列化は,地域の自律性とは矛盾を孕む関係ではなく,製糸業の斜陽化に伴い地域の自律性確保と系列関係は矛盾を顕在化させたと言えよう。

　しかしながら,地方銀行の都市銀行系列入り問題の様相は,漁業金融・商業金融を中心とする明治末から大正初頭の小樽では大きく異なる。この点を,筆者が確認した1914年前後の北海道小樽市本店所在の北海道銀行(1913年末時点,公称資本金150万円)と第一銀行との親子銀行関係の形成を事例に検討する。北海道銀行は1906年に小樽銀行と北海道商業銀行が合併して設立され,本店を小樽市に置いた。同行内部史料によれば,合併当初,同行は羽幌石炭経営者岡田佐助への貸付金17万9000円を筆頭に合計「金六拾萬円」もの不良貸付を抱えており,このことは同行をして「是レ本行将来ノ一大難事ナリトス」と言わせしめるほど深刻な問題であった。しかしながら,「本行成立後幸ニ日露戦争ノ余響ヲ受ケテ市況活発人気昂進セル折柄機ニ投シテ固定貸金ノ回収ヲ計リ流込物件其他有価証券ノ処分ヲ断行シ以テ一面借入金ヲ減縮シ他ノ一面ニハ流動資本ヲ増加シテ確実ナル貸出ノ需ニ応ジタ」という。しかしながら,1907年以降の恐慌により同行の営業は縮小を余儀なくされたほか,この過程で明治「四十年度(07年-引用者)ハ有価証券ノ下落ニヨリ上下両半期共其差損ヲ受ケタルヲ以テ折角ノ営業上ノ利益ヲ減殺シタ」上に,同「四十二年(09年-同)ニ入リテハ一般商況ノ不況ハ前年ニ異ナラサル上ニ本行ニ重大ナル関係ヲ有スル(夕張炭鉱経営者である-同)谷七太郎氏ハ実ニ八拾余萬円ノ巨大ナル負債ニ対シ今ハ一金ノ利息ヲモ支払フ能ハサルニ至リ」-中略-「谷七太郎氏利息金不納

第1章　両大戦間期における銀行合同政策の歴史的諸前提　37

（其他ニモ不納者アリ）為メ著シク営業ノ利益ヲ減殺」した。この結果，「谷氏ノ関係ノ重大ニシテ該貸付金整理ノ如何ハ実ニ本行ノ興廃ニ関スル」と言わざるを得ない事態に至った。同行の純益金の動向を見ると，1907年上期6万4000円，同下期4万9000円，08年上期5万2000円で推移していたものが，同下期には2万円と半分以下に減少し，さらに09年上期には1万9500円にまで低下している。09年上下両期の谷の未払い利息はそれぞれ約「弐萬円」であったというから，収益面におけるその衝撃の大きさが理解できよう。

　1909年の時点で谷向けの貸出残高は83万4000円に達していた。同年5月末時点の同行の貸出残高は421万4000円，同じく10月末は567万6000円であったから，谷向けの貸出額は概ね総貸付額の15〜20％を占めており，この貸出金の回収に疑問符がついたことは同行の経営にとって深刻な問題であった。谷向けの貸出金は合併当初時点で合計「百拾七萬弐千円」であったが，その後，谷が新夕張炭鉱を浅野に半分譲渡した関係で，06年時点で29万3000円にまで減少していたという。ここから，貸出時期とその形成要因は不明であるものの，北海道銀行設立後4回に渡り合計6万1000円の手形割引による貸出を実施していること，および09年時点での金額をも踏まえた場合，おそらく「日露戦争ノ余響」とその後の恐慌過程でかかる不良資産が累積したと見られる。このような不始末が生じた結果，同行の経営は悪化した。『営業報告書』が入手可能な1912年上期時点で見てみると，預貸率107.2％と貸出超過であり，預借率は19.6％と2割にまで達しており，借入金依存が目立っていた。今，この点について，資金需要期にあたる1914年12月に同行が日本銀行小樽支店に提出した「特別融通願」を用いて詳しく見てみよう。同行は同年11月から翌年1月までの間に，漁業資金24万5000円，各商工業資金11万2000円，これらにかかわる預金引出101万円，合計136万8000円の放資高があったのに対して，資金回収の見込みは54万4000円に過ぎなかった。このほか鉄道預金，小樽区役所預金，道庁担保公債補充資金で16万円の放資の必要があった。この内，11月の時点で16万2000円が既に放資済みであったから，残りの期間内で82万2000円の資金不足が生じることになっていた。このような資金不足に対して，同行は第一銀行から10万円，北海道拓殖銀行から20万円，そして倉荷証券担保再割引により10万円，合計40万円を調達することにし，残額を日銀小樽支店に依存する計画でいた。表1-2には

表1-2 小樽市域における貸出合計

(単位:千円)

年　　次	貸出総高 雑貨(a)	貸出総高 農産物(b)	貸出総高 海産物(c)	貸出総高 総　計	構成比 a(%)	構成比 b(%)	構成比 c(%)
1911年	2,311	49,496	12,209	64,016	3.6	77.3	19.1
1912年	2,929	37,320	15,098	55,348	5.3	67.4	27.3
1913年	1,697	37,708	20,416	59,823	2.8	63.0	34.1
1915年	1,716	27,377	12,169	41,263	4.2	66.3	29.5
1916年	3,841	47,493	13,853	65,189	5.9	72.9	21.3
1917年	3,807	82,360	17,072	103,239	3.7	79.8	16.5
1918年	7,271	102,880	18,922	129,074	5.6	79.7	14.7
1919年	9,551	90,877	47,017	147,445	6.5	61.6	31.9
1920年	8,959	68,618	34,074	111,651	8.0	61.5	30.5
1911-20年平均	4,676	60,459	21,203	86,339	5.4	70.0	24.6

注1) 貸出構成はすべて倉荷証券担保貸出と荷為替手形割引。
出所) 小樽商業会議所『小樽商工業統計書』より作成。

小樽市域における貸出構成を示した。同表に見られるように，同地方は漁業拠点・物流拠点という特徴を反映して，貸出総額の殆どは商業金融が中心と見られる農産物・海産物向けであった。このような状況の中で同行は1913年末時点で17.1%と，小樽で最大の貸出シェアを持っており，漁業や商業関係への重要な資金供給機関となっていた。しかし，日露戦後不況下で谷関連石炭向け貸付を中心に多額の滞貸金を抱える中で，同行は季節資金需要に十分対応することができず，資金繰りを第一，拓銀の両行，そして日本銀行に依存せざるを得ない状況に陥っていた。

以上の状況下で，日本銀行は①未払込株式価額の4分の3を償却し，4分1を払い込ませた上で，②資本総額93万7000円中18万7000円を減資し，③減資後75万円の増資を実施し，それをすべて第一銀行に引き受けさせる，という覚書を道銀側に送付してきた。つまり，日本銀行は北海道銀行を第一銀行の系列下に入れることを通じて，同行の不良資産整理を推進しようとした。これに対して，1914年3月の北海道銀行頭取から日銀支店長宛の具申では，「一，第一銀行ヲ親銀行トスル事，一，右ニ付当銀行新旧株壱万五千株ヲ旧株ハ一株金三十円位，新株ハ七円位ニテ買収シ第一銀行ニ譲渡スル事」という日本銀行側が提示した条件のうち，一については競争が激しい中で「其大看板ヲ利用シ」有利に競争を展開している，第一銀行の「下ニ在リテ相対峙」できるか「甚ダ懸

念」があるとしつつも「異議申間敷」と回答した。しかしながら，二に関しては，「夥モ難事否ナリ絶対不可能ノ儀ト奉存候」と回答した。

　その理由として，北海道銀行側による次の説明が注目される。すなわち，「当銀行ノ株主ハ全ク中央銀行（第一銀行などの小樽に支店をもつ都市銀行－引用者）金持ノ株主ト凡ソ異ナリ全ク地方的観念ヲ以テ株主トナリ然ルモノニテ是迄永年六朱ノ配当ヲ値戻シタルモ嘗テ其少ナキヲ訴ヘス其株式ノ市価低キモ之ヲ憐マス又之ヲ売放ツ事モセス偶々売買アルモ是ハ統計上迄ノ事ナルニ出テ或ハ貸流トナルモノ等ヲ多シトス左レハ昨年新株募集ノ時ニ於テモ其事情ヲ知ラサル者ハ之ヲ急謀ノ挙トナシ其成功ヲ疑ヒタリ然ルニ地方的観念ニ省ミタル株主ハ其辺ニ所有スル旧株ノ市価三十三円前後ニ在ルニモ拘ラス進デ之ニ応募シ又旧株主ナラザル人モ進デ新株ニ応募シタ」のであり，しかも第一回の払込にも速やかに応じるなど，払込面でも株主たちの行動は「他ノ観察ノ及ハサル所ニ有之」という。また，「旧株主ハ一般ニ之（北海道銀行旧株－引用者）ヲ売放ツヲ好マス」，「市価」である「一株三十三円」で買収予定であったのを「果テハ一株三十五円テ買収」するなど，「アラユル手段ヲ以テ買収ヲ」試みても初期の目的を達成できず，さらに「今一株四十円投スルモ一千株ノ株ヲ得ル事ハ容易ナラスト被存候況シテ」，日本銀行の斡旋案にある「一万五千株」を株主たちから買い集めるのは，到底，不可能な状況である。それゆえ，株主たちに対して「壱万五千株ノ多数ノ株式」を，第一銀行に譲渡させる提案をするのは「絶対不可」である。なお，このような「多数株ヲ希望」する第一銀行は，これにより北海道銀行を「併合」する意向であるように見受けられるが，「其併合ノ割合ニ至リテハ前述ノ通リノ事情ニ付之ヲ三十円乃至三十五円位（目下ノ市価ハ三十五円以上六円位ノ間）トシテ併合シ事ハ是亦難事」である。したがって，「一万五千株」もの株式の第一銀行への譲渡という点では，北海道銀行としては日本銀行の斡旋案には応じられない。

　以上が，北海道銀行側が日本銀行側に説明した，同行株式の第一銀行への譲渡を不可能とした主要な理由である。特に重要と思われる部分は，原史料をそのまま引用しておいた。当該部分はあまりに生々しいので，今更，筆者による詳論の要はなかろうが，以上の引用から，まずは，経営不振に陥り，「市価」が低落している地元銀行である，北海道銀行の株式を所有することによる経済

的不利益を敢えて省みず，高価格での買収という好条件を提示されているにもかかわらず，地域金融経済の自律性を維持すべく株式売却を頑強に拒む，株主たちの地域に対する情熱の凄まじさを確認できることを指摘したい。さらに，上記史料に加えて，同史料に先立つ1913年12月にも，北海道銀行経営陣は，「本道ノ金融機関トシテ地方ノ為ニ資スルハ内地支店銀行ト異ナル所アリ故ニ将来地方ノ為ニ尽ス可キヲ信」じているとの文書を，日本銀行小樽支店長宛に提出していた。これらの史料から株主たちの姿勢に配慮して，日本銀行の斡旋案受容を強く拒む，同行経営陣の強烈な姿勢も確認できることも指摘しておきたい。

　以上，北海道銀行側は，経済面での不利益を省みず地方金融の自律性を確保すべく，地方銀行経営を支える株主たちへの配慮から，部分的には受容したものの，総じて日本銀行側の斡旋案には基本的に強い難色を示した。別の史料によれば，この時期は当地方の大口資金需要者である漁業家たちは「銀行ヨリ直接融通ヲ仰クモノヲ生スルニ至リ（小樽地域の主たる資金供給者である－引用者）金貸業者ヨリ融通ヲ受クルモノ漸ク減少シ」て来た状況であったというから，都市銀行による地元銀行系列化は，せっかく銀行からの融通を得られるまでに成長した地元漁業家たちから，相対的にではあれ低利な資金供給者を奪うことになりかねない。北海道銀行側が強行に反対することになった背景の根本には，おそらくは，このような地域経済の実情も横たわるのであろう。そして，この問題の顛末であるが，同行は1915年上期に減資による滞貸金整理を実施したが，同行『営業報告書』添付の株主欄の中には第一銀行への株式移動を見出すことはできない。それゆえ，資金繰りを第一銀行に依存するようにはなっているものの，ほぼ北海道銀行側の主張が通ったと判断してよい。このように大正初期前後になると同行の株主や経営陣が，地域金融の自律性確保の観点から経営の支配権を握られることに頑強に反対したことは特筆しなければならない。しかし，以上のような過程の中で，日露戦後期になると，小樽も都市銀行の支店進出を通じて大都市部－地方間という階層的格差を伴う地域間の金融関係に組み込まれるとともに，都市銀行－地方銀行という銀行の階層間関係＝系列関係も形成されたことは否定し難い事実である。

　さらに，地方銀行と都市銀行の預託関係の形成を見る上で，特に指摘してお

きたいのは，都市銀行と預託関係をもった地方銀行が存在する各地方金融のあり方が一様でなかった点である。神山氏が依拠した事例で言えば，福岡県筑豊地方は日本屈指の石炭の産出地であり，東京・大阪方面から流入した低利資金を背景に，都市銀行支店は高利率な地元銀行に対する競争力を確保していた。[59]その際，炭鉱企業の借入先は「個人金貸，石炭商による前貸，銀行による直接貸出」があり，鉱区・地所建物を中心とする不動産担保融資が4割弱，無担保融資も4割弱（1903年時点）であったという。[60] 石炭商については「前金払い，半金前払い，荷為替払い，手形払い，掛など様々であったが，手形の場合，通常30日後払いの約束手形」が主流であり，「抗主が裏書し銀行が割引き日本銀行西部支店が再割引きした」という。岐阜県西濃尾地方は日本有数の製糸業地帯であり，[61]製糸業関連を中心に肥料・米穀金融といった農業関連，そして織物金融で全貸付額のほぼ半分を占めていた。特に，西濃尾地方の製糸金融は日本銀行名古屋支店のほか，名古屋や岐阜所在の都市銀行支店からの資金供給に依拠して，春繭の資金需要期における製糸家振出手形の割引取引に対応しており，地域的には名古屋と密接な関係をもちつつ，日銀名古屋支店ないし名古屋所在支店銀行——西濃尾所在地方銀行——製糸家という「重層的」関係を帯びていた点に特徴があった。筆者が示した小樽は当時北海道最大の商都であり，[62]かつ，前述したようにニシン等の漁業地帯でもあるところから，漁業金融のほか，農産物・海産物担保の商業金融が盛んであり，年間を通じた商業手形割引と日銀小樽支店や拓銀による再割引のほか，漁業金融については秋から冬場の漁期に手形貸出により資金を供給していた。

　このほか，工業化期に関して言えば，都市銀行の地方進出に伴う地方資金の流失入は必ずしも一様ではなく，後述の小樽のように日露戦後から第一次世界大戦直前期には流失地域化していたところもあれば，北九州地方・西濃尾地方のように本問題が殆ど顕在化しない地域もあった。つまり，都市銀行と地方銀行の預託関係の形成は——これに前述した都市銀行群の地方支店展開も加えてよかろう——，金融状況が大きく異なる各地方金融が都市銀行を媒介に有機的に結合したことを意味する。さらには，都市銀行と各地域金融の関係のあり方は，地域により異なっていた。つまり，「生死業」という周知の呼称に見られるように，西濃尾地方のようなリスクの高い製糸業地帯では，これを嫌って，

地元銀行を媒介に間接的に進出していた。これに対して，製糸業に比べれば，比較的リスクが低位と判断される石炭業を抱える北九州地域では，直接，都市銀行群が進出した。少なくとも，工業化期においては，このように産業特性に基づくリスクの度合いで，都市銀行群の地方への進出動向は異なっていた。また，工業化過程で産業基盤を持ち得なかった小樽のような地域では，都市銀行支店は預金吸収店舗化していたことも指摘しなければなるまい。なお，各地方金融の範囲であるが，以上の検討に見られるように，必ずしも府県という行政単位ではなく行政区域内の小経済圏が単位として考えられていた点にも，後に検討する銀行合同政策との関連上，留意すべきであろう。

　以上，資本主義的工業化期には，多様な各地域金融が日本銀行の本支店のみならず，都市銀行の本支店関係および都市銀行－地方銀行の預託関係を通じて，有機的に結び付けられた。こうして，都市銀行と各地方金融との関係性のあり方の相違をも含めて，一定の自律性と活力をもつ多様な各地域金融から構成される，地域・銀行の階層性をも伴う金融構造＝「重層的金融構造」が形成されたのである。

(32)　伊牟田『昭和金融恐慌の構造』94頁，石井寛治「地方銀行と日本銀行」朝倉編『両大戦間における金融構造』所収，116頁。なお，関連して，寺西重郎氏は，1900年頃に大銀行間での平準化した全国市場が形成される一方，他方で地域的特性の強い地方金融市場の残存を指摘しており，これら両者の並存が明確化する1900年前後に近代日本の金融構造が確定すると理解しているかのようである（『日本の経済システム』104～106頁）。ただし，そこでは上記両者の関連性や，金融機関も含む金融を巡る利害関係者の動向は検討されていない。
(33)　神山「財政政策と金融構造」石井寛治・原朗・武田晴人編『日本経済史2　産業革命期』東京大学出版会，2001年，所収。特に，以下では同論文94～104頁の議論に依拠した。
(34)　伊牟田「日本金融構造の再編成と地方銀行」95頁。
(35)　山口編『日本産業金融史研究』製糸・織物・紡績の各編。
(36)　以下，府県別銀行数に関する数値は，後藤新一『日本の金融統計』東洋経済新報社，1970年，72～73頁より算出。
(37)　古くは，石井寛治「地域経済の変化」佐伯尚美・小宮隆太郎編『日本の土地問題』東京大学出版会，1972年がこの点を指摘し，近年では，鉄道業を中

心にこの問題を論じた中村尚史『日本鉄道業の形成　1869〜1894年』日本経済評論社，1998年；同「後発国工業化と中央・地方」東京大学社会科学研究所編『20世紀システム4　開発主義』東京大学出版会，1998年，241〜275頁など中村氏の一連の諸研究があるほか，高額所得者の地域別分布の観点から谷沢弘毅『近代日本の所得分布と経済発展』日本図書センター，2004年，第3章がこの問題を検討している。また，金融面に関しても，すぐ後に見る小樽など各地域の事例も，この判断を支持すると言えよう。なお，このことは，あくまで，府県域内の地域的特性の強さに着目したものであり，経済規模の格差の無さを主張するものではないことに注意されたい。

(38)　本章が依拠する先行諸研究がこれに該当するが，諸事例の比較検討を通じた日本金融構造全体の動向の析出には至っていない。

(39)　既存の研究では，石井「地方銀行の成立過程」が都市銀行支店による地方銀行の預金吸収の圧迫を論じたほか，「戦間期の金融構造の変化と金融危機」など岡崎哲二氏の一連の諸研究が両大戦間期における都市銀行支店を通じた地方資金の中央への流失を指摘した。もっとも，これらの研究は全体の動向を論じており，金融の地域的特性を踏まえた都市銀行と各地方金融の関係性のあり方の相違の析出は念頭に置かれていない。

(40)　ここでは神山論文に加えて，石井「地方銀行の成立過程」も参照した。

(41)　神山論文では，石井「地方銀行の成立過程」において重要な論点とされている，都市銀行群の支店設置動向と「重層的金融構造」の関係は問題にされていないようである。このほか，「重層的金融構造」の重要特徴である内国金融を構成する，各地域金融の多様性についても言及が見られない。これらの諸点は，工業化期における「重層的金融構造」の確立過程を検討する上で，不可欠な論点であるように思われる。

(42)　石井「地方銀行の成立過程」第12表による。

(43)　ここで神山氏は，熊本については粕谷誠「日本における預金銀行の形成」（『社会科学研究』第43巻3・4号，1991年10月・12月，所収），福岡県については迎由利男「北九州における『都市銀行』と地元銀行」『北九州大学商経論叢』第24巻4号・第25巻1・2号，1989年3月・12月，所収），岐阜県については浅井「地方金融市場の展開と都市銀行」に依拠して議論を組み立てている。

(44)　迎「北九州における『都市銀行』と地元銀行（上）」第11表（51頁）。

(45)　以下の議論と引用は浅井「地方金融市場の展開と都市銀行」61〜62頁による。

(46)　浅井「地方金融市場」附表1・2（75〜76頁）による。なお，同論文では都市銀行への預け金が低位に止まっている時期は明治末に限定されている（61頁）。このような把握では，1920年代における系列関係の変化が充分に把握されないであろう。

(47) 同行『営業報告書』。
(48) 以下での引用は，特に断らない限り，北海道銀行「北海道銀行ノ過去現在将来」1910年2月20日，『沿革雑資料 (株)北海道銀行』北海道拓殖銀行旧蔵史料（『北海道拓殖銀行資料目録・1』北海道開拓記念館，2000年，目録番号1163）同記念館所蔵に合綴，による。
(49) 北海道銀行「谷氏貸金沿革説明書」拓銀旧蔵史料に合綴。
(50) 北海道銀行「北海道銀行ノ過去現在将来」「諸貸付金」による。
(51) 北海道銀行『第参拾七期営業報告書』による。
(52) 以下での引用などは，「日本銀行特別融通願　大正三年十二月」（北海道銀行頭取添田弼発，日本銀行小樽支店長川島栄三郎宛，同年12月7日付け，拓銀旧蔵史料に合綴）による。
(53) 『第弐拾五回北海道庁統計書第弐巻』北海道，1915年，勧業の部，第二－五表より算出。ただし，貸出額合計から日本銀行小樽支店の貸出額は除外して計算した。
(54) 「大正三年六月十九日　日本銀行吉井友見氏書簡　同上附帯覚書二通」（日本銀行用箋。注(48)拓銀旧蔵史料に合綴）。
(55) 以下での引用などは北海道銀行「大正三年三月十一日　川島日銀支店長ニ親銀行並減資ノ件具申」注(48)拓銀旧蔵史料に合綴。原史料を直接引用した個所には判読部分があり，解読ミスがあるかも知れないが大勢に影響はない。
(56) 1913年10月9日付け，北海道銀行頭取添田弼発，日本銀行小樽支店長川島栄三郎宛文書，拓銀旧蔵史料に合綴。
(57) 日本銀行小樽支店「小樽区ニ於ケル小商工業者ノ金融調査」1913年10月『日本金融史資料』明治・大正編第25巻，所収，221頁。なお，当時の金融機関別の資金供給額であるが，銀行が年間を通じて1300万円以上の残高を維持していたのに対して，金貸業者によるものは420～430万円に上り，後者の取引先は域内の小商工業者であったという（220頁）。
(58) この点は，北海道銀行『大正参年上半期　第四十一回営業報告』『大正五年上半期　第四十五期営業報告』に添付されている株主名簿により確認した。
(59) 神山氏の議論を迎「北九州における『都市銀行』と地方銀行（上）」58～59頁により補足。
(60) 以下，石炭金融の取引方法などは，迎「北九州における『都市銀行』と地元銀行（下）」による。
(61) 同じく浅井「地方金融市場」51～59頁で補足。
(62) 小樽の資金取引については，先に用いた拓銀旧蔵史料，小樽商業会議所史料，日本銀行史料による。
(63) もっとも，よく知られている，安田銀行の事例のように，財閥内の産業基盤構築が脆弱な銀行は，直接，製糸・養蚕地帯に進出していることには留意すべきであろう。

第1章　両大戦間期における銀行合同政策の歴史的諸前提　45

第3節　銀行経営規制

　明治期から第一次世界大戦期にかけての銀行経営規制の形成については，近年，粕谷誠氏が詳細な検討を行った。[64] 以下，専ら粕谷氏の研究に依拠しつつも，別な史料も若干加味して，特に普通銀行に対する規制に重点を置いて簡単に確認する。

　戦前日本における銀行経営に制約をかける法規は，松方正義大蔵大臣が1890年5月の閣議に提出した「銀行条例ノ議」に修正を加えた銀行条例が嚆矢をなすという。松方の「銀行条例ノ議」の内容は多岐にわたるが，その主要内容は銀行の業務範囲の規定，兼業の禁止，銀行営業の停止や解散処分規定，有限責任の銀行の大口融資規制，そして株式会社銀行の最低資本金制限といった，厳しい項目を含んでいた。この松方案は元老院での議論と修正を経て同年8月に公布された。ここでは「大口融資規制だけが，個人銀行・合名会社も含める形で残された」ものの，基本的には営業報告書の主務省への提出および貸借対照表の公告の義務付け，営業時間・休業日規定しただけで，それ以外の点は削除されており，「大幅な『規制緩和』」がされていた。

　その後，このような内容の銀行条例に対して，1895年になると東京銀行集会所から，主たる改正要求として，諸債券・外国貨幣・地金の売買，保護預り，両替まで業務範囲を拡大すること，最低資本金を20万円にすること，商号に銀行の文字を必ず付すこと，大口融資規制から割引手形を除外した上で，資本金と積立金の合計額の1割を越えないようにすることが提案された。ここでの提案を踏まえて，大口融資規制を削除する修正が行われ，銀行条例はさらなる緩和が行われた。その後，銀行条例を巡っては，1904～06年にわたり改正に関する議論がされたが，民間からの強い反対もあって結局は1916年の銀行条例改正までは改正されずにいた。

　1916年の改正にあたっての政府案の主要内容は「①銀行を設立しようとするものは，商号，資本金，本店所在地につき大蔵大臣の許可が必要であり，②（銀行が－引用者）兼営事業を行うとき，支店を設置するときも大蔵大臣の許可が必要であること，これらを変更するときも同様とすること（第2条修正），③

大蔵大臣は債権者の利益を保護するため事業の停止を命じることができ，また，法令に違反するなどした時は役員の改選を命じ，さらに認可を取り消すことができる（①〜③と下線は引用者）」というものであったという。以上の事実を踏まえて，粕谷氏は1916年改正以前の銀行条例は，「設立認可やディスクロージャーなどを定めたに止まった」と極めて規制範囲が狭小なものであるという点を指摘した上で，「1916年の銀行条例の改正は，営業停止・許可取消権を大蔵大臣に与えるものであった」―中略―「もちろん（1927年－引用者）銀行法で実現する役員の兼職制限・銀行の兼業禁止など多くの点が全く問題になっていないが，1916年の銀行条例改正は，銀行経営の健全化を実現するために政府が営業に干渉することが容認されたという意味では，銀行法への道を開くものであったといえよう」という歴史的評価を下している。

　しかし，ここで問題になるのは，この評価の妥当性である。この点を確認するために，1916年改正時の帝国議会での審議を再検討しよう。衆議院における実質的な委員会審議は２月４日から開始されたが，その冒頭で加藤政之助政府委員（大蔵省参政官）は条例改正が必要な理由を説明した。そこでは大蔵省による銀行の監督は定款変更時の届け出や営業報告書の提出などに止まっているが，その結果，営業所を度々移動したり，あるいは商号を頻繁に変更する銀行が出てきて，これにより「預金者ノ知ラザル間ニ此営業所ガ移転変更セラレテ，預金者ハ其権利ヲ主張シヤウトシテモ相手方ガ何処ニ居ルカ殆ド分ラヌ」ことが挙げられた。さらに，同じ商号の銀行が複数出てきて「非常ニ世人ニ不便ヲ与ヘ，不良ノ銀行ト善良ノ銀行ト同ジ名称ナルガ故ニ，ソレヲ誤解シテ不慮ノ損害ヲ被ルト云フコトモ往々アル」こと，また，無謀な増資を計画しこのために株主に損害を与える銀行があること，銀行が鉱山業など極端なまでに大規模な事業を兼営することで，資金の固定＝経営危機に陥ることがあること，「不良ノ銀行ガ山間僻地ノ小都会ニ支店ヲ設ケ，サウシテ地方人ガ本店ノ実状ヲ知ラナイ虚ニ乗ジテ預金ヲシタル後，本店ガ破綻ヲ来シテ，預金者ニ大損害ヲ来タシタ実例モアル」という弊害が生じていることも挙げられていた。これらを踏まえて，加藤は現行条例では大蔵大臣に営業権の取消権限があるかないか不明瞭であり，それゆえに，営業停止を命じた銀行が営業停止期間中に「其欠損ノ発生ヲ予防致シマシタリ，既往ノ欠損ヲ補塡セシメタリ，又銀行内部ノ整理

ヲ断行セシメ，徐ロニ営業ノ再開ヲ命ズルガ如キ場合，若クハ整理ノ結果到底回復ノ望ノナイト云フ場合ニ，認可ノ取消ヲ為ス」という意味で，「不良銀行ニ対スル徹底的ノ監督ヲナスコトガ出来」ないことを説明した。その上で「之ヲ要スルニ今回ノ改正ノ趣旨ハ，（上述のような意味での－引用者）不良銀行ノ発生ヲ予防致シマシテ，既ニ発生シタル後ニ於テ之ヲ矯正スルノ途ヲ開カントスルニアル」として，条例改正への理解を求めた。

　このように，大蔵省側は銀行による事業会社の兼営に伴う経営悪化の危険性も挙げてはいるものの，専ら破綻銀行の認可取消や整理への介入に関する法的根拠がないこと，ないしはいわゆる山猫銀行的行動の取締を条例改正が必要な理由に挙げている。また，事業兼営にしても鉱山経営など，巨額の固定資本を必要とする極端な例を挙げているに過ぎない。換言すれば，大蔵省は条例改正の主眼を山猫銀行の取締りや，破綻銀行整理の法的根拠を得ることに求めており，これ以外の営業継続中のもので大蔵省側が指摘する不正を行わない銀行の経営への介入は殆ど考えていなかった。これらのことは前掲した粕谷論文からの引用部分の下線①～③すべての妥当する。これに対して，後述するように，1927年銀行法は同じ銀行が規制対象であるといっても，それはすべての営業継続中及び休業中の銀行であり，しかも健全経営への誘導を目的に銀行業務にかかわるすべての点に，専ら裁量的行政指導を通じて規制がかけられるものであった。以上を踏まえた場合，16年改正時に大蔵省当局が念頭においていたものと，1927年銀行法に基づく規制体系は根本的に異なる。このほか，出店規制についても，1927年銀行法のそれはいわゆる競争制限的規制であり，ここで指摘されているような山猫銀行的行為の取締りとは根本的に異なる。また，大蔵省が示した営業継続中の非「不良銀行」経営への介入を基本的に行わないという点を踏まえた場合，以前とは異なり16年の条例改正時に銀行業界から反対が見られなかったのはある意味で当然であろう。したがって，いくら前述のように留保をつけているとはいえ，これをもって「銀行法への道を開くもの」とする評価には全く妥当性がないのはもはや明白である[69]。

　このように明治期以降第一次世界大戦期までの銀行経営規制は，とりわけ山猫銀行的なものを除く営業継続中の銀行に関しては，基本的に経営内容に干渉しない，自由度の極めて高い内容になっていた。それだけに1927年銀行法のよ

うに，経営規制を介して銀行合同政策と関連を持つものではなかったのである．

(64) 以下での記述は，特に断らない限り，粕谷「金融制度の形成と銀行条例・貯蓄銀行条例」伊藤正直ほか編『金融危機と革新』所収，1〜35頁による．
(65) 改正条文の詳細は『日本金融史資料』明治大正編，第14巻，1074頁を参照．
(66) 以下での議論と引用は，「第三十七回帝国議会衆議院委員会議録　第二回」『帝国議会衆議院委員会議録10』163〜164頁．
(67) この点が，当時，重要な問題であったことは，青木得三（当時，銀行検査官）の回顧からも確認できる（地方金融史研究会編『地方銀行史談』第1集，全国地方銀行協会，1970年，89〜90頁）．
(68) 1927年銀行法については，本書第3章第4節で取り扱う．
(69) この点は「不良銀行」の取締りを目的とする銀行条例の改正の側面を強調する，邉英治「大蔵省検査体制の形成とその実態」132〜133頁も同様である．氏の引用では「不良銀行」の中味にかかわる部分が欠落しており，かつ未検討であり，「不良銀行」を経営が悪化した銀行一般として理解されているかの印象を拭えない．これでは銀行条例改正の歴史的限界が看過されてしまう．

第4節　第一次世界大戦期における「金融の中央集権」批判の形成

　前述のように，資本主義的工業化期においていわゆる「重層的金融構造」が確立し，かつ，表1-3に見られるように，その後も都市銀行群が，本店所在地である三大都市に比較的近接した地域と工業地帯への支店展開を推し進めた．このような「重層的金融構造」の確立を如実に示したのは，第一次世界大戦期における地方資金の中央への流失問題と，これに対する地方からの批判の噴出であった．(70)
　この点を確認する前提として都市銀行群の六大（三大）都市以外の地域（以下，その他地域と略称．なお，三大都市以外の地域をこの呼称で呼ぶ場合もある）での預金・貸出状況を検討する．(71)まず，1915年について都市銀行群全体のその他地域での預貸率を見ると三大都市所在府県以外で73.5%，六大都市所在府県以外で75.3%と預金超過であった．特に，都市銀行群全体の預金超過額に占めるその他地域の構成比は30.3%であり，ここから15年段階での都市銀行群の資

表1-3　都市銀行支店・出張所の展開（道県別）

店舗数	1910	1915	1919	1925	1930
35					広島
25					福岡
21				岡山	
20				福岡	
19				滋賀	
18					岐阜
17					北海道, *岡山*, 和歌山
16			福岡		
15				熊本	
14				広島, 北海道	静岡
12		福岡	岐阜	岐阜	*熊本*
11					山口
10				静岡, 長野	長野, 徳島
9	滋賀	福島		山口	*滋賀*, 鹿児島
8	福岡	*滋賀*	滋賀		群馬
7		北海道, 千葉, 広島	福岡		千葉
6	広島	秋田	*千葉*, 静岡, 秋田, 広島	千葉	栃木, 三重, 福井
5	鳥取	鳥取	北海道, 鳥取, 山口	群馬, 福井	
4	福島, 千葉, 三重		三重	*三重*, 福島, 山形, 秋田, 鳥取, 和歌山	福島, 石川, 鳥取
3	秋田, 島根, 鹿児島	*三重*, 岐阜, 島根, 岡山, 山口, 和歌山, 鹿児島	山形, 島根, 岡山, 和歌山	香川	茨城, *山形*, *秋田*, 香川
2	北海道, 山形, 茨城, 石川, 和歌山, 岡山, 山口	茨城, 山形, 石川	茨城, **熊本**, *鹿児島*	長崎, 茨城, 栃木, 徳島, 鹿児島, 石川	長崎, 奈良, 高知
1	青森, 岩手, 宮城, 栃木, 新潟, 福井, 岐阜, 静岡, 奈良, 愛媛, 徳島, 長崎, 大分	長崎, 栃木, 奈良, 静岡, 宮城, 岩手, 青森, 福井, 徳島, 愛媛, 大分, 熊本	長崎, 栃木, 奈良, 宮城, 岩手, 青森, 福井, 石川, 徳島, 愛媛, 大分	奈良, 宮城, 岩手, 青森, 山梨, *島根*, 愛媛, 大分	宮城, 岩手, 青森, 山梨, 島根, 愛媛, 佐賀, 大分

注）『銀行総覧』各年により，石井寛治「地方銀行の成立過程」第12表に倣って作成。ただし，1910年は石井論文より引用。太字は支店数が増加した地域，斜字は減少した地域。六大都市所在府県は除外した。1910年『銀行総覧』には出張所が含まれておらず，それゆえ同年は参考までに掲げたものである。なお，都市銀行の範囲は三井，第一，安田，三菱，第三，十五，第百，川崎，住友，浪速，鴻池，三十四，山口，加島，近江，百三十，愛知，明治，名古屋の各行（伊藤正直「財政・金融」1920年代史研究会編『1920年代の日本資本主義』東京大学出版会，1982年に依った）。

50

金調達面における，その他地域所在支店の役割の重要性が確認できる。ただし，より仔細に見ると，状況は全国一様とは言えない面がある。例えば，東北地方である。同地方への都市銀行の進出は，表1－3原史料によれば，秋田県への山口銀行を除けば，安田銀行のみであり，同表によれば養蚕製糸業の盛んな福島県，織物業の盛んな山形県を除けば，昭和恐慌期に至るまで進出店舗数もかなり低位なグループに属していた。しかも，1910年末時点の同行の東北地方店舗数20のうち，預貸率7割未満の店舗は11店舗，同じくこれが5割未満になると9店舗であり，東北全店の預貸出率は59.47％であった。しかも，大戦後の1923年末の数値によれば，1910年末時点で預貸率5割未満店舗であった秋田支店（14.5％）が151.5％にまで上昇しているから，明治末期から第一次世界大戦期にかけて，同行の東北地方での預貸率は上昇したと推定される。

　このような動向の変化は，いわゆる安田系銀行の大合同後における角館，花輪，鷹巣，桑折，中村，三春，白河，須賀川といった支店・出張所の整理，ならびに1925年末から昭和金融恐慌期にかけての福島（23年末165.9％→28年末47.1％），郡山（23年末129.5％→28年末42.4％），秋田（23年末151.5％→1926年末31.1％），横手（26年末170.2％→1931年末40.7％），酒田（23年末85.7％→27年末32.2％）といった主要店舗における預貸率の急低下を待たねばならなかった。つまり，東北地方の場合，安田銀行支店ならびにその所在地毎の相違をはらみつつも，総じて都市銀行の支店進出も少なく，かつ，昭和金融恐慌前後まで預貸率もさほど低くはない。したがって，都市銀行支店を通じた資金流失は，少なくとも後述する岡山県のように都市銀行が積極的な支店進出を図った地域と比べれば深刻であったとは言えない。現に，筆者が確認した限りでは，第4・5章で用いた福島・岩手・山形地方の政党機関紙を見ても，都市銀行支店の進出に対する批判は殆ど全くと言っていいほど見出せず，金融恐慌期以降の福島県でいくらか見られた程度である。この点を踏まえた時，後述する1920年代以降の時期も含めて，都市銀行の支店進出と預貸率の低位性を通じた地方資金の域外流失やこれに対する地域の不満のあり方には地域的特性があり，以下で見る北海道小樽地域，岡山県といった複数の都市銀行が支店を集中的に配置した地域において，とりわけて顕著であったと言えよう。さらに東北地方の事例からすれば，このような資金流失を巡る地域的特性が解消するのは，金融恐慌前

後から昭和恐慌期にかけてであると強く推定される。以上の諸点は，後論との関係もあり，特に注意を促しておきたい。

　このような地域的特性の問題には留意する必要はあるものの，全国レベルでは第一次世界大戦直前期に入ると「重層的金融構造」の確立に伴い，都市銀行支店の展開による地方金融の圧迫が明瞭になった。この事態に対する地方からの不満の顕在化は，一例に過ぎないが，既に大戦直前時点における北海道小樽の事例の中に見出せる。前述の第一銀行の系列下問題に関する北海道銀行の史料の中には，(73)道内で銀行間の競争が激化する中で「就中第一銀行ト三井銀行トハ其大看板ヲ利用シ而カモ夥々高歩ヲ以テ預金ヲ吸収シ世人ヲシテ何故其大銀行カ斯クニテノ行為ヲ致シテスルカヲ疑ヒ常々話シ頭ノ上ヘ程々有之」との記述がある。1913年末の時点での小樽市域における銀行預金量1023万7000円中，北海道銀行は71万円・6.9%のシェアしか持っていないのに対して，三井銀行支店は256万1000円・25.0%，第一銀行支店は240万7000円・23.5%のシェアをもち両支店で過半を超える状況になっていた。(74)これに対して，統計で確認しうる限り，上記三行に預金金利格差は見出せないものの，(75)少なくとも北海道銀行が競争劣位に置かれていることは明らかである。もっとも，預貸率を見ると北海道銀行が418.3%であるのに対して，三井銀行支店が68.4%，第一銀行支店が112.9%，両者合計で90.0%である。とりわけ，北海道銀行の経営陣はこれら都市銀行支店を「我根拠地ニ侵入（傍点－引用者）」するもの，「相対峙」すべきものとして捉えており，ここから如何に同行側が小樽地域の自律性と独立性に強く拘っていたか，そして，都市銀行支店を地域の自律性・独立性を脅かす「侵入者」として強い警戒・不快の念を持っていたことが理解できよう。以上から都市銀行群の融資姿勢は地方銀行のそれに比べて厳しいことは明確に確認できるものの，都市銀行群支店による地方資金の吸収が全国的に激化していると言えるかは微妙な状況である。この点では後述する1920年代の状況とは異なることには留意する必要がある。しかし，このように既に第一次世界大戦前の時点で，地方側が自らの圧迫要因である都市銀行支店の行動に対して不満を表明し始めていたことは看過すべきではなかろう。

　さらに，大戦期に入ると地方からの不満の声が高揚し，また，中央レベルでもこれを問題視する議論が出てくる。この点について，まず，地方レベルでは

岡山県を事例に検討し，その上で中央レベルでの動向を検討する。岡山県は1910年代までは都市銀行支店はさほどの展開を見せないが，20年代以降になると急激に支店数が増大する地域である（前掲表1－3）。この意味で，特に20年代に入って問題が最も先鋭化する地域であるが，以下では史料の制約もあり同県を対象に議論を進める。まず，岡山県で最初に都市銀行支店による地方資金の吸収を問題視したのは，地方政党，とりわけ岡山県政友会であった。政友会は1916年5月頃から機関紙『山陽新報』紙上で，「中央集権」と熾烈な「商工業熱」により「農村」の資金が「中央に奪いさられ」「農村」が疲弊しているとして，地方金融の逼迫を問題視した。(76)当初，このような批判が出される際には，主に郵便貯金が金融の「中央集権」の元凶とされていたが，1917年になると「各支店銀行の如きは地方の零細資金を吸収して全部京阪の地に投資し地方事業に望みを属せざる有様」であるとして，地方商工業の発展に応えない都市銀行群を批判するようになった。(77)その後，地方資金流失に対する批判は激化し，郵便貯金・銀行預金のほか保険金・租税等までも，地方資金の域外流失の原因であると痛烈に批判するようになった。この時期（1915年）の岡山県銀行同盟の数値を見ると，(78)都市銀行預貸率は全体で53.8％と，オーバーローンの地元銀行に比べると低位に止まり，その融資姿勢は地元銀行に比べると厳しい。ここから都市銀行支店は地方産業の発展に十分応じていたとは見なし難い。以上，政党の主張には一定の根拠が存在していた。なお，当時，岡山県でも政党は県内有力商工業者と密接な関係を結んでおり，(79)このような政党の主張は彼らへの配慮と見られる。

　この状況の中で，中央レベルでも金融の「中央集権」・支店銀行制批判が顕在化するようになった。まず，1915年に武藤大蔵大臣がこれを問題視する演説をしたほか，(80)翌年2月の銀行条例改正を巡る第37回帝国議会における審議でも，地方資金の中央への流失問題が取り上げられるようになった。(81)大戦末期になると多くの地方選出議員を抱え「地方利益の組織化」を図っていた政党も，(82)選挙地盤である地方から出された都市銀行支店を通じた預金吸収・地方資金流失批判に強く配慮した議論をしはじめた。まず，この問題を農村問題の一環として主張したのは政友会であった。政友会は機関紙『政友』に「目下の財政経済と積極方針」（衆議院議員井上角五郎執筆）を掲載し，(83)農村振興のために地方金融

第1章　両大戦間期における銀行合同政策の歴史的諸前提　　53

不円滑の是正を唱えた。そこでは①地方金融の不円滑の結果，地方の銀行貸出金利は都会と比べて「甚だ高い」こと，②銀行は貸付の際に「些少なるものに至っては之（資金－引用者）を貸すを欲せぬ」ために，「勢い農家は貸金業者其他に頭を下げ」ざるを得ず，それゆえ農家は「地方に工場を起」こすことも「副業を盛んにすること」もできず，このことが地域経済停滞の原因であることが指摘されている。その上で，このような事態の重要な要因のひとつに「地方至処に東京大阪其他の銀行が支店を設け」中央への地方資金流失を惹起していることを挙げ，都市銀行の地方支店の展開を強く批判した。政友会は都市銀行支店による地方資金流失を，地方産業・地域経済の振興を通じて「地方利益の組織化」・地方の支持基盤化を図る自らの方針の阻害要因であると考えていたのである。

さらに，ほぼ同時に政策当局の一部からも支店銀行制批判が出てくる。まず，岡田信大蔵事務官（当時，特別銀行課長）は中央大銀行の支店は「兎角預金吸収を主眼とする傾」があるがゆえに，地方資金の「枯渇」を招くおそれがあり「地方産業の発展に貢献すること甚だ薄」いと支店銀行を批判した。[84]その上で，岡田はこのような弊害を是正するために地方銀行間の合同により「一大地方銀行」を形成する必要性を力説した。反動恐慌後になると，井上準之助日本銀行総裁も，[85]反動恐慌時に「相当の都会にして支店銀行のみを有し，相当有力なる本店銀行欠きたるが為最も苦き経験を嘗めたる地方」の存在を指摘した上で，今後の銀行合同政策の立案・展開に際して支店銀行制実施の「可否につきては大に研究を要」することを論じた。その上で，井上は「其地方の利害を最も痛切に感ずる本店銀行の存在」の重要性を強調し，地方銀行間の合同方針の必要性を示唆した。

以上，第一次世界大戦期になると，「重層的金融構造」の確立の明確化に伴い，都市銀行支店を通じた資金の域外流失とこれに対する批判が，地域レベル・中央レベルを問わず出てくるようになったのである。

(70) 以下で論じる議論では金利の問題が明示的に取り上げられていないが，都市銀行支店などを通じた地方資金の流失が資金の需給バランスを供給過小の方向に導き，ひいては地方における資金調達コストの上昇に繋がることは容

易に想定できる。このような事情が地方側からの反発の根底にあったと見てよかろう。
(71) 以下に示すその他地域における都市銀行の預金・貸出状況は，第2章第3節の表2-11〜12による。
(72) 以下，安田銀行の東北地方における出店動向，預貸率の動向は，浅井良夫「戦前期日本における都市銀行と地方金融」41・44〜46頁，第12・16表からの算出値による。
(73) 北海道銀行「大正三年三月十一日　川島日銀支店長ニ親銀行並減資ノ件具申」。
(74) 以下での預金量・シェア・金利は『第弐拾六回北海道庁統計書第弐巻（勧業ノ部）』北海道，1916年よりの算出値。ただし，算出にあたり日銀支店の預金量は除外した。なお，以下に示す北海道銀行の預貸率は，小樽市内のそれである。
(75) 1913年12月の上記三行の預金金利は，各行とも当座で8厘（最高・最低），定期で6厘（同）であった（『第弐拾六回北海道庁統計書第弐巻（勧業ノ部）』による）。
(76) 『山陽新報』1916年5月8日。なお，『山陽新報』は政友会有力者大橋平右衛門らの後援を受けており，憲政会大原孫三郎の『中国民報』紙と対抗関係にあった（岡山県高等警察「岡山県政党沿革大要」1924年7月，『岡山県史』第28巻，1986年，所収，363〜364頁による）。
(77) 「歳末の経済界」『山陽新報』1917年12月22日。なお，前述の姉尾順平の1919年の「意見書」の中にも資金域外流失への懸念が示されている。
(78) 第2章第3節表2-13（110〜111頁）による。
(79) やや時期は下るが岡山県高等警察「昭和二年五月一日現在県下各政党並同系列関係事項調」『岡山県史』第28巻，444〜446頁による。ただし，445・446頁の系統図は両方とも政友本党のものとされているが，それぞれ政友会，民政党の間違いである。
(80) 『銀行通信録』第360号，1915年，所収の武富大蔵大臣の演説，426頁。
(81) 「第三十七回帝国議会衆議院銀行条例中改正法律案外一件委員会議録　第二回」・「同第三回」166・174〜175頁。
(82) 第一次世界大戦以後の政党による「地方利益の組織化」については，升味準之助『日本政党史論』第5巻，東京大学出版会，1979年を参照。なお，やや時期は下るが1924年5月の総選挙では政友会は全当選議員数92名中，六大都市所在府県以外の地域の出身議員が79名（8割5分）を占めており，その他地域を主要な地盤としていた（『政友』280号，1924年6月，所収の「第十五回総選挙の結果」より集計・算出）。
(83) 『政友』第218号，1918年5月，4〜16頁。
(84) 「銀行検査について」『大阪銀行通信録』第252号，1918年8月，所収，24

頁。なお，16年の銀行条例改正の際に，森俊六郎大蔵省銀行課長は銀行合同が必要な理由として，弱小銀行の乱立のみを挙げ，地方資金の流失回避を指摘しなかった（「第37回帝国議会衆議院銀行条例中改正法律案外一件委員会議事録　第二回」163・166頁）。
(85) 井上「反動期の対策と銀行の改善」『大阪銀行通信録』280号，1919年12月，所収，18〜19頁。

おわりに

　以上の検討を踏まえて，ここでは両大戦間期における銀行合同政策の歴史的前提条件についてまとめたい。

　とりわけ，日清戦争期以降，明治末に至るまで，政府は地方資産家・地方名望家からの要請に応じる形で，彼らの地域社会内部での大資産家・名望家としての信用力に依拠する形で，多数の弱小銀行の設立を容認した。これにより多数の弱小銀行が設立され，郡部など一定の自律性をもつ各府県域内の小地域の振興が図られることになった。しかしながら，このことは同時に弱小銀行の乱立をもたらすことを通じて金融構造が不安定化する要因にもなった。既に1896年以降の時点で政府もそのことを認識するようになり，さらに一時は対外自立確保の一環としての外国銀行資本への対抗という点を重視しつつも，とりわけ1911年以降になるともっぱら弱小銀行の整理による金融構造の集約化のみを目標に，銀行合同の政策的勧奨を行うようになった。しかし，この時点では「重層的金融構造」が未だ確立過程ないし確立直後という状況であり，かつ，それゆえに都市銀行支店を通じた地方資金の流失問題も，少なくとも重要な経済問題として顕在化していなかったために，第一次世界大戦前の時点では地域経済の振興という問題が，銀行合同政策に包含されることはなかった。もっとも，地域の自律性確保を理由に政府の銀行合同政策に順応しない銀行経営者＝地方資産家・地方名望家の存在が，合同を通じた銀行産業組織の「集約化」を進展させていなかったことは，両大戦間期における銀行合同政策の展開過程に見られる問題の萌芽として指摘する必要はあるものの，この点は両大戦間期との相違点として指摘しておきたい。

しかしながら，資本主義的工業化期における「重層的金融構造」の確立は，親子銀行関係の形成とともに，それ以降の都市銀行群による地方支店の展開の積極化と，これに伴う地方から不満の顕在化という現象に明瞭に表われるようになる。そして，第一次世界大戦期における都市銀行支店による地方資金の吸収とこれに対する地方・中央レベル——特に，政党サイド——からの金融の「中央集権」批判，支店銀行制批判の高揚により，地方からの不満はより一層如実に顕れるようになった。ここに至って，銀行合同政策は単に弱小銀行を整理するという目的に止まらず，地域振興の問題を包含するようになった。もっとも，この時点では銀行経営規制は殆どないに等しいから，この意味で銀行合同政策は周辺の普通銀行制度改善政策と補完性を持っていなかった点には留意しなければなるまい。

　このような第一次世界大戦期の変化を歴史的前提に，1920年代に入ると金融危機・銀行破綻が続出する中で，銀行経営規制・日銀特融といった周辺に位置する政策に補完を受けて，銀行合同政策は地域振興への配慮という問題を孕みつつも，危機への対応としての信用秩序の維持・再編成のための重要な政策的手段となる。このように，第一次世界大戦期になると「重層的金融構造」の形成の明確化に伴い，両大戦間期における銀行合同政策に繋がる利害状況が形成されるのである。

第2章　金融危機の顕在化と銀行合同政策の形成
―― 1920年代前半期 ――

はじめに

　第1章で明らかにしたように，資本主義的工業化成立期における「重層的金融構造」の確立に伴い，とりわけ第一次世界大戦直前期になると都市銀行群の地方支店の展開を要因とする，地方資金の大都市部への流失問題が顕在化した。これに伴い，特に反動恐慌期以降の地方銀行・地域金融を中核のひとつとする金融危機の顕在化とともに，政策課題として重要視されるようになった銀行合同問題も，この問題との関連で議論されるようになった。

　本章では，このような第一次世界大戦期における政策を巡る状況変化を受けて，1920年代前半期（金融恐慌直前までの時期）における銀行合同政策の形成過程を検討する。まず，第1節では主として既存の諸研究などによりつつ，政策形成の前提となる1920年代における金融危機の構図を概観する。第2節では1920年代前半において主たる危機への政策的対応であった，日本銀行の特別融通を検討する。なお，次章でも日銀特融を検討する。本書では，金本位制停止による対外金融・内国金融の事実上の分断を指摘しつつ，これを背景とする当該期における日本銀行の「救済機関化」の側面を重視する従来の見解を批判し[1]，時期によって違いがあるものの実際には日本銀行は金本位制復帰問題を強く意識して，リスク回避の観点を重視して「財界整理」＝経済の効率化への誘導との整合性を重要視して救済活動にあたったことを明らかにする。[2]

　第3節・第4節ではそれぞれ銀行合同政策，銀行経営規制の形成過程を検討する。銀行合同政策についての研究史は序章で整理済みであるから，ここでは銀行経営規制に関する研究状況を整理する。この問題については[3]，預金者保護など信用秩序の維持という銀行経営規制の一般的側面とともに，その「銀行集

中法」的側面を指摘した橋口収・佐竹浩両氏の研究，規制の基盤となった1927年銀行法における大蔵官僚の「裁量性」の強さを指摘した，福島正夫・拝司静夫両氏の先駆的研究を継承した渋谷隆一氏がマルクス経済学の独占段階論からの性格規定を試みたが，これらの研究では歴史的事実に基づく検討は十分に行われなかった。このような状況の中で，近年，伊藤修，靎見誠良，浅井良夫，伊藤正直の各氏が研究を行ったが，「銀行集中法」的側面を強調した橋口・佐竹氏の見解も含めて，これらの研究では内国金融に関して，主として全国統計を用いた産業組織論的認識を前提に分析しているために，序章で論じた内国金融を構成する各地域の多様性に基づく自律性確保の問題と1927年銀行法に基づく規制体系との関連が完全に脱落しているという限界を抱えている。それゆえ，第4節では同法の「法理念」[4]を明らかにすることを通じて，この問題に接近することを目的とする。なお，本章を通じて明らかにするように，この時期になると銀行合同と銀行経営規制の両政策は密接な関連をもつようになるので，本章では特に地域の自律性確保の問題を巡る，銀行合同政策と銀行経営規制の関連を主要な論点に据えて検討する。[5]

　その上で，1920年代における銀行合同政策を中心とする，普通銀行制度改善諸政策の相互関係の特質についてまとめることにしたい。

(1)　このような見解は，大島清『日本恐慌史論』下巻，東京大学出版会，1955年，第2章や加藤俊彦『本邦銀行史論』東京大学出版会，1957年，第三章第三節「救済機関化した日本銀行」が打ち出し，その後，伊藤正直『日本の対外金融と金融政策　1914〜1936』205頁や浅岡正雄「戦前期の日本銀行特別融通について」『金融学会報告』第68号，1989年7月，72〜83頁でも基本的に継承されている。なお，類似した見解として，柴垣和夫「救済と軍縮の財政から『井上財政』へ」『講座帝国主義の研究』第6巻，青木書店，1973年は，日本銀行の「救済機関化」＝特融に起因する通貨膨張・物価上昇を指して管理通貨制の先取とする見解を打ち出した。しかしながら，この見解は橋本寿朗「景気循環」（大石嘉一郎編『日本帝国主義史』第1巻，東京大学出版会，1985年，422頁）が指摘する物価上昇率の点からしても無理があろう。
　　なお，伊牟田「日本金融構造の再編成と地方銀行」，石井寛治「地方銀行と日本銀行」における「重層的金融構造」論視角からの日銀特融の分析，および永廣「金融危機と公的資金導入」でも本章の課題は自覚的には検討されていない。ただし，石井氏は，同論文144頁で，金融恐慌期になって日銀が

「単なる救済機関に堕し」たことを論じており，時期別に区分した議論をされているかのようである。しかしながら，そうであるとしても，各時期別の日銀の政策行動の特質を明らかにはされなかった。
（2）　日本銀行が選別的な救済融資を実施していた点は，既に近年の資本主義的工業化期の産業金融研究でも指摘されている（中林『近代資本主義の組織』第3部を参照）。ただし，そこでは，近代製糸業の効率的な発展との関係という形で，もっぱら産業側からその特質が論じられており，日本銀行の救済行動それ自体の特徴は，必ずしも正面から捉えられていない。その意味で，金融面の特質把握が不十分であるという，かつての伊藤正直氏による産業金融史研究批判がそのまま妥当するように思われる（「製糸・養蚕業の動揺と地方銀行群の存在形態」による）。また，資本主義的工業化期とは異なり危機が頻発し，しかも金本位制復帰が重要課題とされていた両大戦間期を分析する場合には，危機ごとの日本銀行の救済行動の変化とこれを規律付けした要因をも検討する必要がある。このほか金本位制復帰問題との関連は，田中生夫『戦前戦後日本銀行金融政策史』有斐閣，1980年が反動恐慌期に木村清四郎日銀総裁が，高橋は清蔵相らの救済要求に難色を示したことを指摘している程度である。ただし，海外の研究では，C. Feistein (ed.) *op. cit.* chap. 9 and 17 に見られるように，欧州の中でも発展度が低い国の場合，この問題が着目されつつある。
（3）　橋口・佐竹『銀行法』有斐閣，1956年，同『銀行行政と銀行法』有斐閣，1967年；福島・拝司「金融法（法体制再編期）」『講座日本近代法発達史』第8巻，勁草書房，1959年，所収；渋谷「戦間期の金融制度改善に関する覚書」玉野井昌夫・田中生夫編『戦間期の通貨と金融』有斐閣，1983年所収；伊藤修『日本型金融の歴史的構造』東京大学出版会，1995年，55～59，179～180頁；靎見「金融革新とセイフティ・ネットの再構築」法政大学比較経済研究所・金子勝編『現代資本主義とセイフティ・ネット――市場と非市場の関係性』法政大学出版局，1996年，所収；浅井「1927年銀行法から戦後金融制度改革へ」伊藤正直ほか編『金融危機と革新』所収；伊藤「昭和初年の金融システム危機」。
（4）　「法理念」とは，法律全体を貫く法律作成者，政策担当者の政策理念を示す。法学的厳密性に欠けるおそれがあるので括弧書にした。
（5）　なお，本書の元になった土地制度史学会東北部会での筆者の報告（2002年7月27日，於かんぽの宿白石）後，金融制度政策相互の補完性を検討する必要性を邉英治氏も指摘している（「わが国における銀行経営規制体系の形成と確立」）。もっとも，氏の議論は金融理論的な理解に止まり，当該期の日本が直面していた歴史具体的な現実を踏まえた特質把握からは程遠いと言わざるを得ない。なお，同論文では結論として1927年銀行法などの金融規制体系が信用秩序の維持を目的としたことを指摘して筆者などを批判している

(13〜14頁)。しかし，これら金融規制の一般的側面は既に橋口・佐竹両氏の諸研究が既に論じていることであり，本章のもとになった白鳥「1920年代における銀行経営規制の形成」45頁でも先行研究との重複を避けて議論する旨を記している。また，信用秩序安定化や維持が目的であったことにも言及している。それ以外の結論も筆者を含む先行研究と同様である。以上から，邉論文のこの批判は明らかに不適切である。

第1節　金融危機発生の構図
―― 内国金融を中心に ――

1　対外金融

　本節ではもっぱら既存の研究に依拠して，当該期における対外金融面での危機発生の構図を概観する。なお，両大戦間期における金融危機を生じせしめた契機が第一次世界大戦期における好況過程にあったこと，それゆえに当該期における金融危機を問題にする場合，大戦期の好況過程の分析が必須であることはよく指摘されている[6]。したがって，ここでもこの点に関する検討からはじめる。

　周知のように，大戦期における好景気の起動点は輸出の増加にあった。また，輸出の増大は対外金融面での構造変化をも引き起こした。この点については，既に伊藤正直氏による詳細な研究があるので[7]，氏の議論に従いこの点について概観する。

　大戦好況の過程での輸出入，とりわけ輸出の急増は，「貿易資本の重層的構成」を変容させることになった。その頂点部に位置する三井物産の貿易構成は輸出面では生糸を中心に石炭，砂糖，雑金物でその大半を占め，輸入面では綿花の比重が「圧倒的」でありつつも，20年代になると機械の比重も上昇したという。これらの商品を中心に同社は取引拡大を図ったが，地域面では北米・欧州を活動の主軸としていた。このような取引拡大は急激な「クレジット受入先の外延的拡張」をもたらしたが，これを支えたのが従来からの取引先である横浜正金銀行のほか，台湾銀行・朝鮮銀行・三井銀行であった。このうち横浜正

金銀行は対欧州向け取引の金融を，台湾銀行は生糸為替を中心とする対米向け取引の金融を支えていた。また，朝鮮銀行との取引は対満州向け取引の拡大ではなく，「寺内内閣の『鮮満一体化』構想に基づく満州金融機関の再編成を直接の契機としていた」という。このようにして三井物産は外部負債への依存を深めつつ貿易取引を拡大したが，反動恐慌を契機に外為銀行からの資金引上げにあった。これに対して，同社は大戦期に獲得した手元余裕資金により「比較的容易に乗り切」ったようである。

　これに対して，「三井物産以上に急速な膨張を遂げた」，鈴木商店などに代表される「大戦期に新規に設立された，あるいは専門商社から巨大化した二流貿易資本」はどうであったか。これら「二流貿易資本」は，「一流貿易資本」である三井物産とは異なり，「資金基盤の脆弱性・経営の投機性・取扱商品の不安定性という特徴を」共有していたという。その典型として伊藤氏は古河商事破綻の契機を作った，大豆・銀投機の失敗による巨額の損失の発生＝「大連事件」を挙げている。氏はこの事件における「思惑取引」の内容を検討し「本来は商品流通の結果としてその流通を媒介すべき外為銀行からの信用供与」が，転倒的に「商品流通の起動点としての位置を占めている」という銀行優位の流通のあり方と，「戦後恐慌下」におけるこのような銀行と「二流貿易資本」の相互連関の「切断」が危機を顕在化させたことを明らかにした。これら「二流貿易資本」のうち，例えば，古河商事は横浜正金銀行，鈴木商店は台湾銀行などに資金供給を依存していた。以上の「二流貿易資本」の急拡大は，台湾銀行・朝鮮銀行など取引銀行をして「植民地中央銀行としての位置を超えて」業務を急拡大せしめた。そして，鈴木商店と台湾銀行との関係に見られるように，反動恐慌後になると内国金融にも重大な悪影響を与えることになる。

　このほか「中小貿易資本」であるが，これらは朝鮮・満州方面向けの綿糸・米雑穀類，中国・南洋方面の雑貨・雑貨貿易を主たる業務にしていた。これらは「大戦終了後市場構造の変化と金融条件の悪化に規定されて，破綻・縮小の道を辿った」。これら中小資本の取引先金融機関は「特殊銀行・都市銀行が圧倒的優位であ」り，かつ，「都市銀行のなかで」も住友銀行の比重が圧倒的である一方で，他方では三井・三菱両行の比重は低いとされる。ただし，伊藤氏は「低位にある」としているものの，地方銀行が「中小貿易資本」取引先銀

数1308行のうち，245行・18.7％と約2割を占めていることは[8]，これら地方銀行が「外為業務に進出しえない」ことを想起した場合，「中小貿易資本」の拡大と破綻が内地金融にも少なからず影響を与えたであろうことを示唆していることは後論との関係で留意されたい。

　以上，伊藤正直氏の研究によりつつ，金融危機との関連から第一次世界大戦期以降における対外金融面の変化を概観した。この概観に見られるように，大戦勃発に伴うアジア向け輸出の拡大を起動点とする「二流貿易資本」「中小貿易資本」の急拡大は，前者は台湾銀行・朝鮮銀行などの「植民地中央銀行」，後者は都市銀行のほか多数の地方銀行とも取引関係を持っていた。それゆえに，例えば台銀による多数の内地銀行からのコール吸収（1924年12月時点で1億2200万円，総額4億7000万円の25.9％）と，これを背景とする「歪」んだコール市場の形成と1927年金融恐慌によるその崩壊に見られるように[9]，対外金融面での変化は反動恐慌後になると内国金融にも悪影響を与えるようになるのである。

2　内国金融

　1920年代において地方銀行を中心に銀行破綻が続出したこと，およびその銀行破綻の特質については既に先行諸研究による研究蓄積がある[10]。また，個別銀行経営に即した詳細な実証研究も公刊された[11]。しかしながら，以下では後論との関係もあり先行研究との重複を恐れず，むしろ先行諸研究にもよりつつ1920年代における内国金融の危機の構図を簡単に確認する。

(1) 大戦ブーム

　第一次世界大戦は輸出の増大をもたらすとともに，国内経済の急拡大をもたらしたのは周知のとおりである。そこで重要なのは，このような国内経済の急拡大に対して，日本銀行が必ずしも引締め策をとらなかったことである。この点を石井寛治氏の研究[12]により確認する。日本銀行はこの時期，当座貸越約定数は1910年の150から19年には184に，極度金額は同じく1078万円から1559万5000円へと大きく増加させていたほか，手形割引約定数も支店のみであるが1911年の192から19年には308まで急増させていた。さらに表2-1によれば，日本銀行は大戦期にかけて増設した地方支店での貸出を，特に1917年以降，急増させ

た。同表に見られるように，この間，新設された店舗は製糸金融向けの松本支店，貿易・農業金融向けの新潟支店を除けば，地理的な面で既設支店から遠隔で交通の便も悪い地域であった。このことは，後述する，大戦末期にかけての都市銀行支店のその他地域における貸出超過状態とも相俟って，地方資金の流失問題や地方金融の梗塞問題の解消ないしは緩和，ならびにその貸出動向から大戦下の投機行動の空間的拡大に大きく寄与したと見てよい。このほか大戦終結後になると，井上準之助総裁は「高橋是清蔵相の支持をえて日銀信用の膨張による景気振興策を打ち出し」，市中銀行にも信用供与を認めた。ここから日本銀行が十分な引締め策を取らなかったことは明らかである。特に表2-1によれば，日本銀行は特に19年下期になるとほぼ各地方支店（除大阪・京都支店）での貸出を増加させており，石井氏も指摘するように地方における投機熱を煽ることになった。ただし，このような議論は概ね正しいものの，日銀内部の史料を用いたとき若干の修正が必要である。つまり，日本銀行は投機対策として1919年10月，11月になると金利を「平時ノ利率トシテ甚タ安カラヌ」8分にまで「弐厘方」引上げて信用供与の絞り込みを図り，その上で「一，経済界反動期ニ入リ本行ノ執リタル態度及其施設ニ対スル各自ノ観察及意見／二，客年十二月十六日支店長会議宛調査局長依命通牒本行ノ資金融通手心ニ対スル過去実験上ノ所感並ニ今後ニ於ケル其適用ニ関スル意見／三，地方ニ於ケル投機熱ノ現況及反動期ニ際シテ蒙ルヘキ打撃ニ対シ本行トシテ予メ如何ナル処置ヲ講スヘキヤ／従来ノ投機熱ハ概ネ都会ニ限ラレタルモ目下ノ状況ハ地方ノ投機熱一層甚シキカ如シ随テ其反動期ニ際シテ蒙ルヘキ打撃モ全国的ナルヘクシテ而シテ地方銀行ハ殊ニ影響セラルルコト多カルヘシ本行トシテ何等カノ対策ヲ講スル必要ナキヤ各位ノ遠慮ナキ意見ヲ求ム」を諮問事項として，同年11月には支店長会議を召集した。

　支店長会議の席上，井上総裁は「米カ高ク又生糸モ高クナツテ地方ノ財力カ増シ物価モ非常ニ高クナリ其結果憂フヘキコトハ地方ニ株式熱カ盛ンニナツタコトテアリマシテ五六月カラノ株ノ値段ヲ比ヘマスルト買ツタ者ハ必ス利益ヲ得テ居リマシテ如何ナル仕事ヨリモ利潤カ多イノテアルカラ株式熱ノ盛ニナルノモ道理ノコトテアリマス」として，地方の株式投機ブームの危険性に憂慮の念を示した。その上で，各支店長に「投機ノ抑制ニ就キマシテハ日本銀行ノ金

表 2-1　第一次世界大戦期におけ

	本店							大阪支店						
	当座預金		当座貸越		約当定先座	極度金額	内国割引手形		当座預金		当座貸越		約当定先座	極度金額	内国割引手形	
	総高	残高	総高	残高			総高	残高	総高	残高	総高	残高			総高	残高
1913年上	1,821,007	8,610	51,456	148			418,149	43,118	1,011,231	1,197	25,232	168			93,697	11,9
13年下	1,863,131	2,749	44,240	49	49	5,370	299,685	43,756	951,999	817	26,264	742	31	3,250	97,156	17,4
14年上	1,950,872	8,750	41,534	90			147,111	19,502	1,006,068	1,362	23,313	20			89,563	14,7
14年下	1,851,119	10,403	22,930	29	47	5,380	72,304	16,740	946,535	3,584	26,396	532	30	3,150	54,472	10,9
15年上	1,845,037	7,966	44,119	64			60,452	2,489	1,103,843	2,373	24,217	660			27,103	5,00
15年下	2,285,644	6,487	24,367	49		5,390	83,152	23,403	1,237,041	906	27,550	787		3,150	24,873	8,4
16年上	3,001,381	13,619	30,508	1			93,859	8,700	1,535,543	4,788	26,537	10			42,163	4,9
16年下	3,978,044	16,855	39,760	0		5,560	109,491	37,482	2,140,104	3,874	37,414	34		3,210	61,760	14,4
17年上	4,573,572	20,944	25,324	0			141,616	37,008	2,619,914	3,165	66,580	425			81,990	2,3
17年下	6,167,318	10,648	26,177	0		5,560	291,145	36,059	3,945,235	4,637	90,720	1,172		3,210	92,714	11,4
18年上	6,645,070	21,666	31,065	0			278,645	47,861	4,396,227	10,713	92,711	0			125,492	8,6
18年下	9,101,754	20,732	6,536	0		5,040	286,835	80,886	6,173,439	11,968	74,951	0		3,225	153,464	23,1
19年上	9,491,293	25,804	4,119	17			398,304	103,642	6,280,345	6,480	34,618	0			249,638	23,0
19年下	12,899,852	23,612	9,542	20		5,820	854,986	212,849	7,516,404	10,489	57,011	4		4,765	427,149	86,3
20年上	13,770,976	40,872	83,697	39			1,245,797	219,843	7,595,403	18,505	50,307	10			778,199	115,1
20年下	10,808,888	34,125	140,425	1,320		5,780	600,773	112,495	6,045,544	8,684	28,066	179		4,960	380,436	17,6

	小樽支店							京都支店						
	当座預金		当座貸越		約当定先座	極度金額	内国割引手形		当座預金		当座貸越		約当定先座	極度金額	内国割引手形	
	総高	残高	総高	残高			総高	残高	総高	残高	総高	残高			総高	残高
1913年上	34,429	124	1,267	0			3,213	614	126,022	168	1,725	60			9,410	9
13年下	43,489	137	1,751	4	8	220	4,775	1,436	129,024	394	2,364	6	15	530	9,992	1,4
14年上	45,160	36	1,268	25			6,288	552	123,091	420	1,944	13			7,018	9
14年下	37,958	171	1,236	25	8	220	3,395	754	114,295	364	713	0	13	470	4,609	5
15年上	35,512	48	1,796	0			4,376	803	126,524	581	211	0			1,714	3
15年下	52,700	127	1,299	0		220	3,690	45	121,810	485	427	0		470	1,595	6
16年上	46,493	276	290	0			202	20	149,938	447	342	0			3,850	6
16年下	89,034	332	470	0		230	373	173	229,774	827	667	0		490	2,720	3
17年上	86,089	113	452	0			1,825	0	216,791	1,093	984	0			2,720	6
17年下	149,690	737	901	0		230	6,077	1,042	286,824	1,385	1,501	0		490	6,105	1,2
18年上	149,929	424	1,296	0			8,269	532	298,498	905	1,475	0			8,370	1,0
18年下	200,780	430	918	0		240	13,255	2,163	380,297	1,109	1,174	0		490	12,455	1,0
19年上	177,335	604	580	10			15,863	826	400,160	1,254	607	0			12,230	9
19年下	233,860	252	774	0		280	20,012	4,755	583,243	1,591	1,006	0		860	21,397	3,1
20年上	196,566	623	1,092	0			17,062	340	658,866	2,158	1,116	0			38,452	2,3
20年下	181,788	759	1,089	0		280	7,277	2,030	415,143	2,397	123	0		860	12,036	9

	函館支店							金澤支店						
	当座預金		当座貸越		約当定先座	極度金額	内国割引手形		当座預金		当座貸越		約当定先座	極度金額	内国割引手形	
	総高	残高	総高	残高			総高	残高	総高	残高	総高	残高			総高	残高
1913年上	25,397	13	928	43			4,902	833	33,400	6	1,761	35			4,693	1,0
13年下	32,250	73	724	0	4	110	6,165	969	32,983	12	1,939	8	10	165	6,523	1,1
14年上	24,481	5	600	20			5,516	824	30,750	41	1,022	28			4,769	7
14年下	29,554	93	853	30	4	110	4,816	566	27,384	22	1,531	3	10	165	5,522	1,3
15年上	21,437	1	244	20			2,442	404	30,301	12	1,339	2			3,397	1
15年下	31,141	187	284	0		120	607	0	32,161	19	1,029	0		175	599	7
16年上	31,866	8	51	0			0	0	33,678	3	853	0			682	
16年下	49,486	26	218	0		140	1,530	500	38,816	53	1,676	2		185	1,867	8
17年上	47,773	40	103	0			935	130	41,596	7	1,296	52			3,633	7
17年下	77,217	57	372	0		140	4,123	380	57,430	39	1,735	8		175	8,967	2,6
18年上	71,965	106	88	19			2,516	342	67,051	7	1,935	38			14,724	2,3
18年下	101,512	290	406	0		160	5,099	680	85,801	94	2,668	0		160	17,978	2,8
19年上	82,992	43	223	30			3,215	349	87,966	2	1,407	40			12,866	2,5
19年下	124,939	283	645	0		170	9,310	1,139	136,596	63	4,178	0		230	32,580	6,1
20年上	103,749	381	208	0			9,112	1,631	135,067	84	5,152	59			40,128	3,8
20年下	107,808	344	189	0		170	6,222	0	97,167	83	4,043	0		320	22,404	3,3

	熊本支店							秋田支店						
	当座預金		当座貸越		約当定先座	極度金額	内国割引手形		当座預金		当座貸越		約当定先座	極度金額	内国割引手形	
	総高	残高	総高	残高			総高	残高	総高	残高	総高	残高			総高	残高
1913年上															
13年下															
14年上															
14年下															
15年上															
15年下															
16年上															
16年下															
17年上															
17年下	11,034	17	842	0		80	660	0	14,065	42	90	0		75	100	
18年上	29,460	2	895	0			958	60	19,465	6	238	29			618	30
18年下	32,790	113	1,541	0		110	2,107	18	26,865	21	1,052	0		85	2,300	8
19年上	53,700	19	375	0			1,904	40	26,798	25	400	29			1,045	4
19年下	68,110	150	787	0		110	5,065	491	37,743	13	865	12		85	3,359	12
20年上	91,689	424	1,032	0			5,822	140	29,990	51	674	0			4,026	68
20年下	72,241	392	372	0		180	1,280	70	35,682	26	368	0		95	2,674	5

注 1) 当座取引先数は表示したもの以外は不明。 2) 数値が途中から入っているものは新設店舗。
出所) 『銀行局年報』各年より作成。

日本銀行の本支店の営業動向

西部（門司）支店

当座預金 総高	残高	当座貸越 総高	残高	約定先座	極度金額	内国割引手形 総高	残高
93,872	169	4,524	49			9,076	324
94,949	43	4,207	0	9	555	5,430	1,722
99,771	217	3,089	55			8,081	744
90,462	84	2,901	16	9	555	3,340	702
99,767	99	1,893	0			1,849	0
99,355	395	1,001	0		555	227	208
121,334	413	1,245	0			297	0
144,508	454	2,136	0		555	693	206
158,135	383	1,661	30			303	0
207,702	325	2,358	0		555	1,379	455
255,979	1,515	4,659	449			2,195	120
345,672	415	12,737	514		1,105	4,625	640
480,909	1,263	17,273	343			3,854	50
743,008	1,434	23,096	424		1,405	13,381	1,685
666,662	3,062	25,377	386			20,925	1,208
543,452	987	19,319	111		1,530	7,813	1,158

名古屋支店

当座預金 総高	残高	当座貸越 総高	残高	約定先座	極度金額	内国割引手形 総高	残高
156,247	320	2,573	32			23,475	2,980
145,161	287	2,249	11	14	375	18,945	2,915
166,325	273	2,301	16			22,068	2,630
142,227	81	1,908	0	11	335	22,935	2,057
149,178	227	636	0			6,004	34
141,690	233	485	0		335	3,114	3,114
196,542	344	797	0			11,497	950
237,780	225	740	0		390	30,165	7,792
244,172	119	421	0			35,377	7,310
336,935	165	668	0		405	52,118	8,207
403,213	632	363	0			67,999	8,579
530,523	986	298	0		535	56,182	11,328
704,909	910	441	0			64,197	10,705
964,632	1,533	1,520	0		953	129,494	24,655
1,040,416	1,844	3,563	0			146,645	4,097
657,162	1,277	501	0		1,145	32,906	8,870

福島支店

当座預金 総高	残高	当座貸越 総高	残高	約定先座	極度金額	内国割引手形 総高	残高
11,442	0	2,585	25			4,665	688
13,833	7	2,608	0	3	85	4,159	1,366
21,566	80	3,182	0			8,392	1,057
17,583	0	2,851	20	3	85	6,898	1,756
16,952	0	2,703	0			6,484	821
19,834	29	1,625	0		85	1,334	0
27,052	380	779	0			235	35
25,480	21	1,313	0		85	460	10
31,829	2	588	0			482	30
43,315	12	1,807	0		85	6,067	1,503
40,030	5	1,494	0			7,750	2,631
55,148	1	2,672	0		85	14,263	1,639
59,337	1	1,779	25			11,441	3,478
69,630	4	2,927	0		125	21,949	5,235
72,849	26	1,502	0			30,075	8,666
44,209	27	1,183	0		125	28,004	2,913

広島支店

当座預金 総高	残高	当座貸越 総高	残高	約定先座	極度金額	内国割引手形 総高	残高
23,866	107	43	0			1,504	92
27,687	136	17	0	4	90	1,843	309
22,989	69	0	0			581	0
27,795	132	0	0	4	90	865	192
29,902	62	17	0			896	0
29,636	70	0	0		110	46	0
35,281	130	16	0			0	0
43,923	171	44	0		130	625	470
43,534	76	95	0			1,250	80
60,218	70	125	0		140	2,536	305
72,887	277	0	0			4,804	295
96,143	536	45	0		140	5,949	909
112,358	290	11	0			8,532	780
143,855	181	193	0		300	13,604	483
155,861	656	455	0			15,721	672
131,869	473	42	0		340	5,326	1,255

新潟支店

当座預金 総高	残高	当座貸越 総高	残高	約定先座	極度金額	内国割引手形 総高	残高
12,688	118	173	0	2	100	1,917	750
16,435	36	497	0			3,398	522
16,789	34	303	0		110	863	4
19,660	30	201	0			174	0
18,526	32	274	0		110	1,130	880
22,976	8	456	2			2,190	850
29,986	35	1,788	0		170	5,080	1,239
37,365	36	1,550	53			5,912	632
44,465	21	3,049	20		290	7,698	1,179
51,186	54	1,299	0			6,341	1,692
81,173	66	1,678	0		310	15,767	3,020
94,368	43	852	26			16,826	1,501
69,828	102	486	0		320	3,863	304

松本支店

当座預金 総高	残高	当座貸越 総高	残高	約定先座	極度金額	内国割引手形 総高	残高
13,433	37	3	0	1	10	1,929	810
10,638	0	52	0			1,235	170
20,058	0	43	0		10	445	0
18,067	104	8	0			60	0
37,169	2	81	0		20	1,404	15
21,103	253	71	0			235	80
54,386	5	100	0		20	7,604	2,597
28,484	2	99	0			5,991	632
59,782	4	122	0		20	10,892	3,066
47,435	156	147	0			8,296	1,410
107,009	19	4,045	0		130	4,747	4,747
60,603	87	2,742	0			10,274	2,218
61,103	219	1,274	0		130	2,218	3,482

松江支店

当座預金 総高	残高	当座貸越 総高	残高	約定先座	極度金額	内国割引手形 総高	残高
14,340	56	37	18			470	100
21,861	38	263	0		40	2,101	280
28,138	123	19	0			1,300	170
37,021	34	502	0		50	4,731	731
35,619	39	458	0			5,119	479
32,276	39	531	0		50	2,741	590

利引上モ一方法テアリマスルカ地方ニ在ツテ局ニ当ツテ居ルモノモ夫々相当ノ策ヲ講スヘキ此点ニ就テハ大ニ諸君ノ御考ヲ聞キタイ」「地方ニ於ケル株ノ買入ハヨイモノ許リテナク悪イモノモ押付ラレテ居リ其買入ノ時期モ誤ツテ居ルコトカアリマスカラ此点モ充分注意シテ居ルコトカ必要テアリマス」として投機ブームへの警戒強化を求めた。これに加えて，井上は，会議四日目に再度支店長を前に「地方テ儲ケタ者ハ大抵銀行カ関係シテ居」り，「新設会社カ沢山起リ投機熱カ盛ントナツテ銀行其他ノ貸出ハ著シク増加シタ」ことを指摘し，投機ブームと銀行の関係性の強さに危惧の念を示した。その上で，ここでの議論を踏まえて，日本銀行調査局長名で同年12月16日付けの支店長宛通牒「調秘第五〇八号」を発した。そこでは「各地ニ於ケル投機熱ノ抑制ニ関シテハ精々御配慮相成居候義ト存候右ニツキ本行カ取引先ニ対スル資金融通上一層厳密ノ注意ヲ為シ居モ投機ニ関係アリト認メラルル資金ニ対シテハ之カ貸出ヲ拒絶スヘキハ勿論ノ義ニ有之候得共本行ヨリ融通ヲ与ヘタル資金カ実際如何ナル方面ニ使用セラルルヤハ確ト突止メ難キ場合少ナカラス候ニ付今般一般貸出ニ対シテ高低利率ノ適用ヲ厳ニシテ以テ本行貸出ノ調節ヲ謀ルト同時ニ投機ノ抑制ヲ図ルコトトシテ」，①「貸出高カ貸出標準以内ニ在ルモ営業局長支店長ノ見込ヲ以テ適宜高率ヲ適用スルコト」，②貸出高が標準額の1.5倍に達した場合などに「弐厘方以上高率適用ノ手心ヲ左ノ通リ一層厳ニスルコト」，③「貸出標準超過ノ貸出ニ対シテ高率適用ヲ免除シタル手心ヲ一層厳ニスルコト」を柱とする，株式投機抑制を目的とする貸出抑制実施が指示された。これに加えて，同年春の支店長会議で検討された貸出標準の枠拡大についても見送る決定を下した[16]。

　以上の事実を踏まえた時，石井氏の指摘のとおり大規模な信用供与をしつつも，1919年10月前後以降になると日本銀行も地方における株式投機熱の危険性を察知し，金利調整を柱とする対策を講じており，極めて不充分ではあるものの，必ずしも投機問題に全く手を打たなかった訳ではない。ただし，同年4月の支店長会議では支店増設に伴い取引先数が増加したが，「本行カ取引ヲ承諾セル銀行ニ対シテハ本行ハ相当ノ援助ヲ与ヘサルヘカラサル場合モアルヘク方々是等ノ事ハ目下財界ノ前途予測シ難キ時期ニ当リ特ニ考慮ヲ要スルコトト思ハル」[17]ので，今後の新規取引を抑制すべきと思われるが，この点についての

意見を聴取したいという諮問案が作成されており，信用供与の拡大を図っておきながら，反動後に日銀が負担するリスク回避の必要性だけは強く認識されていた。現に，両大戦間期になると，石井氏自身が指摘された取引先数の抑制に加えて，支店の新設も――少なくとも，第一次世界大戦期に比べれば――抑制される。以上を踏まえた時，氏の議論には瑣末ながらやや修正が必要であり，①投機の発生を予見できないままに「積極整理」策に組し，井上総裁自身をして「今ノ投機ノ状態ハ中央銀行ノ金利ノミニテハ抑制スルコトハ出来難イ」と言わしめる状態になるまで信用膨張を許容した上で，投機に対する制御能力を喪失した段階になり遅まきながら実効性の乏しい手を打たざるを得なくなった，日本銀行当局の政策判断の甘さの深刻さと，②それにもかかわらず反動後において日銀が負担するリスクの回避だけはしっかりと重要視されているというある意味での狡さこそが，戦後ブーム下における日本銀行の政策姿勢の特徴として強調されるべきであろう。

　この結果，石井氏も指摘しているように，全国規模での「投機ブーム」が生じることになった。この点に関しては，従来研究が手薄な分野であると言われていた。しかし，近年，小川功氏がこの点に関する詳細な分析を精力的に推し進めて研究史上の空白を埋められたほか，筆者も函館の大資産家である小熊幸一郎のて投機行動の検討を行った。小川氏の分析は投機により事業が失敗したケースであり，筆者のそれは事業失敗を回避しえたケースである。ここでは小川氏の多岐にわたる諸研究のうち「『播州長者分家』の暴走」を，そして筆者の小熊家に関する分析を取り上げて，第一次世界大戦期における地方レベルでの投機の実態を簡単に確認する。

　まず，「播州長者分家」の投機行動を見てみる。「播州長者分家」伊藤英一は経営不振に陥っていた1916年前後の時期になると播州鉄道の再建に成功するが，大戦好況が加熱すると同鉄道に代表される鉄道業を基軸に，事業多角化路線を明確に打ち出した。伊藤は1918年10月には大門ヴェルヴェット，同11月には播州石材，伊藤鉄工所といった鉄道関連資材を生産する会社を設立したほか，同年5月に「資金運用等一般信託業及鉱業貨物の運送並に倉庫保管業」を営む浪速信託，同じく3月に「船舶所有売買賃借紹介並に抵当貸付」を営む関西土地信託といった鉄道関連外の事業にも手を出すようになったという。さらに，伊

第2章　金融危機の顕在化と銀行合同政策の形成　　69

藤は1916年以降，龍野電気鉄道，兵庫電気軌道など他の鉄道会社株式の買収を図ったほか，不動産などの関連事業にまで乗り出したようである。このような事業拡張に際して，伊藤は銀行等の金融機関から資金融通を仰いだようであり，例えば不動産投機に関しては農工銀行から72万5000円，神戸信託から11万円など合計121万5000円を借り入れていた。そして，これら企業の株式の大部分を基軸事業である播州鉄道に所有させていた。このため鉄道省も経営健全性維持の観点からであろう，18年末になると同鉄道に対してこれら株式の整理命令を出したようである。

　小川氏によれば伊藤は「事業欲が並外れて高く」「生来の自信過剰と自制心欠如」という性格をもっていたようであり，自らが「鉄道王」になることを目論んでいたという。このような性格に基づく彼の行動を金融機関による資金援助が後押しした結果，上述のように大戦期には次々と事業拡大が図られ，不動産などの投機にも積極的に手を出すことを可能にした。しかしながら，反動恐慌による経済不振を背景にこれらの事業は経営的に行き詰まり，彼の事業の基軸である播州鉄道も播但鉄道という「受け皿会社」の設立を通じて破綻処理が行われるなど，最終的に彼の事業は解体・再編を余儀なくされる。また，小川氏は明示してはいないが，このような「播州長者分家」の破綻は彼の投機行動を煽った銀行の貸付金をすべてではないにせよ不良化せしめたことは容易に想像できよう。

　これに対して，筆者が分析した北海道函館市の大資産家小熊幸一郎は，上述の伊藤とは趣が大きく異なる。小川氏の表現を捩って言えば，小熊は投機的行動に手を染めたものの「生来自制心が強かった」ために破綻を逃れる。小熊は日露戦争時に樺太方面の漁場投資により大資産家になったが，日露戦後の不況が深刻化する中で慎重な漁場経営とこれに付随する川下事業を中心に慎重な経営姿勢を維持していた。しかしながら，大戦が勃発するといち早く船舶需要の急増の動きに着目し，その後1917年頃まで表2-2に見られるように急激な事業拡大を図ったが，その中心は第一銀行からの金融支援を背景とする船舶業への重点的な投資であった。後に小熊はこのような熱狂的な投資行動を，異常な心理状況のもとで実行したと回顧しているから，彼も一面においては上述の伊藤と同様にある種の異常な行動を採っていた。しかしながら，彼が伊藤とは異

なるのはその先見性を生かして，既に1917年の時点で船舶の処分を始め，より手堅い倉庫業への投資を始めたほか，大戦が終結すると所有船舶1隻を残し，それ以外の船舶2隻，約200万円を1919年中までに処分した。この結果，小熊自身の弁によれば「危機一髪」のところで「破綻組」入りを免れ，反動恐慌以後になると第一銀行から借り入れた船舶向け資金の返済もできる状況になった。しかしながら，表2-3に見られるように，反動恐慌期になると借入金残高は減少するものの，その減少の度合は20年代中頃になると停滞基調になる。この事例では小熊は持ち前の先見性ゆえに早期に投機的行動から手を引いたために，デフレ下の債務負担による経営悪化・破綻という事態は回避され，銀行借入金の返済にも応じることが可能になった。しかしながら，小熊自身が指摘するようにあくまで「危機一髪」でかろうじて難を逃れたのであり，もし，これがなければ表に見られる総資産額700万円の約3割余りの金額が固定化することになる。そうであるとすれば船舶投機資金を貸し付けた第一銀行への融資返済はもちろん，地元銀行への融資返済も難しくなっていたであろう。この点を踏まえた場合，事業破綻に結びついたケースは言うまでもないが，かろうじて破綻回避が可能になったケースを見ても，如何に大戦好況期における投機行動と金融機関が密接に結びついていたか，そして，大戦ブーム（戦後ブームも含む）の崩壊が金融機関に大きなインパクトを与えうるのかという点が理解できよう。

　以上を踏まえた場合，大戦景気下で地方資産家が異常な心理状態のもとで投機行動に走ったが，これを銀行などの金融機関がより一層煽ったこと，そして，投機の崩壊により地方資産家の事業経営が破綻した場合，銀行経営に対して負のインパクトを与えるであろうことが理解できよう。さらには，当時，地方における投機の状況について[23]，「私は出雲が郷里ですが，家庭では米が下がつたとか，繭の値段がどうだとかいう話は時折耳にしましたが，株の話などは知りませんでした。大正八年頃私の兄が朝鮮殖産銀行の株を100か200，町の人から買わされたといつて初めて株券なるものを見せてくれましたが，そのくらい純朴であつた農村に株が出たのです」－中略－「当時はもはや全国の津々浦々までこんな風潮になつて，一攫千金を夢見る浮薄な傾向となつたのであります」という回顧や，「第1次大戦の末期から，終戦後のインフレの時代，これは商売人でもお百姓さんでも非常に金が出来た頃で」－中略－「一例を申しますと，

表 2 - 2 （1） 小熊家の資産＝投資構成（総資産・

決算時期	総資産	内純資産	%	不動産	%	内函館	内倉庫
1905年1月中	76,445	48,369	63.3%	19,500	26%	12,500	5,000
06年1月中	194,664	77,729	39.9%	30,578	16%	19,978	8,600
07年1月中	267,507	245,709	91.9%	36,255	14%	29,655	4,600
08年1月中	362,563	316,510	87.3%	42,951	12%	36,251	4,700
09年1月中	365,919	330,475	90.3%	51,170	14%	43,970	5,200
10年1月中	411,615	311,015	75.6%	69,120	17%	60,120	7,000
11年1月中	600,257	194,600	32.4%	76,920	13%	68,420	6,500
12年1月中	600,850	510,850	85.0%	90,350	15%	82,150	6,200
13年1月中	769,677	669,677	87.0%	137,600	18%	102,400	22,000
14年1月中	951,457	801,457	84.2%	157,200	17%	114,500	31,500
15年1月中	1,001,499	914,109	91.3%	178,120	18%	156,020	14,900
16年1月中	1,359,852	1,030,852	75.8%	201,120	15%	150,720	38,700
17年1月中	5,335,330	2,925,000	54.8%	234,100	4%	172,100	28,500
18年1月中	8,044,679	5,622,329	69.9%	521,800	6%	174,200	283,000
19年1月中	7,520,017	6,168,017	82.0%	1,019,500	14%	296,200	410,000
20年1月中	7,272,211	6,767,577	93.1%	1,334,500	18%	291,500	475,000
21年1月中	5,682,278	5,307,902	93.4%	1,295,000	23%	291,000	528,000
22年1月中	6,046,492	5,259,402	87.0%	1,317,000	22%	359,000	498,000
23年1月中	5,403,376	4,595,626	85.1%	1,382,000	26%	369,000	548,000
24年1月中	5,867,527	4,568,927	77.9%	931,600	16%	703,000	48,000
25年1月中	5,887,084	4,549,084	77.3%	957,705	16%	594,105	48,000

不動産・有価証券）

(単位：円)

内道内	内道外	有価証券	％	内地元	内道外	内樺太
0	2,000	18,621	24.4%	12,247	6,374	0
0	2,000	21,115	10.8%	12,200	8,915	0
0	2,000	57,213	21.4%	20,645	27,568	9,000
0	2,000	41,619	11.5%	17,019	2,300	23,200
0	2,000	23,650	6.5%	5,000	0	18,650
0	2,000	30,850	7.5%	3,750	1,250	27,100
0	2,000	34,270	5.7%	1,050	1,250	32,000
0	2,000	35,650	5.9%	0	1,250	34,400
12,000	1,200	39,425	5.1%	225	1,250	36,950
10,000	1,200	46,540	4.9%	775	12,165	33,600
6,000	1,200	50,720	5.1%	620	16,500	33,600
6,000	5,700	61,100	4.5%	13,250	14,250	33,600
15,000	18,500	203,275	3.8%	250	169,425	33,600
26,600	38,000	469,325	5.8%	94,500	331,225	43,600
263,300	50,000	991,945	13.2%	303,600	688,345	0
288,000	280,000	691,837	9.5%	389,375	302,462	0
228,000	248,000	920,180	16.2%	633,980	286,200	0
260,000	200,000	1,047,000	17.3%	729,100	317,900	0
265,000	200,000	992,200	18.4%	772,100	220,100	0
180,600	0	1,036,730	17.7%	738,830	297,900	0
315,600	0	846,870	14.4%	705,170	141,700	0

表 2 - 2 （2） 小熊家の資産・投資構成（船舶・

決算時期	船舶	%	所有船舶数	商店部資本金	商品現在高	漁場	内北方方面
1905年1月中	14,700	19.2%	3	3,000	6,000	32,000	32,000
06年1月中	21,500	11.0%	4	3,000	3,835	44,000	44,000
07年1月中	18,000	6.7%	3	6,000	4,825	28,760	28,760
08年1月中	20,500	5.7%	4	9,000	1,577	36,500	21,500
09年1月中	22,000	6.0%	3	10,000	1,232	102,156	102,156
10年1月中	20,000	4.9%	4	7,000	0	126,200	126,200
11年1月中	22,000	3.7%	3	0	0	182,509	182,509
12年1月中	25,000	4.2%	2	0	0	186,000	186,000
13年1月中	42,500	5.5%	2	0	0	195,000	195,000
14年1月中	25,500	2.7%	2	0	1,000	125,500	125,500
15年1月中	152,000	15.2%	2	0	0	239,073	239,073
16年1月中	478,000	35.2%	3	0	18,000	250,888	250,888
17年1月中	3,625,000	67.9%	5	0	12,970	60,000	60,000
18年1月中	700,000	8.7%	1	0	0	86,173	86,173
19年1月中	0	0.0%	0	1,000,000	0	10,200	102,000
20年1月中	0	0.0%	0	3,500,000	0	119,250	119,250
21年1月中	0	0.0%	0	2,000,000	0	0	0
22年1月中	0	0.0%	0	2,000,000	0	150,000	150,000
23年1月中	0	0.0%	0	1,500,000	0	120,000	120,000
24年1月中	0	0.0%	0	1,500,000	13,500	120,000	120,000
25年1月中	0	0.0%	0	1,500,000	0	120,000	122,500

注 1） 貸付金には，売掛金など他の債権は含めなかった。
 2） 北方方面計は樺太所在会社の有価証券・漁場投資の樺太・北方方面，函館本社所在の
 3） 一部，原史料の集計値と筆者のそれが一致しない部分があったが，その場合，筆者の
 4） 漁場にはこれに付属する設備，漁獲物などの金額も含む。
 5） ％は総資産に対する比率。
 6） 前後の時期から見て数値が不自然な部分があるが，そのままとしてある。
 7） 決算期を1月中としているのは，年によって決算を実施した日にちが異なるため。
 8） 有価証券投資先の企業の所在であるが，確認が取れなかったものについては企業名等
   影響はない。
 9） 不動産「内函館」には函館市周辺の町村のものも含めた。
 10） 所有船舶数であるが，1925年1月決算時で合名会社資産の中に長久丸という，第一次
出所）『明治四十四年　貸借対照表　第一月吉日』『大正八年　貸借対照表　第一月吉日』，東

貸付金・合資部資産・北方方面投資など）

(単位：円)

貸付金	%	現在金	合資部資産	%	炭鉱	数	銀行預金	北方方面計	%
59,190	77.4%	7,024	0	0%	—	—	0	32,000	41.9%
49,750	25.6%	5,047	0	0%	—	—	0	44,000	22.6%
32,825	12.3%	14,503	39,574	15%	—	—	0	37,760	14.1%
22,274	6.1%	23,851	48,727	13%	—	—	0	44,700	12.3%
27,900	7.6%	14,483	52,342	14%	—	—	0	120,806	33.0%
25,230	6.1%	6,070	54,444	13%	—	—	0	153,300	37.2%
50,665	8.4%	43,753	60,712	10%	—	—	0	214,509	35.7%
7,156	1.2%	24,918	68,529	11%	—	—	0	220,400	36.7%
170,490	22.2%	11,111	76,914	10%	—	—	0	231,950	30.1%
73,180	7.7%	51,110	87,881	9%	—	—	0	159,100	16.7%
144,672	14.4%	12,610	98,177	10%	—	—	0	272,673	27.2%
27,511	2.0%	48,254	109,902	8%	23,520	1	0	284,488	20.9%
105,530	2.0%	81,603	120,461	2%	24,000	1	500,000	93,600	1.8%
720,015	9.0%	49,501	266,959	3%	25,000	1	539,726	129,773	1.6%
662,954	8.8%	285,896	209,471	3%	88,000	3	266,919	102,000	1.4%
502,570	6.9%	176,332	273,459	4%	120,000	3	25,000	136,750	1.9%
45,795	0.8%	128,776	300,756	5%	125,000	3	0	200,000	3.5%
148,130	2.4%	203,698	329,109	5%	125,000	3	0	184,000	3.0%
222,503	4.1%	131,820	349,267	6%	125,000	3	0	186,000	3.4%
169,800	2.9%	403,306	380,048	6%	125,000	3	0	156,480	2.7%
271,655	0	319,900	410,623	7%	150,000	3	0	130,000	2.2%

北洋漁業関連会社有価証券の合計。
それを用いている。ただし，総資産・純資産は原史料の数値を用いた。

から推定せざるを得なかった。それゆえ，この部分は不正確さを含む可能性が高いが大勢には

世界大戦期には見られなかった名前の汽船が含まれている。
京興信所『銀行会社要録』第24版により作成。

第2章　金融危機の顕在化と銀行合同政策の形成

表 2-3　借入

決算時期	銀　行借入金	%	内第一銀行	左の内船舶向け	内地元銀行	内諸銀行
1905年1月中	21,000	74.8%	0	—	21,000	0
06年1月中	11,200	66.1%	0	—	11,200	0
07年1月中	16,000	73.4%	0	—	16,000	0
08年1月中	36086	78.4%	0	—	36086	0
09年1月中	30,000	84.6%	0	—	30,000	0
10年1月中	80,000	79.5%	0	—	80,000	0
11年1月中	50,000	25.7%	0	—	50,000	0
12年1月中	0	0.0%	0	—	0	0
13年1月中	0	0.0%	0	—	0	0
14年1月中	50,000	33.3%	50,000	0	0	0
15年1月中	37,390	42.8%	37,390	0	0	0
16年1月中	229,000	69.6%	220,000	0	9,000	0
17年1月中	2,000,000	68.4%	1,900,000	1,300,000	100,000	0
18年1月中	1,930,000	79.7%	1,860,000	1,010,000	70,000	0
19年1月中	930,000	68.8%	600,000	0	250,000	80,000
20年1月中	320,000	63.4%	220,000	0	100,000	0
21年1月中	250,000	66.8%	150,000	0	100,000	0
22年1月中	605,000	76.9%	220,000	0	385,000	0
23年1月中	505,500	62.6%	220,000	0	285,500	0
24年1月中	607,000	46.7%	220,000	0	347,000	0
25年1月中	758,000	56.7%	275,000	0	443,000	0

注）個人からの借入金には預金も含む。
出所）『明治三十八年　貸借対照表　第一月吉日』『大正八年　貸借対照表　第一月吉

金の構成

(単位：円)

個人への債務	%	内相馬家	諸事業部から借入	その他	合　計
7,076	25.2%	0	0	0	28,076
5,734	33.9%	0	0	0	16,934
5,798	26.6%	0	0	0	21,798
9967	21.6%	0	0	0	46053
5,444	15.4%	0	0	0	35,444
5,600	5.6%	0	15,000	0	100,600
124,600	64.0%	100,000	15,000	5,000	194,600
70,000	77.8%	70,000	20,000	0	90,000
100,000	100.0%	100,000	0	0	100,000
0	0.0%	0	100,000	0	150,000
0	0.0%	0	50,000	0	87,390
100,000	30.4%	100,000	0	0	329,000
305,000	10.4%	200,000	0	620,000	2,925,000
342,350	14.1%	100,000	0	150,000	2,422,350
372,000	27.5%	200,000	0	50,000	1,352,000
105,274	20.9%	50,000	0	79,360	504,634
124,376	33.2%	50,000	0	0	374,376
102,090	13.0%	100,000	0	79,919	787,009
101,750	12.6%	100,000	0	200,500	807,750
65,000	5.0%	50,000	226,600	400,000	1,298,600
60,000	4.5%	50,000	0	520,000	1,338,000

日』より作成。

朝道を歩いていてブローカーに出会ったので、山を見てはおらないのだけれども700円で買って、それから町を10町ばかり歩いていると別のブローカーに出会ったので『山を700円で買ってきた』と言うと、『それではそれを千円で買おう』ということで、売渡書をやりとりするだけで300円も儲けたというようは、非常に大もうけができたということを銀行に来たお客さんが堂々と話をする」という別の回顧もある。[24]

以上から、「一攫千金を夢見る浮薄な傾向」は石井氏の指摘する全国内規模での空間的広がりに加えて、地方資産家以外の階層も含めて地方において社会全体に広汎に見られた現象であると推察される。同時に、このような一連の投機活動を事実上煽ることになった金融政策の主たる担当者である、井上準之助総裁を中心とする日本銀行当局者の政策判断の甘さや銀行の行動も、改めて指摘しなければなるまい。

(2) 1920年代以降の銀行破綻

以上、大戦好況には諸銀行は融資を通じて地方資産家らの投機的行動を煽り立てたのであるが、反動恐慌により投機ブームが崩壊し、かつ、その後、不況が長期化する中で銀行経営破綻が続出し、前述のように多数の弱小銀行を包含していた金融構造の脆弱性が露呈する。表2-4には史料の制約上破綻件数のみを抽出しえなかったが、銀行の解

表2-4　銀行数の減少理由

年次	廃業・解散破綻	同構成比(%)	貯蓄銀行への転換	合同	合計
1912	5	27.8	7	6	18
1913	18	69.2	6	2	26
1914	12	44.4	13	2	27
1915	4	36.4	5	2	11
1916	10	32.3	14	7	31
1917	19	42.2	10	16	45
1918	15	38.5	3	21	39
1919	20	30.3	15	31	66
1920	11	18.3	17	32	60
1921	15	31.3	2	31	48
1922	17	28.8	0	42	59
1923	16	15.8	0	85	101
1924	32	39.5	0	49	81
1925	37	34.9	0	69	106
1926	46	34.6	0	87	133
1927	58	39.2	0	90	148
1928	59	21.0	0	222	281
1929	54	32.9	0	110	164
1930	26	24.8	0	79	105
1931	52	48.1	0	56	108
1932	102	63.0	0	60	162
1933	13	54.2	0	11	24
1934	18	50.0	0	18	36
1935	7	35.0	0	13	20

出所）後藤新一『本邦銀行合同史』（金融財政事情研究会、1968年）第52・98・136・156表より作成。

散・廃業・破綻件数の推移を示した。これによれば銀行の破綻件数は1920年代中葉から大きく増加し30から50件前後で推移したあと，1933年から急減しはじめ35年には一ケタ台にまで低下する。ここで留意すべき点は，20年代においては1927年金融恐慌まで都市銀行の破綻は見られないから，(25) これら破綻銀行の殆どは地方銀行であることである。また，伊牟田敏充氏，山崎広明氏，あるいは近江銀行について検討した石井寛治氏により明らかにされているように，(26) この時期になると近江銀行など都市銀行下位行も大戦ブームとその後の不況のあおりで経営状況が悪化し，1927年金融恐慌の影響で破綻することになる。この点には留意する必要があるが，周知のように1920年代から昭和恐慌期はまさに地方銀行を中心とする銀行破綻の時代だった。

次にこれら銀行破綻の特質を見たのが表2-5である。同表は『日本金融史資料』に史料が掲載された破綻銀行中，経営者の「専横」が破綻の重要要因とされた銀行数を，本店所在地別・預金階層別に分類したものである。ここに掲載された銀行は政策当局の一環を占める日本銀行により，特に問題があるとさ

表2-5 『日本金融史資料』に見られる銀行破綻要因（1920年代）

項目・階層	行数	本店所在地 六大都市	本店所在地 その他
『日本金融史資料』掲載の破綻銀行数	65		
重役の「専横」ぶりが破綻の重要要因とされた行数	20	4	16
内預金量5千万円以上	1	1	0
同3千万円以上	1	1	0
同2千万円以上	1	1	0
同1千万円以上	2	0	2
同5百万円以上	6	1	5
同5百万円以下	7	0	7
不明（データ収集不可）	2	0	2

出所）『日本金融史資料』昭和編24巻，昭和続編付録第1～4巻，『第52次銀行局年報』，『銀行通信録』所載の「銀行営業報告」各年より作成。ただし，預金額1千万円以上の階層区分は伊牟田敏充「地方銀行と他金融機関の関係」，『地方金融史研究』第7号，1976年，所収，第1表に倣った。なお，各銀行の数値は破綻前年の数値を用いた。

本表記載の重役の「専横」ぶりが破綻の重要要因とされた銀行名は以下のとおり。（括弧内は本店所在道府県名）。

加茂実業（新潟），共立（京都），北越（新潟），関東（神奈川），高谷（青森），糸屋（北海道），川上（大阪），今治商業（愛媛），徳島（徳島），河泉（大阪），東京渡辺（東京），東葛（千葉），村井（東京），中沢（東京），第六十五（兵庫），栗太（滋賀），西江原（岡山），島本（京都），大塩（兵庫），産業（奈良）。

れており，この意味である種のバイアスがある点に留意する必要がある。しかしながら，史料の制約もあり，この点に留意しつつ本表を用いて検討する。まず，本表から気が付く第一の点は，同史料集に掲載されている破綻銀行数の三分の一弱が，重役の「専横」が破綻の重要要因とされている点である。出所史料の中から具体的な指摘を例示すれば以下のとおりである。

【史料①】「頭取高谷豊之助ハ同町ノ富豪ニシテ嘗テ多額納税議員タリ同行ハ其ノ一族ノ個人銀行ニシテ頭取ハ多ク東京ニ在住シ其ノ経営ハ一切実弟ニ委ネタリ」－中略－「**同行ノ貸出ハ誠ニ言語道断ニシテ貸出二百六十七万円ノ大部分ハ高谷一族ニ融通シ担保付ノモノハ全部再担保トシテ他銀行其他ニ提供シ居リ信用貸中回収ノ見込アルモノ約三十万円ニ過ギサル由ナリ**中ニハ政党関係ニテ同町ノ無資産者約四十名ニ一万円宛貸付ケタル如キ又無価値ノ山林担保ニ五十万円ヲ貸出セル等乱暴至極ノ貸出モアルトイフ」（青森県高谷銀行。太字・下線は引用者）。

【史料②】「当行ハ設立以来片山頭取主宰シ其経営振放胆ニシテ独断専横多キカ」－中略－「頭取ノ人物既ニ斯クノ如クニシテ而モ業務一切ハ同人ノ切廻ハシニ係ル所ナレハ当行ノ業態ノ健全ハ到底期待シ能ハサルヘシ」（岡山県西江原銀行）。[27]

これらの史料は破綻銀行の抱える問題点として，独断的な経営者に対する組織的な規律付けや管理・監督能力，およびリスク管理能力の欠如を示唆していると言えよう。そして，留意すべき点は例示した【史料①】の太字部分に見られるように，このような「専横」経営者の多くがその地方の資産家などの非専門経営者だったと見られることである。既に杉山和雄氏が明らかにされているように[28]，地方銀行の場合，金融恐慌以後，とりわけ戦時期における銀行合同の進展を通じて専門経営者が台頭してくるのであり，地方銀行においては【史料①】に例示したような，地方の資産家・名望家などの非専門経営者が多くを占めていたことは疑い得ない。次に留意すべき点は，重役の「専横」によって破綻したとされる銀行の殆どは，【史料①】の下線部部分の記述に見られるように，銀行経営者の一族及び彼らが経営する事業，ないしは彼らの住む地域住民

などの関係者向けの貸付が諸貸付金の大半を占めており，このような貸付の不良化が破綻の重要因になっていたことである。このような銀行経営の弊害は，研究史上縷縷指摘されてきた「機関銀行の弊害」[29]と呼ばれるものであるが，地方の資産家・名望家などの非専門経営者たちの，独断による情実貸付とでも言うべきものが，当時の銀行破綻の背後に存在した重要な要因と見られる。後述する大蔵官僚による銀行経営者に関する批判の背後には，この状況があったと見てよかろう。

第二に本表から指摘できる点は，これら銀行の多くは六大都市以外の地方に本店が所在する預金量1000万円未満の弱小銀行が大半を占めるという点である。経営者の「専横」＝情実貸付による銀行破綻は，地方の弱小銀行において特に顕著であったことが推測される。

以上の点を踏まえて1920年代における銀行破綻の要因を考える場合，とりわけ弱小地方銀行においては，単に銀行の蓄積基盤である諸産業の不振という物質的要因のみならず，銀行経営者側の主体的要因あるいは銀行の経営管理のあり方をも重要要因として見る必要があると言えよう。そして，第6章で見るように，政策担当者のみならず，広く社会レベルでこの点が問題視されるようになったのである。

(3) 小　括

第一次世界大戦下の景気拡大は輸出を起動点にするものであった。これに対応して「重層的な構成をもつ貿易資本」は特に「二流貿易資本」「中小貿易資本」を中心に拡大したが，金融機関もこれら「貿易資本」に積極的な貸出を行った。とりわけ「二流貿易資本」に積極的に融資した台湾銀行，朝鮮銀行，「中小貿易資本」向けに貸出を行った地方銀行などは，台湾銀行と鈴木商店との関係に典型的に見られるように，反動恐慌によるブーム崩壊とその後の不況を通じて大きな打撃を受けた。このことは台銀のコール吸収による内国金融市場における「歪み」の発生に見られるように，内国金融の危機にも大きく作用することになる。さらに，内国金融面でも大戦景気による投機ブームの勃興を背景に，金融機関は地方資産家による投機的行動を煽るかのような融資活動を展開した。その上，政策当局である日本銀行も，事実上，これを促進する金融

政策を採るに至った。このほか，周知のように，地方産業が拡大する中で，これら産業への融資の積極化も進められていた。

　しかしながら，このような状況は反動恐慌によるブーム崩壊とその後の長期不況により一変することになる。反動恐慌後における内国金融の危機には，国内における投機崩壊による銀行経営の悪化はもちろんのこと，上述のように対外金融面での危機も重大な影響を及ぼした。これに加えて，銀行経営者が情実的な経営姿勢を採っていたがゆえに[30]，これにより実態経済面での危機がより一層「増幅」されるという事態までも生じていた。かくして，内国金融は両大戦間期における経済危機を集約的に表す存在になった。以下では，ここでの金融危機発生の構図の概観を踏まえて，銀行合同政策を中心に危機の政策的対応策の形成過程を検討する。

（6）　石井・杉山編『金融危機と地方銀行』「まえがき」を参照。
（7）　以下での対外金融にかかわる議論は，特に断らない限り，伊藤『日本の対外金融と金融政策』第1章（8～125頁）による。
（8）　以下の数値は伊藤『日本の対外金融と金融政策』表1-5（24頁）による。
（9）　伊藤『日本の対外金融と金融政策』184～186頁。数値は185頁の表2-24から算出。また，「歪」んだコール市場については，伊藤「昭和初年の金融システム危機」165～169頁。
（10）　さしあたり，代表的研究として加藤『本邦銀行史論』，高橋亀吉・森垣淑『昭和金融恐慌史』清明会出版部，1968年，後に講談社学術文庫，1993年を挙げておく。
（11）　石井・杉山『金融危機と地方銀行』。
（12）　以下での第一次世界大戦期における日本銀行の対応について，詳細は石井「地方銀行と日本銀行」118～128頁による。
（13）　なお，戦前期における日本銀行の支店設置問題については，最近，早川大介氏が松山支店誘致運動を事例とする研究を発表している（「日本銀行と地域経済」日本金融学会歴史部会報告，2004年9月4日　於麗澤大学；同「日本銀行と地域」2004年度政治経済学・経済史学会全国大会自由論題報告，2004年10月16日，於早稲田大学）。筆者は，後者のレジュメと思われるもののみを http://www.geocities.jp/yokohamaseijikeizaigaku/hayakawa.pdf から入手したが，これを見る限り，本書が指摘する事実に関する言及は無さそうである。
　　　また，石井「地方銀行と日本銀行」，伊牟田「日本金融構造の再編成と地

方銀行」といった先行研究でもこの点についての指摘は見出せない。
(14) 日本銀行『大正四年-大正十二年　総裁演説集』に合綴の「大正八年十一月十九日本支店事務協議会ニ於ケル総裁演説要旨」による。
(15) 以下の支店長宛通牒も含めて，日本銀行『大正六年春季——大正十一年秋季支店長会議書類』に合綴。
(16) 以下の井上の発言も含めて，「大正八年十一月十九日本支店事務協議会ニ於ケル総裁演説要旨」。
(17) 日本銀行「諮問案」1918年4月本支店事務協議会史料。
(18) 石井「地方銀行と日本銀行」132頁。
(19) 注(13)の早川氏の報告レジュメには，「戦間期は支店誘致運動とそれに伴う支店開設が頻繁に行われた時期」とある。同レジュメでも用いられている，日本銀行アーカイブ所蔵史料＝『支店設置関係書類』から，支店誘致に関する陳情の多さが確認できるので前者については妥当するが，1920年から39年までの両大戦間期の支店開設は1922年4月の岡山支店，27年6月の神戸支店，32年11月の松山支店の三店舗に過ぎない（日本銀行『日本銀行百年史』資料編，1986年の年表より確認）。第一次世界大戦期の支店新設状況と対比した時，両大戦間期のそれは極めて抑制的であり，それはおそらく，後に検討する日本銀行史料から，反動後の緊縮の必要性が背景にあったと推定される。以上を踏まえた時，早川氏の「支店開設が頻繁に行われた」との評価は首肯し難い。
(20) 石井「地方銀行と日本銀行」118頁。
(21) 小川『企業破綻と金融破綻』九州大学出版会，2002年のほか，同『地方企業集団の財務破綻と投機的経営者』滋賀大学経済学部，2000年，同『破綻銀行経営者の行動と責任』滋賀大学経済学部，2001年など多数。なお，志村嘉一『日本資本市場分析』東京大学出版会，1969年，400〜405頁では，日本株式市場の特殊性としての個人株主の多さと投機性の強さを指摘しつつ，大戦バブルの形成と崩壊をごく簡単に言及している。
(22) 以下，「『播州長者』分家」については小川『地方企業集団の財務破綻と投機的経営者』に，小熊家については白鳥圭志「明治後期から第一次世界大戦期における地方資産家の事業展開」『経営史学』第39巻1号，2004年7月，1〜27頁，所収による。
(23) 原邦道『昭和金融恐慌の教えるもの』全国地方銀行協会，1958年，16〜17頁。
(24) 亀田源治郎ほか「南都銀行頭取　亀田源治郎氏との座談会」1969年9月18日実施，『地方金融史研究』第5号，1972年3月，所収，25頁。氏は第一次世界大戦当時，奈良県本店所在の吉野銀行の一若手行員であった。
(25) ここでいう都市銀行群はいわゆるシンジケート銀行19行のことである。詳細は石井「地方銀行の成立過程」を見よ。なお，1920年代に限定すると都市

第2章　金融危機の顕在化と銀行合同政策の形成　　83

銀行群の破綻は1927年金融恐慌時の加島・近江・十五の破綻が最初である。金融恐慌時における都市銀行の経営破綻についての具体的事例は石井寛治「近江銀行の救済と破綻」『地方金融史研究』第31号，2000年3月を参照。
(26) 石井「近江銀行の救済と破綻」のほか，伊牟田「大正期における金融構造」273〜290頁；山崎『昭和金融恐慌』東洋経済新報社，2000年，Ⅰによる。なお，伊藤「昭和初年の金融システム危機」163〜164頁でも上記両氏の議論によりつつ簡潔な整理がされており本書でもこれを参照した。
(27) 表2-3出所史料からの引用である。
(28) 地方銀行における専門経営者の台頭については，杉山『『地方的合同』の人的側面」所収を参照。
(29) このようなわが国における銀行経営の特質に関する指摘は，加藤『本邦銀行史論』以後，数多くの研究者が指摘している。当該期における個別銀行経営に即した「機関銀行の弊害」に関する最新の実証分析は，石井・杉山編『金融危機と地方銀行』第2部で示される。また，筆者も個別機関銀行の破綻過程を具体的に検討したことがある。詳細は本書第5章第1節における楯岡銀行の分析を参照。
(30) ここでは小川『企業破綻と金融破綻』「結論」で示された「リスク増幅のメカニズム」の仮説的提起を念頭においている（513〜558頁）。ただし，小川氏においてはミクロの経営主体における「リスク増幅」に視点が限定されているが，このようなミクロ・レベルでの「リスク増幅」が金融機関などを介してマクロ的に波及する点まで明示すべきであるように思われる。

第2節　金融危機への対応Ⅰ〔日本銀行の特別融通〕

　反動恐慌期から金融恐慌前までの期間においては，後述のように銀行合同政策や銀行経営規制は未だ主たる金融危機への対応策とはなっておらず，危機への対応として採られた中心的政策は日本銀行による特別融通であった。それゆえ，まず，本節では反動恐慌期から関東大震災期に至る日本銀行の特別融通を検討する。

1　反動恐慌時における金融危機への対応

(1) 1920年反動恐慌時の特別融通に対する基本方針と政策目的
基本方針　　周知のように，1920年3月の株式市場の「一斉崩落」を引き金

84

とする反動恐慌は、同年4月以降になると商品市場をも巻き込むとともに金融市場の混乱も惹起した[31]。この結果、金融面に関して見ると、20年4月以降銀行の取付が多数見られたほか、地方産業向け金融を行っている金融機関も資金繰りに窮するものが出るようになった。1920年4月から7月にかけて取付を受けた地域を見ると[32]、福島以外の東北地方と南九州を除く各地域にわたり広汎に分布しており、ほぼ全国的な広がりを持っていたが、なかでも関東・関西・西日本地域において特に危機が深刻化していた。

　この事態に対して日本銀行は、20年4月16日付けで支店長宛に特別融通に関する通達を発し[33]、反動恐慌時の救済融資が開始された。日本銀行の救済融資に際しての基本方針はこの支店長宛通達に示されている[34]。それゆえ、ここでは本通牒の内容を検討する。まず、本通達では「イ」として「経済一般に及ぼすべき影響から判断して」必要な時、すなわちシステミック・リスクが顕在化する時に特融実施を限定している。次に、「ハ」では「全く救済を目的とする特別な措置を必要とする時」として、「なるべく同地域の金融機関や特別の関係を持つ有力銀行等に救済整理の責任を取らせ、本行はその申し出により救済者に対して援助を与える」との規定がある。このような規定の対象は、「イ」の規定を踏まえた場合、おそらくはシステミック・リスクの震源になるような、経営危機が深刻化した銀行を念頭に置いているのであろう。

　本規定では該当銀行に対する融資は、同一地域内における同業者あるいは有力銀行との系列関係などの、同業者の相互関係に補完を受けて日銀自身のリスク回避を図りつつ、これら救済銀行の責任の下で、これを経由した特融を実施することが謳われている。この規定は被救済銀行の整理監督を救済銀行に依存しつつ、被救済銀行のみならず救済銀行にも特融返済への誘引を与えることで、特融回収の確実性を確保するものであると評価できる。このように、反動恐慌時における日本銀行の救済姿勢は、特融の実施条件をシステミック・リスクが顕在化する時に限定している点、および救済目的の特別処置をする場合に、リスク回避上、市場内部における個別銀行の相互関係による信用補完を前提にしている点において、救済融資という緊急の取引でさえも極めて慎重であった。さらに、産業救済資金の融通の場合、取引先銀行の責任を前提とし、かつ取引先が「資力不足」であると認められた際にのみ、融資が実行されることが謳わ

れており（「ロ」），このようにして救済資金を可能な限り絞り込んだ点でも，日本銀行の融資姿勢は同様に慎重だった。

　以上，日本銀行は特別融通の実施にあたり，救済資金を絞りこみ，リスク回避を徹底することで，市場への銀行券滞留を回避することを基本方針に据えたのである。

　基本目的　そこで重要なのは，日本銀行が厳格な救済姿勢を示した理由である。日本銀行は前掲した通達を出すにあたり，「ニ」として損失回避を厳命しているが，その理由として日本銀行は発券銀行であるので，高リスクな救済資金供給目的の兌換券発行は最も慎むべきであることを挙げていた。一般に，特融の損失による銀行券の市場への滞留が激化した場合，通貨価値の安定性が損なわれ，ひいては日本銀行の信用が動揺するおそれがあるから，日本銀行がこれに対して懸念をもつのは自然である。しかしながら，日本銀行が損失回避＝兌換銀行券の市場への滞留を恐れて厳格な融資姿勢を採った理由は，このような一般的理由には留まらなかった。救済融資の実施の際に井上準之助総裁は，[35]「財界ノ反動期ニ入レルコトヲ充分ニ理解シ各其ノ力ニ応シ分ニ随テ一大整理ヲ断行スルコト最モ肝要ナリ」とした上で，「平素真面目ナル事業ニ従事シ而シテ前述セルカ如ク反動期ニ処スヘキ応分ノ整理ヲ断行スルモノニ対シテハ出来得ル限リ援助ヲ与ヘタキ精神ナリ」との談話を出し，この度の救済融通はあくまで財界の「一大整理」を進展させるための整理資金の融通に過ぎないと強調していた。さらに，別の個所で井上は「講和成立以来」の入超激化への懸念と，この打開のために輸出増進のために「不暁ノ努力」を払う必要性を強調した。このほか反動恐慌直後の翌21年11月の関西銀行大会における講演で，井上は巨額の入超の存在を指摘しつつ「此ノ寒心スヘキ現象ハ」－中略－「今ヤ在外正貨ヲ手放スノ止ムヲ得サルニ至」[36]ったと嘆いている。現に，貿易収支をみると1918年には2億5800万円の黒字だったものが，[37]翌年には1億2100万円，20年には4億8100万円の赤字に転落しており，しかも赤字幅は急膨張していた。これに伴い20年には国際収支も7300万円の赤字に転落していた。このため在外正貨も19年の13億4300万円から，20年の10億6200万円，21の年8億5500万円と，大幅に減少していた。井上が「寒心」したのは，このような状況だった。

　既に明らかにされているように，[38]このような状況の中で反動恐慌期には野党

憲政会は解禁必要性論を唱えていたものの，与党である政友会原敬・高橋是清内閣は，早期の金解禁を政策目標には掲げておらず，また，反動恐慌時点では経済諸団体からの金解禁要求も見られない。この限りで，金解禁問題は重要な政策上の争点ではあったものの，その実施条件が国内で形勢されていたとは言い難い。しかしながら，日本銀行当局内部では，1919年時点で既に木村清四郎副総裁が，金解禁による緊縮への「財界善導」の実施を提言していたことや，反動恐慌時に高橋蔵相らからの救済要求に難色を示したことに見られるように，大戦後の経済界の過熱・膨張への憂慮と緊縮への誘導の必要性が認識されていた。これを踏まえて救済実施時の井上談話を見た場合，大戦終了後の入超激化という事態を目の前にして，日本銀行は組織独自の判断として，輸出産業が脆弱な日本経済の円滑な再生産を確保する上でも，大戦中に蓄積した正貨，特に在外正貨の急激な流失に歯止めをかけるべく，財界の「一大整理」の必要性を強く認識していたと見てよい。ここから日本銀行が特融の損失回避を厳命した理由は，兌換銀行券の市場への滞留に伴う財界整理の未進展による入超の激化と，これに伴う（在外）正貨流失の回避・是正という政策目的をも包含するものであると見なければなるまい。

　以上を踏まえた場合，前述した目的をもつ救済融資は，信用秩序の維持という政策目的のほかに，（在外）正貨所有動向，すなわち金本位制の論理にも強く規律付けられていたと言ってよい。以下では，このような基本姿勢の下で，特融実施に際してどのような損失回避のための取引条件が具体的に採られたのか，という点を検討する。

　銀行支払準備金　ここでは銀行支払準備資金の融通動向を見た上で，階層別の取引条件を検討する。

　表2-6に見られるように，反動恐慌時の特別融通は銀行支払準備資金のほか，諸産業の救済向けも多数包含する。その中でも銀行支払準備金は35.2%と際立っている。次に実際融通額に対する20年12月末残高の比重を用いて回収状況を検討する。まず，銀行救済向けの（表2-7）銀行支払準備金の回収率が73.6%と良好な値を示している点を指摘したい。同表により支払準備特融を授受した銀行を回収率の低い順番にならべれば，取引先銀行（預金量1000万円以上の地方有力銀行層以上，全銀行数の10%以下。なお，以下，銀行は略）向け，取

表2-6　1920年特別融通の構成と回収率

(単位：千円)

融通資金	融通承認額	実際融通額	同構成比(%)	20年末残高	同構成比(%)	回収率(%)
貿易資金	35,000	21,300	8.8	0	0.0	100.00
銀行支払準備金	108,143	85,326	35.2	22,491	60.2	73.64
臨時事業資金	5,000	5,000	2.1	0	0.0	100.00
商社救済資金	10,960	10,960	4.5	8,000	21.4	27.01
株式市場救済資金	81,000	70,622	29.1	0	0.0	100.00
綿糸資金	41,348	22,084	9.1	0	0.0	100.00
羊毛資金	26,360	3,580	1.5	0	0.0	100.00
製糸資金	16,561	4,993	2.1	880	2.4	82.38
臨時蚕業資金	10,000	6,000	2.5	6,000	16.1	0.00
機業資金	2,000	120	0.0	0	0.0	100.00
砂糖資金	31,980	10,885	4.5	0	0.0	100.00
銅資金	8,400	1,539	0.6	0	0.0	100.00
銑鉄資金	8,540	0	0.0	0	0.0	―
合計	385,292	242,409	100.0	37,371	100.0	84.58

出所)『日本銀行百年史』第3巻，表1-1 (14頁)を修正・作成。

表2-7　銀行支払準備資金特別融通の回収状況

(単位：千円)

	承認限度額	実際融通額	残高	回収額	回収率(%)
総計	108,143	85,326	22,491	62,835	73.6
取引先	104,859	82,692	22,241	60,451	73.1
内「中間銀行」経由	?	22,429	5,747	16,682	74.3
取引先外	3,284	2,634	250	2,384	90.5

注)　特融先35行中都市銀行（定義：石井「地方銀行の成立過程」による）は近江，第百，川崎の3行のみ。特融先は普通銀行のみ。
出所)『日本銀行百年史』第3巻，表1-2 (16頁)より算出。原史料は日本銀行保有資料（原注）。

引先を「中間銀行」とした融資，取引先外向けになる。さらに取引先内外別の特融額を見ると，取引先が圧倒的な比重を占めている。ここから階層的により上層に位置する取引先に傾斜する形での，取引先内外に対する差別的な取引方法を包含した融通方針が，前述した高い特融回収率の背後にあることが窺える。

次に，この点をより明確にするために，階層的に相違する取引先・取引先外といった，取引銀行の区分に着目して取引方針を検討する。[42] 前者であるが日本

銀行は反動恐慌による金融界動揺にあたり,「取引先銀行ニ対シテハ又特別ノ考慮ヲ」した。その具体的な内容について,まず,割引対象となる商業手形の拡大から検討する。そこでは「其手形関係者ノ資産信用確実ニシテ其支払ニ付何等疑フヘキ廉ナキモノニアリテハ割引依頼銀行ノ信用等モ考慮シ当務者(支店長－引用者)ノ裁量ヲ以テ割引シタリ」とあり,手形関係者と割引依頼銀行の信用力の確実性が割引対象商業手形の選択基準であることが確認できる。その際,「当務者ノ裁量」により割引を実施するとあるが,前述のように4月16日付けの通達により特融の実施はシステミック・リスクが顕在化しうると判断される時に限定される。このことは取引先の救済にかかわる「当務者ノ裁量」が,手形関係者や再割引依頼銀行の信用力のほかに,上記通達の内容によって厳しい制約を受けることを意味する。このほか有価証券担保貸付については重役保証をとりつけたほか,「数行ノ裏書ニ依ル特別融通」についても,具体的内容は不明であるが「本行ヨリ融通ヲ与ヘタル後ニ至リ該裏書銀行自身カ窮地ニ陥キルカ如キコトアラハ其共同責任ノ実際上ノ効力ハ頗ル薄弱ニ立チ至ルヘク依テ本行ハ斯カル手形ニ対シ融通ヲ与ヘル場合ニ於テハ特殊ノ処置ヲ採」ったという。このように反動恐慌期の日本銀行は,取引先の救済にかかわる割引対象手形の選択に厳しい制約をかけるとともに,資金回収の確実性やリスク転嫁の可能性に強く配慮した融資姿勢で特融を実施した。

　続いて,取引先外に対する特別融通を検討する。取引先外に対する特融の基本姿勢は「該銀行ノ営業状態確実ニシテ且相当ノ担保ヲ有スルモノナルニ於テハ事情止ムヲ得サル場合ニ限リ之カ臨時応急ノ融通ヲ与ヘ」るというものであった。具体的な方法としては「当該銀行所有ノ国債ヲ売戻条件付ニテ一時買取」と有価証券担保による直接貸出のふたつが採られていた。このように特融担保は成規担保である国債と流動性が高い有価証券が中心であり,この意味で取引先外に対する特融条件は回収確保に特に強く配慮したものだった。[43]

　その際,重要なのは「普通ノ順序トシテハ先ツ当該銀行ト特別関係ヲ有スル本行取引先ヲシテ資金供給ノ任ニ当ラシメ本行(日本銀行－引用者注)ハ中間銀行タル取引先銀行ヲ後援スルノ方法ヲ採」るという特融の実施方法である。関連して別の個所では「救済ノ方法順序及其見込ニ付テ中間銀行ノ意見ヲ徴シ且自ラ其責任ヲ以テ救済ヲナスノ覚悟アルヲ認ムルニ及ヒ」,回収整理に1年

第2章　金融危機の顕在化と銀行合同政策の形成　89

を超えないこと，貸出実施の可否は「如何ナル場合ニアリテモ中間銀行ノ実力信用ニ依ル」ことを条件に特融を実施したことが述べられている。つまり，日本銀行は被救済銀行の選別にあたり「中間銀行」の審査能力に依存するとともに，被救済銀行の整理監督を「中間銀行」に依存することで，これにかかわる取引費用を節約し，かつ，万一の場合には「中間銀行」にリスクを転嫁することでこれを回避する姿勢を示した(45)。また，周知のように取引先は各地方の有力銀行であり，危機の際には地方産業や地方の弱小銀行から救済を求められ手許資金が逼迫していた(46)。これを緩和するためにも後述する産業救済も含めて，取引先は日本銀行の設定した諸条件に応じる誘引が働く。この意味で，このような条件の下でも，日本銀行に救済を求めることは取引先にとって合理的なことであった。このほか整理期間を原則1年に限定したことは「中間銀行」による安易な救済申込を断念させることを意味する。これに加えて，リスク・プレミアムを含む「被救済銀行ニ対スル（「中間銀行」の－引用者注）貸付歩合」を考慮した高率金利を課すこととも相俟って，「中間銀行」が日銀特融を得て救済が実行された場合の「中間銀行」（及被救済銀行）による安易な救済期間延長要求などの「モラル・ハザード」(47)の発生を抑制し，「中間銀行」に被救済銀行の早期整理・特融の早期返済への誘引を与えることを意味する。このように日本銀行は，取引先外の救済の際には被救済銀行からの重役保証・有価証券ないし不動産担保の確保も謳うなど，担保面でも厳しい条件を付しているものの，基本的には「中間銀行」となる取引先に救済対象の選別・整理監督を依存し，特融の早期返済への誘引を与え，万一の場合にはこれにリスクを転嫁できる条件を整えた。これに加えて，取引先外向け救済融資には支店長による裁量的実施規定は存在せず，この意味でも取引先外向け融資に対する姿勢は取引先に比べてより厳格であった。

　このほか反動恐慌時の日本銀行は，「資金回収ヲ迅速ナラシムル為メノ考慮」として，貸出期限の短縮，手形切替の回避，高率適用の実施，期日前返済の容認及びその場合の割引料の払戻といった措置も採り，借入銀行に対して特融の早期返済への誘引を与えることを通じて，その回収に強く配慮する姿勢を示した。しかしながら，この点を考慮しても日本銀行の特融リスクの回避・回収確保にとって，取引先の存在は決定的意義を持ったと言ってよい。なぜならば，

このようなリスク回避の受け皿としての取引先の存在が，日本銀行をして特別融通という高リスク資金の市場への供給制限と回収の確実性確保を極大化した条件だったからである。さらに，このような形での特融の供給制限による融通額の極小化は，市場による非効率銀行の淘汰能力を可能な限り生かすことにもなる。このように取引先と市場に補完されることを通じて，反動恐慌期の日本銀行は高回収率を確保し，最大限，特別融通の効率性を追求しつつ，信用秩序の維持を図ったのである。

産業救済向け特別融通 最後に産業救済向け特別融通を検討する。一部の例外を除いて，産業救済向け特融の回収状況は極めて良好であった（前掲表2－6）。以下では，このことを可能にした救済姿勢・取引条件を検討する。

産業救済資金の大部分を占めるのは株式市場救済資金であった（前掲表2－6）ので，まずはこの点から検討する。株式市場救済資金供給の特徴は，日本銀行の強いリスク回避志向である。反動恐慌時の株価暴落に際して，東京・大阪・名古屋各取引所の理事長は，日本銀行に対して「大正五年十二月ノ受渡ニ対シテ日本銀行カ興業，帝国商業，豊国ノ三行ヲ通シテ株式仲買人ノシンヂケート(ママ)ニ対シテ援助ヲ与ヘタルト同一ノ救済ヲナスコトヲ約束」するように要請した。しかしながら，日本銀行は「月末受渡迄ニ三週間モ隔タリ居ル」ために「其受渡金カ三市場」でいくらになるかを知ることが「到底困難」なこと，「又此三週間ニ如何ニ市場ノ形成変化スヘキカ不定」なことを理由に取引所関係者からの要求を拒絶した。別の個所で日本銀行は「今回ハ相当期間ノ下落ノ傾向ヲ辿ル」であろうこと，「金融市場ノ状況モ亦大正五年ト異ナリ資金一般ニ不足ノ際単ニ本行ニ於テ融通ノ途ヲ開ケハ之カ調達ハ他銀行ニ於テナスヘキコトヲ期待」できないがゆえに，株式取引所からの要求を受容した場合，他の産業も含めた救済資金供給要求の日本銀行への殺到が予想されることを指摘しており，株価下落の長期化によるリスクの高さと，高リスクな救済資金供給の絞り込みを強く意識していた。ここからも日本銀行の強いリスク回避姿勢が確認できる。

しかしながら，「一般金融界ニ及ホス悪影響」への懸念から，日本銀行は重役会において「各仲買人ハ各取引銀行ヲ有スルヲ以テ各自其取引先銀行ニ対シテ融通ヲ求メ其結果トシテ其銀行カ日本銀行ニ対シ金融ヲ求ムル場合ニハ日本

銀行ハ精々之力融通ノ便ヲ図」ることを決定した。この決定は株式市場向け資金を最大限市中銀行に供給させることにより，日本銀行からの救済資金融通を極力絞り込むものであることは言うまでもない。そして，4月13・14日の株価の「大暴落」以後，本決定に従い救済融資を実行した。その際，重要なのは，株式市場への資金供給は「解合ト乗替」を通じた整理目的のものに限定し，しかも仲買人にこの目的のための資金が「無キ」場合にのみ限定して「救済資金ノ放出」を行うとした点である。日本銀行はあくまで「財界整理」に資する資金のみを，しかも市場当事者の資金繰りがつかない場合に限り供給する姿勢を強く示した。

このほか実際の融通の際には，例えば，銀行シンヂケート団の組織を前提に「取引所振出引受，興業銀行（銀行シンヂケート代表）裏外ノ手形割引形式」で融通するという，東京株式市場での救済資金融通に見られるように，シンジケートを媒介にすることにより被救済先のモニタリングをこれに依存し，いざという時はこれにリスク転嫁できる体制も整えた。なお，ほぼ同様な形での救済資金融通は，織物業向けなど他産業向けの救済融資にも見られる。この点でも日本銀行のリスク回避姿勢は極めて強かったと言える。

次に，前述した政策目的との関連で注目すべき点として，綿紡績業の救済融資に言及しなければならない。反動恐慌に際して，大阪の綿業関係者は輸出シンジケートを組織した上で，日本銀行と市中銀行団に対して「綿糸買取資金」の融通を要請した。日本銀行は結果的にこれに応諾したが，注目すべきはその理由である。日本銀行は応諾理由として「当時綿糸ノ値下リヨリ之ヲ見レハ五六月物ハ相当海外ヘ輸出ノ望アリト観測セラレタル」ことを挙げていた。このような「観測」の下に，日本銀行は正金，台銀，朝銀，三井，三菱，住友の為替銀行六行経由で，「綿糸布ノ内輸出向ノモノニ」限定して資金を「綿糸布問屋及綿糸布輸出業者」シンジケートに供給した。同様な措置は東京でも実施された。このように，日本銀行は輸出が望めるとの判断の下に資金供給を決断している。つまり，このような救済融資は輸出増進を通じて貿易収支を改善し，ひいては正貨の流失を回避するという，前述の日本銀行当局の政策目的に沿うものであった。

日本銀行は「財界救済ニ関スル本行ノ所見」として，「平素真面目ナル事業

ニ従事シ而モ此反動期ニ処スヘキ応分ノ整理ヲ断行スル者ニ対シテハ金融上相当ノ援助ヲ与フルヲ妥当」としている。以上の検討からも明らかなように，反動恐慌時の救済にあたり日本銀行は「財界整理」・輸出増進への誘導に重点をおきつつ，最大限，高リスクな救済資金の供給量を絞り込み，かつ，資金回収の確実性に配慮する取引条件を設定した。これにより日本銀行は特融の効率性を，最大限，追求し，このような枠組みの中で前掲表2-6のような高回収率を実現した。また，以上の措置により，前述の政策目的の達成を企図したのである。

(2) 「大正11年の銀行動揺」への対応

「大正11年の銀行動揺」時の特別融通額と融通先　1922年11月29・30日に日本積善銀行・九州銀行等が相次いで休業したことを契機に，[52]「大阪・京都ヲ中心トセル金融界ハ相前後シテ多少ノ動揺ヲ来タシ人心何トナク一時危惧ノ念ヲ生スルニ至リタルカ其ノ影響ハ九州，中国，北陸等ニモ波及シ各地銀行ニ預金取付若クハ取付ノ不祥事」が生じた。この結果，11行が支払停止を余儀なくされたほか，[53]西日本各地の多数の銀行も危機的状況に陥った。

この結果，同年12月14日以降，表2-8に見られる20行に対して合計4149万円の支払準備金供給目的の特別融通が実施された。同表によれば，直接融通の対象になった銀行はすべて階層的に上位にある取引先であった。また，取引先外への融通は「中間銀行」ないし「救済団」を経由して実施されている。なお，特別融通は1924年1月には全額回収されている。ただし，伊藤正直氏によれば，[54]この時の特融は23年1〜2月中に大部分が回収されたようであるから，この時の特融の回収は極めて円滑だった。次に，伊藤氏において未検討なまま残された，円滑な回収を可能にした要因を検討する。

日本銀行の救済姿勢　この事態に直面して，日本銀行は特別融通の実施を決断する。11月22日には審査部から各支店長宛に特融実施の基本方針を示した通牒が発せられた。[55]そこでは1. 支店長の裁量により「商業手形ト称シ難キモノ」でも「割引依頼銀行ノ信用等ヲ考慮シ」割引を実行してかまわないこと，2. 取付を受けた取引先が成規担保不足に陥った場合には，成規外有価証券を「陰担保」として融通してよいことが述べられている。ただし，2については，

表 2-8　1922年銀行動揺時における日銀特別融通の内訳

(単位：千円)

取扱店	融通先銀行 (所在地)	承認 限度額	最高 融通額	融通開始日	返済完了日	備　考
本店	村井（東京）	11,840	11,840	1922年12月14日	？	
	東京渡辺（東京）	400	400	同15日	1923年1月18日	
	帝国商業（東京）	130	130	同27日	同20日	
	若尾（山梨）	600	600	同18日	同10日	
	福岡支店（東京）	2,350	2,350	同15日	同20日	
	小　　計	15,320	15,320			
大阪	十五支店（大阪）	12,500	7,500	1922年12月19日	1923年1月6日	
	藤田（大阪）	15,000	5,830	同15日	同31日	
	土佐支店（大阪）	500	430	同11日	同12日	
	第六十五（神戸）	6,000	4,900	同18日	1922年12月30日	
	小　　計	34,000	18,660			
門司	大分（大分）	250	250	1922年12月18日	？	この他二十三銀行より161万円借入。
	二十三（大分）	6,295	4,435	同16日	1924年1月23日	
	豊前（大分）	60	60	同22日	1923年1月8日	
	成清（大分）	500	330	1923年1月30日	同年6月25日	二十三銀行経由
	臼杵（大分）	600	500	同26日	同年8月30日	二十三銀行経由
	北部（大分）	150	150	1923年4月6日	同年6月25日	二十三銀行経由
	福岡（福岡）	900	900	1922年12月15日	1922年12月20日	
	鞍手（福岡）	500	500	同27日	1923年2月24日	十五銀行経由
	唐津（佐賀）	200	200	同25日	同年1月6日	
	小　　計	9,455	7,325			
熊本	益城（熊本）	2,000	100	1923年12月31日	1923年6月11日	肥後・第一・十五・十八銀行救済団経由
	植木（熊本）		85	同27日	1923年6月12日	
	合　　計	60,775	41,490			

注）備考欄は原史料とは異なり、「中間銀行」経由の場合のみ記した。
出所）『日本銀行百年史』第3巻、表1-4（35頁）を一部修正の上で転載。

　取引先の重役全員が「本行（日本銀行－引用者注）ニ対シテ個人トシテ連帯債務ヲ負担スル時」、及び「直接取引先ニアラサル銀行カ窮境ニ陥リタル場合ニ取引先銀行ニ於テ之レカ救済ヲ引受ケ本行ニ対シ其ノ全責任ヲ求メ来ル如キ場合ニ於テモ其引受銀行ノ基礎強固タルモノニ対シテハ」－中略－「担保品ニ付キテハ相当寛大ノ考慮ヲ加ヘ」ることが謳われていた。このように、日本銀行による救済融資の実行は取引先およびその重役がリスク負担をする時に限定されており、また、取引先外の救済にあたっても「中間銀行」となる取引先の経

営基盤の強さ，およびリスク負担・被救済銀行の整理監督を求めている。以上，金利に関して普通貸出との区別を全くしなかったものの[56]，基本的には反動恐慌時と同様に，日本銀行は取引先を特別融通実施時のリスク回避機構として重視した。

このほか本通牒では上記1・2の「何レノ場合ニ於テモ本行カ損失ヲ蒙ムルヘキ危険ヲ冒スカ如キハ絶対ニ之ヲ避ケサルヘカラサル」という条件を付している。このように日銀審査部は各支店長に対して損失回避を厳命しており，この意味で本通牒は支店長に裁量権を与え危機への対応に柔軟性を与えたものの，他方で支店長の裁量性に制約をかけ特融供与額を絞り込ませる誘引を保持している。このことは，日銀熊本支店が熊本県下への救済融資に際して，上記通牒に従い熊本県当局の斡旋により成立した取引先である，肥後・第一・十五・十八銀行による救済融資団の結成を待って特別融通を実施し，その結果，「今日（日時不明－引用者）迄ノ処ニテハ二口，十八万五千円ニ止レリ」という，特融額が抑制可能になった旨を本店宛に報告していることからも明らかである[57]。また，ここから表2-8に見られる各支店の実際融通額が承認額を下回っていることも，通牒による支店長行動の制約の帰結と見てよかろう。このことは反動恐慌時と同様に，取引先をリスク回避機構として活用したことも意味する点も併せて指摘しておきたい。

大規模な産業救済はなかったものの，反動恐慌時にほぼ匹敵する方針の下で実施された特別融通は，前述のように1924年1月23日までに全額が返済された。そこで問題になるのは，このような救済方針が採られた理由である。ただし，残念なことに，このことを直接に示す史料は見出せない。しかしながら，この度の救済で反動恐慌時とほぼ同様な救済姿勢を示しつつも，金利に「手加減」を加えなかった理由として，日本銀行は「今回は之（反動恐慌時－引用者）と趣を異にし，財界は既に縮小の道程にあり，只金融業者中不謹慎の営業を為し来たりたるものあるが為め動揺を起した（傍点－引用者）」[58]に過ぎないことを挙げていた。このように1922年の銀行動揺時の日本銀行は，財界は縮小過程に入っており，救済融資を実施してもこの大勢に影響はないとの判断を持っていた。換言すれば，「財界整理」との整合性を図り供給通貨量を極小化することが，反動恐慌時にほぼ匹敵する厳格な救済が実施された理由であった。

第2章　金融危機の顕在化と銀行合同政策の形成　　95

そこで問題になるのは，なぜ日本銀行が財界の縮小との関連性を重視したのかという点である。この点は，銀行動揺に先立つ1年前の1921年12月の支店長会議における，井上準之助総裁の挨拶から窺知できる[59]。ここで井上は日本経済の状況が「平時ノ状態（金解禁が可能なまでに財界が整理された状態－引用者注）」でないがゆえに，金融政策にかかわる「総テノ方面ニ於テ多少ノ手加減ヲ加フル必要」性を指摘した。ここで注目すべきは，その理由として「今日若シ金ノ輸出ヲ解禁シテ輸入ヲ便ニシ其儘ニ放置セハ現在ノ強大ナル消費力ヲ以テシテハ如何ナル程度迄輸入カ起ルヤモ知レス只徒ラニ不生産的ノモノヲ輸入スルノ虞モアル」ことを挙げている点である。このほか，これと同趣旨の議論が1922年銀行動揺直前である5月の支店長会議の挨拶でもされていた。井上総裁に代表される日本銀行当局は「強大ナ消費力」の存在に見られる，「財界整理」の未進展の是正への配慮が，金融政策全体にとって重要課題であると認識していたのである。

　それでは，なぜ，井上ら日本銀行当局者は，金解禁問題，ならびにそのための「財界整理」を強く意識していたのであろうか。この点を明確化するには，当時の金融財政政策を巡る動向に着目しなければなるまい。既に三和良一氏が明らかにしたように[60]，原敬・高橋是清内閣期の財政による需要創出政策がもたらした物価の国際的割高化とこれに伴う入超激化（21年3億6100万円，22年2億5300万円）は，巨額の在外正貨流失（1920年末保有高10億6200万円→22年末6億1500万円）のみならず，1922年に対米為替相場が最高・最低とも金現送点を下回ったことに典型的に見られるように，為替下落と入超を要因とする物価問題を巡って経済諸団体からの反発をも招いた。このほか伊藤正直氏が明らかにしたように[61]，アメリカを中心に国際政策協調の必要性を理由とする日本に対する金本位制復帰圧力が強まっていた。このため，1922年6月以降，加藤内閣の市来蔵相は政策を転換し，在外正貨の兌換準備からの除外，緊縮政策を展開することで，「即行」は避けたものの，可能な限り早期の金解禁実施を目指しており，財界有力者や井上ら日本銀行当局にも協力を要請していた[62]。このほか，経済界内部にも金解禁実施を求める有力な主張が存在していた。このような政策目標は，関東大震災発生によりその実施見通しが立たなくなる時期まで存在したとされる。このように，1922年の銀行動揺が生じた時期は，可能な限り早期

の金解禁実現に向けて，政府も含め国内がほぼまとまっていた時期であった。もっとも，上述の井上総裁の発言に見られるように，日本銀行当局はこの段階での金解禁実施に慎重な姿勢を示していたことは否定し難い。しかしながら，この発言は，同時に，国内が金解禁実現の方向でほぼ纏まっている状況下では，日本銀行もこの問題を意識せざるを得ないことを示している[63]。

以上を踏まえた場合，井上に代表される日本銀行当局は，当該期における金解禁を巡る政策状況の中で，「平時ノ状態」への誘導と金融政策の整合性保持を重視していたと言える。したがって，財界の縮小・整理との関連性を重視した上記通牒の内容もその一環として理解してよかろう。この意味で，日本銀行当局は金本位制復帰問題に強く規律付けられて救済政策に臨んだと言えよう。

(3) 関東大震災と日本銀行

特別融通の実施状況 　関東大震災に際して，日本銀行は，三度，救済融資を実施した。関東大震災時の特融については，既に本店データを用いて融資先が取引先，特に特殊銀行に集中していること，それゆえ取引先外の比重は11.1％に過ぎないことが指摘されている[64]。ここではこれまで未検討であった特融種別及び取引先種別毎の取引状況を検討する。

史料の制約上，本店のみで23年10月末残高になったが，表2-9には特融種別・取引先種別ごとの特別融通の構成を示した。これによれば特融総額に占める取引先外への融通額は13.7％である。これに対して特融合計に占める取引先外向け融資の比重は11.4％と，特融総額に占める取引先外の比重を下回る。しかしながら，震災（別口-以下，省略）手形割引総額に占める取引先外の比重を見ると21.6％と，本行（日銀）口特融に比べて構成比が10％程度高いことが確認できる。周知のように，震災手形割引は政府補償付きだから，本行口特融とは異なり日本銀行が負うべきリスクは軽減される。この点を踏まえた場合，関東大震災時における特別融通の特徴として，取引先への融資の集中・取引先外比重の低さに加えて，日本銀行にとって相対的にリスクの高い本行口特融における取引先外向け融資の相対的な低さと，リスクの低い政府補償付きの震災手形割引における取引先外の相対的な高さを指摘しなければなるまい。

このような事実は日本銀行にとって低リスクな震災手形割引で，相対的に信

表2-9　1923年10月末現在の本店特別融通の構成と融通先

(単位：千円)

取引先種別	銀行数	特融総額 金額	構成比(%)	内本行口特融 金額	構成比(%)	内震災（別口）手形 金額	構成比(%)
取引先	64	264,210	86.3	209,350	88.6	54,860	78.4
取引先外	59	42,033	13.7	26,898	11.4	15,135	21.6
合　計	123	306,243	100.0	236,248	100.0	69,995	100.0

注）取引先外については残額ゼロのものは銀行数から除外した。これを加えると88行になる。ただし，保険会社も含む。
出所）『日本銀行百年史』第3巻，69〜71頁より作成。

用度が低い取引先外向け融資比重を高め，これを通じてリスク極小化を図ったことを示唆している。だとすれば，本行口特融の実施条件はどのようなものであったのか，なぜ，相対的にリスクの低い震災手形割引において信用度の低い取引先外向け融資比重が高くなったのか，という諸点が問題として浮上する。次にこれらの諸点を検討する。

臨時取引先向け一般特別融通と取引先向け取引・震災手形再割引との取引条件の差異

関東大震災時における取引先外向け救済融資の特徴は，臨時的措置として「中間銀行」を介さずに直接に手形割引取引を実施した点にある。[66] このような取引は一時的かつ期間限定的なものであったが，[67] この意味で1922年の銀行動揺時までの救済とは異なり，一時的とはいえ取引先のリスク回避機構としての機能は劣化したことになる。しかしながら，日本銀行は取引先内外の両取引には差別的条件を示しており，必ずしも救済時のリスク回避を考慮しなかったわけではない。以下ではこの点について，本行口特融の取引条件を見た上で，次にこれと震災手形割引を比較するという順番で検討する。

まず，本行口特融から検討する。最初に検討するのは取引先に提示した取引条件である。その方法は，[68] A．成規外担保である有価証券担保による融通，B．「実質上又ハ形式上割引ヲナシ得ザル手形並ニ証書ヲ陰担保」とする融通，C．「準指定倉庫ノ倉荷証券ヲ担保トスル融通」，D．「信託譲渡融通」の拡大，E．担保が不十分な時の重役個人保証融通が挙げられていた。このほか日本銀行は割引歩合が2銭2厘と震災手形再割引より有利なことを市中銀行に宣伝することを通じて，震災手形割引令を通じない優良手形再割引の確保に努めた。この

ことは「緊急勅令ノ適用ニ基ク手形ノ再割引率ハ二銭四厘デアリマスガ，御所持ニナツテ居ル手形ノ性質，期日支払ノ確実性如何ニ依ツテハ無論優良ノ商業手形トシテ日本銀行ノ普通取引ヲ以テシ得ル見込アルモノナラバ，諸君ノ銀行ヨリ御依頼ガアリ，私ノ方ニ於テモ同様ト認ムルモノハ，申ス迄モナク在来通リ二銭二厘ノ商業手形トシテ取引ガ出来得ル事デアリマス」－中略－「震災地手形ナルガ故ニ無理ニ優良ナル商業手形トシテノ取引効力ヲ失フノ要ハアリマセヌ」[69]との，大阪銀行集会所での浜岡日本銀行大阪支店長（理事）の加盟銀行への談話からも明らかである。このような金利体系は，優良手形を公定歩合で割引する誘引を強く市中銀行に与える。かかる取引条件の設定を通じて，日本銀行は取引先銀行を優遇する姿勢を示した。

これに対して取引先外に対する融通は，「永続的ニ本行ノ取引先トナレルモノニアラザルコトヲ了解セシメ置ク為メ其旨ヲ明ニシタル取引開始依頼書ヲ提出セシメ」，この度の処置があくまで例外的かつ期間限定的措置であることを明示した。その上で「国債以外ノモノヲ担保トスル融通ニ就テハ重役個人ノ連帯保証書ヲ徴シタリ」とあり，取引先とは異なり成規担保である国債担保以外の割引については，すべて重役の連帯保証を必要としていた。このほか国債以外の成規担保・成規外担保および無担保信用貸出の場合，金利面で取引先外は取引先よりも日歩1厘程度条件が厳しく設定されていた[70]。このような取引条件は，少なくとも取引先に比べて取引先外が本行口特融を授受するのは極めて厳しいことを意味する。

次に比較する必要があるのは，本行口特融と震災手形割引の取引条件の差異である。まずは震災手形割引の取引対象である。これは「日本銀行ノ震災手形損失補償令（大正十二年九月二十七日）」に規定されているように，基本的に東京・神奈川・埼玉・千葉・静岡の各府県を支払地とする手形，これらの地域に営業所をもつ者が振り出した手形，ないしはこれら地域を支払地とする手形であり，日本銀行の取引先内外の区別をする規定は存在しない。また，割引歩合においても差別規定は存在しないし，本行口特融に比べて震災手形割引は日歩1厘程度低位であった[71]。このように取引先外にとって震災手形再割引の方が好条件なのは言うまでもない。本条件は特に取引条件が劣位に置かれる取引先外に対して，可能な限り震災手形再割引で資金調達を図る誘引を与える[72]。この制

第2章 金融危機の顕在化と銀行合同政策の形成 99

度は損失補償を通じて一定のリスク回避を可能にする一方で，他方では取引先内外の差別規定を含まないから，本行口特融に見られる取引先と取引先外の選別によるリスク回避機構を，本行口特融に比べて著しく劣化させることを意味する。

しかしながら，このように，最大限，取引先外依頼の手形を震災手形再割引に振り向ける取引条件を設計しても，その運用において日本銀行が取引先外向けの震災手形再割引取引枠を本行口特融に比べて緩めなければ，取引先外向け震災手形再割引の比重が本行口特融における取引先外向けの比重を上回ることはあり得ない。次にこの点を検討する。

日本銀行による政府補償要求の実現と震災手形割引姿勢の弛緩　ここでは「日本銀行ノ震災手形割引損失補償令」公布の経緯を検討する。その上で日本銀行が高リスクな救済融資の実施にあたり，リスクを回避しつつ震災手形割引の融資額を拡大するという，矛盾を孕む施策が如何にして可能になったのかを明らかにする。

関東大震災が発生し，その被害が膨大になることが明らかになると，日本銀行側も救済融資の必要性を強く認識するようになった。これとともに，救済融資が巨額になるがゆえに，リスク回避の観点からも政府補償の実施要求が考えられた。このことは震災発生直後における，井上準之助蔵相に対する深井英五日本銀行理事（当時）からの「政府が日本銀行の損失を補償する方法を立つるにあらざれば，善後処置を充分にし得ないだろう」[73]との「進言」からも明らかである。深井も述べているように，震災手形の割引は「既に損害を蒙って居るものに融通を与えるのだから，窮極日本銀行の損失に帰するものもあるべきことを覚悟しなければならぬ」。この発言からして，上述の日本銀行側からの要求はリスク回避が主目的であったことは言うまでもない。また，井上蔵相もこのような提言を受容した。このように政府当局も緊急事態に直面して，金解禁の阻害要因となる通貨膨張を止む無しと考えたと見て良かろう。

しかしながら，このようなリスク回避の手段としての政府補償は，高リスク取引である震災手形再割引額の増大をもたらすことになった。深井は後に「補償に限度はあるが，融通の全部が損失になる訳ではないから，実際の割引は補償限度を超えて多く為し得る」—中略—「此外に尚種々の手段も実行されたの

であるが，兎に角震災手形令を中心として善後策を講じ，金融界復興の端緒を開き得たのである」と回顧している。このように政府補償が付くことで「実際の割引は補償限度を超えて多く為し得る」から，かかる制度は，震災手形再割引を救済融資の中心に据えて，信用秩序の安定化のために特に震災手形再割引の融資額を極大化する誘引を日本銀行に与えたことは明らかである。現に，深井も震災時には救済に対する姿勢が甘くなったことを暗示しており，このような誘引が強く日本銀行当局に働いたことは事実であろう。このようにして，リスク回避のための政府補償制度は日本銀行側の融資姿勢を弛緩させ，震災手形再割引という高リスク資金の供給増大をもたらした。さらに震災手形再割引は取引先に可能な限り一般特融を選好する誘引を付与するという，前述した本行口特融の取引条件と制度的補完関係にあり，現に23年10月末の取引先の本店における特融残高に占める本行口の比重は80％を占めている（前掲表2-9）。この比率の高さは，同じく取引先外の場合，その比重が64％に止まることを想起した場合，上述の制度的誘引が効いていることを示している。この意味で低リスクの手形を保有する取引先をして，可能な限り震災手形再割引の利用を抑制する効果を保持していたと言える。以上，震災手形再割引取引は，その融資姿勢を含めて全般に条件が甘くなり，かつ取引先による利用を可能な限り抑制する一方で，他方では取引先外向け震災手形再割引額の比重が上昇することを可能にしたのである。

震災特融の帰結　上記の措置のほか，日本銀行は「中間銀行」経由ないし興銀など特殊銀行の補償付で，「不動産金融ノ援助」「工業其他ノ復興金融」「生糸荷為替資金ノ融通」など産業復興向けの資金4億632万円を融通しており，震災時の救済融通は大規模なものになった。ここでは，その帰結を表2-10で確認しよう。震災後，本行口特融は金融恐慌直前の26年末に増加に転じるまで確実に減少しており，このことから上述のリスク回避策が一定程度奏効したと評価できる。しかしながら，震災手形の回収は捗らず，その補償は1927年6月の震災手形処理委員会の設置以後，順次処理方針が決定され，同年12月の政府補償としての国債の交付以降，29年2月14日の最終補償実行まで完了しなかった。同表中26～27年，27～28年は減少率が大きいが，これはこの処置の反映である。この結果，4億3000万円という融通額に対して1億500万円の回収不

表 2-10　日銀特融の増減率（年末残高）

(%)

	本行口特融	震災(別口)手形割引	＊補償法及台湾特融法	特融総額
1923－24	－10.0	8.4		－17.7
24－25	－16.6	2.2		－11.4
25－26	18.7	7.3		11.6
26－27	56.4	－77.0		3.1
27－28	－73.8	－85.1	75.7	7.2
28－29	－37.8	－	－7.1	－10.8
29－30	26.8	－	－2.1	－0.1
30－31	198.8	－	－1.6	14.8

出所）伊藤正直『日本の対外金融と金融政策』名古屋大学出版会，1989年表2-26（198頁）より算出・作成。＊は第二・第三別口特融の合計。空欄は数値なし。

能額が発生し，その内，実際に政府補償されたのは9900万円であった。

　しかし，交付国債は発行年より5年間据置で償還年限50年であったから，事実上，回収不能金の補償は先送りされた。このことは未回収の兌換銀行券の市場への長期の滞留を意味するから，少なくとも短期から中期的には日本銀行のリスク回避志向の背後にある通貨価値の安定性・金融統制力の維持・確保という目的と矛盾する。かくして，リスク＝市場への未回収通貨の滞留を回避すべく政府補償を確保したものの，震災手形割引を中心とする関東大震災時の救済処置は，通貨価値の安定性・金融統制力の喪失という日本銀行が最も憂えた問題を惹起したのである。

(31)　1920年反動恐慌の経過については，大島『日本恐慌史論』下巻，第2章第1節「恐慌の勃発と経過」，橋本「景気循環」，418頁以下による。
(32)　日本銀行調査局「本邦財界動揺史」『日本金融史資料』明治大正編第22巻，所収の「銀行取付店数県別表」（548頁）による。なお，反動恐慌時における関西金融市場の混乱と個別銀行の経営危機については，石井「近江銀行の救済と破綻」10〜22頁も参照。
(33)　日本銀行『日本銀行百年史』第3巻，同行，1983年，12〜13頁。
(34)　以下での本通達からの引用等は，日本銀行『日本銀行百年史』第3巻，12〜13頁。

(35) 以下での引用は，特に断らない限り，日本銀行調査局「本邦財界動揺史」600〜601頁。
(36) 日本銀行調査局「本邦財界動揺史」725頁。
(37) 安藤良雄編『近代日本経済史要覧〔第2版〕』東京大学出版会，1979年，4，116頁。
(38) 三和良一「経済政策と経済団体」『社会経済史学』第33巻6号，1968年3月，80頁。なお，日本銀行「金輸出解禁史（其一）」『日本金融史資料』昭和編第20巻，所収，発行年不明，5頁にも，「解禁論」が出始めたのは20年下期頃とある。このことは『日本金融史資料』昭和編第21・23巻所収の政策当局の声明，各種新聞雑誌等からも確認できる。
(39) 田中『戦前戦後日本銀行金融政策史』第3章，とりわけ79頁も参照。
(40) なお，次章での日銀特融を巡る議論にもかかわるが，両大戦期における世界レベルでの金本位制復帰問題を巡る動向については，C. P. Kindleberger, *The World in Depression 1929-39*, The University of California Press, 1973, Chapter 2, pp.31-57（石崎昭彦・木村一訳『大不況化の世界 1929-1939』東京大学出版会，1982年，第2章）を参照。
(41) 石井「地方銀行と日本銀行」における1925年末時点の分析による（表2-7，130〜133頁）。
(42) 以下での引用は，特に断らない限り日本銀行調査局「本邦財界動揺史」603〜605頁。
(43) 反動恐慌時の救済融資の際に，日本銀行は回収不能となった取引先外（安中，碓井産業，上毛貯蓄，上野原の各行）向け融資を，担保国債の処分により恐慌発生から1年も満たない20年末までに全額回収している（日本銀行『日本銀行百年史』第3巻，表1-2，16頁）。このことは整理期間を1年以内（後述）とする原則も遵守していたことも意味する。
(44) 1920年11月の日本銀行本支店事務協議会の席上，深井英五理事も「中間銀行ハ日頃其取引先ニ就キ本行ヨリモ克ク事情ヲ詳知シ居レハ充分責任ヲ以テ其衝ニ当ルヲ得」と述べており，ここからもこの点は裏付けられる（日本銀行調査局『大正九年十一月本支店事務協議会席上（第四日） 深井理事演説』日本銀行金融研究所所蔵，による）。
(45) 例えば，福島県の第百七銀行による太宰銀行の救済にあたり，日本銀行福島支店は「中間銀行」が介在しているにもかかわらず，手許資金が逼迫した第百七銀行からの融通要求には応ぜず，これとは別に必要時には日本銀行が「詮議」するという，通牒以上に厳しい方針を示して救済資金を絞り込んだ（「大正九年福島地方財界動揺ノ顛末及是ニ対スル当店ノ処置」『日本金融史資料』昭和続編付録第1巻，所収，320〜321頁）。
(46) 貸出が拒否されたとはいえ，注(45)で述べた第百七銀行による太宰銀行の救済と日銀福島支店への特融依頼がこれを例証する。また，産業救済と特融

について詳細は白鳥「反動恐慌後における地方銀行の経営整理と本支店＝地域間資金移動」，73頁以下を参照．
(47) 以下，「モラル・ハザード（moral hazard）」の概念については，P. Milgrom and J. Roberts, *Economics, Organization and Management*, Pretice Hall, 1992, Chapter 6（奥野正寛ほか訳『組織の経済学』NTT出版，1999年，第6章）を参照．
(48) 以下での引用などは，日本銀行調査局「本邦財界動揺史」609～612頁．
(49) 日本銀行調査局「本邦財界動揺史」612～620頁．なお，史料の制約上，これら産業向けの救済融資が整理目的のものであったかは不明である．ただし，表2-6の金額構成比から見て，整理誘導という目的に救済融資の重点があったと見てよさそうである．
(50) 以下での引用等は，日本銀行調査局「本邦財界動揺史」615～619頁．
(51) 日本銀行調査局「本邦財界動揺史」621～622頁．なお，武田晴人「1920年恐慌と『産業の組織化』」武田ほか編『企業者活動と企業システム』東京大学出版会，1993年，所収でも反動恐慌時の日銀の産業救済融資について検討している（107～109頁）が，この点を踏まえた場合，氏の言う「産業組織化」は単なる日銀のリスク回避志向の帰結に過ぎず，氏の論じる企業者としての井上の評価は的外れである．
(52) 日本銀行審査部「大正十一年銀行動揺時ニ於ケル特別融通ノ具体的方針」『日本金融史資料』昭和続編付録第4巻，所収，738頁．
(53) 日本銀行審査部「最近銀行事件控」同上，所収，739～741頁．
(54) 伊藤「昭和初年の金融システム危機」表4-7（177頁）による．
(55) 以下での引用は，特に断らない限り，注(49)史料による．
(56) 日本銀行調査局「本邦財界動揺史」711頁．
(57) 熊本支店に関する引用は，日本銀行熊本支店「大正十一年十二月中金融報告」（1922年12月，日付不明）『日本金融史資料』昭和続編付録第4巻，522～523頁．
(58) 日本銀行『日本銀行百年史』第3巻，34頁．
(59) 1921年12月及び22年5月の演説は，日本銀行「本邦財界動揺史」726～728頁に掲載．
(60) 以下，金解禁を巡る政策状況については，三和良一「経済政策と経済団体」；同「第一次大戦後の経済構造と金解禁政策」安藤良雄編『日本経済政策史論』上巻，東京大学出版会，1973年，所収，315～317頁による（両論文は，後に同『戦間期日本の経済政策史的研究』東京大学出版会，2003年に第4・6章として収録された）．また，以下本書で示す当該期の為替相場，建値変更，貿易収支動向は，安藤編所収論文第6-13表による．

なお，橋本寿朗「経済政策」大石嘉一郎編『日本帝国主義史』第2巻，1987年，所収は，加藤内閣期には金解禁が政策目標ではなかった趣旨の議論

している（86～87頁）。同論文では加藤内閣が緊縮財政・為替安定化政策を採ったこと（さしあたり，三和説を参照）を看過しているほか，引用史料も「今直」の解禁実施（「即行」）を否定したのみで，可能な限り早期の解禁を目標にすること自体は否定していない。つまり，初歩的な史実認識や史料解釈の点において，橋本論文は強引極まりなく，著しく説得力に欠ける。それゆえ，この点では三和論文ほうが説得力があると判断した。

(61) 伊藤『日本の対外金融と金融政策』134頁。
(62) この点は，『日本金融史資料』昭和編第23巻，567～568頁の大蔵省「市来蔵相主催金解禁問題懇談会」1922年9月7・8日を参照。
(63) 現に，加藤内閣下の為替相場低落を背景とする在外正貨払下による対応の際にも，これに呼応して日本銀行も所有在外正貨を払下げており（伊藤『日本の対外金融と金融政策』138～139頁），この面でも日本銀行は加藤内閣の政策との整合性保持を意識していた。
(64) 日本銀行『日本銀行百年史』第3巻，69～72頁。
(65) 本行（日銀）口，別口などの特融の区分は，日本銀行がリスクを全面的に負う特融とそれ以外のものを区別するために震災後にできたものであるが，ここでは議論を整理するために便宜的にこの区分を用いる。なお，震災前までの特融は，後の本行口特融にあたる。
(66) 日本銀行調査局「関東震災ヨリ昭和二年金融恐慌ニ至ル我財界」『日本金融史資料』明治大正第22巻，所収，777～778頁。
(67) 日本銀行調査局「関東震災ヨリ」778頁。
(68) 日本銀行調査局「関東震災ヨリ」777～778頁。
(69) 日本銀行大阪支店「緊急勅令ニ依ル手形再割引ト日本銀行ノ応急施設ニ就テ」1923年10月6日，『日本金融史資料』昭和続編付録第4巻，所収，743頁。
(70) 日本銀行調査局「関東震災ヨリ」776頁。
(71) 日本銀行調査局「関東震災ヨリ」770頁によれば震災手形割引歩合（1923年9月28日より）は2銭4厘であったのに対して，本行口特融（取引先外）は国債以外の成規担保で2銭5厘，成規外担保で2銭5厘～2銭7厘であった（同776頁）。
(72) 金融恐慌時に破綻した東京所在と見られるある銀行の経営者も，これとほぼ同様の回顧をしている（緒方潤『銀行破綻物語』文雅堂，1927年，124～125頁）。
(73) 深井英五『回顧七十年』岩波書店，1941年，210頁。
(74) 深井『回顧七十年』213～214頁。
(75) 深井『回顧七十年』217～218頁。
(76) このことは震災手形割引先に反動恐慌以来の不振企業が多数含有されており，それゆえに「大正九年財界反動以来ノ損失ヲ震災ニ托シテ免レ」ようとする「憶測」が流れ，1927年2・3月議会でも大きく問題視された点，およ

びこれら手形を抱える銀行の未決済率の高さからも窺えよう（日本銀行調査局「関東震災ヨリ」877〜882頁）。
(77) 日本銀行調査局「関東震災ヨリ」781頁以下，および同『日本銀行百年史』第3巻，77頁〜84頁。単位未満切捨で算出。なお，史料制約上，回収率は算出できない。
(78) 以下での特融回収に関する事実は，日本銀行『日本銀行百年史』第3巻，235〜241頁。

第3節　金融危機への対応II〔銀行合同政策の形成〕

1　反動恐慌後における都市銀行支店の展開と預金吸収・貸出の動向

　ここではまず，第1節で概観した危機の構図以外のもので，政策形成の背景にある実態面での動向を検討する。反動恐慌後も都市銀行群は，安田の大合同により支店が増加した長野・熊本・群馬・福井・岡山といった地域を除けば，1919年から25年の間にも基本的に大戦期の特徴を継承する形で，より一層積極的に地方支店を展開した（前掲表1-3）。

　次に増加した地方支店のインパクトを見るために，表2-11によりその他（六大都市ないし三大都市以外の）地域における都市銀行群全体の預金・貸出状況を検討する。まず，預貸率はB・C両系列とも1919年段階で全体として貸出超過であったが，25年段階では全体で両系列とも再度預金超過に転じた。表2-12よりこの間の都市銀行群全体のその他地域における預金・貸出の増加率を計算すると，それぞれ122％，44％となり預金の大幅な伸びに対して貸出のそれは低位である。これに加えて，同表によれば，この間における都市銀行群一店舗あたりの預金量・預金超過額，預金総額に占めるシェアはともに急増しており，ここからも都市銀行群による地方銀行・地方金融界の圧迫の激化が確認できる。さらに前述のように，大戦期には都市銀行支店による圧迫が激しくなかった東北地方でも，安田銀行の預貸率低下などに見られるように，この時期になると状況が変化していた。このように，1920年代になると資金流出を巡る動向は全国化の方向へと変化したのである。

表2-11 都市銀行群預貸率の推移（地域別）
(単位：%)

	A	B	C
1915年末	85.3	73.5	75.3
1919年末	93.1	106.2	132.6
1925年末	85.7	82.7	86.1
1930年末	70.8	53.1	52.4

注)『銀行通信録』『大阪銀行通信録』を基礎に石井「地方銀行の成立過程」別表，『営業報告書』などで補足・作成。Aは都市銀行群全体，Bは三大都市以外の，Cは六大都市以外の地域。なお，都市銀行は表1-3の注を参照。本表掲載値はこれら銀行の合計値。ただし，鴻池15年末Cと19年全地域が不明であり，これは除外してあるほか，都市銀行群の合併・破綻等により異動がある。なお，本表数値には台湾，朝鮮，樺太も含む。

表2-12 六大都市以外の地域での都市銀行の預金・貸出
(単位：千円)

	1915年末	1919年末	1925年末	1930年末
預金(a)	172,897	504,879	1,122,837	1,177,330
貸出(b)	130,272	669,704	967,154	617,909
預金超過額(c)	42,625	−164,825	155,683	559,421
店舗数(d)	114	130	209	295
預金総額(e)	1,537,904	4,844,903	4,893,431	5,189,309
a/d	1,517	3,884	5,372	3,991
c/d	28	−	745	1,896
a/e	11.2%	10.4%	22.9%	22.7%

出所) 店舗数は表1-3，その他は表2-11の史料より算出・作成。
　1915・19年末は鴻池銀行の数値を得ることができずそれゆえ同行を除外して計算した（同行の預金額も含めた場合，15年は174,195千円，19年は639,851千円，1店舗あたり預金額——店舗数に鴻池の数値を含む——はそれぞれ1,501千円，4,884千円である。なお，店舗数には鴻池を除外した数値を掲げた。これを含めた場合店舗数はそれぞれ116,131になる）。なお，預金総額は普通・貯蓄銀行の総額であり『銀行局年報』より集計した数値，朝鮮・台湾・樺太の数値も含む（店舗数も同様）。

この原因についてまず預金面から見ると，研究史上，反動恐慌後の地方銀行の経営危機・地方金融不安を背景とする，預金者の地方銀行離れ，郵便貯金・都市銀行群などへの預金シフトの進展が既に指摘されており，[79]このことが都市銀行地方支店の預金増加の背景にある要因であると見られる。次に貸出増加の

第2章　金融危機の顕在化と銀行合同政策の形成　107

低位性の背景であるが，反動恐慌以後，地方金融界の状況が悪化する中で，不動産担保融資および資金固定化回避を目的に，都市銀行支店が有価証券担保を設定可能な取引先へ選別的に融資を実行していたことが既に指摘されている。[80] また，迎由里男氏の研究によれば[81]，大合同後の安田銀行では地方支店における貸出規定を厳格化したほか，不動産担保貸出についても抑制する方針が打ち出されたという。このように都市銀行はリスクの高い地方での貸出を抑制する姿勢を示していた。

以上のように地方における貸付リスクを回避する支店銀行の融資姿勢が，その他地域における貸出増加率の低位性の背景にある要因だったのである。

2 地域経済危機下の支店銀行制批判の高揚と銀行合同政策方針の形成

(1) 地方レベルでの支店銀行制批判

前述のようにその他地域での都市銀行群の預貸率は，全体として1919年以降貸出超過に転化した。岡山県でも同様に事態が緩和されたために，反動恐慌直前期になると『山陽新報』に見られる地方政党からの支店銀行制，金融の「中央集権」批判は穏やかになった[82]。しかしながら，反動恐慌後になると，再度，都市銀行支店の融資姿勢＝預金吸収は厳しくなり（表2-13），この結果，政党のみならず県議会・県当局・商工団体からもこれに対する批判が続出した。

まず，1920年になると県当局は県議会の協賛を得た上で[83]，「欧州大戦後ノ産業変革ニ備フル為」県知事を会長に「県下ノ産業ニ関スル有力者六十六名」を調査委員とする産業調査会を組織し，以後，3ヵ年にわたり県内「各種産業」について調査を実施し，1923年に『岡山県産業調査書』という報告書を纏めた[84]。この報告書でまず注目に値するのは商工業金融に関する部分である。これによれば，同調査会は商工業金融について「商工業就中工業方面ニ於テ甚タシク円滑ヲ欠キ随テ斯界ノ萎縮ヲ招クコト甚大ニシテ実ニ憂フ可キナリ」と認識しており，その解決策として「金融ノ充実」を図ることを求めている。報告書では「金融ノ充実」を図るための施策として銀行合同を求めているが，その中でも注目すべきことは銀行合同が必要な理由として，県内銀行が「小資本」のために「他府県銀行ト其ノ列ヲ同スル事難ク」－中略－「延テハ本県資金ノ流失ヲ来シ大ハ県下産業発達ヲ阻害スルノ起因ヲナス」ことが挙げられている点であ

る。当時,同県では県内本店所在銀行の全体的な預貸率の悪化(表2-13, 14),および「戦後反動恐慌以降における零細銀行の破綻,残存銀行の貸出警戒による深刻な地方金融難」が生じており,その結果,銀行から融資を拒否された資金需要者が「1910年代とは一転して」貸金業者に調達先をシフトし高利資金への依存を余儀なくされていた。この調査委員会に県内産業有力者が多数入っていたことを想起した場合,県内の金融・経済状況がこのような状態であるにもかかわらず,都市銀行支店による多額の地元資金の域外への流失が県下における産業発展の阻害要因になっており,地域の自律性を確保する上で重要な問題になっていたことが,県当局のみならず県産業界までも「他府県銀行」に強い反発を抱いた理由であると見てよかろう。

　これに加えてほぼ同時期に商工団体も,独自に地方金融の円滑化を求める運動を展開した。まず,1923年2月24日に岡山県商工団体連合会の第1回幹事会が開催された。その際,郡部の笠岡町代表から「地方金融円滑ならしむ可く銀行業者に交渉の件」が議案として提案され,「岡山商業会議所を委員として,第一に二十二銀行へ交渉を依頼する事」が決議された。さらに同年4月以降,県商工団体連合会では,県内外各地域の経済状況の調査を実施した。ここでも岡山地方金融の「梗塞」が指摘されているが,注目すべきは銀行合同の帰結として郡部において「金融梗塞」が発生したことが特に問題視されていることである。県商工団体連合会は県内有力機業地の事例をあげて,当該地方本店所在銀行が合同により支店化した結果,「概して預金の吸収を主眼とし貸出を極度に緊縮せる為金融は非常に梗塞され各地共当業者に嘆声を洩ら」させていることを指摘している。上述の産業調査委員会で県内有力産業者たちは,県内金融「梗塞」の主因である他府県銀行による地元銀行圧迫を理由に銀行合同の必要性を論じていた。しかしながら,商工団体連合会の調査を踏まえた場合,県内商工業者は必ずしも無条件に県内本店所在銀行の合同を求めてはおらず,郡部産業資金の確保に配慮した形での銀行合同を求めていたと言えよう。

　さらに地方政党も機関紙上で支店銀行批判を強めつつ,他方で望ましい銀行合同方針を論じるようになった。反動恐慌以後における地方政党からの支店銀行制批判の特徴は,一方で都市銀行支店による地方資金流失を岡山地域経済停滞の重要要因であると厳しく批判しつつ,他方で岡山市周辺で支店銀行に預金

第2章　金融危機の顕在化と銀行合同政策の形成　　109

表 2-13　岡山銀行組合加盟銀行

銀行名	1915				銀行名	1919			
	預金	貸出	L/D	Dシェア		預金	貸出	L/D	Dシェア
二十二	3,881	2,828	72.9	24.7	二十二	10,196	9,642	94.6	20.6
加島支店	3,280	1,280	39.0	20.9	加島支店	7,064	3,214	45.5	14.3
山陽商業	1,947	1,997	102.6	12.4	山陽商業	6,471	6,507	100.6	13.1
二十二貯蓄	1,897	848	44.7	12.1	山口支店	6,056	4,722	78.0	12.3
山口支店	1,471	983	66.8	9.4	二十二貯蓄	5,066	1,503	29.7	10.3
都市銀行計	11,677	6,284	53.8	74.4	都市銀行計	29,748	20,478	68.8	60.2
計	15,688	16,422	104.7	100.0	計	49,416	43,160	87.3	100.0

注1）太字は都市銀行。ただし、二十二銀行は安田の子銀行（後に安田支店に）。それゆえ都市銀
注2）L/Dは預貸率。Dシェアは預金シェア。
注3）上位5行のみを表示した。
出所）『大阪銀行通信録』各年より作成。

表 2-14　岡山県内本店所在普通銀行預金・貸出額に

	1919年			1921年			1922年		
	預金残高	貸出残高	L/D(%)	預金残高	貸出残高	L/D(%)	預金残高	貸出残高	L/D(%)
第一合同総額	16,627	18,394	110.6	30,526	24,630	80.7	36,884	29,844	80.9
内岡山市域	3,030	2,699	89.1	3,316	1,652	49.8	10,282	9,490	92.3
内郡部（A）	13,597	15,695	115.4	27,210	22,978	84.4	26,602	20,354	76.5
郡部総額（B）	46,258	52,571	113.6	64,396	66,443	103.2	65,522	76,969	117.5
郡部本店銀行総額	32,661	36,876	112.9	37,186	43,465	116.9	38,920	56,615	145.5
郡部本店所在銀行数	39	—	—	33	—	—	30	—	—
第一合同郡部店舗数	13	—	—	16	—	—	23	—	—
A/B (%)	29.4	29.9	—	42.3	34.6	—	40.6	26.4	—

出所）『岡山県統計年報』、『大阪銀行通信録』より作成。ただし、第一合同1927年の預金・貸出は史料の
性格なデータである。なお、1927年の数値（*）は『岡山県統計年報』のデータの取り方の関係上、
総覧』各年による。1919・23年は史料の関係上、データを提示できなかった。第一合同銀行の郡部店
計年報』に貯蓄銀行・都市銀行支店の貸出額の記載がないためである。なお、二十二銀行は安田の子
店所在銀行から除外した。

の預金・貸出・預金シェアなど

(単位：千円，年末残高)

	1925					1930			
銀行名	預金	貸出	L/D	Dシェア	銀行名	預金	貸出	L/D	Dシェア
第一合同	9,554	16,249	170.1	15.1	岡山合同貯蓄	13,234	1,093	8.3	21.5
安田支店	9,548	4,352	45.6	15.1	中国	10,536	18,694	177.4	17.2
加島支店	8,970	2,654	29.6	14.2	住友支店	9,289	3,109	33.5	15.1
山口支店	5,615	2,292	40.8	8.9	山口支店	7,857	1,989	25.3	12.8
合同貯蓄	5,574	463	8.3	8.8	安田支店	6,893	2,316	33.6	11.2
都市銀行計	34,325	11,659	34.0	54.4	都市銀行計	34,415	11,123	32.3	56.0
計	63,107	64,999	103.0	100.0	計	61,412	48,210	78.5	100.0

行扱いにした。

占める第一合同銀行のシェアなど（岡山市・郡部別）

(単位：千円，年末残高)

	1923年			1925年			1926年			1927年*	
預金残高	貸出残高	L/D(%)	預金残高	貸出残高	L/D(%)	預金残高	貸出残高	L/D(%)	預金残高	貸出残高	L/D(%)
43,511	38,471	88.4	52,040	44,001	84.6	61,768	50,052	81.0	56,933	51,254	90.0
9,345	10,532	112.7	9,554	16,249	170.1	14,592	17,630	120.8	12,498	19,197	153.6
34,166	27,939	81.8	42,486	27,752	65.3	47,176	32,422	68.7	44,435	32,057	72.1
64,802	61,973	95.6	78,693	59,378	75.5	85,628	67,096	78.4	126,944	76,237	60.1
24,821	34,034	137.1	36,207	31,626	87.3	38,452	34,674	90.2	82,509	44,180	53.5
21	−	−	13	−	−	12	−	−	11	−	−
28	−	−	28	−	−	28	−	−	28	−	−
52.7	45.1	−	54.0	46.7	−	55.1	48.3	−	35.0	42.0	−

制約上「銀行営業報告」（『銀行通信録』所収）を用いた。そのため若干の県外支店の預金額を含むので、やや不
貯蓄銀行の数値を分離できなかった。そのため貯蓄銀行の金額も含む。また、第一合同銀行郡部店舗数は『銀行
舗数は『銀行総覧』による。L/Dは預貸率。本表で県内本店所在普通銀行のみを対象とした理由は、『岡山県統
銀行（1923年安田系銀行の大合同に参加・安田支店に）である。それゆえ、ここでは都市銀行ととみなし県内本

第2章　金融危機の顕在化と銀行合同政策の形成　111

吸収面で圧迫を受けた同市本店所在銀行（「第一群」）が，同市周辺での預金に対する貸出等運用資金の超過部分を，県内各郡部支店が吸収した預金で埋め合わせ，かつ，郡部本店所在銀行（「第二群」）の預金吸収を圧迫することを通じて「地方（郡部－引用者）金融を梗塞せしめ，さなぎだに振るはざる田舎の中小産業をして益々資金難に苦しましめ，不振に導きつつある」ことを批判している点である。現に，表2-14に見られるように，岡山市において都市銀行群は徐々にシェアを落としているとはいえ，依然として高い預金占拠率を保っていた。それゆえ，預金吸収面で都市銀行に強い圧迫を受けていた（前掲表2-13）同市本店所在銀行である第一合同銀行は，1920年代に入ると郡部本店所在銀行が預貸率を悪化させているにもかかわらず，預金シェアの面での郡部銀行の圧迫・郡部資金の吸収（預金超過化）を図り岡山市で運用する傾向を明確化していた。以上から，地方政党の主張は一定の根拠があり，前述した地方産業者の主張を強く反映していたと言ってよかろう。

　このような地方金融の現状を踏まえて，地方政党は「他府県支店銀行は」県内産業発展の阻害要因であることを指摘し，このような弊害を除去するために銀行合同は県内本店所在銀行間で，しかも「本県各枢要の地に本店を配置する」方向で行うべきであると論じ，地方，とりわけ郡部産業者向けの資金確保に強く配慮する姿勢を明確化したのである。

(2)　政党の支店銀行制批判と銀行合同政策構想

政友会の銀行合同政策構想　　1920年代における政友会の銀行合同政策構想の嚆矢は，原内閣の蔵相高橋是清による1921年11月7日の関西銀行大会における発言に見出せる。高橋は弱小銀行整理のために銀行合同の必要性を唱えたものの，「中央の大銀行」による「地方銀行の併呑」には難色を示し，支持基盤である地方からの産業資金流失批判に配慮する姿勢を示した。

　高橋の示した方針は，その後の政友会の方針に基本的に継承されるが，その背景には政友会が地方資金流失を地域経済停滞の元凶と見ていたことがあった。1923年に政友会は「農村振興に関する建議」を議会に提出したが，この建議を作成した「農村振興に関する建議案委員会」での元田肇委員長の発言にも「地方農村から郵便貯金を沢山集め」－中略－「中央の方に大部分を廻して農村金

融は枯渇する傾がある」とあり，政友会は郵便貯金による預金吸収・農村資金流失を問題視していた。さらに，25年に機関誌『政友』に掲載された前代議士堀川美哉執筆の「地方経済振興案」[94]では，「都市の大銀行又は商工業者が，支店又は出張所を各地方に配置する」ため，「地方の実業家は自然に都市大資本家に圧迫」[95]されているとして，郵便貯金のみならず「都市の大銀行」地方支店をも地域経済衰退の原因であるとの批判がされた。さらには銀行合同もその一環である金融制度改革は「中央集権」の「打破」，「地方分権」の方向で行うべきであるとの田中総裁の発言に見られるように[96]，政友会は銀行合同政策も含む金融制度改革の実行に際して，都市銀行・地方銀行間の合同に否定的な姿勢を示し，地方資金の流失を阻止するという意味で地域の自律性確保に配慮した「地方分権」的政策の実施を求めた。

　以上の議論に加えて，周知のような政友会の積極財政による地方への資金還元政策構想を踏まえた場合[97]，地方における資金政策と銀行合同政策が意図的に結び付けられていたかどうかは別にして，政友会の地域政策構想レベルでの両者の関係は論理的には次のように総括できよう。(1)一方において財政で地方への資金還元を果し，他方では都市「大銀行」による地方銀行の合同を阻止することで地方還元資金の都市部への再還流を阻止する。(2)その上で地方銀行間の合同により地方銀行経営の基礎強化を図り，都市銀行支店・郵便貯金などへの対抗力を滋養することで資金の域外流失を阻止し，地域内部での「自立的」な資金循環を確保する。以上を踏まえた場合，政友会の銀行合同政策構想は財政による地方還元資金を地域内部で「自立的」に循環させるための柱であったと位置付けることが可能であろう。このように政友会の銀行合同政策構想は，地方産業者の地方金融「梗塞」打開要求に応える内容だった。

　なお，後述するように，大蔵官僚側は最低資本金制限による半強制的な弱小銀行の整理・合同および府県あたりの残存本店銀行数を1ないし2とする銀行合同方針を企図していたが，政友会の政策方針には最低資本金制限は存在しなかった。また，都市銀行・地方銀行間の合同は拒否しているものの，銀行合同を行う際の空間的単位および一空間あたりの残存本店銀行数についての明確な主張も見られなかった。この点に後述する大蔵官僚側の政策構想との相違が見られる。

憲政会（民政党）の銀行合同政策構想　　反動恐慌以降，憲政会は地方における「資金薄」を問題視する。憲政会の議論では「資金薄」の原因として，①恐慌による「取り付け」騒ぎによる「郵便貯金並びに東京大阪一流銀行」への資金移動，②第一次世界大戦時の好況下における「無価値な」有価証券への資金の固定，③銀行の「固定貸」の整理未進捗などが挙げられていた。①で郵便貯金・都市銀行支店を介した地方資金流失を地方の「資金薄」の原因に挙げているものの，②③に見られるように総じて憲政会は都市銀行による預金吸収よりは，むしろ地方銀行経営ないし地方金融界の悪化をその主要要因と見なしていた。また，1920年代には憲政会も農村経済不振の一因を農村金融の不円滑に求め，その是正を積極的に唱えていたものの，憲政会は農村「金融の梗塞」の原因を前述の地方金融界の悪化に加えて，大戦後の「財界整理」の未進捗に求めていた。以上のように，憲政会にとっても農村金融の円滑化は不可避の課題であったものの，都市銀行の地方進出を地方金融逼迫の最重要要因とは見なしていない点に政友会との相違が見出せる。

しかしながら，1926年に成立した若槻憲政会内閣の蔵相浜口雄幸の，「銀行合同もその方法が宜しきを得ない時は，合同の結果延て資金の都会集中等の弊害を醸成する」おそれがあるから，銀行合同の際には「此点に関し特に深甚なる注意を払」う必要があるとの発言に見られるように，憲政会も政友会と同様に地方資金の域外流失を回避すべく，都市銀行群による地方銀行群の合同に懸念を示し，地方銀行間の合同が望ましいことを仄めかしていた。後述する，都市銀行支店による地方資金流失是正に対する地方からの「注文」を理由とする，都市銀行・地方銀行間の合同よりも地方銀行間の合同を基本とすべきであるとの，金融制度調査会における加藤政之助委員（憲政会代議士）の要求にも見られるように，都市銀行支店を地方資金流失の最重要要因とは位置付けてはいないものの，憲政会も重要な支持基盤である地方からの「金融梗塞」打開要求やこれに対する不満に強く配慮していた。

なお，構想レベルで見た場合，憲政会は周知のように財政による積極的な地方への資金還元を殆ど考えておらず，銀行合同政策には今現在地方にある資金の流失を阻止するという消極的な位置付けしか与えられてなかった。この点でも政友会に比べて憲政会の銀行合同政策の位置付けは消極的であった。また，

政友会同様，憲政会も銀行合同を行う空間的範囲や一空間あたりの残存本店銀行数は不明確であったほか，最低資本金制限についても明確な言及は見られなかった。この点では大蔵官僚側の構想とは異なっていた。

大蔵官僚側の銀行合同政策構想——府県単位の「地方的合同方針」　反動恐慌後の1920年に開会された第43帝国議会で小野銀行局長は銀行合同が世界的潮流であること，および「小銀行分立ノ弊」の是正と，これを通じて「金融界其他ノ救済ヲ為」す事を理由に，銀行合同政策を推進することを表明した。その際，小野は地方資金の域外流失阻止を理由として挙げなかったものの，「成ルベク地方ハ地方デ一団トスル」と発言した。この方針は1923年1月の銀行取締方針，24年7月の地方長官宛大蔵次官通牒へも継承され，銀行合同方針は基本的に「地方庁管内」＝府県を空間的単位にする方向に進んだ。これら1920年代前半に発せられた通牒等では，もっぱら信用秩序の維持・安定性確保，並びに大戦後の「大銀行主義の趨勢顕著」化を銀行合同が必要な理由に挙げており，もっぱら金融不安への対応として地域の自律性確保の問題にも配慮しつつ銀行合同政策が進められていた。

さらに，関東大震災後，銀行経営の悪化問題は一層激化するが，これに加えて後に詳述するように，この時期になると貿易収支が悪化し外債依存が強まる中で日本の正貨所有状況が極めてタイトなものになるとともに，国際社会からの圧力の強化を背景として，円滑な外債借替のためにも金本位制復帰が重要な政策課題となり，「銀行整理」を通じた「財界整理」が愁眉の急となった。このような状況を背景として，若槻憲政会内閣の下で片岡蔵相を中心に1926年9月28日に金融制度調査会が設置された。そこでは，金融制度再編の一環として銀行合同問題も取り上げられ，大蔵官僚側の銀行合同方針とその背景にある理由が明確に打ち出される。銀行法の形成過程と検査体制の強化については第4節で検討するので，ここでは資金の域外流失問題・支店銀行制との関係から銀行合同政策についての議論を再検討する。

まず，第2回普通銀行制度特別調査会で田委員（大蔵省事務次官）が「地方的合同方針」を提起し，調査会における銀行合同問題についての議論がはじまった。ここで注目すべき点は田が支店銀行制を採用できず，「地方的合同」が必要な理由として地方資金が「東京大阪ニ集中」していることを挙げているこ

とである。さらに第 4 回特別調査会で松本幹事（銀行局長）も地方的合同を「奨励」する理由として地方資金流失問題を挙げ，地域側・政党側の主張に沿った発言をした。これに対して結城豊太郎委員（安田銀行出身）から大蔵省が地方資金流失問題を重視する理由は「地方官」からの批判にあるのか，という趣旨の質問が出された。ここで松本は結城の発言を全面的に肯定した上で，地域側・政党側が唱える地方資金流失論を否定し，自らが挙げた「地方的合同」が必要な理由と反対の議論をした。その上，別の個所でも松本は急激に都市銀行が地方銀行を合併すると，合併されない「沢山ノ地方ノ銀行」に大きな脅威を与え，これらの銀行に「到底其競争」ができないという「観念ヲ」与えるので，まず，地方銀行間の合同を実現してそれから「都会（の銀行－引用者）ガ其固マツタ銀行ヲ」合同すれば，無理なく都市銀行による地方銀行の合同ができると発言した。このように松本の「地方的合同」論は都市銀行による地方銀行の合同と支店銀行制の円滑な実現のための迂回的措置に過ぎなかった。

　このような松本の返答に対して，結城は地方資金流失論という謬論は大蔵省や金融制度調査会で「打破」すべきであると論じた。周知のように結城の属する安田銀行は1923年の大合同に典型的に見られるように地方銀行の合同を推し進めていたほか，1920年代においては地方支店の預金吸収機関化を進める一方で，浅野系企業など中央の重工業向け貸出の比重を高めていた。このような安田銀行の経営状況からして，結城は地方資金流失論や都市銀行による地方銀行の合同を批判する議論を黙認できなかったのであろう。また，松本も前年の関西銀行大会における講演で，日本は将来的に中央の大工業主導の発展を採る必要があること，そのためにこれに見合った金融制度を構築する必要性があることを示しており，その思想からして上述の結城の利害とは一致するものがあった。さらに，このような主張は，当時の重工業化の進展という実態面の状況にも照応していた。このことが本音の部分で松本が結城の議論を肯定した理由であると見てよい。このほか，結城以外の他の都市銀行出身委員もこのような主張に同調した。例えば，三菱銀行も地方支店で吸収した資金を中央での有価証券投資等で運用しており，安田銀行以外の都市銀行もほぼ同様な状況にあったことが，かかる同調の背景にある要因と見られる。このような議論の流れに対して，井上準之助や大蔵省側は「地方ノ利害ヲ親切ニ考ヘル」地方銀行間の合

同が必要であると反論した。以上の議論を踏まえて，結局，答申内容は「地方的合同ヲ奨励セラルルコトモ必要ナレドモ，中央，地方間ノ金融疎流ヲ円滑ナラシムル為都会銀行ト地方銀行トノ合同ニ就テモ相当程度考慮セラレ度キコト」[119]という内容に落ち着いた。このように，大蔵官僚側は必ずしも地域側・政党側の主張を容認していなかったにもかかわらず，都市銀行側の主張を一定考慮に入れながらも「地方的合同方針」を銀行合同政策の基本に据える姿勢を崩さなかった。なお，その際，松本の「其一県内ノ銀行ハ其県ニ在ル銀行ヲ中心ニ成ルヘク合同」して行きたいとの発言に見られるように，大蔵官僚側[120]の政策案では「地方」の単位として府県が想定されていた。また，本店銀行の存置数であるが，田事務次官は預金者保護および地域の実情を考えると1「府県ニ二三ノ大銀行位」が適切であると発言していた。彼の主観においては地域に一定の配慮をしているつもりではあったのであろうが，基本的には各地の実情を踏まえず各府県2から3行という画一的基準で本店銀行の存置数を考えていたことが分かる。[121]

　それでは，なぜ，大蔵官僚側は地方資金流失論に対して否定的であるにもかかわらず，「地方的合同方針」を採用したのであろうか。残念ながら，この理由を明確に示す史料は存在しない。しかしながら，調査会での銀行合同を巡る議論の冒頭部で田事務次官は「地方的合同方針」が必要な理由として，大都市への地方資金流失に対して大蔵省側に「随分ト苦情」が出されていることを挙げていた。[122]現に，この会議に当時の与党，憲政会から唯一委員として参加していた加藤政之助も，地方資金流失・中央への資金集中是正に関する地方からの「注文」を理由に，銀行合同政策は地方銀行間の合同を中心とするように主張しており，[123]田発言の妥当性が裏付けられる。さらに，前述した結城からの再三にわたる「地方官」批判，[124]および当時の「地方官」の多くがいわゆる「政党知事」であったことを想起した場合，自らの支持基盤である地方経済の停滞を打開するために，低利資金を確保すべく「政党知事」など政党関係者に代表される地方利害の代弁者が大蔵省に「随分ト苦情ヲ申込」む状況があったと見なければなるまい。これに加えて，仮に都市銀行側の意見に沿った方針が可決されたとしても，調査会で銀行合同方針についての議論が開始される以前の段階で，既に当時の若槻内閣も浜口前蔵相の発言に見られるように「地方的合同方針」

第2章　金融危機の顕在化と銀行合同政策の形成　　117

で臨む姿勢を仄めかしており、また、野党政友会も地方資金流失問題への配慮を強く求めていたから、支店銀行制的な銀行合同方針が議会で容認・採用される可能性は殆どなかった。以上の点で「地方利益」に配慮する政党を媒介とする地域からの圧力を前に、政策・法案の立案と実行を担う大蔵官僚の立場から見ても支店銀行制的合同方針は現実性に乏しく、このことが大蔵官僚が「地方的合同方針」を採用せざるを得なかった重要な要因と見てよかろう。

このように大蔵官僚は政党側・地域側からの「地方資金流失」批判を必ずしも容認していなかったにもかかわらず、支店銀行制の円滑な実現のための迂回的措置として府県単位での地方銀行間の合同実施を基本とすることを明示した。このほか、周知のように最低資本金制限も導入して、これを通じて弱小銀行の合同への追い込み・淘汰も考えていた。しかしながら、1927年以前には「地方的合同」を支店銀行制実現のための一階梯として位置付けるか否かという点や、一府県内における本店銀行存置数、最低資本金制限による弱小銀行の淘汰・合同および最低資本金額の設定、合同を行う際の空間的単位については、地域側・政党側と大蔵官僚の間で必ずしも十分な調整がされているとは言えない状況であった。これらの諸点の調整が金融恐慌以後における、銀行合同政策の具体的展開過程において問題になるのである。

(79) 金澤史男「預金部地方資金と地方財政（一）」『社会科学研究』（東京大学）第37巻3号、1987年、所収、297頁以下、特に第21表を参照。同表により全国レベルの数値ではあるが1921・25両年における銀行預金の対前年増加額の業態別シェアを算出すると、五大銀行は1.24%から13.2%、それ以外の普通銀行は84.4%から71.1%に変化している。このように1920年代前半における地方銀行シェアは依然として高位であるが、地方金融不安を背景に着実に五大銀行への預金シフトが進展していることが確認できる。これに五大銀行以外の都市銀行を含めれば、この傾向はさらに強まるであろう。
(80) 進藤寛「大正後期・昭和初期における地方銀行の不動産担保融資」『金融経済』第165・166合併号、1977年10月、所収、307～351頁を参照。
(81) 迎「合同後の安田銀行」『地方金融史研究』第33号、2002年3月、所収、7～10頁。
(82) 「県下金融の概況（二）」『山陽新報』1920年3月6日。
(83) 岡山県会編『岡山県会史』第4編、岡山県、1938年、619～620頁。
(84) 以下、この報告書からの引用は、「将来計画ノ部」5頁および75頁。

(85) 加瀬和俊「貸金経営の展開」大石嘉一郎編『近代日本における地主経営の展開』御茶ノ水書房，1985年，所収，488頁。
(86) 岡山商業会議所『月報』1923年3月号，23頁（岡山商工会議所蔵）。
(87) 同『月報』1923年12月号，3頁。
(88) 同『月報』1924年4月号，45頁。
(89) 以下の機関紙の議論は「資金流失多額」『山陽新報』1921年2月10日；「岡山市の発展を望む（一）」同紙，1921年4月5日；および同紙，1923年5月11日付けによる。
(90) 「再び銀行合同に就いて（上）」同紙1923年6月12日。なお，「第一群」「第二群」の規定は伊藤「製糸・養蚕業の動揺と地方銀行群の存在形態」3～4頁による。
(91) 「再び銀行合同に就て（下）」同紙，1923年6月13日。
(92) 「関西銀行大会における高橋蔵相の演説」『政友』262号，1921年2月，所収，12～18頁。
(93) 元田「農村振興建議案に就て」『政友』273号，1923年5月，所収，4～11頁。
(94) 以下の記述は『政友』293号，1925年，所収の同論文（4～19頁）による。なお，横田千之助「産業組合中央金庫法案に就て」『政友』273号，所収も同趣旨の批判をしている（19～20頁）。
(95) 進藤「わが国地方銀行合同政策の展開（中）」第6表，38頁によれば1920～32年までの都市銀行群による合同銀行数は51行である。
(96) 田中「地方分権の必要と其方策」『政友』313号，1927年3月，所収，165頁。
(97) 1920年代における政友会・憲政会の財政を通じた地方への資金還元構想の相違と実際の政策内容・帰結については，原朗「1920年代の財政支出と積極・消極両財政路線」中村隆英編『戦間期日本の経済成長分析』山川出版社，1981年，所収を参照。
(98) 『憲政』1923年7月号，58頁。
(99) 大津淳一郎「農村振興の急務」『憲政』1923年10月号，所収，4～10頁；小野重行「農村振興に関する所見」『憲政』1924年3月号，所収，23～26頁。
(100) 浜口「社会政策と併行する財政政策」『憲政公論』1926年5月号，7頁。
(101) 1924年5月総選挙での憲政会当選議員総数131名に占める六大都市所在府県以外の地域選出の議員数は91名・約7割であり，政友会同様地方を支持基盤としていたことが分かる（「第十五回総選挙の結果」より算出）。
(102) 「第四十三帝国議会衆議院議員銀行条例中改正法律案外五件委員会議録」『帝国議会衆議院議員委員会議録25』臨川書店，1984年，所収，499・504～505頁。
(103) 『銀行通信録』第448号，1923年2月，所収，268頁。

(104)　「蔵銀九二七二号」『明治大正財政史』第16巻，経済往来社，1957年，732〜735頁。
(105)　なお，以上の文書の内容は序章で指摘した先行諸研究が，既に引用の上で検討しているのでこちらに譲る。
(106)　前者については後藤『本邦銀行合同史』195〜196頁が既に同様の解釈を示しているほか，後者では「財界改善」（「財界整理」ではない）という用語が使われているが，これはもっぱら大規模化の利益を説く同通牒の記述や，『明治大正財政史』の史料に関する説明から「大銀行主義の趨勢顕著」化を指していると解釈される。
(107)　岸田真「1920年代日本の正貨収支の数量的検討」『三田学会雑誌』（慶応義塾大学）第96巻1号，2003年4月，所収，61〜90頁。
(108)　大蔵省銀行局（推定）「銀行其他金融機関検査充実計画」1926年10月（推定），『昭和財政史資料』マイクロ検索番号32-003，所収；片岡直温『大正昭和政治史の一断面』西川百合子文庫，1934年，467頁。
(109)　明石ほか「金融制度調査準備委員会の回顧」『調査月報』（日本銀行）1955年6月号，42頁による。
(110)　『日本金融史資料』明治大正編第18巻，73頁（田発言），162頁（松本発言）。
(111)　同上書，163〜164頁。
(112)　同上書，163〜164頁。
(113)　以下に示す井上らの反論も含めて同上書，163〜171頁。
(114)　同上書，164〜171頁。
(115)　迎「合同後の安田銀行」10〜37頁。
(116)　「松本銀行局長の演説」『大阪銀行通信録』第331号，1925年3月，所収，69〜73頁
(117)　橋本寿朗『大恐慌期の日本資本主義』東京大学出版会，1984年。
(118)　岡崎哲二「三菱銀行の支店展開と資金循環」『三菱史料館論集』第3号，三菱経済研究所，2002年，所収による。なお，関連する業績として同「1920年代における三菱銀行の損益構造」『三菱史料館論集』第4号，2003年も参照。
(119)　『日本金融史資料』明治大正編第18巻，559〜560頁。
(120)　同上書，72頁。
(121)　同上書，176頁。
(122)　同上書，73頁。
(123)　同上書，166〜178頁。なお，ここでの議論の際に田は内務省の地方関係部局代表委員からも同様の苦情が出ていることを指摘している（175頁）
(124)　同上書，170・174頁。なお，1920年代における「政党知事」と地方支配については升味準之助『日本政党史論』第5巻，東京大学出版会，1979年，

309～336頁，同『日本政治史』第3巻，東京大学出版会，1988年，98～104頁などを参照。
(125) 『憲政公論』1926年5月号，7頁。

第4節　金融危機への対応III〔銀行経営規制の形成〕[126]

1　1920年代における銀行破綻の続出に対する大蔵官僚の問題認識

(1)　大蔵省側の問題認識

　反動恐慌後における銀行破綻の増加を大蔵省側はどのように認識していたのか。また，その改善策として如何なる方案を構想していたのか。以下，銀行経営規制の形成過程を分析するにあたり，まず，その前提としてこれらの諸点を検討したい。

　まず，岡田信大蔵省特別銀行課長が1918年に「地方小銀行の通幣」と題する講演を行い，自らの検査官としての経験を踏まえて，特に地方銀行を中心に銀行経営上の問題点を指摘した[127]。そこでは大口貸出・長期固定貸・支店乱設による過当な預金獲得競争から積立金不足にいたる30項目が問題点に挙げられている。その中でも注目すべき点は「著しいの通幣」として「(1)重役の無責任」「(2)情実に囚はるる地方の小銀行」「(3)執務の不規律」を挙げていることである。特に第一の点については「中央の相当の銀行では専門の重役が居つて日々研究をして熱心に行務を運用致しますし，又時々重役会を開いて相談も致しますが，何うも地方の方は身が入らぬと申しますか，打ち遣り的で困ります」として，「専門の重役」の欠如が「無責任」な経営の重要要因であると論じている。その上でこのような無責任さゆえに「家の出入りにでも対するかのように」－中略－「勝手に行金を株式相場の資に供したり，又は不安固な事業会社等に巨額の融通を為し，若しくは株主なり大きなお得意なりに自分一存で危険な情実的貸出を無理にやるといふこと，之等の点が則ち銀行の破綻の最も多い禍根であることを痛切に感じました」として，「専門の重役」・経営者の規律の欠如が「情実的貸付」の一因になっていることを指摘した。その上で岡田は銀行合同

を通じた経営規模の巨大化による専門経営者の雇用基盤の確保を唱えた。

　反動恐慌後になると大蔵省の黒田英雄銀行局長からも地方銀行を中心とする銀行経営上の問題点が指摘されるようになった。黒田は一方で普通銀行の不動産担保貸付の多さを問題視して商業銀行主義の理想を唱えつつも，他方でやはり「銀行の経営者其の人に付いて」の問題点を強く指摘した。黒田は「今日の銀行が非常に沢山あつて，さうして前にも申し上げるやうに極く地方的に小さな仕事をして行くと云ふ風なことでありますからして，銀行の経営者も各種事業に当たりつつ傍ら銀行業の経営をやつて行くと云ふ」状態にあるが，「是は将来非常な弊害を来たす本であつて，また銀行の発達をしていく上に於いて非常な妨害になる」として，幾つかの事業を兼職する非専門経営者の存在を問題視した。その理由として黒田は銀行役員と現業会社の役員兼職はアメリカでは事業を「監視する必要」から行われているが，わが国の場合これとは「寧ろ反対であ」り経営者＝所有者の私的利害のために兼職し，それが「非常な禍を」もたらしていることを挙げていた。黒田はこのすぐ後で兼職による情実融資による銀行の経営不振を指摘しており，「非常な禍」はこのことを指すと見てよかろう。そして，このような問題を是正するためにも，乱立する弱小銀行が「専門的の重役を高い給料を払って行くということは甚だ不経済である」として，銀行合同により経営規模を大規模化した上で「大なる組織を以って活動」すれば，銀行専業の専門経営者を雇うことができると主張した。黒田もやはり問題解決の手段として経営規模巨大化による専門経営者の確保を唱えたのである。

　このような黒田の考えはこれ以後の大蔵官僚に修正されながらも継承される。1924年には加藤栄一郎普通銀行課長が地方銀行を対象とする銀行経営改善問題について論じた。そこで注目すべき点は「今迄本店として小銀行がありますときには，其土地の人に顔見知りが多いので其貸出も兎角情実的に流れる」ことが「銀行経営上常に禍根を生」むので，「合併に依つて極めて冷静なる経営方法に移す」べきであると主張したことである。また，別の個所で加藤は黒田同様重役貸出に関する問題並びに銀行の内部検査を充実させるための検査・監査関係の「専門の職員」の設置の必要性を指摘していた。その上で，この点については小銀行では「事情が許さないかも知れない」と論じている所から，加藤

も黒田同様に経営の大規模化・経営組織の整備を図り，専門経営者および内部検査を担当する「専門の職員」を登用し，かつ合同により弱小銀行を支店化し，大規模化した銀行の本店の統括下へ組み込むことで，銀行経営を「極めて冷静なる経営方法に移す」必要性を感じていたことが確認できる。なお，加藤課長時代に次官名で発せられた銀行合同に関する通牒でも，銀行合同により「銀行ノ享クル利益」として「銀行カ分立セル場合ニハ各行ニ於テ重役貸其ノ他情実貸ヲ行フニ便宜ナリシモ合同後ニ支店トナレル場合ニハ本店ノ監督アルカ為従来ノ貸出取引先中多少不便ヲ感スルニ至ルモノヲ生スヘキモ銀行ノ貸出ハ益確実トナルニ至ル」ことが説かれており，加藤の主張が単なる個人的なものではないことが分かる。

これに加えて1925年2月には松本銀行局長が大阪府知事主催の銀行懇談会で講演を行った。そこで松本は主として銀行合同の必要性を唱えたが，そこでは合同により信用力の増大が図れること，小銀行では大銀行とのインターバンク取引が難しいが，合同により巨大化すると「それが楽に出来るようになること」を指摘した。しかし，注目すべき点は松本もまた小規模銀行では「使用人も少数でありますから，どうしても優良な者を得ることが難しい」と発言しており，「優良な者を得ることが難しい」という形ではあるが黒田・加藤と同様に地方銀行の人材問題を指摘していることである。

このように1920年代において大蔵官僚は，積立金不足など計数面での問題のほか，特に地方銀行を中心とする銀行経営上の問題点として，経営者の「専横」ぶり・非専門性など主体面のあり方，およびこれをチェックする内部管理体制の不備を銀行経営上の問題点として重視していた。その上で，このような諸問題の是正の必要性を唱えたが，「優良な」人材，特に専門経営者の確保と内部検査等の管理体制の充実を図る基盤として，銀行合同を通じた経営規模の拡大を強く唱えたのである。

2 銀行法の「法理念」
――金融制度調査会における銀行法案の成立過程――

(1) 金融制度調査会準備委員会における銀行経営規制案の特質

先行研究が明らかにしているように，反動恐慌以後における銀行経営問題の

顕在化・深刻化に対して，大蔵省側は，随時，金利規制・減配慫慂・出店規制などに関する通牒を発し，もっぱら銀行経営ならびに信用秩序の安定化を目標に政策的措置を採っていた。そして，1926年9月28日に若槻憲政会内閣の下で金融制度調査会が設置され，本調査会で銀行法に見られる金融制度の抜本改革の方針について議論がされた。また，これに先立ち同年4月には金融制度調査会準備委員会が開かれ臨時委員が答申の検討を開始していた。

　そこで問題になるのは，この調査会が設置された背景である。既に明らかにされているように，震災以後になると為替相場の低落・不安定化を背景に，それ以前に一桁台で推移していた横浜正金銀行の建値変更回数が，一気に21〜24にまで跳ね上がったことや，1923・24年の貿易赤字額の5〜6億円台への急上昇に顕著に示される巨額の入超の慢性化や，正貨，とりわけ在外正貨の急減（22年末6億1500万円から26年末の2億3000万円）に見られるように，貿易取引の条件が不安定化していた。このため金融恐慌前の1927年1月に発表された『東洋経済新報』による経済界有力者へのアンケート調査でも，為替安定化を理由とする解禁実施支持が24名中18人と圧倒的多数を占めた。さらに，このような事態に対応すべく，若槻内閣も，特に1926年9月の片岡直温の蔵相就任以降になると，蔵相を中心として金解禁実施を目的に「財界整理」・貿易均衡政策（輸入防圧・輸出促進）・為替相場維持などの関連諸政策に着手するようになった。これに伴い片岡は，蔵相就任直後に市来・木村正副総裁を官邸に招いて，金解禁に関する意見交換を実施しており，日本銀行当局者も直接，蔵相から協力を要請される状況にあった。これに加えて，銀行検査体制の拡充のところで見るように，若槻内閣も政府として金解禁実施を重要な政策課題として位置付けていた。このような動きに見られるように，国内は，再度，金解禁実施で纏まる方向に向かっていた。

　さらには，周知のように，震災後になると復興事業関連や正貨補充目的を中心とする，外債の大量発行により純債務国に転落する中で，外資輸入現在高は震災前の1922年に15億5000万円から，27年には21億4600万円にまで膨張していた。このような状況の中で1925年以降になると，外債引受先国である英米も投資リスク回避の観点から，日本の金本位制復帰時期に関する調査を実施するようになり，日本政府に対して金解禁断行の圧力がかかりつつあった。このような状

表 2-15 金融制度調査会準備委員会答申・金融制度調査会における調査項目

金融制度調査会準備委員会臨時委員答申	金融制度調査会調査項目
1．銀行ノ法律上ノ意義	第1項 銀行トシテ監督スベキ業態
2．銀行ノ兼営事業	第2項 営業ノ主体ヲ株式会社ニ制限スルノ可否
3．「銀行」ノ名称	第3項 最低資本金額ヲ法定スルノ可否
4．銀行ノ組織並ニ資本金	第4項 商号中ニ銀行ナル文字ヲ用ヒシムルコトノ可否
5．法定積立金	第5項 銀行ノ合同ニ関スル方針
6．支店，出張所，代理店	第6項 預金ノ支払準備ヲ法定スルノ可否
7．銀行合同ノ方針	第7項 資金ノ運用ニ制限ヲ加フルノ可否
8．預金ニ対スル支払準備	第8項 不動産抵当貸等ノ長期貸出ニ関スル方針
9．資金運用ニ関スル制限	第9項 銀行ノ内部ノ監督ヲ一層充実セシムルノ件
10．役員ノ他業兼務	第10項 役員ノ他ノ業務ニ従事スルコトヲ制限スルノ可否
11．監査役ノ責務	第11項 法定準備金最低率引上ノ可否
12．検査制度	第12項 出張所ノ移転並代理店ノ設置ハ認可ヲ要ストスルノ可否
13．貸借対照表及ビ営業報告	第13項 他業兼営ノ可否
14．申請書，報告書等ノ提出方	第14項 処分及制裁ニ関スル規定ヲ改正スルノ件
15．特許会計士制度ノ確立	第15項 銀行ノ任意解散又ハ業務廃止ニ関スル監督ノ件
16．銀行ガ営業ヲ休止シタル場合ノ措置	第16項 銀行ノ整理事務ヲ促進スルノ方法ニ関スル件
17．営業時間	第17項 銀行ノ清算ヲ大蔵大臣ニ於テ監督スルノ可否
18．外国銀行ノ支店並ニ植民地ニ於ケル銀行監督	第18項 条例施行地外ニ本店ヲ有スル銀行カ条例施行地内ニ於テ 銀行業ヲ営ム場合ニ於ケル取扱方法
	第19項 法律ノ整理ニ関スル件

出所）『日本金融史資料』明治大正編第18巻，目次及び556～564頁。

況を背景に，後述のように政府は「財界整理」の一環として銀行界の整理を考えるようになっていた。ここから銀行法施行とこれに伴う規制体系の整備は，単なる金融危機への対応には止まらない，国際社会からの圧力を受けた金本位制復帰のための「財界整理」の一環であったと判断される。以上を踏まえて，ここでは普通銀行問題に絞って本調査会準備委員会における議論を検討する。

金融制度調査会準備委員会臨時委員は本会議に先立つ8月に，金融制度調査会での改善方針のたたき台となる答申を発表した（表2-15）。臨時委員には堀越鉄蔵日本銀行調査局長のほか，下田守蔵（三井銀行），山室宗文（三菱銀行），明石照男（第一銀行），大平賢作（住友銀行）が委嘱されており，都市大銀行代表者でほぼすべての構成員が占められていた。この点を踏まえた場合，臨時委

員の答申には大銀行側の銀行経営問題認識が強く反映していたと見てよかろう。

まずは，この答申の内，「(1)我国普通銀行ノ改善ニ関スル具体的方策」（8月14日提出）から検討したい。この答申は「我普通銀行ノ資金ガ主トシテ短期払戻ヲ要スル預金ヨリ成ルノ事情ニ鑑ミ預金者保護ノ重要ナル点ヲ想定セバ，事業会社ト密接不離ノ関係ヲ保タシムルガ如キハ頗ル危険ニシテ我普通銀行ノ性格ニ適合シナイ」とはしたものの，産業資金供給機関の「発達比較的遅」れているがゆえに「我普通銀行ハ今後ト雖農業若クハ工業ニ対シ其流動資金ノ供給ハ相当之ヲ為スノ必要アルベキモ，之レガ為メニ普通銀行ガ主義方針トシテ商業銀行タリ普通銀行タルノ本質ヲ没却スルモノニアラズト信ズルモノナリ」としていた。つまり，商業銀行主義の重要性を指摘しつつも，「流動資金」とはいえ産業向け資金供給の役割を否定しなかった。この意味で本答申は普通銀行による成長資金の供給＝産業・経済発展指向性を必ずしも否定しなかった。この点が本答申の第一の特徴である。

第二の特徴は我国銀行の「不始末ヲ暴露」する原因として，支払準備の「閑却」，関係会社・不動産担保等への「資金固定」，行内検査体制の未確立等を指摘した上で，「普通銀行ノ改善ハ主トシテ其経営者ノ道義心ニ待ツベキモノ多ク制度上ノ改善ノミ以テシテハ到底其効果ノ完璧ヲ期シ得ベキニアラズ」と論じ，前述した大蔵官僚と同様に銀行経営者の主体のあり方，「道義心」の欠落そのものを問題にしたことである。

第三の特徴は，第二の特徴として示された諸問題を改善するための，銀行経営の法的規制にかかわる。本答申では「普通銀行ノ業務ハ其範囲頗ル広汎ニ亘リ且ツ其内容一ナラズ，普通銀行ノ経営ヲシテ其宜シキヲ得セシメンガ為メニハ，猥リニ法律ノ規定ヲ以テ一様ニ律スベキニアラズ」－中略－「之ニ代フルニ機宜ニ適シ且ツ寛厳其宜シキヲ得ル行政上ノ運用ニ待ツコトトシ，又銀行経営者ヲシテ自ラ反省ノ実ヲ挙ゲシムルノ方針ヲ採レリ」として，わが国普通銀行の多様性を理由に法律による「一律的」規制はせずに，行政側の裁量に任せる形での多様な普通銀行の個別性に適合した規制を求めていた。特に「行政上ノ運用」主体に関して，本答申では何も特別なことは言及していない。したがって，この運用主体はこれまでどおり大蔵省を念頭においていたと解釈してよかろう。この意味で本答申は大蔵官僚による集権的な管理を是認していた。そ

の上で本答申は，このような裁量に任すべき項目として，「八．預金ニ対スル支払準備」，「九．資金運用ニ関スル制限」中の不動産担保融資制限，「十．役員ノ他業兼務」，「十一．監査役ノ責務」の内の『監査書』記載事項を挙げていた。また，これとはやや内容が異なるが「六．支店，出張所，代理店」でも，明確な基準を示さないままに，それらの設置は「監督官庁ノ認可ヲ受ケシメ」るとしていた。このように，準備委員会の答申では大蔵省の裁量の余地が大きい「健全経営規制」・「競争制限規制」といった「事前的措置」中心の規制案が提示された。この点に本答申における規制案の重要な特徴が見出せる。

次に，大蔵省の裁量の大きい規制が出された理由である。臨時委員のひとりであった明石照男は，後に預金支払準備について「あれ（法規制－引用者）も問題になって，われわれ（臨時委員－引用者）はできると思うけれど，それは日本じゃまだむりだろうというので，むしろ中小銀行の立場を重んじてわれわれの理想をやらなかつたのですよ」と回想している。また，答申でも兼業禁止規定について「地方ノ状況ヲ見ルニ」－中略－「実情ニ適サザル」として大都市部と地方の相違を挙げていたほか，不動産担保融資制限については「健全ナル銀行ノ活動ヲ不自由ナラシメ惹イテ産業ノ発達ヲ阻害スル惧」があることをあげていた。この点に加えて，なぜ法律による一律的規制を嫌ったのかという質問に対する明石自身の「金融はやはり自治的にやらしてもらおうということは臨時委員みな頭にあったでしょう」との回答を踏まえた場合，このような大蔵省の裁量性の大きい規制案が出された理由は，おそらく主として不動産担保融資が問題になっていた地方銀行の活動を規制するために，準備委員らが所属する「健全」銀行である都市大銀行まで活動が制約されることを恐れた点にあると見られる。

このほか特に指摘しなければならないのは，準備委員会では答申に貸借対照表・営業報告書の書式統一を盛り込んだことである。答申ではその理由として，貸借対照表についてはその「様式ハ極メテ区々ニシテ統一スル所ナク，之ニ依リテハ何等銀行ノ内容ヲ窺知シ得ザルモノ少ナ」くないので，これを改善するためにも書式統一が必要であることを挙げていた。営業報告については「成ルベク銀行ノ内容ヲ明ニスルコトヲ目的トシテ」書式統一をすることを挙げていた。貸借対照表・営業報告書の書式が不統一であると「何等銀行ノ内容ヲ窺知

シ得」ないとの議論に見られるように，経営情報の開示方法が大きく異なると，預金者などの債権者や株主などは，各銀行の経営状況を比較・選別の上で取引をすることが難しくなる。同時に，このことは銀行経営者の「モラル・ハザード」の温床にもなりうる。情報開示の平準化は，銀行取引先による各銀行の経営状況の比較とこれによる選別を可能にすることを通じて，このような難点を一定程度改善することを可能にする。したがって，このような金融制度調査会準備委員会における答申の内容は，各銀行の経営情報開示の平準化という形での，市場における経営情報の流通改善を通じて銀行の経営動向を一定程度透明化・比較可能化し，これにより預金者などの取引先が取引銀行を選別することが可能になる条件を作り出すことを通じて，銀行経営に一定の規律付けを与えることも目的であったと見てよかろう。(146)

このように都市大銀行側代表が多数を占める準備委員会では，都市大銀行それ自体の経営行動の制約を回避すべく，多様な普通銀行の存在への配慮を主たる理由に，大蔵省の裁量の大きな事前規制を中心とする規制案が提示された。その際，大蔵省の裁量範囲は規定されていなかった。この結果，準備委員会の規制案は大蔵官僚の裁量性が極めて大きい規制内容を柱としつつも，前述した市場における銀行経営情報流通の改善＝各銀行の経営情報開示の平準化に補完される形で，銀行経営の規律付けを図るものになったのである。

(2) 銀行法案の「法理念」——金融制度調査会における法案形成過程

1927年銀行法の特質が「競争制限規制」「健全経営規制」などの「事前措置」を中心とし，かつ特に後者に見られる「裁量的行政重視主義」が重要な特徴であったことは，すでに本章冒頭で示した先行研究が指摘している。ここでは銀行法案のもとになる答申を作成した金融制度調査会における議論を再検討し，法案の背後にある「法理念」を明確化する。

産業発展志向性　金融制度調査会準備委員会による答申提出後，1926年10月12日から金融制度調査会における審議が開始された。まず，第1回本会議の冒頭で若槻内閣総理大臣が本調査会の設置目的を説明した。その中でも重要な点は「産業ノ発展ヲ図リ国運ノ隆盛ヲ期ス」ために，その「基礎」である金融機関の整備・改善を図る必要性を強調していることである。このことは「金融(147)

制度調査会調査事項」にも盛り込まれており，この点に同調査会の設置目的，ひいてはそこで形成された銀行法案が産業・経済発展志向性を帯びていたことが確認できる。

なお，ここでの産業発展志向の内容であるが，前述のように[148]，当時政党内閣は，大蔵省当局による集権的な管理にはとりたてて反対はしなかったものの，地方金融の円滑化を確保するために各地域経済の特殊性への配慮を求めるという意味での「地方分権」的な金融制度改革を主張していた。また，後述するように，各委員も各地域金融経済の多様性を尊重した規制実施の必要性についての認識を共有していた。以上を踏まえた場合，「産業ノ発展」の意味内容は，単なる一国レベルでの産業発展に止まらず，各地域の経済発展を志向した内容をもつと解釈できよう。

銀行経営の統治構造への組織原理導入による規律付け　銀行法案の第二の特徴は銀行経営統治への株式会社形態による組織原理の導入である（第三・十二条）[149]。これには監査書制度も伴っていた。この点について藤山雷太委員（貴族院議員，東京商業会議所会頭）からその理由が質されたが[150]，松本銀行局長はその理由として株式会社制度は株主総会，監査役制度など「其内部ノ経理方法ガ近代的ニ能ク整ツテ居」ることを挙げていた。さらに周知のように，金融制度調査会の答申では監査役によって「大口貸出，大口所有又ハ担保株，回収困難ト認ムル貸出」を記載した監査書の作成・設置義務も課しており[151]，この点でも株式会社のもつ組織的な管理力をさらに強化していた。前述のように松本をはじめ大蔵官僚は当時の銀行経営上の問題として組織面での経営管理機構の未整備を挙げていた。この点を踏まえた場合，このような問題を改善するために，規則と手続きを重視した組織原理をもち，内部監督の充実を通じて経営者の規律付けを図ることが可能な経営管理機構として，株式会社制度を考えていたと見てよかろう。

もっとも，株式会社制度のもつ監査役制度は実質的には日本では機能していないのではないか，との質問が小川郷太郎（法学者，京都商業会議所特別員）委員から出された[152]。これに対して松本は監査書制度があるがゆえに重役も「監査役ニ内情ヲ明カサネバナラヌ」ので「専横」な経営をできなくなり，「余程監督ガ出来ルモノト信ジテ居リマス」と答えている。松本ら政策当局は株式会

社という企業形態のもつ統治力を監査書の作成・設置義務を課すことで強化しつつ，これを利用して重役による経営の「専横」を阻止することを考えたのである。これに対して小川をはじめ他の委員からは異論は出されなかった。

このほか，前述のように，大蔵官僚は政策的な銀行合同の推進を通じて弱小銀行を統合の上で大規模化した銀行の支店とし，これを本店統括下に組み込むことで，特定個人ないし特定企業への「情実貸付」を防止することを構想していた。かつまた第3節でも見たように金融制度調査会答申・銀行法にも弱小銀行の淘汰と合同を図るべく最低資本金制限が盛り込まれた。これらの諸点を想起した場合，銀行合同は経営規模拡大により専門経営者の雇用および内部検査体制充実の基盤を創出するという意図に止まらず，多数の弱小銀行を大規模銀行の支店とし，本店の管理・統括下に置くことで，組織原理により「情実的貸付」を防止する意図を持っていたと見てよかろう。これに加えて上述の監査書制度により統治能力が強化された株式会社制度を導入することで，金融制度調査会答申は規則と手続きによる銀行経営の規律付けを画策したのである。

「裁量的行政重視主義」　「事前的措置」の中でも「健全経営規制」については，金融制度調査会答申・銀行法案では法規による一律的な規制は盛り込まれず，この結果，総じて「裁量的行政重視主義」的なものになった。ここでは「健全経営規制」の中でも計数面での規制について，その背後にある理由を検討する。「健全経営規制」の典型は預金支払準備，不動産融資比率規制，資金運用制限である。ここではこれらの諸事例を検討する。

まず，支払準備の法定の可否から検討する。この点について加藤政之助委員（憲政会代議士）から法定したほうがよいとの意見が表明された上で，これを大蔵省が無理だと考え「習慣」＝行政の裁量にまかせる理由が質された。[153] これに対して松本幹事は「我国ノ現状ニ於キマシテハ銀行ノ内部ノ状況ガ大変違フ」こと，「其支払準備」になるものもその「内容」が「甚シク軒輊ガアル」があること，「地方地方の事情ニ依リマシテモ一律ニナリマスモノデスカラ地方事情ガ無視サルルコトニナル」ことを理由に法定不能であると説明した。かかる答弁に対して加藤からは特に異論はだされず，結果として大蔵省側の主張どおりに方針決定された。

次に不動産担保融資制限についてである。これについて志村源太郎委員（貴

族院議員)から「一ツノ主義ヲ立テ」規制した場合の各地方に与える影響について研究をしたのかとの質問が出された。これに対して松本は「相当研究シタ積リ」であり、資本金百万円以下の銀行に関する調査で東京のみの結果を述べると、払込資本金及ビ積立金に対する不動産担保融資の比重は3～4割になっていること、地域別では特に東北地方の不動産担保比重が高いことを挙げていた。さらに別の箇所で加藤幹事(大蔵省銀行課長)は「『尤モ其ノ所在地方ノ状況及当該銀行資金ノ構成状態等ニ照ラ』」すことなども「考慮スルコトニナリマス」と答えて

表2-16 地域別普通銀行の不動産担保貸出比率

(単位:千円)

地域	諸貸出金	不動産担保貸付額	比率
北海道	64,360	20,411	31.7%
東北	454,050	155,655	34.3%
関東	3,650,385	489,767	13.4%
北陸	421,075	101,316	24.1%
東山	2,126,845	90,437	4.3%
東海	764,507	188,273	24.6%
近畿	2,316,997	308,050	13.3%
中国	332,074	90,988	27.4%
四国	236,993	74,008	31.2%
九州	389,670	132,272	33.9%
全国	10,756,956	1,651,177	15.3%

出所) 後藤新一『日本の金融統計』東洋経済新報社、1970年表51より作成。全国は表中の諸地域の合計。
なお、数値は1926年のものである。

おり、大蔵省側は法律による一律的規制を行わない理由として、金融の地域的特性に配慮する必要性を挙げていた。この発言の是非を確認するために、表2-16には普通銀行諸貸付金に占める不動産担保比率を示した。この表は官僚の答弁で用いられたデータと相違があるので、やや不適切ではあるが、それでも表に見られるように、東北・九州・四国・北海道において不動産担保融資比率が30%台に達する一方で、それ以外の地域にはかなりばらつきがあることが確認される。これに加えて別の史料によると、市郡別、公称資本金による階層別のデータで見ても、普通銀行の不動産担保融資比率はかなりばらつきがある。以上を踏まえた場合、大蔵省が不動産担保融資比率の一律規制を行わない理由としてあげた、金融の地域的特性に伴う普通銀行の不動産担保融資比率の多様性は、ある程度の根拠があったと言わねばなるまい。

このような官僚側からの答弁に対して他の委員からは特に異論は出されておらず、大蔵官僚側の主張は基本的に容認されたと見てよかろう。さらに一会社に対する貸付金額の規制を柱とする資金運用制限であるが、これについても松本は多様な事例があるので「実際ノ状況ヲ見マシテ適宜ニ注意ヲ与ヘル考ヘデ

第2章 金融危機の顕在化と銀行合同政策の形成

居リマス」と大蔵省側の方針を説明し，取引状況ないし金融・銀行の多様性を理由に「状況」に応じた裁量主義的対応を採ると答弁した。この点に関する大蔵官僚の議論は史料の制約があり，全国データで確認することはできない。それゆえ，一例に過ぎないが山形県本店所在の銀行中，最有力行である両羽銀行と，中位行であった楯岡銀行の大口貸付を比較・例示する。両者を比較した場合，1928年3月末時点の両羽銀行（公称資本金550万円）の大口貸出金の比率は3つの貸付先で総貸出額の約14％程度にとどまるのに対して，同時期の楯岡銀行（公称資本金100万円）はある製糸会社1社に総貸出金の6割にもあたる金額を貸付けていた。つまり，この事例から同じ地域に本店をもつ地方銀行でさえ，階層の相違により大口貸出の比重が異なることが確認できる。不十分ながら，ここから大蔵省側の答弁が一定の根拠を持つことが窺えよう。そして，この説明についても特に異論は出されず，大蔵省側の主張が受容された。

　以上のように，「事前的措置」において「裁量行政重視主義」が採用された理由として，大蔵官僚側の説明では日本の内国金融が多様な地域金融・銀行から構成されており，それゆえに法規による一律的規制が実態に合わないことが挙げられていた。つまり，地方金融・地方銀行の抱える固有の問題として，大蔵官僚は重役の「専横」と金融の地域的特性・「重層」性から来る内国金融・銀行の多様性を考えていたが，法規による前者の一律的是正・規律付けを限界付ける要因として後者が捉えられていた。それゆえ，個々の銀行及び地域金融，ひいては地域経済の特質に配慮し，法規を通じた一律的規制による地域開発の阻害を回避することが「裁量行政重視主義」の背景にあった考えであると言えよう。しかしながら，それにもかかわらず，例えば各地方に監督権限を委ねる分権的な管理体制は唱えられず，大蔵省による集権的な管理を前提とする内容となっていた。これに対して大蔵官僚以外の各委員からも特に異論は出されていない。つまり，大蔵官僚以外の委員も含めて，大蔵省中央による集権的かつ裁量的管理を前提とする認識が広く共有されていたのである。

　役員の他業役員兼職制限・「競争制限規制」における「認可主義」　　銀行法案では，当時大きな問題とされていた常務役員の他業役員の兼職，ならびに店舗規制などの「競争制限規制」については「認可主義」がとられていた（第六条，第十三条）。

まず，前者の理由から検討する。これについて市来乙彦委員（日本銀行総裁）から兼職禁止を法定する旨の提案がされた(161)。しかしながら，結果的には市来の意見は排された。その理由として，例えば加藤幹事の発言に見られるように，大蔵省側は地方では資産家などの有力者が「其ノ地方ノ有力ナル頭取又ハ専務ノ方等デドウシテモ其人ガ出ナケレバナラヌ場合ガ能クアリマス，其時ニソレヲ一律ニ禁止スルト云フコトハ一寸困難デア」ることを挙げていた。現に，当時の地方銀行の役員が他会社の役員を兼職していることは，よく確認される事実であり(162)，このような大蔵省の議論は実態を反映していた。ここでも地方への配慮が法律による一律規制が困難な理由にされているが，この答弁に対して特に異論は出されなかった。また，銀行法案では認可基準が示されておらず，この意味で兼職禁止規定は官僚の裁量性が強かった。なお，前述のように大蔵官僚側は非専門重役の存在を銀行破綻の要因として重視して，その是正の必要性を唱えていたが，地域への配慮の必要性からこの点については譲歩したと言える。

　次に後者であるが，店舗規制については資本金額が基準になることが述べられており，一応の基準は示された。ただし，かかる基準は答申ばかりか法案にも盛り込まれず，この点でも大蔵官僚の裁量性は確保されていた。さらに，ここでは同時に過当な出店競争に用いられた出張所制度・代理店制度の是非も議論された。ここで銀行店舗数に占める出張所・代理店の比重を確認すれば，1925年時点での全店舗数9100のうち，この両者で3484，全体の38.2％を占めていた。周知のような当時の銀行の激しい出店競争を踏まえて，この数値を見た場合，出張所・代理店が出店競走上，看過しえない存在であることが窺えよう(163)。

　この点について，まず，池田成彬委員（三井銀行）から出張所廃止論が提起された。これに対して加藤から都会では「銀行ノ店舗モ相当行渡ツテ居ル」が地方はそうではないとして，地方への配慮の必要から出張所制度の廃止は無理であるとの主張が出された。史料の制約上，本支店数のみで見た場合の一店舗数あたりの人口数（1924年）になったが，表2-17によればその他地域は大都市部である六大都市所在府県より2.5千人多い数値になっており，その他地域では銀行店舗の普及が相対的に遅れていたことは明瞭である。これに加えて，数値の突出した京都府を六大都市から除外した場合，この格差はさらに広がる

表 2-17 地域別 1 店舗あたり人口数(1924年)

地　域	人口数	本支店数	比率
東京府	3,986	735	5.4
大阪府	2,996	359	8.3
愛知県	2,218	280	7.9
京都府	1,388	114	12.2
兵庫県	2,493	463	5.4
神奈川県	1,307	156	8.4
六大都市所在府県計	14,388	2,107	6.8
その他府県	44,750	4,804	9.3

注 1）人口の単位は千人。比率は 1 店舗あたりの人口数。
　 2）人口数は1924年10月時点の推定値（原史料による）。
　 3）店舗数は24年末時点のもの。
　 4）店舗数は史料の制約上本支店の合計値になった。
出所）『第45回日本帝国統計年鑑』1926年より作成。

であろう。この点を考慮した場合，大蔵省側の説明には一定の根拠があったと言わねばならない。

さらに関連して，井上準之助委員長から地方では代理店の個人委託がされているが，これは弊害が大きいので，代理店委託は他の銀行業者に制限すべきであるとの議論が出された。これに対して松本からは普通銀行ではこれは殆ど「必要カ無イカト思」われること，及び「個人代理店ニ付キマシテハ，是ハ御説ノ通り相当弊害ガ」あるので「是ハ将来ハ容易ニ認メナイ方針デゴザイマス，唯々地方ノ前申シマシタ有力ナ資産家，其付近——同一府県内トカ，隣郡トカ，サウ云フ付近ニ於キマシテ有力ナ資産家ニ代理店ヲ頼ミタイト云フヤウナ場合ニハ，能ク其事情ヲ調査シマシテ，認メルコトモアラウカト思ヒマス」として，将来的には容易に認可しない方針が示されたものの地方には配慮する姿勢を示した。このような議論の結果，出張所等の存在及びその設置における「認可主義」については大蔵省側の主張どおり可決された。

金融制度調査会答申において，常務役員の他業役員の兼職・「競争制限規制」は認可主義を基本としていたが，明確な認可基準は，答申はおろか法案にも盛り込まれなかった。この意味で，これらの事項についても大蔵官僚の裁量性が強く，かつ「競争制限規制」に見られるように内容も緩和されたが，その理由として地方への配慮が挙げられていた。ここでも地域金融の多様性に適合的な対応を図ることが打ち出されたのである。

銀行法案の「法理念」　以上のように，銀行法案のもとになった金融制度調査会の答申は，最低資本金制限・銀行合同により弱小銀行を大規模銀行の支店

化した上で本店統括下へ組み入れること，ならびに銀行企業形態の株式会社形態への限定などによる専門経営者の雇用基盤および内部管理体制充実の基盤創出を意図していた。さらには規則と手続きを重視した組織的な経営統治構造により銀行経営の規律付けを促す諸施策，役員兼職及び「競争制限規定」への認可規定の導入など，地方銀行経営に大きな変化を促す事項も盛り込まれた。また，このような答申内容は金解禁のために銀行整理が必要であるという，片岡蔵相の考えとも一定程度整合する。しかしながら，「健全経営規制」に関しては，総じて各地域金融・各銀行の多様性を尊重した対応の必要性を理由に「裁量行政重視主義」が中心となった。このほか，地域金融への配慮という姿勢は一部の認可主義が採られた規制にも見られた。このように答申に基づく規制体系は，銀行経営レベルでの組織的な経営管理様式の導入による経営の規律付けと，「競争制限」＝出店規制に見られる「認可主義」を包含しつつも，強度の「裁量行政重視主義」による個別地域金融の特質を踏まえた対応を可能とする規制を通じた，各個別銀行経営の健全経営への誘導との組み合わせであった。さらに，このような規制体系は，大蔵官僚による集権的な信用秩序の管理を所与の前提にするとともに，大きく状況が異なる各都市銀行・各地方銀行・各地域の個別性を尊重した対応を可能にするものでもあった。

　これらの諸点を踏まえた場合，金融制度調査会答申に基づき決定された銀行法案のもつ第一の重要な「法理念」は，大蔵官僚による集権的な管理を前提としつつも，多様な地域金融への個別的な対応を可能にする形で「事前的措置」を実施することで，個別地域の実態に可能な限り沿った形で信用秩序の安定化・産業向け資金の円滑供給を確保し，各地域経済の自律性に一定の配慮を示しつつ，その開発の円滑な進展を確保しようとした点に求められよう[164]。この意味で，この規制体系は単なる信用秩序の維持には止まらず，各地域の実態に即して激変を緩和しながら信用秩序の安定化に誘導するという側面を包含していた。この点は金解禁のために早急に銀行界の整理を実施しなければならないという，片岡蔵相の政策構想とは不整合な側面を持っていたことは特に注意を促したい。次に，第二の重要「理念」は個別銀行経営内部に規則と手続きを重視した組織的原理に基づく経営管理を導入するという「革新」を促し，経営者の「専横」「情実経営」の阻止を図った点に求められよう。これらの諸特徴をもつ

銀行法案は，特に，その第一の理念において，金融制度準備委員会における都市銀行側委員の意見とほぼ内容を同じくしており，この意味で彼らの主張を強く反映していた。なお，金融制度調査会では準備委員会答申に盛り込まれた，市場における銀行の開示経営情報の平準化＝経営情報流通の改善についての議論はされなかったが，この点は銀行法施行細則に盛り込まれるのは後述のとおりである。そして，このような「法理念」をもつ銀行法案は，翌1927年の第52帝国議会の審議にかけられるのである。

(3) 銀行検査体制の拡充

反動恐慌以後の「機関銀行の弊害」の顕在化に伴い，大蔵省側も銀行検査の拡充を検討するようになる。既に指摘されているように，1921年の時点で大蔵省側はこの点を表明しているが，検査体制の充実が重要な政策課題として本格的に着手されるのは，金融制度調査会が開催された1926年10月頃であった。この時期は，既に銀行破綻や金融不安が増加・頻発して久しい時期であるから，この問題のみがその背景にあるとは単純には言えない。ここではこれ以外のもので，どのような問題が検査体制拡充の背景にあったのかを検討し，大蔵省による体制整備の内容を確認する。[165]

大蔵省は1926年10月（推定）頃に，「銀行其ノ他金融検査充実計画」という文書を作成し，本文書の中でその背景にある問題も含めて検査拡充の構想を提示した。まず，同文書では，銀行破綻の増加が金融システム不安をもたらしているが，検査体制が不充分であるがゆえにこの事態への適切な対応ができていないと指摘する。その上で検査官不足による検査回数の不充分さを中心に10点の欠陥を挙げた。これらの諸点を改善する為に「銀行及信託会社ニ対スル実地検査並ニ書面検査ノ為ニ定員ヲ増加シ以テ検査ノ普及ヲ謀リ各員克ク地方財界ニ親ミ且ツ検査官ニ特別任用ノ途ヲ開キテ銀行業務ニ関スル智識ヲ求メ以テ検査ノ内容充実セシメムトスル」ことが述べられている。このように，「特別任用」を通じて銀行関係者から検査官を登用し，量的にも検査官数の増加を図ることで，金融知識面での専門性をもち，かつ，検査業務に専任することで「地方財界」にも精通した人材を検査官に充て，各地域金融経済の実態をも踏まえた形で検査体制の充実を図り，ひいては銀行経営・金融システムの健全化を図[166]

ることが，検査体制強化構想の第一の目的であった。もっとも，既に指摘されているように，本制度は殆ど機能していなかった。[167]

　しかし，問題になるのは，次の部分である。やや長文だが引用しよう「現今吾人カ金融機関検査制度ノ充実ヲ最モ急務ナリト為ス所以ノモノハ／第一，我国財界ノ整理ヲ徹底的ニ行キ亘ラシメンカ為ニハ金融機関ノ検査ヲ励行シテ銀行ノ整理ニ因リテ一致事業ノ整理ヲ促進セシムルヲ以テ最モ有数且適実ナリト信スルカ故ナリ，現内閣ノ方針ニ則リ一昨年下半期来財界ノ整理ハ頗ル真剣味ヲ帯ヒ来リ其結果各方面ニ喜ヘキ顕象ヲ見ルニ至リタリト雖モ未タ物価及金利ノ低落充分ナラス健実ナル基礎ノ上ニ建テラレタル産業ノ振興尚ホ見ルヘキモノ少キハ蓋シ財界ノ整理尚ホ姑息ヲ免レス従テ資金固定シ其生産力ヲ回復スルニ至ラサルカ故ナリ如何ニ政府財政ニ於テ整理緊縮ヲ断行スルモ民間ノ事業ニ於テ徹底的整理ヲ断行スルニ至ラサル以上ハ財界好転ノ〇〇二〇ムヘカラサルヘシ，而テ民間事業ノ徹底的整理ヲ促進スルニハ今日ノ現状ニ於テ銀行其他ノ金融機関ノ整理ヲ通シテ為スノ外有数且適実ナル方策ナシト信ス」。「第二，一般国民ニ勤倹ヲ奨励スル上ニ於テ金融機関ヲ厳重ニ検査シ内容ヲ健実ナラシムルコトハ何ヨリ先決問題ナリト信スルカ故ナリ，折角政府ノ趣旨ト共鳴シテ勤倹貯蓄スルモ其血ト汗ノ預リツツアル金融機関続々相次テ破綻スルノ現状ニ於テハ勤倹ノ精神ヲ破壊スルノミナラス国民ノ思想ヲ悪化セシムルモノアリ」。

　この引用に見られるように，金解禁を早期に実行し，かつ，一般国民も含めてこれに必要な緊縮政策に協力させるためにも，早期に金融機関の経営健全化を図る必要性のあることが，この時期に検査体制の充実を図ることを構想した理由であった。前述のように，当時，金本位制復帰を巡って日本を取り巻く情勢は緊迫の度を増していたから，単なる銀行破綻・金融不安の頻発もさることながら，それ以上に金本位制復帰目的の「財界整理」促進の必要性が，この時期に検査体制拡充が急務とされた理由であることは特に強調しておきたい。また，検査体制の拡充が金融制度改革の一環であることを想起した場合，先に見た銀行経営規制も含めて金本位制復帰問題の影響を受けて形成されたと言える。ここでの議論を踏まえて，実地検査に関しては事務官一名，属三名，雇二名，書面検査に関しては事務官五組につき一名，属一名，雇二名の人数構成で検査にあたること，検査行程では前者後者とも一組一年五十行を検査すること，実

地検査・書面検査ともに二年に1回の割合で1年あたり250行を検査し，組数は両者とも25組づつにし合計200人（事務官25名，属85名，雇90名）体制とする構想が示された。さらには大蔵検査を補完する措置として，日本銀行に考査をさせること⁽¹⁶⁸⁾，行内検査制度の実現を奨励することが謳われた。さらに本文書に先立つ1926年9月には，検査の際の着眼点を示した全14条からなる「検査規定案⁽¹⁶⁹⁾」が作成されたほか，作成時期は不明であるが「銀行検査方針」なる文書も作成された。特に後者では，「法規ノ励行」「営業全般」の「適否」をチェックすること，本店のみならず支店も含めて検査を実行すること，リスク管理など資金運用の流動性確保の励行のほか，「銀行ノ良否ハ経営者ノ適否ニ関スル処多大ナルヲ以テ検査ニ際シテハ特ニ此ノ点ニ留意スベキコト」「貸出ニ際シ地方産業ノ開発等生産的方面ノ需要ヲ閑却スルコトナキヤ」「検査ニ当リテハ広ク当該地方ノ財界ノ実況ニ鑑ミ左記諸問題ニ付テモ注意スヘキコト（イ）都鄙金融ノ疎通ニ欠クル処ナキヤ　（ロ）銀行ノ合同ノ必要トスルコトナキヤ　（ハ）相互ニ配当率ノ抑制ヲ行ハシメ又ハ預金利子協定ノ励行ヲ促等ノ要ナキヤ」といった諸点にも注意することが指摘されていた。特に，金融の地域的特性と「地方産業ノ開発」への配慮に注意を促した点は，前述のように，当時，政党を含めて問題視した事柄であり，このような政策状況に配慮したものであったと言えよう。また，「営業全般」の「適否」のチェックであるが，これは，前述のルールと手続に基づく組織的な経営管理体制構築への誘導を重視した銀行法案の「法理念」，ならびに次章で示す行内における事務手続きまでチェックと指導を行う検査方針から，行内における事務手続きに問題がある経営管理体制の是正を示していると判断される。

　ここでの議論は，「金融機関検査充実ニ関スル調査（金融制度調査準備委員会決定案）⁽¹⁷⁰⁾」として取りまとめられた上で，金融制度調査会総会にかけられ，1926年11月15日に可決された。第3章で見るように検査官数・年間検査銀行数の面では本構想に比べれば重大な限界があるものの，基本的には，この方針に沿う形で1927年以降，大蔵省検査部の組織整備や分担区域の設定・相互の情報交換等も含めた検査体制の充実が図られ，次章で見るように各地銀行に対する検査が実行されることになる⁽¹⁷¹⁾。以上の検討にも見られるように，大蔵省銀行検査を中心とする公的検査体制の充実は，金本位制復帰への対応と地域金融経済

への配慮という，矛盾するような政策目的を包含する形で構想されたのである。

(126) なお，次章での規制に関する議論にも関係するが，前述のように，ごく最近になってこの問題を巡って邉英治氏も研究を発表している（序章注(33)を参照）。しかしながら，地域の自律性確保および金解禁問題とのかかわりからの検討がされていない点で，本書とは内容が大きく異なる。
(127) 『大阪銀行通信録』第272号，1920年4月，所収，25～38頁。なお，この講演では別の個所でも「重役の怠慢と通幣」を「眞先に改善して頂かなければなりませぬ」として，12項目にわたり問題点を指摘している。
(128) 「現下の経済界に処すべき銀行家の責務（二）」『中央銀行会通信録』第237号，1922年12月28日，所収，2～6頁。
(129) 以下の引用は「所感（下）」『中央銀行会通信録』1924年6月号，所収，2～8頁。
(130) 大蔵次官小野義一名通牒「蔵第九二七二号」大蔵省編『明治大正財政史』第16巻，経済往来社，1957年，734頁，所収。
(131) 「松本銀行局長の演説」69～73頁。
(132) 進藤「わが国地方銀行合同政策の展開過程」。なお，最近，邉英治「大蔵省規制体系の形成と確立」も同様の事実を指摘しているが，同論文は進藤論文の研究史上の意義を看過している。
(133) ただし，福島県下の金利協定に関する史料によれば，党派的に対抗関係にあった第百七，郡山橋本が協定違反による預金獲得競争を行ない，県銀行同盟会に告発をしあっていたという（中村五郎「郡山商業銀行日誌抄 昭和2年前半分　恐慌下の郡山金融界」，『郡山文化財研究紀要』第5号，郡山市，1990年3月，所収，74～75頁）から，本書第5章第2節で見る中井銀行のタコ配当の継続をも合わせ見た時，その実効性は弱かったと思われる。
(134) 三和「第一次大戦」317～319頁；同「一九二六年関税改正の歴史的位置」石井寛治ほか編『日本資本主義　展開と論理』東京大学出版会，所収，173～191頁。なお，最近の外債政策について，岸田真「南満州鉄道外債交渉と日本の対外金融政策，1927～1928年」『社会経済史学』第65巻5号，2000年1月，所収があるが，そこでも同外債は金本位制復帰のための正貨補充策と位置付けられている（42頁）。また，『東洋経済新報』のアンケートは『日本金融史資料』昭和編第23巻，所収，662～675頁。片岡蔵相の解禁準備策については，田中『戦前戦後日本銀行金融政策史』第4章；橋本「経済政策」90～96頁も参照。
(135) 片岡直温『大正昭和政治史の一断面』467頁。金融恐慌以前の時点で「金解禁の必要，銀行整理の計画を説き更に金融界の非常に神経鋭敏なこと

第2章　金融危機の顕在化と銀行合同政策の形成　139

を陳べて，この財界整理ということはいつか誰かがやらねばならぬ」ことを主張したという片岡の回顧も参照（「恐慌の遠因」大阪朝日新聞経済部編『昭和金融恐慌秘話』88頁）。なお，民政党内閣下は現に金融制度調査会の設置などに見られるように「財界整理」に着手していた。

(136) 注(135)のほか，大蔵省銀行局「銀行其他金融機関検査充実計画」『昭和財政史資料』マイクロ検索番号32-003，所収。

(137) 安藤編『近代日本経済史要覧〔第2版〕』110頁。

(138) 伊藤『日本の対外金融と金融政策』134～137頁。

(139) 以下の金融制度調査会準備委員会の答申については，特に断らない限り『日本金融史資料』明治・大正編第18巻，556～564頁を参照による。

(140) 土屋喬雄「『金融制度調査会議事速記録』解題」（『日本金融史資料』明治大正編第18巻所収）3頁。

(141) なお，寺西『日本の経済システム』182～183頁では，都市銀行側が重化学工業部門や貿易部門に深い関係を持つがゆえに，為替・銀行産業組織の安定化に対する利害をもっており，それゆえに金解禁問題及び銀行法立案に積極的に取り組んだとの仮説を提示している。筆者は，その可能性は十分にあると考えるが，史料からはこの仮説は確認できなかった。

(142) 明石照男，土屋喬雄ほか「金融制度調査準備委員会の回顧——明石照男氏を囲んで——」日本銀行『調査月報』1955年6月号，所収，59頁。

(143) 明石ほか「金融制度調査準備委員会の回顧」73～74頁。

(144) この点については，進藤「大正・昭和初期における地方銀行の不動産担保融資」307～351頁を見よ。

(145) 『日本金融史資料』明治大正編第18巻，563頁。

(146) 現に当時の地方銀行経営者の中には，このような貸借対照表・営業報告書の書式統一による粉飾決算を恐れるものもいた（一例に過ぎないが，後述のように，第百十三銀行頭取相馬確郎が記載した『銀行創立要件及び相馬ノート』北海道開拓記念館所蔵，1927年11月3日起稿，にはこの点に関する記載がある。なお，本資料の特徴も含めて第百十三銀行の経営動向については，吉田賢一「北海道における銀行合同」133～154頁，特に史料に関しては同論文注(38)が詳論しており本書もこれを参照した）。

(147) 『日本金融史資料』明治大正編第18巻，3頁。

(148) 第3節でも見たように二大政党である政友会・憲政会（民政党）は，支持基盤である地方からの地方資金の域外流失，各地方金融の「梗塞」改善要求に配慮して，大蔵省など中央による一元的な信用秩序の管理それ自体は否定しなかったものの，各地方金融の独自性を踏まえつつ地方金融の円滑化を図る金融制度改革の必要性を主張していた。

(149) 紙幅の都合上銀行法全条文の引用はできない。それゆえ，以下で挙げる条項なども含めて『日本金融史資料』昭和編第25巻，9～13頁，所収の銀

行法と付帯条件の条文を参照されたい。
(150) 『日本金融史資料』明治大正編第18巻，41〜43頁。
(151) 『日本金融史資料』明治大正編第18巻，48〜49頁。
(152) 同上史料。
(153) 『日本金融史資料』明治大正編第18巻，73〜74頁。
(154) 『日本金融史資料』明治大正編第18巻，82〜83頁。
(155) 筆者が後藤新一『日本の金融統計』東洋経済新報社，1970年，表51から1926年末時点の払込資本金＋積立金に占める不動産担保融資の比率を算出したところ，軒並み100％を上回った。これに対して表 2 -16に示したように，諸貸付金合計値に占める割合を計算したところ，ほぼ官僚側の説明と一致する数値を算出することができた。それゆえ，かかる官僚側の答弁は諸貸付金合計値に占める不動産担保融資の比率の誤りと見られる。
(156) 後藤『日本の金融統計』表48・50を参照せよ。
(157) 『日本金融史資料』明治大正編第18巻，213頁以下。
(158) この点については，白鳥「反動恐慌後における地方銀行の経営整理と本支店＝地域間資金移動」第19表，および本書第 5 章第 1 節における楯岡銀行の分析を比較・対照されたい。
(159) 以下での引用は『日本金融史資料』明治大正編第18巻，239〜242頁。
(160) 以下での引用は『日本金融史資料』明治大正編第18巻，240〜242頁による。なお，1920年代前半の出店競争とこれへの大蔵省側の対応については，既に進藤寛氏により検討されている。詳細は「わが国地方銀行合同政策の展開（上）」149〜151頁を参照。
(161) 以下での引用は『日本金融史資料』明治大正編第18巻，93〜97頁による。
(162) この点に関しては，近年の研究により全国的に兼職状況が高かったことが定量的に確認されている（T. Okazaki and K. Yokoyama, *Governance and Performance of Banks in prewar Japan : Testing the 'Organ Bank' Hypothesis Quantitatively*, CIRJE Discussion Paper University of Tokyo, April 2001, p.10 ; T. Okazaki, M. Sawada and K . Yokoyama, *Measuring the extent and implications of Director Interlocking in the Prewar Japanese banking Industry*, in *Journal of Economic History Vol. 65 no. 4*, Dec. 2005, pp. 1083-1115.）。
(163) この数値は，金融制度調査会における配布資料（『日本金融史資料』明治大正編第18巻，555頁に掲載）による。
(164) もっとも，次章で示すように最低資本金制限，銀行合同政策の内容面で地域側の利害と衝突する側面があったことには留意しなければなるまい。
(165) このような視点および以下での検討は，1920年代前半からの連続性を強調し，1927年銀行法制定の画期性を看過する，邉「大蔵省検査体制の形成とその実態」133〜134頁に対する批判を蔵する。1921年時点での大蔵省の

第 2 章　金融危機の顕在化と銀行合同政策の形成　141

表明も同論文による。
- (166) 注(136)史料。なお,引用文中の○○はタイプされた字が潰れており,解読不能な部分。
- (167) 邉「大蔵省検査体制の形成とその実態」140〜141頁。
- (168) この点は,斎藤寿彦「日本銀行考査の成立」『創価経営論集』第23巻2号,創価大学,1998年11月も参照。
- (169) 両文書とも『昭和財政史資料』マイクロ検索番号32-003に所収。
- (170) 『昭和財政史資料』マイクロ検索番号32-003。なお,この点は邉「大蔵省検査体制の形成とその実態」134頁でも指摘されている。
- (171) 大蔵省「銀行検査部ノ組織及事務ノ要領」1927年2月2日,『昭和財政史資料』マイクロ検索番号50-002,所収。

おわりに

　以上,銀行合同政策を中軸とする普通銀行制度の改善政策が必要とされた背景のひとつである,金融危機の構図について概観した上で,これへの対応策を日銀特融,銀行合同政策,および検査体制も含む銀行経営規制の形成に着目して検討してきた。

　1920年代前半においては,危機への政策的対応は銀行合同に関する通牒なども出されたものの,もっぱら日銀特融が中心であった。もっとも,日銀特融といっても,未曾有の非常事態であるがゆえに,損失を顧みず救済融資が実施された関東大震災時を除けば,金本位制の論理に規定されて,「財界整理」との整合性を最重視して救済が実施された。それゆえ,日本銀行が可能な限り融資の効率性を保持する形で,すなわち,日銀側から見て劣悪かつ弱小な救済に値しない銀行の市場による淘汰を容認する形で,救済融資が実施されていた点には留意しなければならない。第3章での日銀特融関係の議論も含めて,このような意味で「セイフティ・ネット」としての中央銀行のLLRには重大な限界があったことを,ここでは指摘しておきたい。なお,この点に関連して,最近の研究によれば,日本銀行は金融危機時に救済対象となり得る取引先銀行の選別にあたり,民間銀行からの申請を踏まえて,①銀行財務の健全性,②役員・大株主の構成と個人財産の内容,③「銀行の規模と銀行所在地の金融市場にお

ける地位」，④「日銀取引以外の代替的な資金調達手段の有無」（有力銀行所在地との地理的遠隔性の如何）に注意を払い，支店・営業所・本店営業部，重役集会の二段階のチェックを通じて選別を行っていたとされ，しかも，財務内容の悪い銀行は取引先から排除されたという。この事実は，日本銀行が救済融資のリスク回避にあたり，重役・大株主の家産に依存する姿勢を示したこととともに，(174) 取引先から財務的劣悪銀行を排除することで，救済融資の焦げ付きリスクの極小化を図ったことを意味する。このような取引先の選別方針にも，金融危機への対応と「財界整理」との整合性を重視する日本銀行の姿勢が現れていると言えよう。

　以上を踏まえた場合，例えば季節資金である春繭・秋繭購入資金供給を重視した救済融資を実施した製糸・養蚕地帯である福島支店や，(175) 前述した大阪支店の株式市場の安定化を意図した融通に見られるように，金融の季節性への配慮や各産業・地域経済の状況に固有な取引方法を用いている点では，日本銀行は金融の地域的特性を反映した貸付を行っているものの，救済階層が経営状況の比較的良好な上層に限定する色彩が強かった点において，(176) 弱小銀行を多数抱えるより弱小な地域の自律性確保への配慮は乏しいものになったと言わねばなるまい。このほか，この時期の特別融通は，次章で検討する金融恐慌期のそれとは異なり，弱小銀行・不良銀行淘汰を通じた「財界整理」への誘導という側面よりは，緊縮政策との整合性を保持する限りでの危機沈静化のための対症療法的側面が濃厚であった事実も，留意すべき点として指摘しておきたい。その結果，このような措置では危機は根本的に解消されず，反動恐慌期から関東大震災を経て1927年金融恐慌直前に至る過程で，銀行の経営悪化は一段と進展したほか，震災時の大幅な条件緩和を伴なう特融の実施により多額の通貨が市場に滞留することになるなど，金融危機は一段と深化することになった。

　これに加えて，金本位制復帰が重要な政策課題となったこともあり，金融制度調査会での議論に見られるように，1920年代半ばになると銀行合同政策の強化と，銀行検査体制の強化も含めて，銀行経営に規制を加える必要性が強く認識され，これにかかわる具体的な政策が立案された。ここで立案された政策の第一の特徴は，序章で指摘したような内国金融の多様性を背景に，各地域の自律性に配慮する政策内容になったことである。このことは特に銀行経営規制に

第2章　金融危機の顕在化と銀行合同政策の形成　　143

おいて特に顕著であり，ここで形成された規制案では「健全経営規制」などに見られる「認可主義」を一部包含した「裁量行政主義」を特徴とする「事前的措置」により，各地域金融・各金融機関の多様性と自律性に一定の配慮をしつつ信用秩序の安定化を図り，その開発・発展に寄与しようとしたことが重要な特徴となった。さらに，検査規定案の分析で示したように，検査も含む当該期の銀行経営規制は，資産査定に代表される狭義のプルーデンス政策に止まらず，事務手続きも含む経営管理体制の是正への誘導も包含していたことは特に指摘しておきたい。

　さらに，銀行合同政策も地方支店を通じた地方資金の域外流失の結果として生じた地方金融の「梗塞」問題が地域側・政党側から批判される中で，この問題に配慮した「地方的合同方針」がとられた。このように，一応，大蔵省側も地域側の主張を取り入れた方針を打ち出した。ただし，大蔵官僚側の発言に見られるように，彼らの主観においては地域の実情を考慮したつもりではあったが，このような方針は一府県当たりの本店銀行存置数を2〜3行にするという，画一的基準による合同という側面が強いものになっていた。これに加えて松本銀行局長に見られるように，大蔵官僚側は将来的に日本経済の発展を中央の「大工業」に求める思想を有しており，そのためにこれに適合的な金融制度（支店銀行制）を創出する必要性を認識していた。この意味で松本ら大蔵官僚側は，安田銀行など都市銀行側の立場に極めて近いものがあった。

　しかしながら，このような方針は，資金偏在の「重層」性の顕在化を批判して，地域側・政党側が強く求める地域の自律性確保への配慮と衝突するものであった。それゆえ，このような衝突の顕在化を避けるために，松本らは「大工業」主導の経済発展に適合的な金融制度と目されていた都市大銀行支店制を円滑に実現するために，迂回的措置として，一見，地域側・政党側の主張にも適うかのような上述した「地方的合同方針」を採ることを選択した。この意味で，当該期における銀行合同政策は，地域の自律性確保を重視した経済発展を選択するか，それともこれを否定し中央「大工業」主導の経済発展を選択するかという，日本経済の発展の方向性に関わる重要な問題を内包していた。これに加えて，銀行経営規制・銀行合同政策ともに金本位制復帰圧力への対応という側面も持っており，それゆえに地域の自律性確保に配慮した政策内容であるとは，

必ずしも言えない面があったことも指摘しておかねばなるまい。このほか，既に明らかにされているように[177]，銀行合同政策，銀行経営規制ともに日本の普通銀行が非商業銀行（兼営銀行）であることを前提に立案されていた。この意味でこのような制度改革構想はいわゆる兼営主義の伝統に立脚したことを改めて確認しておきたい。

　第二に指摘しておかなければならないのは，1920年代半ばの時点になると，政策課題として切実化した金解禁問題に強いインパクトを受ける形で，銀行合同政策と銀行経営規制の補完性に基づく政策構想が明確化したことである。金融危機の構図のところで概観したように，1920年代における金融危機の重要な要因のひとつは，銀行経営者の「情実融資」などに見られる機会主義的行動であった。大蔵官僚側はこの問題を重要視して，このような行動を抑制すべく銀行合同を通じて，地方の弱小銀行をより大規模な銀行の支店化して本店の統括下に置き，銀行の企業形態をより経営者の統治能力に優れた株式会社に限定し，かつ，監査書制度で株式会社制度による統治を補完することで，規則と手続きを重視した組織原理による経営者の規律付けを構想した。このような組織原理による規律付けは，さらに大蔵省や日本銀行による検査などの「裁量行政」からも規律付けを受ける。このように銀行合同政策と検査を含む銀行経営規制は，経営者を組織的に規律付けするという意味で補完関係にあった。この点をまずは指摘しておきたい。このことは，言うまでもなく，前述した金本位制復帰に必要な財界整理の進展に寄与する面も持っており，この面でも両者は補完関係にあった。なお，当時の大蔵省銀行課長青木得三によれば[178]，当時，銀行数が「二千」と多すぎるために，一行あたり年1回すら検査ができないことに見られるように，大蔵検査は検査回数面で限界が大きく，それゆえ，かかる限界を最大限克服するために，各行の検査部充実を促すとともに，銀行合同を通じて銀行数の集約化を図り，検査頻度を向上させることを考えたという。この点でも銀行合同政策と銀行検査は補完関係にあるものとして構想されていた。

　次に，地域の自律性確保に配慮した金融再編成を巡る，両政策の補完関係の存在を指摘しておきたい。政策当局の主観の中でしか銀行合同政策が地域の実情に配慮するものとされていたに過ぎない点は，第3章の検討対象である実際に地域の実情に配慮した金融恐慌期以降と比較して大きな限界であることは留

第2章　金融危機の顕在化と銀行合同政策の形成　　145

保しなければならない。しかしながら，それでも銀行合同政策は曲がりなりにも地域の実情に配慮して金融再編成・健全化への誘導を図る方向性を持っており，金融恐慌期以後と比べて補完関係は弱いながらも銀行経営規制と政策的方向性を共有していた。この意味でも，銀行合同政策と銀行経営規制は相互補完関係にあった点は留意されたい。なお，このように銀行合同政策と銀行経営規制の間に補完性を見出すことができるが，この時点では日銀特融とこれら政策との間に，補完関係も含む何らかの明確な関係性を見出すことはできない。第3章で明らかにするように，日銀特融と上記両政策は，金融恐慌期以降に明確に関係付けられることになる。いずれにせよ，銀行合同政策を中軸とする普通銀行制度改善政策――特に体系的な政策相互の補完関係は，当時，グローバル・スタンダードと目されていた，周知の金本位制復帰問題に強いインパクトを受ける形で形成されてきた。この意味で，大蔵省当局の通牒等を通じて1920年代前半に銀行合同政策，金利規制・店舗規制などの諸規制とともに実行されていたといえども，各政策の補完関係を形成・強化した1926年以降における金本位制復帰問題の切実化のインパクトの大きさと，その後の普通銀行制度改善政策の変化の重要性は看過してはならない。[179] このほか，この時期を画期にそれ以前のもっぱら銀行経営・信用秩序の安定化を目標とするものから，金解禁実施のための財界整理がより重要な政策目標に変化していた点にも注意を促したい。

　このような政策案は1927年の第52帝国議会での審議を経て，金融恐慌後になると本格的に展開されることになる。その過程で政策を巡る諸利害の相違が顕在化し，また，この状況に制約を受けて政策も変容を余儀なくされる。次章ではこの点を具体的に検討する。

　　(172)　靎見「金融革新とセイフティ・ネットの再構築」72～78頁ではこの点は問題にされていない。なお，本論文で用いられている「セイフティ・ネット」概念は，いわゆる「事後的措置」と「事前的措置」が未区分であり，概念の意味内容が不明瞭であるという問題を抱えている（この点は，事実上，靎見氏の概念を用いた研究を批判した，斉藤寿彦・黒羽雅子「書評　伊藤正直・靎見誠良・浅井良夫編著『金融危機と革新――歴史から現代へ――』」『地方金融史研究』第32号，2001年3月，118～119頁の指摘を参照）。本書で

は，同概念を「事後的措置」に限定すべきであるとする斉藤・黒羽両氏の立場を支持し，靎見論文の概念の使用法には同意していない。
(173)　以下，日本銀行の取引先選別基準に関する事実は，岡崎哲二「戦前日本における『最後の貸し手』機能と銀行経営・銀行淘汰」CIRJE-J-145, 日本銀行金融研究所，2006年1月。なお，本ディスカッション・ペーパーの引用にあたり，岡崎氏から快く許可をいただくことができた。記して深甚なる謝意を表したい。
(174)　現に，救済融資の実務に当たった支店レベルでも，リスク回避の手段として重役個人の資産に依存する姿勢を示していた（白鳥「製糸・養蚕地帯における金融危機の展開と日銀支店」55〜56, 59〜60, 65頁）。
(175)　詳細は白鳥「製糸・養蚕地帯における金融危機の展開と日銀支店」を参照。
(176)　岡崎「戦前日本における『最後の貸し手』機能と銀行経営・銀行淘汰」。
(177)　渋谷隆一「戦間期の金融制度改革に関する覚書」を参照。この点は渋谷氏からのご指摘を踏まえた議論である。
(178)　青木得三「昭和金融恐慌」安藤良雄編『昭和経済史への証言』毎日新聞社，1976年，所収，34頁。
(179)　ここでの議論は金本位制復帰問題の影響を看過する，邉「大蔵省検査体制の形成とその実態」，「わが国における銀行規制体系の形成と確立」などとは異なる。

第3章　銀行合同政策を中軸とする
普通銀行制度改善政策の展開

はじめに

　本章では1927年金融恐慌期以降昭和恐慌期に至る，銀行合同政策を中軸とする普通銀行制度改善政策の展開過程を検討する。

　前章までで見たように，金解禁実施が切実な政策課題となった1926年以降において銀行合同政策と銀行経営規制の補完関係が明確に形成されてきた。これに加えて，周知のような政友会と憲政会（民政党）の政争激化と，これを原因とする片岡蔵相の議会での「失言」を引き金に金融恐慌が発生し，これ以後，昭和恐慌期に至るまで，ほぼ一貫して危機的状況が続く。その状況を先行研究により概観すれば，次のとおりである。1927年中の府県別の預金増減状況（26年末残高に対する27年中増減の比率）を見ると，預金増加は10府県（秋田，茨城，山梨，愛知，大阪，北海道，岩手，広島，高知，福岡）に過ぎず，預金減少府県で5％以上の減少を見た地域は福島，神奈川，石川，福井，長野，和歌山，鳥取，岡山，徳島，香川，佐賀，熊本，大分（5～10％），埼玉，滋賀，宮崎，沖縄（10～15％），奈良，鹿児島（15～20％）の18府県にも及んだ。金融機関別に見ても，27・28両年の廃業・解散・破綻数は117行にも上り，しかも，弱小銀行のほか，大都市部の中規模銀行（25年末預金量2000万円以上5000万円未満層）を中心に，十五銀行や近江銀行のような都市銀行までも巻き込む形で銀行破綻が深刻化していた。つまり，一部地域を除外する必要はあるものの，金融恐慌は，空間的にも，金融機関の階層的にも，かなりの広がりをもった危機であった。

　次に昭和恐慌による金融危機を見ると，空間的には30・31両年の29年末残高に対する預金減少率5％未満は僅かに宮城県と東京府のみであり，金融恐慌期

に激しい動揺が見られなかった東北地方(除福島県)も含めて,ほぼ全国的に激しい危機が生じたことが確認される。もっとも,29年から32年までの廃業・解散・破綻銀行数合計234行中,この時期における都市銀行の破綻は明治銀行のみであるから,特に地方銀行に集中的に打撃が加わったことが確認される。

金解禁対策のほか,このような深刻な金融危機への対応として,日銀特融も銀行合同政策,銀行経営規制といった諸政策と補完関係を持つ形で,普通銀行制度改善政策が展開された。本章では,銀行合同政策を中心に相互補完性をもつこれら諸政策の展開過程を検討し,その歴史的特質を特に地域の自律性確保の問題との関連から明確化することを課題とする。

その際,日銀特融についてはこれまで殆ど検討されることがなかった,インフレによる問題解消方針への転換以前の時期(1927～36年)における補償法口特融の回収・処理過程についても,財政政策面も含む日本銀行・大蔵省の回収・処理政策が包含した問題やその動向の特徴に重点を置いて検討する。このほか,銀行経営規制についても主としていくつかの「直接的・個別的」な検査と行政指導の存在を示す事例を検討することを通じて,1927年銀行法に基づく経営規制のインパクトについて確認する。その際,「原理」的側面から評価を下したり,単に「直接的・個別的」な行政指導の存在と,その銀行経営および金融システムの健全化に対する有効性のみを指摘するのではなく,金本位制復帰問題や地域の自律性確保の問題との関連から当該期における銀行検査の実態の歴史的特質を指摘する。その上で,検査を中心とする銀行経営規制と銀行合同政策および日銀特融との相互補完性のあり方を軸にして,当該期における普通銀行制度改善政策の歴史的特質を明確化したい。

なお,通説的には,普通銀行制度改善政策は「機関銀行」の弊害を改善する政策として理解されることが多い。本書では,この側面は主として第5章で取り上げることとして,ここでは通説的見解において取り上げられなかった,同政策の他の諸側面――金解禁政策,地方金融政策――に重点を置いて検討する。

以上を通じて,金融恐慌期から昭和恐慌期にかけての銀行合同政策を中軸とする普通銀行制度改善政策の展開過程の特質を具体的に明確化したい。

(1) 伊牟田敏充「大蔵大臣の失言」有沢広巳監修『昭和経済史』日本経済新聞

社，1976年，所収，21～23頁；片岡「恐慌の遠因」87～93頁；青木得三「昭和金融恐慌」22～34頁。
（2）　以下，石井「戦間期における金融危機」7～22頁；伊牟田「大正期における金融構造」273～290頁による。
（3）　以下のものも含めて，本書表2-4による。
（4）　石井「戦間期における金融危機」表4（13頁）によれば，金融恐慌期における宮城，山形の預金減少率は1％以下であった。これと上記の預金増加府県を併せ見られたい。
（5）　この点は，かつて石井寛治「地方銀行と日本銀行」が「地方的利害の再編成」という抽象的な形で論じた問題である（147～148頁）。もっとも，銀行合同政策を中心に規制・特融が相互補完関係をもつことを踏まえた場合，石井氏のように特融のみを切り離して議論するのは適切ではない。本章も含めて本書では，かかる石井氏の限界を踏まえて，可能な限り具体的な把握を目指したい。
（6）　補償法口特融の回収については，第5章で示すように，個別銀行に関する検討は存在するが回収政策そのものに関する検討は殆どされておらず，『日本銀行百年史』第3巻，1983年で厳格な回収方針を採ったものの，結果的に戦時・戦後のインフレ（具体的には1934～44年・敗戦直後のそれ）により回収が進展したことが指摘されているのみである（257～263頁）。

　　　なお，関連して，永廣顕「昭和金融恐慌と休業銀行の破綻処理問題」『甲南経済学論集』（甲南大学）第43巻2号，2002年9月では補償法口特融を破綻処理策の一環として位置付ける趣旨の議論がされているが（171～172頁），特融回収問題については具体的な検討がされていない。
（7）　この点は，専ら「直接的・個別的指導」の存在とその銀行経営健全化に対する有効性のみを論じる，邉英治「大蔵省検査体制の形成とその実態」128～157頁に対する批判を蔵している。なお，当該期において「直接的・個別的」な行政指導が実施され，ここで取得された情報に基づいて，銀行合同行政以外のものも含めた銀行経営規制が施行されていたこと，ならびに大蔵省側が20年代前半において漸進的に規制強化を考えていたこと，その背景としての銀行経営者の機会主義的行動の顕在化は，筆者自身や他の研究者の個別研究等も注記する形で，本書の元になった白鳥「1920年代における銀行経営規制の形成」でも指摘している（43頁および49頁の注(59)）。このほか「大蔵省検査」論文の問題設定は，この拙稿と全くと言っていいほど同様である。それにもかかわらず，筆者の研究を伊藤修氏のそれと同種の議論をしていると位置づけている。さらに，同論文が主張する1927年銀行法施行を契機とする検査官の増員や規制内容の多様性も，進藤寛・後藤新一両氏らによる研究史の教えるところである。このほか銀行法施行以前の時期についての大蔵省銀行検査についても，秋谷「埼玉県における銀行合同の展開」で入間

郡本店所在の黒須銀行の1921年11月検査を事例に，その存在と実態が指摘・検討されており（49～50頁），「まったく実施されていないかったかのように理解されている」（137頁）との議論は研究史に対する誤解である。以上に加えて，氏自身が挙げる検査数の銀行数に対する「カヴァリッジ」（137頁表2）から，仮に数量的に見た場合，数％程度であるから数字の上ではネグリジブルであるという，通説の評価には妥当性があると判断される。したがって，氏の研究のオリジナリティは銀行「検査官の質」の問題に関する指摘と，金融恐慌後における大蔵省検査回数の全銀行数に対する比率を，数値により提示したのみであり，それ以外の点では先行研究の水準を超えていない，というのが筆者の見解である。以下では，このような氏の議論を踏まえて，氏の用いた史料も含めて，地域との関係に焦点を絞って検討する。

なお，氏の議論と筆者のそれとの相違は行論のうちから明らかになると思われるが，幾つかの特に重要と判断される点は注記しておいた。

（8） 以上の点は，岡崎哲二『工業化の軌跡　経済大国前史』読売新聞社，1997年，141～148頁における，金融恐慌期以降の政策展開に関する箇所でも着眼されなかった。

（9） 通説的理解は，加藤『本邦銀行史論』291～314頁や，高橋・森垣『昭和金融恐慌史』第1部第1章・第2部第3章・第3部第2章などを参照。なお，この点は，本書の元になった日本金融学会歴史部会での筆者の報告「両大戦間期における普通銀行制度改善政策の展開」於　麗澤大学東京研究センター，2004年3月13日の際に杉山和雄氏から頂戴したご指摘を踏まえている。

第1節　銀行合同政策の展開

1　金融危機の激化と銀行合同政策の強化・展開

(1)　金融危機の激化と資金集中の加速

ここでは，後述する政策動向の転換点となる金融恐慌を挟んだ時期における実態面での状況変化を見るために，1925・30両年のデーターを用いて資金集中の動向を比較・検討する。[10]

まず，都市銀行の進出動向であるが，前掲表1-3から，岡山・滋賀・熊本などの地域のような，都市銀行の経営破綻に伴う支店数減少地域も見られるものの，概ね1920年代前期の傾向を継承しつつ一層積極的に地方へ進出したこと

が確認できる。さらに，前掲表2-11によれば，三大都市以外の地域における都市銀行群の預貸率は82.7％から53.1％へと，同じく六大都市以外の地域では86.1％から52.4％へと顕著に低下している。前掲表2-12より，この間におけるその他地域（六大都市以外の地域）での都市銀行群の預金・貸出の増加率を計算すると，それぞれ4.8％，−3.6％となり，預金吸収も進んだものの，それ以上に金融恐慌以後における地域経済状況の一層の悪化が原因と見られる急激な信用収縮が，当該期におけるその他地域での都市銀行群の預貸率の急低下・地方資金吸収の一大要因だったことが分かる。なお，同表により都市銀行一店舗あたりの預金量，預金超過額を見ると，前者は減少しているが，後者は急増している。

このように金融恐慌前の時期とは位相が異なるものの，その他地域での都市銀行群の急激な信用収縮および預金増加の結果，都市銀行群による地方資金の吸収・集中，および地方金融界への圧迫は一層熾烈になったのである。

(2) 第52帝国議会における銀行合同政策を巡る論議

前章で検討した金融制度調査会での議論を踏まえて提出された答申に基づき，若槻民政党内閣は第52帝国議会（1927年1月審議開始）に銀行法案を提出した。議会審議の過程では銀行経営規制全般にわたって議論がされたが，その際，銀行合同問題も重要な論点のひとつになった。本章では，銀行経営規制問題に関しては次節で取り上げることにして，本節では銀行合同問題に焦点を絞って議会での審議過程を検討する。

まず，法案審議は衆議院で先行実施され，1927年2月15日から第一読会で本格的な審議が開始された。冒頭で片岡直温蔵相が趣旨説明を行った。[11] ここで片岡は法案提出理由として「財界ノ整備回復」「産業発展ノ進歩発展ヲ図ル」ためには，「金融制度ヲ整備改善スルコトガ」急務であることを指摘したが，その実現のための必要事項の中には「銀行整備ノ進捗ヲ図ルコト」の一環として銀行合同も含まれていた。

片岡の趣旨説明のあと審議が開始された。まず，神崎勲（政友会）が質問にたち，地方は金利引下げを必要としているが，その重要な阻害要因の中に「中央ノ支店銀行」による預金吸収の進展があることを指摘した上でその是正を求

めた。片岡もこの点に同感の意を示して「是ハ漸次矯正シタイ」と答弁した。前述のように政友会・民政党ともに地方資金の域外流失を問題視しており，片岡の発言もこの線に沿ったものと見られる。なお，委員会審議でも松本銀行局長は中央大銀行支店による資金流失を必ずしも認めない発言をしており，この点に片岡と松本，与党と大蔵官僚との間には支店銀行の弊害に対する認識のずれがあった。

続いて2月17日から衆議院は銀行法案の委員会審議に移った。銀行合同問題関係では，まず神埼が最低資本金100万円という金額の根拠を質し，その上で銀行合同の必要性は認めつつも，100万円という高金額では地方によっては条件を満たすことが実現不能なところが出てくるおそれがあり，このために「従来ノ金融機関ガ無クナ」りかねず，場合によっては本店銀行が完全に消滅する地域があるとの懸念を述べた。以上の議論を踏まえて，神崎は最低資本金は50万円が最も適切であるという提案を行った。神崎のいう「地方」であるが，最低資本金100万円で銀行が完全消滅する道府県があるとはおおよそ考えられず，それゆえここでの「地方」は郡部など府県内の小経済圏を指すと見てよかろう。これに対して松本政府委員は100万円の根拠は，全国普通銀行の資本金平均が100万円であることを挙げ，その上で資本金50万円で「今日迄」認可してきたのであり，この点を踏まえた場合，100万円という金額は「現在ノ経済情勢ニ於」いては「決シテ過大デハナイ」と答弁した。さらに山口嘉七委員（政友会）からも最低資本金制限による銀行合同の進展・銀行数減少が地方産業の金融不円滑を招来し，それゆえ地域経済の発展に対する阻害要因になるのではないかとの質問が出された。これに対して松本はそのような懸念は無く，むしろ弱小銀行が合同により規模拡大を図ったほうが，遥かに地方産業の発展への貢献は大きいと主張した。

これに加えて嶋居哲委員（政友会）からは銀行合同の進展により，郡部本店所在の「土着銀行」（第二群）が支店となり預金吸収機関化することで，郡部産業への資金供給が不十分化するのではないかとの懸念が出された。ここで重要なのは，嶋居が，この後，再度質問にたち，「地方的合同」の結果設立された岡山県の第一合同銀行，広島県の芸備銀行（「第一群」）の例を挙げて，「地方的合同」により県庁所在地に本店が置かれ郡部等それ以外の本店銀行は支店

となるが，政府の方針はこの意味での「地方的合同」なのか，それとも郡部等域内小経済圏単位での合同なのかを尋ねている点である[18]。嶋居は前者のような方針を批判して，地方ごとの事情に通じた「銀行ガ合同シテ，ソレニ相応ジタ」堅実な銀行を育成することが「非常ニ閑却サレテ居ル」と発言していた。現に，前掲表2-14の第一合同銀行の例に見られるように，嶋居が指摘した弊害は現実化しており，前章でも論じたように地方でもこれを問題視する声があがっていた。嶋居の「土着銀行」の支店化による弊害の指摘は，このことを念頭に置いていたのであろう。そして，ここで注目すべきは松本政府委員の答弁である。松本は嶋居発言を全面肯定して道府県単位での合同方針を否定し，道府県域内の小経済圏単位で合同を行う旨の発言をした。さらに衆議院での審議の結果，政友会出身委員の最低資本金を巡る議論に民政党側委員も異を唱えず[19]，最低資本金額は当初の100万円から50万円に引き下げられた。このように衆議院における審議では，銀行合同政策案は総じて地域利害を代弁する，政党側の主張に大蔵官僚側が譲歩する形になった。この結果，最低資本金制限により一府県の銀行数を2～3行という画一的基準で極めて少数に纏めるという，大蔵官僚側の狙いは外れるかのような状況になった。

　しかしながら，衆議院案は貴族院で修正される。衆議院では1927年3月9日から第一読会がはじまり，片岡蔵相が衆議院と同様の趣旨説明を行った後，翌10日から特別委員会での審議が開始された[20]。貴族院での銀行関係審議で重要なことは最低資本金50万円について異議が唱えられたことである。まず，この点に異議を唱えたのは内田嘉吉委員長であった。内田は銀行経営安定化の観点から最低資本金が200万円（勅令による指定地のみ），100万円すら過小であり，むしろ増額すべきであるという意見もあるとして政府の考えを質した[21]。これに対して松本は衆議院での修正理由を繰り返し述べた。結果として貴族院では銀行経営安定化を優先して，最低資本金額は政府原案の100万円を支持した。貴族院がこのような判断を下すことができた理由は現時点では詳らかではない。しかし，貴族院側の委員会構成は，衆議院とは異なり地方銀行・地方産業関係者の数は全委員数9人中多額納税議員2人のみであり，委員の多くは爵位をもつ議員か勅撰委員が大半であった。それゆえに衆議院よりは地方側の利害が反映しにくい構成になっていた。このことが貴族院・衆議院両院で判断の相違が生

第3章　銀行合同政策を中軸とする普通銀行制度改善政策の展開

じた背景のひとつであると推測される。

このように最低資本金制限額を巡り貴族院,衆議院で銀行法案に対する意見が異なったために,法案は再度衆議院に送付された。[22]ここで川崎安之助が演説に立ち,貴族院の修正案には不満があるものの,会期切迫のために両院協議会という「面倒ナ手続」は採れず,それゆえに貴族院を受容せざるを得ないという提案が出された。川崎提案は衆議院において賛成多数で可決され,この結果,銀行法案は議会を通過した。この結果,人口1万人未満の地域に本店が所在する銀行は最低資本金制限額を50万円にするという付帯条件がついたものの,最低資本金制限面では基本的に大蔵省側の意向に沿う形で1927年3月29日に銀行法が公布されたのである。

(3) 「資金偏在」「一県一行主義」批判の高揚と銀行合同行政の展開

「資金偏在」「一県一行主義」批判の激化　前述のように金融恐慌は都市大銀行への資金集中を進めたほか,周知のように弱小銀行の経営破綻も続出させた。この事態を受けて産業界からも大銀行等への「資金偏在」への対応を求める声が噴出し,[23]積極的な銀行合同政策の推進要求も出されるようになった。[24]

岡山県でも金融恐慌の影響から逃れることはできず,十五銀行などの休業に伴い県下に預金取付が広まり,地元銀行のみならず支店銀行すら日銀特融を授受するまでに危機は深刻化していた。このため岡山商工会議所が日本銀行・大蔵省に十五銀行の早期救済を請願するなど,地域レベルでも金融危機への対応を求める声が出てきた。[25]さらに地方政党も銀行合同推進を求めた。1927年5月11日には政友会機関紙『山陽新報』が「批判と要求」として,銀行合同・当局による銀行の監督強化を求めた。[26]金融恐慌以降,同県でも地元銀行の経営危機・破綻の結果,銀行の融資姿勢がより一層厳しくなっており,[27]貸金業者など高利貸への資金需要が増加して小商工業者向け金融は一段と深刻化していた。同紙もこの点を指摘しており,小商工業者向け「金融梗塞」を打開すべく銀行合同の必要性を唱えたと見られる。

しかしながら,地域レベルで銀行合同政策に対する姿勢が積極化したとは言うものの,それは大蔵省の政策を無批判に受容するものではなかった。後述のように,1927年5月以降,大蔵省は基本的に「一県一行」体制を目標とする合

同方針を打ち出す。これに対して同年7月に入ると『山陽新報』[28]は、「一県一行主義」は地域の実態を無視していると激しく批判し、域内小経済圏ごとに一本店銀行を存置する必要性を主張したほか、中央大銀行による地元銀行の合併も資金流失の原因になるとして反対した[29]。さらに同年12月になり政友会中央の幹部会における銀行合同政策の緩和決議が報じられると、同紙はこれに賛意を示した上で、大蔵省が「無節度に」銀行合同を勧奨した結果、「資金が中央に集注(ママ)し地方は金融梗塞して」いると批判を加えた。このほか、資金難に苦しむ小商工業者向け金融機関である弱小銀行の合同進展に伴い、合同により大規模化した銀行がこれら業者への融資を中止し、このために資金難が激化しているという主張も行った[30]。以上に加えて、金融恐慌以後の時期になると、県議会でも銀行合同および銀行の支店・出張所の整理に伴う「地方農村及小都市の小資本家」の資金難激化が度々問題にされ、県当局にもこれへの対応を求める声が高まったほか、県下銀行の預金超過額の「行キ先ハ」何処かという批判も出された。県側は、前者の問題に対しては信用組合の充実により、後者の問題に対しては銀行への勧奨を通じて是正する方針を考えていると答弁した[31]。県議会・県当局レベルでも、銀行合同に伴う郡部産業向け「金融梗塞」への対応が問題にされていたのである。

さらに同県では1930年に県内金融界を二分していた、第一合同銀行と山陽銀行が合同して中国銀行を新立した結果、これ以外の残存本店銀行は数行のみになったが、その際、『山陽新報』・県議会などは再三にわたり「金融の地方適応性」を求めていた[32]。このように地域側は「一県一行主義」は実情に即していないとして強く反発したのである。

政党の銀行合同政策に対する姿勢の積極化　金融恐慌を挟み激化した都市銀行群への「資金偏在」は、地方のみならず都市商工業者からも批判を惹起した。この状況のもとで政党も銀行合同政策に積極的な姿勢を示すようになった。

まず、1927年6月の田中義一政友会内閣の成立により、29年7月の政権交代まで政友会内閣のもとで銀行合同政策が推進された。政友会は金融恐慌の原因が前内閣の失態にあると強く批判しつつ、自らはその事後処理に努力していることを全面的に打ち出した[33]。その際、わが国の金融構造の抱える問題点として弱小銀行の乱立と経営不安を挙げ、その是正のために積極的に銀行合同政策を

推進する姿勢を示した。政友会の政策で注目すべき点は，銀行合同政策により弱小銀行の整理と銀行経営の安定化を図る一方で，他方では金融恐慌を挟み一層激化した都市銀行群などへの「資金偏在」・資金集中による「中小商工業者」「地方」の資金難を問題視して，本政策を「偏在資金の緩和調整」・資金の地方分散維持の一手段と位置付けたことである。ただし，銀行合同は「固ヨリ強制スベキ事柄デハナイ」との，1928年6月の地方長官会議における三土蔵相の発言にも見られるように，政友会内閣は合同を強制しない姿勢を示していた。この点に金融恐慌後における政友会の銀行合同政策に対する姿勢の積極化の限界が看取できる。

　1927年7月に政権を継承した民政党の銀行合同政策に対する姿勢も，基本的に政友会と同様であった。民政党も金融恐慌を挟んで展開した「資金の都会集中」を問題視していた。もっとも，同党はもし「資金の集中が避けがたい」のならば，「銀行合同反対ではなく，進んで地方銀行を統一し一県一行乃至二行位になし都市大銀行支店の競争に抵抗なし得る実力を養う外あるまい（傍点－引用者）」として，銀行合同を「資金偏在」緩和策に挙げていた。このように民政党も重要な支持基盤である地方に配慮する形で，地方銀行間の合同を推進する姿勢を示した。しかしながら，「一県一行乃至二行」の実現という文章の前に「進んで」とあるように，民政党も政策当局による「強制」には同意していなかった。さらに背景は詳らかではないが，銀行合同行政の推進過程で同党は「一県一行主義」に反対し，域内小地域に配慮した銀行合同方針を求めており，同党の主張にも大きな限界があった。

　銀行合同行政の展開　　金融恐慌に伴い政党内閣の銀行合同政策に対する姿勢が積極化したため，銀行合同行政が積極的に展開されることになった。1927年5月になると大蔵省は(1)銀行経営の基礎強化による財界混乱の防止及び預金者の保護，(2)資金の「一流銀行」への「偏在」の是正，(3)「地方資金の中央」集中の回避および「地方産業発展に資するため各地方に夫々有力なる銀行存置の必要」性を理由に，「一府県における銀行本店の存置数」を原則「二行主義」とする画一的合同方針を決定した。(2)(3)に見られるように，この方針は前述の金融恐慌を挟んで一層進展した都市銀行群などの「一流銀行」，および「中央」への資金集中是正に重点を置いていた。さらに8月以降になると，大蔵省は各

地に銀行検査官を派遣して銀行合同政策の推進に努める。これにあたり大蔵省が一般に公表した「地方銀行の合同計画」では,一府県内に存置する本店銀行数を「一,二の数」にする方針を否定し,「其の地方の産業状況,地勢,金融上の沿革を十分考慮する」として,「(一) 地理的関係,(二) 重役関係,(三) 取引関係,(四) 政党関係などを詳細調査の上具体的計画を立て」,可能性があるものから「順次合同を勧説」することが示されており,5月方針とは内容が異なっていた。しかしながら,被派遣検査官に内示した「根本方針」では,一府県内の本店銀行存置数は原則「一,二の数」にすると定められていた。つまり,金融恐慌直後の時点で大蔵省は,表面上は政党・地域側の主張に配慮を示しつつも,実際には依然として「一県一行主義」の実現を画策していた。さらに,9月になると大蔵省は地方長官宛に,合同の際に「不良資産を十分償却整理」させ「金融機関の整備充実」を図らせる次官名通牒を発し,銀行合同に呼応して不良資産整理を実行させる方針を打ち出した。

　しかしながら,1927年秋になるとこのような大蔵省の方針は,政党側から強い牽制を受けるようになる。10月に入ると野党民政党のみならず閣僚からも「一県一行主義」を標榜する大蔵省主導の銀行合同政策が強引すぎるとの批判が噴出し,このために三土蔵相が大蔵省当局に注意を与えたことが報道された。現に,同年11月の関西銀行大会でも蔵相自ら「地方の実情に顧み経済事情の同一なる地方に於ける銀行を合同」させる方針を採っており,「決して一県一行主義と云ふが如き器械的標準に依り単に銀行数の減少を目的としているのではない」として,郡部など域内小経済圏の利益に反する「一県一行主義」を公式に否定した。前述のように1928年6月の地方長官会議でも,三土蔵相は銀行合同を強制しない方針を表明していたほか,これに先立つ同年3月30日の閣議でも同趣旨の報告をしていた。このように蔵相は表向きではない場でも銀行合同を強制しない発言を繰り返しており,ここから11月演説での蔵相の発言は,大蔵官僚が表向きに発表した政策内容とは異なり,単なる表面上の発表には止まらない実質的な内容を持っていたと言ってよかろう。それゆえ,このような発言は「各地方の実情」を顧みる点で金融の地域的特性に強い配慮を示すとともに,「経済事情の同一なる地方」の「銀行を合同」させる方針を唱えており,都市銀行による地方銀行の合同は言うまでも無く,地方銀行間でも本店所在地

の異なる「第一群」銀行による「第二群」の合同も必ずしも容認してはいなかった。このように「地方利益」に配慮する政党内閣の下では，支店銀行制実現のための一階梯として金融の地域的特性を無視した画一的基準で「一県一行主義」の実現を図るという，大蔵官僚側の構想は明らかに非現実的であった。つまり，1927年10月以後，地域側・政党側の支店銀行制批判・「一県一行主義」批判を前に，各地域内部の実情に沿うところまで大蔵官僚側は譲歩・後退を余儀なくされ，より弱小な銀行の預金吸収，より弱小な地域の産業資金確保に強く配慮して銀行合同政策が推進され，合同により一定程度銀行数が減少することになった。なお，銀行合同の際の不良資産整理に関する政策方針であるが，一例に過ぎないものの山形県下における大蔵省による銀行合同勧奨の際には，両羽銀行など積極的な対応を採る姿勢を示した一部の銀行を除けば，殆どの銀行は整理姿勢を示していない。ここから次官名の9月通牒も殆ど実効性がなかったと見られる。

その後，1928年1月には銀行法が施行され，いわゆる無資格銀行の5年以内での強制整理，すなわち最低資本金制限による弱小銀行の解散・合同への追い込みがはじまった。さらに，1929年6月の地方長官会議で大蔵省は「金融機関ニ関スル件」として，「地方的合同」の促進を指示している。なお，同年7月の民政党内閣成立後も本店銀行存置数を巡る新たな通牒類などは出されていない。それゆえ，事実上，政友会内閣下の方針が継承されたと見てよかろう。このように金融恐慌後になると，大蔵官僚の政策構想の全面貫徹は阻止されたものの，銀行合同政策は金融恐慌以前に比べて一定程度強化された。

このような政策の強化に伴い，全国普通銀行数は1927年末の1,283行から32年末には583行にまで急減した。しかし，昭和恐慌の発生による経済危機の深刻化とこれによる都市・地方を問わない「金融梗塞」の激化に伴い，再度，銀行合同政策に対する政党などからの反発が強まる。1931年2月には全国地方銀行連盟が新銀行法の最低資本金制限による弱小銀行整理の猶予期間の延長決議を挙げたほか，与党民政党代議士からも井上準之助蔵相に対して無資格銀行の整理期限延長，地方銀行の合同方針緩和を求める請願が出され，井上もそれまで容認していなかった単独増資は認める姿勢を示した。井上が示した方針は民政党から政友会への政権交代により実現はしなかったものの，井上もその一員

である民政党内閣も地方側の利害と反発に配慮して，銀行合同方針の後退を考えるようになった。ここでの議論を踏まえて翌年の第63帝国議会では，「各派挙」げて銀行法の無資格銀行整理期限を当初の5年から10年に延長する改正案が提出された。これに対して大蔵省側は整理期限延長の必要性を認めなかったものの，この改正案は衆議院を通過した。もっとも，貴族院では審議未了のために議会は通過しなかったが，第52帝国議会での政治的妥協がここに来て問題化した。

　以上，金融恐慌以後になると，銀行合同政策はそれ以前に比べて一定程度強化されたものの，地方の現実とその利害を代弁する政党に強い牽制を受けた。このために，大蔵官僚の政策方針は地域側・政党側の主張に沿う方向に修正・譲歩されることを余儀なくされたのである。

(10)　なお，金融恐慌時の預金取付・銀行動揺の過程について，詳細は是永隆文・長瀬毅・寺西重郎「1927年金融恐慌下の預金取付け・銀行休業に関する数量分析」『経済研究』（一橋大学）第52巻4号，2001年10月；岡崎哲二「昭和金融恐慌と三菱銀行——日次データから見た金融恐慌」『三菱史料館論集』第5号，三菱経済研究所，2004年を参照。
(11)　「第五十二議会衆議院議事速記録」『日本金融史資料』昭和編第13巻，所収，230～233頁。なお，以下で用いる議会史料は特に断らない限り本巻所収。
(12)　以下，片岡の答弁も含めて，同上，230～233頁。
(13)　「第五十二議会衆議院　銀行法案外四件委員会議事録」252頁。
(14)　同上書，242頁。
(15)　「第五十二議会衆議院　銀行法案外四件委員会議事録」244頁。
(16)　以下，松本の答弁も含めて，同上，244～250頁。
(17)　同上，248～250頁。
(18)　以下，松本の答弁も含めて，同上，253頁。
(19)　片岡蔵相も必ずしも100万円にはこだわらない発言をしている（「第五十二議会衆議院議事速記録」235～236頁）。
(20)　「貴族院議事速記録第一読会」363～366頁。
(21)　以下での議論は同上，390頁。なお，次に示す委員会の構成は各委員の企業役員の就任状況を『人事興信録（第7版）』1925年で照合・析出したもの。
(22)　以下の議論・引用は，「衆議院議事速記録（貴族院回付案ヲ議題トスル）」429～430頁。
(23)　全国商業会議所連合会「中小商工金融疏流に関する建議案」1927年6月16

日など,『日本金融史資料』昭和編第25巻,546〜556頁所収の経済諸団体の諸決議を見よ。
(24) 同県下の金融恐慌期の状況は,日本銀行岡山支店「昭和二年四月中金融報告」;同「昭和二年五月中金融報告」『日本金融史資料』昭和編第25巻,所収,250〜252頁による。
(25) 岡山商工会議所『月報』1927年5月号,25〜26頁。
(26) 「銀行合併と監督 財界の基礎を強固せよ」『山陽新報』1927年5月11日。なお,1928年1月の新銀行法施行後も同紙は「新銀行法の実施 これが活用に努めよ」(1月6日)として,銀行合同による信用不安の是正・金融界の基礎強化そのものには反対していない。
(27) 加瀬「貸金経営の展開」は西服部家について,「金融恐慌や昭和恐慌の時点(二七,二八,三〇年度)に貸付件数が増加していること,二七年前後に大口の資金が多いことなどの点で,緊急資金的な貸付が少なからず存在する」こと,およびこのような貸付先は銀行から資金引き上げを受けたものであることを指摘している(493頁)。このような事実は次注に示す『山陽新報』の主張と符号すると言えよう。
(28) 「中小業者と金融」『山陽新報』1927年7月15日。
(29) 「銀行合同に就いて 地方的特色を維持せよ」『山陽新報』1927年7月15日。
(30) 「再び銀行合併に就いて 政友会幹部会の決議」『山陽新報』1927年12月6日。
(31) 以下での県議会での議論は,岡山県会『昭和三年通常岡山県会会議録』94〜96頁,103〜104頁,486〜487頁,同『昭和五年通常岡山県会会議録』13ノ70〜71頁などによる。
(32) 「銀行の合併 地方適応性に留意せよ」『山陽新報』1930年10月11日;「二大銀行の合同 地方適応性の尊重を望む」同紙,1930年10月21日;岡山県会『昭和五年通常岡山県会会議録』13ノ76頁以下を参照。
(33) 山口義一「経済界の概観と銀行の合同,減配」『政友』第321号,1927年9月,所収,11〜20頁。
(34) 以下の議論と引用は大口喜六「政友会の財政経済政策」『政友』第327号,1928年2月,所収,9〜19頁。
(35) 『昭和財政史資料』マイクロ検索番号69-003所収。
(36) 以下での引用と議論は,「銀行合同と資金の都市集中」『民政』1928年3月号,所収,72〜76頁。
(37) 民政党も農村政策の重要性を機関紙で論じている(小橋一太「農村自治の話(四)」『民政』1928年7月号,所収,112頁)。
(38) 『東京朝日新聞』1927年10月20日。
(39) 『大阪銀行通信録』第358号,1927年6月,69〜70頁。
(40) 『大阪銀行通信録』第361号,1927年9月,334頁。

(41) 金融研究会『我国に於ける銀行合同の大勢』232～233頁。なお，このような公開計画と検査官への内示方針との相違は，進藤寛「昭和初期地方銀行の合同過程の実態とそれを巡る論議」『政経学会雑誌』（茨城大学）第30号，1973年3月，79～80頁も指摘している。しかしながら，「机上案的な性格」の強さゆえに「一県一行主義」が実現せずに終わったとの議論は，政党内閣側からの牽制による方針変更を看過しておりこの意味で首肯できない。
(42) 「銀行合同促進方に関する通牒」大蔵省事務次官黒田英雄発地方長官宛通牒，1927年9月23日，『日本金融史資料』昭和編第25巻，所収，514～515頁。
(43) 『東京朝日新聞』1927年10月20日，11月1・5日。
(44) 『昭和財政史』第10巻，東洋経済新報社，1955年，490頁（『日本金融史資料』昭和編25巻，580～581頁にも再録）。
(45) 「恐慌後における銀行整理状況」『銀行通信録』第507号，1928年4月20日，552頁。
(46) 『山形銀行百年史』同行，1997年，252～253頁。
(47) 大蔵省「地方長官会議ニ於ケル指示事項」1929年6月？日，日本銀行史料，『日本金融史資料』昭和編第25巻，521頁。
(48) 前述のように民政党も「一県一行，ないし二行」の実現の必要性を唱えていた。しかしながら，政権交代後も前内閣の方針を変更していないが，この背景は不明である。ただ，後述する銀行合同政策の内容緩和を求める同党所属議員の動きから見て，同党も地方の主張に配慮せざるを得なかったのではないかと思われる。
(49) 後藤『本邦銀行合同史』第136表による。
(50) 日本商工会議所編『各地金融梗塞ノ実状並ニ之カ対策ニ関スル各商工会議所意見』（1932年。なお，本書では『戦間期日本金融問題資料叢書』大空社，1998年，所収の復刻版を用いた）。
(51) 全国地方銀行連盟「新銀行法実施延期に関する決議」『日本金融史資料』昭和編第25巻，560頁。
(52) 『銀行通信録』第542号，1931年3月20日，76頁；大蔵省「無資格銀行整理ノ現況及将来ノ見込並ニ猶予期間延長ニ対スル意見」1932年3月？日，『日本金融史資料』昭和編第25巻，所収，412～414頁；『帝国議会誌』第13・14巻，東洋文化社，1976年，所収の第63帝国議会議事録のそれぞれ396～397頁，52～54・254頁。

第2節　銀行経営規制のインパクト

1　第52帝国議会における銀行法案の審議

　金融制度調査会の答申に基づき作成された銀行法案は，1927年2月15日から衆議院での審議にかけられた。以下では前述した銀行法案の「法理念」との関連に絞って衆議院・貴族院の順に議会での審議過程を検討する。

　衆議院での審議であるが，まず，資金運用制限について木暮委員から政府の考えが質された。[53]これに対して松本政府委員（銀行局長）は，資金運用の監督について「十分是ハ監督上，行政上ニ於テ注意シテ参リタイト思ヒマス，ソレデ監査書ニ於キマシテモ，一，二ニ対スル貸付，預金，其他債券，払込金トユフヤウナ斯ウ云フヤウナモノヲ監査書ニ書イテ貰ヒマシテ，其中ノ弊害ノアルモノヲハ注意シテ行キタイ」，「法律ニハアリマセヌデゴザイマシタガ，実際ノ取締上ニ於テハ十分注意シテ行キタイ」と答弁した。かかる答弁に対して木暮から異議は唱えられなかった。ここでの答弁では監督基準は示されておらず，ここから松本は監査書記載の計数に基づき個別銀行の実情に即して裁量的に対応することを論じたと見てよかろう。

　次に質問されたのは不動産担保融資制限に関する点である。[54]これについて佐々木委員からその基準を「施行細則」などに盛り込む意向なのかという質問が出された。これに対して松本政府委員から「地方ノ事情」もあるので法定しないことはもちろん，施行細則でも「一率ニ定ムベキ問題デハナイ」とした上で，「余ニ不動産ニ偏重シテ居ルナニ，其銀行ガ危険ニ瀕スル事ノナイヤウニ」営業報告書などを検査の際にチェックして「相当注意ヲ加ヘルト云フ程度ニ致シタイ」と答弁した。これに加えて一人あたりの「貸出金制限」についてもほぼ同様の対応をとることも付け加えた。その上で，この点についても，検査の際に監査書を用いて地域毎並びに銀行毎の個別性を把握した上で対応することを論じた。[55]これに対して佐々木委員からは異議は唱えられず，松本の議論は受容されたと見てよかろう。

　ここでの審議の結果，衆議院では最低資本金制限について異論が出されたほ

164

かは，大蔵省側に大きな裁量権を認める原案どおり可決された。前述の不動産担保融資制限に関する佐々木委員の質問にも見られるように，官僚の裁量の範囲を縛るような基準の明確化を求める意見も出されたものの，結果的に議会側は大蔵官僚の無制限な裁量性を縛ることはしなかった。

　衆議院での銀行法案の採決後，3月9日からは貴族院で同法案に関する審議が開始された。まず，内田委員から当局による「取締ニ属スル方ノ意味」以外の「検査監督」について具体的に示して欲しいとの質問が出された。これに対して加藤説明委員（銀行課長）から株式会社への企業形態の限定と監査書の作成，店舗出店の許認可制，他業兼営の禁止，一事業会社あたりの資金運用制限が挙げられた。まず，株式会社への企業形態の限定であるが，その理由として「其内部ニ於テ監査役乃至ハ株主総会ト云フヤウナ機関ヲ有ツテ居ル所ノ此株式会社ニ限定スルコトガ適当デアル」を述べたほか，監査書については「監査役ノ職責ガ兎角放漫ニ流レ」ているので，その機能を強化し「銀行ノ自治的検査」につとめさせることで銀行経営の「基礎ノ堅実ヲ期ス」ことが目的であるとした。つまり，株式会社形態という規則と手続きを重視した組織形態による経営統治の導入により内部監督機能を強化することで銀行経営者・銀行経営の規律付けを図ることが主目的であることが説明された。また，他業兼営については「本業タル銀行業務ガ疎カニナ」ることの防止を，店舗出店規制については過当競争の防止を，資金運用制限については「其事業ノ衰運廃滅ノ結果，銀行ニモ悲惨ナル状況ヲ来タシタト云フ事例ガ少クナイ」ことを規制の理由ないし目的に挙げていた。その上で，これらの規制については「法規デ縛」らずに裁量主義的に実施することを論じた。このような裁量性を重視する大蔵官僚側からの答弁に対して，出席した委員からは特に異論は出されなかった。

　これに加えて中川小十郎委員から銀行重役の他の現業会社重役兼務を常務重役に限定するより，非常務重役にまで広げた方が効果は大きいのではないかとの質問が出された。これについて松本政府委員から「兼務イタシテ居リマス会社ヘ対スル情実貸」の防止，「成ルベク専心，銀行ノ業務ニ従事シテ貰ヒタイ」ことの二つが本規定の狙いであること，および中川の提案は健全経営確保の観点からすれば妥当ではあるが，「地方デハ随分平重役」が多いのでこれらまで認可対象にするのは「少シ行キ過ギル」のではなかろうか，と答弁した。ここ

第3章　銀行合同政策を中軸とする普通銀行制度改善政策の展開　　165

でも「地方」への配慮が唱えられたのであるが,この点に関して中川からも異論は出されなかった。このほか,経営情報の公開に関連して,中川委員は損益計算書を公表せずに貸借対照表のみを公表する理由の説明,および貸借対照表の勘定科目の様式確定を求めた。これに対して松本は前者については,わが国の企業法において貸借対照表のみが公表されることになっていること,後者については大蔵省のほうで様式を定めることを説明した。これらの諸点に関する説明に対して,中川も含めて各委員から異議は唱えられず,大蔵省側の方針が了承された。

ここでの審議を踏まえて銀行法案は貴族院でも原案を支持する形で可決され,議会側も金融制度調査会において示された,大蔵官僚の裁量権の大きい銀行法案・規制案を容認した。もっとも,前述のように,最低資本金制限については大蔵官僚側の案に従い原則100万円としつつも,人口一万人未満の地域については50万円とする例外規定が設けられており,この点は金融制度調査会で決定された法案との相違点として留意しなければならない。しかしながら,銀行法案が議会を通過したことにより,前述のような「法理念」に基づき大蔵官僚の裁量範囲が不明確な規制体系が成立したのである。

2 銀行法施行細則

かくして,1928年1月1日から銀行法が施行されることになったが,これにあたり大蔵省は27年末に同法の施行細則とその解釈を銀行局通牒として公表した。施行細則解釈には「第一 銀行法に関する事項」と「第二 銀行法施行細則」「第三 業務報告書に関する事項」「第四 監査書に関する事項」「第五 銀行法施行細則過渡の場合に関する事項」「第六 貯蓄銀行に関する事項」の諸事項が記載されている。以下では,前述した銀行法の「法理念」との関係から大蔵省の施行細則解釈を検討する。

まず,最低資本金制限(銀行法第三条)に伴う無資格銀行の対応についての規定である。ここで注目すべき点は存続を図る場合は「他の既設銀行と合同するの方法を選ぶこと」とあり,合同を通じた大規模な株式会社形態の銀行への再編意図を確認できる。前述のように大蔵官僚は合同による経営規模の拡大を通じて専門経営者の雇用基盤を創出するとともに,弱小銀行を大規模化した銀

行の支店化し本店の統括下に組み込むことで，株式会社制度とも相俟って銀行経営内部の管理体制の充実を図る構想を唱えていた。この点を想起した場合，この通牒は単なる弱小銀行の淘汰・経営規模拡大による銀行の信用力の充実に止まらず，経営内部における管理体制充実への前提条件の形成を意図したと見てよかろう。

　次に重要な点は支払準備に関する規定である。これについては「(六)　銀行の支払準備は預金の種類，資産の構成，金融の繁閑，営業所在地方に於ける経済事情等に応じ適当なる種類を以て十分なる金額を常備するを要し其種類及預金に対する割合等に付ては当業者に於て日常周到なる注意を払うの要あり。監督官庁に於ても亦之を詳知するの要あるを以て，毎期該支払準備に関する明細書を作成せしめ業務報告書の一部として提出せしむることとなりたる次第に付向後一層遺漏なき様日常注意するの要あり（傍点-引用者）」と規定されていた。各地域毎に大きく相違する金融状況や「金融の繁閑」に見られる季節性などに配慮した対応を各銀行に求めた上で，経営情報を「業務報告書の一部として提出」させ個別銀行毎の情報収集を行うとされた。銀行法第二十条から二十四条では大蔵省による銀行検査権限（同第二十・二十一条）とこれに基づく経営状況の是正命令の発動（同第二十二条），およびこれに従わない場合の処罰を規定している（同第二十三・二十四条）。ここからこれらの措置を通じて大蔵省が収集した情報が行政指導・行政命令実施の前提になるとの想定は不自然ではなかろうし，若干の例に過ぎないが，以下で例示するように，個別銀行毎の指導を行っていることが分かる事例も存在する。以上を踏まえた場合，このような指導のあり方を戦後的なものとする伊藤修氏の見解とは異なり，少なくとも1927年の段階で大蔵省は検査等を通じて「直接的」に収集した個別銀行の情報に基づき，各地域・各銀行の実情に即した形での「裁量的」規制の実施を考えており，後述のとおりこれに基づき行政指導を実施していた。このように大蔵省銀行検査は多様な地域金融経済の自律性確保に配慮する規制体系を実施する上で必要な個別銀行，個別地域についての情報収集の役割を担っており，この意味で規制実行の要であった。また，銀行法の「法理念」からして，金融危機の原因としての銀行経営者の機会主義的行動の抑止とともに，多様な各地域経済の存在に配慮した規制実施が，かかる「直接的・個別的」銀行検査と「裁量的」

指導方針の採用理由であったと言えよう。

このほか金融制度調査会・帝国議会では議論されなかったが，銀行法施行細則には，金融制度調査会準備委員会の答申にあった，営業報告書・貸借対照表の書式統一の実施が盛り込まれた（施行細則第三十七条）[62]。この意味で，1927年銀行法に基づく規制体系は，大蔵官僚の裁量性の強い規制を，市場における各銀行の経営情報流通の平準化・改善により補完しつつ，銀行経営を規律付けするものになった[63]。

このように銀行法施行細則も各銀行・各地域の実態に配慮した対応を打ち出していた。そして，1928年1月1日から銀行法が施行された。これ以後，同法および施行細則に基づき銀行経営規制が実施される。この結果，法律には前述した兼職禁止規定の「認可主義」への後退等の一定の限界があったとはいえ，各地方銀行経営はこれへの対応を強いられることになった。次にこの点を検討する。

3 銀行経営規制のインパクトと「直接的・個別的」検査と「裁量的」行政指導の実態

(1) 銀行経営規制のインパクト

ここでは幾つかの史料を用いて，これまで実態に即して検討されることがなかった1927年銀行法のインパクトと，「直接的・個別的」検査と「裁量的」行政指導の存在について若干例示しておきたい。

まず，1927年銀行法の与えたインパクトについて，第百十三銀行（27年末時点公称資本金400万円）[64]と両羽銀行を例に見てみよう。前者の経営動向は既に吉田賢一氏により[65]，後者は筆者により検討されている。これらによれば前者は経営者の放漫経営により経営状況がかなり悪化し，後述のように，銀行法施行直後に単独での存続を断念した銀行であるのに対して，後者は内部留保積立と複数回にわたる早期の不良資産償却の実施といった適切な対応により，独力で危機を克服することができた銀行である。この意味で取り上げる事例は対照的である。このような事例を取り上げるのは，両者の比較を通じてできるだけ銀行法施行が個別銀行経営に与えたインパクトを多角的に把握するためである。

不良銀行のケース：第百十三銀行　まず，第百十三銀行について見る。新銀

行法では銀行営業報告の貸借対照表・損益計算書の書式が画一化されることになったが(66)、このことが同行の経営に与える影響について、同行の相馬確郎執筆のノートでは詳細な検討がされている。この点については、既に吉田賢一氏が経営状況と銀行合同問題との関連を中心に詳細な検討を加えている(67)。しかし、氏の検討では重役の銀行利用行動と、銀行合同問題を除くそれへの銀行法施行のインパクトの分析が明示的に踏み込んだ形で行われていない。それゆえに、以下ではもっぱら氏の研究によりつつも、改めて原史料を引用の上で相馬文書の内容を、とりわけ銀行法が重役の銀行利用行動に与えたインパクトに焦点を当てて補足・検討する。

まず、同ノートには「之（貸借対照表の書式の画一化に伴う預け金額・預け先の具体的記載－引用者）に依って、当行などは預け金に関するボロが明らかになる恐れを生じます」、「（支払利息の明細を明らかにする点に関して－引用者）此の結果、預金の減少高に対する利息支払の多寡を容易に算出し得まして、高率預金は比較的容易に摘発される危険を生じ少なく共如何に不利なる預金を擁して居るか一目瞭然であります。又未払利息については、期限過ぎであり乍ら支払未済の分と日割に依る控除利息（尚保利息）の金額とを区分することになりますので、従来の如く未払利息を加減して利益を調整することが難しくなります」とある。つまり、ここから銀行法施行に伴い粉飾決算が相対的に難しくなることを、相馬が恐れていたことが確認できる。

銀行法では年四回監査書の作成を義務付けている。これについて相馬は次のように述べている。「之（監査書－引用者）には重役及び前重役並びに其の家族、関係会社等に対する貸出は、細大洩らさず担保の明細に至る迄記載する表、資本金と積立金の合計の一割を超ゆる貸出は其の見込のない貸出の明細表と、回収困難の貸出明細表等の各種の詳細なる表を含むで(ママ)括るのでありまして、驚くべく細かいものになって居りますので、之等の欠陥の隠蔽は、容易ならぬこととなり、而かも総て虚偽の記載は、体刑を課せらるるやも計り難いのであります」。ここから、監査書制度によりこれまで「隠蔽」して来た、重役関係貸付の「欠陥」が明るみに出ることを恐れていることが確認できよう。

これに関連して「財産整理」のところで、相馬は「来年からは、新銀行法が施行されまして、滞貸を主務省へ監査役から報告する義務を生じまして、幾ら

か手心付けがへる(ママ)に致しましても，その為に，大蔵省検査官の臨検を貰ふことになるとか，近頃チョイチョイ新聞にも見へる通り，日本銀行の検査を受けることになるとか致しまして，天下り的の整理検査を受けて，重役の御立場は一層困難となる懸念がある（傍点－引用者）」ことを憂いている。このような相馬の発言に見られるように，銀行法施行に伴う中央専門官僚による銀行監督の強化は，銀行の利用から得られる資産家重役たちの利益を確実に狭め，彼らの銀行利用を圧迫・制限するものと認識されていた。相馬は「改革の方法は，合併の方法と，自律の方法と二通あることは申す迄もありません。私は実は合併の方法に依って改革を断行するを得策と信じておりますが，ご命令の趣旨に従ひまして，此の際は合併問題には一切触れないで，自立の方法に依るものとして私見を申し上げます」として，独立存続を前提とした改革よりも合同を選択したほうが望ましいとしているほか，実際に同行は有資格銀行であるにもかかわらず翌28年に北海道銀行と合同することを選択する。ここから吉田氏も指摘していることではあるが，大蔵省による監督強化により，「隠蔽」してきた経営上の欠陥が明るみになり，この改善を求められることにより重役行動を制限されることをおそれて，同行は銀行合同を選択したと見てよかろう。

優良銀行のケース：両羽銀行　これに対して，両羽銀行はどのようなインパクトを受けたのであろうか。当時の行員の回想を引用してみよう。

「昭和三年には，銀行法施行細則が改正となり諸事大改革となりました。はじめてできた本店備付けの監査書記載を命じられたのもこの時からであり，用紙類も改められました。当行でははじめて制定された営業日報は安藤道夫氏の苦心の作であり，貸出日報・旬報・回収日報，色別による貸付金科目別の一人別のカードなどは，私と江口竹治氏の合作であり，今でも毎日本部に送る貸付金カードに検印するにつけ，当時のことがなつかしく思い出されます」(傍点は引用者)。

まず，「諸事大改革となりました」という部分から同行は新銀行法の施行に強いインパクトを受けたことが窺える。その中でも，史料からとりわけ監査書の作成・設置義務規定に伴い，同行はリスク管理に関わる事務処理手続きを整

備充実させていることが確認できる。特に傍点部に見られるように,「営業日報」の作成のほか,毎日「貸付金カード」が本部（本店のこと）に送付されるところを見ると,本店による支店の貸出リスクの管理が強化されたようである。これに加えて同行は新銀行法が施行された1928年1月から常勤監査役制度を新設し,リスク管理体制の強化を図った。さらには新たに作成された監査書にも他行とは異なり「総況」欄を設け,地方産業への貸出動向をより詳細に検討しているほか,監査役から経営陣への経済状況を踏まえた意見なども記載されている。このように危機への対応が円滑に行われた両羽銀行の場合,新銀行法の施行を画期に,リスク管理体制の充実が図られていることが確認できる。なお,この点はもっぱら経営管理が劣悪であったために,大蔵省による監督強化によるその発覚を恐れて,独立経営を放棄して銀行合同を選択した第百十三銀行とは対照的である。

　いずれにせよ,1927年銀行法の施行は経営状況の如何を問わず,銀行経営改革に対して大きなインパクトを与えた。その際,優良銀行の場合,銀行法のインパクトはリスク管理体制の整備充実という方向に働き,有資格銀行であっても経営状況が劣悪な銀行の場合は,杜撰な経営体制と重役による銀行利用の実態の判明をおそれて,独立経営を放棄させる方向に働いた点ではそのインパクトは大きく異なることには留意しなければなるまい。

(2)　「個別的」行政指導の実態
　ここでは若干の事例に過ぎないが,「個別的」行政指導の存在を示す史料を挙げ,これに基づきその特徴を論じる。なお,ここで分析対象とする銀行以外にも,関連史料は存在する。しかしながら,分析を行うには,原則として受検銀行側から大蔵省に提出される答申書と,大蔵省から受検銀行に送付される示達書というふたつの書類が必要である。また,これらふたつの史料が揃わない場合でも,後述する北海道拓殖銀行の事例に見られるように,欠落部分を補完できる史料が必要になる。以上の理由から,検討対象は若干の補足はあるものの,現時点で分析に耐えうる史料を筆者が閲覧することができた,会津（福島県会津若松市本店所在）・北海道拓殖（札幌市本店所在）・西武（埼玉県秩父町本店

所在），飯能銀行（埼玉県飯能市本店所在），嘉穂銀行（福岡県本店所在）の五行の事例に基本に，これを補足できる数例に限定される。なお，大蔵省側は書面検査・実地検査ともに年間250行，合計500行の検査実施を目標としていたが，1927年から34年までの検査数は多い時でも1928・29年の421行，461行であり[75]，それ以外はほぼ135～200行前後に止まる。このほか，第2章で検討したように当初の構想で200名体制実現を目標とした検査官数も，1920年代は26年まで16～22名程度で推移するが，1927年以降31年まで50名前半，32～34年まで46名で推移する。以上の構想と実態の乖離は金本位制復帰のための歳出抑制の影響と見られるが，いずれにせよ，このように検査回数・検査官数両面において大蔵省側の当初の目標がほぼ達成されていない点をまずは確認し，この意味で限界が大きかったことを指摘しておきたい。

　まず，最初に宮島宏志郎氏の史料紹介に基づき[76]，1929年7月の大蔵省検査で指摘を受けた不良債権整理を中心に，会津銀行（1928年末時点の公称資本金150万円，預金量216万9000円，預金シェア4.45％，順位35行中9位[77]）に対する検査を検討する。この点に関して，この検査の際に大蔵省は，固定貸・回収困難貸付，および債権保全を必要とする債権の回収・整理の方法・回収期間の短縮について指摘した上でその改善策を問うた。これに対して同行は「地方経済ノ打続ク不振」による「金融梗塞」を理由に，固定貸・回収困難債権については「営業年度六期以内ニ回収可仕万一残額ヲ生シタルトキハ直ニ積立金其他ヲ以テ償却」すること，後者については「弐期以内」の「完了」を考えていることを方針として伝えた。このように，大蔵省側は行政指導の方針策定にあたり，受検銀行側から地域・銀行経営の実情を聴取する姿勢を示した。

　大蔵省側はここでの答申を踏まえて「答申ノ方法ニ依リ答申ノ期日ヲ」またずに「可成速ニ整理完了ス」ることを示達した。ここで大蔵省側は可能な限り早期の整理完了を促したものの，その期日を具体的かつ一方的に指示するようなことはしていない。この意味で大蔵省側は同行の早期の債権整理を促しつつも，その実行にあたって一定程度受検銀行側に裁量性を与えたと言ってよい。このほか同行は1922年の大蔵省検査により既に指摘を受けていたにもかかわらず，1929年7月検査時点でも商法第百五十一条に反して自行株式を担保に徴収していた。これについても大蔵省は事情を聴取した上で，速やかな是正と「将

来断然斯ル取扱ヲナサザル様充分注意」することを示達したに止まり，具体的な処罰は実施していない。この意味でも大蔵省は法規定を厳格に適用し早急に処分するのではなく，「裁量的」対応により受検銀行にも対応の余地を残す形で改善を促していた。

　ほぼ同様な行政指導のあり方は，1932年3月16日の埼玉県飯能銀行（公称資本金200万円，預金量239万7000円，県内預金シェア2.71％，同順位23行中6位）の検査や[78]，1934年の北海道拓殖銀行検査，1929・32・37年の嘉穂銀行（公称資本金200万円，預金量644万5000円，県内預金シェア6.17％，順位52行中3位）の検査にも見出せる[79]。飯能銀行について見てみると，同行は検査時に回収困難による欠損7万3891円，営業用土地建物評価損541円，回収困難債権57万8445円という不良資産を抱えており，大蔵省検査でもこの点への対応策（回収困難債権については追加の不良資産が生じた場合の対応も含む）と最短の対応期限が問われていた。これに対して同行側は前二者については「毎期営業利益中ヨリ償却ヲ行ヒ遅クモ昭和十年下期末（ハ期間）迄ニ之ガ償却補塡致スベク候」，後者については「昭和九年下期末迄ニ之ガ回収ニ最善ノ努力ヲ尽スベク若シ右期限ニ至リ欠損ニ帰スルモノ相生ジ候節ハ前項ノ方法（前二者への対応方法－引用者）ニ準ジ其後四期間内ニ之ガ償却補塡ヲ完了可仕　担保不足其ノ他ノ事由ニ依リ整理ノ要アルモノハ遅クモ昭和七年末迄ニ備考欄記載ノ通リ成ル可ク速ニ整理ヲ完了可仕候」と答申した。また，「第二問　貸出偏奇セル件　当行貸出中ニハ壱人当リ参万円以上ノ大口貸出アリ貸出振ノ偏奇セルハ普通銀行ノ経営上考慮ニ値スル事態ニテ斯ク貸出ノ偏奇セル所以及之ガ善後措置如何」との質問に対しては，「善後措置ニ就テハ入金又ハ担保追徴等ニ依リ債権ヲ良化スルコトニ努メ遅クモ昭和九年下期ニハ大口債権ヲシテ当行払込資本金及積立金計数ノ最高二十分ノ一ニ相当スル基準ニ適合スル様整理可仕候」と答申した。このほか「第三問　営業所整理ニ関スル件　当行支店中保谷支店ノ如キハ其営業量僅少ニシテ支店トシテ存続セシメ置クノ価値ナキニ反シ本店所属出張所中ニハ支店ノ実質ヲ備ヘ居レルモノアリ其間適当廃合整理ノ要アリト認メラルルガ如何」という暗に収益性との関連から店舗の廃止を求める質問に対しては，「御推問ノ通リ保谷支店ハ県外ニアリテ営業振ハズ既ニ取締役会ニ於テモ昨年末廃止ハ準備ヲ為シツツアリ次ニ出張所ノ取扱ニ付テハ御指摘ノ如ク支店ノ実質ヲ

備ヘ居レルモノ有之早速適当ニ之ガ整理ヲ可仕候」と答申した。史料中には，このような答申に対して，大蔵省から変更を迫るような指示が記載されている文書は存在せず，同省側も同行の意向を尊重したと見てよかろう。このように，大蔵省側は基本的に受検銀行側に対応策の策定を委ねており，一方的かつ杓子定規な方針を押し付けるという対応を見出すことはできない。

拓銀については，いわゆる管理官による検査であり，厳密には大蔵省検査官による検査とは異なる。しかしながら，ここでの事例を担当した橋本昂蔵管理官も含めて，拓銀の歴代管理官は大蔵省銀行検査官が兼任していたほか，その検査方法については，以下に示すように，検査様式も含めて大蔵省銀行検査との類似性が極めて強い。[80] このような類似性は，大蔵省銀行検査官が拓銀管理官を兼任していることに起因していると強く推定される。それゆえに，ここでは検討対象に加えることにする。なお，拓銀については，残念ながら会津銀行とは異なり受検銀行側からの答申書が残存していないという制約があるが，少なくとも行政指導のあり方をおおよそつかむことができる。以下では，残された史料を用いて，この点についてやや仔細に考察しよう。

1934年の検査の際，大蔵省側は「業況一般」として貸出金内容の悪化，代償不動産の増加・新築勘定の処理，拓殖債券発行状況，余裕金の増加と運用，収益減退とこれへの対策について指摘・質問したほか，拓銀の「特殊ノ事項」として1926年に救済に着手した北門銀行との関係，北海道拓殖鉄道関係貸出，旭川電気軌道関係貸出，合同漁業関係貸出，樺太共同漁業関係貸出，寺田省帰関係貸出，鈴木商店関係貸出について問題を指摘した。まず，「業況一般」であるが，貸出金内容の悪化と代償不動産の増加については，その要因として日本経済全体の不振一般のほか，「天災其ノ他ニ原因スル北海道及樺太ニ於ケル諸産業ノ不振」「対支輸出ノ不振」を指摘した。その上でこのような北海道樺太地域の特殊要因による貸出内容の悪化に伴う流れ込み不動産の増大への注意を促したほか，拓銀定款第48条に規定されている払込資本金の十分の一を超える大口貸出禁止規定に抵触する貸出6件の存在と，「東京支店」を主とするかなりの額の「北海道樺太ノ拓殖事業ニ関係ナキ資金ノ貸出」の存在を指摘した。拓殖債券の発行状況については運用利鞘の低い預金部引受比重の高さを，余裕金運用については「同年不動産金融」の「相当飽和状態」化に伴う設立目的と

異なるコール・国債放資の増加を，北門銀行との関係については同行の経営状況に余裕が生じているにもかかわらず，同行やその関係者からの預り金に高利を付すなど援助姿勢を継続している点をそれぞれ指摘した。「特殊ノ事項」に記載された案件については，貸出内容の悪化とその要因が指摘されている。その際，合同漁業，樺太共同漁業については，それぞれ「連年不漁ノ結果」，「引続ク漁業不振」を要因として指摘していた。これに加えて前述した「業況一般」でも，経営悪化の要因として北海道経済の特殊性を重視していることを想起した場合，大蔵省検査官＝管理官は受検銀行の経営問題の調査にあたり，地域経済の特殊性把握を重視していたことが明らかであろう。

以上のような地域経済の実情把握を重視する形での，検査を通じた経営上の問題把握を踏まえ，大蔵省側は改善を要する点に関する示達案を作成する。まず，示達案冒頭では経営悪化の要因として，過去における経営の不十分さを指摘しつつも，「北海道及樺太ニ於ケル一般経済界ノ不況トニ累セラレタル所多」いことも論じている。その上で，大蔵省側は「一面現在ニ於ケル当務者ノ之ニ対スル対策処置ニ付テモ尚改善」の必要性があることを指摘し，上述した問題点に関して拓銀側に具体的な対応策の策定と提出を求めた。このように，大蔵省側は経営悪化の要因を把握する上で，北海道樺太地域の特殊性を重視する姿勢を示した。また，経営整理方針の策定は基本的に当事者である拓銀側に委ねており，その上で大蔵省にこれを提出させているところから，地域の実情を踏まえた拓銀側の主張を聴取した上で，可能な限り実情を踏まえることで中央からの一方的な指示を回避する形で，経営健全化の方向に誘導すべく行政指導を実施する姿勢を採っていたと言ってよい。

次に嘉穂銀行である（1927年末払込資本金83万円）。同行は1929年の大蔵省検査の際に欠損14万4000円，「長年月固定シ回収上特ニ手数費用又ハ年月ヲ要スト認メラルルモノ」84万4000円，「一部回収担保徴求其ノ他相当整理ヲ要スベシト認メラルルモノ」8万1000円の存在を指摘され，「右欠損見込額ニ対シテハ償却補塡ノ方法及時期固定額ニ対シテハ回収最短時期並整理ノ結果結局欠損トナルモノヲ生ジタル場合ニ於ケル之カ償却補塡ノ方法及時期，要整理額ニ対シテハ最短整理時期等ヲ問」われた。これに対して同行は欠損とされるものは「直ニ着手シ遅クモ昭和八年末日迄ニ全部償却補塡ヲ完了可致」こと，固定分

に対しては「同様昭和八年六月末日迄ニ回収整理可致欠損見込額及固定額ニシテ前記期日迄ニ整理未了ノモノヲ生シタル場合ハ其ノ際全部ノ償却処分可致」ことを「重役一同責任ヲ以テ誓約」することを答申した。

さらに，大蔵省側が以前から度々問題であると指摘しているにもかかわらず，「払込資本金諸準備金ノ合計額ニ対比シ十割九分ニ相当スル普通銀行中稀ニ見ル多額（百七拾九萬円）ノ不動産ヲ所有シ」，しかもその利回りが「僅ニ三分ニ足ラ」ないことを問題視する指摘を受け，かかる事態に至った背景の説明と具体的改善策（「資金化」）の提出を求められた。これに対して当地方の金融が不動産担保にならざるを得ず，債務が弁済されない場合，不動産が銀行に流れ込まざるを得ないこと，改善策としては「目下売買交渉中ノモノ有之極力売却ニ努力スル方針ニシテ昭和九年末迄ニハ少ナクトモ半額以上ハ売却可致候」と答申した。

このように，大蔵省側は整理最短期間の設定と整理方針については基本的に嘉穂銀行側に委ねており，銀行側の事情を尊重しつつ整理に誘導する姿勢を示した。その際，注目すべき点は，この次の検査にあたる1932年3月検査の際に，前回指摘された不良資産中，欠損見込額71万円，固定額78万2000円，要整理額3万1000円が残存していることが指摘され，このような「相当多額」の不良債権は嘉穂銀行側が答申した期日迄に整理する必要があるが，そのための方法の提出を求められたことである。これに対して，同行側は前二者については期日迄に「完了ノ見込ナキニヨリ昭和十四年下期迄御猶予下サレ度候右欠損補填ノ方法ハ毎期ノ利益金及減配実行等ニヨリ之ニ充テ尚不足ノ際ハ積立金等ヲ以テ之ニ充当シ全重役責任ヲ以テ整理」すること，後者については「本年下期末迄ニ整理致スベク候」と答申した。このほか，同様に大蔵省側は，前回検査時に指摘した不動産整理についても，同行側が「昭和九年末迄ニ少ナクトモ右金額ノ半額以上ヲ売却」するとしたにもかかわらず，この間の売却額が22万3000円に止まり「前回答申ノ実行ハ相当困難」であることを指摘した上で，本問題に対する「今後ノ方針」を問うた。これに対して，同行側は「極力答申ノ実現ニ努力致居候モ其後財界ノ不況益深刻トナリ整理頗ル困難ヲ感シ候ヘトモ今後モ其方針ニテ進ミ昭和十二年下期末迄ニ現在所有額ノ半位ニ減額セシムル筈ニ候」と答申した。なお，不動産の件については，この次の検査にあたる1937年

6月の検査でも早急な整理を促している。このように，大蔵省側は前回検査時に指摘した問題点の改善の進捗具合を重要視していた。もっとも，他方で答申に見られる期日延期に対してもクレームをつけた形跡は見られない。以上を踏まえた場合，大蔵省側は一方では嘉穂銀行側が答申した整理方針・期日などを可能な限り守らせるべく規律付けを図りつつも，他方で地域の実情を尊重し整理期限の延長にもそれなりに柔軟に対応していたことが窺える。

　このほかにも第5章で詳論するように，大蔵省側は両羽銀行による楯岡銀行合同過程においては書類検査や重役の本省への出頭命令などを通じて合同の早期実現を求めて，第百七銀行の整理過程においては不良資産処理原資を確保すべく未払込株金の徴収を求める指導をしたほか，1933年の検査では資産査定を通じて経営再建の不可能性の指摘と解散慫慂をするなどの「個別的」な行政指導を実施していた。その際に大蔵省は各銀行側や各行を取巻く地域金融経済の事情を聴取し，その主張を一定程度尊重する姿勢を示していた。このほか1928年に実施された山口県の宇部銀行（公称資本金200万円，預金量868万4000円，県内預金シェア10.36％，順位7行中4位）に対する検査の際にも，大蔵省側は炭鉱業など地域の基幹産業への大口貸出を問題として指摘したようである。これに対して同行側は地域経済振興上の必要性を理由に「事業資金を供給するのは当然のことと信じる」という答申を出したようであるが，これに対しても大蔵省側は大口貸出の整理を強要することはなかったようである。

　もっとも，小川功氏によれば，岩手県下の盛岡銀行・岩手銀行，特に前者に対しては再三にわたり頭取兼職の中止を求め，かつ，関係各社との取引についても再三報告書を提出させ，これらを通じて銀行経営状況を改善させたほか，1932年になると銀行法の規定に基づき業務停止命令を出すなど強い姿勢で臨んでいた。岩手県下の銀行経営は小川氏の研究のほか，第4章でも明らかにするように相当問題があったようであるから，厳しい指導はこのような状況の産物と見られる。さらに，『足利銀行史』で取り上げられている益子銀行（公称資本金50万円）の事例によれば，幾度か過去の検査で「厳重な注意」をした上で1935年の検査では「役員及其関係者」への「多額ノ情実貸」の存在と，その是正のための対策が全く採られていないことを指摘した上で，「役員ノ責任軽カラズ」「一切ノ情弊ヲ排除シテ」情実貸の「整理断行」など「一意更正ニ邁進

第3章　銀行合同政策を中軸とする普通銀行制度改善政策の展開　177

スベク万遺憾ナキヲ期スベシ」という厳しい示達を行なった。このような厳しい指導は，度重なる指摘にもかかわらず，これに応じなかったことの産物と見られる。このほか，これに近似する事例として，埼玉県秩父郡に本店が所在する西武銀行に対する，1931年10月の大蔵省検査を挙げることができる。同行は1930年末時点で預金量83万円と県内ではかろうじて中位に位置する銀行であり，同年末時点の預貸率は141％と高率であり経営状況はお世辞にも良いと言える状況ではなかった。この検査の際，同行は「十分担保ヲ」とらないまま「頭取柿原蔓蔵ニ対シ総額二五九，二四七円」という貸付総額の25％にあたる大口の貸付を実施していること，その内の証書貸付の約定金利を本来二銭五厘であるにもかかわらず，一銭七厘に引き下げていたほか，これ以外の「重役並ニ其ノ関係者ニ対スル貸付金ニ付テハ利率甚低率ニシテ一般債務者トノ権衡ヲ失」しており「情実ニ流レタルヲ示スノミナラス銀行ノ利益ヲ減殺スル結果トナリ不適当」であることを，特に重要な経営上の問題点として指摘された。その上で，同行は事情説明と改善策の提示を求められた。これに対して同行側はこのような事実を認めた上で，柿原向け貸出については大口貸出先であるがゆえに，織物問屋を経営する柿原が破綻した場合，同行の経営に「累ヲ及ホス恐レアルノミナラズ秩父織物ノ取引上多大ノ支障ヲ来シ当地財界ニ混乱ヲ起ス恐レ」があるため救済資金を出し，かつ約定金利以下の金利に引き下げたことを，ここに至る経緯として説明した。その上で1934年上期末までに貸出総額を「弐拾万円以下ニ減額回収スル見込」であることを回答した。また，柿原以外の重役に対する貸付金利も早期に是正すると回答した。

　このようなやり取りを踏まえて，大蔵省側は1932年6月18日付けで同行頭取宛に示達書を提示した。その中で柿原向け貸出については，「答申ノ通極力之カ回収減額ニ努ムルト共ニ今後斯ル情実的取扱ハ断然之ヲ廃止」することを指示した。その上で，大蔵省側は検査時より本示達書受領前月末迄における回収実績を「向フ十日以内」に，今後の整理実績については毎月の実績を翌月十日までにそれぞれ報告することを求めた。さらに，このほかの不良債権については答申の方法により，答申期日を待たずに整理すること，重役など関係者向け貸出金利については早期に是正することを指示した。この結果，同行は頭取を更迭したほか，大蔵省の指示に従い整理実績の報告を行いつつ整理を実行して

いた。このように，大蔵省側は，回収方針などは同行からの答申を尊重する姿勢を示しつつも，特に重役向けの大口貸出や金利減免については，たとえ受検銀行側から地域経済の安定性確保がその理由として説明されていても，情実的なものと見なしつつその是正状況を厳しく監視する姿勢をとっていた。ただし，大蔵省側は同行の整理遂行を監視するにあたり，整理がなかった旨の報告が続いた場合でも，必ずしもこれを叱責して整理遂行を強要するようなことはしていない。この意味で，大蔵省側が地域の実情を踏まえた上で，一定の柔軟性のある指導を実施していた点は指摘しておかねばなるまい。なお，大蔵省からの行政指導を受けて，同行は不良資産整理に着手するが，不良資産処理額の3分の2は，32年下半期以降の景気拡大の影響を受けた秩父地方の主要産業であるセメント・織物業の状況回復と，有価証券の値上がりに基づく評価損の解消を原因に生じている。以上を踏まえた時，同行の不良債権処理は，景気拡大という他律的要因が強く作用しており，「検査官の圧力と銀行経営者の努力と景気回復の三者が相俟って進展した」という「三者」を並立する評価は曖昧かつ不適切であり，32年上半期までは，「検査官の圧力」に基づく「銀行経営者の努力」に基づいていたが，それだけでは不良資産の3分の1しか処理できなかったという，当局の検査と指導の限界面を踏まえた議論をするべきである。また，景気回復が遅れた東北地方の山形県所在の楯岡銀行のケース（本書第5章第1節）[89]では，大蔵省からの再三にわたる行政指導にもかかわらず，不良資産整理が進展せず，それが両羽銀行との合同実現の障害になっていた。このことは不動産担保融資が問題として指摘され，整理が遅延した前述の福岡県の嘉穂銀行も同様である。これら対極的な事例を見たとき，景気拡大の波及度の如何が不良資産整理の進捗の如何に重要な影響を与えており，したがって，大蔵省の行政指導に基づく経営改善のみでは限界が大きかったと言わねばなるまい。

以上を踏まえた場合，大蔵省側は受検銀行側に経営上の問題点に関する改善策を策定させるにあたり，特に重役向け大口貸出などが銀行経営を強く圧迫している事例を除いて，早期改善を求めつつも総じて「裁量」的対応により受検銀行側の主張を取り入れることで，第百七銀行の解散慫慂の事例に見られるような「事後的措置」を包含しつつも，「事前的措置」を中心に各銀行が所在する地域金融経済や各受検銀行の実情に配慮した行政指導を実施していたと結論

付けられる。これに加えて，前述した西武銀行の検査の際に，大蔵省側は「注意事項」として「行内旅費給与規定退職金給与規定等不完全」であること，「取締役ノ当行ニ対スル取引ニ付監査役ノ承認ナキモノア」ることなど，行内における事務処理規定の不完全さの是正を求める指摘もしている[91]。この指摘に対して，同行は「御注意ノ事項ハ敬承仕候間速急改善可致候」と答申し，改善する姿勢を示した。この意味で計数面での銀行経営健全化のための指導に止まらず，規則と手続きによる銀行経営統治機構を強化する内容をもつ指導も実施していた。もっとも，この事例の場合，銀行合同との関連ではない点には留意しなければならないが，このような行政指導のあり方は，前述した銀行法の「法理念」とも整合的であった。

(3) 銀行法施行前後の銀行検査の在り方の連続性

ところで，銀行法施行以後の検査がこのようなものであったとすれば，それ以前との連続性・断絶性の如何はどうであったか。この点を埼玉県本店所在の黒須銀行（1919年末払込資本金70万円）と，群馬県本店所在の上州銀行（1927年末払込資本金106万円）に対する検査を事例に確認する。まず，1921年1月14日の埼玉県下入間郡本店所在の黒須銀行に対する検査である[92]。ここでは大蔵省側は帳簿処理の乱雑さの改善，同一人物への多額の貸出の改善，重役及びその縁故者・行員等への情実貸出の早期回収，証書貸付・手形貸付・割引手形の中で期限切れのものが多いこととその未回収金の処分，当座預金貸越中極度額超過分への対応，有価証券の評価額の不当性など7点に渡り問題点を指摘し，その改善策の提示を求めた。これに対して，黒須銀行側は同年1月25日付で，重役個人負担による不良債権処理を柱とした，具体的改善策を示した答申書を提出している。ここでも大蔵省側は黒須銀行の事情を聴取し，これを踏まえた指導姿勢を示した。また，銀行業務上の事務手続きの整備を指示している点も，規則と手続きを重視した経営への誘導を目標として銀行法の「法理念」に通じるものがある。

このほか同様な検査のあり方は，1925年実施の上州銀行（27年末時点公称資本金331万円）に対する検査にも見出せる[93]。ここでは，まず，検査により判明した「不備不穏当ト認メラルル事項」に対して，「検査ニ立会ヒタル重役ヨリ

夫々答申」を得たのを踏まえて，例えば貸出中の欠損3200円は「大正十四年上期末迄ニ整理」すること，要整理固定貸9万5000円は「大正十六年下期末迄ニ可成速ニ回収ニ努メ」ること，「所有有価証券ノ価格償却及引上ノ方法トシテ，行員ニ対スル売却ト買入ノ連続セル架空取引」などは「甚不都合ナルニ付，将来ハ充分注意ス」すること，「銀行ト取締役トノ取引ニ対シ，監査役ノ承認ヲ得ザルモノアルハ不都合ナルニ付，将来ハ充分注意ス」ること，「新旧重役及其ノ親族ニ対スル貸付，合計百五十一万余円，又重役ガ保証若クハ裏書セルモノ，合計五十六万余円ノ巨額ニ達シ居レルモ」—中略—「相当減額ノ要アリト認メラルルニ付，個人別ニ付減額金額・時期並現在重役ニ対スル将来ノ貸出限度ヲ申出ヅベシ」，「重役関係会社タル高崎倉庫株式会社，株式ヲ所有及担保ニ徴セルモノ合計三千九百余株有之，該会社総株数六千株ノ約三分ノ二ヲ占メ居ルガ如キモ，右ハ相当減額ノ要アリト認メラルルニ付，之ガ減額程度並其ノ時期ヲ申出ヅベシ」など8点にわたる示達を行なった。ここでは欠損・固定貸に対して整理期限が切られている。しかしながら，示達書作成以前に同行重役から答申を受けており，同行の意向を踏まえて，本方針が作られていることを踏まえた場合，この大蔵省検査も上州銀行側の事情を踏まえた指導を実施していると言ってよかろう。また，重役向け貸付実施の際に監査役のチェックを指示している点でも，監査役による経営の規律付けを重視した銀行法の「法理念」に通じるものがある。以上から，1927年銀行法以前には地方庁を通じた書類提出であったため，県庁・郡庁が検査に関与している点を除けば，このような検査ならびに改善への誘導のための指導のあり方は，銀行法施行以前とほぼ同様である。(94) それゆえ，1927年銀行法施行により，大蔵省側に検査の強制権が付与され，検査官の検査執行力が格段に強化されたことは留意すべきであるが，基本的な検査姿勢それ自体は銀行法施行前後でそう大きく変わらなかったと言ってよかろう。(95)

(4) 「検査官の質」再論

最後に「検査官の質」を再検討する。当時の銀行検査はマニュアル化されておらず，各検査官の「名人芸みたいなもの」で対応していたといわれているし，(96)「銀行検査官は腰掛けの地位ぐらいの考えが支配的で，ずいぶんいいかげんに

勤めている者も少なくなかった」（元大蔵省検査官星野喜代治）[97]，「大蔵省は，銀行検査の実際はほんとうに知つておる人が欲しいから，第一銀行，三井銀行，三菱銀行から一人づつくれろといつてきた。そこでわれわれも人を選考したが，給与の関係でどうしても行けない——大蔵省に行くと月給がずっと下つてしまう。しかも将来高等官のよいところに行ける望みもない。とうとうよい人がいけず，悪い人はやれない」ので人材派遣を見送った（元第一銀行頭取明石照男）とされている，以上から[98]，前述のように銀行検査の充実にあたり，大蔵省はその着眼点こそは示したといえども，当時の銀行検査官は専門職化していないし，検査それ自体も事務内容の形式合理化が進展しておらず，なおかつ，個々の検査官の性格の如何に左右されることが多かったと見られる。この意味で当時の銀行検査の「現代性」を強調するのは問題が残ると言えよう。

(5) 昭和初期における大蔵省銀行検査の特質

昭和初期における大蔵省銀行検査と指導は，金解禁実施のための「財界整理」の推進を目的にすると同時に，盛岡銀行など相当極端なケースを除けば，銀行法の「法理念」を強く反映して，中央集権的でありながらも各地域の金融経済や個別銀行経営の特殊性に配慮した「事前的措置」中心の漸進的ものでもあった。また，検査官たちの専門化・検査事務内容の形式合理化という点でも重大な限界を抱えていた。これらのことを想起した場合，前述のように重要な政策目標のひとつとされた，銀行合同政策も含めた金解禁実施に必要な早急な銀行経営の改善を通じた「財界整理」の促進[99]，ひいてはこれを通じた金融システムの健全化の実現は不可能であったと強く推定される。さらに前述のように，検査体制や検査行数が当初の目標に殆ど到達していなかった点でも，当該期の検査体制は限界が大きかった。以上の意味で「直接的・個別的」検査と指導が実施されていたにしても，当時の銀行検査の「現代性」を強調する見解には問題がある。このような健全経営への指導を重視した検査は，管理通貨制への移行後になると金解禁対策という性格はなくなるものの，それ以外の点は，前述の嘉穂銀行の事例などから判断して，金融政策が大きく転換する1940年の金融新体制の成立まで継続していたと見られる。以上の諸点に当該期の銀行検査の特質と，これを通じた行政指導の意義と限界を見出せる[100]。

(53) 以下での引用は『日本金融史資料』昭和編第13巻，301頁。
(54) 『日本金融史資料』昭和編第13巻，306頁。
(55) 『日本金融史資料』昭和編第13巻，333頁。
(56) 以下での質疑応答は『日本金融史資料』昭和編第13巻，377〜378頁。
(57) 『日本金融史資料』昭和編第13巻，386頁。
(58) 同上，385〜386頁。なお，ここでの議論は日本金融学会歴史部会（2001年12月15日）における伊牟田敏充報告「再考・昭和金融恐慌」を巡る伊牟田氏との討論の際にいただいた氏からのサジェッションを受けたものである。
(59) 以下で引用する史料は大蔵省銀行局通牒「銀行法並びに同施行細則の解釈」『大阪銀行通信録』第356号，1928年1月，所収，58〜63頁。
(60) 当時の季節金融に伴う金融状況の産業別ないしは地域別相違の大きさについては，日本勧業銀行「季節金融ニ関スル調査」を参照。
(61) 伊藤『日本型金融の歴史的構造』59頁。
(62) その内容・雛型は紙幅の関係上提示することはできない。「大蔵省省令第31号　銀行法施行細則」（大蔵省『昭和二年十一月　銀行法並ニ銀行法施行ニ関スル勅令及省令』日本銀行金融研究所，所蔵），12〜25頁を参照。なお，各銀行は1928年上期から本細則に基づいた営業報告書・貸借対照表を作成している。
(63) ただし，金融制度調査会で大蔵省側は検査などを通じて収集した個別銀行の情報を公開することには極めて消極的な姿勢を示しており（『日本金融史資料』明治・大正編第18巻，74〜75頁），この点を踏まえた場合，情報流通の改善による銀行経営の規律付けは大きな限界があったことには留意しなければなるまい。
(64) 以下，特に注記しない場合，各銀行の公称資本金額は，後藤新一『銀行合同の実証的研究』日本経済評論社，1991年の1927年末の数値による。
(65) 吉田「北海道における銀行合同」，白鳥「両羽銀行の債権整理と証券投資」石井・杉山編『金融危機と地方銀行』所収。なお，両行の経営状況については，これらの論文を参照されたい。
(66) この点は『日本金融史資料』明治大正編第18巻，563頁を参照。
(67) 以下での引用は『相馬ノート』（北海道開拓記念館所蔵）からのものである。吉田論文での分析は149〜151頁を参照。なお，ここでの検討は本文で指摘した点では氏の研究より踏み込んでいるものの，それ以外の叙述は特に断らない限り，吉田論文での分析によることを，ここでは誤解のないように記しておきたい。なお，以下での引用部分のほとんどは吉田氏も引用しているが，ここでは重複をおそれず改めて原史料に立ち返って引用している。
(68) この点は吉田論文では明示的ではない。
(69) 吉田論文，147頁が，最初に指摘した点である。
(70) 吉田論文，150〜151頁。

(71) 中島繁「銀行一筋四十五年」山形銀行百年史編纂部会編『回想・わが心の山形銀行』同行, 1999年, 所収, 67頁。
(72) 山形銀行百年史編纂部会編『山形銀行百年史』同行, 1998年, 250〜252頁。
(73) この点については, 白鳥圭志「解題」山形銀行金融資料室(大江良松・白鳥圭志)編『山形銀行所蔵経営資料目録』同行, 2002年, 所収, による。
(74) 例えば, 株式会社高松第百十四銀行『昭和七年六月三十日 答申書』はその一例である。
(75) 1927〜34年の検査数・検査官数は, 邉「大蔵省検査体制の形成とその実態」表3 (138頁)・表6 (139頁)の数値による。なお, このような限界は同論文では指摘されていない。
(76) 以下の会津銀行に対する検討は, 宮島「株式会社会津銀行資料と若干の分析(2)」『東北経済』(福島大学)第50・51合併号, 1969年3月, 所収, 59〜60頁による。
(77) 以下に示す各行の預金量などの数値は,『第53次銀行局年報』, 後藤『銀行合同の実証的研究』日本経済評論社, 1991年からの引用ないし算出値。
(78) 以下, 同行に関する史料は『飯能銀行第二次大蔵検査官検査報告次第』旧埼玉銀行寄贈史料, 埼玉県立文書館所蔵, による。なお, 以下に示す店舗についての指導を邉「大蔵省検査体制」は競争制限規制としているが(146頁), 収益との関連で指摘を受けているところから, プルーデンスに関する指導と解釈すべきであろう。
(79) 以下での北海道拓殖銀行に関する分析は, 大蔵省管理官橋本昂蔵「昭和九年十月北海道拓殖銀行ニ関スル主ナル問題ノ概要」大蔵省「北海道拓殖銀行検査ノ結果ニ基ク示達案」(北海道拓殖銀行旧蔵史料。北海道開拓記念館所蔵)による。
(80) 北海道拓殖銀行『北海道拓殖銀行史』同行, 1971年, 479頁。
(81) 以下, 同行についての史料と記述は,『福岡県史 近代史料編 嘉穂銀行(二)』1996年, 478〜520頁, 所収の「大蔵省銀行検査答申書控 役員席保管」各年による。
(82) これ以外にも, 休業銀行の再建整理に関わる行政指導の具体例として, 四日市銀行に関する桜谷勝美氏の諸研究が挙げられる(「戦間期における地方銀行の破綻と再生に関する史料」『法経論叢』(三重大学)第9巻1号, 1991年12月, 所収などを参照)。
(83) 以下, 宇部銀行については『山口銀行史』同行, 1968年, 581〜582頁。
(84) 以下, 岩手県下の銀行への行政指導については, 小川功『破綻銀行経営者の行動と責任』滋賀大学研究叢書, 2001年, 第4章;本書第4章第2節「岩手県下の金融危機と銀行合同」;岩手県庁文書『昭和四年銀行無尽業信託業其他金融業』に合綴の文書による。
(85) 『足利銀行史』同行, 1985年, 236〜237頁。なお, 邉「大蔵省検査体制の

形成とその実態」注(75)(142頁)でも，同書に依拠して大口貸出の削減に関する指導例として紹介しているが，氏の議論では益子銀行に対する行政指導の位置付けが不明瞭である。

(86) 以下，西武銀行に対する大蔵省検査については，西武銀行『昭和六年十月検査関係書類』(旧埼玉銀行寄贈史料，埼玉県立文書館所蔵)に合綴の史料による。なお，邉英治「大蔵省検査と不良債権の処理過程」『地方金融史研究』第35号，2004年3月，所収，59〜77頁では，大蔵省検査が西武銀行の不良債権処理に与えた影響を詳論しているが，大蔵省検査全体の中での同行に対する行政指導の位置付けは依然不明である。

(87) 以下の数値は『銀行局年報』からの算出値。

(88) 邉「大蔵省検査と不良資産の処理過程」66頁以下。引用は70頁。

(89) 本書第5章第1節を参照。

(90) このほか網野銀行に対する1929年の検査も同様なことを見出せる(「網野銀行より大蔵省宛答申」1929年6月，『山梨県史』資料編17，山梨県，211〜215頁，所収)。

(91) 以下での史料典拠は西武銀行『昭和六年十月　検査関係書類』。なお，同行の経営改善への動きも含め，この点は，邉「大蔵省検査と不良債権の処理過程」64頁も指摘している。しかし，本問題は，当時，準備中であった本書で筆者が指摘することを伝えた上で，教示したにもかかわらず，当該箇所にその旨の記載はない。

(92) 以下での分析は，埼玉県庁文書『大正十一年　商工務部　金融』合綴の関連文書による。なお，黒須銀行検査については秋谷「埼玉県における銀行合同の展開」49〜50頁でも検討されているが，銀行法施行後の検査との比較は念頭に置かれていない。また，邉「大蔵省検査体制の形成とその実態」でも，この点は問題にされていない。

(93) 「上州銀行に対する検査結果の処置通達」1925年4月？日，大蔵省銀行局長松本修発群馬県知事牛塚虎太郎宛，『群馬県史』資料編24，群馬県，1986年，所収，801頁。

(94) なお，邉「大蔵省検査体制の形成とその実態」143〜144頁では，山形県本店所在の鶴岡銀行を事例に地方当局による検査の存在を指摘している。ここでの引用史料にあるように，この検査は大蔵省検査ないし大蔵省の「照会」を受けて実施されているが，その実施時期(1921年から1927年)から見てこれは銀行法施行前の機関事務委任に伴うものである。この点を踏まえた時，地方庁による検査は，黒須銀行と同様に，大蔵省中央の検査の一環と理解すべき点には留意すべきである。また，地方庁を通さない，検査書類・提出命令を受けた書類の大蔵大臣への直接提出については，銀行法施行細則第29条の規定を参照(大蔵省『昭和二年十一月　銀行法並ニ銀行法施行ニ関スル勅令及省令』12頁)。上州銀行については，「之ガ整理ニ付テハ左記ノ通リ当業

者ニ御示達ノ上，貴官（県側－引用者）ニ於テモ充分御督励相成，時々其ノ成行御報告相煩度」（前掲史料，801頁）とあり，地方庁が検査に関与していたことが確認できる。
(95) 星野喜代治『回想録』日本不動産銀行，1967年，37〜41頁における，井上蔵相期の銀行検査の回顧による。なお，邉「大蔵省検査」でも同史料を用いて，日曜日も検査を実行していたことなど検査の厳格さを強調しているが，銀行法施行前後における検査様式の変化の有無という観点からは，むしろ検査実行にあたっての法的強制力が付与されたことがより重要な問題である。
(96) 石井富士雄・伊牟田敏充・白鳥圭志・長谷川清「岩手銀行　石井富士雄氏との座談会」地方金融史研究会編『続地方銀行史談』第8集，全国地方銀行協会，2000年，9頁によれば，この状況は戦後改革期による米国による改革が実施されるまで続いていたという。なお，石井氏は敗戦直後に大蔵省金融検査官の職を経験している。
(97) 星野『回想録』34頁。
(98) 明石照男ほか「金融制度調査準備委員会の回顧」63〜64頁。なお，前注ならびに本史料当該部分は邉「大蔵省検査体制の形成とその実態」140〜141頁でも検査官の質の不充分さを示す論拠として引用されている。しかしながら，M. Weberが指摘した周知のような近代官僚制支配の諸特徴を踏まえた場合，単なる質の高低や検査業務への習熟度の如何が問題になるのではなく，銀行検査官が専門官僚化していたか否か，検査事務の形式合理化が進展していたのか否か，といった諸点が問題となろう。
(99) 当時の銀行検査官原邦道は銀行検査の際に合同実行を強く迫ったとの回顧を残しているが，他方で合同を迫った南都銀行依田頭取にはこれを拒絶されたことも語っている（原『昭和金融恐慌の教えるもの』90〜92頁）。この事実は，検査を通じた大蔵省側の合同慫慂に強制力がなかったことを示している。このことは，本章で論じた銀行合同政策の在り方の帰結と見られる。
(100) 「検査官の質」も含めて，以上の議論は，専ら銀行検査と行政指導の銀行経営内容改善に対する有効性，ならびにその「現代的」側面を強調する，邉「大蔵省検査体制の形成とその実態」の議論——特に結論部（151頁）に対する批判を蔵している。検査の歴史具体的な特質を問題にする歴史分析の立場からは，「原理」的側面のみを取り上げてこれを強調する議論では不充分である。また，よく知られているように，戦後各国における検査官が専門職化し，マニュアル化など検査事務の形式合理化が高度に進展していることを想起した時，同論文における当該期における大蔵省検査の「現代」性の強調と「検査官の質」の問題の指摘は整合性に欠ける。

第3節　金融恐慌期以後における日銀特融の実施と回収過程

1　関東大震災後における日本銀行の救済姿勢の変化

　震災時の大規模な救済と通貨の市場への滞留は，日本銀行当局に大きなインパクトを与えた。このことは深井英五が残した，震災時の救済を経験して深井個人も含めた日本銀行当局が「救済の対象，程度及び方法を慎重に鑑別すべきこと，並びに救済を妥当なりとする場合にも，必ずしも日本銀行の独力を以て之に当たるべきではなく，利害関係者をして之に協力せしむることを希望」するようになった，との証言からも明らかであろう[101]。

　それでは，なぜ，深井及び日本銀行当局はこのようなことを考えたのであろうか。その理由は「世間」における規律の弛緩である。深井は後に「世間では，日本銀行に救済を要望するに当たり，日本銀行には預金の取付を受ける懸念がないから，いくら固定的に資金を放出してもよいではないかと云ふ人もあつて，之に応酬するには複雑なる通貨論を以てしなければならなかつた」と回顧している。現に，1927年の第53帝国議会でも一議員から「只今日マデノ日本銀行ノ貸付ハ，世間謂フ所ニ依リマスレバ，厳ニ過ギテ居ル」－中略－「之ヲ緩メテ見タ所デソレガ皆損失ニナルモノデナイト」という発言も出ており，深井の回顧は一定程度裏付けがある[102]。深井ら日銀当局は通貨価値の安定性維持という観点から，このような「世間」からの安易な救済要求を黙認できなかったのである。

　その上で，通貨価値の安定性維持が必要な理由として，深井は当時「金本位制回復の希望が濃厚になつたので，其の準備工作として通貨の発行に節制を加へなければならぬと云ふ観念が強くなった」ことを挙げている。前述のように，震災以後になると，為替相場の不安定化や貿易赤字の慢性化に伴う正貨の急減，さらには純債務国に転落する中での欧米からの圧力を背景に，外債の円滑な借替のためにも金本位制への早期復帰が重要な政策課題となっていた。さらには国内経済界でも早期復帰への要求が強まっていた。このため，日本銀行側も政府から金解禁実現のための協力を要請されていた。このように，震災後になる

第3章　銀行合同政策を中軸とする普通銀行制度改善政策の展開　　187

と，内外ともに日本の金解禁断行を求める動きが強まったのであるが，上述の深井の回顧に見られるように，金融政策に責任をもつ立場から，日本銀行側もこのような情勢に積極的に対応する姿勢を示した。[103]

以上の状況の中で，深井ら日本銀行幹部は組織として「金本位制が有効に施行されることとなれば，日本銀行は常に金兌換の請求に応ずる用意をして置かねばならぬ。日本銀行に対する金兌換の請求は普通銀行に対する預金支払に該当するものであるから，日本銀行も資金の放出を慎重にしなければならぬ」という認識を持ったと言う。つまり，深井ら日本銀行当局は，上述した金本位制復帰問題を巡る情勢に強く規律付けられて，日本銀行は救済姿勢を厳格化すべきであるとの認識をもった。

関東大震災前の日本銀行は救済融資の実行に際しても，絶えず金本位制復帰問題を強く意識した慎重な行動をとっていた。それにもかかわらず，震災に伴い慎重な融資姿勢を後退させざるを得なくなり，大量の通貨の市場への滞留に帰結したという事態は，金本位制復帰が現実の課題となったこととも相俟って，日本銀行幹部に救済姿勢を根本から反省させる重要な契機になったことは，ここまで引用した深井の回顧からも明らかである。そして，このような反省意識が高まった所で発生したのが1927年金融恐慌だった。それでは，金融恐慌時の救済にあたり日本銀行当局は，どのような方針をとることで，「通貨の発行に節制を加へ」ようとしたのであろうか。次にこの点を検討する。

2 本行（日銀）口特別融通

1927年金融恐慌時の本行口及び補償法（第二別－以下略）口特別融通にあたり，前者は取引先銀行に総額の97％が，後者は主要114行にそれぞれ集中的に融資されたこと，しかもその内の23行に総額の93％が集中したことに見られるように，銀行合同の円滑化を意図して，地方的合同の中核になった地方銀行上層（各県の中核銀行）以上の「大銀行本位」に行われたことは，既に数量的に明らかにされている。さらに，昭和恐慌前までは本行口特融の回収状況は補償法口特融のそれを上回る（前掲表2-10）。ここでは日銀口特融の取引方法を検討し，如何にして本行口特融が補償法口特融に比べて良好な回収率を確保し，この結果，「大銀行本位」の救済融資に帰結したのかを明らかにする。[104]

まず，特融担保の条件である。まず，市来乙彦総裁は27年4月7日の本支店事務協議会の席上「今回ノ金融界動揺ニ対シマシテ，本行ハ特ニ取引銀行ニ対シマシテハ正規ニアラザル担保品ヲモ受入レテ融通ヲ与ヘ，又取引先以外ノ銀行ニ対シマシテモ成規ノ担保品ニ対シ特ニ融通ヲ与フルト云フ臨機応急ノ措置ヲ採ツタ」と論じている。ここから金融恐慌発生当初は取引先外との取引は成規担保に限定されていることが確認できる。続いて史料の制約上，モラトリアム期間中のものになったが，27年4月23日付けの支店長宛通牒には取引先との取引に関して，1．成規外担保の場合「換価容易」な有価証券を担保とすること，2．商業手形以外の手形は日本銀行の損失回避のため充分その支払い能力を査定し，これを担保に「適度ノ融通」実施が指示されていた。他方で，取引先外については成規担保貸出ないし1に準じた貸出の実施が述べられていた。特に取引先外向け貸出は，金融恐慌発生直後に比べて緩和されているものの，成規担保と流動性の高い有価証券担保貸出に限定されていた。この取引条件においては取引先外へ日本銀行との取引の門戸が開放されているものの，依然，取引先に比べて条件が厳格であった。かかる相違は担保設定条件による救済対象の選別を意味し，これを通じて日本銀行のリスク回避と，貸出金回収の円滑性確保を目的としたことは説明の必要はない。前述のように日本銀行当局は震災時の反省を踏まえて，救済対象の選別を強化する考えをもっていたが，本行口特融に関して言えば担保設定の条件の差異が取引先の選別上，重要な役割を果たしていた。

次に，後述する補償法口特融と本行口特融の融資条件の相違点を明らかにする。まず，担保面をみると，補償法口特融とは異なり本行口特融は成規担保及び成規外担保は有価証券という流動性の高いものに限定されていた。さらに，関連して前掲4月23日付け通牒では，商業手形以外の手形割引の際には損失回避が厳命されていた。このような指示は補償法口特融には見られず，この点でも補償法口特融に比べて本行口特融の運用には強い制約がかけられていた。このほか，本通牒に基づく特融の実施期限は27年5月20日までに制限されており，1年間の実施期間をもつ補償法口特融よりも厳しい条件が設定されていた。このように金融恐慌時における本行口特融の取引条件は，補償法口特融に比べてより一層厳格であった。以上に加えて，本行口特融では「保証品付手形売戻ノ

場合払戻割引料」ならびに「特殊手形売戻ノ場合払戻割引料ヲ原日歩」としており，払戻割引料にペナルティを付与しないことを通じて，市中銀行が日本銀行から再割引手形により調達した資金の早期返済への誘引を与えていた。このように日本銀行がリスクを全面的に負う本行口特融では，補償法口特融以上に厳格な融資姿勢が採られていたのである。

3　補償法口（第二別口）特別融通[108]

　周知のように，1927年金融恐慌時には日本銀行特別融通並損失補償法（以下，特融法と略）に基づく政府補償付きの特別融通が実施された。既に石井寛治氏などによって明らかにされているように[109]，この法律は池田成彬ら東京・大阪の業界関係有力者の政府への働きかけによって成立した。ただし，ここで付け加えたいのは，日本銀行内部にも大規模な救済融資を実行する際には，政府補償を求めるという考えが共有されていたことである[110]。このことは台湾銀行救済にあたり市来総裁は「正式損失補償を政府に請求する」という案を日本銀行幹部に提示したという事実からも明らかであろう[111]。このような日本銀行内部での考えが，特融法受容の理由であると見てよかろう。

　かくして1927年5月8日の特融法の公布＝施行以降，日本銀行は同法に基づく特別融通を実施する。以下では，具体的な融通方針を5月11日に公表された補償法口特融の実施方針である「日本銀行特別融通及損失補償法ニ依ル特別融通実行方」と，同日に出された支店長宛通牒「審秘第三二二号」により検討する[112]。前者であるが「二」として「特別融通ノ割引歩合ハ日本銀行ノ国債担保貸付利率トシ必要アリト認ムルトキハ書換ノ際割引歩合ヲ高ムルモノトス」とあり，「書換」の際に必要があれば割引歩合の引き上げが可能であるとされている。さらに「三」として「利息支払ノ為ノ貸増ハ為サザルコト」が規定されていることを踏まえた場合，このことは場合によっては日本銀行が割引歩合引き上げを通じて，借り手に対する早期返済への誘引を付与することを認めている。

　次に，「四」では「担保ノ範囲及其掛」が記されている。ここでは国債が時価，地方債・社債が時価の九掛け半まで，株券が九掛けまで，倉荷証券・不動産は時価の八掛けまでと規定されており，担保価値・流動性に従った掛目設定が規定されている。ここで注目すべきは「（二）不動産抵当権付債権」として

「抵当不動産ハ原則トシテ一番抵当ニ限」ること，「其評価ハ日本勧業銀行，農工銀行及北海道拓殖銀行ニ於テ之ヲ査定」するとされている点である。日本銀行は万一の場合，特に流動性に乏しい不動産担保融資のリスクを回避すべく，担保処分の際に優先弁済順位が最も高い一番抵当に担保不動産を限定し，その担保価値の査定も不動産市況に通じている勧農銀，拓銀に基本的に依存し厳格化を図っている。さらに，財団担保も同様に日本興業銀行に担保価値の査定を依存している。このような不動産担保の弁済順位の一番抵当への限定と，審査機能の一部を専門銀行に依存する形での担保価値査定の厳格化を通じ，日本銀行は不動産貸出案件の採択条件の厳密化と貸出金額の極小化を企図した。なお，それ以外の担保貸付に関しては，上記以外の条件は特に設定されていない。このことはリスクの高い不動産担保以外の貸付の審査過程を簡略化し，危機への迅速な対応確保を企図したものと見られる。[113]

このほか取引実行後の被救済銀行の経営整理＝特融回収を確実にするため，「六」として補償法口「特別融通ヲ受ケ居ル銀行ニ対シテハ予メ契約ヲ為シ置キ必要ト認ムル場合ニハ日本銀行ニ於テ其資産，負債及営業状態ノ実地調査ヲ為スコト尚時々日計表其他必要ナル計表書類ヲ差出サシムルコト」が規定されている。このほか支店長宛通牒にも「実地調査」に関連して「少クトモ毎月一回日計表其他必要ナル書類各三通ヲ徴スルコト」が記されている。現に，このような措置を通じて確保された被特融銀行の経営情報は，特別融通の回収促進のための被特融銀行の監督や経営政策への介入に用いられていたから[114]，この規定は特融回収の最前線で実務にあたる支店長たちに，回収促進・確保のための厳格な監督と規律付けを求めたものであると言えよう。なお，このような規定は以前の特融の際には盛り込まれていない。この意味で金融恐慌時の特融実施条件は，日本銀行による被救済銀行の経営への介入度を高め，これを通じて被救済銀行の「モラル・ハザード」を防止し，かつ，自立経営の早期回復への誘引を与えることで，特融の早期返済・回収確保を企図していたと言えよう。

このような融通方針は，担保評価による選別条件が厳格に設定されているから，融通条件は担保となりうる所有資産の条件が質量ともにより良好な，階層的に上位な銀行ほど有利になる。このことは，例えば，当時の銀行不動産担保貸付の状況を見ると，階層的に下位の銀行ほど不動産担保融資比率が高いこと

からも明らかである。深井は後に「其(特融法-引用者)の施行の際,必ずしも妥当の理由あるにあらずして濫りに均霑を計企するものもあったので,鑑別に慎重な注意を要した」と回顧しているし,井上総裁(1927年5月10日,再度,就任)も27年11月の日本銀行本支店事務協議会における演説の際に,日本銀行として全国規模で「市郡」所在の「内容不良」の銀行整理を企図していることを論じた上で,「今補償法テ融通シテ居ルモノハ小銀行カ悪イ銀行テアツテ中位ノ銀行ハ少シモ整理カ出来テ居ナイ生キテル銀行ノコトヲ考ヘルコトカ主要問題テ休業銀行ハ第二ノ問題ト思フ」として,中小銀行淘汰を考慮した補償法口特融の実施姿勢を示していた。以上から,このような担保設定を軸とする「慎重な」選別が,階層的により下位の銀行に厳しい融資条件につながり,「大銀行本位の救済」に帰結した要因であると言えよう。

4 金融恐慌期の特融実施時における日本銀行の政策意図

このほか深井の回顧によれば,震災以後の時期になると,組織として「日本銀行は特別融資の条件として,銀行の合併,減資,重役私財の提供,預金の一部斬捨等を勧説し,薄弱銀行の整理を促進した」という。つまり,金融恐慌期の時点で日本銀行の特別融通は,以前の特融のような単なる救済=信用秩序の維持を重視するものから,既に検討した銀行法公布を契機に当時強化・展開されていた銀行合同政策を補完する形で,信用秩序の再編成・金融制度の効率化へと誘導する施策へと質的に大きく変化した。前述のように,震災後,深井をはじめとする日本銀行当局は,金本位制復帰が現実の課題になったことも相俟って,震災時の特別融通の効率性低下に対して強い反省の念を抱いていた。このほか,すぐ後で述べるように,日本銀行当局は特融回収にあたり,金本位制復帰を強く念頭においた方針で臨んでいた。

以上を踏まえた場合,このような融資姿勢は金本位制復帰を念頭に,既述した「大銀行本位」の融資により特別融通を効率的に実施し,金融制度(とその背後にある実体経済)の再編成を図ることを通じて,金本位制復帰に必要な「財界整理」の推進を狙ったものであると評価できる。この点は「自立ノ見込アル銀行ニ対シテ極力資金ノ融通(傍点-引用者)」をしたが,金融恐慌により「早晩整理」されるべき不良銀行が「他動的ニ」整理され,これにより「財界

整理」が「促進」されたとの市来総裁の演説や[118]、前述の演説をした井上総裁も金解禁のための銀行整理を「至極同感」としたことからも確認できる。金融恐慌発生直後には、各種経済団体も為替相場安定化を求めて解禁断行を決議したほか[119]、恐慌発生当初は金解禁断行延期を唱えていた政友会内閣も、1928年1月の三土蔵相の演説に見られるように[120]、早期金解禁断行策に転じており、金融恐慌直後の時期でさえも必ずしも金解禁政策は放棄された訳ではなかった。それゆえ、既述の日本銀行の融資姿勢も、この状況の反映と見てよかろう。この意味で、金融恐慌時の救済融資は、関東大震災時の救済融資が市場への通貨の滞留をもたらし、金本位制復帰に悪影響を与えたことの反省に立ったものであった。このように震災前とは形は異なるが、金融恐慌時の救済融資も金本位制復帰に強く規律付けられていた。このような政策意図に基づき日銀特融が実施されたことで、銀行合同政策・銀行経営規制との補完関係は明確化することになったのである。

5　補償法口特別融通の回収政策

(1)　特融法の制定過程と補償法口特融実施後の対応策の形成

特融法実施における財政政策上の問題点　話は前後するが、ここでは特融法の制定過程に戻って、補償法口特融の回収・処理政策を検討する。金融恐慌後の財界諸団体からの建議や日本銀行からの要請を受けて[121]、1927年5月4日に田中政友会内閣は、召集した第53臨時議会に特融法案を提出し、ここでの審議を経て5月9日に同法は施行＝公布された。ここでは財政政策上の問題点に重点を置いて特融法の制定過程を検討する。

最初に、財源上の問題点を検討する。大蔵省は27年4月30日に「日本銀行特別融通法ト財政政策」という文書を作成した[122]。まず、本文書冒頭では「日本銀行特別融通法カ実施セラレルコトトナルト帝国財政ハ収入ニ於テ支出ニ於テ将タ亦公債政策ニ於テ重大ナル影響ヲ受クルコトトナル」として、特融法が幾つかの点において国家財政に重大な影響を及ぼす懸念が示されている。その内、最も重大のものは、現行制度では制限外発行税収入を当該年度内に「歳入トシテ受入」なければならないので、これを「損失補償関係ノ財源トシテハ留保」することが不可能なことであった。このことは特融法が「踏襲」した震災手形

の損失補償の際に,制限外発行税を「損失補償公債」の償還財源に供せなかったことにも現れている。しかし,震災手形処理とは異なり,特融法は損失補償額が五億円と巨額にのぼり,回収期間も「最長十年ニモ亘」るために多額の制限外発行税がこの間入る。この収入は「重大ナル（損失補償ト言フ）負担付」であるから,これをすべて毎年度の歳入として費消すると,要補償損失全額を交付公債で賄うことになる。この場合,「国債費ノ増加ハ年三千余万円」にものぼる上に,十年後にこれを償還する際には全額国民負担に帰結する。これが大蔵省当局から見た,特融法が抱える第一の重大問題であった。

　もうひとつは国債管理政策上の問題であった。つまり,「交付公債ト言フ方法自体カ変態的便法テ金融市場ノ情勢ト無関係ナ所作テアリ,又濫発ニ陥リ易イモノデアツテ決シテ健全ナル財政政策トハ言」えない。それにもかかわらず,1923～27年までの間に公債発行額は「五億六千七百余万円」と「巨額」に達している[123]。それゆえ,「如何ニ減債基金ヲ増加シテモ,大キナ抜道カアルカラ所期ノ目的ヲ達成シ難」く,「交付国債ヲ発行スルトナルハ国債政策上由々敷大事テアル」。以上,巨額な国債残高を抱える中で,さらなる交付国債の発行が国債管理政策を困難化することが,大蔵省当局から見た特融法の第二の問題点であった。

　このために大蔵省は,当該年度の制限外発行税収入を翌年度において国債償還元金に充当することを可能にするか,発行税を損失補償額が確定しこれを支出する年度まで日本銀行に延納・保管させるか,の二案を考えていた。このように特融法の実施は国民負担と国債管理の両面で,財政当局者＝大蔵省に重大問題を提起していた。この二案がその後如何に処理されたのかは,史料の制約上,詳細は不明であるが,幾つかの史料を見る限りでは両者とも実行された形跡は見られない[124]。もっとも,当然ながら,本問題を回避するには,損失の極小化が最も望ましい。その方策の如何は後に検討する。

　マクロ経済管理・資金配分上の問題点とそれへの対応策　ここではマクロ経済管理・金融政策上の問題点に対する大蔵省の認識とそれへの対応策を検討する。大蔵省は5月4日になると「日本銀行特別融通ニ依ル資金回収方法」[125]という文書を作成した。そこでは,補償法ロ特融が速やかに回収されない場合,「通貨ノ不自然ナル膨張物価ノ騰貴投機心ノ勃興トナリ一時不健全ナル景気ヲ

招来シ延イテ財界一般ニ憂慮スベキ事態ヲ惹起スル虞」があることが懸念されている。このほか，日本銀行に対する損失補償も公募債で実行することで「通貨ノ収縮ニ資スル」ことを論じていた。以上から，速やかな特融回収を画策したのは，金融恐慌前まで進めてきた金解禁実現のための「財界整理」＝通貨の収縮への支障を，最大限回避することが重要な目的だったと見てよい。(126)(127)

それゆえ，大蔵省は補償法口特融が預金支払に充てられ資金が市場に滞留した場合への対応として，1．郵便貯金など「官役貯蓄機関」，2．信託会社など「民間貯蓄機関」，3．「大銀行」にそれぞれ吸収された場合と，4．個人の手許に「残留」した場合の4ケースを想定した。まず，1について大蔵省は「其ノ増加ハ想像スルニ余リア」るとして最も警戒していた。この場合，資金偏在が激化し地方資金が枯渇するから，「地方債券及勧業債券引受」なども用いて，可能な限り資金の地方還元を重視する形で運用するとした。2の場合は資金偏在が生じないが，信託会社が大都市への投資を強めた場合は，次に見る3と同様の対応を採るとする。3の場合であるが，そこでは1927年度以降の復興事業財源を当初計画にあった復興事業剰余金依存を止めて全額公債発行で賄うこと，日本勧業銀行など地方産業関係の金融機関による債券発行を通じて資金吸収を図るとする。また，信託会社・大銀行には地方での運用実施も勧説すること，および「専売局ノ据置運転資金」ならびにこれまで国庫剰余金で賄ってきた専売局の融通証券発行分（1億1000万円）を借入金で賄うことも述べられていた。4については，これを放任した場合「民衆ノ購買心理ヲ刺激シ物価高騰，不自然ナル景気誘発ノ虞アル」として，1927年度の起債額1億5000万円中8000万円を郵便局売りすることと，復興貯蓄債券の前年度までの発行未済額3000万円を「市場ノ状況ニ応シ売出ヲ実行スル」ことが盛り込まれた。

以上，大蔵省の方針は，単に過剰流動性の吸収を通じて投機主導の「不自然ナル膨張」を抑制することには止まらず，地域間の資金偏在の是正，ひいては地方産業・中小企業対策も意図していた。これに加えて，前述のように同時期に展開されていた銀行合同政策においても，資金偏在への配慮を大蔵省側が重視したことを想起した場合，上記方針は地域のみならず，金融恐慌＝銀行破綻に伴う資金偏在を阻止することで，これを背景とする中小商工業者の「金融梗塞」にも配慮した統合政策的要素も併せ持つと評価できよう。なお，3への対

応により剰余金が開放された場合，補償法ロ特融の損失補償に向けられることも述べられており，これら諸施策は損失補償への対応をも意識していた。

大蔵省における損失負担軽減方策の構想と特融法の成立　損失負担軽減策については，確認できる限りで，5月6日付けで大蔵省は「損失ヲ決定スル基準（未定）」という文書を作成している。日付不明であるが，この文書はその後幾つかの修正を経て省内で正式決定される。以下，大蔵省側の損失回避構想を検討する。
(128)

まず，損失額の定義である。これは補償法ロ特融回収不能額と銀行券発行に関する「一切ノ費用」を合算して，そこから割引料・利息収入を差し引いた額とされた。その上で，回収不能の可否を判定する基準が示される。まず，全体を貫く基本方針として，金融機関の「存亡」が社会に与える影響の大きさと，損失が国庫負担に帰することを踏まえて回収不能か否かが判定されるべきであることが示された。その上で次の諸条件が設定された。1．銀行が破綻ないし清算した場合，担保不足分は「他ノ無担保債権者ト同様ノ地位ニ於テ債権ヲ行使」し回収不能額は損失として認めること，2．休業銀行で整理・存続（「(合同ヲ含ム)」）の見込みのないものも1に準じる扱いをすること，3．休業銀行で整理・存続（「(合同ヲ含ム)」）の確実なものは，イ．積立金全額の取り崩し，ロ．「銀行ノ整理・存続ヲ害セサル程度」で十分な「減資・減配」を行わせること，ハ．銀行重役に「相当私財」提供をさせること，特に貯蓄銀行重役にはその程度を「厳重ニスルコト」，ニ．他の債権者にも上記諸条件を同意させ，補償法ロ特融債権が「特別ニ」不利にならないようにすること，ホ．補償法ロ特融債務の一部を免除する際には，銀行を破産に陥らせるよりも，国庫負担を少なくする見込みがある場合に限ること，ヘ．条件ホに該当するか疑わしい場合，その銀行が整理存続できなければ「全国又ハ地方ノ財界ニ深甚ノ影響」を及ぼすおそれがあることを特融債務免除の条件にすること，4．営業中の銀行が相当の期間を経た後でも債務弁済が不能であるときには，営業継続が可能な程度に従い3のイ・ロ・ハに準拠した整理案を作成させ，2の条件を「相当ニ緩和シテ債務ヲ免除シ」回収不能額を損失と認めること。

これら項目中，3の貯蓄銀行重役の私財提供の厳重化から「ヘ」までは，本決定で新設されたものである。さらに，担保引当額を上回る分の特融が未回収

になった場合,「他ノ無担保債権者」と同じ条件で債権を行使し,積立金取崩・減資・減配・私財提供の上で特融債権の扱いが他の債権に比べて不利にならないようにして,その上で条件ホを設定することで,大蔵省は債務者が債務完済不能になった場合,補償法ロ特融債権の保全極大化を図ることを重視する基準を作成した。このような厳格な姿勢を示した理由であるが,別の文書で大蔵省は震災手形処理に続いて国民に損失負担を強いるわけであるが,「今回ノ特別融通ノ場合ハ議会並国民ニ説明スル上ニモ補償額カ五億円デアルカラ融通総額ハ頗ル莫大ニ上ホルト言フコトヲ前提トセネハナルマイ（傍点－引用者）」[129]としており,議会・納税者の納得を得るための,いわば議会対策であった。また,上述のように大蔵省は補償法ロ特融が速やかに回収されない場合,投機的な景気拡大が生じ金解禁のための「財界整理」に支障が出ることを懸念していた。ここから,厳格な損失決定基準の提示による日本銀行への回収極大化のへ誘引を付与することを通じて,回収の早期実現を図り「財界整理」の推進との整合性確保を狙ったことも,厳格な回収方針を定めた一因と見てよかろう。[130]

以上,大蔵省は,損失決定の面では,特に休業銀行の場合において,預金者保護に配慮して特融損失額増加を許容するという姿勢は微塵も示さず,預金者にも責任を強く求める姿勢を示したばかりか,条件３のホの規定に典型的に見られるように,休業銀行が所在する各地域金融に関しては状況回復への配慮も殆ど全く考慮していなかった。このほか重役私財提供項目や減資・減配などに見られるように,特に休業銀行の場合,重役・株主の責任も厳格に追及する姿勢も示した。この意味で,回収・処理方針＝損失決定面では,大蔵省は国庫負担額の極小化のみを考えて,とりわけ特融を授受した休業銀行には厳重な資産管理を行う方針であった。さらに,上記方針は損失を極小化することを,回収[131]主体である日本銀行に義務付けることをも意味する。これに加えて,休業銀行の場合,預金者など,日本銀行以外の債権者の債権回収への配慮は全く考慮していないから,他の債権者への支払条件との調整をより困難にするという[132]意味で,この条件は休業銀行の整理開業をより難しくすると言える。その上で,本基準に基づき,蔵相を会長に大蔵省高等官・貴衆両院議員・日銀正副総裁と理事計14名からなる特別融通損失審査会での審査を経て損失額が決定されると[133]された。これに対して,議会では日銀特融の損失決定,あるいは回収について

如何なる議論が行われたのか。次にこの点を検討する。

議会における日銀特融回収・損失決定を巡る議論　特融法案を審議した第53帝国議会は，1927年5月4日から衆議院で，5月8日には貴族院で審議が行われた。ここでは損失決定を巡る議論に焦点を絞り審議過程を検討する。

5月5日に衆議院で第一読会が開かれた。損失決定問題関係では，小川郷太郎議員から国家補償では銀行に預金をしていない一般大衆にまで損失負担をさせることになる点に関する批判と，損失補償額七億円（含台湾資金融通法分）の財源の如何，および回収期間を十年に設定した根拠について質問が出された。(134)高橋蔵相は前二点については回答しなかったが，第三の点についてはその根拠を何人も「的確ニ」証明できないとした上で，短期間だと民衆を失望させるであろうから，という答弁を行った。(135)損失基準決定問題という点に関しては，これ以上，議論はされなかった。

翌6日の委員会審議では損失決定に関する点が重要論点のひとつになった。まず，竹内委員から基準となる規則があるならば示して欲しい，という趣旨の質問が出された。(136)これに対して，高橋蔵相は先に検討した「損失ヲ決定スル基準」を朗読した。武内は本「基準」に関して，損失決定が行われる10年後には「帝国ノ財政」状態も大きく変化しているであろうとした上で，公債と現金のいずれで決済するのかという点と，十年先の予想もできない損失問題を議会の協賛なしで「解決」するつもりなのかという点についての質問が出された。これに対して高橋蔵相は，損失額の決定は十年間の間に随時行い，すべてを十年後に決定するわけではないので，議会に協賛を求めることはできないと答弁した。

川崎委員は一般国民にのみ損失負担を要求するのはおかしいとした上で，(137)補償法口特融を受けた銀行とその預金者にも「分任」させるべきではないのか，と質した。この点について高橋は銀行業者も担保を出し，預金者も預金切捨を受けるので，一般国民がすべての損失を負担することにはならないと論じた。さらに川崎は「補償ノ程度」を「最小限度」にとどめることで，財政負担の面で国民を安心させるべきであると論じ，貸付期間の短縮を求めた。これに対して高橋蔵相は預金者心理の安定化の観点から難色を示した。

ほぼ同様に，中村委員からも国民負担を軽減する観点から，五億円という巨

額の損失補償限度額を設定すべきではないとの意見が出された。これに対して，高橋蔵相は五億円を上限に補償するという法律を出す以上は，国民の納得を得る必要性，換言すれば損失補償額は「無限」ではないことを示す必要性があることを主張した。これに続いて，中村は損失が発生した場合，「金融動乱」が生じたのは金融界の責任なのだから，一般国民に負担を求める前に「主トシテ」金融界に負担を求めるべきであることを主張した。これに対して，高橋蔵相は，損失は「其ノ時」に決まるものであるから，現時点では金融界にかなりの負担をさせることは考えていない，と答弁した。さらに関連して，高木委員からも損失補償それ自体は否定しないものの，国民負担を最小限度に止めることが求められた。

翌7日の審議でも，同趣旨の要求が出された。湯浅委員から，銀行に預金をしていない一般の国民を含む全国民が，五億円もの巨額な損失負担をする理由が質された。これに対して，高橋は銀行に預金不能な所得水準の一般国民は直接国税を収めていないこと，および彼らが「稼業」するには，金融不安の激化により資本が枯渇してはならないことを挙げ，その上で経済界が安定すれば一般国民は「稼業」が確保されるのであるから，それに応じた負担を求めるのは「不公平」ではないという，趣旨の答弁を行った。その後，加藤委員から損失決定基準について，特融を受けた銀行が破産ないし強制和議で処分される場合，補償法口特融債権の優先保全権が確保されるのか否かが質された。これについて高橋蔵相は，担保不足分については他の一般債権者以下の条件では債権放棄をしない意向を示した。そして，法案の採決の際，湯浅委員から特融の実施期間を六か月に，回収期間を五年にそれぞれ短縮する修正案が出されたが，これは否決され，原案どおり衆議院を通過した。翌8日には衆議院を通過した法案が貴族院に送付され審議が行われた。ここでは菅原議員から損失補償に伴う国庫負担を賄うための財政計画，あるいは公債で賄う場合の公債管理政策について質問が出された。高橋蔵相は前者についてはこの時点では「財源ノ計画」はできないことを論じたものの，公債管理については具体的な政策内容は示さなかった。その後，貴族院でも採決がされ，法案は原案どおり可決された。

以上，衆議院・貴族院ともに損失決定と負担の問題が中心に審議された。その際，国民の損失負担軽減に関する議論は幾つか出されたが，それ以上の損失

決定基準に関する踏み込んだ議論はされなかった。この結果,特融法は原案どおりに可決・成立し,先に検討した損失決定基準は政令第40号として同法と併せて施行された。かくして,営業継続中・休業中の如何を問わず銀行側の責任を厳格に追及し,かつ,特に休業銀行ないしそれが所在する各地方金融の状況回復を殆ど考慮しない損失基準が決定された。この点は中小企業金融および地域金融の梗塞問題へ配慮する,前述の偏在資金対策面での回収・処理方針と一定の緊張関係を孕むものになった。

(2) 昭和恐慌波及直後までの特融処理状況

マクロ経済管理・資金配分上の対応　　大蔵省の予想通り,金融恐慌は郵便貯金・都市銀行へのシフトを惹起し,地方および中小商工業者からの激しい反発を召いた。六大銀行の預金現在高は1927年2月末の24億9200万円から同年6月末の29億7700万円へと4億8400万円増加したのに対して,貸出はこの間21億9900万円から23億5700万円へと1億5700万円しか増加せず,差引3億2700万円の遊資が生じた。また,郵便貯金も3月中から6月中までに2億6000万円の,信託会社も3月中から5月中までに6700円の増加を示した。周知のことではあるが,ほぼ大蔵省の予想通り大銀行と郵便貯金に資金が集中した。

これに対して,大蔵省は預金部資金2億4000万円中,半額を地方公共団体・産業組合などへの融通を通じて地方に還元し,残り半額中6500万円を「昭和二年度発行公債ノ引受ニ充当」し,5500万円を短期国債,地方債,勧業債券など「短期運用ノ方法」して処理した。日本勧業銀行・農工銀行・北海道拓殖銀行・日本興業銀行にも債権発行を通じて資金吸収を図らせ,地方でこの資金を運用させた。残念ながら上記各行の吸収金額・運用金額は完全には判らないが,勧銀の例を見ると1927・28年両年にわたり発行された勧業大券総額7400万円の97％を都市金融機関に引き受けさせるとともに,貸付条件緩和により地方での貸付を積極化させた。なお,1927～32年度は国債の郵便局売出が実施されていないほか,専売局を通じた過剰資金吸収も実施されていない。この点では,当初,大蔵省が構想した資金偏在対策とは異なる。このほか,政策当局との関係は定かではないが,この間,六大銀行は増大した遊資処分の方法として,3月から6月までの間に国債投資を「約8000万円」増加させており,少なくとも結

果的には国債により偏在資金が吸収されるという形が整った。

　以上，大蔵省は概ね当初の方針どおり，地域間・階層間の偏在資金の配分是正に重点を置きつつ，預金部，財政，特殊銀行，そして結果的に都市銀行も有機的に結合する形で，特に大都市部での投機的な「不健全」な景気拡大を阻止する政策をとったのである。

　日本銀行の特融回収に対する基本方針　1928年5月8日をもって，特融法の融通期限は満了を迎えた。これ以後，損失極小化を図るための回収極大化の実現方策の決定が重要な政策課題となる。ここでは井上総裁の補償法口特融回収に関する演説を手がかりに，日本銀行の基本方針の特質に接近する。

　特融法の期限満了後の1928年5月21日に，日本銀行で補償法口特融の処理を議題に本支店事務協議会が開催された。ここで井上準之助総裁は回収方針に関する意向を示した。ここで井上は「融通金取立ノ根本方策ハ固ヨリ之ヲ一律ニ決スルコトハ出来ナイ」とした上で，各支店長たちに各被融通銀行の状態に応じた回収策を策定し，かつ回収促進のために年賦償還の方法をとることを要請した。その際，有価証券担保融資は3年，不動産担保融資は5年くらいで回収したい意向を示した。特融法の回収・処理期限が10年であることを踏まえた時，このことは井上の回収方針がそれ以上に厳しいものであったことを意味する。井上総裁は不動産担保融資の回収は特に難航することを予想していた。さらに，井上は「其ノ大部分ハ勧銀ナリ農銀ナリニ担保トシテ入レ借リタ金テ返金スルヨリ外ナイコトニナル」という認識を示した上で，不動産担保で補償法口特融を授受した銀行については「不動産ノ肩替リヲスル以外ニ，五ヵ年賦ニシテ其ノ銀行ノ状態カトウテアルカモウ一度考慮シテヤル必要カアル，此意味テナラ相当ノ程度迄イケルモノト思ハレル」との発言をしたが，この発言にも井上の回収に対する認識の厳しさがあらわれている。以上を踏まえた場合，井上は上記回収案を無理を承知で立案したと強く推定される。なお，特に不動産担保融資の回収に顕著に見られるが，各被特融銀行ないしそれら所在地の状況を考慮して回収姿勢を緩和できるのは，回収率の向上確保が可能である場合に限定されていた。これらを示した上で，井上は回収方針を「決定シタ以上其ノ実行ハ(ママ)モト政府ノ損失ニ帰スル関係上容赦ナク強硬ニヤリタイ」と論じており，一度，各被特融銀行の状況に配慮して回収計画を設定した以上，損失最小化を図るべ

く「強硬」な方針で臨むことを示した。このように，金融恐慌による混乱が収束してから昭和恐慌（1930年）直前の，未だDebt Deflationとこれに伴う銀行破綻が激化する以前の時期においては，井上総裁は回収率向上が図れるのであれば，一定被特融銀行の状況を考慮した方針を立てることも吝かではないとしたものの，原則として損失極小化を図るべく強い回収姿勢で臨むことを各支店長に求めた。[148]

　以上，回収率向上・損失極小化を絶対視する点では，基本的に日本銀行も大蔵省当局の損失決定方針と同一歩調であった。その理由であるが，別な個所で井上総裁は「兌換券ノ膨張」により過剰流動性を起因とする「不当ナ景気カ出テ来」ると憂慮したほか，この状況で金解禁をした場合，「為替カ上騰シ輸入カ増加シテモ日本銀行ハ」政策的対応が何もできなくなるという懸念を示していた。また，別な個所では「或ル程度金ヲ（海外に－引用者）出シテモ宜シイト云フノハ一論デアル」が，特別融通による「六億八千万円ノコントロールノ外ニアルモノヲ置キ乍ラ解禁スルハ国家トシテ非常ニ危険」（ママ）であるとして，日本銀行の「コントロールノ外」にある通貨を極小化することで，正貨流失激化のリスクを少しでも軽減する必要性があることも指摘していた。以上が，金解禁実施が重要な政策課題化した状況の中で，井上をして「現状ノ儘テハ金ノ解禁ハ到底出来ヌ」とまで明言させた理由であった。[149]この意味で，日本銀行当局の回収姿勢は，資金偏在対策も考慮していた大蔵省以上に，金解禁目的の「財界整理」を重視し，地域金融や中小企業金融に配慮しないものであった。また，上述のように，井上も無理を承知で厳しい回収案を策定したと推定されるが，その理由は金解禁対策の必要性にあった。そして，井上発言を受けて，各支店は補償法口特融回収に全面的に着手する。次に，昭和恐慌波及直後である1931年までの回収状況を検討する。

　昭和恐慌波及直後までの回収状況　　回収動向であるが，まず，表3-1には補償法口特融の融通期間中の最高残高から1931年末までの回収動向を全体および支店別に示した。全体の回収率は24％程度と比較的低位に止まっている。紙幅の都合上，表示を割愛したが，この中には30行以上の休業銀行が含まれていた。当時，休業銀行の整理は難航を極めており，昭和恐慌の影響で新たに休業するものもあったから，この低回収率はこの状況の所産であろう。[150]同じく表示

表3−1　日本銀行本支店および銀行別特融残高の推移

(単位：千円)

店名	融通先名	融通期間中の最高残高	1928年5月8日残高	1931年5月末残高	1935年末残高	27-31年差引回収高	左回収率	31-35年差引回収高	左回収率	27-35年総回収率	備考
本店	十五	177,000	177,000	175,390	169,000	1,610	0.9%	6,390	3.6%	4.5%	休業
	朝鮮東支	58,000	58,000	58,000	58,000	0	0.0%	0	0.0%	0.0%	(1927.4)
	台湾東支	38,474	38,390	34,611	7,779	3,863	10.0%	26,832	77.5%	79.8%	休業
	上記三行以外	202,217	183,363	130,258	109,723	71,959	35.6%	20,535	15.8%	45.7%	(1927.3)
本店小計		475,691	456,753	398,259	344,502	77,432	16.3%	53,757	13.5%	27.6%	
大阪支店小計		190,386	156,258	139,491	117,762	50,895	26.7%	21,729	15.6%	38.1%	
門司支店小計		25,616	14,908	9,624	8,666	15,992	62.4%	958	10.0%	66.2%	
名古屋支店小計		230	230	226	167	4	1.7%	59	26.1%	27.4%	
京都支店小計		3,816	3,066	2,567	2,436	1,249	32.7%	131	5.1%	36.2%	
福島支店小計		364,029	33,354	18,888	16,275	17,090	4.7%	2,613	13.8%	5.4%	
広島支店小計		9,505	7,114	4,934	4,374	4,571	48.1%	560	11.3%	54.0%	
金沢支店小計		780	441	0	0	780	100.0%	0		100.0%	
松本支店小計		4,020	3,834	2,136	1,761	1,884	46.9%	375	17.6%	56.2%	
熊本支店小計		5,656	4,832	3,745	3,487	1,911	33.8%	258	6.9%	38.3%	
秋田支店小計		1,415	1,150	393	235	1,022	72.2%	158	40.2%	83.4%	
松江支店小計		1,294	1,294	73	72	1,221	94.4%	1	1.4%	94.4%	
岡山支店小計		2,342	1,999	0	0	2,342	100.0%	0		100.0%	
神戸支店小計		5,698	2,688	0	0	5,698	100.0%	0		100.0%	
店舗不明小計		1,400	0	0	0	1,400	100.0%	0		100.0%	
合計		1,090,478	687,921	580,336	499,737	510,142	46.8%	80,599		54.2%	
営業継続中銀行合計		333,644	295,222	230,045	180,245	103,599	31.1%	49,800	21.6%	46.0%	
休業銀行合計		756,834	392,699	350,291	319,492	406,543	53.7%	30,799	8.8%	57.8%	
融通先数		110	88	54	49	—	—	—	—	—	

注1）合同後の銀行名など原史料では不明瞭な点は，石井「地方銀行と日本銀行」のほか社団法人東京銀行協会銀行図書館編『本邦銀行変遷史』（同図書館，1998年）でこれを確認した。
　2）空欄は回収完了等に伴い算出不能。
　3）営業継続中銀行の数値には，一度，休業したあと再開業した銀行も含む。
出所）大蔵省「特別融通残高表　昭和六年五月末現在」（『昭和財政史資料』マイクロ検索番号115-003），同「日本銀行特別融通現況調（昭和十年十二月末現在）」（同270-002），『日本銀行沿革史』第3集第6巻より作成。備考欄は大蔵省「休業及休業同様銀行調」，1927年7月26日，『日本金融史資料』第25巻，所収，369〜373頁，石井・杉山編『金融危機と地方銀行』などによる。なお，本表作成にあたり石井「地方銀行と日本銀行」別表2-4（163〜166頁）も参照した。

はしなかったが，大口貸出先の回収動向が鈍いなど，銀行ごとの回収率のばらつきも大きい。残念ながら，個別銀行毎の要因は，現時点では詳らかではないが，大口貸出先中，十五，台湾，朝鮮の各行については，植民地中央銀行，華族銀行という独自の設立事情ゆえに配慮があったと判断される（後述）。

次に，支店別に見ると，意外にも金解禁から昭和恐慌発生期までに重大な打撃を受けた地方に所在する支店よりも，十五銀行など金融恐慌時の大口の特融

貸出先が休業銀行化したり，いわゆる「ブリッジ・バンク」である昭和銀行に資金を出している本店・大阪支店における回収率の悪さ・金額の巨額さが目に付く。もっとも，全体の回収率24％を上回る店舗を見ると，本店・名古屋支店を除くすべての店舗にわたり，その回収率も最低で大阪支店の27％，最高で金沢・岡山・神戸の100％であり，これら店舗の平均値は58.7％にも達する。また，回収率の低さが顕著で残額も大きい本店を見ると，31年5月末本店残高の44％を十五銀行，14.5％を朝鮮銀行支店，8.5％を台湾銀行支店がそれぞれ占め，かつ，回収率もそれぞれ0.9％，0％，10.0％と特に前二者において極めて低い。このほか，1935年の特融残高全体の45％を占める本店貸出分の大半を占める，朝鮮銀行，十五銀行の貸出減少は0ないしかなり低額であった。以上，金本位制復帰準備期のほか，後に検討する昭和恐慌期も含めて，大口貸出先である上記諸行からの回収遅延が，本店における回収率低位の重要要因になっていた。[151]

次に上記諸行の低回収率の背景である。まず，台湾銀行については，同行が植民地中央銀行として「重要なる特殊銀行の一であり，且又我国の海外信用とも重大且密接なる関係を有して居る点に鑑みて」状況を「放置」できないとの観点から作成された，「台湾銀行調査会報告書（整理案）」(1927年7月14日付け)に見られるように，その再建のため補償法口特融3400万円に関しては，半期170万円づつ「遅くも十箇年間に完済」という案が立てられていた。同案策定には麻生二郎日銀理事も委員として関わっており，日銀の同意も取り付けた上で作成されたと判断されるが，10年賦返済という案は上述の日銀の回収方針よりも条件が緩い。しかも，日銀側が容赦なく回収するとの方針を示したにもかかわらず（前述），28-31年の減少額は，本計画すら達成されていない（表3-1）。ここから同行再建の重要性に鑑みて回収には一定の配慮がされたと見てよかろう。[152]

朝鮮銀行についても配慮があり，大蔵省銀行局は，朝鮮銀行加藤敬三郎総裁からの援助要請も含む整理案を基本的に受け入れ，補償法口特融利率を年利2％（一般銀行は5.84％）という低利に設定し，将来的に55万円の補償法口特融債権免除を行うことを柱とする整理案を作成した。その後，本案は日銀側の意向を受けて修正され，融通額が58万円に達した時点で利率を3％にする（その[153]

後，1.25％を適用）ことを重要な柱とする整理案が決定された。さらに，その実行に際し，特別利率適用に加えて「担保として差し入れてある債権の回収または内入があった場合でも融資を返済することなく，補充担保を差し入れて融資が」継続されたという。既に金融恐慌前の1925年7月の時点で，大蔵省側は朝鮮銀行の整理案の作成に着手していたが[154]，その際，同行が「内地」で資金を調達して朝鮮のほか「満州」・「内地」でも貸出をしているため，同行の整理更生を放任した場合，「満鮮ニ於ケル金融組織ノ根本ヲ脅カシ又内地財界ノ整理回復ヲ阻害スルコト少カラザルヘク率テハ我国ノ信用ヲ国外ニ失墜シ其ノ影響」も図り難いという認識を示していた。ここからも，朝鮮銀行の特融債務返済に対して配慮があったこと，ならびにその理由も台銀のそれとほぼ同様であったことが確認される。当時，日本の外債発行を巡る状況は厳しさを増していたから[155]，台銀のそれも含めて植民地中央銀行の破綻に伴う対外信用の失墜阻止への配慮はかかる事態の反映であろう。

　十五銀行については[156]，1927年4月21日の休業後，事態を重く見た高橋是清の斡旋で郷誠之助男爵が整理責任者として入った上で，10月5日付けで整理案が作成された。その際，補償法口特融に関しては，貸付金利の年2歩への低下と開業後十年間の据置きが求められたが，大蔵省は他行との関係上，その受容を拒否した。このため，12月5日に，再度，整理案が作成されたが，そこでも元金の開業後9年目までの据置きと貸出金利の2歩への低下が求められていた。理由は不明であるが，補償法口特融に関しては，12月整理案と10月案では根本的な相違がないにもかかわらず，最終的に大蔵省は12月整理案の実行を承認した。さらに，昭和恐慌期になると，同行からの陳情を受けて作成された，1933年5月30日付けの大蔵省文書「十五銀行ノ特融関係陳情ニ就テ」[157]の中で，「十五銀行ハ其ノ我国金融界ニ於ケル地位，沿革其ノ他ノ事情ニ際シ再ヒ破綻ヲ来サシムルコトハ極力之ヲ回避セサルヘカラス」（傍点－引用者）と論じ，特融回収未進展にもかかわらず，増担保要求の取消，補償法口特融利率の「最大限度ノ利下」等の措置を採った。金融恐慌期以降，休業当初の時期は除けば，同行に対しても，大蔵省は特融債権の回収には配慮していた[158]。

　これら特殊な事例を除けば，本店の回収率もかなり上昇することが見込まれるから（前掲表3-1），国家的重要性をもつ華族銀行や植民地中央銀行への配

第3章　銀行合同政策を中軸とする普通銀行制度改善政策の展開　　205

表 3-2 担保別

年月末	有価証券				手形証書			
	残高	構成比(%)	回収額	回収率(%)	残高	構成比(%)	回収額	回収率(%)
1928年5月8日	196,683	28.6	—	—	317,613	46.2	—	—
28年末	188,622	29.3	8,061	4.1	277,727	43.1	39,886	12.6
29年末	176,083	30.5	12,539	6.6	238,664	41.3	39,063	14.1
30年末	173,599	29.7	2,484	1.4	249,444	42.6	−10,780	−4.5
31年末	171,724	29.8	1,875	1.1	246,133	42.8	3,311	1.3
32年末	167,058	29.5	4,666	2.7	239,131	42.3	7,002	2.8
33年末	168,291	29.4	−1,233	−0.7	252,050	44.0	−12,919	−5.4
34年末	170,633	31.0	−2,342	−1.4	216,817	39.5	35,233	14.0
35年末	170,793	36.6	−160	−0.1	197,267	42.2	19,550	9.0

注）回収額マイナスは担保の差し替えなどによるものと見られるが，その詳細は残念ながら史料の制約
出所）大蔵省「日本銀行特別融通及損失補償法中改正法律案参考資料」中の「特別融通担保別残高調」，

慮が，本章での検討時期全般を通じて特融の回収率を低下させた主因と判断される。以上，すぐ後にふれる予防措置として特融を受けた銀行からの早期の返済を考慮しても，昭和恐慌発生以前に実施された金解禁準備としての補償法口特融回収は全体としては24％と低調であったが，本店における上記諸行の特殊事例を除けば，金解禁対策を重視した政策意図を反映してそれなりの成果を挙げたと言えよう。

しかし，表3-2により担保別の回収動向を見ると，各担保ともに構成比が停滞的に推移しているほか，ほぼ総ての担保で30年末以降33年末まで回収率は低迷状態に陥る。このほか回収額がマイナスの場合もある。詳細は残念ながら不明であるが，これは担保の差し替えなどに起因すると推測される。以上，前述の井上総裁が希望した，担保別の回収期限は実現からはるかに程遠かった。さらに，表3-3によると回収率が低下するとともに，1930～32年の時期には補償法口特融残高（名目）も逓減・停滞色を強めており，補償法口特融の回収条件は悪化していた。これに加えて，大蔵省によると「昭和三年及ヒ四年ニ於テ回収ノ比較的多カリシハ預金者ノ動揺ヲ慮カリテ用心ノ為ニ一旦補償法融通ヲ受ケタルモ其ノ必要ヲ感セサルニ至リシモノアルコト金融緩慢ノ為ニ返済ノ余力ヲ生シタルモノアルコト比較的優良ナル担保品ヲ処分シ又ハ之ヲ他ニ肩代リシテ返済ヲ為シタルモノアルコト等」が理由であるというから，この状況が喪失した点でも，昭和恐慌発生後に，相当程度，回収を巡る環境は悪化してい

補償法口特融の回収状況

(単位：千円)

不動産				財団その他				残高合計
残高	構成比(%)	回収額	回収率(%)	残高	構成比(%)	回収額	回収率(%)	
123,040	17.9	—	—	50,597	7.4	—	—	687,933
127,892	19.9	−4,852	−3.9	49,807	7.7	790	1.6	644,048
115,196	19.9	12,696	9.9	48,233	8.3	1,574	3.2	578,176
113,800	19.4	1,396	1.2	48,489	8.3	−256	−0.5	585,332
108,613	18.9	5,187	4.6	49,246	8.6	−757	−1.6	575,716
111,674	19.7	−3,061	−2.8	47,785	8.4	1,461	3.0	565,648
107,693	18.8	3,981	3.6	44,393	7.8	3,392	7.1	572,427
102,309	18.6	5,384	5.0	59,837	10.9	−15,444	−34.8	549,596
96,450	20.6	5,859	5.7	2,682	0.6	57,155	95.5	467,192

もあり判明しなかった。
『昭和財政史資料』マイクロ検索番号270-002所収より作成。

た。

　このような不成績について，既に1929年5月13日の本支店事務協議会の時点で，土方日本銀行総裁(同年6月12日に正式就任)は整理不能な銀行が多数あることのほか，金解禁準備のための「財界緊縮」に伴う「財界ノ不振テ有価証券ハ下ル，不動産ノ換価ハ困難ニナル，従テ今後ノ回収ハ今迄通リユクカトウカ懸念セラレ」ることを指摘していた。周知のように，デフレ政策の影響で物価は，特に1930年以降全般に低下していたから，このことが回収率低迷の要因であったと見られる。そして，金解禁実施直前の1929年10月10日の本支店事務協議会で土方総裁は，「金解禁ニ対シ(各支店長の―引用者)皆サン御承知ノ通リ六億ノ固定ハ非常ナ差シ障リトナルカラ出来ル丈ケ早ク(特融を―同)回収デキル様ニ願ヒ度イ」として，各支店長に特融回収促進を督励していた。この演説後の支店長との会合で土方は専ら正貨流失への対応の必要性を論じているから，彼の特融回収の強化督励も井上前総裁と同様に，未だDebt Deflationに伴う銀行破綻・金融危機が顕在化していない状況の下で，日本銀行の管理外にある通貨回収の極大化により，正貨流失の極小化を図ることを重要な目的としていた。このような督励を受けて，支店レベルでも損失回避＝回収促進に強い努力を払っていた。一例を挙げれば，福島支店管内の休業銀行である第百七銀行からの補償法口特融回収にあたり，同支店は前述した損失決定基準に準拠して，同行に特融債権の保全を強く要求することでこれを実現しており，

表 3-3　補償法口特別融通の回収動向

(単位：千円)

期　間	期中回収高	前期末融通残高	回収率(%)	当期末残高	同実質値	卸売物価指数
1928年5月9日〜同年12月末	43,885	687,938	6.38	644,052	754,578	1.106
1929年	45,872	644,052	7.12	598,179	681,189	1.075
1930年	12,745	598,179	2.13	585,434	548,844	0.885
1931年	9,692	585,434	1.66	575,741	456,202	0.748
1932年	10,093	575,741	1.75	565,648	497,339	0.830
1933年	13,217	565,648	2.34	552,430	556,526	0.951
1934年	22,610	552,430	4.09	529,819	544,411	0.970
1935年	31,643	529,819	5.97	499,176	525,615	0.994

出所）「日本銀行特別融通及損失補償法中改正法律案参考資料」中の「一．特別融通年次別回収状況調」『昭和財政史資料』マイクロ検索番号270-002所収より作成。卸売物価指数は安藤良雄編『近代日本経済史要覧（第2版）』、東京大学出版会、1979年、2頁のものを用いた。なお実質値の算出の際、係数の分子には表示期間の卸売物価指数の平均値0.944を用いた。

　ここからも日本銀行が損失回避に努力していたことが明らかである。

　しかしながら，他方で，この時期の日本銀行は，少なくとも支店レベルで見ると，同じ特別融通でも損失が生じた場合，全額日本銀行それ自体の負担となる本行口特融の回収に相対的に力を注いでいた。まず，福島支店の事例では第百七銀行からの特融回収にあたり本行口特融の回収を優先し，同行休業時点である1928年12月15日時点で本行口特融は151万9000円の残高があったが，早くも1929年1月末の時点で回収を完了していた。これに対して同行からの補償法口特融の回収はこの時点では全く目処が立てられていない。これは第5章第3節で見るように経営環境の悪化のほか，同行経営陣の「モラル・ハザード」に基づくものであったが，このために日銀福島支店側の努力にもかかわらず回収・処理は長期化することになった。以上，同行休業時の特融残高の83%が補償法口特融であったことなどを考慮するにしても，本行口特融の回収はあまりに迅速であった。同様に，大阪支店でも藤田銀行からの特融回収にあたり，本行口特別融通の回収を優先的に実施し，1929年中に貸付額の半額を回収し残高を430万円まで減らしたほか，その後も回収に努め33年2月時点で同行の本行口特融残高は9万円にまで大幅に減額した。これに対して，補償法口特融残高は33年末時点で840万円と貸付総額の90%以上が未回収のままであったという。

それゆえ，政府による損失補償制度がある補償法口特融よりも，損失全額が日本銀行の負担となる本行口特融に対する回収強化への誘引が強く働いた結果，少なくとも現場＝支店レベルにおける特融回収の際に，自らの損失となる本行口特融の回収を重視・優先したことも，金本位制復帰準備期の特融回収を限界付け，昭和恐慌発生後における補償法口特融の低回収率をもたらした一因として指摘しなければなるまい。このほか，1932年の史料であるが，大蔵省によれば「営業継続中ナル（銀行に－引用者）限リ日本銀行ハ強ヒテ返済ヲ迫ルコトヲ避ケ」，「営業不能ニ陥リタル銀行ニ対シテ清算ヲ促進」したというから，(167)「営業継続中」の銀行への配慮も補償法口特融回収遅延のもうひとつの要因であった。

　このように，金解禁準備期には本店等を除けばそれなりの回収成績を示していたものの，昭和恐慌波及以後，全体として補償法口特融の回収が捗らなくなった。このような状況の中で，大蔵省・日本銀行は新たな方針を模索することになる。次にこの点を検討する。

(3)　昭和恐慌期における日銀特融の処理と特融法の一部改正

昭和恐慌期における大蔵省の特融回収・処理方針の転換　以上，昭和恐慌発生後になると，補償法口特融の回収・処理成績は不良化したが，この状況の中で大蔵省は未回収の特融を処分する方策を再検討する。ここでは1932年2月に作成された「補償法融通ノ経過及ヒ今後ノ処理方策」を検討し，その特徴を明確化する。(168)

　まず，この文書の中の記述で重要なのは次の点である。本文書作成時点で政令第40号の基準を用いて損失補償限度額＝5億円に損失抑制を図るとすると，なお1億9400万円の回収が必要であった。しかし，この金額分の回収は状況を考えると「頗ル困難」であり，営業継続中の銀行を破綻させないとすると「殆ト不可能」と判断されている。それにもかかわらず，本文書で大蔵省は「融通期間延長ノ困難」さも指摘していた。同省はその理由を次のように説明する。融通期間を延長した場合，費用超過累計額が増大し，この結果，回収不能金額を1億4100万円に抑える必要が生じるが，「現在ノ実況ニヨレハ究極ノ回収額ハ到底此ノ限度ニ止マラサルヘク日本銀行損失ノ危険ヲ多大ニ包蔵ス」る。こ

の負担は「日本銀行ノ堪ヘサル所」である。また，この状況の中で，日本銀行の損失増大の回避を図れば，補償法口特融の回収をより一層強化するしかないが，このことは「営業中ノ銀行ヲシテ成ルヘク行詰ニ陥ラサラシムル」という大蔵省の方針と矛盾をきたす可能性も否定できない。

　周知のように，昭和恐慌の影響により，特に中小企業金融を中心に「金融梗塞」問題が激化し，これへの不満が商工業者の間で噴出しており，しかも，Debt Deflation の激化に伴い追加的な不良債権が増大する中で，多くの銀行が破綻ないし経営状況を悪化させていた。大蔵省もこの問題への対応を迫られている中では，営業中の銀行までも破綻に導くことで「金融梗塞」を煽るような，強烈な特融回収方針は到底採り得る選択肢たりえないことは容易に理解できよう。さらに，日本銀行の支店長会議でも1930年あたりから，何人かの支店長たちから補償法口特融回収が困難に逢着していることや，補償法口特融の回収が地方金融を強く圧迫していることが指摘されており，厳格な回収の問題点が認識されはじめた。

　この状況の下で，大蔵省は日本銀行の過剰負担の回避と営業中の銀行の破綻による金融逼迫の激化回避のため早期の損失補償実行を「考案」した。その具体的内容として，大蔵省は１．これ以上の特融利率の低下は費用・収入関係から不可能なこと，２．被融通銀行中，休業等の状態にあり整理存続の見込みの無く担保処分困難なものは，最終期限を待たず日本銀行に対して損失補償を実行すること，３．営業中の銀行でも返済能力の乏しいものは２に準じること，４．被融通銀行が他行により合併・買収された場合，特融は別勘定に移しその補償を考慮すること，５．営業中の銀行で返済能力が増加しているものについては融通期限満了まで待つが，それまでに完済できない場合には「一時ニ担保ヲ処分スルコトハ困難」であるし，「既定（政令第40号－引用者）ノ基準」で「結末ヲ付」けようとすれば営業中の銀行をも営業継続不能にするので，担保処分困難な分については日本銀行に損失補償を実行すること，６．これらの処置は法改正の必要はなく，日本銀行に対する命令の変更で可能なこと，の６点を掲げていた。なお，特に３については「既定ノ決定基準ニヨル条件頗ル厳重ナルヲ以テ営業存続可能ナラシムル為メニ之ヲ緩和スルノ必要アルヘシ」としており，営業継続中の銀行に強く配慮している。もっとも，整理・存続見込み

のない休業銀行の最終処理を促進する点では，これまでの政策内容に変化はないが，本方針は回収緩和を通じて営業継続銀行の破綻や，貸渋りの強制を回避するという意味では，中小商工業者の「金融梗塞」問題に配慮していた。

以上から，特融回収と中小企業金融との間の矛盾を解決するために，大蔵省当局が方針を変更して，日本銀行に対する早期の補償実行の方向に傾いていることが確認できる。ただし，1952年の特融の最終処理終了も含めて，大蔵省による日本銀行に対する損失補償は実行されていない。残念ながらこの背景は不明であるが，結果的に，本方針は先送りされたのである。

インフレによる特融回収の進展と補償法口特融の回収期間の延長　しかし，1934年以降になると民間固定資本形成が恐慌前＝29年水準を突破するなど，マクロ的には大都市部の重化学工業部門を中心にデフレ・ギャップの解消が明確になり，これに伴うインフレにより実質特融残高・実質回収高は名目のそれを明確に乖離する（前掲表3-3）。このように，結果的に前述の32年時点における方針変更の先送りが奏功する状況になった。

以上の状況の中で，大蔵省当局は前述の方針転換への動きを再度変更し，補償法口特融の回収期限をさらに十年延長することにした。その理由を大蔵省は「日本銀行特別融通及損失補償案中改正法律案閣議決定稟請ノ件」（1936年1月27日）という文書で次のように説明している。すなわち，昭和恐慌の発生により被融通銀行の整理も捗らず，その結果，補償法口特別融通の回収も妨げられていた。しかし，「最近両三年来財界ノ好転ヲ見ルニ及ビ被融通銀行ノ整理モ著シク進捗シ特別融通ノ回収成績モ漸次良好ニ向フニ至」り被融通銀行数・融通銀行数ともに減少した。それゆえ，ここで「昭和十二年五月八日」という融通期限をさらに延長することは，「被融通銀行ノ整理ヲ助成シ金融界ノ安定ニ資」するし，本措置により「特別融通ノ回収ヲ円滑ナラシメ延イテ国庫ノ負担ヲ」軽減できる。これら二点が方針変更の理由であった。これに加えて，改正法案提出時の議会における想定問答の中で，大蔵省は法案提出理由を問われた場合，補償法口「特別融通ハ現ニ相当多数ノ銀行ニ対シテ多額ノ残高ヲ存シ居リ之ガ処理ニ付テハ一般財界ニ於テ深キ関心ヲ有シ」ていること，および特融回収方針の如何は「融通銀行ノ経営ニ重大ナル影響アルハ固ヨリ財界ノ安定ニ関係スルコト大ナルモノア」ることを説明するとしていた。ここでも大蔵省

側は「金融梗塞」問題と特融回収との整合性保持を強く意識していた。既に，32年の時点で期待インフレ率は上昇に転じているとされ，前述のように34年になるとこの動きは特融にも反映するようになったが，大蔵省当局はインフレ景気による状況改善に乗じて，回収期限を先送りするという方針変更を画策した。

　本方針は，1932年2月の文書での大蔵省の懸念とは異なり，インフレにより回収が促進されているから，回収期限を延長してもこれにより回収手数料の増加分は相殺して余りあると想定されていると見るのは不自然ではない。また，何よりこのことは32年時点の予想よりも特融元本の回収額を大きくすることを可能にする。これに加えて，方針転換を構想するからには，当然，32年時点とは異なり，大蔵省当局は回収期間の延長が既述した日本銀行の過剰負担には繋がらないという判断をもっていたはずである。さらに，このことは補償法口特融の回収強硬と「金融梗塞」の激化回避という矛盾する問題を解決し，なおかつ国庫負担の増加回避も可能にする。以上が，大蔵省が方針変更を考えた理由であった。このほか，期限延長を十年とした理由は，日本銀行の回収姿勢の規律付けに求められており，この点では大蔵省は日銀に回収促進への誘引を付与することにより，可能な限り早期に問題を解決することと損失軽減を図ることを考えていた。

　なお，この間の日本銀行の補償法口特融の回収姿勢であるが，典型的には当初の回収・処理期限である1937年5月8日の接近に伴う，例えば各支店長宛通牒「整秘第九十六号」における「比較的（換価―引用者）容易ナル有価証券」を中心とする担保処分推進の指示に見られるように，1934年6月以降，通牒で回収・処理の促進を求めたことを除けば，残念ながら，その詳細は不明である。[176]
ただし，支店長会議史料で確認する限りでは，前述した支店長からの特融回収の問題点の指摘を除けば，以前とは異なり金解禁から金輸出停止という激変の中で殆ど全く取り上げられなくなった。また，『日本銀行沿革史』にも，昭和恐慌期においては大蔵省と同様に中小企業の「金融梗塞」の激化への配慮から回収の手を緩めた旨の記述もある。[177] この点に関連して，前掲した1932年の大蔵省文書には中小企業金融対策の観点から，営業継続中の銀行からの特融回収をあえて日銀に強要しなかったことが述べられている。現に，前掲表3-3原史料によれば，1931～35年末にかけての，営業継続銀行全27行の総回収率8.8%

を下回る銀行数は14行と過半数を占めており，この事実も一定の裏づけとなる。このほか，休業銀行の事例であるが，日本銀行福島支店は昭和恐慌以降資産状況が悪化した第百七銀行からの補償法口特融回収にあたり，回収を強行せず事態を静観する姿勢を示しつつも，最終的には預金者への支払率以上の弁済を要求する姿勢を崩さずこれを確保している。

この時期，補償法口特融の回収・処理にあたり日本銀行が重視していた金解禁問題が，政友会内閣による金輸出再停止という形で挫折し，かつ，日銀の国債引受による拡張的財政政策の実施により，1920年代に金本位制復帰との兼ね合いもあり，日本銀行が重視していた過剰流動性の発生に伴う，金融調節能力の喪失問題も解消しつつあった。もっとも，前述の損失決定基準に変更がなく，しかも補償法口特融損失の決定権限は特融損失審査会が保持するので，回収への誘引は一定程度維持される点には留意する必要があるが，金解禁問題が消滅したという事情から，補償法口特融の回収への誘引は低下していた。以上，金本位制が停止され特融回収への誘引が低下すると，大蔵省の意向とも相俟って，日本銀行は，一方では一般債権者向け支払率以上の補償法口特融の回収率を実現する姿勢を保持しつつも，他方では中小企業・地域金融問題に配慮して，自らの資産劣化の進展という犠牲を払って，回収期間・条件面で一定の譲歩を図り特融回収の手を緩めたと見てよかろう。その上で，インフレの効果が明確化し，かつ，回収期限が近づいて来た段階で回収強化に乗り出した。この点は，相対的かも知れないが，もっぱら先送りによる問題への対応の側面が強い大蔵省の姿勢との相違点として指摘しておきたい。

大蔵省の方針に基づく法律改正は，さしたる議論もなく議会を通過した。かくして，インフレに乗じて問題解消を図る同省の方針変更は現実化し，本方針に基づく回収処理が明確化したのである。

6 小 括

ここでは以上の検討を踏まえて，金融恐慌期から昭和恐慌期前後における，特別融通の実施過程，補償法口特融の回収過程の特質を指摘したい。

まず，特別融通の実施過程であるが，これは，当時，重要な国家的政策課題であった金解禁問題に規律付けられて，金額・階層両面——特に後者——にお

いて厳格なまでに限定的に実施され，これを通じて銀行およびその背後にある実体経済の再編成＝「財界整理」を実施したところに重要な特徴があることを，まずは指摘しておきたい。このような特別融通のあり方は，金融危機沈静化のための対処療法的側面がより強かった，金融恐慌前のそれ以上に，明らかに金融構造（およびその背後にある実態経済）の再編成への誘導の側面が濃厚であった。これに加えて，特に回収政策において顕著であるが，当該期の特別融通は金本位制復帰が切実かつ現実的な政策課題となったこともあり，単なる緊縮への誘導に止まらず，金本位制復帰後の日本銀行の金融統制力確保を強く意識していたことも指摘しておかねばならない。

　このような融通方針は，一方では金融危機の発生に伴うショックを一定程度吸収するものであり，これを通じて銀行合同政策の円滑化に資していたから，この意味では銀行合同政策とは補完関係にあった。他方で，特別融通の融通先は階層的に厳しく限定されており，とりわけ階層的に下位に位置する地方銀行の淘汰を目標とするものになっていた。それゆえ，地域の自律性確保という観点からすると，このような方針は銀行合同政策とはその方向性を背反させる面があった。以上を踏まえた場合，当該期の特別融通と銀行合同政策との関係は，補完的な面と非補完的な面を併せ持っており，この意味で両者の関係には微妙な面があったと言えよう。

　なお，本書では史料制約の関係から，昭和恐慌期の特別融通については殆ど検討ができなかった。しかしながら，昭和恐慌期にはいわゆる本行口特融のみしか実施されておらず，かなりラフな推計であるが残額が増加に転じる直前の29年末435万2000円を，ピークに達する31年末1億5020万5000円から差し引くことで，昭和恐慌期における特融供給額はこの2年間で1億661万3000円程度であったと推定される。この金額は金融恐慌時の本行口特融の残高増減が銀行動揺前の27年3月14日の1億7900万円からピーク時の同年4月25日残額20億5692万円に変化し，この間の供給額が18億7792万円であると推定されること，ならびに金融恐慌時には補償法口特融も実施されたことを想起した場合，少なくとも大規模な銀行動揺が生じたにもかかわらず，昭和恐慌期の特融は金融恐慌期のそれに比べて相当限定的であったと言える。この点は後年の日本銀行側による当時の状況についてまとめた史料における，金解禁実施時の「財界動

揺」に対する特別融通は「極力厳選主義をもつて臨んだ」との主張とも整合する。
(185)

　次に特別融通の具体的な実施事例を大規模なものに限定して例示しよう。1931年末から32年にかけて大規模な銀行動揺が起こった，中京地方における明治銀行向けの特別融通を事例に借り手側から事態を観察すると，担保は成規担保1293万円が殆どを占める流動性が高い有価証券を中心に，これを商業手形担保で補完する形で取られており（残額最高時31年12月30日1439万円），流動性に問題がある不動産担保融資は実行されていない。このほか，無担保融資・融通手形融資に関しては愛知銀行（27年末公称資本金1500万円）の保証付きで実行されていた。その際，日本銀行側は同行から無担保融資の依頼があったにもかかわらず，同行が持込可能担保がなくなった段階で融通を打ち切った。つまり，大規模な動揺が生じたにもかかわらず，対応方法は金融恐慌期とは異なり，むしろ1920年反動恐慌時，あるいは「大正11年の銀行動揺」時に近い方法で対処され，この結果，明治銀行のほか村瀬銀行（27年末公称資本金500万円）・碧海銀行（同200万円）といった不良銀行が市場により淘汰されている。ほぼ類似の事例は不動産担保融資には応じていない，青森県弘前市所在の第五十九銀行（同1030万円）への1931年11月10日から同24日までの延べ5回53万1000円の特別融通，1931年11月から翌年5月にかけての岩手県下所在の盛岡・岩手・第九十（公称資本金は第4章第2節参照）の各行向けの特別融通（それぞれ，124万6000円・18万円・45万3000円）等，同じく大規模な銀行破綻が生じた東北地方での融通にも見られ，これら諸銀行は休業を余儀なくされている。また，破綻に至らない場合でも，大分合同銀行（27年末公称資本金1062万5000円）の事例に見られるように，1932年3月30日から同6月24日までの切替も含むのべ35回，累計343万7000円にものぼる特別融通実行の際の担保も有価証券を中心にしつつこれと手形に限定されていた。このほか産業救済面では，金額は不明であるが日本銀行は興銀向けに「事業界整理資金」の融通を実施している。この融資はあくまで整理目的なものであるから，これも金解禁に伴う「財界整理」の必要上実施された側面が濃厚である。以上のような救済融資は，一方では金解禁に伴うショックを吸収・緩和するものであったが，他方では融通は日本銀行側が主張するように，かなりの程度「厳選主義」的であり，このことが重要な要因の

第3章　銀行合同政策を中軸とする普通銀行制度改善政策の展開　　215

ひとつとなり，ほぼ全国的に大規模な銀行（ひいてはその背後にある実態経済）の淘汰・整理が進展している。この事実は金解禁実施に必要な「財界整理」に資することは言うまでもない。この点を踏まえた時，金本位制復帰から再禁止へと変化する微妙な時期ではあったものの，1931年末前後の時期までの特別融通も金解禁問題に規律付けられる側面を持っていたことが強く推定される。

次に，金融恐慌期から昭和恐慌初期にかけての補償法口特融の回収・処理政策の特質についてである。繰り返し述べるように，金融恐慌時における補償法口特融は，海外からの金本位制復帰圧力が強まる中で，信用秩序維持に加えて，対外信用確保も念頭に置く形で実施された。しかし，その実施に必要な経済的基盤が十分に整っていなかったがゆえに，特融を要因とする巨額の供給通貨の早急な回収・処理，換言すれば国庫負担＝損失の極小化（新発債抑制）が重要な政策課題となり，これに基づき方針設計がされた。他方で，同時に資金偏在も激化したため，中小企業金融円滑化への配慮も特融回収・処理政策の重要な政策課題となった。以後，再度，詳論はしないが，本稿での検討期間を通じて，日本銀行と大蔵省の間に政策姿勢の相違を残しつつ回収・処理政策が実行されるが，昭和恐慌発生後になると，これらふたつの政策課題は鋭い矛盾を顕在化させ，破綻を露呈するかのような状況になった。この状況は昭和恐慌対策としての新発債の日銀引受による拡張的財政金融政策の採用とこれに伴うインフレ顕在化により打開され，上記ふたつの政策課題が両立する基盤が整うことになる。

このように，補償法口特融回収・処理を巡る政策当局の動きは，1931年の事実上の管理通貨制移行後も，依然として，政策が立案された金本位制下の思考様式に支配され続けていた。もし，そうでなければ，32年の日本銀行への補償実行が躊躇されることはなかったであろう。そして，1934年以降のインフレ顕在化の後に，なし崩し的に先送りによる問題解消を選択することになるが，これも管理通貨制の特徴を意識的に利用したものではなかった。むしろ，政策当局者たちは――32年の補償実行先送りに見られるように――金本位制下の思考様式に支配されて迷走する中で，偶然，インフレによる問題解消という方法を発見したに過ぎない。損失補償目的の新発債発行を抑制しつつ，中小企業金融にも配慮するという，金本位制復帰目的に設計された政策方針が機能する基盤

は，このような政策当局者の非目的合理的な行動の結果として，管理通貨制移行＝新発債の増加により，いわば政策方針設計者の当初の意図を大きく超える形で逆説的に形成された。なおかつ，金本位制復帰目的に設計された政策方針は，同目的の喪失など一定の変容を受けつつ管理通貨制下にも存続することになる。

　これら一連の事実は，マクロ的には国際的な金本位制復帰圧力が強まる中で，金解禁・大恐慌以前に大規模な金融危機を経験し，これへの対応としての日本銀行が金融市場統制力を失うほどまでに巨額な特融通貨の滞留未解消も含めて，[189]十分な基盤が整わない中で金本制復帰を早急に実施し，なおかつ，早期にこれを放棄せざるを得なかった，当時の日本経済の実態を強く反映して生じたとも言える。他方で，同時，このインフレに乗じた先送りによる問題解決決定への過程は，政策当局者＝行為者の側からすれば，あくまで金本位制下の政策思考に引き摺られて，回収強化と中小企業金融への配慮の狭間で迷走する中で，偶発的に解決策が発見されることにより生じたものであった。既に指摘されているように，昭和恐慌期の大蔵省においては，いわゆる管理通貨制の導入は一時的措置であり，「やがて金本位制が再建される」と考えられていた。[190]このような当局者の思考様式を背景に，管理通貨制移行後の補償法口特融の回収・処理を巡る政策行動の中に，金本位制下の政策行動様式が包含され続け，上述した政策過程における迷走が生じた。この点を看過して管理通貨制への移行というマクロの実態面のみから把握したのでは，政策過程の発生原因を含めて，その特質を充分に理解することはできない。まずは，この点を，当該期の補償法口特融の回収・処理を巡る政策の重要な特徴として指摘したい。その際，クラウディング・アウト発生まで政策方針の機能基盤が未形成であったことは，当該期における回収・処理方針が，当時の日本経済の実態に即して考えた場合，相当な無理を包含したことを示している。

　第二に指摘したい点は，華族銀行・植民地中央銀行への配慮に見られるように，当該期における補償法口特融の回収・処理政策が，国内統治，および植民地統治とこれに付随する対外信用上の問題を強く反映したことである。その際，これに関する対外信用上の問題は，必ずしも特融の回収・処理を促進するものではなかった点には注意が必要であるように思われる。つまり，金本位制復帰目

的の回収・処理政策は，一方においては緊縮に資するべく特融の回収を強行する側面を持っていたが，他方では，対外信用確保の問題は大口融資先である植民地中央銀行からの回収遅延を惹起することを通じて通貨収縮に反していた。このように，対外信用確保の問題は，当該期の回収・処理政策に交錯した影響を与えたことを看過すべきではない。その際，金本位制復帰直前から昭和恐慌発生直後の時期まで，特融に伴う通貨の厳しい回収が実施されていたが，大口貸出先である植民地中央銀行支店からの回収に手心が加えられた以上，それ以外の銀行により強い回収圧力がかかること，特に，経営基盤がより劣弱な地方銀行や地域金融にとって重大な圧力となることは想像に難くない。

　以上の諸点の中に，金本位制復帰を巡る国際圧力の影響を強く受ける形で実施された，管理通貨制移行期における補償法口特融の回収・処理政策の特質を見出せる。

(101)　以下での深井の回顧とその日本銀行内部での共有については，深井『回顧七十年』217～221頁による。なお，救済融資に伴う「モラル・ハザード」の蔓延については，寺西重郎「不均衡成長と金融」中村隆英・尾高煌之助編『日本経済史6　二重構造』岩波書店，1989年，所収，206～207頁でも指摘されている。しかしながら，氏の議論では，このことが震災後における日本銀行の救済方針の変化に与えた影響は検討されていない。
(102)　小川郷太郎議員の発言（『日本金融史資料』昭和編第13巻，所収，490頁）。
(103)　この点は，1926年5月15日の本支店事務協議会での市来総裁の「本行ノ貸出方針トシテハ昨年来諸君（各支店長－引用者）御承知ノ通リ正規ノ常道（金本位制－同）ニ復帰スルノ趣旨ニヨリ成ルベク変態的ノ融通ヲ避クルヤウ」にとの説明からも裏付けられる（日本銀行『本支店事務協議会席上ニ於ケル総裁演説』日本銀行金融研究所所蔵。なお，以下の市来発言も1927年4月の『総裁演説』による）。また，片岡『一断面』467頁によれば，前述の片岡との意見交換の際に，市来・木村は解禁のための正貨現送，銀行整理実施を「力説」したという。
(104)　石井「地方銀行と日本銀行」139頁以下および144～146頁を参照。なお，銀行合同政策の円滑化を企図したことは，例えば福島県下の最有力銀行である第百七銀行への特融からも確認される（白鳥「製糸・養蚕地帯における金融危機の展開と日銀支店」67～68頁）。石井「地方銀行と日本銀行」131～132・141・144頁によれば，補償法口特融の主要融通先23行中，預金量

500万円以上1000万円未満層は福島・郡山合同の両行のみであり，基本的には預金量1000万円以上層に集中的に融資されていた。その中でも，とりわけ，都市銀行と特殊銀行は74％を占めていたというから，相当程度，選別的な融資姿勢であったことが確認される。
(105) 以下に記す本行口特融の取引条件は，日本銀行調査局「関東震災ヨリ」973頁。
(106) 例えば日本銀行福島支店では，本行口特融による手形割引の際の担保選別・掛目設定は補償法口に比べて厳格に行われていた（白鳥「製糸・養蚕地帯における金融危機の展開と日銀支店」注(43)による）。
(107) 例えば，西村はつ氏によると，特融の借り手である信濃銀行は，28年10月8日時点で不動産抵当特融（351万円。月当たり返済額5万1000円）については34年5月末完済予定としているのに対して，有価証券担保特融（289万円。同14万4500円）は30年5月末完済予定としている。両者の月当たり返済額は倍以上の格差で設定されており，不動産担保貸付と有価証券担保貸付の流動性の相違が確認できる（西村「地方銀行の経営危機と不動産担保融資の資金化」『地方金融史研究』第32号，2001年3月，所収，10頁による）。
(108) なお，台湾銀行救済向けである第三別口特融は台湾における預金支払準備向けに目的が限定され，台湾銀行の資金調達の殆どを占めたコール・マネーの返済に充当できなかった。このため融通額が台湾融資法の施行日である27年5月8日時点で1億9150万円に止まり（第二別口は6億8793万8000円），翌年には政府補償実行の結果，残額は皆無となっている（日本銀行『日本銀行百年史』第3巻，表4-30，262頁による）。このように金融恐慌時の特別融通の殆どは第二別口特融が占めるため，本稿では第三別口特融についての検討は割愛した。
(109) 石井「地方銀行と日本銀行」143〜144頁。なお，帝国議会における特融法の審議過程については，永廣「金融危機」122〜125頁も参照。
(110) 深井『回顧七十年』218頁。
(111) 深井『回顧七十年』228頁。
(112) これら文書からの引用は，『日本金融史資料』明治・大正編第22巻，963〜965頁。なお，以下で検討する取引条件は，伊牟田・石井・永廣各氏の前掲諸研究では未検討である。
(113) 現に，日銀福島支店は，本行口特融しかなかった反動恐慌，大震災時には担保・貸出金額査定を実施していたのに対して，金融恐慌時の補償法口貸出（除不動産担保）については，殆ど事前審査をせず迅速に貸出を実施している（白鳥「製糸・養蚕地帯における」49〜56・58〜60・65頁）。
(114) 現に，この措置により被救済銀行側は機会主義的行動を強く制約され，このことは特融回収率の向上に貢献した（一例に過ぎないが，本書第5章第3節における第百七銀行の分析を参照）。

(115)　後藤新一『日本の金融統計』東洋経済新報社，1970年，表48（130〜131頁）。
(116)　深井『回顧七十年』232頁。
(117)　深井『回顧七十年』231頁。なお，不良銀行の整理促進が特融法の重要目的であったことは，1927年6月20日の第一回特別融通審査会における三土蔵相の挨拶からも確認できる（「蔵相挨拶」『昭和財政史資料』マイクロ検索番号33-002所収による）。また，そのような方針の実施を具体的に支店レベルで把握した事例として，白鳥「製糸・養蚕地帯における金融危機の展開と日銀支店」67頁以下を参照。井上総裁の演説は『昭和二年十一月七日本支店事務協議会席上ニ於ケル総裁演説』日本銀行金融研究所所蔵による。
(118)　日本銀行調査局『昭和二年四月七日，本支店事務協議会席上ニ於ケル総裁演説』日本銀行金融研究所，所蔵。井上の見解は大阪朝日新聞経済部編『昭和金融恐慌秘話』朝日文庫版，1999年（原本は1928年刊行），75頁。
(119)　日本銀行「金輸出解禁史（其一）」41〜44頁掲載の蚕糸業同業組合等の諸決議を参照。
(120)　橋本「経済政策」96〜98頁。
(121)　永廣「金融危機と公的資金導入」122頁。
(122)　以下，同文書からの引用は『日本金融史資料』昭和編第25巻，362〜363頁。
(123)　この点は『昭和財政史資料』マイクロ検索番号33-002に収録されている同史料の「新規公債発行額」なる表から明らかである。
(124)　この点は『日本銀行百年史』『昭和財政史』などで調べてみたが，特にこのような制度が作られたとの記述は見出せなかった。それゆえ両案とも未実施と推定される。
(125)　以下での議論・引用は『日本金融史資料』昭和編第25巻，所収，365〜367頁。なお，作成日は『昭和財政史資料』収録の同史料の原本によった（『昭和財政史資料』マイクロ検索番号33-002所収）。
(126)　この点については，さしあたり橋本寿朗「経済政策」大石嘉一郎編『日本帝国主義史』第2巻，東京大学出版会，1987年，96頁以下を参照。
(127)　金融恐慌以前の時点で民政党内閣の片岡直温前蔵相も「金解禁の必要，銀行整理の計画」「財界整理」を主張しており（片岡「恐慌の遠因」大阪朝日新聞経済部編『昭和金融恐慌秘話』88頁），現に金融制度調査会の設置などに見られるように「財界整理」に着手していた。
(128)　以下での引用は，この二つの文書（『昭和財政史資料』マイクロ検索番号33-002所収）からである。
(129)　大蔵省「日本銀行特別融通法ト財政政策」362頁。
(130)　現に，回収の最前線に立つ日銀支店も，この制度的条件の下で，回収極大化行動を採っていた（本書第5章第3節での日銀福島支店による第百七銀

行からの特融回収の分析を参照)。
(131)　本措置は後述のように実現しており，永廣「昭和金融恐慌と休業銀行の破綻処理問題」188〜189頁が主張する，債務支払原資確保目的での休業銀行の資産管理が存在しなかったことが，休業銀行整理政策の日本的特質であるとの議論には同意できない。むしろ，休業銀行の資産管理にあたり国庫負担の極小化のみが考慮され，預金者など他の一般債権者への支払原資の確保が殆ど全く未考慮であった点に日本的特殊性を求めるべきであろう。
(132)　現に，第5章第3節で示すように，福島県の第百七銀行はこれが障害になり，預金者への払出が大きく遅延した。
(133)　大蔵省（推定）「日本銀行特別融通及損失補償法第四条ニ基ク日本銀行ニ対スル命令」第4条；「特別融通損失審査会官制」『昭和財政史資料』マイクロ検索番号220-2に収録。
(134)　『日本金融史資料』昭和編第13巻，490頁。
(135)　『日本金融史資料』昭和編第13巻，495頁。
(136)　蔵相の答弁も含めて『日本金融史資料』昭和編第13巻，524〜525頁。ただし，朗読された基準は「案」のほうである。
(137)　以下，川崎の質問を巡る議論は，『日本金融史資料』昭和編第13巻，528〜532頁。
(138)　以下，中村の質問を巡る議論は，『日本金融史資料』昭和編第13巻，535〜536頁。
(139)　『日本金融史資料』昭和編第13巻，580頁。
(140)　『日本金融史資料』昭和編第13巻，640〜648頁。
(141)　『昭和財政史資料』マイクロ検索番号33-002所収。
(142)　金融恐慌期以降の郵便貯金の激増振りについては，杉浦勢之「金融危機下の郵便貯金」石井・杉山編著『金融危機と地方銀行』104頁以下を，大都市部・都市銀行への「資金偏在」とこれに対する地方からの反発については，本章における銀行合同政策の分析を，それぞれ参照。
(143)　以下に記す資金の偏在状況とこれへの対応については，大蔵省「財界ノ動揺ト資金移動」『昭和財政史資料』マイクロ検索番号33-001所収による。
(144)　当該期における預金部資金の還元については，金澤史男「預金部地方資金と地方財政（一）（二）」『社会科学研究』（東京大学）第37巻3・6号，1985年10月，86年3月を参照。
(145)　日本勧業銀行『日本勧業銀行史』同行，1953年，518・524頁。
(146)　武田勝「1920年代における借換債の日銀引受」『証券経済研究』第43号，2003年9月，図表2（104頁）による。
(147)　以下での井上総裁の演説は，日本銀行『昭和三年五月二十一日　本支店事務協議会席上ニ於ケル井上総裁演説』日本銀行金融研究所所蔵。なお，『日本銀行百年史』第3巻，257〜258頁でも，本史料からの引用に基づき議

論がされているが，本稿での史料解釈とは基本的に異なる。
(148) 以下，昭和恐慌期，とりわけ1930・31年の Debt Deflation の深刻化，不良債権増大に伴う金融危機の深刻化，ならびに前後の状況の推移については，岩田規久男編著『昭和恐慌の研究』東洋経済新報社，2004年，第6・7章（187〜248頁）による。
(149) 橋本「経済政策」96〜111頁。このことは，個別銀行経営の分析結果とも整合する（石井・杉山編『金融危機と地方銀行』所収の諸論文を参照）。
(150) この点については，第5章で示す休業銀行整理に関する諸研究を参照せよ。
(151) なお，31-35年の間に台湾銀行支店は特融残高を大きく低下させているが（前掲表3-1），台湾銀行史編纂委員会編『台湾銀行史』同委員会，1964年，164〜186頁によれば，台湾融資法に基づく借入金の全額免除など政府からの援助のほか，鈴木商店向けを中心とする整理案以上の回収達成と有価証券処分・営業利益による自己資金確保にその理由があったとされる。
(152) 台湾銀行史編纂委員会編『台湾銀行史』1964年，131〜151頁。
(153) 朝鮮銀行史研究会編『朝鮮銀行史』東洋経済新報社，1987年，280〜285頁。
(154) 大蔵省銀行局「大正十四年七月十一日　朝鮮銀行ノ整理ニ関スル件」『昭和財政史資料』マイクロ検索番号43-001所収。
(155) 伊藤『日本の対外金融と金融政策』133〜141頁。
(156) 金融恐慌期の同行の特融処理に関する事実は，「第一号第百三冊　第十五銀行」『昭和財政史資料』マイクロ検索番号45-002に収録の同行整理関係史料による。なお，最近，青地正史氏も未払込株金の問題に着目して，第十五銀行の整理について簡単に考察している（「戦前日本企業と『未払込株金』」『富大経済論集』（富山大学）第51巻2号，2006年2月，3〜4頁）。
(157) 『昭和財政史資料』マイクロ検索番号270-002に収録。
(158) この点を踏まえた時，同行が含まれる預金量下位グループが単純に流動性不足による休業であると論じる，横山和輝「1927年昭和金融恐慌下の銀行休業要因」『日本経済研究』第51巻3号，2005年3月，113〜114頁の議論には問題があると言えよう。
(159) 大蔵省「補償法ノ経過及ヒ今後ノ処理方策案」1932年2月？日，『日本金融史資料』昭和編25巻，所収，367頁。
(160) 日本銀行『昭和四年五月十三日　本支店事務協議会席上ニ於ケル土方総裁演説』。
(161) 井上財政と金解禁実施・再禁止については，橋本「経済政策」をはじめ，数多の研究が存在する。また，事実関係も周知のものが多いので，言及する必要はなかろう。
(162) 原朗「景気循環」大石編『日本帝国主義史』第2巻，391〜396頁，特に

　　　　第7図を参照。
(163)　日本銀行『昭和四年十月十日　本支店事務協議会席上ニ於ケル土方総裁演説』日本銀行金融研究所所蔵。
(164)　以下の議論は第5章第3節による。
(165)　本書第5章第3節における1929年1月時点の特融残存状況に関する記述と，白鳥「製糸・養蚕地帯における金融危機の展開と日銀支店」表5の「日銀支店よりの借入金」1928年12月15日（同表では12月末になっているが，誤りであり訂正する）時点の数値による。
(166)　伊藤正直「藤田銀行の破綻とその整理」石井・杉山編『金融危機と地方銀行』405頁。
(167)　大蔵省「補償法融通ノ経過及ヒ今後ノ処理方考案」1932年7月？日，『日本金融史資料』昭和編第25巻，所収，367頁。
(168)　以下での同文書からの引用は，『日本金融史資料』昭和編第25巻，368〜369頁。
(169)　この点については，渋谷隆一「中小商工金融問題の深刻化と大蔵省」『経済学部研究紀要』（駒澤大学）第31号，1973年3月，175〜194頁を参照。また，各地商工業者に対する金融梗塞の影響とこれへの不満の噴出については，日本商工会議所編『各地金融梗塞ノ実状並ニ之カ対策ニ関スル各商工会議所意見』（同会議所，1932年）を参照。
(170)　日本銀行『昭和五年本支店事務協議会書類綴』（日本銀行金融研究所所蔵）に合綴の「昭和五年十月本支店事務協議会　第三日（月曜日）」議事録における守川熊本支店長の発言（267〜268頁）；同『昭和六年本支店事務協議会書類綴』（同）に合綴の「昭和六年十月本支店事務協議会　第二日（木曜日）」議事録における宗像福島支店長の発言（50頁）。
(171)　日本銀行『日本銀行百年史』第3巻，259〜260頁。
(172)　昭和恐慌からの回復過程について詳細は，伊藤正直「資本蓄積（1）重化学工業」；原「景気循環」大石編『日本帝国主義史』第2巻，特に150〜153，405頁を参照。
(173)　なお，『日本銀行百年史』第3巻，259頁でも，1934年以降のインフレの進展により「整理回収が軌道に乗った」としているが，後述のように，34年から36年の方針転換以前までの時期においては，日本銀行の回収姿勢は未だ定まっておらず，インフレに乗じる形での方針転換の明確化は1936年以降である。また，同書では，年次単位で回収額が計算されていないために（1934年から44年までの期間で集計），同書は実証面でも問題がある。したがって，34年以降，「軌道に乗った」との議論は首肯できない。なお，この点は，本章のもとになった白鳥「補償法口特融の回収・処理と日本銀行・大蔵省」『社会経済史学』第70巻6号，2005年3月では，冒頭で同書の議論の概略を紹介の上で包括的な批判を加えているが，この点のみを取り上げる形では明

示的に批判していないので，この場で，明確に批判する。
- (174) 『昭和財政史資料』マイクロ検索番号270-002所収。
- (175) 以下での引用などは，大蔵省「日本銀行特別融通及損失補償法中改正法律案想定質疑応答」『昭和財政史資料』マイクロ検索番号270-002所収による。
- (176) 『日本銀行沿革史』第3巻第6集，309頁以下に収録されている「整秘第二〇一号」（1934年6月2日付け，各支店長宛通牒），「昭和十年二月　特別融通処理ニ関スル営業主任打合事項」「整秘第二五号」（営業局長，関係支店長宛通牒）といった諸史料による。
- (177) 日本銀行『日本銀行沿革史』第3集第6巻，307～309頁。
- (178) 本書第5章第3節による。
- (179) これらの問題を日銀側が如何に意識していたのかという点は，井手英策「新規国債の日銀引受制度をめぐる日本銀行・大蔵省の政策思想」『金融研究』（日本銀行金融研究所）第20巻3号，2001年9月を参照。
- (180) 「五三，日本銀行特別融通及損失補償法中改正案」（第六十九帝国議会議事録）『日本金融史資料』昭和編第16巻，所収，123～128頁。
- (181) この議論は，1934年のインフレ発生をもって，回収・処理が「軌道にのった」とする『日本銀行百年史』第3巻，259頁に対する批判である。
- (182) 伊藤『日本の対外金融と金融政策』表2-26（198頁）。ここでの数値も同表による。なお，これに対して浅岡「戦前期の日本銀行特別融通について」表1（73頁）では，1700万円という推定額が提示されている。しかしながら，同論文では推定根拠が示されていない。氏は元日本銀行職員のため外部者には入手不能な史料を用いているかもしれないが，いずれにせよ根拠不明のためここでは氏とは異なる独自の推定額を示した。
- (183) 石井「地方銀行と日本銀行」142頁。
- (184) 石井「戦間期の金融危機と地方銀行」16～20頁。
- (185) 日本銀行「満州事変以後の財政金融史」1948年3月，『日本金融史資料』昭和編第27巻，所収，38頁。
- (186) 西村はつ「中京金融界の動揺と明治銀行」『地方金融史研究』第33号，2002年3月，82～84頁。
- (187) 日本銀行「金解禁後における金融界動揺と特別融通」『日本金融史資料』昭和編第24巻，所収，585～586頁。以下での金解禁後の特融に関する記述は，同史料530～625頁。
- (188) 昭和恐慌期の銀行破綻の広がりは，石井「戦間期の金融危機と地方銀行」16～20頁を参照。
- (189) この点は伊藤『日本の対外金融と金融政策』表2-25・26（197～198頁）を見よ。
- (190) 石井寛治「日本銀行制度」同編『日本銀行金融政策史』東京大学出版会，2001年，139頁における，1932年の金融制度調査会での大蔵省代表者の発言

の検討を参照。

むすび

　以上，金融恐慌期から昭和恐慌期にかけての銀行合同政策を中軸とする普通銀行制度改善政策の展開過程を検討してきた。この時期になると，銀行合同政策，公的銀行検査も含む銀行経営規制，日銀特融の三者の間に，相互補完関係が明確に形成・展開されるようになる。その特徴は，銀行合同政策に関しては，金本位制復帰という政策課題への対応として「財界整理」を促進するために，資金偏在の「重層」性を踏まえて各地域の特殊性に配慮しつつ銀行合同を促進することで金融構造の「集約化」を図ることであった。さらには，これとともに合同を通じて銀行経営を大規模化し，いわゆる「機関銀行」に見られる封鎖的な所有・経営のあり方を是正し，専門経営者の雇用基盤の創出を含むルールと手続に基づく組織的な経営統治機構を創出することも目的であった。銀行経営規制の面では，銀行検査の充実面において当初の構想がほぼ実現できなかった点で重大な限界があったが，銀行合同政策と同様に「財界整理」の促進という側面を包含しつつ，大蔵省当局は裁量的な行政指導の実施を通じて，各地域（金融）経済・各銀行の実情に即した形で，銀行合同も含めて金融健全化への誘導を図る点に特徴があった。この意味で，このような政策的措置は同じく各地域金融経済の実情に配慮する形で，金融再編成・健全化への誘導を図るべく実施されていた銀行合同政策と補完関係にあった。日銀特融は金融恐慌によるショックを緩和し，かつ，これとともに各地方――とりわけ，各県――で合同の中核となる銀行を重視する形で融資を行なうことで，銀行合同政策を最大限円滑化すべく下支えする一方で，他方では大銀行に限定的な特融を実施することで，金本位制の論理に規定されて特融の効率性を確保しつつ，銀行産業組織の「重層」性を踏まえつつ金融構造とその背後にある実体経済の整理再編を促した。この意味で当該期の日本銀行は単なる「救済機関」に堕した訳でもなければ，ましてや決して「受動的な信用供給」を行っていた訳でもないことには留意すべきである。また，第5章第3節における第百七銀行の事例にも見ら

れるように，大蔵省側は特融回収過程において特融回収を梃子に他行との合同を飲ませているから，特融回収も一定程度銀行合同政策と関連を持っていたと見られる。このほか第百七銀行の事例に見られるように，大蔵検査が特融回収を促進する面もあったから，結果的ではあれ銀行経営規制の実施と日銀特融も補完関係にあった。

このように金融恐慌期以降，明確化した政策相互の補完性は，単に銀行経営並びに信用秩序の安定回復のみを目的にしたものではなく，金解禁実施のための「財界整理」の推進を重要な政策目標にしたことは改めて強調しておきたい。(193) その際，主要先進国間では，国際金本位制再建のための政策協調——とりわけ，不安定な内国金融制度の再編成も含むそれ——が見られなかったことが指摘されているから(194)，この点を踏まえた時，自らの金本位制復帰も含めて，内国金融の再編成に踏み込むまでに，国際金本位制再建のための強い政策協調姿勢を打ち出した点に，日本の特殊性（と外資への強い依存ゆえの脆弱性）が見出せる。なお，既に財政史研究では，両税委譲問題を中心に，政策が金本位制復帰問題と地方経済対策の両面に強い影響を受けたことが指摘されているが(195)，この点では銀行合同政策を中軸とする普通銀行制度改善政策も類似の性格を持っていたと言えよう。

次に，このような政策相互の補完性が持つ，地域の自律性確保の問題を巡る特徴をより踏み込んで論じる。政党政治状況により大蔵官僚に対する牽制が図られた銀行合同政策や銀行経営規制は，「財界整理」問題よりも地域金融の多様性や自律性に配慮する側面が日銀特融に比べると色濃く出てきた。これに対して，日本銀行の特別融通は，周知のような，当時，グローバル・スタンダードと目されていた金本位制復帰のために，政策的にデフレ圧力をかける必要性が生じる中で，「財界整理」への誘導を目的に「大銀行本位」に実施されるという側面を持っていたから，地域金融の多様性や自律性に配慮するという側面は希薄であった。この意味で銀行合同政策を中軸とする普通銀行制度改善政策は，金本位制復帰問題に強いインパクトを受ける形で相互に関係性を持ちつつ展開したのであるが，地域の自律性確保への配慮という問題を巡って，必ずしもその方向性を一にしていたわけではない。また，前述のように，この時期の銀行合同政策や1927年銀行法の施行＝規制の実施も，1926年以降，政策課題と

して一層切実化した金解禁対策の一環であり，この限りで日銀特融とほぼ同様な特色も併せ持っていた。以上の諸政策のうち，政党政治状況に強い牽制を受けたため，1927年秋から地方への配慮をより一層重視する方向に政策内容が軌道修正された銀行合同政策を除けば，それ以外の諸政策は前述のように同じく金解禁早期実施を目標とした政友会内閣の下で，地方への配慮を重視しつつ「財界整理」を図るという金融制度調査会の方針（銀行経営規制），ないしは不良銀行淘汰を通じた「財界整理」をより重視する方針（日銀特融）で展開されていた。それゆえ，金融恐慌後も，程度の差の変化はあるが，金解禁の早期実施のための「財界整理」という政策目的が包含されていたという意味では，若槻内閣期からほぼ一貫していたと判断される。もっとも，金解禁対策としての日銀特融・銀行経営規制・銀行合同政策という三者の相互補完関係は，後二者に地域の自律性確保への配慮という問題が強く入り込んだために，その戦略性は中途半端になった点も指摘しなければなるまい。

　このような補完性は，高橋財政期における，周知のような，金本位制の事実上の放棄と，公債の発行に基づく積極財政政策が本格化する中で，変化を見せる。つまり，1933年8月になると大蔵省は信用秩序の維持・安定から，地方資金の流失阻止という側面を含みつつも「地方金融統制確立」のための政策として銀行合同政策を位置付けるようになった。また，史料の制約上，詳細は不明であるが，以上のような大蔵省の政策態度の変化から，銀行経営規制も同様な変化を蒙ったと見られる。このほか，特融回収問題に見られるように，昭和恐慌の発生に伴い中小企業金融問題が深刻化すると，当局はこれに配慮し回収姿勢を緩和したほか，1934年以降になるとインフレ効果による資産流動化が，地方銀行も含む被融通銀行の返済負担を緩和した。このように，昭和恐慌期における日銀特融の地域の自律性確保に対する影響は，それ以前とは様相を異にするようになった。

　以上のように昭和恐慌期になると，上述のような日銀特融を除けば，地域金融経済の多様性と自律性に配慮する側面が濃厚な，信用秩序の維持・安定化を目標とする政策相互の補完性は，この目標を残しつつも，「統制」色の入り混じったものに変化する。さらに，1936年のいわゆる馬場蔵相の「一県一行主義」声明により，特に銀行合同政策は国債消化の円滑化の一端を担う政策とい

う位置付けが与えられる。この点を踏まえた場合，昭和恐慌期は地域金融の多様性と自律性に強く配慮した1920年代的な政策状況から，戦時のそれへの重要な過渡期になったと言えよう。なお，金融恐慌以降，1930年代初頭までの間における銀行合同政策を中軸とする普通銀行制度改善政策が，銀行産業組織を中心とする金融構造の再編成に与えた影響は終章で検討したい。

(191) なお，当時の大蔵省銀行検査官も，日銀特融を梃子に銀行を合同に追い込んだという趣旨の回顧を残しており，この意味でも日銀特融は合同促進的であったと見られる（原『昭和金融恐慌の教えるもの』91～92頁）。ただし，原の回顧にある「特融資金の濫用」という議論は，日本銀行側の数量データから見て広く実施されたとは見なし難い。一部にこのような現象があったとしても，極端な事例であると言わざるを得ない。

(192) この点は加藤俊彦氏から伊藤正直氏，あるいは石井「地方銀行と日本銀行」144頁における，金融恐慌期になって「日本銀行は単なる救済機関に堕し」たとの議論に至る通説に対する批判はもちろんのこと，白鳥「製糸・養蚕地帯における金融危機の展開と日銀支店」69頁における「救済機関化」という通説の評価を援用した議論に対する自己批判と修正をも蔵している。

(193) このような把握は，1927年銀行法に基づく規制体系の形成を，管理通貨制度と制度的補完関係をもつ「現代的セイフティ・ネット」成立の一環として位置づける，靏見「金融革新とセイフティ・ネットの再構築」77～79頁に対する批判を蔵している。また，安部悦生編著『金融規制はなぜ始まったのか』では，以下に記すような国際比較を通じた金融規制形成の日本的特殊性は把握されていない。

(194) C. Feinstein (ed.), *op. cit.* introduction and Chap.1 を参照。日本経済史研究では，伊藤『日本の対外金融と金融政策』第3章がこの問題を検討しているが，内国金融の再編成政策にまで踏み込んだ検討はしていない。

(195) 金澤史男「両税委譲論展開過程の研究」『社会科学研究』（東京大学）第36巻1号，1984年，134頁。

(196) 後藤『本邦銀行合同史』309～313頁。ただし，後藤氏の言うような，この時期に「一県一行主義」の起点を求める見解には同意できない。

(197) 後藤『本邦銀行合同史』326～330頁。

補論　元大蔵官僚松本修の地方金融観の変容
―― 『北海道地元銀行体系改革ニ関スル私案』を中心に ――

はじめに

　第2・3章で見てきたように，地域・政党側が地方資金流失問題への対応を求めて，都市銀行による地方銀行の合同に難色を示したにもかかわらず，大蔵省銀行局長松本修は中央の重工業の発展に即応した金融制度を構築すべく，イギリス型支店銀行制の実現を最終目標とする銀行合同方針を唱えていた。

　その後，松本は1929年1月に銀行局長を退任し，北海道拓殖銀行頭取に就任した。そこで松本は地方金融の現状を目の当たりにすることになる。そこでの経験を踏まえて，松本は1934年8月15日付けで『北海道地元銀行体系改革ニ関スル私案』という北海道地方の金融改革案を取り纏めた。本文書を纏めた理由は詳らかではないが，この文書の中には松本の地方金融観の変容が明瞭に読み取れる。ここでは松本の改革私案の内容を検討し，その地方金融観の変容の歴史的特質およびその位置を明らかにすることを課題としたい。

（1）　本史料は北海道開拓記念館所蔵の拓銀旧蔵史料に含まれる。なお，以下での引用と議論は特記しない限り本史料による。なお，この問題についての検討は，斎藤仁『旧北海道拓殖銀行論』農業総合研究所，1957年や，吉田賢一氏の諸研究に代表される先行研究では行われていない。

229

第1節　松本の道内金融問題認識と「混合銀行」の必要性

1　資金偏在の「重層」性と普通銀行による開発金融の限界についての認識

　まず，松本の改革構想の冒頭では，考えられる選択肢として，①道内普通銀行全部を北海道銀行に合併し，拓銀との二行体制にすること，②道内普通銀行を北海道銀行に集約した上で，拓銀の普通銀行部門を道銀に委譲して拓銀を「純粋不動産銀行」化して，道内における「農工銀行ト云フ程度ノモノ」にすること，③前案で農工銀行化した拓銀の業務を，日本勧業銀行に委譲して勧銀支店化すること，の三つを挙げていた。

　しかしながら，松本は①については道内本店所在銀行の欠損が自力で補塡不能な状況にあり，それゆえ普通銀行を集約化しても長期的な存続が不可能であることを論じた。②と③については北海道の経済発展水準からしていわゆる混合銀行が必要とされること，ならびに「内地銀行」支店や地元銀行支店の展開が見られるものの，それは「比較的交通ノ便ニ富ム主要都市」に殆ど限定されることを指摘した。これに加えて，しかも支店銀行の営業上の主眼は預金吸収にあり道内産業の発展への貢献が薄く，また，道内本店所在銀行も「道内大都市ニ主力ヲ注ギ（それ以外の－引用者）地方ヲ顧ルコト甚タ薄ク」，その意味で道内支店を預金吸収機関化している内地銀行とほぼ同一傾向にあり，道内各地の産業発展への貢献が薄いことを論じた。その上でこれら三つの構想が何れも不可能であると結論付けた。

　ここで重要なことは，松本が内地本店所在銀行－道内都市部本店所在銀行－道内本店銀行の郡部支店，および国内大都市－道内大都市部－道内郡部という，金融機関および地域金融の「重層」性とこれに基づく資金偏在の存在を認めており，この意味で大蔵省時代の地域金融認識から大きく変化を遂げていることである。表3-4は，史料の制約上，道内各地域別の預貸率を示した。これによれば道内主要都市とその他地域の預貸率を比較すると，前者がほぼ貸出超過であるのに対して後者は預金超過である。この時期，道内本店銀行の本店が札幌，小樽，函館に集中し，それ以外の地域は支店銀行のみの所在であること，

表3-4　北海道内地域別預貸率

(単位：千円)

	札幌			小樽			函館			旭川		
	預金	貸出	預貸率(%)	預金	貸出	預貸率(%)	預金	貸出	預貸率(%)	預金	貸出	預貸率(%)
1928年末	51,001	87,232	171.0	60,478	71,465	118.2	51,279	35,850	69.9	12,804	19,167	149.7
1929年末	54,693	88,332	161.5	65,159	64,552	99.1	52,039	40,196	77.2	13,360	18,429	137.9
1930年末	54,633	82,298	150.6	63,836	63,815	100.0	38,546	34,758	90.2	12,171	19,260	158.2
1931年末	46,989	86,210	183.5	12,064	62,147	515.1	59,021	36,010	61.0	48,590	19,623	40.4
1932年末	50,845	91,190	179.3	14,197	70,221	494.6	63,303	35,722	56.4	53,490	22,106	41.3

	室蘭			釧路			帯広			網走		
	預金	貸出	預貸率(%)	預金	貸出	預貸率(%)	預金	貸出	預貸率(%)	預金	貸出	預貸率(%)
1928年末	5,065	5,468	108.0	6,267	10,593	169.0	5,568	12,178	218.7	1,690	1,718	101.7
1929年末	5,229	5,080	97.2	6,860	10,700	156.0	5,365	11,536	215.0	1,493	2,212	148.2
1930年末	5,572	5,269	94.6	6,803	13,814	203.1	5,603	11,240	200.6	1,394	3,154	226.3
1931年末	3,180	4,663	146.6	6,381	13,837	216.8	5,451	11,173	205.0	1,487	3,348	225.2
1932年末	5,143	6,071	118.0	6,811	14,550	213.6	5,882	11,803	200.7	1,580	3,807	240.9

	その他地域			道内合計		
	預金	貸出	預貸率(%)	預金	貸出	預貸率(%)
1928年末	43,547	38,423	88.2	237,699	282,094	118.7
1929年末	47,584	39,668	83.4	251,782	280,705	111.5
1930年末	47,439	40,711	85.8	235,997	274,319	116.2
1931年末	44,989	41,008	91.2	228,152	278,019	121.9
1932年末	49,618	44,987	90.7	250,869	300,457	119.8

出所）『北海道庁統計書』勧業編各年より作成。

　第1章での小樽についての検討で示したように，明治後期から大正初期の時点で既に道外本店銀行も預金超過状態にあったことを考慮した場合，松本の認識は実態に即していたと考えてよかろう。ここから松本は拓銀頭取に就任後，地域金融の現状を目の当たりにすることで認識を根本的に改めたと見てよかろう。そして，史料には明示されていないが，このような認識を踏まえて松本は，普通銀行を，道内，特に郡部の産業発展に貢献せしめることは困難であり，この資金偏在の「重層」性を解決することが道内経済の発展に必要であると考えていた。この意味でも銀行局長在任時の認識と大きく変容していた。以上に加えて道内銀行の自力での欠損補填も難しいことから，構想①が断念されたのであ

補論　元大蔵官僚松本修の地方金融観の変容　　231

る。

2 独立した純粋不動産銀行化の不可能性と混合銀行の必要性

　松本はさらに進んで②③に関わって，道内本店所在銀行の貸出の内容を1933年末のデータに基づき検討する。そこで松本は道内銀行の貸出の特徴として担保付，無担保貸も含めて「信用ノ基礎ヲ形成スルモノハ本道ニ於テハ不動産以外ニ之ヲ求メ難キ事態」にあること，「勘定行目手形貸又ハ当座貸越ノ名目ヲ（ママ）用フルトスルモ其実際ニ於テハ大部分連続書替ニ依ル長期ノ信用ニ属シ真ニ短期流動ノ信用ニ至リテハ幾程モ無」いことを指摘する。ここから松本は，道内における銀行信用は長短区分および不動産担保とそれ以外の区分が事実上困難であること論じ，このような「各種信用ノ分化」が許されない現状では，普通銀行機能と不動産金融機能を分化させることは不可能であることを主張した。

　さらに，前述した構想案にあった「純粋不動産銀行ノ独立」についても，これを実行した場合，普通銀行機能が縮小されるから，必然的に拓銀の店舗数は大幅減少ということになるが，それでは道内，特に「交通未ダ便ナラザル地域」の資金需要に応じることができないことを論じた。その上で，このことを考慮して店舗数の削減幅を小さくした場合，貸付金利を「少ナクトモ一分六七厘」上昇させなければ採算が採れないことを挙げて，その実行が不可能なことを指摘した。特に，貸付金利の上昇については，史料には明示されていないが，これを実行した場合，域内小経済圏の産業者を圧迫し産業発展を阻害することも念頭におかれていたと推察される。

　これに加えて，拓銀を分解して不動産銀行を設立した場合，①「中央ニ於ケル人気信用ハ共ニ当行現在ノ夫レニ比スレバ遥カニ低下ス可ク自然債券ノ発行亦相当不利ノ条件ヲ甘受セザル」を得ず，したがって貸付利率も上昇することになるから，道内産業発展に対する阻害要因となること，②拓銀から分離した普通銀行も上述のような道内貸付の現状からすると「現在ノ組織」と変わりないので，拓銀の機能分解も無意味に終わるばかりか，分離した不動産銀行の存立にも影響が出かねないことも，「純粋不動産銀行ノ独立」が無理な理由に挙げられていた。さらに，不動産銀行機能の勧銀への委譲についても「僻地地方ノ小口貸付ハ殆ト顧リミラレズ又地方特殊ノ事情ヲ斟酌スル余地ヲ減ジ」てし

まい，低利貸付を広範に行き渡らせることが不可能になることを論じた。その上で，現在，拓銀が実施している利率での貸付は「北海道内地方経済ノ実情回収成績等ヲ考慮セバ正ニ採算最低限度」であり，勧銀支店化した場合にはこの水準以下での貸付は難しいどころか，むしろ，混合銀行である拓銀に比べて経費が増大するはずであり，現に台湾では特別利率で貸出していることからしても，台湾以上に経済条件が劣る北海道では内地同様の低利貸付は望めないことを指摘した。最後に結論としてこれらを理由に不動産銀行部門の勧銀への委譲が不可能であることを論じた。

　以上を踏まえれば，自ずから拓銀のもつ普通銀行機能と不動産銀行機能の分離は不可能ということになる。それゆえに，松本はこれらの諸機能を分化しない，「混合銀行」の必要性を強調した。ここでも道内，とりわけ域内小経済圏の産業発展という問題が重要視されたのである。

　　（2）　当該期における道内本店銀行数およびその所在地等の推移などについては，後藤新一『銀行合同の実証的研究』日本経済評論社，1991年，表28および図1（86～89頁）による。

第2節　松本の道内銀行再編案

　ここまでの検討で松本は混合銀行が必要であるという結論に達したが，さら進んでこの結論を前提にして「将来益本道ノ拓殖ニ貢献シ併セテ銀行自体ノ堅実ナル発展ヲ期スル」道内銀行の再編成案をより具体的に展開する。松本の私案は，①道内本店所在普通銀行の拓銀への吸収合併による，北海道樺太地域における拓銀の混合銀行機能の強化，②勧銀の道内樺太における貸付の禁止ないし制限，③「内地支店銀行ノ増設」の阻止，の三点から構成されていた。そして，これら諸点を示した上で，松本はもっぱら①に重点を置いてその理由を説明している。

　松本は(1)普通銀行のみで統合を行う場合，前述の道内貸付の現状からして，事実上，拓銀と類似する一銀行を設立するに等しく両行の「対立競争」を惹起

するのみであること，(2)前述の欠損補塡問題があることに加えて，この問題を弱体銀行の閉鎖という形で解決した場合，「本道財界ニ及ボス衝擊甚大ニシテ監督官庁ト雖モ今日ニ於テ進ンデ之ヲ断行スルニ躊躇」せざるを得ないことを挙げて自らの私案の作成の理由を説明した。また，別の個所で預金部資金の地方還元を通じた，産業組合などによる中小商工業者向け低利資金貸付と内地大資本による巨大工業の発展に，地元銀行が挾撃を受け営業基盤が侵食されていることも，拓銀による吸収合併が必要な理由とされている。つまり，不良資産と営業基盤の侵食による地元弱体銀行破綻と，これに伴う道内経済への衝撃を回避することが，拓銀による普通銀行統合の主眼のひとつにされており，この意味でも松本案は道内経済の安定性とその発展を重視したものであった。このことは合同の際に道内本店銀行の欠損中，自力償却不能分を拓銀負担で補塡する点も同様であった。

　なお，②と③については具体的な議論は展開されていない。しかしながら，前述の道内金融の現状を巡る議論を踏まえた場合，②については普通銀行統合後における拓銀の営業基盤の確保に，③については地元資金の域外流失に配慮したものであると見てよかろう。この意味で②③は低利資金確保と拓銀の営業地盤確保をもたらすことで，拓銀の経営基盤の良好化と道内経済の発展への寄与をもたらすことを狙ったと言えよう。

　以上，松本の拓銀による道内銀行一行化＝「混合銀行」の機能強化構想は，不動産金融中心という道内経済の実態を前提に，合同による競争力強化を通じて支店銀行・勧銀による営業地盤の侵食を阻止しつつ，拓銀の経営および道内経済，とりわけ域内小経済圏の安定と発展を図ることを重視するものだったのである。

むすびにかえて

　拓銀頭取就任後，地域金融の現状を目の当たりにした松本は，「内地銀行」や地元銀行の支店展開を通じた「重層的」な資金偏在や北海道域外への地元資金の流失，およびこれによる郡部における産業発展の阻害を認識するようにな

った。このほか北海道における貸付構成の不動産への偏奇と長短の未分離，実質的に債務超過状態にあり組合金融などにより営業地盤の侵食を受けていた道内普通銀行経営の脆弱性を踏まえて，松本は不動産銀行機能と普通銀行機能を併せ持つ「混合銀行」の必要性を前提とした上で，道内経済の安定化と産業発展を図るべく拓銀による道内銀行の一本化を改革案として提示した。

　このような改革案は基本的に資金偏在の「重層」性の存在，および昭和恐慌期以降の組合金融を通じた低利資金流入による普通銀行営業地盤の侵食という現状を前提に，道内，特に域内小経済圏の産業発展への配慮を強く志向するものであり，本改革案がもつ政策的方向性は弱小地域・弱小産業発展を重視するものであった。この構想は，道という行政区画を単位とする点では以前と同様であったものの，より弱小な地域の産業資金確保を重視する点で，銀行局長在任時の松本の認識と大きく異なることはもはや明らかである。以上の松本の地方金融観の変容には，道内金融の特殊性とともに，重化学工業化が進展しこれに見合った金融制度の形成が必要とされる一方で，他方では金融危機が深刻化する中で条件が悪化する地域金融経済への対応が必要とされ，しかも，昭和恐慌対策としての低利資金流入が普通銀行の営業地盤を侵食しこれへの対応をも必要とされるという，両大戦間期の内国金融の現状が鋭く反映していた。この点に松本の地域金融認識の変容の歴史的特質が存在する。

　このような松本構想に見られる拓銀による一道一行化案は，戦時下において銀行統合の指導的役割を担った日本銀行の道内銀行統合案にも継承される[3]。しかしながら，その方向性は「本道開拓事業ノ一巡普及ニ伴ヒ不動産金融ノ停頓」したことを背景に，拓銀が「殆ント普通銀行トシテ活躍」していることを前提として，「最早原則トシテハ（特殊銀行機能を－引用者）勧銀ニ委譲スルコトトスルモ差支無」いという，拓銀の特殊銀行機能を分離し，かつ，戦時下の地方資金吸収・国債消化の円滑化を重視するものであった[4]。もっとも前者については戦時期には実現しなかったものの，敗戦後の特殊銀行廃止に伴う普通銀行化によって実現するから，松本の「混合銀行」存続構想という側面は実質的に否定されたと言ってよい。

　このように戦時下の一道一行化構想は道内小経済圏の自律性を否定し，かつ，既に指摘されているように[5]，札幌を中心に道単位の金融圏を構築するものであ

補論　元大蔵官僚松本修の地方金融観の変容　　235

った。また，拓銀の普通銀行化という現実に即した方向性も併せ持っており，松本構想に見られた北海道開拓金融機関としての固有性を重視する方向性も否定されている。この意味で「混合銀行」により道内小経済圏の自律性確保への配慮を重視した松本構想とは性格を異にする。この点を踏まえた場合，松本構想は一道一行化という点では戦時の再編成構想と連続するものの，域内小経済圏の自律性確保への配慮と北海道開拓金融機関としての拓銀重視という点では明らかに戦時のそれとは異なる。以上を踏まえた場合，松本構想は両大戦間期から戦時期への変化の過渡性を強く帯びていたのであり，このような両大戦間期から戦時期への転換過程を反映していた点に，松本構想の歴史的位置が見出せる。

(3) 以下，日本銀行の道内銀行統合構想についての議論と引用は，日本銀行小樽支店「管内銀行合同ニ関スル構想」1940年11月15日，『日本金融史資料』昭和続編付録第1巻，所収，141～142頁；同考査部「北海道樺太地方銀行合同ニ関スル本行ノ構想」1940年12月30日，同上，所収，142～143頁による。
(4) 戦時下における拓銀の普通銀行化と預金吸収＝国債消化機関化については，斎藤前掲書，第三編第六章第四節「普通銀行への実質上の転化」309～319頁(1999年，日本経済評論社からの復刻版)を参照。なお，戦時下日本銀行の銀行統合構想の主たる眼目が，地方資金吸収による国債消化の円滑化にあったことは，佐藤政則「日本銀行の銀行統合構想（1940～45年）」179～181頁を参照。
(5) 吉田賢一「北海道における銀行合同」，特に，152～153頁を参照。ただし，吉田氏の議論では地域内の金融センターの移動としてのみ把握されており，戦時下拓銀による一道一行の成立が道内小経済圏の自律性を否定するものであった点は，十分自覚されていないかのようである。

第4章　地域における銀行合同政策の展開と地方金融の再編成

はじめに

　本章では，第1節で福島県を，第2節で岩手県をそれぞれとりあげて，主として地域社会の対応に焦点を置いて地域レベルでの銀行合同政策の展開過程を検討する。

　序章でも指摘したように，従来の銀行合同政策史研究は，もっぱら中央の政策レベルでの検討に対象が限定されており，地域レベルにおいて銀行合同政策の展開を制約した諸利害の実態と，その調整過程および調整の帰結や，政府の銀行合同政策が地域内部で受容されていく条件の形成といった問題群に対しては十分な検討が行われなかった。本章での検討は先行諸研究が抱えるこのような問題点を埋めることが主目的となる。

　しかしながら，本章で筆者が分析できた地域は，残念ながら，上述のように東北地方のわずか二県に限定されてしまった。このような欠陥を可能な限り埋めるべく，本章では第1節，第2節での検討を踏まえて，本章「むすびにかえて」の部分では他の研究者による他地域の分析と筆者の分析した地域を比較検討して，可能な限り特定地域に偏らないような見解を提示することにしたい。

第1節　地方資産家的信用秩序の動揺と再編成
―― 両大戦間期福島県下の銀行合同を事例に ――

　序章で示したように，近年の日本金融史研究は顕著な発展を示している。とりわけ，70年代以降，それまでの個別銀行経営や政策中心の研究から，銀行間

関係・銀行間市場に力点を置いた秀逸な業績が次々と発表された。このことは地方金融史研究についても同様であり，地方の銀行間市場に早くから着目した岡田和喜氏の先駆的業績のほか，前述した伊藤正直氏らによる「重層的金融構造」論視角からの研究がこの動向を代表している。

　本節では上記の研究動向を踏まえて，銀行間関係・銀行間市場の再編成と関連づけつつ銀行合同政策の展開過程を検討する。その際，対象を基本的に福島県中通り地方中央部に設定するが，具体的な分析に入る前に同県の銀行間市場の動向を段階区分しておこう。史料の制約上，問題が残るが『銀行局年報』「普通銀行貸借対照表」により，同県の銀行間市場の動向を示せば次のとおりである。銀行間の資金貸借は第一次世界大戦後に急増した後，反動恐慌後に急減する。その後，関東大震災を画期に緩やかに上昇したあと，25年に4700万円弱にまで再度急増する。そして，数値ミスと見られる29年の銀行間貸借中の預け金を考慮すれば，29年以降，銀行間市場は崩落することになる。したがって，同県の銀行間市場は第一期＝第一次世界大戦から反動恐慌，第二期＝反動恐慌後から大震災期，第三期＝大震災から1925年，第四期＝26～28年，第五期＝29年以降，の5期に区分することができる。これらの時期のうち，第一期は大戦景気を背景に資金貸借が活発化した時期，第二期は反動恐慌とその後の不況を背景とする資金貸借の停滞期，第三期は震災による県内銀行の資金繰りが悪化していく時期，第四期は金融恐慌前後の県内銀行の動揺期，29年以降は県内銀行破綻激化に伴う，預金流失・資金繰りのさらなる悪化期と特徴付けられる。

　本節ではこのような金融危機下における地方銀行の銀行間関係，インターバンク市場について，それらが果たした機能や弊害に着目して検討する。さらに，地方金融の再編成要因としての銀行合同過程を，地方金融界が抱える政治経済的諸利害対抗の調整・消滅過程と関連づけて分析したい。その際，本節では特に担い手の側面から見た地域経済の特質との関連に注意したい。すなわち，近年の産業革命ないし工業化開始期に関する研究により明らかにされているように，この時期を通じて地方資産家が「近隣の企業家の要請に応える」形で企業設立＝投資活動を行うことにより地方における「企業勃興」が生じる。その結果，このような投資行動をとる，いわば地方資産家たちが地域経済の主要な担い手になるような経済秩序（これを以下では，便宜的に地方資産家的地域経済

秩序と呼ぶ）が形成されてくる。このことは第1章でも福島県下の銀行設立の事例を取り上げて見たように地方金融も含むものであった。以上の研究の進展を踏まえた場合，このような経済秩序の中で地方資産家である銀行経営者が取り結んだ関係――地縁・血縁・経済的利害・党派的利害――が，如何なる影響を地方の銀行間関係・銀行間市場・銀行合同に与えたのか，その特質とは何か，という点が問題にされねばならない。

以上を踏まえて，本節では福島県下の銀行合同の地域的特殊性について論じる。なお，本節では史料の制約から，十分な根拠に基づいて議論を展開できなかった部分が少なからずある。それゆえ，本節の分析は，仮説的かつ問題提起的なものになることをはじめにお断りしておきたい。

1 地方資産家の相互関係と銀行間関係の推移
――地縁・血縁・経済的利害・党派的利害――

まず，ここでは中通地方の中でも銀行数が最も多く，かつ，中通り地方における銀行合同の中心にもなった，信達・安達・安積の各地域における，1912・20・27年の主要銀行の役員の兼職関係を検討し関係性の変化を確認する。[5]

①信達地方　まず，表4-1には第一次世界大戦前の12年における，同地方有力銀行の役員の居住地・銀行役職・兼職状況を示した。これによれば，第百七銀行（政友系）に集結した者は内池・花輪の2名が福島市内，残り3名が郡部出身である。内池の居住地は吉野のそれに近接しており，この点を考慮した場合，この銀行の役員構成は郡部出身者の比重が高いと言ってよかろう。これに対して福島商業銀行（憲政→民政系）に集結した者の大半は福島市内出身である。内1名（鈴木）が郡部出身であるが，杉妻村は福島市に隣接しており，20年代後半には同市に合併される。ここから鈴木は市内出身者とは地理的関係から密接になったと推測される。このように第百七銀行・福島商銀は役員の居住地において対照的であり，この点は後述する銀行間の役員兼職が希薄である点とともに，明治中期から見られる現象であった。[6] さらに事業内容を見ると，第百七銀行・福島商銀に集結した勢力は，一方ではグループ内で役員に就任しあっている企業があるが，他方では銀行間の役職兼任はないものの，福島誠一・福島瓦斯・福島羽二重などの企業に双方とも役員を出している。また，12

表 4-1 信達地方有力銀行役員・役職及び兼職状況（1912年1月現在）

氏名	住所	銀行役職	兼職企業
内池三十郎	福島市本町	百七(頭)，福島(監)，農工(取)	福島羽二重(取)，福島誠一(取)
太宰文蔵	伊達郡保原町	百七(取)，農工(監)	
吉野周太郎	信夫郡野田村	百七(取)，福島(頭)	福島羽二重(取)，福島瓦斯(取)
池田友吉	伊達郡栗野村	百七(監)	
花輪利八	福島市荒町	百七(監)	玉糸改良(監)，福島羽二重(監)，福島瓦斯(取)，福島瓦斯(監)，花輪商店(社)
青木金治	福島市御倉	福島商(頭)	福島羽二重(取)，福島誠一(取)
油井宇之助	福島市大町	福島商(取)	油井商店(取)
太宰亀次郎	福島市本町	福島商(取)	福島瓦斯(取)，福島蚕糸米穀取引所(理事)
鈴木周三郎	信夫郡杉妻	福島商(取)	福島瓦斯(取)，福島信託(取)
小杉善助	福島市荒町	福島商(監)	福島蚕糸米穀取引所(理事)
赤木兵助	福島市万世	福島商(監)	福島誠一(取)
丹治清五郎	福島市中町	福島商(監)	福島誠一(監)，丹治商店(社)

注) 以下の表も含めて(頭)は頭取，(取)は取締役，(監)監査役，(社)は社長。分析手法も麻島論文に学んでいる。
出所)『日本全国諸会社役員録』明治45年版より麻島昭一「大正期における東北地方信託業の一考察」『信託』第109号，1977年1月，第6表 (31頁) を参考に作成。

年には両勢力は地域振興の観点から共同で岩代銀行を設立しており、両者には(7)後に見られるような深刻な対立は見られない。むしろ、地域経済の担い手として協力関係にあった。

次に、表4-2には20年の状況を示した。まず、役員居住地は12年と比べて大きな差異は見られない。しかし、第百七銀行は構成員に入れ替えがあり、山田一のようにそれまで事業面で密接な関係がなかった安達郡出身者が入っている。福島商銀は朝倉・遠藤が役員入りしている。遠藤の居住地は不明であるが、朝倉は鈴木の親戚にあたるので、その関係から役員入りしたと推測される。さらに事業内容を見ると、グループ内部で役員に就任しあっている点、グループ間で銀行役員の兼任がないことは12年と同様であるが、福島電灯・福島羽二重・会津電力などの企業で双方から役員を出し合い、福島羽二重・会津電力で双方の有力者が大株主にもなっている。これに加えて第百七銀行の吉野が、この時期に福島商銀の鈴木らが設立した福島紡織の監査役に就任している。ここ

表4-2 信達地方有力銀行役員・兼職・居住地など(1920年)

氏名	住所	銀行役職	兼職企業名	備考
内池三十郎	福島市大町	百七・百七貯蓄(頭)，福島(監)	日本油肥(監)，内池商店(社)，福島羽二重(取)，福島製氷(顧)，信達軌道(取)，福島土地(取)	福島(2位)
太宰文蔵	伊達郡保原町	百七・百七貯蓄(取)，太宰(頭)	信達軌道(監)	
吉野周太郎	信夫郡野田村	百七・百七貯蓄(取)，岩代(頭)，福島(頭)	日本油肥(取)，内池商店(監)，福島羽二重(取)，福島電灯(取)，福島信託(取)，福島製氷(顧)，好間水電(取)，会津電力(取)，信達軌道(取)，福島土地(取)	百七(筆頭)，岩代(3位)，日本油肥(2位)，福島羽二重(筆頭)，会津電力(3位)
斎藤利助	福島市上町	百七(監)，山八(監)		
山田一	安達郡二本松町	百七(監)	福島羽二重(取)	
角田文平	伊達郡桑折町	百七貯蓄(取)，山八(頭)	日本油肥(社)	山八・日本油肥(筆頭)，福島羽二重(2位)
草野半	信夫郡杉妻	福島商(頭)，鈴木実業(取)	鈴木商事(取)，①倉庫(取)，福島電灯(取)，福島酒造(取)，福島誠一(取)，共同生糸荷造所(監)	福島電灯（福島商が筆頭）
鈴木周三郎	信夫郡杉妻	福島商(取)，鈴木実業(頭)，川俣(取)	鈴木商事(社)，霊前電気(取)，①倉庫(取)，福島羽二重(取)，福島電灯(取)，福島酒造(取)，福島誠一(取)	鈴木実業(筆頭)
油井徳蔵	福島市本町	福島商(取)	油井商店(社)，福島誠一(取)，東福信託(取)，霊前電気(取)，白木漆器店(社)，本宮肥料(監)，福島土地(取)	福島羽二重(4位)
朝倉卯八	伊達郡立子山村	福島商(取)，福相(頭)		福相(筆頭)
遠藤栄三郎	?	福島商(監)		
大島要三	信夫郡杉妻村	福島商(監)，福相(相)，鈴木実業(監)	白棚鉄道(取)，日本正準(取)，川俣電気(監)，福島羽二重(監)，福島電灯(社)，福島酒造(取)，福島人造スレート(取)，福島木材(取)，福島誠一(取)，福島製氷(顧)，共同生糸荷造所(取)，会津電力(社)，郡山電気(取)	鈴木実業(3位)，福島羽二重(3位)，福島電灯(2位)，会津電力(筆頭)

注1) 以下，各地域の1920年代の表については，麻島昭一「大正期における東北地方信託業の一考察」第6表(31頁)を参考にした。
 2) 備考欄括弧内は持ち株順位。
出所)『銀行会社要録』より作成。

から12年と同様に協力関係を維持していると見てよかろう。

　第3に，27年について示したのが表4-3である。ここから第一に，役員居住地面では福島貯蓄銀行（政友系）に石城出身者が見られること，第二に銀行間の役員兼職関係面で福島商銀の草野が福島貯蓄銀行の取締役に就任していること，第三に大戦期以来同様，福島羽二重・福島電灯では双方からの役員の出し合いが継続していること，第四に福島商銀の役員構成が従来どおりであるのに対して，第百七・福島両行は市内出身の新役員がいること，以上，四点が確認できる。ここから第一次世界大戦期と基本的に変化が無いように見える。しかしながら，12年から20年に至る時期は，双方から役員を出し合った企業が増加したのに対して27年は停滞基調である。これに加えて，福島商銀の鈴木らが中心に設立した福島紡織は，21年に片倉および後述する郡山市の橋本らが資本参加して日東紡績に衣替えしたが，これにより吉野が監査役を退任している。さらに，この間設立された福島県是製糸（本社は福島）は政友会主導で設立されており，福島商銀グループからの役員参加は見られない。したがって，大戦後になると両者の事業面での関係は疎遠になったと推定される。ただし，両者の事業展開の特色にはさほどの開きはなく，地域に密着している点も共通している。

　②安達　　この地方では大戦前は二大勢力が別々に銀行をもつ，ということは見られない。それゆえ，大戦末＝1920年末から検討をはじめる。表4-4には信達と同様な事項を示した。同表から，居住地が二本松町に共通していること，二大銀行が設立されているにもかかわらず銀行間の役員兼職が目立つこと，銀行間で役員を兼職している者が多くの企業でも役員に就任していること，二本松銀行（憲政→民政系）役員で安達実業銀行（政友系）役員を兼職していないものは，郡山・本宮・橋本といった郡山方面の銀行の役員を兼職しており，事業展開面でも同方面と密接な関係を持っていたことを指摘できる。特に，後二点については，本宮の渡辺真蔵のように二本松銀行頭取七島徳太郎と縁戚関係にあるものもいるほか，安達実業銀行役員で郡山方面と事業面での関係を持つものは田倉孝男（郡山カーボン）のみである。以上の検討から，大戦期の安達地方では域内での相互提携が目立つこと，郡山方面との関係の如何で双方の事業展開に差異があることが指摘できよう。

　27年について示したのが表4-5である。ここから二本松銀行役員と郡山方

表4-3 信達地方有力銀行役員の居住地・役職・兼職状況（1927年）

氏　名	居住地	銀行役職	兼職企業
吉野周太郎	信夫郡野田村	百七・福島・福島貯蓄(頭)，山八(取)	二本松電気(取)，福島羽二重(取)，福島倉庫(社)，福島電灯(社)，吉野合名(代)，福島県是製糸
小林富吉	福島市万世	百七(副頭)	
阿部和永吉	福島市御倉	百七(取)	
角田文平	伊達郡桑折町	百七・山八(取)	
田代輿三久	耶麻郡山都村	百七(取)	大沼電灯(取)
斎藤利助	福島市大町	百七・山八(監)	信達電気化学(取)
池田鉄蔵	福島市腰浜	百七(監)，福島貯蓄(取)	
菊池右和司	伊達郡栗野	百七(監)	
湯川広	福島市万世	福島(取)	
伊藤隆三郎	西白河郡西白河町	福島(取)	福島倉庫(取)
伊藤松之助	東京，牛込	福島(監)	
鈴木周三郎	福島市杉妻	福島商業(取)	日東紡績(取)，福島誠一(取)
油井徳蔵	福島市大町	福島商業・川俣(取)	岩代白土(取)，九笹機業(社)，福島羽二重(取)，瀬上製糸(取)，瀬上倉庫(取)
草野半	福島市杉妻	福島商業(頭)，福島貯蓄(取)	飯坂倉庫(取)，日東紡績(取)，九笹機業(取)，福島電灯(取)，福島酒造(取)，福島人造スレート(取)，福島誠一(社)，共同生糸荷造所(監)，鈴木商事(監)
大島要三	福島市杉妻	福島商業(監)	福島羽二重(監)，福島酒造(取)，福島人造スレート(社)，福島誠一(取)，帝国硫黄(取)，共同生糸荷造所(取)，白棚鉄道(取)，鈴木商事(取)
三浦徳次郎	信夫郡曽根田	福島商業(監)	
武藤茂平	伊達郡川俣町	福島商業(監)，川俣(頭)	川俣委託・川俣電気(取)
白井博之	石城郡平町	福島貯蓄(取)	植田水電(取)
本間忠	安達郡二本松町	福島貯蓄(取)	二本松電気(取)
佐久間善左衛門	信夫郡鳥川村	福島貯蓄(監)	
山崎輿三郎	石城郡平町	福島貯蓄(監)	
高橋恒太郎	福島市曽根田	福島貯蓄(監)	
中田五六	伊達郡長岡	山八(取)	

出所）『日本全国銀行諸会社役員録』より作成。

表4-4　安達郡有力銀行役員の居住地・役職・兼職状況（1920年）

氏　名	居住地	銀行役職	兼職企業	備　考
本間忠	安達郡二本松町	安達実業(頭)	二本松信託(取)，本間商事(代取)，小名浜電気(取)，二本松電気(取)，安達興業(社)	安達実業(筆頭)
田倉孝雄	安達郡二本松町	安達実業(取)，二本松(取)	二本松信託(監)，好間水電(社)，郡山カーボン(取)，二本松電気(取)，安達興業(取)	
鈴木久次郎	安達郡二本松町	安達実業(取)，二本松(取)	二本松信託(監)，好間水電(監)，二本松電気(取)，安達興業(取)	安達実業(2位)
野地菊司	安達郡二本松町?	安達実業(取)，二本松(監)	好間水電(取)，二本松電気(監)	安達実業(3位)
今泉宗助	安達郡二本松町?	安達実業(取)，二本松(取)	小名浜電気(取)，好間水電(取)	安達実業(4位)
藤井徳次郎	安達郡二本松町?	安達実業(取)		
松坂庄八	安達郡二本松町?	安達実業(監)		
山田一	安達郡二本松町	安達実業(監)，百七・二本松(監)	双松館製糸(社)，只見川水電(取)，安達興業(取)	
根本清左衛門	安達郡小浜町	小浜実業(頭)，二本松(取)		小浜(筆頭)
松本政吉	?	小浜実業(取)		
本田善吉	?	小浜実業(取)		
大河内政之助	?	小浜実業(監)		
高塚大助	?	小浜実業(監)		
七島徳太郎	安達郡二本松町	二本松(頭)	好間水電(監)，大日本紡織(監)，只見川水電(取)，本宮肥料(取)，郡山電気(監)	二本松(筆頭)
橋本万右衛門	安積郡郡山町	二本松(取)，郡山(取)，橋本(頭)	川前電気(社)，大日本紡織(社)，只見川水電(社)，郡山倉庫(相)，郡山電気	橋本(筆頭)
渡辺真蔵	安達郡本宮町	二本松(取)，本宮(取)	東北製氷(監)，奥川水電(監)，大日本紡織(取)，本宮電気(取)，本宮肥料(社)，只見川水電(取)，郡山電気(取)	郡山(2位)，本宮(4位)
菅野直吉	安達郡二本松町	二本松(取)	二本松電気(社)	

注）備考欄括弧内は持ち株順位。
出所）『銀行会社要録』より作成。

表4－5　安達郡銀行役員居住地・役職・兼織状況（1927年）

氏　名	居住地	銀行役職	兼織状況
七島徳太郎	安達郡二本松町	二本松(頭)	伊勢万呉服(取)
大河内千代太郎	安達郡二本松町	二本松(取)	
七島長太郎	安達郡二本松町	二本松(取)	二本松肥料倉庫(監)
橋本万右衛門	郡山市	二本松・郡山(取)，橋本(頭)	磐城造林(取)，四倉電気(取)，郡山土地建物(代)，郡山倉庫(代)，橋本合名(代)
根本清左衛門	安達郡小浜町	二本松(取)	福島羽二重(監)，安達電気(社)
渡辺真蔵	安達郡本宮町	二本松(取)，本宮(取)，郡山(取)	
種橋初蔵	郡山市本町	二本松(取)	
根本祐太郎	郡山市中町	二本松(監)，郡山(取)	伊勢万呉服(取)
佐久間平三郎	西白河郡白河町	二本松(監)	
今泉得三	郡山市細沼	二本松(監)	伊勢万呉服(取)
本間忠	安達郡二本松町	安達実業(頭)，福島貯蓄(取)	本間商店(社)
今泉宗介	安達郡二本松町	安達実業(取)	二本松電気(取)
藍原鉄右衛門	安達郡二本松町	安達実業(取)	
田倉孝雄	安達郡二本松町	安達実業(取)	二本松電気(社)，二本松広運(社)，福島県是製糸(取)
鈴木久次郎	安達郡二本松町	安達実業(取)	二本松合同運送(代)
野地菊司	安達郡二本松町	安達実業(取)	二本松電気(取)
菅野直吉	安達郡二本松町	安達実業(取)	
服部喜久治	伊達郡飯野村	安達実業(取)	
藤井徳次郎	安達郡二本松町	安達実業(監)	
松坂庄八	安達郡二本松町	安達実業(監)	
原瀬半次郎	安達郡本宮町	本宮(頭)	
伊藤善造	安達郡本宮町	本宮(取)	
小松藤茂治	安達郡本宮町	本宮(取)，郡山(頭)	
伊藤織	安達郡本宮町	本宮(取)	
菅野平助	安達郡本宮町	本宮(監)	
遠藤貞蔵	安達郡本宮町	本宮(監)	

出所)『日本全国銀行諸会社役員録』より作成。

面銀行役員との兼職関係の密接さがまずは確認できる。これは後述する郡山の本宮銀行も同様である。なお，二本松銀行は郡山合同銀行（憲政→民政系）を親銀行にしており，金融面でも両者は密接な関係にあった。もっとも，27年になると20年に比べて兼職関係が希薄になるが，これは同年に兼職が目立った郡山の橋本万右衛門社長の大日本紡織，只見川水力電気，郡山電気がそれぞれ県外資本と合併したためと見られる。さらに，注目すべき点は，この時期になると域内企業における双方の役員の出し合い，銀行役員の兼職が消失していることである。この点は，前述した信達地方と共通する特徴である。

③**安積** 同地方については表4-6・7により検討する。なお，表4-6に掲載されている銀行はすべて憲政会系である。まず，郡山地方の銀行役員の中心である橋本，小松の二本松・本宮両行（憲政→民政系）との関係が明瞭である。これは安達のところで検討した事業展開上の密接な関係に起因すると推測される。さらに27年もこのような関係は変化していない。このことは安達憲政派と郡山との事業関係の強さと党派関係・銀行間関係の照応を裏付けるといっ

表4-6　安積地方有力銀行役員の居住地・役職・兼職状況（1920）

氏名	居住地	銀行役職	兼職状況	備考
松谷幸吉	安積郡郡山町	郡山（頭）		
小松茂藤治	安達郡本宮町	郡山（取），本宮（頭）	本宮電気（取）	郡山・本宮（筆頭）
渡辺真蔵	安達郡本宮町	郡山（取），二本松・本宮（取）	安達の表を参照。	安達の表を参照。
新城平蔵	?	郡山（取）		
橋本万右衛門	安積郡郡山町	郡山・二本松（取），橋本（頭）	安達の表を参照。	安達の表を参照。
佐藤伝兵衛	安積郡郡山町	郡山（取）		
根本祐太郎	安積郡郡山町	郡山（取）	郡山電気（取）	
遠藤貞蔵	?	郡山（監）		
高橋喜右衛門	?	郡山（監）		
津野徳四郎	?	郡山（監）		
原瀬半次郎	安積郡本宮町	郡山（監）		
渡辺惣吉	?	郡山（監）		
橋本鉄吉	安積郡郡山町	橋本（取）	郡山倉庫（取）	橋本万右衛門親族
橋本藤左衛門	安積郡郡山町	橋本（取）		橋本万右衛門親族
橋本啓助	安積郡郡山町	橋本（監）		橋本万右衛門親族

出所）『銀行会社要録』より作成。

246

表4-7　郡山（安積）銀行役員の居住地・役職・兼織状況（1927年）

氏名	居住地	銀行役職	兼織
小松藤藤治	安達郡本宮町	安達郡参照	安達郡参照
兼谷幸吉	安達郡本宮町	郡山(取)	
渡辺真蔵	安達郡本宮町	郡山(取)	
新城平蔵	安達郡本宮町	郡山(取)	
高橋喜右衛門	安達郡本宮町	郡山(取)	
小松四郎治	安達郡本宮町	郡山(取)	
橋本万右衛門	郡山市大町	安達郡参照	安達郡参照
根本祐太郎	郡山市中町	安達郡参照	安達郡参照
大島正	郡山市中町	郡山(取)	
渡辺惣吉	郡山市中町	郡山(監)	丸七建物
津野喜七	郡山市大町	郡山(監)	
遠藤貞蔵	安達郡杉田村	郡山(監)	
新城平蔵	安達郡本宮町	郡山(監)	
橋本鉄吉	郡山市大町	橋本(取)	日東紡績(取)
橋本広吉	郡山市大町	橋本(取)	
橋本藤左衛門	郡山市大町	橋本(取)	伊勢万呉服(監)
橋本啓助	郡山市大町	橋本(監)	
佐藤伝兵衛	郡山市本町	郡山商業(頭)	
佐藤安二	郡山市清水台	郡山商業(取)	
武藤茂平	伊達郡川俣町	信達を参照	信達を参照
佐藤伝吉	郡山市本町	郡山商業(取)	
佐藤伝三郎	郡山市本町	郡山商業(取)	伊勢万(監)
阿部茂吉	郡山市稲荷	郡山商業(監)	
高田熊吉	郡山市中町	郡山商業(監)	

出所)『日本全国銀行諸会社役員録』より作成。

てよかろう。

　④地域間の相互関係　安達・安積の関係は既に見たので，ここでは信達地方との関係に重点をおく。まず，信達・安達の関係では郡山との関係が希薄な勢力の間に，相互の密接な関係を見出せる。例えば，信達の吉野周太郎が安達の中核企業のひとつである二本松電気の取締役を勤め，かつ吉野が主体となって設立された福島県是製糸の取締役に安達実業銀行の田倉孝男・山田一が就任している。また，後述するように，二本松電気振出，安達実業銀行裏書の手形が，吉野が頭取を務める第百七銀行に再割引を受けており，単に役員兼職関係だけではなく，金融面でも彼等は密接な関係をもっていた。そして，この関係

と党派関係の間には照応が見られる。次に，郡山と信達の関係を見ると，福島商銀グループとの血縁関係を見出せる。本宮の小松と福島の鈴木・朝倉は親族であり，この点の結合がそれである。

⑤まとめ　信達・安達において，政友会・憲政会両党派は，1912・20年に典型的に見られるように，域内では相互の役員を出し合い協力関係を維持していた。しかしながら，大戦後になると双方の事業展開上の関係は希薄化し党派関係への傾斜を示す。信達では福島市在住か否かで党派が分かれ，信達・安積の中間に位置する安達は事業展開上，郡山と密接な関係をもつか否かで党派が分かれた。なお，信達の福島商銀グループは郡山方面有力者と血縁関係にあり，21年以後は福島紡織を通じて事業展開上の関係も持つ。その上で，このような地縁・血縁，および事業展開上の関係の複合を基礎とする，地方資産家の諸関係の上に銀行の党派性が照応していた。この諸関係の変化により，地方金融のあり方（日本銀行支店も含めた銀行間の資金貸借等）はどのように変化するのか。あるいはこのような諸関係の中で地方金融界，とりわけ地方金融（銀行間）市場の再編成はどのように進むのか。これらの諸点を次に検討する。

2　地方資産家間の関係性に基づく銀行間関係の特質
―― 日銀福島支店文書を通じた透視 ――

ここでは信用不安時を中心に，上述のような地縁・血縁，事業展開上の関係を基礎にして，かつ党派性を帯びた地方資産家間関係に基づく銀行間関係・銀行間市場（これを仮に地方資産家的信用秩序と呼ぶ）の特質について明らかにしたい。なお，ここでは史料上の制約から，日本銀行福島支店（以下，日銀支店と略）史料を用いて，反動恐慌期と金融恐慌期・昭和恐慌期に限定して検討する。

(1)　反動恐慌期

第一次世界大戦期に製糸業，織物業への産業金融のほか，株式投機資金の供給を行ったために慢性的な貸出超過状態に陥り，かつ担保も不動産・信用貸・地方株券など流動性に乏しいものを多数抱え込んだ福島県金融界は，1920年反動恐慌により激しい資金逼迫・信用不安に陥る。それへの対応として，日銀特

融が実施されるが，この一連の過程で地方資産家的信用秩序の問題点が顕在化する。以下ではこの点を検討する。

【史料①】「第百七銀行ハ従来当店ヨリ製糸資金特別融通ヲ与ヘ居ルニ不拘此両三年来ハ実際取引致候事無之毎年自己手許資金ニテ融通シ来候ヘドモ本年ハ当地財界動揺ノ為県下親銀行タル同行ノ立場トシテ同業者及各種ノ方面ノ救済的ノ資金ヲ融通シタル高ノミニテモ約五百六十万円（にのぼったため－引用者補）」－中略－「貸出膨張ニ依リ手許資金ノ窮迫ヲ感ジ居レバ例年ニ比シ要求額モ多額ト相成候事情ニ有之(10)」。

本史料は20年の反動恐慌時に日銀支店が本店に提出した資金貸出許可願の一部である。これによれば第百七銀行は日銀支店から融資を受けた上で，「県下親銀行タル同行ノ立場トシテ同業者」などに多額の資金融通をしたという。この記述から同行は「同業者及各種ノ方面ノ救済」の為に貸出を行っており，銀行間の資金循環ネットワーク・銀行間市場が存在すること，そして，これがある種の信用秩序の安定化機能を果していることが窺える。

【史料②】「⑴富国館製糸ノ金融ハ福島銀行ヲ主トシテ其任ニ当リ居レリ本表第百七銀行ニ対シ特別融通スル手形モ福島銀行ノ裏書アルモノナリ　5．⑵百七銀行ヨリ依頼ノ白石製糸機業株式会社ノ手形ニハ白石銀行，白石商業銀行等ノ裏書ヲ為サシメ五十沢製糸株式会社ノ手形ニハ岩代銀行ノ裏書ヲ為サシム」。

まず，下線⑴の手形は史料①から「購繭手形」と見られるが，この手形を福島銀行が裏書した上で，第百七銀行が再割引していること，そして，第百七銀行が日銀支店から再度割引を受けていることが判明する。本史料に見られるように，第百七銀行が安全性を補償した上で，日銀支店が再割引を実施していた。また，下線⑵によると，日本銀行が今度は逆に第百七銀行が持参した手形に，同行と党派的に同系統（政友会系）である三春・岩代の両行に裏書をさせている。これら史料は地方銀行が日銀支店から手形再割引を受ける際に，他行によ

る二重・三重の保証が必要なことを意味している。このほか，銀行間の相互関係が日銀特融実施の前提条件になっていることも確認できる。

それでは特融実現の背後に存在する銀行間の諸関係は，どのような地方資産家の人的関係性に基づくのであろうか。この点を検討するにあたり，次に引用する日銀支店文書が興味深い指摘をしている。

【史料③】(1)「当地方ノ金融組織ノ実状ヲ見ルニ」－中略－「之等銀行間ニハ何等密接ナル連絡系統ナキヲ以テ財界動乱ニ際シ相互救援ノ方法困難ナ(リ－引用者補)」(2)「金融機関相互協調ノ困難ナル事情トシテ県下党争ノ激烈ナルコトヲ挙ケ得ヘシ即チ銀行ノ如キモ幾分政派的色彩ヲ有シ暗々裡ニ相互排撃シ動乱ニ際シ政党関係ヨリ流言ヲ放ツカ如キ是等当地方金融界ノ幣ナリトス」[11]。

本史料(1)から日銀支店は銀行間相互の「密接ナル連絡系統」の不在による「相互救援ノ方法困難」を，当時の福島県銀行界が抱える問題点として考えていたことが分かる。さらに(2)によれば，その背景には銀行が「政派的色彩」を帯びていると日銀支店が考えていたことも確認できる。実際，福島県内諸銀行は党派別に分かれていたから，このような認識は事実であった。この意味において，当時の福島県内の銀行間市場が党派的分断性を内包しており，それゆえに金融危機への円滑な対応ができなかったことは，地方資産家的信用秩序の限界として指摘しておかねばならない。

それではこのような銀行間市場は，どのような関係性に基づいていたのであろうか。この点を1921年の太宰銀行休業に関する日銀支店から本店宛の文書により検討する。

【史料④】(1)「二，太宰銀行臨時休業（附　同行救済資金融通問題)」－中略－「元来太宰文蔵ハ百七銀行ノ重役トシテ同行ト関係深ク且ツ同行ハ常ニ県下ノ親銀行ヲ以テ任セル行懸上ヨリモ地方財界安定ノ為此際救済ニ努力スヘク県当局其他有志ヨリノ慫慂切ナルモノアルニ至リ百七銀行ニ於テハ遂ニ救済ノ決意ヲナシ太宰文蔵所有不動産担保ニテ四十七万円太宰銀行

株九百三十株ヲ担保トシ四万二千二百三十円合計五十一万二千二百三十円ノ救済資金ヲ供給スルコトトナリ太宰側二行ハ五月十三日ヨリ開業スルコトトナリタリ」(2)「六，二本松町安達実業銀行（当行取引先）太宰貯蓄銀行代理店タル関係ヨリ預金払戻ノ請求頻繁ナリシモ同行ハ百七銀行ヨリ融通ヲ得テ事ナキヲ得当店ニ依頼スルニ至ラサリキ」。

　本史料によれば太宰銀行は諸般の経緯の後，第百七銀行から融資を引き出すことに成功している。ここで重要なのは，太宰銀行頭取太宰文蔵が第百七銀行の「重役トシテ同行ト関係ガ深」いことが，融資獲得の重要要因となっていたことである。表4-1・2によれば，太宰は1912・20年ともに同行の重役になっており，同行に結集した地方資産家集団の重要な構成員であった。同行－太宰銀行の関係の背後には，同行に結集した地方資産家たちのネット・ワークが存在したことが確認される。また，(2)によれば安達実業銀行は反動恐慌時に第百七銀行からの融通により「事ナキヲ得」ている。両行とも党派的に同系統であり，このような関係性が融資獲得の背景にあることが窺える。
　最後に，前述の党派性による「密接ナ連絡系統」の欠如にかかわり一史料を提示しよう。

　【史料⑤】「（福島－引用者）市内株式会社福相銀行（資本金五十万円）亦預金出越トナリ加フルニ取引先銀行ヨリ為替尻返還ノ請求ヲ受クルニ至リ僅カニ二三万円ノ支払ニモ窮スル状態ニ陥レリ」―中略―「之カ為ニ相当資金ノ需要ニ迫ラルルニ至リ一層銀行ノ窮迫ヲ甚タシカラシムルニ至レハ頭取所属ノ政党関係ヨリ憲政派タル福島商業銀行ニ対シ救済方懇請セルモ交渉纏マラス種々折衝ノ結果農工銀行頭取小林富吉ノ斡旋ニヨリ福相銀行頭取朝倉卯八所有不動産ヲ担保トシ尚同行重役二名ノ保証ニテ福島商業銀行及第百七銀行ヨリ金十万円ノ融通ヲ受ケ漸ク当面ノ急ヲ切抜ケタリ」。

　本史料は福相銀行取付「切リ抜ケ」の経緯を示したものである。これによれば同行は「預金出越」「為替尻ノ返還請求」を受けることにより支払に窮した。このため党派的関係から同系列の福島商銀に救済を依頼したが，これが纏まら

第4章　地域における銀行合同政策の展開と地方金融の再編成　　251

なかったために農工銀行頭取小林富吉の斡旋により福島商銀・第百七銀行から融資を受けて「当面切リ抜ケ」ることができた。福相銀行頭取朝倉と福島商銀頭取鈴木は親戚関係にあり，かつ，同一党派に所属していた。日銀支店によればこのことが「救済懇請」の背景にあるという。ここでも，血縁・党派関係が銀行間の資金貸借に密接に関係していることが述べられている。しかしながら，反対党派である第百七銀行から融資を引き出していることにも見られるように，この時点では党派的分断性が存在したとはいえども相互取引は可能であった。したがって，党派的分断性は後述する金融恐慌期とは異なり，この時期においては決定的ではなかったことが確認される。

　以上の検討から，当時の地方銀行は様々な限界をもちつつも相互に取引関係を結んでおり，それが信用不安時にはある種の信用秩序の安定化機能を果していたこと，このような銀行間関係は，地縁・血縁・事業活動に基づく経済的利害，およびこれに基づく結合を基礎にした党派性を基盤に結ばれていたことが確認できよう。これに加えて，反動恐慌期には未だ党派的分断性が決定的ではなかったことも明らかであろう。このような諸関係は金融危機時には一方では銀行相互「救援」の阻害要因になりつつも，他方では手形裏書による信用保証に見られるように，日銀特融実施の際の条件にもなっていた。

(2) 金融恐慌・昭和恐慌期

　後述のように，当該期の福島県は，郡山・信達，吉野・橋本，政友会・民政党の対立激化に伴い激烈な信用毀損が行われ，経営危機とも相俟って多数の銀行が破綻したほか，これにより県内信用秩序は壊滅的打撃を受けた。まず，この点に関する分析の前提として，当時の県内諸銀行の親子関係を押さえておこう。図4-1は日銀支店文書から，金融恐慌前後における諸銀行の系列関係を整理したものである。ここから親子関係に党派関係が照応していることが確認できる。さらに前述のように，この時期になると政友派・民政派双方の銀行間に役員兼職関係は見られない。まず，この点にかかわり，史料を一点提示する。

【史料⑥】「(1927年3月－引用者補) 二十一日迄ニ於ケル当地方ハ表面至極

図4-1　福島県中通地方における銀行間関係と党派関係（金融恐慌前後）

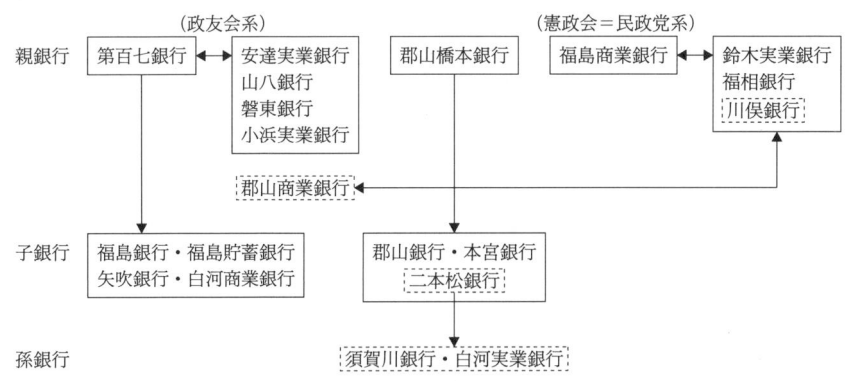

```
                    （政友会系）                              （憲政会＝民政党系）
親銀行    ┌─────────┐      ┌─────────┐   ┌─────────┐      ┌─────────┐
         │ 第百七銀行 │ ←→  │ 安達実業銀行│   │郡山橋本銀行│      │福島商業銀行│ ←→ │鈴木実業銀行│
         └─────────┘      │ 山八銀行  │   └─────────┘      └─────────┘    │福相銀行  │
                           │ 磐東銀行  │                                      │川俣銀行  │
                           │小浜実業銀行│                                      └─────────┘
                           └─────────┘
                                    ↓                ↓                ↓
                              ┌─────────────────────────┐
                              │       郡山商業銀行       │←─────────────
                              └─────────────────────────┘
               ↓                              ↓
子銀行  ┌─────────────────┐      ┌─────────────────┐
       │ 福島銀行・福島貯蓄銀行│      │ 郡山銀行・本宮銀行 │
       │ 矢吹銀行・白河商業銀行│      │    二本松銀行     │
       └─────────────────┘      └─────────────────┘
                                              ↓
孫銀行                                 須賀川銀行・白河実業銀行
```

注）ただし，ここに記した銀行間関係は判明分のみである。矢印は親子銀行関係，双方矢印は親子銀行関係ではないものの，資金貸借関係があるものを意味する。なお，川俣銀行は1924年に破談するものの，福島商業銀行との合併談が起こる（詳細は山内太「1920年代地域民衆の経済行動意識の変化と経済秩序」『日本史研究』417号，1997年5月，10〜14頁）。これに加えて，両行は役員兼任関係にある。それゆえ，差当り憲政会側においたが，所属党派の確認はできていない。

出所）『日本金融史資料』昭和続編付録第１巻所収の日銀福島支店関連史料，沼田実『福島県銀行盛衰記』より作成。

　「静穏ナルモ裏面銀行同業者間ニアリテハ相当ノ資金移動アリタルモノノ如ク今其金融状態ノ一斑ヲ観ルニ」－中略－「第百七銀行ノ三月中旬後同業者ニ対スル融通高ハ磐城銀行一四三万円，山八銀行一三〇万円，磐東銀行一五万円，福島銀行三四〇万円ニ達シタルガ如キ顕著ナルモノナリ」。

　本史料はモラトリアム直前における第百七銀行の他銀行に対する貸付状況を論じたものである。ここから同行は自らと同一党派に属する銀行に貸付を行っていることがわかる。同行と頭取を同じくする福島銀行はともかく，それ以外の銀行頭取は県政友会の重鎮であり，かつ，同行と役員兼職関係をもっている（表4-3）。また，表4-8によれば，金融恐慌後でも第百七銀行の同業者向け貸出先にはせいぜい中立銀行が含まれるにすぎない。もっとも，1928年4月時点で政友会系の磐城銀行が，民政党系の郡山橋本銀行から「六万五千円」の「無担保借入金ノ回収督促」を受けていることが判明する史料もあり，対立党派間の資金貸借が皆無だったわけではない。ここから党派的に対立関係にあっても，地域的に対立関係にない場合は資金貸借が見られたことが推定される。[12][13]

第4章　地域における銀行合同政策の展開と地方金融の再編成　253

表4-8　第百七銀行の同業者向け貸出

(単位：円)

銀行名	党派	金額	備考
磐城実業銀行	政友会	2,000	無担保
磐城実業銀行	政友会	6,000	保証人鈴木辰三郎
岩瀬興業銀行	政友会	72,000	無担保。再割引手形
信達銀行	中立	42,195	内24千円は佐藤権右衛門が保障

注）1928年3月13日時点の金額。所属党派は白鳥圭志「地方金融の再編と地域利害」『土地制度史学』第160号，1998年7月，第1表による。
出所）日本銀行『昭和三年第二別口回議　第百七銀行』。

しかしながら，第百七銀行の同業者貸出の状況から見て，少なくとも地域間対立を包含した場合，対立党派間の資金貸借関係は分断性が顕著であったと見てよかろう。

【史料⑦】「(二本松銀行はー引用者補)尚ホ同行ノ子銀行ト目サレルル須賀川銀行ニ対シテハ現ニ二十四万円ノ融通ヲ存シ（百七休業前ハ十七万円ヲ存シタリ）須賀川銀行ハ現在尚ホ百二十万円ノ預金ヲ存セルガ之モ越年後落着キ居レバ○方ノ心配モ一応除去セラレ近ク内容調査シタル上同行ヲ合併スル意向ヲ有シ居レリ」(14)（○は判読不能文字）。

本史料は民政派の二本松・須賀川両行の資金貸借を見たものである。これによれば須賀川銀行は二本松銀行の子銀行と見られており，かつ，28年12月の取付時には24万円の融資を受けていることが判明する。図4-1に示したように両者は党派的にも同系列であった。つまり，ここから上述した銀行間の資金貸借状況は，政友会のみならず民政党側も同様であったことが窺える。後述するように金融恐慌前後になると政友・民政両派の対立が激化するが，これに照応して反動恐慌時とは異なり，資金貸借面でも両派の分断性がより鮮明になったと見られる。

最後に，銀行取付の連鎖にかかわる史料を一点提示する。

【史料⑧】(15)(1)「安達銀行ガ休業ノ止ムナキニ至レル真相ニ就テモ同行ハ予

テ政友派ヲ以テ目サレ居リシ処福島銀行事件（28年3月の休業を指す―引用者補）以来預金減少シ来レル」(2)「同社ハ元二本松銀行（資本金五百万円，全額払込済，県下安達郡二本松町所在）ト称シ郡山合同銀行ヲ親銀行トシテ営業シ来リシカ」―中略―「殊ニ親銀行タル郡山合同銀行休業後ハ金融頓ニ窮屈トナリ」。[16]

(1)は安達実業銀行の取付に関する記述である。本史料に見られるように，党派的に同系列である福島銀行の破綻が，「預金減少」・破綻の重要要因になっていることが確認できる。また，(2)は二本松銀行についての史料であるが，親銀行である郡山合同銀行の破綻による資金繰り悪化が，休業の重要な要因になっていることが確認できる。これらの史料に見られるように，地方資産家間の関係を前提とする銀行間関係は，信用不安時においては信用破壊の連鎖経路になっていた。

このように地方資産家の党派対立が深刻化する中では，地方資産家的信用秩序のもつ信用秩序安定化機能は喪失し，むしろこのような信用秩序の存在はより金融危機を先鋭化させることになった。これが，後述する信用毀損と銀行合同政策の挫折とも相俟って，福島県金融界の不安は増幅され，多数の銀行破綻が生じることになった。次にこの点を検討する。

3 利害対立の激化と銀行合同

(1) 福島県経済の構造変化とその担い手

地域経済の特徴　表4-9には第一次世界大戦期における福島県中通地方の工場の展開状況を示した。本表は1912・21年のものであるが，この間の変化として大戦景気の影響でどの地域も軒並み工場数が増加していること，特に信達・安積両地域における工場数の増大が他地域に比べて突出していることが挙げられる。とりわけ，この両地域は「その他」工場の増加が目立つ。『統計書』によればこれら工場のうち，安積では化学系の工場が目立つが，信達は雑多で大部分が従来から見られたものであった。

次に，このような工場の展開が地域経済に与えた影響について，工業生産額

表4-9　工場の展開（1912年・21年）

市郡名・業種	1912年	1921年	市郡名・業種	1912年	1921年	市郡名・業種	1912年	1921年
福島市			安達郡			岩瀬郡(続)		
製綿		5	製糸	3	2	農具		1
製糸		2	製織	3	2	合計	3	6
製織	1	3	合計	6	4	東白川郡		
新聞	3	3	安積郡			製材		7
印刷	2	1	カーバイト	1	1	製糸		1
玉糸	1		製糸	3	4	合計		8
その他		12	練炭	1		西白河郡		
合計	7	26	酒類	1		製糸	4	4
信夫郡			紡績	1	2	精米製粉	1	
製糸	2	3	製綿		2	製糸	1	1
土管	1		製材		2	製材		5
その他		2	酒造		2	酒造		1
合計	3	5	印刷		2	古綿晒		1
伊達郡			その他		12	合計	6	12
精米		27	合計	7	27	石川郡		
製材		8	岩瀬郡			製糸	2	2
絹布製錬	2	1	製糸	1	1	合計	2	2
製織	23	70	木箱	1		田村郡		
製糸	5	11	製板	1		製糸	3	7
炭化石灰	1		製材		1	製織	3	3
金銀	1	1	製綿		1	モスリン	1	
その他		5	印刷		1	線香製造		1
合計	32	123	瓦		1	合計	7	11

注）なお，原史料には1912年東白川郡が掲載されてない。製織には羽二重を含む。
出所）『福島県統計書』より作成。

に占める構成比1％以上の品目に着目して示したのが表4-10である。上欄は安積のものであるが，これによると生糸・真綿の構成比の大幅な低下，綿糸・絹糸紡績，工業用薬品の比重増大が顕著である。このことは前述の工場数増大により，生糸関連比重が低下したことを意味する。なお，後述のように，これら工場の展開には県外資本を中心とする電力関連産業への転換が深くかかわっていた。[17] 下欄は信達について示した。これによると同地方は，12年以降，構成比こそは下がるものの，依然として生糸・真綿・織物・輸出向羽二重で生産の殆どを占めたまま推移する。信達地方は製糸業を中心に，既存産業中心という意味で相対的に内発的な展開を遂げていたと言ってよかろう。

さらに，このような工業展開の地域産業構造への影響についてみると，安積[18]

表 4-10 安積(上欄)・信達(下欄)地方工業生産物の構成(構成比:5％以上)

(単位:千円)

(安積)1912年			1921年			1926年			1930年			1933年		
生産物	金額	構成比(％)	生産物	金額	構成比(％)	生産物	金額	構成比(％)	生産物	金額	構成比(％)	生産物	金額	構成比(％)
生糸・真綿	759	60	生糸・真綿	4,972	49	絹糸紡績	3,760	27	絹糸紡績	2,924	25	絹糸紡績	4,519	24
酒類製造	182	14	工業用薬品	1,098	11	絹糸紡績	3,493	25	生糸・真綿	2,522	22	生糸・真綿	3,281	18
絹糸紡績	222	18	生糸・真綿	1,093	11	生糸・真綿	3,442	24	絹織物	1,952	17	絹織物	2,894	15
			工業用薬品	917	9	絹・絹綿交織物	985	7	絹糸紡績	1,640	14	絹糸紡績	2,035	11
			酒類	586	6	化学工業	927	7	化学工業	940	8			
			木製品	464	5				酒類	770	7			
工業生産額計	1,266	100	工業生産額計	10,211	100	工業生産額計	14,062	100	工業生産額計	11,684	100	工業生産額計	18,679	100

(信達)1912年			1921年			1926年			1930年			1933年		
生産物	金額	構成比(％)	生産物	金額	構成比(％)	生産物	金額	構成比(％)	生産物	金額	構成比(％)	生産物	金額	構成比(％)
生糸・真綿	2,947	34	絹綿交織物	14,541	38	生糸真綿	13,042	38	生糸真綿	4,741	29	生糸・真綿	6,060	28
織物	2,833	32	輸出羽二重	10,928	29	絹・絹綿交織物	11,853	34	絹織物	3,882	24	絹織物	5,810	27
輸出向羽二重	2,415	28	生糸真綿	9,393	25	輸出羽二重	4,100	12	節絹	1,963	12	節絹	1,964	9
						節絹	2,308	7	絹糸紡績	1,801	11	絹糸紡績	1,890	9
						絹糸紡績	2,241	6	輸出向羽二重	1,419	9	輸出向羽二重	1,614	8
												化学工業	1,282	6
工業生産額計	8,759	100	工業生産額計	38,146	100	工業生産額計	34,627	100	工業生産額計	16,448	100	工業生産額計	21,394	100

注1)「工業生産額計」は『統計書』「工業生産」「工業」「製造」「工業」(12・21・25年)「工場生産」「生糸・真綿」の各項目に「工産」を加えて算出。この額は『統計書』「工産」を上回るが、個別項目の構成比はこれでしか算出できないのでこの額を用いた。

2) 12年の「醤油醸造」「酒類醸造」の1石当たりの金額が記載されていないため、安藤良雄編『近代日本経済史要覧(第2版)』(東京大学出版会、1979年)2頁の卸売物価指数を用いて21年の金額を除した数値を用いて算出した。

3) 1934年から『統計書』の「工場生産」の分類が変わるため、1935年ではなく、33年の数値を示した。33年の数値を除した数値を用いて算出した。

出所)『福島県統計書』より作成。

が総生産額に占める工業生産比率を1921年の60.8%，26年の82.0%，30年73.3%，35年72.5%とほぼ7割台前半まで上昇させるのに対して，信達は同じく53.8%，54.8%，52.2%，59.6%と停滞的に推移する。このような産業構造の差異が生じた背景には，前述した工業発展の違いがあるとともに，安積の工業立地上の優位性が存在したと言える。すなわち，安積は豊富で廉価な電力・水力，鉄道整備による常磐炭田へのアクセスビリティといった「多ノ便益」があり，このような資源へのアクセスという点で工業立地への誘引が働き易い地域であった。これに対して信達にはこのような条件は見出せない。このことが信達・安積の経済発展を相違づけた要因と見られる。

担い手の特色　　上記のような地域経済の構造に規定されて，地方資産家の事業展開も各々の特色を帯びていた。ここでは政友会＝信達，憲政会＝安積の代表として，両地域の中心人物である吉野周太郎と橋本万右衛門を取り上げて検討する。

まず，安積の中心人物橋本万右衛門の事業展開を示したのが図4-2，表4-11である。これによると橋本の事業展開は，同地方の発展要因となった郡山進出の県外資本と密接な関係にあることが分かる。前述のように郡山の発展を支えたのは安価な電力の存在であるが，電力は橋本の事業展開の中心であった。表4-12によれば東部電力株式価額が橋本合名の資本金・借入金総額に占める割合は57%にもおよび，同合名は同社の筆頭株主であった。さらに橋本銀行の合名に対する貸出が全体の6割を占めることを考慮した場合，合名会社のみならず銀行も含めて電力業と密接な関係にあったことが理解できよう。また，東部電力の売電先を見ると，東洋曹達・日本化学・名古屋紡績といった郡山進出資本が大口売電先となっている。このように，電力業を通じて，橋本は県外資本と密接な関係にあった。なお，橋本が関係をもった県外資本も彼同様憲政会・民政党と関係があったという断片的な指摘もあり，ここから橋本と県外資本は党派面でも密接な関係があったと推測される。

次に，信達地方の大立物である吉野の事業展開・貸付について見たのが，図4-3，表4-13である。後者は吉野が頭取を勤める第百七銀行の不良貸付のみを示したものであり，貸出全体を見たものではないが，おおよそその傾向は窺えよう。図4-3によれば，吉野の事業展開は地元の製糸関連が中心であり，

表4－11　橋本系事業の展開年表

年代	事業展開
1881	・合名会社真製社設立（副社長：橋本清左衛門＝万右衛門の父）。
98	・郡山絹糸紡績，株式40万円で設立。
1903	・日本カーバイト郡山工場設立。
7	・郡山カーバイト株式3万8000円で万右衛門設立（日本カーバイト買収による）。
8	・郡山印刷，株式1万円で橋本鉄吉（万右衛門長男）創業。
14	・夏井川水電，株式50万円設立。四倉電気設立。
15	・郡山銀行，正製銀行，郡山信託・本宮信託を合併の上設立。株式50万円（頭取金谷幸吉，後に万右衛門買収）。
	・片倉岩代紡績所開設（後の日東紡績，橋本家も資本参加）。
16	・郡山電気株式会社，郡山絹糸紡績を改称改組の上発足。（紡績工場は片倉岩代紡績所に売却・廃止）。
	・東洋曹達，郡山に工場設置。
	・郡山電炉工業株式会社，株式50万円で設立。
17	・橋本製糸所，真製社を万右衛門個人会社に改組の上設立。
	・大日本紡織，株式30万円で設立（中央資本参加）。
18	・郡山橋本銀行，株式100万円で設立。
	・夏井川水電，郡山電気に合併。
19	・郡山土地建物，株式50万円で設立。
	・郡山紡織，株式1,000万円で設立。
	・郡山製紙，株式25万円で設立。
	・只見川水電，株式1,000万円で設立。
	・日本化学工業，郡山進出（郡山電気＝東部電力の大口需要先社長大倉喜八郎，郡山電気相談役）。
21	・郡山紡績，大日本紡織を吸収。
24	・名古屋紡績，既設郡山紡績を接収。
	・東部電力，株式2860万円，双葉，新町，小前，郡山の各電気会社と茨城電力合併の上設立。
25	・只見川水電，東北水電に模様替，経営権中央財界へ。
26	・郡山製紙解散。
28	・郡山合同銀行，郡山，橋本，本宮の3行合併により設立。
30	・郡山合同銀行休業。

出所）『郡山商工会議所45年史』『財界物故傑物伝』沼田実『福島県銀行盛衰記』『第35回銀行諸会社役員録』日銀福島支店『福島県金融経済の歩み』橘輝政『郡山財界秘史』より作成。

図4-2 橋本万右衛門の主要投資系列（1927年前後）

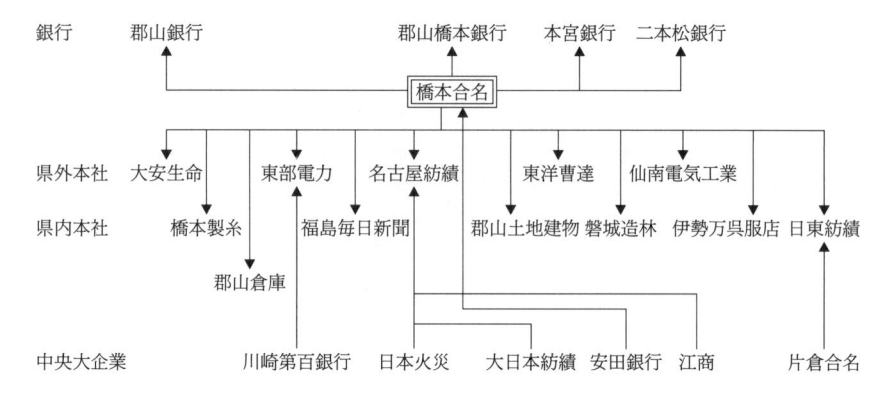

銀行　　　郡山銀行　　　　　　　郡山橋本銀行　　本宮銀行　二本松銀行
　　　　　　　　　　　　　　　　　┌─────┐
　　　　　　　　　　　　　　　　　│橋本合名│
　　　　　　　　　　　　　　　　　└─────┘

県外本社　大安生命　東部電力　名古屋紡績　　　東洋曹達　　仙南電気工業
県内本社　　　橋本製糸　福島毎日新聞　　郡山土地建物　磐城造林　伊勢万具服店　日東紡績
　　　　　　　　　　郡山倉庫

中央大企業　　　川崎第百銀行　日本火災　大日本紡績　安田銀行　江商　　　　片倉合名

注1）『銀行会社年鑑』（1927年版），大安生命『第64回営業報告書』『第35回日本全国銀行諸会社役員録』より作成。
　2）橋本合名は495.2町の地主経営も行う（農商務省農務局「五十町歩以上ノ大地主」1924年調査，渋谷隆一編『大正昭和資産家地主資料集成』Ⅰ，所収による）。
　3）沼田実『福島県銀行盛衰記』1958年によれば，橋本家は安田銀行から多額の資金融資を受けていたという。
　4）1924年以降，名古屋紡績は経営再建にあたり，江商から役員の派遣を受け入れていた（松村敏『戦間期日本蚕糸業史研究』東京大学出版会，1992年，169頁）。

図4-3 吉野周太郎の主要投資系列（1927年前後）

銀　　行　福島貯蓄銀行　第百七銀行　福島銀行　　武蔵野銀行　　山八銀行
　　　　　　　　　　　　　　　┌─────┐
　　　　　　　　　　　　　　　│吉野合名│
　　　　　　　　　　　　　　　└─────┘

県外本社　　　　　　台東製糖

県内本社　二本松電気　　　　福島倉庫　福島羽二重　福島電灯　福島県是製糸

注1）出所は図4-2に同じ。ただし，福島運送のみ『福島市商工名鑑』（1926年，福島県立図書館蔵）によった。
　2）日本銀行福島支店『福島県下財界動揺史』（1931年，未定稿）第2章によれば，第百七銀行は第一銀行を主たる取引先にしていたという。しかし，1927年当時は第一銀行の同行に対する不信が強く取引はなかったという。
　3）吉野周太郎はこのほか1924年時点で79.1町（内自作部分1.1町）の田畑を所有していた（農商務省「五十町歩以上ノ大地主」による）。

表4-12 橋本関係事業展開の特徴

(単位:千円,%)

橋本銀行貸出残高(a)	合名貸付(b)	橋本関連貸付(c)	b+c/a
10,218	6,000	700	65.3
合名資本金(d)	東部電力株式価額(e)		e/b+d
200	3,560		57.4

注1) 合名貸付,橋本関連は約数で28年5月,貸出残高は27年末の数値。なお橋本関連は東部電力重役西山亀太郎へのもの。
　2) 東部出電力株価の合名資本金・借入金に占める比重は28年5月のもの。
出所)貸出残高は『福島県統計書』,合名貸付・橋本関連は日銀福島支店『福島県財界動揺史』,合名資本金は『第36回諸会社役員録』,株式価額(額面)は『銀行会社年鑑』より作成。

表4-13 第百七銀行の不良貸付(1928年4月)

(単位:円)

職業別	金　額	構成比(%)	吉野系事業	比率(%)
銀行会社員	14,900	0		
羽二重生糸商	67,100	2		
農業	60,900	2		
倉庫業	44,000	1	35,300	80
運送業	22,400	1	15,400	69
銀行会社重役	356,400	12	19,300	5
金融業	43,200	1		
銀行業	524,400	17	504,900	96
諸会社	241,200	8	213,900	89
製糸業	1,113,000	36		
醸造業	54,700	2		
製糸福銀コール	300,000	10	300,000	100
為替尻	12,700	0		
その他	242,000	8		
合　計	3,096,900	100	1,088,800	35

注1)『福島毎日新聞』4月13日(『福島県史』第13巻,p.298)より作成。
　2) 吉野系事業の構成比は職業別金額に占める割合。

第4章　地域における銀行合同政策の展開と地方金融の再編成

表4-14 第百七銀行の政友会関係手形割引先
(単位:円)

債務者名	金額
磐城実業銀行	16,000
福島電灯	400,000
岩瀬興業銀行	72,000
二本松電気	200,000
福島民友	2,900
植田水電	50,000
田子健吉	750
請戸川水電	26,000
田子健吉ほか	11,400
福島羽二重	45,000
菅野善右衛門	2,000
須賀川酒造	35,000
福島酒造	16,000
富国館	30,000
小計(a)	779,050
総計(b)	1,851,263
a/b (%)	42.1

注1) 政友会関係先は本節で用いている諸史料により確認。
  2) 明らかに政党関係先と判明したもののみを掲示。
出所) 日本銀行『昭和四年 第二別口会議 第百七銀行』に合綴の1928年3月13日時点での持込手形一覧表より作成。

第百七銀行の貸付もまたその方面に偏っている。さらに,日銀側の史料によれば吉野の系列銀行である福島銀行の貸付基盤もほぼ同様であったとされており,この意味でも銀行を含めた吉野の事業展開は製糸業と密接な関係を持っていたと見てよかろう。そして,このような事業関係は彼の党派的立場と密接な関係にあった。すなわち,吉野は県内有力製糸業者として,当時,県政友会が蚕糸救済政策の一環として取り組んでいた,製糸工場の合同政策＝福島県是製糸の設立を通じた再編成政策と深い関係をもち同社の社長に就任していたほか,第5章で見るように第百七銀行と彼の個人銀行である福島銀行も同社に対する資金供給先になっていた。これに加えて,日銀支店からも吉野関係の銀行の貸出は党派関係によるものが多く,「政党者流の資金調達機関となりたる観あり」と評価されている。表4-14には1928年3月13日に第百七銀行が日銀支店に再割引を依頼した手形の内容を示した。本表によれば政友会系である二本松電気・福島電灯・福島羽二重などの企業ないしその関係者でその4割強を占めており,二本松電気・須賀川醸造の手形にいたってはそれぞれ政友会系銀行である安達実業銀行・岩瀬興業銀行の裏書がされていた。さらに,前掲表4-8に見られるように,銀行向けの貸出も政友会系銀行が大半を占めていた。さらに第5章第3節での分析で示すように,休業後の同行の不良貸出先には吉野やその関係者・関係企業向けの案件が多数含まれていた。以上のように,第百七銀行を中心とする資金の流れは党派的関係性に大きく歪められていた。ここから上述の日銀支店の指摘は妥当性がある。このほか,吉野の事業展開は,銀行業も含めて,製糸業を中心とする信達地方経済の構成に照応していたことも指摘

しなければなるまい。

　このように地域経済の展開に照応する形で，福島県中通における地方資産家の事業展開には大きな相違が生じていた。また，両者の党派的立場も対照的であった。次にここでの検討を前提に，福島県で如何なる利害対立の構図が表れてきたのかを検討する。

(2) 政争の規定的要因

　後述のように1920年代も半ば以降になると，福島県では政友会・憲政会の対立が激化したほか，多くの銀行の役員も党派性を帯びていたために，各銀行もこれに巻き込まれることになった。ここでは銀行をも巻き込み，県下金融再編成にも重大な影響を与えることになった党派対立の背景にある規定的な要因を検討する。

　まず，当該期に深刻な両派の利害対立をもたらしたのは，電力水利権問題であった。日銀支店の調査によると，1923年時点の数値で見ると福島県は発電可能水力で全国第三位，落成開発水力で同第二位と日本屈指の電力県であった。[27]これは地理的要因が大きいようであるが，このために事業者数・発電地数とも20年代初頭まで一貫して増加した。しかし，これとともに県内では水利権を巡る争いが多発する。その中でも本節との関係で重要なのは，東京電灯と東部電力との間で生じた「安積疎水組合汚職事件」である。[28]同事件は東部電力社長橋本が猪苗代湖の水利権獲得を目的に，当時，同湖の管理権を握っていた同組合員の買収を図ったことが発覚したものである。本事件の背景には上記二社が水利権獲得を巡って競合したこととともに，会津地方に両者の発電所が集中していたことがあった。ここでの対立のために，橋本が属する憲政派の機関紙『福島民友』と東京電灯が属する政友派の機関紙が連日批判合戦をする事態にまで立ち至った。[29]このように電力水利権を巡る争いは，単に上記二社の競合という域には止まらず，党派対立の様相を呈したのである。

　次に，とりあげなければならないのは県庁移庁問題である。ここで問題となるのは1926年におこった第二次県庁移庁問題である。この問題が惹起された直接の理由は，同年実施の郡役所廃止にともなう町村の県庁直轄移行により，地理的に不便な福島市への県庁所在に対して，同市周辺以外の地域で不満が高ま

ったことであった。現に，1926年の県会では党派を問わず，福島市が所在する県北部を除く各地域の代表者が県庁移庁に対して賛成を示していた。このように，この問題は一面では党派横断的な，行政事務上の問題であった。しかしながら，重要なのは，こと郡山と信達地方との関係という点で見ると，この問題が25年の貴族院議員選挙の争点となり，党派対立という側面が濃厚になったことである。この選挙では，前述した経済発展を背景に台頭した郡山市への県庁移庁を強く主張している，同地方の中心人物である橋本が憲政会代表で立候補していた。そして，信達地方はこれに対して強い危機感を抱く。信達地方では橋本の立候補に脅威を抱き，政友会を中心に対抗馬の選出に躍起になっていた。そして，結果として，難航の末に信達地方の代表的資産家である吉野周太郎が候補として選出された。このように，本問題は地域間・党派間，そして，吉野・橋本の両地方資産家間の対立を深化させた。

さらに，福島県下における両党派の勢力状況の変化も，両派の対立が激化する要因になっていた。同県は古くから憲政会の地盤であり，19年までは県会でも同派は政友派に対して優位を保持していた。しかしながら，それ以降，27年まではこの関係は逆転することになった。これは県会史上，唯一，政友・憲政逆転が生じた時期である。これに加えて25年の貴族院議員多額納税者選挙では，周知の貴族院令改正に伴い同県では選出議員数が2人になり，上記両名が選挙戦を戦った。この選挙では，橋本の得票数は憲政派の予想をはるかに下回り，同派は危機感を募らせていた。このほか財政政策面でも商工業者優遇・農民重課を批判して地方の独自性に配慮した積極財政の実施を主張する政友派と，中央の方針にそって緊縮財政を実行させていた憲政派との間で対立が深まっていた。このように財政を巡り両者は地域の独自性と，これへの配慮を巡り対抗関係にあった。このような政治的構図の変化も，両派の対立を深化させる要因となっていた。

以上，福島県下の利害対抗を総括すると，上記の諸問題は党派横断的・地域間対立的な側面をもちつつも，概ね党派間の争いに帰着することが明らかであろう。このような対立は，電力問題の郡山の産業発展における重要性，県庁移庁問題と郡山台頭との密接な関係を考慮すれば，前述の地域経済の不均等発展と密接な関係にあることが理解できよう。そして，対立が激化する中で，その

焦点になったのが地域的・党派的に対抗関係にある，第百七銀行頭取吉野と橋本銀行頭取橋本であった。このような状況の下で上述した諸問題を巡り，両派機関紙が泥仕合を展開する中で，疎水組合員買収事件により橋本が逮捕されたことを契機にして，政友派機関紙は橋本銀行に対する流言記事を掲載する[39]。特に，前述した第百七銀行の分析に見られるように，銀行も経営者である地方資産家の党派的利害と密接不可分な関係を持っていた。このことが銀行頭取である両地方資産家の対抗を通じて，両者の銀行も対立に巻き込まれた理由のひとつであろう。その結果，このような対立の存在により，銀行合同政策も円滑な進展を阻まれることになる。次にこの点を検討する。

4　銀行合同政策の展開

(1)　福島県における銀行合同政策の展開に関する時期区分

ここでは表4-15・16を用いて，27年6月から31年末に至る福島県内における銀行合同政策の展開に関する時期区分を行う。まず，銀行破綻の状況を示した表4-15により実態面について区分すれば，銀行動揺は①福島商銀が破綻する27年6月から多数の銀行破綻が生じる直前である28年2月まで，②最多数の銀行が破綻する28年3月から同年12月まで，③銀行破綻が小康状態から再度激しさを増す29年1月から31年末までの3期に区分できる。このような実態面での区分は，例えば，県下最大の銀行である第百七銀行の資金繰りを見ても明らかである[40]。①の時期には資金繰りが悪化し借入金総額に占める日銀特融への依存度が50〜60%で推移するが，②の時期になると依存度は90%を超過している。③の時期になると同行は休業入りするが，同行の整理は1931年頃から経済危機の深刻化に伴い「渋滞」する。ここから，このような実態面に関する区分は妥当性を持つと言ってよい。

次に，銀行業界に関わってどのような点が問題視されていたのかを，県内の新聞報道状況を纏めた表4-16により見てみる。これによると，①の時期には銀行合同関連の記事とともに，銀行整理・破綻に関する記事の比重が大きい。上述の実態面での区分を踏まえた場合，銀行破綻の顕在化を背景に信用秩序の再編成と破綻銀行処理が問題として表面化した時期であると見てよかろう。また，この時期には構成比は小さいものの銀行批判の記事も見られるようになる。

表4－15　福島県内銀行破綻状況

銀行名	破綻時	資本金	時期区分
福島商業銀行	27.6.14	1,075	①
福島銀行	28.3.5	510	
相馬銀行	28.3.5	?	
信達銀行	28.3.7	450	
磐城銀行	28.5.22	245	
四倉銀行	＊1	212	
浪江銀行	28.5.26	130	
安達実業銀行	28.5.30	583	②
福相銀行	28.6.2	500	
小高商業銀行	28.8.7	30	
平銀行	28.11.19	750	
第百七銀行	28.12.17	2,875	
福島貯蓄銀行	28.12.17	250	
白河商業銀行	＊2	362	
第百一銀行	29.9.6	435	
郡山合同銀行	30.10.5	1,975	
磐越銀行	31.10.13	245	
二本松銀行	31.10.16	500	③
須釜銀行	31.10.16	100	
白河実業銀行	31.12.8	260	
新山銀行	31.12.11	204	

注）時期区分は本文中に示したもの。
出所）日本銀行福島支店『福島県銀行史』同支店，1957年，p.26を修正。なお，資本金は払込額（資本金出処：『福島県統計書』1926年末時点，ただし郡山合同のみ設立年の関係から28年末）。
＊1　磐越銀行休業後休眠状態。
＊2　第百七銀行休業後休眠状態。

ここから，この時期は銀行界の再編成とともに，銀行間を巡る党派対立が顕在化し始めた時期と言えよう。②の時期になると銀行批判記事と銀行整理更正に関する記事が，数・構成比ともに大きな値を示すようになる。このことは実態面の深刻化により破綻銀行や銀行整理への対応が，前時期以上に大きな問題になるとともに，銀行を巡る党派対立が激化した時期であると言える。(41) また，銀行合同関係記事は，当初は31件とそれなりに大きな値を示すもののそれ以降の時期には急減する。この時期には銀行間の対立が激化する中で，銀行合同問題に対する関心が低下したと見られる。③の時期になると銀行整理・更正関係記事に殆ど集中する状況が生じる。他方で，銀行合同関係は殆ど消失する。前時期までに「県下の親銀行」である第百七銀行をはじめ，多数の銀行が破綻するから，このような記事の動向は破綻銀行処理に如何に関心が向けられていたかを示す証左といってよい。これに加えて，この時期になると県立新銀行設立による金融再編成も企図されるようになる。

このような動向を踏まえて，以下では銀行合同と銀行対立の関係，銀行批判と銀行破綻との関係，銀行更正と新銀行設立を巡る動きに論点を絞って，県金融界の再編への動きを検討する。

266

表4－16　福島県中通地方銀行・金融問題記事の時期別分類
(1927年6月から31年12月)

時　期	時期区分	銀行合同	銀行批判	銀行破綻	銀行整理・更生	県立新銀行設立関係	秋田銀行支店設置	農銀役員選任問題	論説	その他
1927.6～9	①	32	17	6	35					6
10～12		25	1		7					1
1928.1～2		7			3					
3～6	②	31	82	8	15			17		15
7～9		3	16(14)		24				1	5
10～12			26	3	21					
1929.1～3	③		5		46	2			12	6
4～6		1			20	7			3	3
7～9					29				1	1
10～12					45					3
1930.1～3					12					
4～6		15			22		4			1
7～9					39					
10～12				5	33		20			1
1931.1～3					8	21	7			2
4～6					11	9				
7～9			1		20		1	33		
10～12		2		7	22		2			
合　計		116	148	29	412	39	34	50	16	44

注1）本表は『土地制度史学』第160号所収の拙稿第8表をもとにしているが，本表では前回作成時に除外せざるを得なかった『福島毎日』紙を新たに加えたほか，『福島民友』『民報』両紙については，その後の研究で得た知見を前提に原史料を再度見直し，採録対象項目を大幅に拡大した上で分類にも変更を加えた。このほか見落等のミスも可能な限りこれを訂正した。

2）前回集計時は基本的に銀行（業界）そのものと政策当局の動向を論じる記事に限定して史料を収集・作表したが，今回は産業者などの動向および前回除外した官僚の動静を報道する記事で「銀行更生」などの関連する語句のあるもの，預金者側の運動に関する報道も含めることにした。このため専ら「銀行更生」を中心に収集対象記事が増加することになった。「銀行更生」の件数が前回に比して際立って増加したのはこのためである。また，前回集計時には「銀行合同」項目は中通地方本店所在銀行どうしの合同記事に限定したが，今回は他府県銀行による中通銀行の合同記事を新たに含んだ。これが今回の表の『民報』『民友』部分と前回の表との最大かつ重大な史料収集上の相違点である。

3）銀行問題関連記事でも以下に示すものは除外した。
　一般金融景況，株主総会・重役会の開催告知，およびそこでの決定事項を評論ぬきで報道したもの，日銀支店の政策，支店長などの就退任あいさつ，旧銀行員・役員の裁判関係，行員の不正・銀行強盗関係，広告・決算公告，全国レベルの政策動向・金融動向，役員選任問題を除く農銀関係，知事の就退任あいさつ，直接に銀行問題に関連はないが銀行名が記載されている記事，銀行同盟会関係（金利協定など）店舗改廃関係の告知記事，支店銀行関係記事など。

4）新聞記事の集計の際には，前回同様，見出しが複数あってもひとまとまりと見なせるものは一件として数えた。

5）銀行批判中（　）した数値は『福島毎日新聞』による第百七銀行による福島電灯株式の県外資本への処分を批判する記事であり，同行に対する信用毀損記事ではない。ゆえに括弧を付した（なお，括弧内は内数）。

6）時期区分は本文中のもの。

出所）『福島民友』『福島民報』『福島毎日新聞』より集計の上で分類・作成。

(2) 1927年6月から28年2月まで

　福島県への金融恐慌波及の顕在化は，1927年6月13日の福島商銀の休業に端を発する。県内有力銀行のひとつである同行の休業は県金融界に衝撃を与え，これを契機に銀行合同への動きが本格化する。

　同行休業の三日後，『福島民友』紙上では伊東知事を中心に県下銀行の「大合同計画」が推進される旨の報道がされた。同月の日銀支店から本店宛の報告でも第百七銀行小林副頭取，白井県農工銀行頭取を発起人とする，合同を通じた新銀行設立計画の存在が論じられている。さらに，同紙6月22日付では知事，日銀支店長を中心に，白井と小林に加えて七島二本松銀行頭取を委員とする銀行合同委員会が設立されたことが報じられた。このように，福島商銀休業を契機に銀行合同を巡る動きが積極化しはじめた。

　しかしながら，この日の記事では「此の合併も従来の行き掛りや政党上の問題地方の情実によって」短期間での合同成立は見込まれないことが指摘されている。実際，これ以後，銀行合同を巡る動きはこの記事の指摘どおりに進展する。8月に入ると民政党系の『福島毎日』紙が第百七銀行など吉野周太郎関係銀行の株式移動を用いて，それら銀行の経営不振を書きたてた記事を掲載した。政友系の『福島民報』『福島民友』はこれに反論した。さらにこの件を巡る第百七銀行からの告訴により8月11日には福島毎日新聞社が家宅捜索を受け，一部の者が収監されるという事態が生じた。

　前述のように4月21日に政友派機関紙が橋本銀行を批判するという事態が生じていたが，その直後である5月13日以後になると，橋本らは橋本合名社員大森達男名義で第百七銀行株式の買収を進めはじめた。その結果，大森は27年末時点で新株16260株を所有する同行の筆頭株主となっていた。当時，後述のように橋本系事業は金融恐慌以後事業不振に陥っていたほか，橋本銀行も特融を授受しており，橋本には事業経営上の余裕はなかったはずである。そのような中で多額の不良債権を抱え経営不安の状態にある第百七銀行の株式を買収すること自体，経済的合理性を著しく欠いた投資行動と言わざるを得ない。また，筆頭株主になったとはいえども，大森名義株の総払込資本額に占める比重は27年末で15％弱に過ぎず，吉野周太郎ら当時の経営陣およびその関係会社の持株比率が36％を占めていたことを想起した場合，橋本らが同行の経営権を握れる

状況にあったとは言い難い。

　ここから，このような投資行動は無謀であると言わざるを得ない。なおこのような行動をとった理由は詳らかではない。しかしながら，橋本らによる第百七銀行株の買収が政友系機関紙からの信用毀損の直後に行われているほか，この買収を通じた株式移動が同行への信用毀損に用いられている。その上，28年に橋本らは株主から委任状を取り付け，役員選任運動を起こしている。さらには，後述のように自らが投資した銀行を休業に追い込むまで激烈な信用毀損を行っているにもかかわらず，橋本らは合理的な投資行動であるとすれば当然実施されてしかるべき，同行休業前ないし減資前（28年上半期半額減資）の株式売り逃げも実施していない。以上から，株式買収が信用毀損に用いられていることを踏まえた場合，このような行動は政友派からの信用毀損に対する報復措置と見てよいだろう。

　その後，10月になると『福島毎日』紙は推測ながら，県内銀行が五つに纏まる旨の報道を行った。続いて11月になると『民友』紙は「『漸進的に交渉する本県銀行合同問題　明年１月銀行業者との会合を求めて論議』」の見出しで，「漸次合同の機運に傾きつつある」旨を報じた。しかしながら，12月にはいると県当局が当初の県下銀行大合同案は「（政党の－引用者注）系統別」に方針変更したことが報じられる。前述のように，福島と郡山の対立を背景とする党派間対立が激化する中では，党派別に別れている県内銀行をひとつに纏めることは難しく，党派別の合同が最も現実的な案だったのであろう。

　このように福島商銀の休業以降，県内銀行の合同問題が本格的に取り組まれた。しかしながら，『福島毎日』紙と『民報』『民友』の対立に見られるように，党派対立を背景とする銀行対立が激化する中で，県下銀行の「大合同」はもはや非現実的だったのである。

(3)　1928年３月から12月

　1928年３月５日の福島銀行の休業は県金融界に不安の念を広げた。なかでも第百七銀行など，同じ吉野周太郎の関連する企業などに対する不信感は強かった。このことは「月初福島銀行ノ交換脱退ニヨリ福島地方財界一時不安ニ満タサレタルモ漸ヲ遂フテ人心落着キ気味トナリツツアルカ何分昨年福島商業銀行

第４章　地域における銀行合同政策の展開と地方金融の再編成　　269

ノ休業ト其ノ後ノ整理捗ラザルヲ目撃シツツアル預金者ハ再度福島銀行ノ行詰ヨリ引イテ同行頭取吉野周太郎ノ失脚ヲ見ルニ及ヒ其関係会社ノ内容ニ疑懼ノ念ヲ抱クニ至リ極度ニ神経ヲ尖ラシ居ルコトトテ各銀行共幾分宛不安ニ思ヒ預金ノ引出ニ遭ヒ其間同業者ノ警戒ニ依ル大口資金ノ引上ケモア（傍点－引用者）」ったとの事実からも明らかである。

このため吉野周太郎は，悪影響の波及を避けるためであろう，第百七銀行・福島貯蓄銀行頭取をはじめ，福島手形交換所委員長・委員ならびに信用組合連合会会長を辞職したが，このことは民政派の格好の攻撃材料になった。これに対して，政友派はあくまで福島銀行休業と第百七・福島貯蓄両行の経営状況は無関係であることを強調し防戦に努めた。さらに，その後，政友派の暴漢が福島毎日新聞社を襲撃し，これを巡り政友派・民政派両機関紙が批判合戦をすることになったほか，民政派は吉野が社長を務めていた福島電灯所有の有価証券紛失問題を取り上げ吉野批判を強めた。

このような中で，4月になると第百七銀行は取締役に留まっていた吉野の更迭と資本金半額減資を柱とする不良資産整理を発表した。これに対して民政派はこれを第百七銀行の経営状況の劣悪さの証左であるとの批判を展開したが，政友派は「『正味純資産主義に立脚して資金半減，百七が県下銀行に率先して一路合同に邁進』」という同行を擁護する反論を行った。その上で，政友側は機関紙を用いて，郡山橋本銀行・郡山銀行の合同を批判する中傷記事を掲載した。さらに5月になると二本松銀行（民政派）と安達実業銀行（政友派）の合併問題が浮上するが，この過程で二本松銀行側が合併交渉を通じて得た安達実業銀行の経営状況を暴露したために，6月になると安達実業銀行は休業を余儀なくされた。このことにより安達実業銀行側と二本松銀行側の対立が深まったとされる。このように，事態は単なる吉野・橋本あるいは郡山・信達の対立の域を越えて，全面的な政友・民政の対立に発展する様相を呈してきた。さらに，政友派は郡山市議会で市金庫の郡山合同銀行（橋本・郡山・本宮の三行による新立合同）からの移管問題を提起し，同時に同派機関紙を用いてこの問題で揺さぶりをかけていた。

このような信用毀損は，県金融界に重大な悪影響を与えた。例えば第百七銀行の預金量と一般借入金の推移を見ると，信用毀損が激化する以前の28年2月

末にはそれぞれ1298万8000円・186万円だったものが，5月末には同様に793万1000円・90万5000円にまで減少していた。(68)ここから信用毀損の影響の深刻さが窺えよう。それゆえに，このような状況は当局にも重大な懸念を抱かせた。このことは日銀支店の「今ヤ県内銀行界ハ多年ノ積弊タル党争ノ祟ニ依リ内実著シキ不安ヲ呈シ居リ現在ノ状勢ニテハ前途ヲ予測シ得ザル有様ニ御座候」との指摘からも明らかである。(69)このような中で6月になると，加瀬福島県知事（政友派）も両派の調停に乗り出した。(70)この調停の効果かどうかは不明であるが，7月以降になると両派の信用毀損報道は小康状態に入った。この点について日銀支店報告では，銀行対立が小康状態になったことに安堵の念を示しつつも，(71)他方で「地元銀行ハ日々ニ細リ行クノ大勢ニ有之」－中略－「(郵便貯金の激増振りを指摘し－引用者)事情右ノ如クナレバ目下表面上小康状態ナルモ其暗流ハ尚ハ相当険悪ニ有之余程注意ヲ要シ候」として金融界の不安定性に対して憂慮の念を示していた。信用毀損が小康状態になっても，依然，郵貯への預金シフトに見られるように，県金融界は不安定性を包含したままの状態だった。

このような状況の中で，12月に入ると政友会の宮田光雄警視総監が来県したようであるが，(72)これに呼応して機関紙『民報』『民友』は郡山合同銀行がその大口預金者である東京発電，仙台鉄道局から預金引出を受けていることを暴露し，(73)これを契機に新聞紙上での激しい信用毀損報道が再燃した。これに対して民政側は宮田ら政友派の「党議決定」による信用毀損報道を厳しく批判するとともに，第百七銀行に対して激しい信用毀損報道を行いこれに報復した。このような状況は金融界に悪影響を与えた。例えば第百七銀行の預金量・一般借入金を見ると11月末にそれぞれ843万1000円・19万5000円だったものが，同行が休業した12月15日時点で同じく767万3000円・11万円にまで減少していた。わずか半月あまりでの減少であることを考慮した時，ここから信用毀損の悪影響の大きさが確認できよう。この結果，第百七・福島貯蓄の両行が休業入りしたほか，12月17日には郡山合同銀行が支払制限を余儀なくされるに至った。日銀支店から本店宛の報告によれば，(74)上記両行の休業により「県下銀行ハ異状ノ緊張ヲ来シ福島，郡山，二本松，須賀川，白河等所謂中通リノ諸銀行ハ何レモ相当動揺シ制限支払ヲ行フモ三四行数ヘラレ一時ハ前途危惧ノ念ニ駆ラレシ」というから，信用毀損の再燃とこれによる銀行破綻は相当の衝撃を県金融界に

第4章　地域における銀行合同政策の展開と地方金融の再編成　　271

与えたと見なければばなるまい。

　このような対立激化は県当局の銀行合同方針にも重大な変更を迫った。信用毀損激化が再燃すると，加瀬知事は日銀支店長とともに両派の調停に乗り出したが(75)，両者の対立が激化する中では調停は不成功に終わった。この結果，加瀬知事は県議会での答弁で第百七銀行中心の合同方針を表明するに至った(76)。その理由であるが，議会答弁の中で知事は郡山側の主張と自分の主張が相容れないことを挙げており，自らの所属党派である政友派の利害に沿った主張をしていた。ここから最終的に調停者としての中立的立場を放棄し，彼が上述の方針を決定した背景には，その党派的立場があったと見てよかろう。このように政友・民政両派の対立が激化した結果，加瀬知事の発言に見られるように県当局は調停者としての中立的立場を放棄し，銀行合同方針は政友派重視の方向性を明確に示すようになったのである。

　(4)　1929年1月から31年12月まで
　この時期における福島県下の金融を巡る中心的な課題は，前時期までに休業した諸銀行の営業再開と休業銀行の整理・合同を通じた金融界更正の為の新銀行設立運動である。
　年明けの1929年1月10日には早くも新銀行設立に関する新聞報道がされ(77)，この問題が本格的に検討されるようになる。同年3月の新聞紙上における座談会で加瀬知事は「やはり百七を本当に救ふと云ふのには昭和銀行のようなものを造ってくつ附けて行くと云ふより外ない。百七を救ふと云ふことはできない」と発言しており(78)，このような方針は政友系銀行，とりわけ百七救済に主眼を置いていた。第5章第3節で明らかにするように，第百七銀行は，当時，債務超過のため整理案の策定もままならない状況であったから，自力更生が難しい同行を救うために，加瀬知事は県立新銀行を設立することを構想したのであろう。新聞報道によれば，これ以後，加瀬知事を中心とする県当局は同行の更正と新銀行設立のために奔走したようであり，4月9日には県財界救済委員会と県参次会の間で会議が開かれ，「資本金五百万円乃至壱千万円の新銀行を設立すること　福島県は新銀行設立に対して年八分の株主配当設立の日より向ふ拾ヵ年保証すること」「(新銀行は－引用者)県の中心銀行として休業銀行で整理のつ(79)

いたものから合同して行く」という条件で合意したことが報道されている。このように，新銀行は県による配当保証によりその信用が支えられることが規定されているほか，休業銀行の合同の中核を担うとされており，県下における銀行合同政策の実施上，重要な役割を担うものとされていた。

　このような政友派主導の県金融界更正政策に対して，民政派は「『本県金融界の救済と加瀬知事の無定見』」－中略－「資金難から休業した銀行を合同したからと行って差し当たり開業資金がなかったらどうするのか折角の合同も本県財界を救うのに何等の役にも立つまい。銀行の救済とは『預金者の気休めをすることではない』のである」強く反発した。もっとも，金融界が壊滅的打撃を受けた信達地方では超党派による「財界救済会」が結成され危機打開の運動も開始されていたが，新聞報道に見られるように，新銀行設立問題を巡って依然として党派対立が解消されることはなかった。しかしながら，このような状況は「『聖上畏くも加瀬知事に本県金融状況を御下問　聖慮深遠洵に恐懼に堪へず　知事勢誠に奉答す』」という，天皇から知事に対する県金融界への「御下問」が報じられたことを契機に変化し，少なくとも新聞紙上であからさまに対立が報じられることはなくなる。この結果，これ以後，円滑に休業銀行整理政策が進展するかのような状況になった。

　しかしながら，7月に民政党への政権交代が起こると，知事も政友派の加瀬知事から民政派の小柳知事に交代し，また，財政面でも緊縮財政政策が徹底して採られるようになった。この煽りで加瀬知事が決定していた，県債発行による福島貯蓄銀行株式の引き受けが撤回されるという議論が出てくるようになった。結果的にこの議論は水泡に帰したが，このほかにも休業銀行整理とその合同政策に関しても変化が見られるようになった。県当局の努力もあり1929年11月以降になると，第百七ほかの諸行が小口預金の払出を開始した。しかしながら，昭和恐慌の波及とともに休業銀行の整理は行き詰まるようになり，この煽りで大蔵省側から第百七銀行も単独整理を放棄し他行との合併による更正を選択するように求められた。県当局・第百七銀行側もこれを受容したのであるが，問題なのは県当局の方針である。新聞報道によれば，小林知事は「『百七は県外の有力銀行と合併』」という方針を打ち出したという。県当局・第百七銀行側が大蔵省の要求を受容した時点では，県立新銀行設立による合同，ある

いは県内銀行との合同は唱えられていなかったから，このような新聞報道の信憑性は高いと見てよかろう。前述のように政友系知事のもとでは，県立新銀行設立による第百七銀行の救済が唱えられていたが，ここに至って政策内容が微妙に変化した。

　以上の状況の中で，31年7月に第百七銀行は小口預金の払出を行ったが，第5章第3節での同行についての検討に見られるように，休業銀行整理を巡る状況は大きく改善されることはなかった。10月になると営業中の銀行である郡山合同銀行までも休業するに至った。さらに，第百七銀行の整理も停滞するようになり，このため32年7月18日期日の「無担保債務年賦金第三回支払」が実行不能な事態に陥った。このような状況の中で，民政党を中心とする県当局も新たな対応をとるようになる。1931年3月2日になると当局は，新聞紙上に「新銀行設立ト第百七銀行整理促進案」を，同17日には「新銀行設立要綱」を発表した。この方針は「第百七銀行ノ整理ノ遂行ト本県普通銀行ノ更正」が目的であることが謳われているから，状況が深刻化する中で民政党側も，政友会同様，県立新銀行設立を通じた銀行更正を唱えるようになったと言えよう。

　もっとも，このことは両派の対立の収束を意味することはなかった。7月には農工銀行役員改選問題を巡り，両派が激しく対立し新聞紙上で批判合戦をしていた（表4-16）。このような中で，政友派は数少ない営業継続銀行である民政系の二本松銀行への攻撃を強めたほか，民政派も農工銀行の政友系休業銀行への情実貸付を批判する記事を掲載していた。このように未だ福島県では党派対立が解消されることはなかったが，かかる状況の中で新銀行設立案も立ち消えになった。さらに，12月になると昨年の「郡山合同銀行ノ休業発表ニ依リ同行トハ内部関係ハ更ニ之ナキモ同行頭取橋本万右衛門氏カ同行平取締役ナル関係上当時本支店共預金ノ引出増加」し「定期預金等ノ引出者」があったために「之カ切抜ケニ相当苦心」していた二本松銀行の休業に見られるように，幾つかの残存銀行も休業入りを余儀なくされた。このように党派対立が激化し，金融危機に対して適切な対応が取れないという状況の中で，福島県金融界は壊滅状況に陥ったのである。

5 昭和恐慌下の党派対立の融和と銀行合同

　ここでは昭和恐慌による福島県経済の打撃を概観したあと，それに伴う利害状況の変化を検討する。

　昭和恐慌による福島県経済の打撃は既に詳細な検討がされているので[89]，ここでは若干の指標を示し概観するに止めたい。昭和恐慌以前の福島県における名目生産額のピークである1919年を基準＝1.0にすると，ほぼ一貫して全生産高の４割ほどを占めている養蚕・生糸・米作も含めて，水産業を除く全産業が0.4から0.6にまで惨落している。これらの価格は19年以降ほぼ一貫して下落しており，昭和恐慌期の下落幅もまた大きかった。

　このことは地方資産家の事業経営にも重大な影響を及ぼしたようである。まず，橋本であるが[90]，日銀支店によれば「昭和二年ノ恐慌ニヨリ投資諸事業何レモ不振ノ為，多大ナ損害ヲ蒙リ，次デ密接不離ノ関係ニアリシ郡山合同銀行ノ破綻トナリ何レモ漸次衰退ヲ辿」ったというから，既に金融恐慌の時点で諸事業の経営は悪化していたと見られる。現に，名古屋紡績も社長の座を退任し，東部電力も県外資本に支配権を握られるなど，諸事業からの撤退などが目立つほか，1925・31年の県内上位200位の大資産家を比較すると31年にはその名前が欠落している。以上から，このような橋本の没落に関する日銀支店の指摘は妥当性があると見てよかろう。このほか郡山合同銀行も事業関係の不良債権が嵩み，260万円余りと払込資本金額197万5000円を上回っており，事実上の債務超過状態になったという。

　吉野周太郎も同様であり，例えば第百七銀行に見られるように[91]，製糸関連や織物，電力といった地元産業向け貸出を中心とする不良債権が嵩み（表4-14）資金繰りも悪化していたが，金融恐慌を画期に県外他行からの資金引上げを受け，これに前述の信用毀損による預金引出が加わり28年末に破綻する。そして，この間以降，福島電灯・福島羽二重などの関連事業は破綻ないし株式売却が実施されるが，これはその煽りとみてよかろう。なお，吉野もまた31年になると県内大資産家上位200位から姿を消しており，このことも彼の没落の証左と見てよかろう。

　このように地方資産家の事業は，金融恐慌以降，大きな打撃を受けたのであ

るが，このような事態を背景に党派対立の状況は大きく変わる。これを明瞭に確認できるのは1932年の総選挙である。この選挙で政友会は国政レベルでは金解禁停止を，地域レベルでは財政政策による地域開発政策の実施を唱えた。これに対して民政党は政友会の積極財政政策をインフレによる大衆収奪政策であると批判し，あらためて緊縮政策の正当性を訴えた。結果は政友会の大勝に終ったが，民政党側は選挙敗北を契機に不況に敗因を求めるとともに政策内容を修正する。その後，この事態を背景に両者の歩みよりが見られるようになる。このことが如実に確認できるのが，農工銀行総会と新銀行設立運動である。前述のように，31年には農工銀行役員選出を巡り双方が厳しく対立した。32年の総会でも当初はこのような動きが見られたが，その後，両派融和への動きが強まり，結果的に総会は円満に終了した。さらに，同年7月の臨時県会でも両派共同で県立新銀行設立建議を提出している。特に，後者は県史上初の銀行合同を巡る両派協調であり注目に値する。このように昭和恐慌による打撃が深刻化する中で，金融再編成を巡る党派利害の相克は一定の対立を残しつつも融和の方向に向かった。しかしながら，このように地域側では党派利害の融和を背景に，新銀行設立による銀行合同への機運が高まったものの，理由は定かではないが，大蔵省側がこのような地域側の要求を拒絶したために，新銀行設立による銀行合同＝金融再編成は挫折するに至った。

このように政友派・民政派の有力銀行が破綻し，大蔵省当局の拒絶により新銀行設立による再編成も頓挫する中で，戦時以降の銀行合同の歴史的前提条件が形成されるようになる。具体的には中立色の強い郡山商業銀行（以下，同行と略記）が台頭し，同行中心の銀行間関係が形成されてきた。まず，1931年6月になると郡山商業銀行が猪苗代銀行の合併に乗り出したことが報じられる。同行支配人沼田実の回顧によれば，同行は猪苗代銀行を「十数年に亘り犠牲を払って整理に援助」したというし，郡山商業銀行の「営業日誌」には1927年2月4日に同行支配人が猪苗代銀行の重役会に参加している旨の記載があるから，既に金融恐慌前の時点で同行は猪苗代銀行の整理援助に着手していたと判断される。さらに同行は，37年には白河実業銀行を，39年には川俣銀行を合併したほか，日銀支店の史料によれば39年時点で同行は岩瀬興業・三春両行の親銀行になっていたという。なお，1941年の東邦銀行新立以前に同行が実施した諸銀

行との合同は，経営者の血縁関係に基づくものだったという。合同の際に血縁関係に依存したのは，資産の査定にあたり正確な情報を入手しやすいことが理由であるという。さらに1930年1月時点で佐藤伝兵衛頭取も息子たちに「銀行ハ何時迄モ長クスル業ニアラス値段能ク買人有之時ハ現金ニ而売却可致候様ニ致度且又先方能キ銀行ナラハ合併スルモ宜敷哉」とした上で，「当地頭取ハ何連モ其土地ノ財産家ニ有之候テ其勢ひハ兆常成る者ニ有之モ只今ト相成候テハ何連モ跡形も無之有様ニ相成申候依テ我存命中ニ（銀行合同ないし売却を－引用者注）実行致度ト存居候モ未タ時期至ラス」と申し伝えており，経済危機下における銀行合同には慎重な姿勢を示していた。銀行合同に際しての血縁関係への依存も，このような慎重な経営姿勢から来たのであろう。これに加えて血縁関係の如何は定かではないが，矢吹・磐東両行とも関係を持っていたとされている。この結果，39年時点で同行は日銀支店から「福島県下ノ盟主トシテ王座ヲ占メ中通銀行ノ主体トナラントス」との評価を受けるに至っている。また，表4－17によれば同行は資本金こそは少ないものの，預金・貸出・店舗数ともに営業中の県内本店所在銀行中最高であり，預貸率も他行が高率の貸出超過である中で58％と健全性を維持している。このほか払込資本金利益率も預金超過ながら12％と営業銀行中最高の値を示している。このように計数面でも同行は，県内他行に比べて際立って良好であった。同行は1925年6月末時点で，両大戦間期における地方銀行経営の悪化の最重要要因であった，不動産担保融資額の総融資額に占める比重を，恣意的な評価をしていた県内他行とは異なり，流通価格ベースにより担保価値査定を厳格化することで16.99％にまで抑え込んでいたほか，毎月月報を発行し行員にも堅実経営を徹底させていた。このような経営行動が，上記の成果をもたらした理由であると見られる。

　それでは，なぜ，同行は昭和恐慌以降，県下金融再編成の中核となりえたのであろうか。これを示す明確な史料は存在しないが，ここでは断片的な史料から幾つかの点を仮説的に指摘しておきたい。第一に指摘しておかねばならないのは，頭取佐藤伝兵衛の銀行経営面に関する脱党派関係志向の強さである。佐藤は政友会所属の貴族院議員であり，1926年下期まで第百七銀行の監査役に就任していた。しかし，退任以降，第百七銀行との関係は疎遠になったという。現に，27年に第百七銀行中心の政友系銀行の合同計画が浮上した際には，同行

第4章　地域における銀行合同政策の展開と地方金融の再編成　　277

表4-17 福島県内本店所在銀行の営業状況（1934年）

(単位：千円)

銀行名	払込資本金	積立金	預金高	貸出高	純益金	利益率(%)	預貸率(%)	店舗数
猪苗代	132	3	679	202	7	5	30	1
岩瀬興業	499	102	433	786	7	1	182	4
磐東	147	44	659	685	5	3	104	1
川俣	325	34	527	310	1	0	59	2
四倉*	212	30	190	467	14	7	246	1
田村実業*	600	150	109	182	0	0	167	1
矢吹	226	5	140	232	3	1	166	2
小浜実業*	200	27	477	726	6	3	152	2
郡山合同*	1,975	173	1,124	7,130	0	0	634	1
郡山商業	250	172	4,268	2,476	29	12	58	6
安達実業*	583	0	229	673	197	34	294	2
会津	1,050	412	1,901	1,472	80	8	77	6
三春	385	179	520	1,045	45	12	201	1
白河商業*	488	0	59	453	9	2	768	1
白河実業	330	129	253	375	5	2	148	3
白河瀬谷	325	49	740	417	2	1	56	1
小　計	7,727	1,509	12,308	17,631	410	5	143	35

注）＊は休業銀行で後に破産したもの。店舗数は出張所・支店・本店の合計。利益率は払込資本金利益率。
出所）『福島県統計書』より作成。

はこれへの参加を拒絶し結局同構想は挫折する。ここにも同行が党派関係からの脱却を図っていたことが確認できる。また，同行は関係をもった銀行のうち，三春・矢吹・磐東が政友系，猪苗代・白河実業が民政系である。このように同行は党派関係を超えた関係性を構築しており，このことも同行の強い脱党派志向性の証左といってよかろう。

　このように党派対立に阻まれ，銀行合同に見られる金融再編成が進展しない中で，県金融界は危機への十分な抗力を滋養できず，それゆえに両派の中核銀行を中心に多数の銀行が破綻したが，これを契機に中立的な郡山商業銀行が県銀行界の再編成の中心に踊り出て，同行を中心に銀行間の関係性も脱党派的なものに変化する。この意味でも，昭和恐慌期以降における郡山商業銀行を中核とする脱党派的な銀行間関係の形成は，この時期における党派対立の在り方の変化の帰結であった。このような状況の中で，大蔵省に新銀行設立構想を拒絶

されたことにより，35年県会における「県下銀行の統一，あるいは統合して増資せしむることが必要なのではないか」という議論にも見られるように[106]，党派対立が収束に向かった県内では同行を中核とする残存銀行の統合が，党派を問わず県内金融再編成の有力な選択肢として認識されるようになる。かくして，昭和恐慌以降になると党派対立が金融再編成に影響を及ぼすという状況は消失し，この意味で戦時期における銀行合同政策を受容する歴史的前提条件が形成されるのである。

6 小　括

　第一次世界大戦期から昭和初期の地方銀行間市場の背後には，地方資産家たちの地縁・血縁・事業関係とこれに照応する形での党派的関係性が基礎として存在していた。この結果，地方金融界は党派的分断性を帯びており，それゆえに金融危機下の金融機関相互の円滑な連携にとって阻害要因となっていた。さらに，福島県では特に1920年代中葉以降[107]，第一次世界大戦期の地域経済の変動を背景として，県庁移庁問題などにより地方資産家間・地域間の党派対立が激化したため，党派的分析性を要因に地方資産家的信用秩序の抱える不安定性は一層激しいものになったほか，この関係性が信用不安の連鎖経路にもなったためにより金融危機が増幅される結果となった。このような中では，日銀特融の注入も役に立たず，第百七銀行以下の諸行の破綻が生じることになった。

　このような地方金融界が包含する弊害の克服は，少なくとも日銀支店により反動恐慌期には認識されていたが，地方資産家の党派対立が激化する中では地方金融界の内発的な動きでこれを克服することは不可能であった。それどころか，このような状況の中では政策当局による「上からの」再編成＝銀行合同政策すら，円滑な進展を阻まれることになった。このような弊害の克服は，昭和恐慌による地域間・党派対立の一定の融和と，両派有力銀行の破綻を通じた銀行界の脱党派化，すなわち，中立的銀行を中心とした銀行間関係の形成を待たねばならなかった。かくして，昭和恐慌による地方資産家的信用秩序の解体と中立的銀行中心の銀行間関係の形成が[108]，「上からの」銀行合同政策がそれなりに円滑に実現する前提条件になった。その上で戦時下における銀行合同過程における党派性の強い資産家の銀行経営からの排除を通じて[109]，地方資産家的信用

秩序の終局的克服が図られたのである。

(1) 岡田『預金金利協定の史的分析』有斐閣，1988年。
(2) 福島県地域金融史研究の水準を代表するものとして，「金融」『福島県史』政治1，福島県，1968年，所収に代表される，宮島宏志郎氏の諸研究，日本銀行福島支店『福島県銀行史』同支店，1957年，同『福島県金融経済の歩み』同支店，1969年を挙げておく。ただし，これらの諸研究では本章の課題は未検討である。
(3) 『銀行局年報』各年による。
(4) 以下の議論は，谷本雅之・阿部武司「企業勃興と近代経営・在来経営」宮本又郎・阿部武司編『日本経営史2 経営革新と工業化』岩波書店，1995年，所収）による。
(5) 福島県内本店所在銀行の党派別内訳は，白鳥「地方金融の再編と地域利害」第1表，銀行役員間の兼職については『人事興信録』第7版，1925年による。銀行の経営規模は後掲表4-15の払込資本金額を見よ。
(6) 杉山和雄「福島県の製糸金融」山口和雄編『日本産業金融史研究』製糸金融編，東京大学出版会，1966年，所収，535～536頁。
(7) 「明治四十四年岩代銀行設立発起許可ニ付具申」『福島市史』近代資料Ⅱ，1973年，所収，211～216頁を見よ。
(8) なお，横山憲長「小地主経営の展開と農村金融」『土地制度史学』第154号，1997年1月，所収，11頁でも，長野県下の銀行合同にあたり銀行経営者の血縁関係が，合同実現の阻害要因になっていることが指摘されている。後述するように福島でも事態は同様であり，この意味で興味深い。
(9) 第一次世界大戦期から反動恐慌後の福島県金融経済の状況について，さしあたり詳細は白鳥「製糸・養蚕地帯における金融危機の展開と日銀支店」を参照。また，同「地方金融の再編と地域利害」でも県内金融動向を概括的に取り扱っている。
(10) 史料①②の典拠は，日本銀行福島支店（以下，日銀支店と略）「大正九年福島地方銀行ノ資金繰逼迫事情」1920年6月2日，『日本金融史資料』昭和続編付録第1巻，所収，318～319頁。
(11) 以下，史料6までの典拠は日銀支店「全国銀行休業前後ニ於ケル当地金融状況」1927年4月26日，『日本金融史資料』昭和編第25巻，所収，80～82頁。
(12) 日本銀行福島支店「磐越銀行ニ対スル補償法特別融通申請事情」1928年4月25日，『日本金融史資料』昭和続編付録第1巻，所収，425頁。
(13) ただし，磐城銀行も同年5月の休業後，民政党機関紙から「政友一派に蹂躙された磐城銀行　休業の原因に対して非難高し　銀行を我物顔に振舞ふ」（『福島毎日』5月27日）として，党派関係による経営乱脈を批判・暴露する

記事の掲載を受けている。
(14) 日銀支店「当地方金融界越年後ノ状況」1929年1月12日，日本銀行本店蔵。
(15) 日銀支店「福島県内銀行界近状報告」1928年6月7日，『日本金融史資料』昭和編25巻，所収，223頁。
(16) 日銀支店「二本松保全会社ニ対スル補償法特別融通ニ対シ一部入金セシメ残債務免除ノ件」1940年12月20日，『日本金融史資料』昭和続編付録第1巻，所収，525～527頁。
(17) 「郡山市統計一斑」『郡山市史』第10巻，同市，1974年，所収によれば，1924年時点で綿糸・絹糸紡績会社は片倉製糸・名古屋紡績の県外企業二社である。工業用薬品も県外資本であり，郡山の経済構造変化の重要な担い手は県外資本であった。
(18) 以下の数値は，『福島県統計書』各年からの算出値。
(19) 「大正十三年郡山商工会議所の設立の経過」「大正十四年郡山市の商工業」『郡山市史』第10巻，182～192頁，所収による。
(20) 『東洋経済株式年鑑』各年版の東部電力欄を参照せよ。
(21) 『東洋経済株式年鑑』1929年版によると，28年上半期時点での郡山進出企業に対する東部電力の大口売電先として東洋曹達（1500KW），日本化学（1000KW），日本紡績（600KW），名古屋紡績（600KW）が挙げられているほか，橋本が関係している日本無電（900KW）も挙げられている。
(22) 例えば，名古屋紡績に合併された郡山紡績の「主唱者は，愛知県の実業者にして，共同生命保険の専務取締役であり，憲政会代議士として羽振りのよかった渡辺義夫氏」であったほか（橘輝政『郡山財界秘史』文献協会，1932年，32頁），1925年設立の日本無電に橋本が役員として参加する際には郡山市選出の憲政会代議士粟山博による政府首脳への働きかけがあったという（上掲書，175～177頁）。そして，橋本が役員に就任した日本無電への電力売込に際して東部電力と競争関係にあった福島電灯（吉野周太郎社長）がやぶれ，橋本は過剰電力の売込みに成功したという（注(20)も参照）。
(23) 日本銀行福島支店『福島県下財界動揺史』同支店，1931年，未定稿。なお，中村五郎「福島県の金融と経済の歩み⑫」『福島の進路』1985年6月号，東邦銀行福島経済研究所，48～49頁でも第百七銀行の不良貸出の構成について同様の事実を指摘しているが，地域経済との関連やその党派性を看過している。
(24) 白鳥圭志「地域における蚕糸救済政策の展開」『一橋論叢』（一橋大学）第119巻2号，1998年6月，所収による。なお，同論文注2であるが，注記する部分を取り違えている。この注は146頁の信達地方への器械製糸の浸透に関する記述の部分に移動する。同注に論文を記載させていただいた山田舜氏をはじめ，関係者にお詫びの上で訂正させていただく。
(25) 日銀福島支店によると，福島銀行は「大正十五年末頃は前記製糸業の失敗

も嵩みたるうえ旧債整理にも手のつけようがなく不良資産は少なくとも参百万円に達し居りたるものの如し」という状況であったという（日本銀行福島支店『福島県下財界動揺史』による。なお，本史料は栗原るみ氏からその断片を，伊藤正直氏より全文を提供を受けた。記して謝意を表したい）。『福島県統計書』によれば同年末貸出残高は831万5000円であるから，約36％が不良資産になっていたことになる。

(26) 『福島県下財界動揺史』による。
(27) 日銀支店「福島県電気事業ノ概況」『日本金融史資料』明治大正編第23巻，所収，249〜259頁。なお，以下での県電力業に関する叙述は，特に断らない限り本史料による。
(28) 詳細は橘『郡山財界秘史』115〜159頁。
(29) 橘『郡山財界秘史』153頁。
(30) 『郡山市史』近代下巻，268〜274頁。
(31) 福島県議会編『福島県会史』大正編，同議会，1959年，大正十五年通常県会の建議事項の部分を参照。
(32) 以下の信達の危機感も含めて，政友会機関紙『福島民報』1925年8月18日では次のような説明をしている。すなわち，信達で「アンチ橋本熱」が高揚する理由は「郡山市と信達地方の将来殊に移庁問題の急先鋒たる橋本氏には断じて投票できない」ことにあるという。このほか，この記事では「信達有志を結束して」対抗馬を擁立すべきと主張している。
(33) 『福島民報』1925年8月28日。
(34) 以下の議論は「情実特融の酷状を暴露した福島県金融恐慌」『エコノミスト』1929年1月15日号，所収によると，28年時点で民政（＝憲政）派は郡山市，福島市，会津若松市で優勢であった。
(35) 『県会史』大正編の議員出身地，所属党派を示す一覧表を参照。
(36) 『福島民報』1925年9月11日。
(37) 『県会史』大正編，1692〜1693頁における23番菅野善右衛門の発言を参照。
(38) 『県議会史』大正編，昭和編上における，1931年までの議事録を参照。
(39) 1928年4月21日には政友会機関紙『福島民友』が橋本銀行に対する流言記事を掲載したが，日銀支店によればこれも「手伝ヒ為メニ預金者ノ不安ヲ買」ったという（日銀支店「モラトリアム解除前後ノ金融状況」1927年5月18日『日本金融史資料』昭和編第25巻，所収，83頁による）。
(40) 白鳥「製糸・養蚕地帯における金融危機の展開と日銀支店」表5と，本書第5章における第百七銀行の整理過程の分析を参照。
(41) この点に関連して，『福島県史』近代資料編3，福島県，1968年に収録されている銀行関連史料の構成が，信用毀損報道の状況に着目して1928年3月を画期に据えている（287頁以下参照）。本章もこのような編集方針に影響を受けている。

(42) 日銀支店「昭和二年六月中金融報告」『日本金融史資料』昭和編第25巻，所収，220頁。
(43) 『福島民友』1927年6月16日。なお，以下での新聞報道，特に信用毀損報道は枚挙に暇がないので，もっとも激烈に報道していると筆者が判断したものを注記する。
(44) 日銀支店「福島商業銀行休業ノ経緯ト其影響」『日本金融史資料』昭和続編付録第1巻，所収，422～423頁。
(45) 『福島民友』1927年6月22日。
(46) 同上掲載の記事。
(47) 以下の点に関しては，さしあたり『福島毎日』1927年8月11日，『福島民友』同年8月7日などを参照。なお，『民友』紙は1924年に政友派の吉野，田子健吉が行った「民友新聞のっ取り」運動の結果，憲政（民政）派幹部が追放され，翌25年5月31日には田子派の鈴木一郎が署名人になり完全に政友派機関紙になった。これに対抗して追放された憲政派は同年11月に福島毎日新聞社を設立する。その後，民友新聞社は31年2月に福島毎日新聞社と合併し再度民政派機関紙となる（以上，詳細は「新聞」『福島県史』20巻文化1，福島県，1965年，所収を参照）。このように『民友』紙はこの時期所属党派を頻繁に変更するので注意されたい。
(48) 『福島民友』1927年8月10日。
(49) 中村五郎「郡山商業銀行営業日誌抄 昭和2年前半分 恐慌下の郡山金融界」85頁。なお，この史料紹介では，このような投資行動の非合理性は論じられていない。
(50) 中村「郡山商業銀行営業日誌妙」85頁；第百七銀行『営業報告書』1927年下期，所収の株主名簿による。
(51) 日銀支店「モラトリアム解除前後ノ金融状況」『日本金融史資料』昭和編第25巻，所収，83頁。
(52) 第百七銀行『営業報告書』より算出。
(53) 日銀支店「昭和三年九月中金融報告」日本銀行本店所蔵。
(54) 第百七銀行『営業報告書』1928年上下期，所収の株主名簿を比較すると，減資（28年3月）・休業（同年12月）を挟んだこの時期，大森名義株式の所有数は減資によるものを除いて殆ど減少していない。
(55) 『福島毎日』1927年9月30日。
(56) 『福島民友』1927年11月10日。
(57) 『福島民友』1927年12月14日。
(58) 日銀支店「昭和三年三月中金融報告」『日本金融史資料』昭和編第25巻，所収，220頁。
(59) 『福島毎日』1928年3月7・10日。
(60) 『福島民報』1928年3月18日。

(61) 『福島毎日』1928年3月29日。
(62) 以下の民政派からの批判も含めて,『福島毎日』1928年4月8日。
(63) 『福島民友』1928年4月8日。
(64) 『福島民報』1928年4月2・11・26日。
(65) 日銀支店「福島県内銀行界等近状報告」223頁。
(66) 日銀支店「福島地方金融界ノ状況」1928年7月7日,『日本金融史資料』昭和続編付録第1巻, 所収, 428〜429頁。
(67) 『福島民友』1928年5月22日。
(68) 次に示す1928年11月末から12月休業時までの数値も含めて, 白鳥「製糸・養蚕地帯における金融危機の展開と日銀支店」表5による。
(69) 日銀支店「福島県内銀行界等近状報告」223頁。
(70) 『福島民報』1928年6月13日。
(71) 日銀支店「昭和三年九月中金融報告」。
(72) この点は日銀支店『福島県下財界動揺史』のほか, 日銀支店「福島県下財界ノ近情」1928年12月13日,『日本金融史資料』昭和続編付録第1巻, 所収, 431頁, および『福島毎日』1928年12月15日の報道からも確認可能であり事実だったのであろう。
(73) 『福島民友』1928年12月11日,『福島民報』同14日。
(74) 日銀支店「昭和三年十二月中金融報告」『日本金融史資料』昭和編第25巻, 所収, 221頁。
(75) 日銀支店「福島県下財界ノ近情」431頁。
(76) 宮島宏志郎「金融」『福島県史』政治1, 福島県, 1968年, 所収, 915〜916頁。
(77) 『福島民報』1929年1月10日。
(78) 「財界問題座談会」『福島民報』1929年3月27日, 所収での発言。
(79) 『福島民報』1929年4月9日。
(80) 『福島毎日』1929年1月24日。
(81) このような報道は各紙とも1929年6月19日付けで行っている。
(82) 『福島民友』1929年7月17日。
(83) 以下の合同方針も含めて, 第百七銀行の整理については第5章で検討する。
(84) 『福島民報』1930年9月4日。
(85) 『福島民報』1931年3月2日, 17日。
(86) 『福島民報』1931年7月13日。
(87) 『福島民友』1931年7月30日。なお, 第5章第3節における第百七銀行の整理過程に関する分析の中で, 同行が政党的に同系列にある福島県農工銀行から多額の借入をしていることを示しておいたが, このことはかかる民政側の主張を一定程度裏付ける。
(88) 株式会社東京興信所「追加報告　福島県安達郡二本松町　株式会社二本松

銀行」1930年10月24日，日本銀行『昭和五年度重要回覧　本店-福島支店』日本銀行金融研究所，所蔵に合綴。
(89)　安富邦雄「昭和恐慌と満州事変」，同『昭和恐慌期救農政策史論』八朔社，1994年，第3章を見よ。なお，以下に示す県経済関係の数値などは『福島県統計書』各年からの算出値。
(90)　以下，橋本の事業関係に関する叙述は，日銀支店「郡山合同銀行ノ休業ト整理」「郡山合同証券株式会社ニ対スル補償法特別融通処理ノ件」郡山合同銀行「和議開始申立書」いずれも『日本金融史資料』昭和続編付録第1巻，所収，483〜488頁，および『福島県下財界動揺史』による。このほか橋本の大安生命，名古屋紡績，日東紡績社長ないし筆頭株主の座からの撤退と片倉によるこれら事業の継承については，松村敏『戦間期日本蚕糸業史研究』第1章の「日東紡績」欄にやや詳しい記載がある。また，東部電力筆頭株主からの撤退は，橘前掲書101頁のほか『東洋経済株式年鑑』1934年版の同社株主欄を見よ。なお，次にみる吉野も含めて県内大資産家順位の変動については，福島県『（大正十四年）多額納税者』同『貴族院多額納税者議員互選人名簿「昭和七年七月県報号外」』（何れも福島県立図書館所蔵）による。
(91)　第百七銀行の破綻の詳細については，白鳥「製糸・養蚕地帯における金融危機の展開と日銀支店」を参照。また，これら貸出先および吉野社長の福島電灯は破綻ないし，株式売却が図られている（『東洋経済株式年鑑』1934年版，福島電灯株主欄を参照）。なお，中村「福島県の金融と経済の歩み⑫」46〜49頁でも第百七銀行の経営危機に言及しているが，電力業向け貸出による資金の固定化の強調は事実誤認であり（注(27)史料を見よ），それ以外は不動産担保貸出の比重増加という通説的指摘をしているに過ぎない。担保面では震災以降に悪化が決定的になったこと，ならびに信用貸と不動産で50％ほどを占めたこと（27年末）が強調されるべきであり，電力業向けは貸出よりも株式所有面をより重視すべきである（白鳥上掲論文，60〜63頁，同「東北地方電力業」141頁）。
(92)　『福島民報』1932年2月10日。
(93)　『福島民友』1932年1月23日。
(94)　『福島民友』1932年4月7日。
(95)　以下の点は，「近づく農銀総会①」『福島民報』1932年7月20日，「近づく農銀総会③」同紙同23日を参照。
(96)　福島県議会編『福島県議会史』昭和編第1巻，同議会，1959年，864〜865頁。
(97)　福島県議会編『福島県会史』昭和編第1巻，1442頁。
(98)　沼田実『福島県銀行盛衰記』1958年（推定），福島県立図書館所蔵。
(99)　中村「郡山商業銀行営業日誌抄」73頁。
(100)　以下での郡山商業銀行中心の銀行間関係についての議論と引用は，日銀支店『引継書類（昭和14年）』による。

(101) 以下，郡山商業銀行の銀行合同に関する議論は，同行頭取佐藤伝兵衛の孫にあたる佐藤惣一郎氏に対するヒアリング（1999年3月5日，於東邦銀行東京支店）による。なお，本ヒアリングにあたり，佐藤氏のほか全国地方銀行協会調査部，株式会社東邦銀行の協力を得た。記して感謝申し上げたい。
(102) 佐藤伝兵衛「申置」1930年1月7日（佐藤惣一郎氏提供史料）。
(103) 『東北日本』第9巻9号，1926年1月，1220～1221頁。なお，進藤「大正・昭和初期における地方銀行の不動産担保融資」も，同史料を用いて同行を極端に不動産担保融資比率が低位な銀行の例として挙げている（334頁）。また，他行に比しての不動産担保融資抑制の手段としての担保価値評価の厳格化は，佐藤惣一郎氏からのヒアリングによるが，この内容は1925年6月末の担保掛目が0.45であったという事実からも裏付けられる（同史料による）。
(104) 中村「郡山商業銀行営業日誌妙」75頁。
(105) 沼田前掲書。ただし，沼田はここで「大正末期」のこととして話をしているが，中村「郡山商業銀行営業日誌妙」によれば，これは27年の誤りであるという（94頁）。筆者もこの度の改稿にあたり，本史料および新聞報道などを再度確認したが，本史料では必ずしも年代が特定されていないほか，新聞報道などでも「大正末期」には銀行合同が問題にされる状況ではないようである。「大正末期」というと27年の記憶違いの可能性は十分考えられるということもあり，本章では27年説に従うことにした。
(106) 『県会史』昭和編第1巻，1442頁。
(107) 『銀行通信録』第415号，1920年，693頁によれば，「流言蜚語」による「地方財界への悪影響」を防止すべく，福島市の銀行業者が金融経済関係報道について新聞業者と会合をもったことが報じられている。この点を踏まえた場合，反動恐慌時点では20年代後半とは異なり，未だ党派対立にはある種の冷静さが残されていたというべきであろう。
(108) ただし，前述のように東邦銀行設立以前の郡山商業銀行の銀行合同は，経営者の血縁関係に依るものが大きかったから，その限りで地方資産家的信用秩序の構成要素は残存していたといわねばなるまい。
(109) 日本銀行「一万田部長宛報告」1940年11月25日，日本銀行本店所蔵では，「頭取ハ最慎重ニ詮衡スルヲ要シ政治関係絶無ノ者タルコト」を条件に挙げており，実際に曲折を経て谷半兵衛（中立。会津銀行頭取）が頭取に就任している。ここに見られるように，政策当局は戦時下の銀行合同に際して，政治関係者の頭取就任は絶対回避する方針を定めていた。

第2節　岩手県下の金融危機と銀行合同

はじめに

　ここでは前節に引き続いて岩手県に対象を移して銀行合同過程を検討する。
　検討対象を移すにあたり，同県金融史の研究状況について触れておきたい。岩手県については，既に『岩手殖産銀行二十五年史』による通史的叙述のほか[110]，貯蓄銀行ならびに「県是銀行」に関する進藤寛氏の研究[111]，盛岡信託の破綻過程を分析した麻島昭一氏，そして，最近公刊された小川功氏による金融破綻要因としての経営者の思考・行動様式を分析した研究が存在する。進藤氏は盛岡貯蓄銀行と金田一国士の諸事業との関連や，「県是銀行」の成立要因としての「挙県一致体制」を指摘したほか，麻島氏も金田一経営の盛岡信託の破綻過程を関連会社への情実融資の実態も含めて詳細に明らかにしている。また，小川氏はコーポレート・ガヴァナンス論などを導入しつつ，金田一（盛岡銀行頭取）・中村治兵衛（旧岩手銀行頭取）の思考・行動様式を具体的に明らかにしている[112]。[113]
　本節では，これらの成果に学びつつも，これら研究では分析がされていなかった地方資産家のもつ党派的利害と銀行合同との関係に着目して，1920年代から30年代初頭にかけての同県金融界の再編成過程を検討する。なお，同県金融史関連史料は制約が著しく[114]，そのため本章ではもっぱら検討対象を，預金量などの計数面において同県下で突出した規模を誇る盛岡銀行（表4-18）と同行頭取金田一に重点を置く形になったほか，二次文献に依拠する点が多くなってしまった。この点は，本節の限界として，まず，最初に指摘しておきたい。

1　岩手県経済の推移と担い手の特色

(I)　地域経済の動向

　ここでは地域における党派的利害を把握する前提として，第一次世界大戦期から昭和恐慌期にかけての県経済の推移を検討する。
　まず，岩手県の全国的位置を見ると，明治期から昭和恐慌期に至るまで一貫

表4－18　金融恐慌前岩手県下本店所在銀行の営業状況（1926年末）

(単位：千円)

銀行名	払込資本金	積立金	諸預金	諸貸出金	純益金	利益率(%)	預貸率(%)	預金シェア(%)	支店数
岩手銀行	1,800	590	9,160	9,793	254	14	107	12	17
花巻銀行	680	105	1,225	1,463	82	12	119	2	1
第八十八銀行	200	60	1,334	1,467	34	17	110	2	1
第九十銀行	1,360	802	12,666	12,638	260	19	100	17	19
黒沢尻銀行	500	91	648	903	78	16	139	1	0
三陸銀行	1,100	468	6,195	6,408	223	20	103	8	10
気仙銀行	775	241	1,851	2,551	134	17	138	2	3
宮古銀行	700	168	1,536	2,031	122	17	132	2	7
水沢銀行	200	141	1,925	1,976	61	31	103	3	2
盛銀行	215	20	387	559	26	12	144	1	0
盛岡銀行	4,002	2,170	38,276	33,686	642	16	88	51	38
合　計	11,532	4,856	75,203	73,475	1,916	17	13	100	98

出所）『銀行局年報』より作成。純益金は上期・下期の合計。

して農業生産額が圧倒的比重を占める後進地域であったことが既に指摘されている。このことは表4－19からも明らかであり，県内各地域ともに農林畜産生産額が5～8割と大きな比重を占めている。特に，これら産業の中でも岩手県経済を特徴づけるのは林産と水産であり，1922年時点で前者は全国9位，後者は4位であり，同県は日本屈指の林産・水産県であった。

　次に県内各地域別に見てみると，盛岡市・稗貫郡・西磐井郡・上下閉伊郡で農林畜産生産額比重が低いことが確認できる。このうち沿岸部の上下閉伊郡は漁業生産の割合が比較的高くこれがその原因になっている。これ以外の諸地域は工業生産比重の高さがその原因であった。もっとも，これら諸地域の「工業生産」の内実は，大戦期に製糸業が顕著な発展を見た西磐井郡をのぞくと，醸造業などの在来産業比重が顕著であることは留意しなければなるまい。さらに企業の設立動向を表4－20で見ると盛岡市への一極集中傾向を基本としつつも，県北と県南で企業設立動向が対照的であることが確認できる。このように工業生産比率が高い地域ほど，企業の設立が進んでいたのであるが，とりわけ藩政期以来の中心地である盛岡市の発展が著しいほか，寒冷地でかつ山間地帯である県北部の発展度が特に低位であった。

表4-19 岩手県各市郡別生産額の構成（1922年）

(単位：千円)

都市名	農産物 金額	構成比(%)	畜産物 金額	構成比(%)	林産物 金額	構成比(%)	鉱産物 金額	構成比(%)	水産物 金額	構成比(%)	工産物 金額	構成比(%)	農林畜産	合計
盛岡市	291	7	54	1	3	0	0	0	1	0	4,123	92	8	4,475
岩手郡	6,692	64	678	6	1,564	15	538	5	10	0	1,009	10	85	10,493
紫波	4,444	81	150	3	232	4	160	3	3	0	472	9	88	5,462
稗貫	4,663	55	171	2	508	6	0	0	14	0	3,146	37	63	8,503
和賀	5,008	70	177	2	658	9	207	3	24	0	1,039	15	82	7,116
胆沢	5,742	76	116	2	409	5	0	0	11	0	1,266	17	83	7,529
江刺	3,927	73	99	2	551	10	0	0	6	0	818	15	85	5,402
西磐井	4,263	48	137	2	610	7	9	0	7	0	3,901	44	56	8,930
東磐井	6,980	67	142	1	1,330	13	0	0	7	0	1,919	18	81	10,379
気仙	3,828	46	119	1	770	9	0	0	2,647	32	999	12	56	8,365
上閉伊	4,345	24	262	1	1,672	9	2,663	15	6,281	35	2,627	15	35	17,853
下閉伊	4,377	29	383	3	3,175	21	0	0	6,373	42	989	6	52	15,299
九戸	4,039	51	280	4	2,077	26	0	0	871	11	686	9	80	7,955
二戸	3,243	58	220	4	1,028	19	0	0	2	0	1,060	19	81	5,555
合計	61,842	50	2,988	2	14,587	12	3,577	3	16,257	13	24,054	20	64	123,316

出所）『岩手県統計書』(1922年) より作成。斜字は県北。

表4-20 岩手県における企業の設立動向 (1912・22・33)

(単位：千円)

都市名	1912 社数	%	資本金額	%	1922 社数	%	資本金額	%	1933 社数	%	資本金額	%
盛岡市	41	25	3,969	43	76	21	28,370	51	131	20	26,168	58
岩手郡	4	2	27	0	11	3	433	1	19	3	306	1
下閉伊郡	6	4	148	2	24	7	2,027	4	63	9	931	2
九戸郡	4	2	16	0	11	3	762	1	17	3	213	0
二戸郡	8	5	58	1	17	5	2,611	5	35	5	254	1
柴波郡	6	4	25	0	19	5	162	0	16	2	227	1
稗貫郡	15	9	1,395	15	31	9	5,347	10	70	10	5,096	11
和賀郡	13	8	1,134	12	26	7	4,952	9	49	7	3,433	8
胆沢郡	14	8	361	4	32	9	4,576	8	45	7	2,308	5
江刺郡	9	5	58	1	18	5	345	1	26	4	625	1
西磐井郡	12	7	559	6	39	11	1,283	2	49	7	1,048	2
東磐井郡	10	6	46	0	16	4	1,430	3	39	6	4,089	2
気仙郡	7	4	545	6	25	7	2,416	4	23	3	1,531	3
上閉伊郡	13	8	483	5	16	4	1,052	2	86	13	1,938	4

出所）『岩手県統計書』より作成。斜字は県北（ただし盛岡市は地理的には県北であるが，経済構造の相違からここでは県北に含んでいない）。

(2) 担い手の特色：金田一国士ら盛銀派

以下では地域経済の担い手の特色について，両党派の代表者である金田一・中村に着目して順番に検討する。まず，盛岡銀行頭取でいわゆる盛銀派総帥の金田一の事業活動について見たものが表4-21である。これによれば，彼の主要事業は金融機関・電力・倉庫を中心に盛岡市で展開されていたほか，花巻を中心とする稗貫郡で鉄道・温泉などの事業を経営しており，これら大企業の株主として支配権を握っていた。表4-22には1929年6月30日時点での盛岡銀行と関連各社との資金関係を示した。これによればコール・ローン，金銭信託を除けば，同行の貸出総額に占めるこれらへの貸付比重は極めて低いが，所有関連企業株式価額は同行所有有価証券総価額の46％（株式のみの場合77％）を占めていた。[116]また，預金面では岩手軽便鉄道，花巻温泉電鉄，花巻温泉は預金を全額盛岡銀行に預けている。このように主として株式所有および預金受入の面で，関連各社と盛岡銀行は密接な関係にあった。同行は金田一派の「機関銀行」であったと言ってよい。[117]

次に表4-23によりこれら事業関連の役員層の居住地を見ると，盛岡市およ

表4-21　金田一国士関連企業の所在地・役職・その他（1930年）

企業名	所在地	設立年次	役職	備　考
盛岡銀行	盛岡市	1896年	頭取	金田一同族社長名義（筆頭），個人名義（第7位）
盛岡貯蓄銀行	盛岡市	1921年	頭取	？
盛岡信託	盛岡市	1925年	社長	盛銀頭取名義（2位），個人名義（3位）
盛岡電灯	盛岡市	1904年	取締役	長男が社長。盛銀頭取名義＝筆頭，金田一同族（2位），金田一個人名義（10位）
盛岡倉庫	盛岡市	1921年	取締役	盛銀社長名義（筆頭），個人名義（5位）
三陸水産冷蔵	盛岡市	1921年	社長	？
花巻温泉	花巻町	1927年	社長	盛電社長名義（筆頭），盛銀頭取名義（2位），花鉄社長名義（3位），岩手軽鉄社長名義（4位），個人名義（5位）
花巻温泉電鉄	花巻町	1926年	社長	盛電社長名義（筆頭），個人名義（2位）
岩手軽便鉄道	花巻町	1911年	社長	現釜石線，盛銀頭取名義（筆頭株主），個人名義（2位）
岩手土地建物	盛岡市	1923年	代表取締役	？
九戸水力電気	九戸郡久慈町	1917年	取締役	？
岩手日報	盛岡市	1920年	社長	？
花巻繭市場	花巻町	？	？	？

出典）企業名・役職は進藤寛「昭和恐慌期における地方貯蓄銀行の破綻と復活」（今田編『東北地方金融の構造と展開』所収）表6-23を『日本全国銀行諸会社役員録』で補足。所在地，備考は各社『営業報告書』による。備考株主は資料の問題上以下の時期のものになった。花巻温泉電鉄（1929年4月），盛岡電灯（1929年6月30日），盛岡倉庫（1930年6月30日），岩手軽鉄（1932年3月末），盛銀（1931年6月）。なお，盛岡貯蓄銀行は32年6月時点で頭取交代に伴い金田一名義ではないが，頭取名義で盛銀（第2位）である。盛岡信託備考欄は麻島「岩手県信託業の挫折」による（1929年5月時点）。

び花巻など稗貫郡周辺が多いことが分かる。彼らは同地域の有力資産家であった。また，麻島氏の研究で明らかにされていることでもあるが，後述のように，彼等は金田一頭取の盛岡銀行・盛岡信託からも多額の資金融通を受けており，この面でも金田一とは密接な関係にあった。

　さらに表4-24により金田一個人の株式所有状況を見よう。ここにも盛岡市・花巻町を股にかけた事業活動が反映されている。このほか負債面の10万円

第4章　地域における銀行合同政策の展開と地方金融の再編成

表4-22 盛岡銀行と金田一関連企業の取り引き状況（1929年6月30日現在）

(単位：円)

会社名	盛岡銀行の負債に属する分					盛岡銀行の資産に属する分								
	預り金				盛銀株式の所有高	金銭信託		コールローン		貸付金		盛銀による株式所有高		
	金額(a)	構成比(%)	各社預金総額(b)	a/b(%)	所有高	金額	構成比(%)	金額	構成比(%)	金額	構成比(%)	所有株数	金額	構成比(%)
盛岡貯蓄銀行	792,489	2.3	?	?	(新)3,221 (旧)3,103	0	0	0	0	0	—	3,137	125,480	3
盛岡信託	1,534	0	?	?	(旧)20	360,000	100	90,000	100	4,702	0	3,100	62,000	1
盛岡電灯	41,827	0.1	1,133,723	4	0	0	0	0	0	993,309	3.50	(旧)26,224 (新)10,947	1,311,200 218,940	28 5
岩手軽便鉄道	99,817	0.3	99,817	100	0	0	0	0	0	0	—	(第一新)4,864	121,600	3
花巻温泉電鉄	29,867	0	29,867	100	0	0	0	0	0	0	—	964	48,200	1
花巻温泉	0	0	?	0	0	0	0	0	0	4,553	0	100	5,000	0
合計(金銭関係)	965,534	2.8	—	—	—	360,000	100	90,000	100	1,002,564	3.60	12,549	250,980	5
合計	35,098,816	100	—	—	—	360,000	100	90,000	100	28,164,845	100	—	2,143,400 4,653,441	46 100

出所）岩手県『銀行無尽業信託業其他金融業』（昭和6年），各社『営業報告書』より作成。

岩手軽便鉄・花巻温泉電鉄・花巻温泉預金総額は6月30日時点の数値が営業報告書から算出できないが，報告書によれば預け金は全額盛銀が預け先とされており，ここから a/b=100% と判断した。

花巻温泉『営業報告書』によれば，1930年10月末時点で預金390円が存在するが，預け先は全額盛銀花巻支店（特別当座，当座）である。

表4-23 金田一事業関係者の土地所有・事業活動

氏　名	居住地	土地所有	関連企業
瀬川弥右衛門	稗貫郡花巻川口町	269.9	盛岡銀行・盛岡貯蓄銀行・盛岡信託（取）東北起業・花巻銀行（取）・多額納税者議員
梅津東四郎	稗貫郡花巻川口町	134.4	花巻銀行・花巻煉瓦（取）・盛岡信託（常）梅津合資（代）
宮沢直治	稗貫郡花巻川口町	150.3	岩手軽鉄・花巻温泉電鉄・花巻温泉（取）宮沢商店（代）
伊藤治郎助	和賀郡黒沢尻町	119.1	盛岡銀行（監）・黒沢尻銀行（頭）
小野崎篤造	稗貫郡宮野目村	52.3	盛岡信託（監）・盛岡貯蓄銀行（頭、33年時点）
萬昌一郎	和賀郡十二鏑村	?	岩手軽鉄・盛岡信託・花巻煉瓦（取）

出所）『日本全国銀行諸会社役員録』（1925年版）、農商務省「50町歩以上の大地主」（渋谷隆一編『都道府県別資産家地主総覧　岩手県編』日本図書センター、1995年に収録）より作成。

表4-24 金田一の所有株式の内訳など（1929年8月）

株式銘柄	役員就任状況	所有株数 合計	内新株	内旧株	同金額 合計	内新株	内旧株	構成比(%)
盛岡銀行	頭取	2,620	2,620		65,500	65,500		20
岩手県農工銀行	取締役	1,038	506	532	21,616			7
第九十銀行		365	365		17,520	17,520		5
盛岡電灯	社長	3,400	900	2,500	81,250	25,000	56,250	25
岩手軽便鉄道	社長	525			33,750			11
盛岡信託	社長	1,000			21,500			7
花巻温泉	社長	1,000			20,000			6
花巻温泉電鉄	社長	100			5,000			2
盛岡土地建物	取締役	100			2,200			1
三陸水産冷蔵	社長	100			4,000			1
馬?川電気		53	18	10	2,263			1
金田一同族	代表	1,150			28,750			9
その他		295			5,406			2
合計	−	11,728			320,280			100

注1）「その他」銘柄は以下のとおり。東?生命保険（5株、150円）、片倉製糸（50株、1410円）、日本無電（10株、447円）、八十八銀行（4株、160円）、盛岡倉庫（30株、375円）、盛岡合同運送（88株、1584円）、盛岡劇場（10株、400円）、大分セメント（80株、880円）。
2）単位：円、株。1929年8月24日付け。
3）資産構成：不動産（458千円、55%）、有価証券（320千円、38%）、その他（47千円、7%）。
4）総資産額：825,519円。
5）負債額：100,000円。
6）?は文字が不鮮明で解読不能。
出所）盛岡市「銀行重役身元調ニ関スル件」（岩手県庁『昭和六年銀行無尽信託業其他金融業』も合綴）。

表 4-25　岩手銀行重役・大株主の役職・兼任状況・土地所有など（1925年前後）

氏　名	居住地	役職	岩銀株式所有		土地所有	兼職状況（1925年）	備　考
葛西重雄	盛岡市	頭取	第4位	1,000		盛岡貯蓄銀行（頭），盛岡電炉工業（取）	原敬の推薦で古河鉱業より入行。県外出身。
中村省三	盛岡市	取締役	筆頭株主	4,035		岩手林業（取），盛岡農具（取）	父死後治兵衛を襲名。職業＝商業。26年頭取。
中村治兵衛	盛岡市		第7位	682	70.6町	盛岡電炉工業（取），盛岡銀行（取，26年退任）	中村省三父、26年死去。職業＝商。
小野婦美	盛岡市		第2位	3,610			小野三二後見人、小野慶三（政友会有力者）未亡人
小田島五郎	二戸郡	取締役	第3位	1,550	(228.8町)	二戸拓殖（代表取）	職業＝農
本宮龍太郎	二戸郡	監査役	第4位	1,000	(42.1町)	二戸拓殖（取）	職業＝農
池野藤兵衛	盛岡市	取締役	第9位	540			
後藤尚五郎	盛岡市	取締役	第14位	384			職業＝医師
米谷久佐衛門	和賀郡	取締役	第32位	155	117.5町	黒沢尻電気（取），盛岡信託（取）	職業＝農
菊池慶次郎	紫波郡	監査役	第17位	350	116.9町	岩手林業（取），花巻煉瓦（取），盛岡農具（取）	職業＝農業。後に金田一派へ。
萬昌一郎	和賀郡	監査役	第18位	300		岩手軽便鉄道（取）	後に金田一派に寝返る。

出所）兼職状況は『日本全国銀行諸会社役員録』、株式所有状況は岩手銀行『株主名簿』（1926年上期），土地所有は農商務省「50町歩以上ノ大地主」、ただし（　）つきは岩手県「耕地10町歩以上所有者調」（いずれも渋谷隆一編『都道府県別資産家地主総覧（岩手県編）』日本図書センター、1995年に収録）、麻島「岩手県信託業の挫折」より作成。土地所有（　）は1937年の数値であり、時期がかなりずれるが、参考のために提示した。岩手銀行の発行株式数＝30,000株、表出重役持ち株の構成比45%（県北＝42.6%）。

はいわゆる借入であり、総資産の12%をこれで賄っている。後述のように、金田一は関連金融機関から個人名義で多額の借入を行っており、この負債はこれら金融機関からの借入であると推定される。換言すれば、盛岡銀行など金田一関係金融機関は直接関連事業会社の株式を所有するに止まらず、金田一個人への貸付を通じて迂回的に関連事業会社への資金供給を行っていたことが強く推定される。

(3)　担い手の特色：中村治兵衛ら岩銀派

表4-25には旧岩手銀行頭取中村治兵衛ら岩銀派重役の兼職状況・居住地・土地所有などを示した。岩銀派については著しく史料が欠落しており、極めて

大雑把な考察しかできないが簡単に検討しよう。岩銀派重役は和賀郡・二戸郡出身者もそれぞれ2名含まれているが，大半は盛岡市に居住している。次に兼職状況を見ると，盛岡貯蓄銀行，盛岡電炉工業（1927年盛岡電灯と改称），盛岡信託といった，盛岡市資産家が共同で設立した事業を除くと，ほとんど兼職関係は見られない。なお，中村治兵衛（先代）は，対立派である盛岡銀行取締役に就任している。その詳細は不明であるが，原敬存命中には盛銀派・岩銀派ともに共同で事業を設立しており，27年の彼の死後は盛岡銀行は岩銀派から役員を選出しないから，その時の名残であると見られる。さらに，旧岩手銀行の資本調達先を見ると盛岡市が圧倒的比重を占めているほか，二戸郡からも二名の大株主（二名で総株式数の一割）が出ており，この点でも同行は盛岡市及び県北部に強く依存していた。さらに土地所有欄・備考欄によれば，これら役員の多くは大地主であり，かつ職業も商業・農業が大半を占める。前述のように彼らは事業会社役員を兼職することは少なかったから，この点を考慮した場合，少なくとも盛銀派に比べると彼等は商人・地主的性格が相対的に濃厚であり，活動基盤を盛岡市を中心に県北部にも置いていたと言えよう。

2　岩手県下の利害状況
——1920年代の銀行界を巡って——

1920年代の岩手県も慢性的な経済状況の不振が続く中で，政党を通じた利益誘導によりこれを打開しようという動きが生じた。さらに，同県固有の政治状況として，生前県内諸勢力の利害調停者として重要な役割を果していた，政友会の原敬が死去するという事態が生じていた。[119] このように重要な利害調整者が死去する中で，同県の党派的利害状況も流動化することになった。

このことは，まず，1921年の県内貯蓄銀行の一県一行化＝盛岡貯蓄銀行設立問題に表れてきた。[120] すなわち，この際，金田一頭取の盛岡銀行が県内各行との協定に反して，自行の貯蓄預金の新銀行への全額移譲を拒絶し，県内他行から強い反発を惹起することになった。さらに，金田一は25年8月の盛岡貯蓄銀行頭取葛西重雄（岩銀頭取）死後，自ら同行頭取に就任して自派で役員を固めた。これにより，事実上，同行は盛岡銀行の子銀行化された。

さらに盛銀・岩銀両派の対立は，鉄道敷設・買収問題を巡り先鋭化すること

第4章　地域における銀行合同政策の展開と地方金融の再編成　　295

になった。当時，岩手県では主要産物である林産・水産資源の開発を目標に積極的な鉄道敷設が行われており，とりわけ政友会の「我田引鉄」政策により多数の路線の建設が予定・実行されていた。そして，この問題は両派および各地域の利害と密接な関係を持つようになる。金田一は自らが経営する岩手軽便鉄道を政府に買収させるべく，積極的な運動を行っていた。同社は少なくとも1920年代に入ると経営状況が悪化していたほか，釜石への延長にあたり仙人峠の開鑿問題が生じていた。このため金田一は1923年6月に仙人峠開鑿実行期成同盟会長に就任し積極的な運動を行うことで，同鉄道を政府に買収させた上で仙人峠を開鑿させることにより，花巻－釜石間を全通させ沿岸部との連絡を実現させる意図を持っていた。金田一は釜石所在の三陸水産冷蔵会社を設立し，同地方および水産業とも密接な関係を持っており，この点からしても沿岸部連絡が必要であったのであろう。また，上述のように銀行にも同社株式を所有させていたほか，個人としても同鉄道株式に多額の投資をしていたから，もし国有化が実現すれば経営状況の悪化した鉄道経営を国に押し付けた上に，地域振興上必要な仙人峠の開鑿もさせることができ，しかも買収代金を受け取ることで必ずしも全額ではないにせよ投資費用の回収も可能になる。このことが，金田一が鉄道買収問題に意欲を燃やした要因であることは十分に推定できよう。

その際に重要なことは，この問題は同時に党派的利害とも深く関わっていたことである。すなわち，当時，憲政派は政友派の牙城である岩手県に進出すべく，県央南部選出の棚瀬代議士を中心に横手－北上間の鉄道開通の実現と，花巻－釜石間の鉄道敷設・買収を目指して運動を展開していた。これにより釜石－花巻－北上－横手を貫通し，秋田県と岩手県沿岸部を結ぶ横断ルートの実現を目指していた。これら鉄道は水産・林産資源の輸送が目的ないし実際に行われており，資源開発を通じた地域経済の振興が建設目的にされていたと見てよかろう。このような憲政派の動きは金田一の利害とも一致しうるものであり，彼は憲政派にも政治資金を提供するようになった（後掲表4-30）。

これに対して，県北側（岩銀派）は山田線（盛岡－宮古）敷設に深い利害関心を持っていた。原敬存命時から政友派は県内主要産物である林産・水産資源開発を目的に，橋場線（現田沢湖線）・花輪線のほか，宮古－久慈間の鉄道など，盛岡市を中心にしつつも県内最後進地域である北部の鉄道建設を重点的に行っ

ていた。それゆえ，山田線敷設もこの一環だったのであろう。そのため，県北側は政友会代議士である，同線沿線にあたる宮古出身の熊谷巌を通じて政府への働きかけを強めていた。その結果，岩手軽便鉄道の買収と，山田線敷設が競合したために，どちらを優先するかという争いが生じた。そして，この問題は1925年の貴族院議員選挙で重要な争点になった。この選挙で金田一は花巻在住の資産家で，事業関係を通じて密接な関係にあった瀬川弥右衛門を憲政派として擁立・支援し，中央とのパイプ作りに努めた。他方で，政友会側は県北部の佐藤愛助を擁立するが瀬川に惨敗することになった。この結果に，政友会は衝撃を受けたようであり，特に中村治兵衛を中心とする盛岡市政友派は，岩手軽便鉄道買収により県南部に沿岸部との連絡ルートが成立することで，物流の中心地としての地位を花巻に奪われることに危機感を抱いた。それゆえ，金田一ら「花巻派」を原敬以来の政友会の地盤である岩手県に，「敵党」憲政派の進出を許した「裏切り者」であると激しく非難し，一時は盛岡銀行に対して信用毀損を行うまでにその反発振りはエスカレートした。

このほか20年代後半になっても両派の紛争は尽きることはなかったようである。1927年には金田一が両派共同で設立した盛岡電灯を事実上の乗っ取り，盛岡市議会に働きかけ同電灯への課税軽減を企てたが，これも盛岡市政友派からの反発を招いた。さらに29年に岩手県是製糸が設立された際にも，金田一が株式を買い占めるとともに，県内生産繭の独占を図り，岩銀派と関係の深い県製糸連合会と対立を深めたという。このような両派の利害対立ゆえに，二大銀行の頭取である金田一・中村の間の対立は相当程度深刻な状況であったという。このような中で金融恐慌を契機に銀行合同政策が展開されることになったのである。

3　金融恐慌以後における銀行合同政策の展開

(1)　県金融界の状況

まず，銀行合同政策の展開の検討に入る前に，県金融界の状況を概観する。表4-26には1927・30・31年末時点の県内日銀取引先銀行の貸付産業を示した。同表は水産業が途中から数値が生じるが，これは銀行合同に伴い岩手銀行が沿岸部の宮古銀行を合併したことにより生じたものと思われる。また，県内日銀

表4－26 岩手県銀行界貸出業表

(単位：千円)

貸出業	1926 金額	構成比(%)	1927 金額	構成比(%)	1930 金額	構成比(%)	1931 金額	構成比(%)	1931-30 金額	増減寄与率
米雑穀	2,511	6	1,730	4	2,829	4	2,017	3	－812	26
肥料	386	1	306	1	391	1	349	1	－42	1
生糸・繭	4,357	10	3,062	8	2,318	4	1,413	2	－905	28
織物・呉服	2,472	6	1,342	3	3,004	5	2,761	5	－243	8
醸造	3,090	7	2,985	7	4,156	7	3,868	6	－288	9
鉱業	90	0	31	0	101	0	113	0	12	0
電気・瓦斯	1,274	3	521	1	816	1	794	1	－22	1
農業	6,274	14	7,073	18	11,242	18	10,368	17	－874	27
水産業	0	0	0	0	1,752	3	1,465	2	－287	9
金融業	2,629	6	2,710	7	3,822	6	2,420	4	－1,402	44
その他	21,599	48	20,607	51	36,315	57	35,034	58	－1,281	40
合　計	44,682	100	40,367	100	63,784	100	60,602	100	－3,182	100

出所）日銀福島支店「岩手県銀行貸出業担保別表」（宮島「会津銀行史料(2)」に収録）より作成。

表4－27 岩手県主要各行の経営悪化（判明分，推計値）

銀行名	払込資本金	積立金	預金残高(a)	貸出金合計(b)	不良貸付額(c)	b/a(%)	c/b(%)	備　考
黒沢尻銀行	500,000	103,000	415,087	880,992	133,870	212	15	1928年6月
三陸銀行	1,100,000	23,000	5,052,352	4,737,818	1,020,000	94	22	1928年8月
水沢銀行	300,000	149,500	1,833,014	2,425,476	610,000	132	25	1928年6月
盛銀行	215,000	20,700	387,691	559,879	194,172	144	35	1927年6月
第八十八銀行	415,000	33,200	1,916,714	2,092,102	91,067	109	4	1928年？月

出所）不良貸付は岩手県庁文書，それ以外は『銀行局年報』より作成（ただし，史料の関係から備考前年末のデータになった）。なお，不良貸付額は大蔵省検査による査定額，不良貸付以外の数値は1927年末（八十八は28年末，盛は26年末）。

取引先銀行貸出金の全銀行貸出金に対するカヴァリッジであるが，例えば，1930年などは『銀行局年報』所載の後者の数値を前者が上回ることもあり，この意味でも本表の数値は信憑性の点で疑問が生じる点をまずは指摘しておきたい。ただし，1927年に関しては約64％の値を示しており，ここから概ね6割程度のカヴァリッジを示していたと見てよかろう。このように同表の数値には大きな限界があるが，史料の制約もあり，これらの限界に留意しつつ，一応，本表を用いて検討する。まず，同表を一瞥して分かるように，産業別では内容が不明な「その他」（在来産業等と推測される）を除けば，農業関連のほか，生糸・繭，呉服，醸造の比重が高い。このことは後進地帯としての県経済の特質の反映と見てよかろう。次に担保別で見ると，信用・不動産の比重が高い。これに加えて商品担保も製糸関連が総額の約半分を占めていること，株券も流動性の低い地方企業株が大半を占めることが指摘されていることを踏まえた場合，その担保価値や流動性は極めて低かったと見てよかろう。[134]

次に表4-27により，県内銀行中判明したもののみであるが，銀行の経営状況と不良資産比率（概算値）を見てみよう。本表はごく限られた銀行数で，しかも盛岡・岩手・第九十一の三大銀行が欠落しているなど欠陥が著しいが，現時点ではこれに従って検討せざるを得ない。まず，各行とも不良貸付比重がほぼ4～5分の1と，高い値を示していることが読み取れる。この内容は残念ながら不明であるが，表4-26から見て農業・製糸業関連であると推定される。また，第八十八銀行の例であるが，[135]同行はこれに加えて多額の有価証券評価損を抱えていたというから，貸付面のみならずその他の所有資産も傷ついたものが多かったと推定される。なお，第八十八銀行が県内務部長宛に提出した史料によると1929年4月時点で不良貸付に「対スル回収見込額並ニ其ノ時期ニ付テハ何分時下不況ノ折柄適格ナル見込相立不申殊ニ本貸付ハ何レモ古キ貸出ニ属スルヲ以テ今少シ各自ノ整理状況ヲ見ザレバ予想決定モ難致」状況であったというから，当時の県内の銀行経営悪化はかなり以前から進んでいたこと，および不良資産整理に着手しうる状況ではなかったことが推定される。これに加えて，前掲表4-18に見られるように，県内銀行の大半が大幅な貸出超過であったことを想起した場合，金融恐慌前後の県金融界は危機こそ顕在化しなかったものの，各行とも貸出産業の不振を背景に不良資産が増加しており，これによ

り資金ポジションが悪化するという，極めて不安定な状況にあったと言ってよかろう。

　このような状況の中で金融恐慌が発生する。新聞報道を見るかぎり表面上は取付などの危機は顕在化していない。しかしながら，日銀福島支店（以下，日銀支店と略記）は「差当リ彼是ノ不安アルニアラザルヲ以テ財界沈静ニ帰スレバ事無キヲ得」るであろうが，預金引出が例年に比して多いので念のために，盛岡銀行と花巻銀行・岩手銀行に支払準備として特別融通を実施しており，一応水面下では危機への対応が採られていた。また，前掲表4-26によれば，26年末から27年末までに貸出残高は約1割減少している。一例に過ぎないが，この間に関する旧岩手銀行『営業報告書』の景況欄には，地域経済の不振を伝える記述があり，ここから金融恐慌を背景とする地域経済の悪化が，このような貸出減少の背景にあった要因であると推定される。

　このように突発的な危機こそは顕在化しなかったものの，岩手県金融界の状況悪化は着実に進んでいた。このような中で，県金融界の再編成＝銀行合同政策が展開されるのである。

(2) 銀行合同政策の展開

　岩手県において銀行合同政策が本格的に展開されるのは，1927年10月28日に大蔵省銀行局検査課長関場偵次が来県してからのことである。講演後，関場は各行代表者を集めて銀行合同に関する意見を聴取した。この結果，11月2日は岩手銀行と宮古・三陸両行，盛岡銀行と黒沢尻・水沢両行の合併が決定されたことが報道された。また，大蔵省は盛岡銀行に花巻銀行との合併も勧めたという。県庁文書にこの会合に関する文書が残されていないため，このような方針を決定した背景は不明である。しかしながら，黒沢尻銀行頭取は盛岡銀行監査役であったほか，花巻銀行頭取は金田一と密接な関係にある瀬川弥右衛門であった。このほか，水沢銀行は党派的に金田一に近い民政派であった。旧岩手銀行についても，宮古・三陸両行ともに政友派であった。以上を考慮した場合，結果論かも知れないが，党派的利害に配慮した合同方針であったと評価してよかろう。

　しかしながら，このように党派的利害に配慮したにもかかわらず，岩手県下

の銀行合同政策は円滑には進展しなかった。まず，上記のような方針に反して，水沢・三陸両行が28年10月に合併する方針を打ち出した。この両行は水沢町の南北を代表する銀行であり，背景は不明であるが両行経営者は「久しく」対抗関係にあったようである。しかし，その後，27年に経営悪化を背景に両派の電力会社の合同が実現したことを契機に両派は融和したようである。しかしながら，上述の銀行合同方針は，このような水沢町内の動向に反するものであったがゆえに，両行ならびに水沢町に盛岡市の「財閥」(盛銀派・岩銀派のこと)の対抗に巻き込まれるという懸念を与えた。それゆえ，水沢町では三陸・水沢合同期成同盟を組織・運動をするとともに，両行頭取は連名で二行合併の実現を求める答申書を県当局に提出した。さらに，両行は株主総会を開き，新立三陸銀行の設立を決定した。

　このような町内融和を最優先する動きに対して，県当局は県金融界の統制の見地からして「万全」とは見なし難いとしたものの，銀行整理の「過渡的階梯」として止むをえず了承すべきであるとして合併認可申請を大蔵省に提出した。このように県当局も地域の実状に配慮した合同方針の許可を大蔵省側に求めた。しかしながら，大蔵省検査により三陸銀行の不良資産が91万円にのぼることが判明すると，これを梃子にして大蔵省は三陸・水沢両行の合同を拒絶した。しかしながら，両行がそれぞれ分かれて合同することに対しては強い反発が見られたので，結果的に，大蔵省は上記両行を岩手銀行に合併する方針に軌道修正した。この結果，1929年4月15日に上記三行の合併が実現する。このように，大蔵省側は検査を梃子に地域の自律性確保の動きに介入する姿勢を示したが，最終的には地域側の主張を完全に無視することはできず，それを一部受容する方向で軌道修正せざるを得なくなった。

　しかしながら，上記三行の合同成立後，「旧三陸銀行重役」を名乗る一団が岩手銀行の株主総会で，株式の分配を巡り中村治兵衛頭取を批判する動議を提出し，総会は混乱に陥ることになる。「旧三陸銀行重役」は盛銀派の機関紙『岩手日報』1927年12月27日に株式分配を批判する広告を掲載したほか，あらたに八名の株主を設けて名義書換を実施することを要求した。この中には中村と対抗関係にある民政派が二名おり，いずれも東京に居住していた。さらに，1930年1月20日岩手銀行の株主総会では，「旧三陸銀行重役」に呼応して『河

第4章　地域における銀行合同政策の展開と地方金融の再編成　　301

北新報』紙に中村頭取批判の広告を出した株主鷲山良作が，株主名簿記載の中村頭取所有株について疑問を呈した上で，これについての調査実施を要求した。中村はこれを少数意見であると却下したが，鷲山他数名がこれに反発したために混乱に陥った株主総会は成立しなかった。このような行動が生じた理由は詳らかではないが，民政派の人間が関わっていることを踏まえた場合，少なくとも党派的な対立が背後に存在したと見てよかろう。このような動きに対して，県当局は「県下金融界ノ混乱ヲ惹起セシメントスル形勢ニ有之」と警戒していた。その後，大蔵省の調停により日本勧業銀行からの低利資金融通を受け，これにより不良債権の整理償却を図るという条件で上記の株主総会に関わる問題は解消するものの，県下金融界の再編成は党派的対立も絡んで円滑な進展を見せなかった。

なお，この間，盛岡・旧岩手両行とは距離を置いていた第八十八，盛両行が1927年10月12日付けで増資の上で合同した（存続銀行は第八十八銀行）。盛銀行の株主総会議案によれば，上記両行は合同にあたり重役選出も含めて対等合併を実施したので「地方（盛地方－引用者。以下同）資金ハ地方産業資金トシテ其運用ヲ計リ従来ノ各種取引者」により多くの便益を供与できること，鉄道開通により第八十八銀行の本店所在地である一ノ関町と盛町の関係の密接化が期待できること，岩手県下における政策的な銀行合同にあたり「県南或ハ海岸地方銀行トシテ独立スル尤モ可能性アルヲ確信」できること，あるいは将来的に全県的な合同を実施する場合「両行合同ヲ為シ」資本金・預金で規模を拡大しておけば，「有利ナ条件」で「大合同」に臨めることが，合同実施の理由に挙げられていた。これらの諸点に見られるように，盛・第八十八両行の合同は将来的な全県的な銀行合同が生じた際の有利性を確保するという戦略的視点を持ちつつも，同じく将来的な鉄道開通に伴う盛・一ノ関両地域経済の関係密接化を見越していることも含めて，当該銀行が存在する地方金融経済の自律性を確保することを重視して合同に臨んだ。現に，大蔵省当局も1930年代後半に至るまで，第八十八銀行の存続を許していることから，少なくとも，さしあたり地域金融の自律性確保を主張する両行の意向を受容したと見てよかろう。

この結果，県内本店所在銀行数は，1929年末時点で，第八十八銀行のほか上記両行，第九十の四行でまで減少した。このように，党派対立の存在などによ

り必ずしも円滑な進展が見られたとは言えないものの，銀行合同は一定程度進展した。このような状況の中で，昭和恐慌が発生するのである。

4 昭和恐慌の波及と岩手県金融界の再編成

(1) 昭和恐慌期岩手県下の金融危機とその特色

昭和恐慌の波及に伴い岩手県経済は大きな打撃を受けるが，恐慌に伴う激烈な預金引出のために県金融界も激しく動揺することになる。

まず，1930年秋の青森県下八戸銀行休業に伴う動揺が岩手県にも波及し，これを契機に旧岩手・盛岡・第九十各行に対する取付が始まる。さらに，31年10月に弘前市本店所在の第五十九銀行が休業すると，これに伴い岩手県下の銀行取付もより一層激化した。当時，岩手県を所轄していた日銀支店の本店宛報告には切迫した状況が窺えるが，[147]このために盛岡市内三行は11月26日になると預金制限支払にまで追い込まれた。[148]表4-26によれば，30年から31年にかけて銀行貸出総額は激減しており，恐慌による打撃の大きさが確認できる。同表原史料によれば担保面では不動産・信用，地方株券が大半を占めており，取付が激化する中で担保処分・換価を通じた流動性の確保が困難であったことが，ここから強く推定される。また，旧岩手銀行『営業報告書』「景況欄」には恐慌に伴い金利等の「収入亦意ノ如クナラ」ないという記述があり，[149]貸付金の回収どころか利息取立すらままならない状況にあったことが確認できる。この意味でも県内各行にとって流動性確保が如何に困難であったかが理解できよう。このため取付けに伴う預金の引出に対して，十分な流動性を確保できなかったと言ってよかろう。この結果，表4-28は粉飾された数値であるにもかかわらず，預貸率が急上昇していることと実質二線準備率がマイナスになっていることに見られるように，盛岡・岩手両行の資金繰りは急激に悪化した。

しかしながら，岩手県下における金融危機は昭和恐慌による農村危機一般にその要因を解消できないものがあった。史料の制約もあり断片的事実しか提示できないが，盛岡銀行を事例にこの点を検討する。やや時期は下るが，1936年7月時点での日銀福島支店による同行についての調査によれば，[150]割引手形及諸貸付金帳簿価額909万8000円（和議査定額232万7000円）中，欠損額は786万4000円（同109万3000円）と帳簿貸付総額の86%（同46.9%）にものぼる金額になっ

第4章 地域における銀行合同政策の展開と地方金融の再編成　303

表 4 - 28 盛岡銀行（上欄）・

年末	資本金	総資産	預金	内定期	借入金(a)	内コール	再割引手形(b)	a+b(c)	貸出(A)	内割引手形	有価証券(B)
1922	7,000	32,477	20,177	5,816	979	0	1,150	2,129	11,118	7,370	6,197
1923	7,000	38,396	23,227	8,200	590	500	3,173	3,763	21,481	7,556	7,138
1924	7,000	40,885	27,194	10,756	2,029	1,150	1,115	3,144	23,880	7,487	8,044
1925	7,000	48,221	33,946	14,841	2,144	1,180	900	3,044	29,874	9,257	8,213
1926	7,000	55,020	38,276	17,343	4,989	3,810	440	5,429	33,686	9,290	10,056
1927	7,000	52,284	36,198	17,196	2,741	2,243	2,538	5,279	30,571	7,695	10,825
1928	7,200	54,489	34,953	17,823	1,847	1,200	6,200	8,047	29,595	1,482	13,325
1929	7,450	56,106	36,109	19,273	3,456	3,140	3,900	7,356	30,298	1,448	13,370
1930	7,450	55,560	35,483	20,040	3,920	3,660	2,779	6,699	28,644	1,113	13,576
1931	7,450	49,979	29,213	18,151	6,901	2,111	0	6,901	28,004	517	8,784

出所）盛岡銀行『営業報告書』より作成。なお，同じく金田一経営の盛岡信託はこの時期粉飾決算を行って要勘定も粉飾の可能性が高い。

年末	資本金	総資産	預金	内定期	借入金(a)	内コール	再割引手形(b)	a+b(c)	貸出(A)	内割引手形	有価証券(B)
1922	1,800	8,363	4,680	1,446	71	0	0	71	4,571	167	791
1923	1,800	9,490	5,660	2,192	204	0	0	204	6,402	295	728
1924	1,800	10,481	6,387	2,818	330	171	0	330	7,274	502	781
1925	1,800	12,048	7,769	3,483	230	165	0	230	8,573	539	983
1926	1,800	13,603	9,160	4,391	351	275	0	351	9,793	450	1,042
1927	2,000	14,543	9,823	4,975	549	275	0	549	10,392	351	1,360
1928	3,475	20,430	13,974	7,712	172	0	0	172	14,730	350	1,727
1929	4,405	29,775	21,247	12,372	439	0	0	439	20,640	493	2,842
1930	4,405	30,127	20,560	12,380	1,682	1,230	0	1,682	20,853	382	2,880
1931	6,600	28,625	18,718	11,767	549	150	0	549	19,452	260	1,206

出所）岩手銀行『営業報告書』より作成。単位などは上欄と同じ。

岩手銀行（下欄）の主要勘定

(単位：千円)

内諸公債証書	内社債	内株券	2線準備	A＋B	2線準備（実質）	資本比率	預貸率	預証率	預借率	2線準備率	同左（実質）	(A＋B)／預金
1,856	1,938	2,403	1,220	17,345	1,220	22%	55%	31%	11%	6%	6%	86%
1,913	2,620	2,605	1,449	28,619	949	18%	92%	31%	16%	6%	4%	123%
1,873	3,319	2,852	1,618	31,924	468	17%	88%	30%	12%	6%	2%	117%
1,848	3,098	3,267	1,914	38,087	734	15%	88%	24%	9%	6%	2%	112%
1,982	4,282	3,792	2,430	43,742	−1,380	13%	88%	26%	14%	6%	−4%	114%
2,086	4,446	4,293	2,769	41,396	526	13%	84%	30%	15%	8%	1%	114%
4,670	4,137	4,518	1,700	42,920	500	13%	85%	38%	23%	5%	1%	123%
4,716	4,010	4,644	1,838	43,668	−1,302	13%	84%	37%	20%	5%	−4%	121%
4,946	4,019	4,600	1,868	42,220	−1,792	13%	81%	38%	19%	5%	−5%	119%
2,649	2,651	3,484	1,064	36,788	−1,047	15%	96%	30%	24%	4%	−4%	126%

いたとされている（麻島「岩手県信託業の挫折」による）。したがって，ここに表示した盛岡銀行主

内諸公債証書	内社債	内株券	2線準備	A＋B	2線準備（実質）	資本比率	預貸率	預証率	預借率	2線準備率	同左（実質）	(A＋B)／預金
324	64	311	591	5,362	591	22%	98%	17%	2%	13%	13%	115%
335	101	292	656	7,130	656	19%	113%	13%	4%	12%	12%	126%
355	122	304	510	8,055	339	17%	114%	12%	5%	8%	5%	126%
445	151	387	572	9,556	407	15%	110%	13%	3%	7%	5%	123%
471	193	378	675	10,835	400	13%	107%	11%	4%	7%	4%	118%
760	209	391	773	11,752	498	14%	106%	14%	6%	8%	5%	120%
919	252	556	1,111	16,457	1,111	17%	105%	12%	1%	8%	8%	118%
1,539	283	1,018	1,313	23,482	1,313	15%	97%	13%	2%	6%	6%	111%
1,782	267	930	1,198	23,733	−32	15%	101%	14%	8%	6%	−0.20%	115%
244	45	195	621	20,658	471	23%	104%	6%	3%	3%	2.52%	110%

第4章　地域における銀行合同政策の展開と地方金融の再編成

ていた。このうち，帳簿価額909万8000円は同行が新規取引を停止させられた直後の32年7月時点（取引停止は5月16日）の諸貸出金1778万8000円の51.1%を占める。このことを念頭におきつつ，調査時点の数値をより子細に検討しよう。まず，割引手形及諸貸付金帳簿総額に占める重役関係分（帳簿価額494万8000円，和議査定額153万1000円）の比率は，帳簿価額で54.4%（和議査定額65.7%），32年7月時点貸付総額の27.8%を占める。さらに重役関係貸付中の欠損額は，帳簿価額で426万1000円（和議査定額84万5000円）であり，帳簿欠損額の54%（和議査定額77%），32年7月諸貸付額の24%にもおよぶ。このように，重役関係貸付が大きな比重を占めるとともに，その焦げ付きが経営悪化の重要要因だった。

次に，表4-29により，調査時点での盛岡銀行大口貸出（3万円以上）を，特に金田一関係分に着目して検討する。まず，大口貸出先帳簿金額合計は586万6000円にのぼり，帳簿貸付金額の64.4%，32年7月時点諸貸出金額の32.9%を占めている。このうち上述の重役関係分は450万円，うち金田一関係分は415万8000円・大口貸出合計の70.8%を占めていた。金田一関係分は全額重役関係分に含まれ，重役向け貸付総額の84%とその殆どを占めており，その欠損354万8000円は重役向け貸出欠損額の83%，32年7月時点諸貸付金額の20%を占めていた。金田一関係貸出は親戚のほか事業・党派的利害関係者が大半を占めており，帳簿価格全体の46%（和議査定額62%），32年7月時点貸出額の23.7%であり，その欠損額は帳簿欠損額の45.9%を占めていた。また，表示したように，これらは無担保信用貸付を多数含んでいたためか，36年7月末回収見込率も15%と極めて低い。次に，表4-29により貸付先構成を見ると，金田一の親族関係分66万3000円（15.9%），事業関係分181万3000円（43.6%）でその大半を占めているほか，党派的利害関係者向け貸付額が134万7000円にのぼっている。とりわけ注目に値するのは瀬川関係，小野崎ら岩手軽便鉄道（買収）関係者向け貸付であり，103万円と金田一親族向け貸付さえも大きく上回り，金田一関連大口貸付額の25.9%を占める。金田一の親族・事業関係，党派関係が大半を占めている貸出は，特に無担保信用貸が多数含まれていることを考慮した場合，厳格な事前審査が実施されたとは見なし難い。ここから金田一は身内に対して極めて甘い融資姿勢をとっていたと言ってよい。このほか，鉄道買収関係貸付

表4－29　大口貸出（30千円以上）中金田一関係分

(単位：円)

貸出先	帳簿金額(a)	査定額	回収見込額(b)	b/a(%)	備考
金田一国士	81,976	4,864	12,962	16	盛銀頭取。
金田一丈夫	20,000	0	0	0	国士の子，信用貸。
金田一定吉	20,000	0	0	0	国士の子，信用貸。
金田一勝巳	28,600	0	0	0	国士養弟光の子，信用貸。
金田一同族㈱	551,689	13,876	3,800	1	金田一の資産管理会社，内300千円が無担保信用貸。
合資会社緑会	147,929	15,000	40,095	27	瀬川弥右衛門が代表社員。
瀬川弥右衛門	748,988	366,824	174,000	23	元盛銀取締役，貴族院議員（民政党）。「金田一ト提携同地方政党，事業界ニ重キヲ置ク」。
矢幅正三郎	36,540	402	0	0	国士実弟。「政党，事業関係両方面ニ支出シタル資金関係ノ元締」。
田村富造	45,936	0	0	0	元割引課長。
小野崎篤造	140,573	7,820	0	0	信用貸。盛岡貯蓄取締役，盛岡信託，岩手日報，岩手軽鉄，盛岡電灯の監査役。「政党関係ニ於イテモ種々努メル」。
松崎合資会社	121,954	0	0	0	松崎了四郎が代表社員。
松崎了四郎	41,970	0	0	0	信用貸。盛電常務，花巻温泉，同電鉄取締役。
佐藤徳一郎	19,478	0	0	0	盛電元取締役。「金田一ト内部関係アリ」。
岩手日報社	198,492	23,492	1,500	1	金田一の機関紙発行。
盛岡倉庫㈱	90,246	80,495	70,000	78	金田一が社長。
及川久次郎	74,427	0	0	0	元盛岡貯蓄取締役。「金田一ノ縁故関係ニヨル貸出」。
小原貞一	43,000	0	0	0	元行員，三陸水産冷蔵関係信用貸。
村井源之助	98,933	1,912	0	0	「県，市会議員，金田一ノ配下トシテ活動ス」。
合資会社光洵社	65,712	1,288	3,050	5	金田一養弟光が代表社員。
小島イマ	38,000	0	0	0	金田一親族。
合資会社田村酒造店	35,788	0	0	0	田村儀兵衛が代表社員。
田村儀兵衛	100,708	38,000	20,000	20	「債権中ニハ金田一ノ地盤扶植関係ニヨル多額ノ選挙資金融通ヲ含ム趣ナリ」。
坂水弘	61,449	0	0	0	盛電常務潔の子。
鈴木洵路	142,348	8,548	20,740	15	「金田一ノ親族」。
宮ून隆太郎	230,253	175,443	44,000	19	先代重治は盛銀監査役，金田一一族。
盛岡不動産	973,426	706,244	220,000	23	盛銀不良債権の整理機関。
合　計	4,158,415	1,444,208	610,147	15	

出所）日本銀行福島支店「盛岡銀行業態調」（1936年7月末，日銀本店所蔵）より作成。
　　割引手形・貸付金合計（帳簿価格）9,098千円（金田一関係大口貸出構成比：45.7％）。同和議査定額2,327千円（構成比：62.0％）。
　　「　」は原史料からの引用。

第4章　地域における銀行合同政策の展開と地方金融の再編成

の多さは彼の利害関係に照応している点にも注意を促したい。なお，ここで用いた史料が，一定程度不良資産整理が進展した36年のものであることを想起した場合，危機に直面していた取引停止時には金田一関係貸付の比重はさらに高かったことが十分予想される。以上を踏まえた場合，盛岡銀行の経営悪化の主要要因は金田一関係への情実貸付にあったと言うべきであろう。

　さらに，驚くべきことに，同行は多額の事業・政治献金関連の不正貸付を抱えていた。表4-30には盛岡地裁が明らかにした33年12月時点の不正貸付額を示した。これによれば，その金額は250万円にも達しており，仮に前掲した帳簿金額に対する比重を取ると31.5％，重役関係貸付欠損額の50.1％にあたる金額である。しかも，同地裁により不正貸付に関与した人物として，頭取・専務・取締役ら銀行首脳陣はもちろん，検査課長・割引課長まで含まれており，まさに組織的な不正であったことが窺える。これら不正貸付中，三陸水産冷蔵の123万9000円，総額の49.9％は別格であるが，本節で特に重視したいのは鉄道買収関係の運動費である。瀬川向け貸付金や民政党向け献金も81万1000円と表4-30の不正貸付額の33％にものぼる金額である。なお，ここで挙げた数字が，どこまで表4-29のそれに重なるかは残念ながら不明である。しかしながら，金田一が鉄道延長を目指した釜石所在の三陸水産冷蔵への不正貸付もさることながら，鉄道買収関係不正貸付比重の高さは，前述のような金田一の政治経済的利害関係に照応しており注目に値する。

　以上の不正貸付は，表4-30の貸付時期から1920年代後半には既に支出され，不良債権化していたと見られる。このような不正貸付が盛岡銀行の資金繰りを圧迫して危機を顕在化させた重要要因のひとつになったのであろう。もっとも，日銀福島支店は同行が「背任的使途ニ用ヒタル額ハ三行（盛岡・旧岩手・第九十）中最モ多額」としており，盛岡銀行のケースがそれ以外の銀行にどれだけ当てはまるかは留保する必要がある。しかしながら，この例に見られるように，血縁・政治向け・事業向けの情実貸付が危機の重要要因になり，上述の党派的利害対抗を反映していた点に同県金融界の固有性が見出せる。

(2)　既設銀行の合同への動きの破綻と「県是銀行」の新設

　上述のように昭和恐慌下で激烈な取付けを受ける中で，対抗関係にあった金

表 4 - 30 盛岡地方裁判所予審調書主文に見られる盛岡銀行不正貸付
（1933年12月25日）

（単位：円）

不正貸付に関与した人物	貸付目的	貸付金額等	内政友会	内民政党
金田一（頭），太田（専），矢幅（常），赤沢（取）	1925年盛岡市議会選挙の候補者援助（政友会，金田一系）	11,380		
金田一，太田，矢幅	1927年9月県議会議員選挙候補者選挙運動支援	4,500		
金田一，太田，矢幅	1927年9月宮城県議会選挙候補者選挙運動支援	1,000		
金田一，太田，矢幅，赤沢	1928年2月衆議院選挙政党選挙運動資金（政友会・民政党）	30,000	16,000	14,000
金田一，太田，矢幅，赤沢，佐藤（？）	1929年盛岡市会議員選挙運動資金（政友・民政）	22,900	13,000	2,000
金田一，太田，矢幅，赤沢，松崎（？）	1930年衆議院選挙運動資金支援（政友・民政）	79,100	17,500	66,300
金田一，太田，矢幅，赤沢，松崎（？），萬（盛岡信託取）	1930年9月岩手・宮城県議会議員選挙運動資金（政友・民政）	31,450	10,300	23,150
金田一，太田，矢幅，赤沢，瀬川（監）	1932年2月衆議院選挙運動費用支援（政友・民政）	1,600	11,000	5,000
金田一，太田，矢幅，赤沢，瀬川（監），梅津（取），三鬼（取）	1928年1月岩手軽鉄買収運動費（政友会）	50,000	50,000	
金田一，太田，矢幅，萬，及川（？）	1928年7～10月岩手軽鉄買収運動費（政友会・民政党）	51,900	2,500	989
金田一，太田，矢幅，瀬川，萬	1929年2月岩手軽鉄買収運動費	4,000		
金田一，太田，矢幅，瀬川，萬	1928年1月～29年2月岩手軽鉄買収運動費	18,350		
金田一，太田，矢幅，松崎	1929年1月盛電県営化実現運動資金	6,000		
金田一，太田，矢幅，松崎	1929年1月日銀特融授受の謝礼（井上準之助宛）	1,500		
金田一，太田，矢幅，松崎	1929年5月県金庫維持費用	4,000		
金田一，太田，矢幅，松崎	1929年5月岩手・秋田両県実業家組織設立費用	2,000		
金田一，太田，矢幅，松崎	1930年5月政友会代議士後援費	1,000	1,000	
金田一，太田，矢幅	1931年7月銀行問題指導費用（井上準之助宛）	2,000		2,000
金田一，太田，矢幅，松崎	1929年3月三陸冷蔵会社補助金交付実現謝礼（政友会熊谷巌代議士宛）	2,000	2,000	
金田一，太田，矢幅，松崎	1929年12月盛電・盛銀所在地道路開墾費用など	1,250		
金田一，太田，矢幅	1927年1月～1930年12月萬ら重役の遊興費	5,700		
金田一，太田，矢幅	1930年6月県会議員接待費	6,400		
金田一，太田，矢幅	1928年1月自己の遊興費	4,347		

第4章 地域における銀行合同政策の展開と地方金融の再編成　　309

金田一，太田，矢幅	1924・28・30年軽鉄買収運動上京費	7,000	
金田一，太田，矢幅	1932年重役贈与，金田一上京費用	43,000	
金田一，太田，矢幅，小野崎（取），萬，梅津，光（金田一養弟）	1929年1月～1932年3月自己の遊興費	33,997	
金田一，太田，矢幅，小野崎（取），萬，梅津，光	1930代議士贈与，1932年遊興費	8,347	
金田一，太田，矢幅，瀬川	1932年瀬川破産申請（東京浅田銀行申立）示談金	10,000	10,000
金田一，太田，矢幅，藤原（検査課長），田村（割引課長）	1918年～32年岩手日報社への背任貸付	202,800	
金田一，太田，矢幅，藤原（検査課長），田村（割引課長）	1930年瀬川事業失敗の救済資金	560,620	560,020
金田一，太田，矢幅，藤原（検査課長），田村（割引課長）	1929年金田一事業への背任貸付	27,300	
金田一，太田，矢幅，藤原（検査課長），田村（割引課長）	1924年～1929年三陸水産冷蔵への背任貸付	1,237,000	
金田一，太田，矢幅，藤原（検査課長），田村（割引課長）	*1927年7月～1931年8月までのタコ配当*	*6,925*	
金額合計（貸付金のみ）		2,479,366	123,300	683,459

注1）貸付金額中，政友・民政の内訳は判明する限り記載した。したがって，これを超える可能性は大きい。なお，斜字は貸付金以外の不正に与えた損失。
出所）盛岡地方裁判所予審判事須藤俊貞「判決主文」（『経済知識』1934年2月号，経済知識社，所収）より作成。

田一・中村両派は相互に手を握り両行の合同に合意する。まず，1931年11月の青森県金融危機の波及直後，金田一は井上準之助蔵相を訪問し，難局打開のために岩手・第九十両行との合同を実現したい旨を懇請した。井上もこれを受容して，岩手県下の合同方針として上記三行の合同を決定し，中村もこれを受諾した。これに加えて県議会も政争を停止し，全会一致で三行合同促進決議を採択し，既存銀行に資金注入を実施すべく預金部資金確保に動き出した。

このように大蔵省のほか，金田一・中村，県議会までも金融危機への対応として協調する姿勢を示したが，中立的立場にたっていた第九十銀行がこの案に強く反発したため，この方針は暗礁に乗り上げた。同行は，金田一が同行の承認を得ずに三行合併を公にしたことに不信感をもっていたほか，盛岡・岩手両行が政治力を背景に官金預金を独占する中で，不利な扱いを受けつづけていたために，上記両行に反発を持っていたと言われる。その後，第九十銀行は上記

両行と協調実施していた預金制限支払を早期に解除したことに見られるように,盛岡・岩手両行との協調姿勢を撤回した。このように第九十銀行は大蔵省の方針に強く反発した。このために危機への対応が十分なものにならず,激しい預金取付けもまた収束することはなかった。この意味で金田一・中村の融和には大きな限界があった。

　このような中で,当初,三行合同方針で臨んでいた大蔵省も方針を変更する[158]。1932年3月12日に銀行局は石黒知事とも協議の上で県立新銀行を設立し[159],これにより「既設銀行」の統合を図る再編成方針を決定した。その後,同14日には「既設銀行ヲ合同シテ一銀行ヲ設立スルモ県民ノ信用ヲ得ルコト疑ハシク又第九十銀行ハ此種ノ合同ニハ反対シ居レリ金田一ハ岩手銀行ト盛岡銀行ノ合同論者ナルガ如キモ両者ノ勢力立場等ヨリ考フルニ真ノ合同ハ実現セズ孰レカ一方ノ勢力ニ帰スヘシ」という認識を日本銀行側に説明し了解を求めた。また,大蔵省は新銀行の設立条件に「新銀行重役ノ選任ハ全然大蔵省ニ一任スルモノ成ルヘク心機ノ一転ヲ計ル意味ニ於テ新人物ヲ物色ス」という条件を入れており,地方資産家を金融界から排除する姿勢を示していた。ここから大蔵省は「既設銀行」間の合同は第九十銀行の反対で挫折しており現実的案ではないことや,これでは県民の信頼を得ることが疑わしいこと,ならびに「既設銀行」間の合同の場合,銀行経営を巡って派閥争いが生じる恐れがあることを重視した上で,これらすべての懸念要因を排除するには,特定の利害に囚われない県が新銀行を設立することにより,地方資産家を金融界から排除するしかないと判断したのであろう。これを受けて県議会も大蔵省案の受容を決議し,県立新銀行による再編成が大勢となった[160]。

　これに対して,既存銀行,とりわけ金田一は既存銀行役員の新銀行からの排除に反発し,「修正希望条項ノ説明」を大蔵省に提出した[161]。しかしながら,大蔵省はこれを拒絶したため,3月16日には金田一も大蔵省案の無条件受諾を表明せざるを得なくなった。これを受けて高橋蔵相と石黒知事は新銀行である岩手殖産銀行の設立声明を発表した。自力更生を目指した第九十銀行はこれには参加しなかったものの,岩手・盛岡両行は現物出資による参加を受諾した。その後,5月16日には上記両行は新規取引の停止命令を受け,19日に岩手殖産銀行が設立された。なお,8月15日になると第九十銀行も新規取引の停止命令を

第4章　地域における銀行合同政策の展開と地方金融の再編成　　311

表4-31 岩手殖産銀行創立時の役員

氏 名	役 職	出 身	備 考
進藤正十	取締役頭取	前日本勧業銀行奈良支店長	
渡辺栄次郎	取締役常務	前日本勧業銀行盛岡支店主事	
安彦要	取締役常務	前大蔵省銀行局銀行検査官補	
田村不顕	監査役	子爵海軍少将, 旧一関藩主	
太田幸五郎	監査役	前岩手農工銀行頭取	前沢町資産家, 無党派

出所)『岩手殖産銀行25年史』より作成。

受けたため, 既存銀行は事実上壊滅状態となった。表4-31には岩手殖産銀行の役員を示した。同表によれば日本勧業銀行出身者と大蔵省の役員が大半であり, 岩手県から登用された役員も中立色が強かった。

しかしながら, このような中央官僚主導色が強い県金融界の再編成は, 円滑に地域に受容された訳ではなかった。1932年には岩手・盛岡両行の株主が, 新銀行に「官選重役」を入れようとする県当局に反発して「旧銀行更正運動」を展開した。このような新銀行に反発する動きは日銀福島支店によると「石黒前知事ノ反対ニ因リ抑圧セラレ居」ったが, 37年6月の石黒知事の転出後「再燃シ, 漸次熾烈ヲ加ヘ来」たという。当時の銀行員の回顧にも「当時のおかしい風習だったと思いますがね, 岩手殖産銀行の支店長会議に石黒知事が来るんですよ, そして頭取より先に訓示するんです。当時, そういう時代でございました。岩手県銀行界の空気がお分かりになると思います」(傍点は引用者)との発言が見られることから, 石黒知事による「抑圧」は相当なものであったのだろうし, その石黒が去ったからこそその方針に反対する勢力が再び台頭してきたのであろう。1937年には県当局が計画した岩手殖産銀行による第八十八銀行など残存銀行の吸収案に対して, 県議会は「県下経済ノ現状ト戦時体制下ニ於ケル産業経済ノ動向ニ鑑ミ」賛成したものの, 既存銀行側が反発し陸中銀行を新立し県当局の動きを牽制したほか, 盛岡商工会議所も「(既設―引用者) 四銀行合同ハ未タ商工業者ノ要望ニ副ハ」ないとして県当局の方針に反発したという。このような反発が生じた理由について, 日銀福島支店は「岩手殖産銀行ノ堅実ナル経営振リヲ嫌ラサルモノノ策動モ無キニ非ス観ラル」と報告している。現に, 表4-32に見られるように, 岩手殖産銀行の預貸率は開業後以降急激に

低下しており，同行は地域経済が不振にあえぐ中で地元商工業者に対してかなり厳しい融資姿勢を採っていた。また，『岩手殖産銀行二十五年史』にもこのような状況に県内商工業者が反発している旨の記載がある。[167] ここからこのような日銀支店の推論は，かなりの程度妥当性を持っていたと見なければなるまい。

このように新銀行設立により金融危機の収束を見たものの，石黒知事の抑圧により地域側の不満が押さえ込まれたことに見られるように，岩手県下の金融再編は中央官僚主導の上からのものであり，しかも十分地域の自律性確保に配慮した再編成ではなかった。そうであるがゆえに，少なくとも1930年代においては岩手県下の銀行合同はその自律性への配慮を求める地域側に十分に受容されなかったのである。

表4－32　岩手殖産銀行預貸金

(単位：千円)

営業期	貸出残高	預金残高	預貸率
1932年上期	864	902	95.8%
32年下期	2,352	3,569	65.9%
33年上期	4,327	8,650	50.0%
33年下期	7,025	13,891	50.6%
34年上期	6,610	11,496	57.5%
34年下期	7,356	11,223	65.5%
35年上期	7,546	12,271	61.5%
35年下期	8,655	13,261	65.3%
36年上期	8,363	14,230	58.8%
36年下期	10,106	15,791	64.0%
37年上期	10,373	17,049	60.8%
37年下期	11,689	18,884	61.9%
38年上期	12,774	20,396	62.6%
38年下期	14,063	24,044	58.5%

出所）『岩手殖産銀行二十五年史』第158・160・195表。

5　小　括

1920年代の岩手県においても，鉄道敷設問題を巡る盛岡市・花巻町を中心とする党派対立や，異常なまでの勢力拡大意欲をもつ金田一派と中村派の事業や市政を巡る対立が激化していた。このような対立は，岩手地域の主要産業である林産・水産資源開発という問題と密接に結びついており，また，特に鉄道問題の如何は盛岡市と花巻町という地域の振興ないし浮沈にかかわる問題であった。それだけに，単なる金田一個人の事業運営問題を超越した，地域の振興と自律性確保を巡る重大な問題であったと言ってよい。

このような地域の浮沈ないし自律性にかかわる重要な問題に，銀行経営者である地方資産家が関係を持ったがゆえに，銀行合同を巡り諸利害対抗が錯綜することになった。また，大蔵省側の合同案もこのような利害状況の存在ゆえに，これに配慮したものにならざるを得なかった。ただし，このような地域の現状

に配慮した案ですら，岩手県の場合，水沢地区の銀行合同問題に見られるように，域内小地域の自律性確保の問題に直面して修正を余儀なくされたことには留意しなければなるまい。これに加えて，盛・第八十八両行の合同に見られるように，大蔵省当局も県南諸地域金融経済の自律性確保を重視する両行の意向を無視できなかったことも併せて指摘しておくべきであろう。このように銀行合同問題は地域の自律性確保にかかわる重大な利害関係が錯綜していたがゆえに，これを通じた県下金融界の再編成は重大な障害に逢着することになった。

しかしながら，昭和恐慌下の激烈な取付けにより金融危機が顕在化する中で，金田一と中村は緊急避難的ではあったのかもしれないが，それでも相互に協調する姿勢を示すようになる。しかしながら，第九十銀行が両者に不信感を示したために，当初の三行合同案が座礁したことから，取付けに象徴される金融危機は早期に収束しない様相を呈してきた。このために大蔵省側は，このままでは三行合同案が実現する目処がたたず，預金者の信頼の早期回復も難しいこと，また，金田一・中村両勢力の協調にも疑念を払拭できなかったために，これらの障害を一挙に克服すべく既存銀行経営者の金融界からの排除をも含んだ県立新銀行の設立で状況打開を図った。

このような動きにより預金取付けは収束したのであるから，大蔵省の構想は危機克服策としては効果的であったと見なさざるを得ない。しかしながら，このような強行策は地域側の要求を十分に組み込んだものになりえなかった。(168) だからこそ，豪腕知事である石黒の転出後になると，議会側がすでに「戦時体制下ニ於ケル産業経済ノ動向ニ鑑ミ」て岩手殖産銀行主導の再編成を容認しているにもかかわらず，地方商工業者，あるいは既存の銀行業者がこれに反発する姿勢を顕在化させた。このように岩手県下の銀行合同は挫折した三行合同案はもとより，新銀行設立による合同案も十分な利害調整の下に行われたとは言い難い。それゆえ，岩手県下の銀行合同は，戦時期初頭に至っても中央官僚主導の金融再編成と地域の自律性確保との狭間で，諸利害の錯綜が継続したのである。

(110) 『岩手殖産銀行二十五年史』岩手銀行，1961年。
(111) 進藤「昭和恐慌期における地方貯蓄銀行の破綻と復活」今田治弥編『東北地方金融の展開と構造』時潮社，1978年，所収；同「昭和恐慌期における

県是銀行の設立」『政経学会雑誌』（茨城大学）第55号，1988年3月，所収。なお，県是銀行については，宮崎県のケースを分析した，杉山和雄「宮崎県中核銀行の破綻と県是銀行」石井・杉山編『金融危機と地方銀行』所収のほか，最近になると財政資金投入の側面より，財政当局からの資金貸出による設立も見られたことを指摘した，池上和夫「山梨殖産銀行の成立」有泉貞夫編『山梨近代史論集』岩田書院，2003年，所収，215〜253頁が発表された。
(112) 麻島「岩手県信託業の挫折」『信託』第123号，1982年8月，所収。
(113) 小川『破綻銀行経営者の行動と責任』。なお，本書については拙稿「【書評】小川功『破綻銀行経営者の行動と責任——岩手金融恐慌を中心に——』」『地方金融史研究』第33号，2002年3月，所収も参照。
(114) この点は小川氏も指摘している（『行動と責任』「はじめに」を参照）。なお，岩手県金融界の概況は表4-18を参照。
(115) 岩手県経済の全国的位置については，渋谷隆一「地主高利貸資本の展開構造」今田編『東北地方金融の展開と構造』，所収が検討している（7〜8頁）ので，こちらを参照されたい。また，以下の工業構成等に関する数値などは特に『岩手県統計書』各年による。
(116) 盛岡銀行『第六十七期営業報告書』1929年6月30日。進藤「昭和恐慌期における貯蓄銀行の破綻と復活」表6-22によれば，本章で出した企業以外のものも含めた関連企業の資本金額に占める盛岡銀行所有株式価額の比重は，構成比の低い岩手軽便鉄道の3.9％を除き，その他の企業は2割弱から5割，平均して5割を占めている。
(117) なお，「蔵銀第4492号」1929年7月4日，岩手県庁文書『昭和五年　銀行無尽業信託業其他金融業』に合綴では，このような金融関係は金田一の兼職関係から生じたものであることが指摘されている。
(118) 表出した資産家のうち，萬・宮沢は麻島「岩手県信託業の挫折」第5表も参照した。
(119) この点は朝日新聞社『岩手県政物語』世界社，1928年を参照されたい。
(120) 以下，盛岡貯蓄銀行の設立を巡る紛争は，『岩手殖産銀行二十五年史』194〜196頁のほか，小川功「首位行による共同出資行の機関化と下位行封じ込め」『彦根論叢』第326号，2000年10月，所収が詳細に検討している。
(121) 以下の鉄道敷設計画などは　読売新聞社『岩手の鉄道百年』同社，1969年，各章のほか，『岩手毎日新聞』1930年10月31日のほか，鉄道省『軽便鉄道橋場線建設概要』1921年，同『花輪線工事要覧』1931年，岩手県立図書館所蔵を参照した。
(122) 同社『営業報告書』各期による。
(123) 金田一「履歴書」注(117)県庁文書に合綴。
(124) 新岩手日報社『昭和県政覚書』上巻，同社，1948年，100頁。
(125) 同社については小川『破綻銀行経営者の行動と責任』「第8章　三陸水産

冷蔵」を参照。なお，同社も1923年下半期以降経営が悪化していたという (184頁)。
(126) 『岩手日報』1925年7月8日における，憲政会岩手支部長柴啄治の発言。
(127) 『岩手軽便鉄道概況』同社，1928年，岩手県立図書館所蔵の「主要貨物発着表」によれば木材・木炭・薪および活鮮魚で同鉄道の輸送物資の大半が占められていた。
(128) 『岩手日報』1927年12月4日で，彼は山田線開通優先を理由に岩手軽便鉄道買収に反対してきたことを述べている。
(129) 『憲政公論』1925年10月号に掲載の当選議員一覧による。
(130) 「盛岡市政界の将来　盛岡派と花巻派」『岩手毎日新聞』1926年8月29日，「盛岡市の県議候補は誰々か」同紙1927年8月10日，「盛岡市政友会の前途」同紙同年12月16日。また，盛岡銀行に対する信用毀損記事は「危険！危険！盛銀偽造手形」同紙1925年12月21日。なお，『岩手毎日新聞』は政友会機関紙である。
(131) 同電灯の設立経緯は，中村家『盛岡電炉工業株式会社関係書類』盛岡市公民館所蔵。電灯会社課税軽減問題については，一例として「市民いじめの盛岡市税」『岩手毎日新聞』1928年6月10日を挙げておく。
(132) 以下の製糸会社関連は，新岩手新報社『昭和県政覚書』下巻，同社，1949年，「五．製糸業の興亡」を参照。また，岩手銀行は当初発起人になっていたが（『岩手毎日』1929年5月15日），結局，同行は同社株式を保有せず，さらに同社設立後『岩手毎日』1929年8月15日も「県是製糸と組合製糸　組合製糸を助長せよ」という記事を掲載し，県是製糸を批判している。
(133) 斎藤克郎・伊牟田敏充ほか「東北銀行　斎藤克郎氏との座談会」『続地方銀行史談』第2集，全国地方銀行協会，1990年，所収における斎藤克郎氏（もと盛岡銀行行員）の発言による（52～53頁）。
(134) 表4-26原史料（昭和恐慌期の担保構成についての議論もこれによる），および日本銀行調査局「金解禁後における金融界動揺と特別融通」『日本金融史資料』昭和編第24巻，所収，539頁。
(135) 以下，第八十八銀行に関する史料などは，第八十八銀行頭取人見鉄太郎「不良資産ニ関スル件」県内務部長宛，岩手県庁文書『昭和四年　銀行信託業無尽其他金融業』に合綴。
(136) 日銀福島支店「全国銀行休業後ニ於ケル当地金融状況」1927年4月26日，同「モラトリアム解除前後における金融状況」いずれも『日本金融史資料』昭和編第25巻，80～85頁に所収。
(137) 岩手銀行『営業報告書』1928年下期，29年上下期。
(138) 『岩手殖産銀行二十五年史』255～267頁。
(139) 以下での岩手銀行による三陸銀行合併問題については，本節の原論文発表後，小川功「一県一行主義による当局主導の強圧的銀行統合の弊害」『彦

根論叢』第328号，2000年12月，所収が発表され，この問題を深く掘り下げている。あわせて参照されたい。
(140)　前掲県庁文書合綴史料による。なお，『岩手日報』紙の1925年7月の水沢町長選挙を巡る一連の報道によると，三陸銀行が政友系，水沢銀行が憲政系であるという。
(141)　三陸銀行頭取小林佐平・水沢銀行頭取辻山右平「答申書」1928年10月5日，前掲県庁文書に合綴。
(142)　『岩手殖産銀行二十五年史』282〜286頁。
(143)　以下の議論は，岩手県庁文書『昭和五年銀行業無尽業信託業其他金融業』合綴文書，岩手銀行『営業報告書』による。
(144)　小川「一県一行主義による当局主導の強圧的銀行統合の弊害」20頁。
(145)　『岩手殖産銀行二十五年史』288〜292頁。
(146)　以下の議論は盛銀行「臨時株主総会議案」岩手県庁文書『昭和三年　銀行無尽業信託業其他金融業』同県庁所蔵，に合綴による。
(147)　日本銀行「金解禁後における…」539〜540頁を参照。
(148)　日銀福島支店「盛岡市銀行団預金制限申合」1931年11月26日，『日本金融史資料』昭和続編付録第1巻，所収，506頁。
(149)　岩手銀行『営業報告書』1931年下期による。
(150)　日銀福島支店「盛岡銀行業態調（昭和十一年七月末現在）」『日本金融史資料』昭和続編付録第1巻，所収，510〜523頁。
(151)　『岩手殖産銀行二十五年史』第91表所載の盛岡銀行預金者団よる調査結果による。
(152)　「盛岡銀行業態調」で重役関係貸出先にあげられている債務者は，債務者自身が重役でなくても，その先代が重役であったがゆえに「重役関係」とされたものもいる。これについては除外して算出してある。
(153)　日銀史料は前掲「盛岡銀行業態調」516頁。重役不正貸付・裁判については澤富造「政党財閥腐敗の好例　盛銀一千万円疑獄事件」『経済知識』1934年2月号，経済知識社，所収，岩手県立図書館所蔵に所載の盛岡地方裁判所判決主文による。なお，公判で金田一は控訴・上告するものの，起訴事実は認めている（沢井勝郎「金田一国士」『岩手史学』第20号，所収を参照）。
(154)　日銀福島支店「昭和九年十二月十九日岩手殖産銀行実地調査報告」『日本金融史資料』昭和編第24巻，所収，542頁。
(155)　岩銀派中村についても「金田一系ト相反目拮抗シ同地方財界，事業界ニ活動シテ巨額ノ資金ヲ散布シタルコト金田一ト其軌ヲ一ニスル」（前掲「盛岡銀行業態調」日銀所蔵版所載の大口貸出表による）と指摘されており，中村・旧岩手銀行に関しては金田一・盛岡銀行とほぼ同様な状況であったと見られる。
(156)　以下に示す三行合同案の経緯は，『岩手殖産銀行二十五年史』297頁以下

第4章　地域における銀行合同政策の展開と地方金融の再編成　　317

を参照。
(157)　第九十銀行の反発とその背景は安彦要（当時，大蔵検査官）「思い出の記」『岩手殖産銀行二十五年史』3～4頁，所収，および同書297頁。
(158)　新聞報道によれば後に第八十八銀行も加えて四行合同方針になっているという（『岩手毎日新聞』1932年1月15日）。
(159)　日本銀行審査部「岩手県下新銀行設立案ニ関スル銀行局長説明ノ要領」1932年3月14日，『日本金融史資料』昭和続編付録第1巻，所収，506～507頁。
(160)　『岩手県議会史』第3巻，同議会事務局，1961年，345～346頁。なお，進藤「県是銀行」，54頁でもこれを典拠に「挙県一致」を説いているが，後述のようにこのような県内諸利害の「一致」を強調する見解には必ずしも同意できない面もある。
(161)　以下の経緯は『岩手殖産銀行二十五年史』297～314頁を参照。
(162)　本運動については『岩手殖産銀行二十五年史』315～327頁；小川『行動と責任』第9章を参照。
(163)　日銀福島支店「第八十八銀行ノ岩手銀行並ニ第九十銀行合併問題ノ顛末」『日本金融史資料』昭和続編付録第1巻，所収，532頁。
(164)　「斎藤克郎氏を囲む座談会」54頁。
(165)　本案とこれへの地域側の対応については，日銀福島支店「岩手県下銀行合同問題ニ関スル其後ノ経過」1937年12月30日，『日本金融史資料』昭和続編付録第1巻，所収，533頁。
(166)　日本銀行福島支店「第八十八銀行，岩手銀行並ニ第九十銀行合併問題ノ顛末」1937年11月16日，『日本金融史資料』昭和続編付録第1巻，所収，532頁。
(167)　同書，365頁。
(168)　このような主張は，進藤「県是銀行」の「挙県一致」論に対して，一定の批判を蔵することは言うまでもない。

むすびにかえて

1　事例分析の総括

　ここでは第1節，第2節での検討結果を総括して，その上で他の研究者による他地域についての研究成果をも織り込みつつ，両大戦間期における地域レベ

ルでの銀行合同政策の展開過程の特徴を仮説的に論じてみたい。

　まず，第１節，第２節での検討結果を総括する。ここまでの検討に明らかなように，両大戦間期には，地域的に要因は異なるものの，経済不振の深刻化により地域経済のあり方がひとつの曲がり角に逢着する中で，地域内部でその自律性にかかわる深刻な利害対立が生じていた。具体的に言えば，福島県の場合には第一次世界大戦期の地域間の不均等発展を前提とする，郡山の台頭とこれによる同地域と信達地方との争いであった。岩手県の場合は鉄道敷設問題を巡る「盛岡派」と「花巻派」の争いに政党的な対抗関係も絡んでくるという対立状況であった。その際に重要なのは，このような争いには，銀行経営者である地方資産家たちが深くかかわっていたことである。仮に谷本雅之氏にしたがって，「名望家的資産家」を「『地域社会』との関わりで社会的な活動を行う資産家」と定義すれば，金田一のような専ら自己の私的利益のみしか考えないものがいたことには留意する必要はあるものの，彼等は自らが所在・活動する「地域社会」の利害とその自律性の維持・拡大を重視して，事業活動のほか，政治活動などの「社会的な活動」を行っており，谷本氏の定義が当てはまる。このように「名望家的」性格を帯びた地方資産家が各地域・各党派の代表者となったために，彼ら自身が経営者・所有者となっている銀行経営も彼らの利害対立に巻き込まれることになったと言えよう。

　このことは，谷本氏の見解を比喩的に用いて表現するとすれば，地方名望家と「企業家」＝銀行経営者が一体であったがゆえに，地方資産家たちが重視してやまない各地方の自律性に関わる利害の相克に，銀行・金融までも埋め込まれてしまったことを意味する。それゆえにこそ両大戦間期における金融危機下の金融再編成＝銀行合同に際して，地域内部での内発的かつ自発的な銀行合同への動きは困難になり，それだけに大蔵省など当局の調整的介入を必要とさせた。しかしながら，地域における利害対立は当局による利害調整をも困難に逢着させた。この意味で，ここまで検討した両大戦間期における銀行合同を通じた金融再編成の不円滑さは，近世後期から工業化期にかけて形成されてきた[169]，地方資産家を担い手として彼の主導により他地域ないし中央に対して一定の自律性を持つ形で発展してきた地域経済のあり方の帰結であったと言ってよい。また，このように当該期における地方銀行の合同問題が，単なる金融問題を超

越した地方資産家中心の地域の自律性確保に関わる諸利害関係の錯綜を包含したことは，大蔵省など政策当局の利害調整能力を大幅に上回るものであったことを示している。先行諸研究の限界はこの点を十分に認識せず，金融問題の範囲内だけで銀行合同問題を検討したことにあると言ってよかろう。

2 他地域との比較

次に，本章での分析と他地域の比較についてである。ここでは杉山和雄氏や最近の迎由里男氏により研究が進められた福岡県，神山恒雄氏により研究が進められた佐賀県下における銀行合同を主たる対象に比較検討を行う。これら地域は本章で検討した地域とは異なり，都市銀行群の進出とこれによる地元銀行の系列化が積極的に進められた地域である。この意味で，本章で検討した地域とは対照的である。それ以外の地域における銀行合同の実態研究があまり進展していないという消極的理由とともに，このことが両県を比較対象に選んだ理由である。

まず，杉山・迎両氏の研究に基づき福岡県の銀行合同の特徴を見てみよう。同県では嘉穂銀行の麻生ら地元銀行経営者により1923年11月末ごろに全県的銀行合同計画が構想された。しかしながら，ここで重要なのは地元銀行が合同計画を推進するにあたり，米山梅吉・池田成彬といった三井銀行関係者に「支援了解」を得たことである。杉山氏の研究に明らかなように，当時，三井銀行は福岡県下に多数の系列関係を持っており，それゆえに地元銀行側もその意向を無視できなかった。迎氏によれば翌年9月になると地元銀行側は，上記両名に新銀行の経営者の推薦まで依頼し雇用条件を協議したという。ここでの地元側と三井側のすり合わせを踏まえて，同月下旬以降，福岡県では「県知事の主唱によって」第一回目の会合が開かれ，「10月には資本金500万円の新銀行の設立が」決議されたという。ここでの決議をもちかえり，各行とも検討の上で10月末までに県商工課に返答することになっていたが，11月1日までに80行中71行が株式引受に応じたという。

さらに続く第3回会合で創立委員が決定されたが，ここで重要なのは県外銀行と交渉にあたる「上京委員5名」が選出され，県知事らとともに三井銀行側，および十七銀行（福岡市本店所在，同1020万円）の親銀行である安田銀行，多数

の県下銀行と取引関係を結んでいた住友銀行と交渉にあたったことである。ここでも，やはり，地元側は進出してきた県外銀行，とりわけ都市銀行の意向を無視できなかった。その後，地元銀行側はこれらの都市銀行と交渉するが，結果的に都市銀行側の反対でこの合同案は挫折する。杉山氏が明らかにしているように，三井銀行がそもそも地方銀行経営に乗り出すことに消極的であったことがその重要要因だった。しかしながら，より注目すべき点は，迎氏の鋭い指摘に見られるように，地方進出に比較的消極的な三井銀行ばかりでなく，積極的に地方に進出していた住友・安田までも反対したことである。

その中でも本書での分析視点から見て興味深いのは，麻生ら地元側が新銀行営業方針として不動産担保融資による「地方産業ノ発展」を図ることを考えていたのに対して，安田銀行側がこのような融資姿勢に反発して，系列下の十七銀行に新銀行の中核にあたる諸行との合同に反対するように伝えている点である。この結果，この合同案は流産し，福岡県当局は1925年秋以降になると個別銀行どうしの合同を慫慂するようになったという。このように，福岡県では地元側は地域の自律性確保，すなわち不動産担保融資を通じた「産業ノ発展」を念頭においていたが，多数の系列行を抱える都市銀行側の消極性と地元側の方針に対する反発から，地元銀行主体の合同方針が流産した。両大戦間期における福岡県下のように，都市銀行による地元進出度合が高く，かつ，系列化も進展している地域では，地元銀行側に合同促進の意思があっても，最終的には都市銀行側の意向が合同実現の如何を左右していた。換言すれば，福岡県地域の事例においては，本章で検討した東北地域とは異なり地域内部での利害調整はそれなりに円滑であったが，都市銀行の進出度に見られるように地域の自律性が相対的に低かったがゆえに，銀行合同が円滑に進展しなかった。

次に神山氏の研究により，佐賀県下の銀行合同過程を見てみる。佐賀県では1924年9月になると金融経済状況の悪化を背景に，県知事を会長，県内務部長を副会長に県内銀行から委員7名を選出して佐賀県銀行合同期成会が結成された。その際，県庁側は佐賀百六銀行（1927年末公称資本金110万円）と唐津銀行（同480万円）を中心とする銀行合同に関する「腹案」をもっていたという。その後，銀行合同は進展しなかったようであるが，1926年4月から5月にかけての神埼実業銀行の休業を契機とする取付け発生を背景に，神崎実業銀行（同50

万円)が安田銀行系の十七銀行ならびに唐津銀行と合併交渉を行い,さらには県当局も第一銀行に対して古賀銀行(同190万円)の合併を要請するなど,銀行合同への具体的動きが見られるようになった。しかしながら,十七銀行,第一銀行ともに救済合併要請を拒絶したほか,神崎実業銀行も唐津銀行との合併前に休業入りを余儀なくされた。その後,神崎実業銀行が佐賀百六銀行に整理を委託して開業したものの,総じてここでの合同への動きは破綻したようである。

さらに,1928年1月になると,第一次世界大戦期に多額の不良債権を抱え込み,その後も経営状況の悪化が続いていた佐賀百六銀行までも,整理支援を実施していた旧藩主鍋島家が再建を断念したために,住友銀行の傘下に入ることになった。この結果,県当局が銀行合同の中核と考えていた同行は「県内の中央銀行としての機能を喪失した」。それゆえに,1927年秋以降の大蔵省による銀行合同勧奨を受けて,県当局も合同方針を立て直し県内小地域ごとの合同方針を立案したようであるが,これも難航したようである。しかし,1929年になると県西部の唐津銀行と西海商業銀行を中心に銀行合同の実施への動きが強まり,1931年1月に赴任した半井清県知事の斡旋もあって,同年5月11日に両行が合同し佐賀中央銀行が新立された。そして,県当局は住友傘下に入り「県内の中央銀行としての機能を喪失した」佐賀百六銀行に代わり,同行を県の中心銀行として県内金融再編成の中核にしようとした。

このように,佐賀県においては,金融恐慌期まで県下金融界の中核であった佐賀百六銀行の住友銀行への傘下入りを契機に金融再編成構想が変化し,その後,紆余曲折を経て佐賀中央銀行が設立された。その際に重要なのは,都市銀行による県下中核銀行の系列化に対抗して,県当局が中心となり佐賀中央銀行(1940年末公称資本金453万円)[173]が設立されたことである。前述した福岡県の事例では,都市銀行支店の存在とこれによる地元銀行の系列化により地方金融の自律性が弱められていたために,地元金融界の要望に沿う方向での再編成が挫折させられた。これに対して佐賀県の場合,県下の中心銀行である佐賀百六銀行の住友による系列化とこれによる地元中央銀行としての機能喪失という事態に直面して,地方金融の自律性を確保すべく佐賀中央銀行が設立された。以上のように,佐賀県では都市銀行による地元中核銀行の系列化が,地域の自律性確保の必要性を覚醒させ,これが銀行合同の進展に繋がった点では,同じ都市銀

行の存在が地域の自律性を弱め，ひいては地元側主導の銀行合同の阻害要因になった福岡県とは状況が異なる。しかしながら，両県ともに系列関係ならびに地域の自律性確保という問題と，銀行合同問題とが密接に関連をもっていた点では共通性があった。

　以上を踏まえれば，本章での事例分析と福岡・佐賀両県の事例は，銀行合同問題が地域の自律性確保の問題と密接な関係を持っていた点では共通する。しかしながら，都市銀行の進出が余り見られなかった福島・岩手の東北地方二県では，対中央＝都市銀行との関連で地域の自律性確保が問題化し，銀行合同の円滑な進展が見られないということはなかった。むしろ，県内小地域間の自律性や発展を巡る問題が争点化し，これが党派的利害対立化したことにより，銀行合同を巡る利害調整が難航・挫折した。なお，地域，とりわけ郡部など府県内の小地域の自律性確保の問題が銀行合同の障害になった他の事例として，第1章でも検討した岐阜県駄知村の実業銀行（1927年末時点公称資本金26万円）がある。塚本の回顧により，この点を確認する。同県でも金融恐慌後の27年10月頃から当局による銀行合同の慫慂が行なわれ，銀行検査官が来訪の上で実業銀行のほか蘇東銀行，恵那郡の濃明銀行，岩村銀行など，周辺の銀行を「一網打尽」に合同させようとしたという。これに対して，実業銀行は「当行ノ如キハ極限セラレタル営業地域ニ独立シ且ツ特色トシテ銀行本位ニ非ズ自町ノ機関トシテ町ノ与論ニ依テ存在営業シ預金者ハ勿論取引者ハ大部分自町ニ限定サレ殆ト他町村ト交渉ナキ経済状態ニ在リテ然カモ本邦主要輸出品タル陶磁器ノ主産地トシテ国家主要ノ位置ヲ占ム町ノ商工業ハ絶対ニ当行ヲ信頼シ他行ノ侵入ヲ許サズ挙町共同一致ノ慣習ハ当町ノ反感ニ依リ商工業者ノ恐惶（ママ）ニ陥ルヲ免レザルハ尤モ考慮ヲ要スル処ナリト信ズ即チ町ノ発展ハ当行ノ存立ヲ計ルニ在リ願クバ此ノ特殊ノ地域ニシテ特別ノ事情御洞察ノ上規定ノ増資ニ依リ切ニ存立ノ認許ヲ得度懇願ノ至リニ堪ヘズ」という意見書を提出した。本史料に見られるように，「自町」の自律性確保を理由に実業銀行側は合同に反対した。これに対して，県内務部長から合同慫慂の文書が来たが，実業銀行側は「私共町内に根深く生きて居る伝統的精神の潜在して居る事」，およびこれに基づき独力で駄知鉄道，水力電気会社などを作り地域を振興した努力を強調して，「伝統的精神」を強調しつつ合同に応諾できない姿勢を示した。この結果，銀行合同問

題は進展しなかったが，翌年になると周辺銀行が合同に応じる姿勢を示したために，県内務部からの再度の慫慂とも相俟って，重役からも合同応諾の意見が出てきた。その結果，実業銀行側は合併先の選考を行ない，明治銀行を相手先に決定した上で，1930年9月1日付けで同行との合併を実行した。以上，実業銀行が域内小地域の自律性確保を理由に合同に応諾しなかったために，銀行合同問題は円滑に進展しなかった。

　ここには党派問題は絡んではいないようであるが，系列関係が見られない場合には，域内小地域の自律性確保の問題が銀行合同の障害になっている点では，東北地域の事例分析と共通の特徴を持つ．さらに，鳥取県でも党派関係も含めて同様のことが見られたようである．当時，日本銀行松江支店長として，同県の銀行合同問題に携わった君島一郎の回顧では，銀行合同の際の利害調整で苦労したことが述べられた上で，「鳥取県の方では，今の山陰合同銀行の出来上がる前のまたその前の状態で，まだまだ群雄割拠時代であった。何しろその時分は，銀行の首脳部の人達はそれぞれの地方の代表的土豪，商紳という事で，政治的，社会的，事業的にまた血縁関係などで或は対立，或は仲間同士と複雑にこんがらがっていた」との記述がある．現に，金融恐慌後に実現した大正鳥取銀行と雲陽実業銀行の合併は，双方の役員が同じ民政党系であったことが，その実現の重要な要因であった[176]。ここから，君島の回顧には一定の裏付けがある．同県は，都市銀行支店数が4行（1925・30年時点）と，その進出度が低位な地域のひとつであり（前掲表1-3），その点でも福島県・岩手県の事例分析に見られる，東北地方とほぼ共通した特徴を持っていた。これが，君島の回顧にあるような，地域の自律性を巡る利害の錯綜関係が，銀行合同を阻害した最重要要因として浮かび上がった一つの重要な背景であったと見られる．さらに政党問題が合同の阻害要因になった事例として，1923年の熊本県天草地方における天草，中西，苓州の三行合同の破談もある[177]。これに対して，前述のように，福岡県・佐賀県のような都市銀行群が積極的に進出した地域では，対中央＝都市銀行との関連で地域の自律性確保の問題が問われたと言ってよい．類似の事例として多数の都市銀行が進出した岡山県の場合，安田銀行の大合同に参加した第二十二銀行を除けば都市銀行による系列化が進展していなかった[178]。それゆえに第2・3章での検討で示したように，佐賀県同様，県内中核銀行と目され

る第二十二銀行の合同という事情も手伝って，地元資金の県外流失への対応として第一合同銀行（1927年末公称資本金1482万円）が設立された。この事例に見られるように岡山県では銀行合同が早期に進展し，1930年には中国銀行（合併時公称資本金1500万円）(179)という一県一行的銀行が成立した。さらに，迎由里男氏による大分県の研究によれば(180)，福島・岩手のように比較的中央との関連性が薄く，域内での党派的な利害対抗が銀行合同の阻害要因になった地域でも，対立する二大銀行が同じ都市銀行を親銀行とする場合には利害調整は一定程度円滑に進んだという。

　以上の点を踏まえた場合，両大戦間期における地域レベルでの銀行合同政策の展開は，すぐれて地域の自律性確保に関わる問題が密接に関係しており，なおかつ，この問題から多大な影響を受けた点では共通性がある。ただし，都市銀行の進出度合やこれによる地元銀行の系列化の如何，都市銀行による県内中核銀行の合同を背景とする地域内部での自律性確保意識の覚醒などにより，各地域の状況は異なっていた。このような意味で銀行合同を巡る諸利害の錯綜とその調整のあり方は地域的特性を強く刻印されていたのである。

(168)　谷本「日本における'地域工業化'と投資活動」『社会経済史学』第64巻1号，1998年5月，所収，107頁。
(169)　谷本・阿部「企業勃興と近代経営・在来経営」のほか，近世後期について渡辺尚志『近世の豪農と村落共同体』東京大学出版会，1994年も参照のこと。
(170)　以下，福岡県における銀行合同についての記述は，杉山和雄「福岡県下の銀行合同問題と三井銀行」朝倉編『両大戦間における金融構造』所収，247〜246頁；迎由里男「福岡県地方銀行の大合同計画」石井・杉山編『金融危機と地方銀行』所収，297〜304頁による。なお，煩雑になるので以下では一々細かい注記はつけない。
(171)　以下，佐賀県における銀行合同についての記述は，神山「佐賀県の銀行合同」石井・杉山編『金融危機と地方銀行』所収，305〜331頁による。
(172)　この点は神山「佐賀県の銀行合同」とともに，同「一九二〇年代の佐賀百六銀行救済における日本銀行と鍋島家」『佐賀大学経済論集』第33巻3・4合併号，2001年1月，所収，175〜210頁を参照せよ。
(173)　後藤『銀行合同の実証的研究』559頁。
(174)　塚本『駄知金融史』443〜466頁。邉「大蔵省検査体制の形成とその実態」

147頁では同史料に基づき銀行検査が「大蔵省の合併促進策の実効性を担保する機能があった」としている。しかしながら，ここでの検討に見られるように，実業銀行側は27年10月に慫慂を受けたにもかかわらず，大蔵省の方針には従わないまま，1930年の明治銀行との合併まで合同応諾の姿勢を示していない。このことは，氏の指摘とは異なり必ずしも「合併促進策の実効性を担保」していないことを意味する。むしろ，この事実は，大蔵省の合併促進は地域の自律性確保の問題に配慮して行なわれたことを示しており，氏は史料を誤読している。

(175)　君島一郎『私の銀行ライフ――金融史回顧――』日本銀行調査局，1974年，93頁。
(176)　杉山和雄「鳥取県」地方金融研究会著『日本地方金融史』301頁。
(177)　永江眞夫「熊本県」『日本地方金融史』410〜411頁。
(178)　中国銀行『中国銀行五十年史』同行，1983年，本書第1〜3章も参照。129〜279・290〜311頁。
(179)　後藤『銀行合同の実証的研究』503頁。
(180)　迎「大分県」『日本地方金融史』396〜398頁。

補論　地方銀行経営の信用基盤

はじめに

　近代における「預金銀行システムの核心は」－中略－「『受ける信用で貸す』形式」にあると言われる(1)。このように，近代における預金銀行は信用を供与する側であると同時に，預金者などから信用を受ける側でもある。しかしながら，そうであるとすれば，銀行も信用を受ける側であるからには，信用を受けるだけの何らかの基盤をもつはずではないか，という疑問が生じる。この点に関する研究は管見の限りでは現時点ではあまり見当たらないので(2)，ここでは両大戦間期日本の地方銀行に対象を限定して，幾つかの史料を提示することでその基盤について簡単に考察しておこう。

（1）　靎見誠良『日本信用機構の確立』有斐閣，1991年，10頁。
（2）　この点について言及した研究は，白鳥「昭和恐慌期における一地方『機関銀行』の破綻とその救済」ぐらいしか見当たらない。なお，神山「1920年代の佐賀百六銀行救済における日本銀行と鍋島家」がこの点に関して興味深い指摘をしているが（後述），この問題については十分自覚的ではない。

第1節　預金者・他行に対する信用

　まず，例示するのは北海道函館の第百十三銀行に関する史料である。既述のように，吉田賢一氏の研究によれば(3)，同行は反動恐慌以後深刻な経営不振に陥っていたが，1927年銀行法に基づく規制体系の施行を前に，相馬確郎が中心となって不良資産の整理も含む経営改革案を作成した。

その際，不良資産整理により同行の信用が動揺する懸念が示されていたが，これに関連する相馬の指摘が興味深い。すなわち，彼は「徹底的の整理は必要だが，その為に一時的の信用毀損を生ずるのが困る為に，実行を難し」とする意見もあるとする。これに対して，相馬は「私はこの一時的の信用毀損は，重役各位の個人的の信用を以て，凌いで行けると思って居ます（傍点－引用者）」と論じており，重役個人の信用で銀行そのものの信用低下を補うことを構想していた。史料の制約上から大分前のものになるが，第百十三銀行の役員には1916年時点で北海道第一の資産家（資産額700万円）であった頭取の相馬哲平・確郎親子をはじめ，同じく第4位（同190万円）の取締役の小熊幸一郎など，北海道折指の大資産家たちが名を連ねていた(4)。つまり，相馬においては重役の大資産家としての信用力は経営整理による同行の信用力低下を支えるアンカーとして把握されていたのであり，この意味で重役の家産と銀行経営は密接な関係にあるとされていた。

　このほか相馬は経営トップ機構の改革も合わせて構想していたが，ここにも興味深い指摘を見出せる。すなわち，相馬の改革案では頭取が単なる「対外信用の代表機関」とされていることである。この点を相馬は次のように論じている。「近来，銀行の経営は専門家でないとうまく行かないと云ふことが，定説でありまして，一流銀行などでは頭取さへも専門家を以てして居ります。且新銀行法では，銀行の常務を取る人は他業を兼営する時には主務大臣の認許を受けるべしとなって居りまして，実際は主務大臣は認許を与えない方針と聞いて居ります。それですから若し頭取が業務の執行に当たるものとしますれば，来年一月一日以降は出来えないこととなるので，どうしても専門家をして経営上の責任者と致しますか，或は頭取は経営上の常務を担当しないで有力者が単に信用の対象として居るか，敦れかのことにしなければならないのであります。地方銀行に於きましては，頭取の（大資産家としての－引用者）信用並に一般重役の信用が，銀行の信用に影響しますことが甚だ多いのでありますから，専門家を以て頭取の地位に置くことは具合がわるいのでありまして，勢ひ信用の厚い人を用ゐなければならず，かかる人は他業を禁じられては困るのですから，自然頭取は実務に当たることが出来ず，前申しましたやうに常務が執行上の責任者となるの外は無いのであります（傍点－引用者）」。本史料に見られるよう

に，相馬は一方では専門経営者化の必要性を指摘しているものの，他方では地方銀行経営固有の問題として重役個人の信用と銀行の信用が密接に関連していること，それゆえに銀行経営を支える上でも頭取には資産家重役を存置する必要性があることを指摘していた。

以上，第百十三銀行の事例から，銀行重役に就任している大資産家の信用力が銀行の信用力と密接な関係をもっていること，および金融危機時には信用秩序の安定性維持のためのアンカーになっていたことが判明した。次に考えたいのは，このようなことは第百十三銀行に限られたことなのであろうか，という点である。第5章で見る山形県本店所在の両羽銀行による楯岡銀行救済合併の事例分析によれば，被救済側である楯岡銀行の信用は頭取である渡辺猪三郎家の大資産家としての信用力に支えられていた。それゆえに渡辺家は同行の不良債権整理にあたり，他の重役以上の大きな負担を強いられることになった。このほか，金融恐慌期山形県下の金融状況に関する，日本銀行福島支店から本店宛の報告の中にも，次のような興味深い記述がある。

「五．大石田銀行／頭取タル佐藤茂兵衛ハ東北屈指ノ富豪ニシテ当行ハ同氏ヲ中心トシ長ク有数ノ堅実ナル銀行トシテ一般ノ信用ヲ博シタル」－中略－「(金融恐慌に伴う－引用者)財界動揺ニ会シタル結果不穏ノ風評ヲ生ジ預金ノ引出並ニ短期債権者ノ督促頻リニシテ之ガ対策ニ困憊シ（たが－引用者)」－中略－「差当リ頭取ノ信用ニヨリ営業ヲ続ケ其間ニ尚後途ノ計ヲ樹ツル筈ノモノナリ」(傍点－引用者)。

この史料に見られるように，山形県の大石田銀行（1927年末公称資本金50万円）は金融恐慌期の危機を，頭取の「東北屈指ノ富豪」としての信用力に大きく依存する形で何とか乗り切っているようである。これに加えて，昭和恐慌期以降，山形県下の中心銀行である両羽銀行の常勤取締役・頭取を歴任した長谷川吉三郎氏も，戦後になって恐慌下の経営を回顧した時に，「当時の両羽銀行は未整理の赤字銀行で実に難局時代でありまして，（県内屈指の大資産家である－引用者）三浦，長谷川という結束した信用をもつてしなければ経営も容易でな」かったと発言している。ここからも，銀行経営が預金者の信用を得る上

補論　地方銀行経営の信用基盤　329

で重役個人の大資産家としての信用力が支柱となっていたことが読み取れる。
　このほか埼玉県入間郡豊岡町本店所在の黒須銀行（公称資本金300万円）は、第一次世界大戦期の投機ブームとその破綻過程で、川越支店の84万6000円余りを中心に126万8000円余り（合併のための資産査定時1921年12月24日時点における総貸出額340万1000円の約37.3％）という多額の不良債権を抱えこんだ。このため、県当局の勧奨もあり1921年に武州銀行による吸収合併に応じざるを得なくなった。その際、武州銀行側の資産査定の結果、不良債権中の回収可能見込み額は40万円と算出され、それ以外は回収不能見込みとされた。このため合併条件の中に、合併後3年以内に回収不能額が発生した場合、黒須銀行経営者で同地方の大資産家である、繁田武平（常務取締役）と発智庄平（頭取）らの私財提供によりこれを補塡するという、瑕疵担保条項が挿入された。その後、実際に武州銀行の査定額以上に回収不能資産が発生したために、この条項は実行に移されることになり、実際に生じた回収不能額27万円が両名の負担で補塡された。その際、重要なのは、このような条件を黒須銀行重役側に課した武州銀行側が、黒須銀行重役を「資産信用充分ナリト認メ」て条件設定をしたことである。この事例に見られるように、武州銀行は合併にあたり黒須銀行側の資産内容を信用する基盤として、経営者個人の大資産家としての信用力を重視していた。さらに同様な事例は前述した岐阜県の実業銀行と明治銀行の合併にも見出せる。両行の合併の際に、契約書の中にはいわゆる瑕疵担保条項として、「諸貸出金のうち回収困難なるもの又は信用程度及担保物の価格が債権額に達せざるものと認めたる債権あるときは其債権と利金に対し乙（実業銀行－引用者）の取締役及監査役全員は個人の資格に於て乙と連帯し且つ個人相互に於ても連帯して其債権額の回収を保証し賠償の責に任ずべき者とす」という条項が挿入されており、資産家としての重役個人の信用力に依拠してリスク回避が画策されていた。これらに加えて、同様の事例は、本章第2節で検討した岩手銀行と水沢銀行との合併にも見出せる。合併の際、水沢銀行重役は、現金12万5000円、借用証書12万5000円をそれぞれ提供して、不良資産の償却を行った。これも黒須・実業両行と同様の事態を示している。ここでも経営者個人の家産が銀行経営の信用基盤になっていたのである。

（3）　同行の経営については吉田「北海道における銀行合同」133～154頁を参照。なお，以下での引用は相馬確郎『銀行創立要件及び相馬ノート』北海道拓殖銀行旧蔵史料，北海道開拓記念館所蔵からのもの。また，吉田氏の研究ではこの問題に関しては言及がされていない。
（4）　この点は渋谷隆一・石山昭次郎・齊藤憲「大正初期の大資産家名簿」『地方金融史研究』第14号，1983年3月，所収，29頁による。なお，役職は吉田賢一「金融危機下の北海道金融界と銀行合同」『地方金融史研究』第31号，2000年3月，所収，94頁による。
（5）　日本銀行福島支店「モラトリアム解除前後ノ金融状況」1927年5月18日，『日本金融史資料』昭和編第25巻，所収，83～84頁。
（6）　長谷川吉三郎ほか「長谷川吉三郎氏金融史談」1960年4月27日，『日本金融史資料』昭和続編第21巻，所収，625頁。なお，関連して当時の両羽銀行の経営状況については，白鳥「両羽銀行の債権整理と証券投資」石井・杉山編『金融危機と地方銀行』，所収を参照。
（7）　以下，黒須銀行についての事実は，繁田武平『翠軒自伝』下巻（復刻版）入間市史編纂室，1986年，「銀行編」102頁以下による。なお，武州銀行と同行との合併については，秋谷「埼玉県における銀行合同の展開」も参照。ただし，同論文では合同後の瑕疵担保条項に基づく不良資産処理に関する検討はされていない。
（8）　以下に示す黒須銀行の不良債権額などは，武州銀行頭取大川平三郎・黒須銀行頭取発智庄平・同連帯保証人繁田武平ほか「附帯契約書」1921年12月5日付け；黒須銀行「大正拾年拾弐月廿四日貸借対照表」同年12月24日付け，両文書とも埼玉県庁文書『大正十一年　商工務部　金融』埼玉県立文書館所蔵，に合綴。
（9）　武州銀行頭取大川平三郎「答申書」大蔵大臣高橋是清宛，1922年3月9日，埼玉県庁文書『大正十一年　商工務部　金融』に合綴。
（10）　塚本『駄知金融史』460～461頁。なお，本条項による損失回避が銀行合同の実現にとって重要な役割を果たすことは，本書第5章第1節における両羽・楯岡両行の分析，加藤健太『三和銀行の成立』などが指摘している。
（11）　岩手県庁文書『昭和四年銀行無盡業信託其他金融業』に合綴の関係文書による。
（12）　なお，同様の現象は都市銀行においてすら見られた。西村はつ「中京金融界の動揺と明治銀行」85頁。

第2節　地方銀行の信用基盤と日銀特融

　以上，幾つかの事例を挙げてきたが，これらから両大戦間期の金融危機下において，地方銀行が預金者から信用を受けるにあたり，その基盤となったのは銀行重役の大資産家としての個人的信用力であったことが確認できたであろう。次に，この点を補足するために，預金者以外のものから地方銀行が信用を受ける場合について，日銀福島支店による第百七銀行への特融供与を事例に金融危機下の日銀特融について簡単に考察しておこう。別稿で明らかにしたように[13]，反動恐慌以後から金融恐慌期に至るまで，日銀福島支店は再三に渡り第百七銀行に対して特別融通を実施していたが，その際，重要なのは日本銀行が必ずリスク回避のために重役個人の連帯保証を取り付けている点である。その理由であるが，例えば第百七銀行・福島銀行頭取吉野周太郎について，日銀福島支店も「当地方ニテハ信望厚キ吉野一族」と評価していることに見られるように[14]，大資産家としての信用力の厚さを認めている。ここから日銀からの信用の根拠は貸出リスク回避のために依存可能な重役個人の大資産家としての信用力にあったと見られる。なお，第2章，第3章で見たように，重役個人の連帯保証を取り付けた上での救済融資の実施は日本銀行が組織的かつ全体的に行っていた。ここから福島支店と同様のことが，日本銀行全体についても言えるであろう。

　さらに，この点に関わって表4-33には1925年時点における福島県内における上位200位内に入った大資産家中，銀行役員に就任している者を示した。本表から①上位200位内に入った大資産家が役員に就任している銀行の殆どが，日本銀行の取引先銀行であり，多くの場合，取引先銀行はこれら大資産家を役員の中に複数，しかも3～4名程度は抱え込んでいること，②取引先外銀行の役員就任者が少数であること，しかも，郡山商業銀行を除けば，取引外銀行の場合，これらの大資産家をせいぜい1～2名しか役員に抱え込んでいないことが判明する。表注4に示したように，銀行役員就任者の納税額平均値は上位200位以内の大資産家全体のそれを大きく上まわるし，しかも既述のように日本銀行取引先銀行がこれらの大資産家を複数名役員として抱え込んでいた。以上から，全体として見た場合，日本銀行は，県内の銀行の中でも特に資産額の

表 4 - 33 上位200位資産家の銀行役員兼職状況

順位	氏　名	職　業	居住地	納税額	役員就任銀行
62	河野善九郎	酒造業	若松市	2,026	会津
120	福西伊兵衛	商業	若松市	1,385	会津
141	田倉孝雄	農業	安達郡	1,242	安達実業
90	山田一	商業	安達郡	1,726	安達実業・二本松・第百七
3	諸橋久太郎	金物商	石城郡	9,041	磐城
10	山崎與三郎	醬油醸造	石城郡	4,806	磐城
111	小野晋平	酒造業	石城郡	1,496	磐城
28	小松四郎治	農業	安達郡	3,226	郡山
4	佐藤伝兵衛	農業	郡山市	6,491	郡山商業
7	高田熊吉	商業	郡山市	5,774	郡山商業
9	佐藤伝吉	商業	郡山市	5,351	郡山商業
21	斎藤多三郎	酒造業	西白河郡	3,765	白河実業
23	大谷五平	酒造業	西白河郡	3,412	白河実業
91	大島久六	酒造業	西白河郡	1,726	白河実業
39	藤田弥五兵衛	醬油醸造	西白河郡	2,656	*白河商業*
121	柳沼甚四郎	味噌・醬油	岩瀬郡	1,383	*須賀川*
25	須釜嘉平太	銀行業	西白河郡	3,366	*須釜*
137	大竹宗兵衛	農業	伊達郡	1,260	第百一
6	吉野周太郎	農業	信夫郡	5,967	第百七・福島
12	渡辺真蔵	農業	安達郡	4,570	二本松
51	根本清左衛門	醬油醸造	安達郡	2,226	二本松
144	七島徳太郎	味噌・醬油	安達郡	1,229	二本松
48	根本祐太郎	商業	郡山市	2,366	二本松，郡山
80	佐久間平三郎	金物商	西白河郡	1,782	二本松，白河商業
67	小松茂藤治	農業	安達郡	1,981	橋本，郡山，*本宮*
158	橋本万右衛門	商業	郡山市	1,155	橋本，二本松，*郡山*
104	半沢吉四郎	呉服太物	伊達郡	1,575	第百一
149	中木直右衛門	農業	伊達郡	1,211	第百一
168	菊地右和司	農業	伊達郡	1,101	第百七
131	伊藤隆三郎	無	西白河郡	1,330	福島
20	鈴木周三郎	農業	信夫郡	3,776	福島商業
5	大島要三	会社員	福島市	6,014	福島商業
79	油井徳蔵	羽二重	福島市	1,791	福島商業
152	草野喜右衛門	漆器商	福島市	1,192	福島商業
8	武藤茂兵	質業	伊達郡	5,711	福島商業，*郡山商業*
129	渡辺平助	商業	田村郡	1,351	三春

注1）草野喜右衛門は福島商業銀行頭取草野半の父（『人事興信録』により確認）。
　2）『多額納税者』は原史料に2名の欠落があり，実際には上位198名が収録されている。
　3）斜字は日本銀行非取引先銀行の役員。
　4）銀行役職兼任者の納税額平均値は2,957千円。ただし，上位198人全体の平均は2,109千円。
出所）『第35回銀行諸会社役員録』1927年，福島県『（大正十四年）多額納税者』（福島県立図書館蔵）より作成。

補論　地方銀行経営の信用基盤　　333

大きい大資産家を多く役員に抱え込んでいるものを取引先にしていたことが分かる[15]。この点を踏まえて、既述の特別融通実施過程で日本銀行が重役個人から債務保証を取っていたことを想起した場合、日本銀行は、特に、より個人的信用力の厚い大資産家が重役に就任している銀行を選別の上で、その背後にいる大資産家の信用力に依拠してリスク回避を図っていたと言える。なお、変則的ではあるが、神山恒雄氏の研究よれば[16]、日銀門司支店も佐賀百六銀行の救済にあたり、旧佐賀藩主である鍋島家の資産力に依存していた。氏によれば鍋島家は直接同行の経営にはタッチしていないというから、ここまで挙げてきた事例とは異なるが、佐賀県の旧藩主・華族・大資産家として、佐賀県域で信望が厚い鍋島家の信用力が同行の経営の支柱になっていたこと、および日本銀行もこれに依存してリスク回避を図っていたことも確認される。この意味で非常に興味深い事例である。

　いずれにせよ、このように銀行経営に関係する大資産家たちは、自らの大資産家としての個人的信用力で日本銀行から特別融通を授受する条件を整え、かつ、これをもって地方信用秩序、ひいては地方経済秩序の維持を図ることに貢献していた。このことは福島県下の製糸金融が、第百七銀行が重役保証により特別融通を授受することで何とか維持され、これにより製糸・養蚕業の再生産が可能になっていたことからも明らかであろう[17]。もっとも、前掲表4-8・14に基づく福島県の分析に見られるように、重役補償による日銀福島支店からの借受資金の少なからざる部分が、事実上、銀行重役の関連企業・党派関係者などへの貸出にも廻されており、必ずしも地域経済秩序の安定性維持のためのみに使われた訳ではないことには留意しなければならない。この点を踏まえた場合、日本銀行からの特別融通授受に際しての、銀行重役個人の補償行動は地域経済秩序の維持への貢献という「名望家的」行動の側面とともに、個人あるいは所属党派の利益確保という「情実融資」的側面をも併せ持っており、この意味で二重性を帯びていたと言わねばなるまい。

　このように銀行重役個人の信用力と、これに基づく彼らによる特融授受の際の信用保証行動は、個人にとっての経済的合理性を超越する側面を包含していた。そして、このことを日本銀行側から捉え返した場合、日銀がリスク回避を図れるか否かは、特融の授受に際して上述のような特徴をもった補償行動をと

る地方資産家の，個人としての資産力の如何によっていたと言ってよかろう。なお，永廣顕氏によれば，金融恐慌期以降になると政府は休業銀行への補償法口特融の注入に際して，重役の私財提供を求めるようになったという。このような政府や日本銀行当局の政策も，ここまで検討してきたような，地方銀行の信用基盤の実態に基づくものだったことが想像されるが，この点は，なお詳細な検討を要する。

(13) 以下の日銀福島支店と第百七銀行に関する議論は，特に断らない限り白鳥「製糸・養蚕地帯における金融危機の展開と日銀支店」による。
(14) 日銀福島支店「モラトリアム解除前後ノ金融状況」84頁。
(15) なお，非取引先の役員についても検討してみたが，その殆どが上位200位以内に入っておらず，それゆえデータが取れないために平均値の差の検定はできなかった。なお，岡崎「戦前日本における『最後の貸し手』機能」など岡崎氏の諸研究では，日本銀行の取引先の役員に就任している資産家の構成と非取引先のそれとの違いは検討されていない。
(16) 以下での佐賀百六銀行の救済については，神山「1920年代の佐賀百六銀行救済における日本銀行と鍋島家」175〜210頁による。
(17) 例えば日銀特融を授受できない場合と同様な現象を惹起すると思われる，特融失敗の事例に関する史料を提示しよう。1928年の福島県金融界は本章第1節で示したように，地元銀行に対する信用毀損が激化したために，日銀支店が特別融通を実施しているにもかかわらず多数の銀行が破綻した。その結果，日銀支店によれば「本年度製糸資金ニ対シテハ地元銀行ハ殆ント供給ヲナシ得ル余力ナク地方製糸家融通難ノタメ本年度地方産繭ハ大部分他地方製糸家ニ買収セラルルノ外途無カルベク観測致サレ居候」(日銀福島支店「福島県内銀行界近状報告」223頁)。現に，山田舜「後進県における製糸業の形成と展開」高橋幸八郎編『日本近代化の研究』下巻，東京大学出版会，1972年，所収によれば，金融恐慌以降，地元製糸業は没落し，県外企業による再編成が進む。この点を踏まえた場合，銀行重役個人による信用保証が地域社会の自律性維持とその再生産にとってどれだけ大きな意義をもったかが窺えよう。
(18) このことは十分な損失負担を行なった鍋島家と佐賀百六銀行の事例と，これが不可能であった第百七銀行の事例を比較すれば明らかである。神山「1920年代の佐賀百六銀行救済における日本銀行と鍋島家」と本書第5章第3節を参照。
(19) 永廣「金融危機と公的資金導入」127頁。

補論　地方銀行経営の信用基盤　335

むすび

　以上，地方銀行の信用基盤は，役員に就任している，あるいは佐賀百六銀行のように役員には就任していないがこれに準じるような，地方資産家たちの大資産家としての個人的信用力であった。それは預金者などの債権者に対してはもちろんこと，金融危機時の日銀特融の授受に際しても，彼等はその大資産家としての信用力を背景に個人として補償人になっていた。特融授受の際，これを通じて，単に資金調達を通じて自らの利益を確保するという「情実」的域に止まらず，地域経済全体の安定性維持にも貢献する行動をとっていた。また，第1章で見たように，明治期における銀行設立申請時には許認可を行う行政側が，設立される銀行を信任する根拠にもなっていたことも付言しておこう。このような大資産家としての信用力を背景とする銀行重役個人の行動が，日本銀行や預金者など地方銀行の債権者たち，あるいは不良銀行を合併する側に回った銀行をして，リスクを回避させる重要な基盤となっていた。換言すれば，地方銀行の信用基盤がこのようなものであったからこそ，とりわけ地方資産家中心の信用秩序の解体期である両大戦間期において預金者や日本銀行などの債権者に対して，銀行役員に就任している大資産家の家計・家産が「セイフティ・ネット」の役割が求められ，かつ，ある程度の役割を果たしていた。[20] この意味で，特に非個人銀行の場合，地方資産家がこのような役割を果たすことは，地域振興のために地域社会からの要請に応じて，役員への就任や出資を通じて銀行の設立と運営に携わったことにより生じた責務だったのであり，彼らがとった名望家としての行動の反映であったとも言えよう。なお，銀行重役＝地方資産家が，このような行為を取ることは，必ずしも公的な法制度に基づいて強制されたものではないことも併せて指摘しておきたい。また，第5章あるいは先行諸研究が示すように，[21] 金融危機時に破綻銀行の預金者などの債権者が多額の預金などの債権の切捨てを余儀なくされたことを想起した場合，このような「セイフティ・ネット」は脆弱な基盤しか持ち得なかったと言えよう。

　以上の諸点は，同時代の銀行検査官原邦道による銀行「重役としても貸出や経営上において，必ずしも万全であつたといい切れないところもあつて，私財

提供を承知せざるを得なくなります。もとよりこれは法律上の義務ではありませんが，当時それが慣習法のようになつた道義的責任でありました」との回顧や，同じく，当時，函館，松江，岡山の日本銀行各支店長を歴任した君島一郎の「銀行整理となると私財提供という事がこれらの人たちの道義的な負担となっていた。これは株式会社の法的責任を超えたもので，今の言葉でいうならウェット至極のものであるが，当時としてはこれは地方旦那衆の当然の責務と世間一般もそう思い，当人達も（内心随分つらいんだが）そうせねば世間へ顔向け出来ぬと思っていた。日本の民族社会を作っていた機構の運営上に潤滑油のような作用をしていた義理と体面の所産であり，各国銀行破綻史上に於ける日本の一つ特色ではなかろうか」（傍点は引用者）との回顧からも確認される。[22]

もっとも，1927年6月に休業した福島商業銀行の事例に見られるように，県知事や日銀支店長が説得しても，「殊ニ私財提供ナドニハ耳ヲ藉サズ（休業に伴う－引用者）一般財界ノ影響ニ付テモ再考スルニ至ラズ」，結局，「即時休業」した場合もあるというから，[23] 経営者の性格の如何によっては，債権者たちのリスク回避基盤としての重役個人の大資産家としての信用力は大きな制約を受けたことも併せて指摘しておかねばなるまい。いずれにせよ，このような銀行経営と重役個人の家産が未分離な状況を想起した場合，少なくとも両大戦間期までの日本における地方銀行経営は，たとえ近代的銀行の重要特徴である預金銀行の形式をとっていたとしても，いわゆる「家計と経営の分離（Trennung von Haushalt und Betrieb）」がされた形での経済計算が完全ではないという意味で，[24]「近代的」という表現の射程を超越する特質を持っていたと言わねばなるまい。

しかしながら，杉山和雄氏が明らかにされているように，金融恐慌以後，[25] とりわけ戦時の銀行合同過程で地方資産家の多くは銀行経営トップの位置から撤退し，これに代わって大蔵省・日本銀行など金融官僚から天下った「専門経営者」が台頭することになる。このような「専門経営者」化の進展は，地方銀行の信用基盤が重役個人の大資産家としての信用力に依存している以上，そのあり方の変化を意味していると考えられる。しかしながら，このような最高経営者層の変容がどのような意味で地方銀行の信用基盤となりえたかという点は，残念ながら現時点では明らかにすることはできない。この点の検討は今後の課題として残されている。

(20) 靎見「金融革新とセイフティ・ネットの再構築」72〜78頁で論じられている日本における「古典的セイフティ・ネット」の記述では，この点は全く問題にされていない。なお，直後の名望家としての行動に関する記述は谷本雅之氏の諸研究を念頭においている。
(21) 例えば，金融恐慌時に破綻した村井銀行は170円95銭以上の預金者は4割の預金切捨てを受け，同じく東京渡辺銀行は小口預金者も含めて預金額の8割近くが損失になったようである。また，昭和恐慌時に破綻した岩手県の盛岡銀行の場合，債権者は3割5分の切捨てを受け入れざるを得なかった（伊牟田敏充「銀行整理と預金支払」石井・杉山編『金融危機と地方銀行』35〜46頁）。このほか第5章で見る1934年に解散した第百七銀行は，正確な切捨率は不明であるものの，50円以上の大口預金者には相当程度の預金切捨てを実施している。
(22) 原『昭和金融恐慌の教えるもの』104〜105頁；君島『私の銀行ライフ』93〜94頁。
(23) 日本銀行福島支店「福島商業銀行休業ノ経緯ト其影響」1927年6月13日，『日本金融史資料』昭和編第25巻，422頁。なお，この点はやや視点は異なるが第5章でも論じるつもりである。
(24) Max Weber, *Wirtschaft und Gesellschaft*, S. 28, 59. ただし，この場合，家計の中には家産も含めて考えている。それゆえ，本書では，以下，家計および家産と経営の未分離と記すことにしたい。
(25) 杉山「『地方的合同』の人的側面」384〜390頁。なお，1924年に函館第百十三銀行頭取を退任した小熊幸一郎は，退任理由について専門経営者化の必要性を挙げており，金融恐慌以前にも地域レベルで専門経営者の必要性を認識していたものがいたことには，留意しなければなるまい（『函館市史』通説編第3巻，1997年，394頁）。

第5章　銀行合同政策への地方銀行経営の対応

はじめに

　本章では，収集・分析しえた史科の制約もあり，第1節で危機克服に成功した銀行である両羽銀行による楯岡銀行救済合併，第2節では金融恐慌で破綻した銀行である中井銀行，第3節で休業銀行である第百七銀行を取り上げて，地方銀行の金融危機および銀行合同政策への対応を検討する。

　近年，個別地方銀行経営の金融危機への対応に関する実証研究が飛躍的に進展した。その到達点は，石井寛治・杉山和雄編『金融危機と地方銀行——戦間期の分析——』に結実した，一連の諸研究に示される。言うまでもなく，この研究でも銀行合同や金融危機と銀行経営との関係は念頭に置かれている。このことは同書「まえがき」部分での，「金融危機と如何に関係したかを銀行経営に即して具体的に分析した研究は少なく，銀行合同についても関係銀行の経営分析と結び付けて分析されて来たとは必ずしも言えない」という先行研究に対する批判に端的に表されている。しかしながら，本書を通じて銀行経営内部まで立ち入った形で，銀行経営者の戦略や行動・経営判断あるいは当時の銀行経営の在り方との関連まで立ち入って，銀行経営の銀行合同なり金融危機への対応が充分検討されたか，というと必ずしもそうは言えない。この点については，近年，小川功氏が精力的に検討しているが，氏の研究では破綻銀行，特にその破綻要因に対象が限定されており，これ以外の銀行経営や銀行合同との関連や破綻銀行と優良銀行の比較分析などの諸点に関する検討は手薄である。さらに，近年の研究では，計量的手法を用いた収益性，預金吸収力等の経営パフォーマンスへの銀行合同政策の影響の計測が行われているが，このような研究では，その手法ゆえに本問題への接近は行われなかった。

　そこで本章では，上記のような研究状況を鑑みて経営者の戦略や行動・経営

判断にまで立ち入った形で，個別地方銀行の銀行合同・金融危機への対応を考察する。第1節では危機克服に成功した銀行の中から，特に経営者の戦略・経営判断が詳細に分かる両羽銀行を取り上げて，銀行合同への対応過程を検討する。第2節では，金融恐慌を激化させた重要な要因であると早くから指摘されていたにもかかわらず，これまで殆ど検討されることがなかった破綻した都市二流銀行の中から中井銀行を取り上げて，金融危機・銀行合同への対応について，とりわけ経営者の思考・行動様式に着目して分析する。第3節では休業銀行の中から第百七銀行を取り上げて，銀行合同の問題も念頭に置きつつ，もっぱら日銀特融の回収問題に焦点を絞って検討する。ここで第3節との関連で当該期における休業銀行の整理に関する研究史を一瞥しておこう。当該分野の研究は，進藤寛氏による全国レベルでの休業銀行・開店休業銀行の発生状況の検討や，桜谷勝美氏による例外的な個別事例研究を除けば，1928年以降33年までの休業銀行・開店休業銀行数が149行にも達している事実が示すように，重要な研究対象であるにもかかわらず，近年にいたるまでほとんど研究が存在しないという状況であった。しかし，最近になり，休業銀行整理と預金支払を巡る伊牟田敏充氏による「過程論的アプローチ」の必要性に関する問題提起を受けて，預金支払問題を中心にしつつも，日銀特融の回収プロセスも含めて飛躍的な進展が見られるようになった。第3節では，このような研究状況を踏まえつつ，特融回収と預金支払を巡る地方銀行経営者の整理姿勢や，日本銀行・大蔵省・県といった当局の対応に焦点を当てて，これら諸主体の行動の特徴を析出することを課題とする。なお，第3節の検討対象である第百七銀行については，伊牟田氏が大蔵省・日本銀行といった当局の厳格な回収姿勢が預金切捨ての増大のほか，同行の整理遅延・任意解散をもたらした要因であることを強調している。ここでは同行経営陣の対応を含めて検討することで，預金切捨てや同行の整理遅延・挫折の要因として，当局の回収姿勢を強調する見解の相対化を目指したい。

　以上の三行を対象に分析を進めた上で，「むすび」では他の研究者による諸研究も含めて，当該期における地方銀行経営全般の金融危機・銀行合同政策への対応の特質について，仮説的ながら論じたい。

（1）　石井寛治・杉山和雄「まえがき」同書，ii頁。
（2）　このことは同書の刊行後，編者のおひとりである石井寛治氏が，共同研究を組織した地方金融史研究会で同趣旨の反省の弁を述べていたのを覚えている。また，石井・杉山編著に先立つ研究として，加瀬和俊「金融構造」西田美昭編著『昭和恐慌期における農村社会運動』御茶の水書房，1978年，120〜133頁における長野県小県郡所在の前山銀行（1928年3月末時点払込済資本金11万2000円）についての分析があるが，貸出基盤や出資者・預金者の階層分析，1928年の柳沢銀行（27年末時点払込済資本金6万円），および川西銀行（同25万円）との合併前後の主要勘定の変化に見られる経営動向の変化を検討したのみであり，本題の課題は検討されていない。また，岡崎哲二「銀行業における企業淘汰と経営の効率性」斎藤誠編著『日本の「金融再生」戦略』中央経済社，2002年，207〜231頁，所収も，計量分析という同論文が用いた手法ゆえに，この点の検討が欠落している。ただし，齊藤「浅野昼夜銀行の安田財閥への譲渡」が，内部における統括系統の乱れと家との関係を踏えた利害調整の存在を指摘ないし示唆している。もっとも，家との関係を踏えた銀行経営の特徴や，このことがもたらした銀行合同政策実施上の困難は未検討である。

　なお，近年の経営史研究では，周知のようにチャンドラーなどの影響を受けた組織論・戦略論的な研究が多数発表されている。このような研究は，花井俊介「転換期の在来産業経営」林玲子・天野雅敏編『東と西の醬油史』吉川弘文館，1999年，127〜173頁などを除けば，家計と経営の分離を前提に研究を行っている。このような限界を埋めることも本稿の目的であるが，その際，在来産業の小規模経営とは区別される，銀行経営の固有な特徴把握を目指したい。
（3）　氏の研究は『企業破綻と金融破綻』九州大学出版会，2002年に代表される。
（4）　岡崎・澤田両氏の前掲諸論文。また，収益性，流動性などが銀行休業に与えた影響を計測した研究として，横山「1927年昭和金融恐慌下の銀行休業要因」がある。
（5）　金融危機下の経営者の行動については，植田欣次「金融恐慌と都市銀行の経営戦略」『金融経済』第219号，1986年10月が，都市銀行である名古屋銀行を素材に優れた分析をしている。さらに最近になると，西村はつ「第一次大戦から昭和恐慌にいたる名古屋有力銀行の経営戦略」『地方金融史研究』第37号，2006年3月が銀行合同と店舗網形成の問題に着目して明治・村瀬両行の破綻要因を探っている。本書では植田氏や西村氏の分析手法に学びつつも，対象をこれまで十分に検討されていない地方銀行に設定し，しかも両氏において分析されていない銀行合同のプロセスとの関連を重視する形で検討する。なお，第1節との関連であるが，『山形銀行百年史』260〜266頁でも本章の課題は未検討である。

（6）　金融恐慌の特質として都市二流銀行の経営の不安定性を，最初に指摘したのは伊牟田敏充氏であった（「大正期における金融構造」273〜290頁）。この議論を踏まえて，近年，山崎広明氏がここでの対象である中井銀行も含めて，その経営動向を検討した（『昭和金融恐慌』47〜105頁）。しかしながら，氏の検討では経営者の思考・行動様式にまで踏み込んだ検討は行われていない。
（7）　休業地方銀行に関する研究は，進藤「昭和恐慌期における休業銀行・開店休業銀行の実態と影響」『地方金融史研究』第18号，1987年3月のほか，伊牟田敏充「銀行整理と預金支払」『地方金融史研究』第27号，1996年3月，所収による問題提起や，これを受けて研究された石井・杉山『金融危機と地方銀行』第2部所収の諸論文のほか，先駆的研究として桜谷勝美「戦間期における地方銀行の破綻と再生に関する史料」『法経論叢』（三重大学）第9巻1号，1991年12月；同「昭和初期における休業銀行の再建と行政指導」『法経論叢』第10巻2号，1992年12月，所収がある。また，日銀特融の回収との関連で分析した先駆的研究として，西村はつ「地方銀行の経営危機と不動産担保融資の資金化」『地方金融史研究』第32号，2001年3月，所収；柴田善雅「七十四銀行と横浜貯蓄銀行の破綻と整理」横浜近代史研究会・横浜開港資料館編『横浜近郊の近代史』日本経済評論社，2002年，所収がある。なお，休業銀行・開店休業銀行の数は進藤論文第8表（121〜126頁）による。
（8）　伊牟田「銀行整理と預金支払」82〜84頁。
（9）　なお，最近，小川功「日本における金融危機・金融恐慌研究の方向性と課題」『経営史学』第37巻4号，2003年3月，所収，102〜111頁が，両大戦間期における金融危機・銀行経営史研究の動向の特徴と課題を論じている。本書も，基本的に氏の指摘する方向性や課題に沿ったものであるが，氏の議論では射程に入っていない金融構造・金融制度全体の不安定性・再編成との関連を問題にしている点で些少ながら独自性を持っている。なお，この点も含めて，本書で検討する問題は，後藤新一『銀行破綻史』日本金融通信社，1983年でも未検討である。

　　また，関連する業績として，Makoto Kasuya(ed.), *Coping with Crisis*, Oxford University Press, 2003 があるが，近年の特に欧州における金融危機研究の現状を踏まえていない，序章における編者による各国のシステム間比較の浅薄さもさることながら，各金融機関の存続の如何を分けた要因——特に，企業者の思考・行動様式にかかわるそれ——が明確ではない。

第1節　昭和恐慌期における両羽銀行による楯岡銀行救済合併

1　楯岡銀行の経営破綻

(1)　楯岡銀行の経営危機——北郡社と楯岡銀行

　後述のように1929年5月に山形県楯岡町所在の楯岡銀行は両羽銀行に救済合併を申し込み，これ以後両行の救済合併への動きが始まる。ここではまず合同過程の検討に入る前に，史料の制約もあり不十分ながら同行の経営危機の要因を簡単に検討する。

　表5-1には楯岡銀行の主要勘定の推移を示した。これによれば同行は18年下期から貸付金額を急増させるとともに，預貸率もほぼ同時期に急上昇する。これとともに預金も増大するが，これのみでは急増する貸出金を賄いきれず，18年下期から預借率も上昇し一時は30％にまで達する。反動恐慌以後も慢性的な資金ポジションの悪化が続くが，とりわけ23年の関東大震災以後より一層状況は悪化する。このような中で金融恐慌前後から預金が急減し，金融恐慌後の27年下期末には前期末の190万5000円から75万円にまで預金量が落ち込む。日本銀行福島支店の報告によれば金融恐慌時の急場は両羽銀行を通じた同支店からの資金借入で凌いだようであり，28年上期末には預金残高も倍増し一時的に預金が回帰する動きを見せる。しかし，翌期以後，再度，預金は減少し，預貸率も200％台にも達する。

　このような経営悪化の要因を28年末時点の不良貸出の構成からみると，以下のとおりである。第一に同行の貸出金の49.7％が不良化している。第二に，この不良貸付の殆どを生糸業，とりわけ北郡製糸株式会社（以下通称に従い北郡社と略）向け貸付が68.6％と，その大半を占めている。ここから北郡社向け貸付けが主たる経営悪化の要因であることが分かる。北郡社については史料が殆ど残存しておらず，その詳細は不明であるが，残された史料から同社と楯岡銀行の関係を概観しよう。同社は1919年に楯岡町周辺の有力者を中心に設立された。表5-2には楯岡銀行と北郡社の関係を示した。本表から役員の兼職・所属政党面での両者の密接な関係が確認できる。このように楯岡銀行・北郡社と

表 5 - 1 楯岡銀

営業期	総資産＝負債・資本	公称資本金	内払込	諸準備金	現金	預け金	貸付総額
1916上	748	100	25	66	67	6	559
16下	772	200	125	68	47	20	553
17上	764	200	125	71	62	60	462
17下	962	200	125	73	39	110	576
18上	982	200	150	65	54	205	469
18下	1,592	200	150	66	79	300	933
19上	1,786	200	200	68	72	370	1,123
19下	2,083	200	200	71	110	0	1,638
20上	2,827	1,000	400	78	112	0	1,839
20下	3,325	1,000	400	84	104	0	2,198
21上	3,022	1,000	400	100	62	0	2,682
21下	3,100	1,000	400	114	101	0	2,175
22上	3,026	1,000	400	130	62	120	2,030
22下	3,379	1,000	400	143	61	0	1,517
23上	3,285	1,000	400	159	70	0	2,315
23下	3,882	1,000	400	171	74	0	2,038
24上	2,789	1,000	400	190	57	0	1,615
24下	3,990	1,000	400	206	113	0	2,801
25上	3,463	1,000	400	227	175	10	2,542
25下	4,272	1,000	400	250	174	0	3,342
26上	3,750	1,000	600	275	132	0	2,815
26下	3,088	1,000	600	296	102	0	2,186
27上	3,684	1,000	600	310	197	0	1,653
27下	2,929	1,000	600	331	79	0	2,109
28上	2,733	1,000	600	261	77	15	1,927
28下	3,175	1,000	600	261	40	19	2,509
29上	3,103	1,000	600	220	61	19	2,422
29下	3,095	1,000	600	189	81	14	2,347
30上	2,622	1,000	600	170	113	14	1,744
30下	2,563	1,000	600	143	75	13	1,719
31上	2,466	1,000	600	115	61	13	1,551
31下	2,295	1,000	600	89	62		1,420
32上	2,249	1,000	600	64	39		1,410
32下	2,303	1,000	600	42	73		1,371
33上	2,315	1,000	600	17	93		1,355
33下	2,327	1,000	600	10	99		1,360
34上	2,258	1,000	600	0	81		1,165
34下	2,257	1,000	600	0	65		1,165

注）諸借入金は借入金，再割引手形，コール借の合計。諸積立金は法定積立
出所）楯岡銀行『営業報告書』『監査書』（原本，山形銀行所蔵），および新聞所

行主要勘定の推移

(単位：千円)

他店貸	預金総額	諸借入金	他店借	当期純益金	配当金	預貸率	預借率
4	443	21	6	11	5	126.2%	4.7%
14	481	0	3	19	10	115.0%	0.0%
47	482	0	2	9	5	95.9%	0.0%
33	673	0	2	13	5	85.6%	0.0%
53	701	0	4	10	5	66.9%	0.0%
80	1,064	208	38	14	7	87.7%	19.5%
12	1,133	345	20	18	9	99.1%	30.5%
17	1,382	95	98	35	20	118.5%	6.9%
81	1,442	145	14	32	18	127.5%	10.1%
52	1,577	401	27	55	24	139.4%	25.4%
42	1,513	175	14	44	20	177.3%	11.6%
39	1,749	30	39	61	28	124.4%	1.7%
49	1,716	0	49	44	20	118.3%	0.0%
57	1,763	295	23	57	24	86.0%	16.7%
5	1,544	277	35	44	20	149.9%	17.9%
31	1,706	683	30	60	24	119.5%	40.0%
60	1,646	347	22	46	22	98.1%	21.1%
141	1,949	488	302	60	22	143.7%	25.0%
14	1,840	68	18	66	26	138.2%	3.7%
18	2,129	511	37	77	30	157.0%	24.0%
47	2,061	163	24	67	30	136.6%	7.9%
49	1,044	241	45	65	30	209.4%	23.1%
55	1,921	150	21	58	24	86.0%	7.8%
68	750	365	8	42	24	281.2%	48.7%
21	1,454	467	13	41	0	132.5%	32.1%
2	1,250	564	19	0	0	200.7%	45.1%
2	1,100	716	8	−44	0	220.2%	65.1%
12	1,239	607	8	−31	0	189.4%	49.0%
3	982	431	13	−18	0	177.6%	43.9%
9	1,038	349	9	−27	0	165.6%	33.6%
23	715	617	1	−28	0	216.9%	86.3%
0	589	598	3	−25	0	241.1%	101.5%
1	481	689	3	−25	0	293.1%	143.2%
9	559	647	9	−21	0	245.3%	115.7%
5	594	657	1	−25	0	228.1%	110.6%
0	638	621	8	−7	0	213.2%	97.3%
2	581	627	6	−34	0	200.5%	107.9%
0	553	648	10	−23	0	210.7%	117.2%

金，法定外積立金，その他積立金の合計。
載の決算公告などより作成。

第5章　銀行合同政策への地方銀行経営の対応　345

表5-2　楯岡銀行の役職・持株状況と北郡社の役職と所属政党

氏　名	持株数(a)	同(b)	楯銀役職	北郡社役職	政党	氏　名	持株数(a)	同(b)	北郡社役職	政党
渡辺猪三郎	4,603	5,500	取*，頭		政友*	平山喜蔵	200			
須藤孝太郎	1,000	500	監*，監	取		片岡広太	200	200		
喜早彦太	800	350*	頭*	監	政友	浜口トヨノ	150			
田中吉二	715	615				佐藤儀三郎	150		社長	政友
岸伊兵衛	650					庄司信吾	150			
松岡茂三郎	600	630	取*，			山本判四郎	128			
岡崎勘七	590	590				安達正孝	120			
村川彦三郎	550	550	監*			土屋忠八	120			
佐藤直信	500	500	取*，取	取	政友	斎藤富之助	115			
田中留蔵	500	500	監*，監			安部彦四郎	100			
高山恵太郎	500	500	取*，取		政友	岸伊一郎	100	750		
岸甚之助	500	500				平仁右衛門	100			
高宮元	500	512	監*，取	監	政友	井上叔蔵	100			
大山利兵衛	400	400	取*，取			安孫子治吉	100			
大石郁太郎	350	350	取*，常取	取		横山金五郎	100			
喜草徹	350					五十嵐兵太郎	100			
伊藤六右衛門	310	210				浜口ツル	100			
松井勘六	300	300				斎藤清吉	100			
大石久助	260	240				大山政治	100			
村川キエ	250	250				斎藤円蔵	100			
保科佐太郎	250	300	監			長井利右衛門	100			
五百川作助	246	346				佐藤勘助	100			
原田栄一	220	220				高橋善五郎	100		取	
西条氏治	205	205				森直孝	100			

出所）楯岡銀行『第五拾四期営業報告書』(1923年下期)，『第六十三期業務報告書』(1928年上期)，北郡社決算公告（1923年5月15日現在より作成。持株数(a)は23年下期末，同(b)は28年上期末時点の持ち株。楯銀＊役職は23年下期，それ以外は28年上期。北郡社役職は23年5月15日現在。役職は23年5月15日現在。持株数(a)は100株以上，(b)は総株主（ただし，23年下期時点で株主になってないものは未掲載）。政党関係は『山形新聞』（政友会機関紙）より作成。喜早彦太＊持株は財団法人喜早図書館名義。渡辺猪三郎政党欄に＊があるのは息子覚太郎が政友会所属だからである。

もに北村山郡政友会系地方有力者集団と強く結合して事業活動を行っていた。[13]

　そして，同行は北郡社設立当初から同社を資金面で強力に支えることになる。楯岡銀行側の説明によれば[14]，第一次世界大戦期の「財界好況時代ニ於テ資金運用上ヨリ観テ右会社（北郡社―引用者）ニ投資スルハ最モ採算ニ適スルモノト」当時の重役が判断し，同行は北郡社との大口取引を開始したようである。反動恐慌後，その状況は悪化するが，「斯クノ如ク回収上不成績ナル状態ニ悪化セル原因ハ主トシテ関東ノ大震災ニ起ルモノニシテ当時同会社ハ横浜ニ出荷シア

ル生糸ノ全部烏有ニ帰シ其ノ為メ償還不能ニ陥」ったという。この結果，不良債権が増大し，同社は27年に休業状態に陥る。今この記述を更に補強する史料は十分提示できないが，さしあたり表5-3により北郡社の借入金の状況を検討する。本表によれば，同社は1923年以前には専ら重役個人の保証の下で楯岡銀行から資金を借り入れていた。これに対して楯岡銀行以外の借入は関東大震災後である24年以後に集中しており，しかも同社重役名義での借入が大半を占める。ここから同社は，大震災以後，経営危機が深化する中で同社名義では十分な資金調達が不可能であったため，資金繰りを確保すべく重役である資産家個人の信用力に依拠して資金調達を図ったことが読み取れる。この点を踏まえた場合，上掲の引用史料の信頼度は相当高く，同社は，とりわけ関東大震災以後，経営状況が悪化し資金繰りに窮していたと言えよう。なお，楯岡銀行も震災後にかなりの額を同社に貸出していた。ここから同社の資金繰りを支える中で不良貸出を累積させたことが窺える。以上を踏まえた場合，役員兼職面あるいは政党面で密接な関係をもつ北郡社と関係を深化させた結果，とりわけ関東大震災以後不良債権を累積させ，このことが楯岡銀行の経営危機に繋がったと言って良かろう。

(2) 楯岡銀行の救済合併依頼——資金繰り確保策とその限界

　上記のような経営危機の中で楯岡銀行は生き残りの道を銀行合同に求めることになる。金融恐慌後の27年9月には山形県にも大蔵省から銀行検査官が派遣され銀行合同を勧奨したが，[15]これに伴い同県では県内13行を纏めるという山形中央銀行の設立構想が打ち出される。[16]しかしながら，この構想は県内最有力行である両羽銀行に飲み込まれることを恐れた，幾つかの銀行が両羽を牽制したため同行が同構想を離脱後，これに倣う銀行が続出した。その結果，最終的に参加銀行は楯岡，新庄，最上など5行にまで減少した。このように，当初，楯岡銀行は最後まで両羽銀行に膝を屈することはなかった。

　しかしながら，1928年6月の株主総会では楯銀を含めて山形中央銀行参加各行は同構想の放棄を決定する。新聞報道によればその原因は各銀行とも多額の不良債権を抱えており，株主から不良資産を整理した上での合同を求められたことにあるという。[17]楯岡銀行に関しては，この株主総会の後，工藤尚三県議会

表 5 - 3 北郡社の銀行借入金の推移（楯岡銀行分）

(単位：円)

種類	借主	貸主	取引年月日	当初貸付額	保証人など	残額
当座貸越	北郡社	楯岡銀行	1919/7/16	54,963	庄司（社），高橋（取），佐藤（取），須藤（取），大石（取）	54,963
証書貸付	北郡社	楯岡銀行	1921/11/17	100,000	庄司，高橋，佐藤，須藤，高喜（？）	80,000
証書貸付	北郡社	楯岡銀行	1921/11/17	100,000	庄司，高橋，佐藤，須藤，高喜	80,000
手形貸付	北郡社	楯岡銀行	1922/7/5	10,000	北郡社振出為替手形，庄司引き受け。	0
証書貸付	北郡社	楯岡銀行	1922/7/29	50,000	庄司，高橋	50,000
証書貸付	北郡社	楯岡銀行	1922/8/17	50,000	庄司，高橋，吉田，佐藤，須藤	50,000
手形貸付	北郡社	楯岡銀行	1923/7/28	70,000	北郡社振出為替手形，庄司引き受け。	0
手形貸付	北郡社	楯岡銀行	1924/6/25	100,000	庄司，高橋，高元（監），槙久（取）裏書，佐藤，吉田（取）特約	100,000
手形貸付	北郡社	楯岡銀行	1924/8/1	10,000		0
手形貸付	北郡社	楯岡銀行	1925/6/4	32,500		0
手形貸付	北郡社	楯岡銀行	1926/2/12	20,000		0
証書貸付	吉田喜助	楯岡銀行	1926/4/26	10,000		10,000
手形貸付	北郡社	楯岡銀行	1926/6/30	43,000	佐藤，吉田特約，庄司保証人	5,047
手形貸付	北郡社	楯岡銀行	1926/9/21	7,500		7,500
手形貸付	北郡社	楯岡銀行	1926/9/21	8,350	庄司	8,350
手形貸付	北郡社	楯岡銀行	1926/12/31	45,000	庄司裏書	45,000
手形貸付	高橋善五郎	楯岡銀行	1927/4/19	11,000		11,000
手形貸付	北郡社	楯岡銀行	1927/6/14	48,426		0
証書貸付	高橋・吉田	楯岡銀行	1924/8/20	10,000		10,000
手形貸付	北郡社	楯岡銀行	1927/12/31	48,000	庄司と共同の振出。	36,899
証書貸付	北郡社	楯岡銀行	1928/1/12	13,000	庄司所有米抵当	13,000
証書貸付	吉田喜助	楯岡銀行	1928/1/31	15,000		0
手形貸付	北郡社	楯岡銀行	1928/3/3	19,000		0
小計				875,739		561,759

同上（楯岡銀行以外の銀行からの借入）

種類	借主	貸主	取引年月日	当初貸付額	保証人など	残額
証書貸付	庄司信吾	羽前長崎銀行	1925/7/9	50,000	高橋，大石	45,000
証書貸付	庄司信吾	東根銀行	1925/7/21	50,000	佐藤，須藤，高元	50,000
証書貸付	庄司信吾	村山銀行	1925/8/10	25,000	高橋	0
手形貸付	？	三浦銀行	1926/3/26	25,000	庄司，高橋，佐藤，吉田，須藤，高元，大石	20,000
手形貸付	？	三浦銀行	1926/12/31	20,000	同上，前記貸付の書き換え。	20,000
証書貸付	北郡社吉田	東根銀行	1926/9/18	17,000	庄司	0
手形貸付	庄司，高橋，佐藤	秋田県是製糸	1926/12/16	40,000		0
手形貸付	高橋	村山銀行	1927/2/21	10,000	庄司裏書	0
証書貸付	中山真次郎	山形商業銀行	1927/4/20	2,000		0
証書貸付	庄司・高橋	渡辺弥太郎	1927/5/27	20,000		0
証書貸付	庄司信吾	両羽銀行	1927/6/30	120,000		0
証書貸付	中山真次郎	三浦銀行	1927/6/30	15,000		0
証書貸付	中山真次郎	三浦銀行	1927/6/30	5,660		5,660
証書貸付	中山真次郎	山形貯蓄銀行	1927/6/30	26,400		0
証書貸付	高橋	山形貯蓄銀行	1927/8/1	12,000	庄司，佐藤	12,000
証書貸付	庄司	山形貯蓄銀行	1927/8/23	32,000	佐藤	0
証書貸付	高橋	日本勧業銀行	1927/10/12	50,000		50,000

種類	借主	貸主	取引年月日	当初貸付額	保証人など	残額
手形貸付	北郡社・庄司	福島商業銀行	1927/11/18	9,700		0
証書貸付	庄司	山形貯蓄銀行	1928/6/5	15,500		0
証書貸付	庄司・佐藤	東根銀行	1928/6/5	7,314		0
?	?	?	?	14,419	楯岡銀行以外の利子。1928年10月までの見込額。	0
工賃	?	?	?	10,225		0
保険署納置	?	?	?	2,892		0
小計				580,112		202,660

同上（銀行以外の債務）

種類	借主	貸主	取引年月日	当初貸付額	保証人など	残額
?	北郡社	原商店	?	15,098	「北郡社資金借残高」。	0
?	北郡社	原商店	?	21,869	「焼失生生糸分」。	0
?	北郡社	数野商店	?	38,471		0
?	北郡社	数野商店	?	2,952		0
?	北郡社	福島商業銀行	?	11,967		0
手形貸付	北郡社	高橋常蔵	?	15,000		0
?	北郡社	弥七，平久	?	4,343		4,343
?	北郡社	?	?	32,739		32,739
小計				142,443		37,082

同上（北郡社関係者個人からの借入）

種類	借主	貸主	取引年月日	当初貸付額	保証人など	残額
立替金	北郡社	庄司信吾	?	4,344	利子立替払い	4,344
立替金	北郡社	庄司信吾	?	2,100	利子立替払い	2,100
立替金	北郡社	庄司信吾	1928/6/30	12,304	利子立替払い	12,304
立替金	北郡社	高橋善一郎	1928/6/30	5,000	利子立替払い	5,000
立替金	北郡社	佐藤直信	1928/6/30	2,500	利子立替払い	2,500
立替金	北郡社	高橋元	1928/6/30	2,500	利子立替払い	2,500
立替金	北郡社	庄司信吾	1928/8/28	3,000	工賃払立替	3,000
立替金	北郡社	吉田喜助	1928/8/28	1,000	工賃払立替	1,000
立替金	北郡社	大石郁太郎	1928/8/28	1,000	工賃払立替	1,000
小計				33,748		33,748

同上（楯岡銀行への利子）

種類	借主	貸主	取引年月日	当初貸付額	保証人など	残額
利子	北郡社	楯岡銀行	1928年上半期	47,272		47,272
利子	北郡社	楯岡銀行	同7月から10月	31,965		31,965
小計				79,237		79,237
合計				835,540		352,727

出所）『昭和五年十一月末日現在北郡社負債調書』より作成。残額は調査時点（1930年11月末）のもの。？は不明。（　）は北郡社役職。

議長，高橋勝兵衛山形市長，県議会議員高橋多田弥，両羽銀行常勤監査役三浦新七に，不良資産の大半を占める北郡社の整理調停を依頼し不良資産の整理回収に着手するところから，前述の新聞報道は妥当性を持つと見られる[18]。なお，上記調停委員は三浦を除き全員が楯岡銀行・北郡社役員と同じ政友会所属の地方有力政治家であり，ここから地方有力者のもつ政党関係が同行の整理調停の中心であったことが確認できる[19]。ここでの調停の結果，28年9月に同行は当初全額回収するつもりであった同社への貸付額中，25万円の債権放棄に応じざるを得ない状況に追い込まれた[20]。しかしながら，29年3月になると調停委員が再度調査を実施し同社向けの損失は30万円にまで膨張することになった[21]。調停委員による不良資産整理の努力にもかかわらず状況は悪化の方向に向かったのである。

　その後，不良資産整理が進捗しない中で，29年春になり農繁期が来ると肥料買入代金決済のための預金引出しが生じ同行は資金繰りが悪化した[22]。表5‐4に見られるように，同行は既に28年の時点で関係する地方有力者・資産家から担保提供という形で援助を受けることにより，県内各行，さらには頭取である渡辺猪三郎個人からも資金調達をしていたが，特に29年になると三浦銀行からの3万5000円のほか渡辺個人から13万1000円の調達を図っていた。つまり，同行は関係する有力者・資産家及び頭取個人の資産に依存しつつ資金調達を図っていたが，とりわけ29年春の季節資金応需のための資金調達は専ら頭取個人の家産からの流動性供給に依存していた。しかしながら，この対応にも限界が生じ5月25日に楯岡銀行頭取渡辺は両羽銀行に将来の両羽による合併を前提に救済を求めることになる。両羽銀行側の史料によれば季節資金需要に対して[23]「従来頭取渡辺猪三郎氏ヨリノ融通ニヨリ繰廻シ来リシモ其ノ融通金既ニ五十五六万円ノ多額ニ及ビ之以上ノ融通ハ到底望ミ難キ状態ニ在リ目下ノ状況ニ於テハ楯岡銀行ノ独立経営頗ル困難ナルヲ以テ将来両羽ニ併合スル目標ヲ以テ同行ヲ援助シ整理経営ニ当ラレ度キ旨申込ヲ受ケタ」という。この引用に見られるように，楯岡銀行をして両羽銀行へ救済合併を依頼させた直接の契機は，銀行関係有力者・資産家，とりわけ頭取個人の家産からの流動性供給能力の限界にあった。そして，両羽銀行はかかる依頼を受諾し救済着手を決断する。次にこの点を検討する。

表 5 - 4 楯岡銀行の借入金（1929年 5 月31日現在）

(単位：円)

借入年月日	期 日	金 額	借入先	期限切の有無	担保の所有者
1928/1/13	1928/6/30	30,000	渡辺猪三郎	×	
1928/1/13	1928/12/30	100,000	渡辺猪三郎	×	
1928/6/4	1928/7/31	18,600	渡辺喜兵エ	×	新庄支店扱
1928/6/8	1928/7/31	15,000	渡辺喜兵エ	×	吉田永蔵
1928/6/12	1928/8/10	9,300	渡辺喜兵エ	×	渡辺猪三郎
1928/6/18	1928/8/10	20,000	渡辺喜兵エ	×	
1928/6/29	1928/8/15	30,000	羽前長崎銀行	×	
1928/7/9	1928/12/30	30,000	渡辺喜兵エ	×	渡辺猪三郎・庄司信吾
1928/7/18	1928/8/20	15,000	羽前長崎銀行	×	
1928/7/25	1928/9/30	8,500	渡辺喜兵エ	×	横尾喜一郎，伊藤義左エ門
1928/9/4	1928/11/20	50,000	山形貯蓄銀行	×	庄司信吾
1928/9/4	1928/11/20	30,000	山形貯蓄銀行	×	庄司信吾
1928/9/4	1928/11/20	55,000	両羽銀行	×	庄司信吾
1928/9/4	1928/11/20	15,100	両羽銀行	×	佐藤サタ，高橋熊次郎
1928/9/4	1928/11/20	4,600	両羽銀行	×	
1928/9/21	1928/12/30	8,000	渡辺猪三郎	×	
1926/9/26	1928/11/30	30,000	渡辺猪三郎	×	
1928/10/22	1928/11/30	10,000	渡辺猪三郎	×	
1928/11/5	1928/12/20	15,000	上ノ山銀行	×	
1928/11/8	1928/12/30	6,000	両羽銀行	×	
1928/11/19	1928/12/31	3,000	渡辺猪三郎	×	
1928/12/5	1928/12/31	10,000	渡辺猪三郎	×	
1929/1/4	1929/2/28	15,000	渡辺猪三郎	×	
1929/1/4	1929/1/15	50,000	渡辺猪三郎	×	
1929/4/4	1929/5/20	35,000	三浦銀行	×	
1929/5/23	1929/7/10	6,000	渡辺猪三郎	○	
1929/5/23	1929/6/30	115,000	渡辺猪三郎	○	
1929/5/23	1929/7/10	10,000	両羽銀行	○	
1929/5/31	1929/6/15	10,000	渡辺猪三郎	○	
合 計		754,100			

注) ○は期限が切れていない借入，×は期限切れを示す。借入担保はすべて株式。担保所有者欄未記載は無担保。
出所) 『昭和四年五月末楯岡銀行貸借対照表諸表』より作成。

2　両羽銀行の救済着手と楯岡銀行の整理・合同過程

(1)　両羽銀行の銀行合同に対する基本姿勢

救済着手の要因　　5月25日の渡辺楯岡銀行頭取との会見後，同28日に両羽

銀行は臨時重役会を開会し楯銀救済問題への対応を協議した。[24]席上，三浦新七頭取から開会理由が説明されたが，ここで三浦は救済着手の必要性を説いた。この発言の中に両羽銀行の救済着手の理由が見出される。ここで三浦は「此儘放置スレハ楯銀ハ支払停止ノ外ナカル可ク其破綻ハ引イテ県下財界ニ及ホス所不少ヘキヲ以テ当行ニ不利益ナラザル範囲ニ於テ援助スル必要アリ」と発言した。この発言に見られるように同行破綻によるシステミックリスクの顕在化を恐れたことが救済着手の第一の理由であった。前掲表5-4に見られるように楯岡銀行は県内各行から借入金を調達していたほか，県内外の銀行との為替尻も借越であり，[25]特に県内銀行については13行に対して9820円もの借越になっていた。ここからまず，楯岡銀行が破綻した場合，県内インターバンク市場における手形等の決済に影響が及ぶことが想定される。また，前述のように折りしも肥料資金の需要期に差し掛かっていたが，この資金が預金で決済されることを想起した場合，同行の破綻は農業者・肥料商間の取引の決済を不能にすることで，農業が主要産業である同地方一帯に危機が連鎖する可能性も想定される。

　このほか三浦によれば当時は金融恐慌による打撃から県銀行界が漸く回復した時期であったそうである。[26]当時の県金融界を簡単に検討すると次のような状況であった。[27]楯岡銀行救済直前の28年末時点で県内普通銀行24行中預金超過行数は7行に過ぎず（7行の平均預貸率84％），17行が貸出超過であり，貸出超過銀行の平均預貸率は168％にも達していたが，とりわけ内6行がその平均預貸率を越える高率の貸出超過であった。また，28年末から29年末にかけての預金増減を見ると県全体では205万6000円の増加を見せたものの，預金減少行数も12行・170万3000円を数えており，その上，預金増加行の合計金額376万6000円中，両羽銀行の金額が217万6000円・57.8％と大半を占めていることからも分かるように，両羽銀行以外の預金増加額はかなり小さかった。以上のような簡単な検討からでも，楯岡銀行が両羽銀行に救済を求めた時期は，両羽銀行を除けば大半の銀行は信用力を低下させたままの状態であり，三浦の指摘にあるように金融恐慌の打撃から回復に向かったとはいえども，県下金融界は依然として不安定な状況にあったと言えよう。このような中で楯岡銀行が預金支払を停止した場合，預金市場の動揺が惹起され他行に取付が生じ再度県金融界が動揺する可能性は十分に想定される。このように楯岡銀行の破綻は様々なシステミ

ックリスクの可能性を孕んでいたのであり，かかるリスク発生への懸念が三浦をして救済着手を唱えさせた背景にあった理由であると見てよかろう。

　もう一つの救済着手の重要要因は市場の確保である。後年，三浦は「結局村山地方ノ銀行ヲ整理ノ上合併スルコトカ将来ニ生キル所以デアルト信シタルヲ以テ先ツ楯銀ヲシテ頭取渡辺猪三郎氏ヲ中心トシテ整理ヲ行ハシムルコトカ合併ノ前提デアルトイフ方針ヲ採」ったと回顧している。(28)当時，両羽銀行は村山地方には本店所在地である山形市に比較的近接した寒河江・谷地にそれぞれ1店舗を持つのみであり，(29)村山地方には営業基盤を殆ど持っていなかった。同地方は楯岡銀行救済着手直前の28年末時点で県内普通銀行預金総額6929万7000円中1223万9000円，17.7％，同じく貸出6061万1000円中1477万2000円，24.4％を占めていたが，この中での両羽銀行のシェアは預金・貸出でそれぞれ2.0％，0.9％に過ぎなかった。(30)このように村山地方は県内金融市場の中でも大きな位置を占めているにもかかわらず，両羽銀行は確たる営業基盤を築いていなかった。つまり，楯岡銀行の合同を足がかりに同地方に営業地盤を確保することが同行救済着手の第二の要因だった。

　銀行合同に対する基本姿勢　　両羽銀行の銀行合同に対する基本姿勢は純資産による合同を追求する点にあった。(31)金融恐慌後の27年9月には山形県にも大蔵省から銀行検査官が派遣され，県当局とともに純資産による合同を勧奨していた。両羽銀行はこのような方針に積極的に対応する姿勢を示しており，28年3月には回収不能貸付けの全額一括償却を株主総会で決議し，6月末に償却を実施していた。このほか，楯岡銀行救済に先立つ同年5月に締結した天童・東根両行との合併仮契約書にも「第二条　合併ハ昭和三年六月三十日現在貸借対照表ヲ基本トシ純資産ヲ以テ為スモノトス」との条項を挿入したほか，現に上記両行との合同は不良資産整理との関係で1940年までずれ込んだ。(32)ここに両羽銀行の純資産合同へのこだわりが確認できる。

　現に三浦自身当時を回顧して「両羽ハ大蔵省ノ銀行合併奨励以来，不良貸ヲ洗ツテ合併ヲ求メルモノアラハ敢テ拒マスノ方針ヲ取リ来リ」（傍点－引用者）とも述べている。傍点部分に見られるように，両羽銀行の基本姿勢は吸収合併にあったと見られるが，このような純資産合同へのこだわりは両羽銀行の負担回避を考えたものであった。このことは楯岡銀行救済着手の際に「当行ニ不利

第5章　銀行合同政策への地方銀行経営の対応　　353

益アラザル範囲ニ於テ援助スル」としたことにも見出される。つまり，両羽銀行の純資産主義的合同方針は銀行経営の健全性確保とともに，両羽銀行の負担回避を狙ったものであった。

3 楯岡銀行の不良資産整理の難航と救済合併の実現

(1) 救済条件の特質

上述の1928年5月28日の臨時取締役会で両羽銀行は救済着手を決断する。その際に決議された救済条件は以下のようなものであった。

「合併ヲ目的トシテ両羽銀行ガ後援スル場合ニハ一応当方ノ手ニテ楯岡銀行ノ現状ヲ調査スルヲ要ス其ノ調査ノ結果整理案ト大差ノナキトキハ右ノ条件ニテ後援ヲ承認ス／一，楯岡銀行ノ資本金ヲ百分ノ四十迄ニ減少スルコトヲ大株主ニ予メ承認セシメ其ノ株式ヲ楯岡銀行重役ニ提供セシムルコト／二，欠損金二十九萬五千円（整理案ニヨル）ハ重役ノ私財提供トシ外ニ金百六十五万円（整理案ニヨル貸付金）ノ二割即チ金三十三萬ヲ限度トシ渡辺猪三郎氏ニ於テ当方ニ保証スルコト／三，高橋善一郎氏提供ノ土地（約1200俵分，30年1月時点見積額46万5千円－引用者）ヲ渡辺猪三郎氏ニ於テ買受クルコト但直ニ売買ノ手続ヲ了スルコト（買代金ハ楯岡銀行ヨリ貸付クルコト）／右調査ノ期間応急策トシテ渡辺猪三郎氏親子ノ手形ニテ金十万円ヲ両羽ヨリ融通ス」

まず，第一の特徴は，資本金減資と大株主が所有する株式の楯銀重役への提供が条件付けられていることに見られるように，株式提供を通じて大株主の減資への協力，株主責任の履行の確保を求めたことである。次に，これが重要であるが，第二の特徴は，二，三及び応急資金融通に際しての渡辺親子の手形確保に見られるように，重役の私財提供を，とりわけ渡辺猪三郎個人の責任を重視する形で求めていることである。第三の特徴は，三に見られる高橋善一郎提供の土地は北郡社の重役責任として同社整理委員へ提供した物であるが，この土地の買受けを求められた点に見られるように，北郡社の経営に渡辺は参画していないにもかかわらず，その整理と楯岡銀行整理責任が結び付けられたこと

である。後述のように両羽銀行や預金者は県下屈指の大資産家としての渡辺家の信用力が楯岡銀行の経営の支柱であると見ていた。後二点に見られる渡辺家への重い負担の要求は、この認識に基いて銀行経営を支えた大資産家としての信用に見合った責任を求める形で，楯岡銀行の整理と渡辺家の家産との関係を結び付けたものであると言ってよかろう。また，前述のように両羽銀行経営陣は自行の損失が生じない範囲内での，純資産主義に基く救済合併を考えていたが，この点に見られるように両羽銀行側は主に渡辺家の家産に依存することにより，救済に伴う損失回避を図ろうとしていた。

　このような方針を踏まえて，資産査定額に大差がなかったために6月4日には両羽銀行と楯岡銀行，そして渡辺猪三郎個人との間で上記重役会決議での方針に沿った救済に関する覚書が取り交わされ，7月6日の重役会では両羽銀行から楯岡銀行に今井恭蔵常勤監査役を派遣することが決定された。こうして両羽銀行による楯岡銀行救済が本格的にはじまるのである。

(2)　不良資産回収の着手と頓挫

　今井派遣後，楯岡銀行側は不良資産整理計画と両羽銀行への合併計画を立て，1929年7月28日に両羽楯岡銀行整理委員今井恭蔵名義で大蔵検査官宛に上申書を提出した。これによれば同年8月から12月の間に整理方針を確定し，30年上期に整理実行に移り同年下半期に合併を実現する計画であった。ここから両羽銀行から派遣された今井は早期の合併実現を考えていたことがわかる。

　まず，前述した重役負担分であるが，楯岡銀行では「重役私財提供額ハ金三十万円ヲ基準トシ昨年八月ヨリ新旧重役ニ対シ主トシテ私財提供スベキ事情ヲ説明シ各人毎ニ交渉十数回ニ及ビ漸ク本月（1930年1月－引用者）十二日全部内諾ヲ受ケタ」。ここでの交渉に基いて30年下期に私財提供額が充当され30万円の滞貸金償却が実施された。ここでは資産・負債・持株シェアが分かるもののみに関してではあるが，それらと私財提供との関係を表5-5によって検討する。表注に見られるように，資産額・持株シェアとの正の相関が極めて高い一方で，楯岡銀行からの借入額とはやや弱いながらも逆相関関係が見られる。まず，同行からの借入金額との関係であるが，＊印の役員が多く見られること，およびこれら役員が関係していた北郡社への貸付額が不良貸付の殆どを占める

表 5 - 5　役員の資産と私財提供状況（1928年）

(単位：千円)

役員氏名	銀行役職	持株シェア	資産額	負債額	純資産額	楯銀からの借入金額	私財提供額
渡辺猪三郎	取締役頭取	0.275	4,225	0	4,225	12	277
大石郁太郎*	常務取締役	0.017	67	15	52	84	2.4
高山恵太郎	取締役	0.025	814	0	814	14	3.7
大山利兵衛	取締役	0.02	205	41	164	3	3.7
佐藤直信*	取締役	0.025	437	0	437	5	1.7
須藤孝太郎*	監査役	0.025	341	0	341	70	2
高宮元*	取締役	0.025	165	0	165	0.8	5.4
松岡茂三郎	旧取締役	0.031	177	0	177	0	2
田中留蔵	旧監査役	0.025	n.a.	n.a.	n.a.	0	2
保科佐太郎	監査役	0.015	n.a.	n.a.	n.a.	34	1.7

出所）銀行役職・役員氏名・持株シェアは表 5 - 2，資産額・負債額は楯岡銀行『昭和三年八月十六日資産負債明細表』合綴の各重役の信用調査表（28年 6 月27日調），楯銀からの借入金は楯岡銀行『昭和三年　監査簿』（数値は28年末時点），私財提供額は楯岡銀行『昭和三年八月大蔵省銀行検査書類』より作成。

注）借入金額斜字は本人の，それ以外は一族の借入金額。出処各資料から見て不整合な部分があるがそのままとした。＊北郡製糸役員。なお，資産額，楯銀借入，持株シェアと私財提供額との相関係数は次のとおり（n.a.債務者は除く）。0.98，−0.14，0.99。なお上記重役の持株シェア・資産額の相関係数は0.98。

こと（表 5 - 6 ）を想起した場合，借入額と私財提供額の逆相関関係がより一層大きくなることは明らかである。ここから重役による銀行の私的利用度（取引額）ないし銀行に与えた打撃に応じる形でのいわば経済合理的な私財提供分担になっていないことは一見して明らかであろう。

次に持株シェア・資産との関係を立ち入って検討する。まず，持株シェアにほぼ応じる形で銀行役職に就任しているところから，持株シェアは役員就任状況の代理変数として考えられよう。持株シェアとの相関も0.98（表注）と極めて高いものの，頭取の私財提供額の突出ぶり，ならびに頭取と常務取締役の私財提供額額の差の極端なまでの隔絶振り，および他の平取締役に比して常務取締役の負担額が小さいことなどを考慮した場合，役職に応じた負担決定がされたとは見做し難い。そこで次に残るのは資産額との相関であるが，前述のようにこれも極めて高い値を示している。後述のように渡辺家の大資産家としての信用力が楯岡銀行の経営の支柱であるとの認識が預金者など一般に流布しており，これによって同行の経営が支えられていた。このことを踏まえた場合，重
(42)

表 5 - 6　楢岡銀行不良資産の推移

(単位：円)

職　業	1929年末 金額	構成比	1930年末 金額	構成比	1931年末 金額	構成比	1932年末 金額	構成比	1933年末 金額	構成比	1934年9月末 金額	構成比
生糸業	346,262	43.87%	156,812	51.17%	489,959	67.14%	524,959	65.05%	518,139	64.91%	441,003	70.34%
内北郡製糸	334,315	42.36%	144,915	47.29%	478,062	65.51%	513,062	63.58%	506,242	63.42%	429,216	68.46%
呉服商	31,333	3.97%	100	0.03%	0	0.00%	0	0.00%	0	0.00%	0	0.00%
蚕糸繭商	19,877	2.52%	20,702	6.76%	21,524	2.95%	23,864	2.96%	21,524	2.70%	19,864	3.17%
農業	54,120	6.86%	46,755	15.26%	55,339	7.58%	94,029	11.65%	105,037	13.16%	75,374	12.02%
草履製造・販売	8,200	1.04%	3,200	1.04%	3,419	0.47%	3,419	0.42%	3,419	0.43%	3,419	0.55%
米穀商	9,246	1.17%	14,216	4.64%	5,112	0.70%	4,940	0.61%	13,414	1.68%	12,294	1.96%
薪炭商	7,187	0.91%	6,944	2.27%	6,509	0.89%	6,582	0.82%	6,582	0.82%	4,323	0.69%
その他商人	9,550	1.21%	10,220	3.34%	1,050	0.14%	1,047	0.13%	12,271	1.54%	10,623	1.69%
石炭商人	132,159	16.75%	0	0.00%	0	0.00%	0	0.00%	0	0.00%	0	0.00%
無職	130,030	16.48%	25,698	8.39%	52,228	7.16%	52,868	6.55%	52,868	6.62%	38,732	6.18%
その他	151,449	19.19%	8,597	2.81%	67,301	9.22%	69,291	8.59%	50,821	6.37%	8,456	1.35%
不明	0	0.00%	13,200	4.31%	27,308	3.74%	25,978	3.22%	8,831	1.11%	10,764	1.72%
合　計	789,224	100.00%	306,444	100.00%	729,749	100.00%	806,977	100.00%	798,254	100.00%	626,939	100.00%

出所）楢岡銀行『昭和三年　監査書』より作成。1934年9月末は両羽銀行との合併仮契約締結に伴う清算会社継承（一部は楢銀が償却）の償却予定滞貸金。それ以外は楢銀が査定した回収不能見込額。

役の私財提供額は単に各々の役職のみに基づいて決定されたのではなく，専ら家産額に従った銀行経営を支える大資産家としての信用力に見合う形での責任が求められ，これに基づいて私財提供額が決定されたと見てよかろう。

　以上のようにして，両羽銀行の求めた救済条件のひとつは履行された。しかしながら，昭和恐慌波及に伴う地価下落のため前述の高橋善一郎提供不動産の渡辺猪三郎による引受「協定調ハズ」北郡社向け貸付27万1000円の回収が不確定となった。この結果，当初予定していた30年下期の合同実現が怪しくなった。このため大蔵省当局は合同の早期実現を楯岡銀行側に促す。10月28日には大蔵省銀行局長は県内務部長を通じて，合同の障害である北郡社関係債権「回収ノ能不能ハ同社ノ現状ニ鑑ミ結局其ノ保証人タル重役及関係人ノ支払能力如何ニ係ルモノト被認随テ法律上ノ手続ニヨリ現実ニ債権ノ回収ヲ為シタル上合同スルモノトセバ両羽銀行トノ合同ハ容易ニ実現シ難キモノト被認候條寧ロ保証人ノ支払見込ニ依リ合同条件ヲ協議シ（回収不確実ト認ムヘキモノハ欠損見込額トシテ一先償却シ合同後回収スルヲ可トス）合同ヲ促進スルヲ適当ノ措置ナリ」として，法的手段による回収ではなく「一先」欠損として北郡社関係貸付を償却させることで両羽銀行との合同を急がせようとした。しかしながら，楯岡銀行は「積立金十七万八百三十九円ヲ戻入スルモ損失額ハ金五十七万一千八百九十六円トナリ払込資本金六十万円ニテ補填スル時僅カニ払込資本金二万八千百四円ニシテ合同ノ資格皆無トナリ斯クテハ合同不可能ナルノミナラズ北郡社ノ貸付金ノ回収上ニモ合同ヲ口実トスル時ハ好都合ニ整理進捗シ得ル関係上北郡社ノ整理終了後合同ノ段取ニ取掛ルハ好都合ニ有之候間合同ノ促進ハ遅延スルノ無止次第ニ有之候」として，大蔵案の受容は不可能であると回答した。主として北郡社からの貸付金回収・損失極小化という銀行経営上の理由から，楯岡銀行は大蔵省の要求を拒否した。

　その後，昭和恐慌により地価が「半価」まで下落したが，これを理由にとうとう渡辺猪三郎は前述した条件中の第三の条件，すなわち高橋善一郎提供の不動産引受を拒絶するに至った。30年1月8日時点で楯岡銀行経営陣により高橋提供不動産は46万5000円と見積もられていた。この時点で判明する限りで渡辺は同行に貸付金として「五十五，六万」，私財提供額として27万7000円を提供していたほか，両羽銀行への資金回収保証33万円，両羽からの手形による借入

分10万円と，少なく見積もっても125万7000円を楯岡銀行の経営整理のためにその家産から負担しており，これは1928年8月時点資産額422万5000円の30％にあたる。また，昭和恐慌波及前後から渡辺家の収入状況は大幅に悪化しており，収入額のピークである1926年に9万9000円であったのが，1931年には4万8000円にまで下落していた。31年の収入額は26年の48.5％，昭和恐慌直前の29年の所得額6万6000円に対しても73.1％に過ぎず，昭和恐慌によって渡辺家の収入状況は著しく悪化していた。これに加えて，不動産引受資金捻出のために46万5000円の銀行借入をすることを想起した場合，この負担に耐え切れないことが渡辺をして家産防衛に走らせた理由と見てよかろう。

これに対して今井ら他の役員は渡辺に契約の速やかな履行を求めたが，渡辺はこれを拒絶し30年12月についに楯岡銀行頭取を辞任するに至った。表5-6に見られるように，不良貸付評価額は1930年末時点の30万6000円から渡辺の不動産引受拒絶後の31年末には北郡社向けを中心に72万9000円へとほぼ倍増していた。引受不動産価格中不動産提供者である高橋善一郎の楯岡銀行からの借入金弁済への充当額が7万1000円，北郡社向け債権の回収への充当額が21万3000円，合計28万5000円であることを想起した場合，この条件の不履行が北郡社向け不良貸付の整理を中心とする楯岡銀行の整理終了・合同成立の重大な阻害要因となっていること，そして，この条件履行の如何が合同成立の帰趨を定めることは容易に理解できよう。ここに来て渡辺の家産防衛行動によって両羽銀行との合同の前提条件である楯岡銀行の経営整理は大きな壁にぶつかったのである。

(3) 合同条件の調整過程と救済合併の実現

上述の事態を受けて，残された楯岡銀行経営陣と両羽銀行は新たな対応を迫られることになる。三浦新七によれば「元来楯銀ノ信用ハ渡辺家ニ依テ支ヘラレ」ていたため，渡辺辞任に伴い同行の信用力は低下し「二月ノ初メ預金優ニ十万ノ取付ニ遇」ったという。その支払資金は「楯銀ノ優良債権ヲ担保」とする両羽銀行からの融通で確保したものの，預金者の「不安ノ気分募リ何時取付ケニ遇フヤ計サレサル右様ナリシヲ以テ楯銀重役ハ連署シテ両羽ニ合併ヲ促進セラレタキ旨申込」で来たという。この時の楯岡銀行重役からの陳情書が残存

しており，同行経営陣も危機回避に必死の努力を払っていたことが確認できる。しかしながら，渡辺の交渉拒絶姿勢が頑ななため，楯岡銀行経営陣は1930年6月4日には大蔵省に対して，30年下期中の両羽銀行との合同実現を断念することを通告した。

楯岡銀行経営陣からの救済陳情を受けて，三浦は未払込株金を徴収したとしても楯岡銀行が少なくとも二万円の債務超過にあることを理由に，渡辺が「相当ノ損失負担ナスニアラザレバ到底合併ノ不可能ナルコト明カトナリ結局渡辺猪三郎氏子息覚太郎ヲ楯銀頭取トナシ猪三郎並ニ三浦新七ヲ顧問トナシ渡辺家並ニ両銀カ楯銀整理ヲ見離シタルニアラサルヲ巷間ニ示シ其ノ預金取付ヲ援フスル間ニ適当ノ方法ヲ以テ合併ヲ策スルノ外ナキコトニ相談一決シ」，大資産家としての渡辺家の信用力確保が危機回避に不可欠との観点から，県に助力を求めつつ説得にあたったが，渡辺はこれに応じようとはしなかった。この結果，「楯銀ハ其ノ整理ノ根本ヲ破壊セラレタノミナラズ世人ノ信用ヲ失ヒ預金ノ引出ニ遇ヒ，今ニモ閉店セサル可キ有様」になったという。表5-1に見られるように30年下期末と31年上期末の間に預金が急減しており，大資産家として楯岡銀行の信用の支柱であった渡辺辞任に伴う同行の信用低下・預金者心理の動揺の深刻さが窺える。

ここに至って両羽銀行側は救済合併の再考を迫られることになったが，最終的に救済続行を決断する。後に当時を回顧して三浦新七頭取は「当時山電(山形電気－引用者)ニ不祥事アリ五年十二月ニ配当ヲ下ケテ更生策ヲ立テタカ株式ハ下落シ，人心非常ニ動イテ居ル，此時楯銀カ閉店スレバ，騒動ハソレ丈テハ済マヌ。一度大事ヲ出セバ福島金融界ノ二ノ舞ヲスルカモ知レナイ。又支払ヲ停止スレバ渡辺氏トノ裁判上ノ争トナリ清算ガ永ク続イテ資金ガ容易ニ回収セラレナイ心配ガアル所カラ思イ切テ後援ヲ継ケルコトニ決心シ，前後優廿四万円ノ融通ヲナセリ」と述べている。このように三浦は当時山形電気の経営不振を背景とする減配等により預金者の心理が動揺していたと認識していた。これに加えて，折りしも青森県の銀行動揺に端を発する東北地方の銀行動揺が隣県である福島県にまで連鎖し，同県では県金融界がほぼ壊滅状態に陥っており，三浦は楯岡銀行破綻を引き金とする山形県金融界の壊滅を非常に憂慮していた。さらには同行の支払停止により貸付金回収の困難が生じることによる両羽銀行

360

への打撃も懸念していた。31年末時点で両羽銀行は楯岡銀行に50万5000円を貸出しており、この金額は同行の貸付金総額の４％を占める大口貸出になっていた。このように三浦頭取は信用秩序維持という公共性の観点を重視しつつも、円滑な貸付金回収の確保という経営上の観点にも配慮して救済続行を決断した。

　三浦はかかる決断を踏まえて31年６月６日には大蔵省銀行局長宛に楯岡銀行合併認可に関する請願書を提出したほか、同年７月の両羽銀行株主総会で楯岡銀行救済続行問題についての意見を求めた。株主総会で三浦は渡辺辞任とこれに伴う楯銀整理の頓挫の経緯を説明した上で、「六月末ノ製糸資金需要期近ツキ預金ノ引出ニ応スルコト困難ナルノ見込ニシテ渡辺氏ノ協力亦見込ナキ有様ナリシヲ以テ楯銀当局ハ左ノ案ヲ立テ両銀ニ交渉ス／一、両銀ハ楯銀営業所ニ支店又ハ出張所ヲ設置シ楯銀ノ預金其他此貸付金ニ対シ楯銀所有物及債権ヲ担保トス／二、楯銀ハ直ニ閉店解散ノ手続ヲ取リ清算会社トシテ債権ノ取立、整理ヲナシ漸次之ヲ両銀ニ移シ其債権ヲ返済ス其ノ整理期間ヲ最長二ヵ年トス／三、此整理期間中両羽ハ上記ノ支店及出張所ヲ特別会計トナシ之ヨリ生スル利益ハ之ヲ楯岡銀行ニ交付ス」ることを説明した。

　ここでの討議の結果、反対意見も強かったものの、最終的に両羽銀行株主総会は楯岡銀行株主総会の解散決議、渡辺猪三郎のこの整理案への同意、渡辺が現在及び将来同行に対して有する債権に対する、預金支払を目的とする両羽銀行からの借入金の優先返済を条件に上記整理案の受容を承認した。両羽銀行も楯岡銀行の預金支払資金を供給していること、および渡辺家の負担の下での債権の優先弁済を求めているところから、両羽銀行株主も渡辺家の家産に依拠して貸付金回収の確保・損失回避を図ることを条件に、楯岡銀行重役及び三浦が提起した救済案を受容したと言えよう。ただし、ここでは1929年の救済着手時に渡辺家・楯銀との間で取り交わした覚書は否定されていない。この意味で上記救済案の受容を可決したといえども、渡辺家に負担を求める形で純資産合同を実現するという両羽銀行の基本姿勢は変化していなかったと言えよう。

　ところが渡辺猪三郎及びその息子覚太郎が病床に臥してしまい、このため合併交渉は頓挫するに至った。さらに、31年10月末には渡辺猪三郎が他界してしまった。そのため「此案モ暫ク其ノ儘ニ」なった。このようなアクシデントもあり合併交渉は暗礁に乗り上げ、前掲表５-６に見られるように不良資産の整

第５章　銀行合同政策への地方銀行経営の対応　　361

理は一向に進展を見せなかった。大蔵省も合同実現を図るべく今井楯岡銀行常務を本省に出頭させたが、大蔵省当局の力では事態の打開は図れなかった。このような状況の中で、両羽銀行と渡辺家との間に入って交渉を進めたのは、政党関係から北郡社整理委員として北郡社・楯岡銀行問題の調整に当たって来た高橋勝兵衛山形市長であった。高橋は32年初めから調停にのりだすが、その特徴は「楯銀ノ整理ヲ全部引受ケルトイフノデハ困ル」という渡辺覚太郎（当時喜助と改名、以下喜助を用いる）側の要望を尊重した整理案を策定したことであった。三浦によれば高橋の私案は「楯銀ヘノ貸金カ九万六千円、両羽ヘノ裏書カ五万六千円合計十五万二千、有価証券ノ貸カ三万三千円、計十八万五千、之ニ現金二万円ヲ附加シテ——是ハ一期分ノ損失金——都合廿万五千テ打切ル」というものであったという。この案は現金二万円の「附加」があるものの、基本的に巨額の追加負担を求めずこれまで渡辺家が楯岡銀行に提供してきた債権の放棄に止まるものであった。このほかこの案は渡辺家の楯岡銀行向け債権に対する両羽銀行の同行向け債権の優先回収を規定しないままに、渡辺家債権と同行への提供私財の相殺を規定しており、この点においても両羽銀行が31年6月の株主総会で決議した楯岡銀行救済続行条件よりも有利なものであった。以上を踏まえた場合、前述の半値に値下がりした46万円の不動産の買受けに比べれば、相当程度渡辺家の家産維持に配慮したものであったと言えよう。後に三浦新七も「渡辺氏ノ承諾ヲ得タコトハ後ニ聞（効－引用者）イテ居ル」と述べ高橋調停の意義を評価しているが、いずれにせよこのような整理案の策定及び調停により、高橋は渡辺喜助を両羽銀行との合併交渉に引き出すことに成功した。

　しかしながら、この間残念ながら詳細は不明であるが、結果的に問題は生じなかったものの、羽前長崎・山形貯蓄両行から北郡社社長庄司信吾に対する破綻申立が行われ、高橋善一郎提供の不動産が競売に付された関係で、渡辺家の債務額が増加する問題が生じるなど交渉の阻害要因も生じた。しかし、6月15日付け楯岡銀行今井常務発大蔵省銀行局長宛文書によれば、この問題も今井らが「種々奔走中ノ処」－中略－「円満解決ノ端緒ヲ得」6月20日に破綻申立取り下げの目処がついたという。同文書で今井常務は高橋調停により「両羽銀行トノ合併ヲ躊躇セシメタル癌腫ハ全部取リ除カルル為ニシテ今後合併実現ニ努力シ今年度中ニハ必ズ具体化セシムル見込ニ有之」と報告しており、同行重役

362

陣も早期合同の実現は可能であるとの認識を持つに至った。しかし，整理の中心であった高橋が32年10月30日に急死し整理はまたもや挫折に瀕した。もっとも，楯岡銀行に派遣されていた今井恭蔵らの働きかけもあり整理交渉は継続し，三浦によれば「渡辺氏ハ今問題ヲ放棄スレバ未払込ノ株金十万カ取立テラレル。其上両羽トハ争ハネハナラヌ。両羽トシテモ訴訟ヲスルハ損デアルトイフノデ双方手握合ツテ」，1934年7月4日にようやく両羽銀行と渡辺家との間で合併交渉が合意に達し仮契約書が締結された。その主要内容は不良債権を清算会社に継承させた上で両羽銀行が楯岡銀行の持つ預金に対応する資産及び店舗行員を継承すること，渡辺喜助が30万5000円を負担すること，両羽銀行が暖簾代として金3万円を贈与することであった。

仮契約書により渡辺家の私財提供，両羽銀行の暖簾代の支払方法を見よう。

「第拾壱条　甲（両羽銀行－引用者）ノ譲受ケタル財産ノ移転ニ関スル手続及前条ノ授受完了シタルトキハ乙（楯岡銀行－同）ノ清算援助ノ為メ甲及丙ハ各左記金額ヲ乙ニ贈与スルコトトス／一　甲ハ金参万萬也但甲ガ乙ニ対シテ有スル債権ト対等額ニ於テ之ヲ相殺ス／二　丙（渡辺喜助－同）ハ金参拾萬五千円也但丙カ乙ニ対シテ有スル貸付金債権有価証券貸付債権／乙カ甲ニ対シ負担シ居ル債務ニ付キ丙カ保証又ハ裏書ヲ為シタルニヨル求償権ノ合計金拾八萬四千六百五十壱円参拾銭ハ対等額ニ於テ相殺シ現金拾弐萬参百四拾八円七拾銭ヲ贈与ス而シテ乙ハ此ノ金額ヲ以テ先ツ甲ニ対スル債務ヲ弁済スヘシ」

まず，両羽銀行の暖簾代は楯岡銀行に対する債権との相殺によって贈与される。また，渡辺喜助による資産贈与は，18万4651円は楯岡銀行に対する債権との相殺で，残余の12万348円は現金贈与で実施される。両羽銀行向け債権の回収が渡辺家の対楯岡銀行債権の回収に優先することが盛り込まれていない点は，1931年7月の両羽銀行株主総会の条件より後退しているほか，渡辺家の対楯岡銀行債権と負担額の相殺を認めた点は高橋の調停案を継承している。渡辺家が保有する楯岡銀行向け債権との相殺（事実上の債権確保）を規定しないままに，46万円という不動産の買受けを決めた1929年の覚書に比べて，上記のような条

件が渡辺家にとって著しく有利であることは容易に理解できよう。このほか三浦が述べているように，この契約は「楯岡銀行株主ニ新株未払込金ノ払込ヲナサシメ」ないものであり，この点でも未払込金を徴収の上6割減資を行うという救済着手時の条件と比べて大幅に譲歩するものであった。

　他方で，この条件は渡辺喜助が楯岡銀行に贈与した金額を両羽銀行への債務弁済に優先的に振り向けることを規定していたほか，両羽銀行が楯岡銀行に対してもつ債権回収を渡辺家提供資産により保証する文章を挿入していた。このように，本契約は渡辺家の負担条件を大幅に緩和したものの，両羽銀行が救済合併実施の条件として渡辺家の家産に依拠して損失極小化を図ったことを示している。さらに31年7月の株主総会で承認された救済条件の内，楯岡銀行からの継承店舗の純益を合併後2年にわたり同行清算法人に与えるという条件がこの案には盛り込まれず，この点では条件は厳しいものになっていた。また，第六条には「乙ノ資産中甲ニ譲渡シタル財産ニ就キ譲渡ニ関スル手続完了後弐ヵ年内ニ於テ乙ノ帳簿ト対照シ不足ヲ発見シタルトキハ乙ノ取締役及監査役連帯シテ甲ニ対シ之ヲ塡補スルノ責任ヲ有ス　但シ此仮契約後ニ於テ生シタル事由ニ因リ前期財産ノ数量又ハ評価額ニ不足ヲ生シタルトキ又ハ不足ヲ生スルコトニ確定シタルモノニ就テハ此ノ限ニアラス」という，いわゆる瑕疵担保条項を挿入し，その責任の所在を銀行重役である資産家に求めている点でも，両羽銀行は楯岡銀行重役である資産家に依拠しつつ損失回避を図った。なお，この瑕疵担保条項についても，取締役・監査役全員に負担を求めており，渡辺家のみに負担を求めるものにはなっておらず，この点でも渡辺家の家産保持に配慮したものになった。この仮契約書は両行の株主総会で承認され，1935年1月1日付けで両行の合同が実現した。これにより長年の懸案が解消されたのである。

4　小　括

　ここでは以上の検討を踏まえて，昭和恐慌下の両羽・楯岡両行の銀行合同の特質を指摘したい。

　まず，銀行合同の制約要因となったのは，一義的には楯岡銀行が役員兼職・政党関係上密接な関係にあった北郡社を中心に多額の不良貸付けを抱え，純資産主義的合同を求める両羽銀行が条件とした不良資産整理が難航したことであ

る。しかしながら，より重要なのは同社の整理と楯岡銀行整理が密接な関連をもつなかで，その整理が頭取を出していた筆頭株主である渡辺家の家産に強く依存する形で行われたことである。渡辺家は楯岡銀行が両羽銀行に救済を求める直前まで，家産の中から流動性を供給し同行の資金繰りを支えたほか一定額の私財提供を実施するなど，その資産力で楯岡銀行の経営及びその信用を支えるという責任を果たしていたが，昭和恐慌下の大幅な地価下落に伴い当初契約されていた北郡社・楯岡銀行整理のための不動産引受拒絶に見られる家産防衛行動をとり，これが合同の阻害要因になった。換言すれば，救済着手の際に両羽銀行が示した大資産家としての渡辺家への強い期待や，渡辺猪三郎が頭取を辞任した際に多額の預金取付が生じたことなどに見られるように，楯岡銀行は銀行経営が専ら重役中最有力資産家である頭取＝渡辺家の信用力と結合しこれを支柱とする経営のあり方になっていた。このことが他の重役に比しての同家への負担の傾斜に結実し，さらに昭和恐慌による大幅な地価（＝資産価値）下落が生じるに至り渡辺猪三郎の家産防衛行動を惹起した。この意味で銀行合同の円滑な進展の阻害要因として，頭取家の大資産家としての信用力によって銀行経営が支えられるという銀行経営のあり方をまずは指摘する必要がある。[71]

　次に，本節では銀行合同の実現要因として，高橋市長に見られる政党関係者の利害調整を重視したい。その際，その調整原理として銀行合同の阻害要因であった渡辺家の家産防衛行動に配慮したことに見られるように，渡辺家の家産と銀行経営の密接な関係に配慮した点を強調したい。高橋の調停に見られるように，渡辺家譲歩の決め手は家産への打撃の軽減にあった。高橋は死去したため彼の手での調停実現は見られなかったものの，三浦新七ら両羽銀行側も高橋が渡辺家を交渉に引き出した点を評価し，高橋の調停案よりは厳しいものの渡辺家の家産に配慮する形で合同契約を締結した。このように，両羽銀行側も高橋調停の方向性を継承したのであり，この意味で高橋に見られる政党関係者の調停が合同実現の重要要因の一つになった。

　さらに本節では合同実現のもうひとつの重要な要因として，両羽銀行頭取三浦新七の強い信用秩序維持志向を強調しておきたい。三浦ら両羽銀行経営陣は一方では両羽銀行の損失回避を図るべく，渡辺家の信用力に強く期待する形で純資産主義的方針を以って臨んだが，他方で最終的には市中銀行でありながら

も信用秩序維持を最重視し救済続行を決断した。上述の高橋らの調停とともにこのような三浦新七を中心とする両羽銀行経営陣の判断が，楯岡銀行の破綻による地域経済の動揺を抑え込んだ形での銀行合同を可能にしたと評価してよかろう。本節で検討したように，両羽・楯岡両行合同問題でも大蔵省は幾度か合同実現のための勧奨を行ったが，このような民間側の努力という受け皿があってはじめて大蔵省の合同勧奨は実現基盤を持ちえた。この点を本節では特に重視したい。そして，政党的に中立でありかつほぼ県下全域を活動基盤とする両羽銀行による楯岡銀行合同の実現は，北郡社あるいは北村山郡政友会有力者集団と同行との政治・経済あるいは人的・地域的側面での濃密な関係を清算したことを意味する。この限りで両羽銀行による楯岡銀行の合同は地方金融のより一層の平準化を推し進めることになった。

　ところで，このようにして両羽銀行は楯岡銀行との合同を実現し，村山地方の店舗数も6にまで増加したほか，1935年1月1日時点の村山地方でのシェアも合同に伴い預金で55万3000円・4.4％，貸出で56万5000円・5.1％の増加を示し，預金で210万6000円・16.9％，貸出で99万5000円・8.9％を占めるに至るなど，当初の目的どおり同地方への進出のための足場を確保した。しかしながら，同行救済合併は両羽銀行に重要な教訓を与えた。すなわち，両羽銀行は楯岡銀行合同にあたり暖簾料支払という形で一定額の債権放棄を余儀なくされたほか，同行からの継承債権についても「多少ノ固定貸ト所有不動産トヲ引取ラサルヲ得サルニ至」るなど不良債権の負担を余儀なくされ，「向こうの不良貸しを引き継いだり質権にして金を貸したのが回収不良で，約二十万欠損した」という。このように両羽銀行は当初の方針どおりに，合同に際しての負担回避という方針を貫くことができなかった。この点について長谷川吉三郎常勤取締役（当時）は「この合併は非常にまずかった」と反省の弁を述べている。ここでの教訓を踏まえて1935年に三浦新七の後を受け頭取に就任した長谷川は，損失回避を優先した方針で戦時体制下の銀行合同に臨むことになるのである。

　　(10)　日本銀行福島支店「全国銀行休業前後ニ於ケル当地金融状況」1927年4月26日，『日本金融史資料』昭和編第25巻，所収，81頁。
　　(11)　以下の数値は楯岡銀行『昭和三年　監査書』『営業報告書』より算出。

(12) なお，楯岡銀行史料には政治関係貸付について以下のような記述がある。「(ホ)高橋熊次郎（政友会衆議院議員－引用者）分金壱弐、五〇〇円の債務者熊次郎ハ現ニ衆議院議員タリ貸付当時相当資産アリタルニ拘ハラス国事ニ奔走シタルニヨリ現在ニ於テ窮乏シツツアルヲ見ル」（楯岡銀行『昭和三年八月　大蔵省銀行検査書類』）。このほか同行は政友会松岡修三代議士にも貸付を行い1400円が回収不能になっている（楯岡銀行「答申書」1932年12月9日，山田鉄之助銀行検査官宛，『昭和三年八月　大蔵省銀行検査書類』に合綴）。ここでは政治関係貸付とは明示してはいないものの，同行は政友会政治家の資金供給源になっており，政党との密接な関係から資金が回収不能になったことが窺える。
(13) この意味で両者の関係はかつて筆者が指摘した政治経済的な意味での地方有力者たちの地縁・血縁・事業関係での紐帯を基盤に政党色を帯びた関係を基礎とする信用秩序（「地方資産家的信用秩序」；本書第4章第1節を参照）の一環をなしていたといえよう。
(14) 以下での説明は楯岡銀行常務取締役今井恭蔵発大蔵省銀行局長大久保偵次宛文書（1933年8月8日付け），楯岡銀行『昭和三年八月　大蔵省銀行検査関係書類』合綴による。
(15) 白鳥「反動恐慌後における地方銀行の経営整理と本支店＝地域間資金移動」による。
(16) 山形中央銀行の設立構想とその挫折については，さしあたり山形銀行百年史編纂部会編『山形銀行百年史』234～238頁を参照。
(17) 『山形新聞』1928年6月30日。
(18) 楯岡銀行頭取渡辺猪三郎「説明書」1928年9月25日，大蔵省保倉熊三郎銀行局長宛，楯岡銀行『昭和三年八月　大蔵省銀行検査関係書類』に合綴。
(19) 『山形県人国記』（大正通信社山形支部，1928年，山形銀行所蔵），147～169頁による。
(20) 注(14)史料による。
(21) 楯岡銀行「(昭和－引用者)四年三月十六日　不良資産整理答申案」同『昭和三年八月　大蔵省銀行検査関係書類』に合綴。
(22) 両羽銀行『自昭和四年一月至同十年十二月　取締役会決議録』による。
(23) 同上史料による。
(24) 同上史料による。
(25) 以下での為替尻等の数値は，楯岡銀行『昭和四年五月末楯岡銀行貸借対照表』による。
(26) 両羽銀行頭取三浦新七「株式会社楯岡銀行整理経過大要」（1934年6月15日両羽銀行重役会における報告，『昭和四年ヨリ重役会報告』に封入）による。
(27) 以下の数値は大蔵省銀行局『銀行局年報』（第53・54次）より算出。なお，

ここでの数値を計算する際には，29年8月に解散した元商銀行も含めてある。
(28) 同上史料による。
(29) 白鳥「反動恐慌後における地方銀行の経営整理と本支店＝地域間資金移動」第1図による。
(30) ここでの数値は大蔵省銀行局『第53次銀行局年報』両羽銀行『営業報告書』(原本)より算出。
(31) 以下の議論は白鳥「反動恐慌後における地方銀行の経営整理と本支店＝地域間資金移動」による。
(32) 両羽銀行・東根銀行・天童銀行『合併仮契約書』。
(33) 両羽銀行『自昭和四年一月至昭和十年十二月　取締役会決議録』。
(34) 同上史料による。
(35) 楯岡銀行「四年三月十六日　不良資産整理答申案」による。
(36) 県内大資産家としての渡辺家の地位であるが，史料の制約上さしあたり所有耕地面積で見ると，同家は1924年時点で527.1町を所有しており，信成合資会社(＝本間家，飽海郡酒田本町，1,681.4町)に次ぐ県下第2位の大地主であった(農商務省編「五十町歩以上ノ大地主」1924年調査，渋谷隆一編『都道府県別資産家地主総覧』山形県編2，日本図書センター，1995年，所収による)。渡辺家は大地主として相当な信用力があったと見られる。
(37) この点は注(51)史料に見られる三浦新七の認識及び渡辺辞任後の楯岡銀行の預金取付からも明らかである。
(38) 両羽銀行『自昭和四年一月至昭和十年十二月　取締役会決議録』によれば，楯岡銀行側査定額は113万9000円，両羽査定額は119万6000円であり5万6000円ほどの開きしかなかった。
(39) 同上史料による。
(40) 楯岡銀行『昭和三年八月　大蔵省銀行検査書類』合綴の7月28日付け今井恭蔵名の大蔵省銀行検査官宛文書による。
(41) 楯岡銀行頭取渡辺猪三郎「庶第一五五号」(大蔵省銀行局長関場貞次宛，1930年9月30日付け)，楯岡銀行『昭和三年八月　大蔵省銀行検査書類』に合綴。
(42) 注(51)史料による。
(43) 楯岡銀行「庶第一五九号」(1930年10月31日，今井恭蔵常務発山形県内務部長宛文書)，『昭和三年八月　大蔵省銀行検査関係書類』に合綴。
(44) 山形県内務部長「内務第一五二号」1930年10月28日付け，楯岡銀行『昭和三年八月　大蔵省銀行検査書類』に合綴。
(45) 株式会社楯岡銀行常務取締役今井恭蔵「庶第一五九号」(1930年10月31日付け，山形県内務部長宛)，楯岡銀行『昭和三年八月　大蔵省銀行検査書類』に合綴。
(46) 両羽銀行頭取三浦新七「楯岡銀行整理問題」『昭和四年上期ヨリ各期決算

計算書』（三浦新七頭取手許資料，1931年7月の株主総会における報告原稿）封入による。
(47)　以下に示す渡辺家の収入状況は中村ゼミ「東北型500町歩地主経営分析」『ヘルメス』第24号，1973年，2-9表による（原史料は渡辺家「昭和20年度渡辺家所得高調書類」山形大学所蔵）。
(48)　両羽銀行頭取三浦新七「株式会社楯岡銀行整理大要」による。
(49)　「庶第一五九号」（1930年10月31日付け，株式会社楯岡銀行常務今井恭蔵発山形県内務部長宛文書），『昭和三年八月　大蔵省銀行検査書類』に合綴，には高橋善五郎提供不動産の渡辺による買入れについて「財界不況ノ影響ヲ受ケ価格低下ニヨリ売却代金ノ協定調ハズ近日中解決ヲ告グル見込ナルモ初期ノ予定額ニ達セザル見込ナレバ結局現在ニ於テハ前記ノ金二十七万千二百四十九円九十七銭ハ回収ノ能不能ノ未定ナルモノニ有之候」とあるほか，これに続く「当行ノ欠損見込額ノ報告」にはこの金額が北郡社関係欠損見込額に加算されている。ここから渡辺の不動産引受拒否が不良資産増額に結果したことが窺える。
(50)　楯岡銀行「四年三月十六日　不良資産整理答申案」。なお，本史料によればこれら金額のほか「土地ノ負担セル債務」として18万円が計上されており，これで合計46万5000円となる。なお，この金額が楯岡銀行からの借入による債務かどうかは史料から確認することができなかった。それゆえさしあたり同行からの借入金とはみなさないでおいた。
(51)　以下での引用は特に断らない限り，両羽銀行頭取三浦新七『楯岡銀行関係書』封入史料（三浦新七頭取自筆）による。
(52)　楯岡銀行常務取締役今井恭蔵ほか重役連名『陳情書』（両羽銀行頭取三浦新七宛，1931年6月？日）。
(53)　楯岡銀行「庶第壱十弐号　整理期日延長ニ付キ稟請」『昭和三年八月　大蔵省銀行検査書類』に合綴。
(54)　両羽銀行頭取三浦新七「楯岡銀行整理問題」による。
(55)　福島県下の金融危機については，さしあたり本書第4章第1節，ならびに白鳥「製糸・養蚕地帯における金融危機の展開と日銀支店」を参照。なお，昭和恐慌期における東北地方銀行動揺の展開については，日本銀行「金解禁後における金融界動揺と特別融通」1962年，『日本金融史資料』昭和編第24巻，所収，第二節を参照。
(56)　白鳥「反動恐慌後における…」第21表による。
(57)　『楯銀関係書類』に封入。
(58)　両羽銀行頭取三浦新七「楯岡銀行整理問題」。
(59)　山形銀行百年史編纂委員会編『山形銀行百年史』263頁。
(60)　この点について楯岡銀行側史料には次のような記載がある。「（昭和－引用者）六年七月両羽銀行ヘ営業譲渡スルノ案ヲ臨時総会ニ提案シタル処両羽銀

行総会ハ当行資産引受後渡辺氏全責任ヲ負担スルコトヲ条件ニテ決議シ（後略－引用者））」(楯岡銀行「五　渡辺故頭取私財提供ニ関スル顛末書」『昭和三年八月　大蔵省銀行検査書類』に合綴，による)。31年7月の株主総会時点で両羽銀行が渡辺家の負担による純資産主義的合同方針を放棄していなかったことがここからも確認できる。
(61) 以下での事実は両羽銀行頭取三浦新七「楯岡銀行整理問題」による。
(62) 同上史料による。
(63) 「蔵銀第305号」(大蔵省銀行局長名通牒，32年1月8日付け)，楯岡銀行『昭和三年八月　大蔵省銀行検査書類』に合綴。
(64) 以下での高橋による調整過程とその内容は，両羽銀行頭取三浦新七「楯岡銀行整理問題」による。
(65) 同上史料による。
(66) 以下での引用文書は楯岡銀行『昭和三年八月　大蔵省銀行検査関係書類』に合綴。
(67) 両羽銀行頭取三浦新七「楯岡銀行整理問題」による。
(68) 以下での引用は両羽銀行・楯岡銀行・渡辺喜助「仮契約書」による。
(69) 両羽銀行頭取三浦新七「株式会社楯岡銀行整理経過大要」。
(70) なお，楯岡銀行の不良貸付額は34年9月末時点で回収不能滞貸金68万8000円が存在する。史料の制約上これがどのように処分されたのかは不明であるが，両羽銀行側にはこの不良債権は継承されず楯岡銀行清算法人がこれを継承した。これは1937年まで回収を進め，残余は38年12月に払込資本金60万円で償却したという(『山形銀行百年史』264頁)。
(71) この点で楯岡銀行は Max Weber の Verkehrswirtschaft における「資本計算 (Kapitalrechnung)」が前提とする「家計と経営の経済的分離 (ökonomische Trennung von Haushalt und Betrieb)」さらには家計と経営のそれが未達成であったことを意味する (*Wirtschaft und Gesellscaft*, S.59-62)。そして，このことが家計と経営の未達成を踏まえた利害調整過程を必要とする合同過程を作り出したといえよう。
(72) 両羽・楯岡両行のケースでは政党関係者による利害調整が合同の実現要因ということになるが，この点を踏まえた場合，これまで銀行の政党関係を専ら合同の阻害要因として取り上げてきた筆者の見解は一面的であったということになろう。ただし，政友会系の楯岡銀行と同行と対立関係にあった同じ北村山郡所在の民政党系大石田銀行との合同は成立しておらず，この限りでは山形県でも銀行のもつ政党関係が銀行合同の障害であったと見られる（この点については長谷川吉茂山形銀行頭取『庄司信吾小伝』未公刊による)。
(73) 当時の両羽銀行行員は同行の役員に「ぜんぜん政党色がなく，他行重役には相当政党色が」あったと回顧している (中島繁「銀行一筋四十五年」山形銀行百年史編纂部会編『回想・わが心の山形銀行』同行，1998年，所収，65

頁)。そしてこの発言は同行頭取三浦新七が32年9月に政友・民政両党から満場一致で貴族院議員に推挙され，当選したことからも裏付けられよう(『山形銀行百年史』280頁)。
(74) 白鳥「反動恐慌後における地方銀行の経営整理と本支店＝地域間資金移動」第1図による。なお，35年1月1日現在シェアは大蔵省銀行局『第五十九次銀行局年報』両羽銀行『営業報告書』記載の34年末残高を翌日(＝35年1月1日。この日は銀行休日)の数値とみなして算出した。
(75) 両羽銀行頭取三浦新七「株式会社楯岡銀行整理経過大要」による。
(76) 以下での引用は長谷川吉三郎ほか「長谷川吉三郎氏金融史談」『日本金融史資料』昭和編第21巻，所収，626頁。戦時下における同行の銀行合同については，白鳥圭志『戦時から戦後復興期にかけての地方銀行経営の変容』一橋大学大学院商学研究科日本企業研究センター・ワーキング・ペーパー2005-17，2005年11月を参照。

第2節　中井銀行の破綻過程

　本節では，いわゆる都市二流銀行とされる，中井銀行の破綻過程を検討する。中井銀行については既に山崎広明氏により検討がされているが[77]，銀行経営者の思考・行動様式にまで踏み込んだ検討はされていない。本節では，この点に重点を置いて検討する。

1　著者の推定と史料の意義

　ここでは1927年5月に刊行された緒方潤著『銀行破綻物語』(文華堂，1927年。以下，同書と略記)を用いて検討する。同書については，『週刊エコノミスト』誌の連載で朝倉孝吉氏が時代状況の説明に終始した形での解説を加えている[78]。そこで朝倉氏が指摘しているように，同書の著者名はペンネームであり本名と銀行名は特定されていない。この点について，朝倉氏は「著者の特定はされないが，中井，中沢，八十四銀行のいずれかではなかろうか」と指摘している[79]。さらに同書で論じられている整理案と比較の上で，中井銀行の整理案について「預金を株式に振り替える着想は著者のものと似ている」と論じている。このように朝倉氏は幾つかの——しかしながら，とても重要な——ヒントを示しつ

つも，著者の特定はされていない。以下では，氏のヒントを踏まえて，著者を推定する。

　結論から言うと，同書の著者は中井銀行頭取であると推定される[80]。その理由を示せば次のとおりである。まず，第一に銀行経営規模，所在地である。同書における金融恐慌時に一流銀行に救済を求めたという記述[81]，および震災による火災のために本店が焼失したという記述[82]に従えば，東京所在の二流銀行であることが読み取れるが，この点でも中井銀行と本書の記述は一致する。第二の推定理由は，著者が銀行経営に携わるようになった経緯，および経営者としての著者の行動が，中井のそれと極めて類似していることである。同書の著者は1921年の父の死後若くして銀行経営を受け継ぎ[83]，経営方針も前例踏襲でかつ一名の常務重役と支配人に基本的に委ねていたことを述べている。さらに，注目すべき点は日本銀行の中井銀行についての調査でも，「然ルニ同年（1920年－引用者）前頭取死去シ，現頭取就任シタルカ，年歯未タ若ク，頭取ノ名ノミヲ存シ行務ノ殆ト全部ハ常務取締役ニヨリテノミ行ハルル状態ナリシ」とされていることである[84]。銀行経営の継承年次が1年違うこと，同書では自らを専務としていること，および経営を委ねていた人物に若干の違いはあるものの，これ以外の点は同書の記述と全く同様のことが指摘されている。また，後述のように，著者は株主である親族の意向を重視した配当政策をとっていたが，表5－7に見られるように中井銀行の株式の大半は中井一族で占められており，かつ，表5－8に示したように反動恐慌後の経営不振にもかかわらず，同行は配当額を増額している。この点でも著者の主張と中井銀行の経営のあり方は整合性をもつ。第三に，後述のように，同行は破綻時における重役関係貸付の比重が約5％程度と，極めて低位なことに経営上の特徴があるが，このことは著者が経営を継承してから亡父が手がけた事業関係貸付を整理したとの記述とも整合する[85]。

　なお，継承年次の差であるが，同書の著者は前頭取である父の死後，しばらく謹慎していたと回顧しており[86]，この期間を考慮して同書では頭取継承年次を1年遅らせた可能性もある。だとすれば，中井銀行の頭取交代は20年下期であると推定されるので，このような同書の記述と中井銀行の頭取交代は一定の整合性をもつ可能性もあろう。また，同書の著者は自分のほかに常務重役が一名

表 5 - 7　株式会社改組後の株主構成（1921年上期末）

姓　名	居住地	持株数	比率(%)	役職	姓　名	居住地	持株数	比率(%)	役職
中井****	東京府	43,100	86.2	頭取	茅野良太郎	東京府	200	0.4	取締役
中井E	東京府	1700	3.4	取締役	原島彦七	東京府	200	0.4	監査役
中井Su*	東京府	1700	3.4		川村松三	東京府	100	0.2	監査役
中井K	東京府	500	1.0		野村慶二	東京府	100	0.2	
中井Su	東京府	300	0.6		小津鋼太郎	東京府	100	0.2	中井商店支配人
中井H	東京府	300	0.6		赤間周吉	東京府	100	0.2	
中井Sa	東京府	300	0.6		松本伊三郎	東京府	100	0.2	
中井T	東京府	200	0.4		小木曾正三	東京府	50	0.1	
中井一族計		48,100	96.2		村田金太郎	東京府	50	0.1	
野島泰次郎	東京府	200	0.4	取締役	竹見清太郎	東京府	50	0.1	
田口忠蔵	東京府	200	0.4	常務取締役	津村俊夫	東京府	50	0.1	
岩田音次郎	東京府	200	0.4	常務取締役					
福村雄秀	埼玉県	200	0.4	取締役	合　計	－	50,000	100.0	

注1）中井銀行の株式会社改組は1920年3月から。
　2）中井Su＊は中井He親権者名義。
　3）頭取名は個人の名誉に配慮して伏字とした。また，一族の名前も頭文字にしてある。
出所）『営業報告書』より作成。

いることを述べているが，この点も中井銀行の重役構成と一致するほか上記の日銀史料とも一定の整合性をもつ。次に，もし同書の著者が就任した役職が前述のように専務であるとすれば，亡父から銀行経営を譲られたとする同書の記述と齟齬が生じることにもなる。しかしながら，朝倉氏が指摘しているように，中井銀行の整理案と著者の銀行の整理が酷似しているほか，最終的に中井銀行経営者が当初の方針とは異なり多額の私財提供をしていることも著者の銀行と一致する。ここから同書の著者は自分の名前と銀行名が知れることを恐れており，上述の相違点や記述の齟齬は，この点を考慮してフィクションにした可能性が高いと見てよかろう。

さらに，朝倉氏が指摘した中沢，八十四両行の可能性であるが，これも日本銀行調査局史料と照合した結果，否定せざるを得ない。前者については，破綻時に中沢関係貸出が94.5％であったことが日銀史料より明らかであるが，これは著者による一族関連の不良貸出の大半は整理したとの記述と不整合である。また，同行破綻後の整理案の中には，預金などの負債を株式化するという著者による構想に類似するものは見られない。後者についても，破綻後の整理案の

表5－8　中井銀行

営業期	資本金	積立金	現　金	預け金	諸貸付金	諸預金	借入金	再割引手形	有価証券	内公債
1917上	1,000	1,330	1,905	23	27,831	31,845	0	0	5,016	2,837
17下	1,000	1,400	3,369	62	36,533	43,789	700	0	7,494	5,531
18上	1,000	1,500	2,146	34	39,535	46,321	0	0	7,837	3,186
18下	1,000	1,650	4,687	38	45,446	56,076	0	0	9,319	3,876
19上	1,000	1,800	4,337	31	46,356	56,299	0	0	9,464	4,082
19下	1,000	2,000	7,024	141	48,174	58,285	0	0	6,179	3,373
20上	5,000	0	3,835	34	47,301	52,937	0	0	8,124	6,432
20下	5,000	0	7,348	102	43,493	48,919	4,500	2,000	12,951	9,656
21上	5,000	500	5,138	401	42,907	54,747	0	600	14,088	11,374
21下	5,000	800	7,001	443	39,147	52,886	0	1,000	13,996	10,523
22上	5,000	1,100	4,303	594	42,540	51,562	0	1,000	12,343	8,188
22下	5,000	1,300	6,969	495	40,961	53,416	0	1,000	12,853	8,331
23上	5,000	1,500	4,371	592	45,297	53,423	0	562	11,163	7,328
23下	5,000	1,700	5,482	494	46,110	49,641	6,000	347	11,025	7,428
24上	5,000	1,800	4,870	367	44,329	47,669	4,900	342	10,080	6,486
24下	5,000	1,900	4,759	0	42,736	48,910	?	?	8,105	5,508
25上	5,000	2,190	5,341		45,131	45,947	3,342	0	5,373	?
25下	5,000	2,327	7,024		42,126	47,639	1,500	?	6,334	?
26上	5,000	2,435	4,856		35,632	45,366	754	?	5,488	?
26下	5,000	2,548	6,201		34,979	45,551	900	?	5,180	?

注1）この数値は粉飾されている（本文参照）。
　2）借入金には日本興業銀行勘定も含めた。C.M. はコール・マネー，C.L. はコール・ローン。
　3）？は不明（史料利用不可），N.A. は算出不可能。
出所）中井銀行『営業報告書』より作成。

中に著者が構想した整理案に類似するものは見られない。なお，公平を期すために整合性がある点も指摘するが，この点もせいぜい関東大震災で銀行店舗が焼失して，経営が打撃を受けたことぐらいである。以上から，朝倉氏の指摘する他の選択肢の可能性は否定せざるを得ない。

　以上の理由から，同書の著者は中井銀行頭取であると強く推定される。なお，近世以来，同家では家憲に基づき諸事業運営の「大綱は本家において必要において企画され」ていたとあり，以下での検討にも見られるように，少なくとも銀行経営に関する重要な経営方針の決定は本家当主が行っていた。ここから基本的に近世以来の歴史的伝統を踏まえて，銀行経営についても本家当主の決定が重要視されていたと判断される。それだけに中井銀行の破綻過程の特質を，特に経営者の思考・行動様式に着目して明確化する上で，同書の検討は重要で

行主要勘定の推移

(単位：千円)

比率	C.M.	C.L.	純益金	配当金	賞与金	預貸率	預借率	準備率	配当性向	資本金利益率
56.6%	5	432	169	25	15	87.4%	0.0%	7.4%	14.8%	33.8%
73.8%	0	401	222	25	15	83.4%	1.6%	8.8%	11.3%	44.4%
40.7%	0	6,200	281	25	20	85.4%	0.0%	18.1%	8.9%	56.2%
41.6%	0	5,080	285	25	20	81.0%	0.0%	17.5%	8.8%	57.0%
43.1%	0	3,100	392	30	25	82.3%	0.0%	13.3%	7.7%	78.4%
54.6%	0	300	459	40	50	82.7%	0.0%	12.8%	8.7%	91.8%
79.2%	0	1,924	207	0	0	89.4%	0.0%	10.9%	0.0%	8.3%
74.6%	2,000	1,124	896	150	60	88.9%	17.4%	13.4%	16.7%	35.8%
80.7%	0	1,124	706	150	35	78.4%	1.1%	12.2%	21.2%	28.2%
75.2%	0	774	632	150	40	74.0%	1.9%	15.5%	23.7%	25.3%
66.3%	0	1,600	531	150	35	82.5%	1.9%	12.6%	28.2%	21.2%
64.8%	0	600	557	150	43	76.7%	1.9%	15.1%	26.9%	22.3%
65.6%	0	1,100	577	150	43	84.8%	1.1%	11.3%	26.0%	23.1%
67.4%	0	0	459	150	20	92.9%	12.8%	12.0%	32.7%	18.4%
64.3%	0	0	307	150	20	93.0%	11.0%	11.0%	48.9%	12.3%
68.0%	0	0	?	?	?	87.4%	N.A.	9.7%	N.A.	N.A.
?	0	0	346	155	0	98.2%	7.3%	11.6%	44.8%	13.8%
?	0	0	321	155	0	88.4%	N.A.	14.7%	48.3%	12.8%
?	0	0	318	155	0	78.5%	N.A.	10.7%	48.7%	12.7%
?	0	0	308	155	0	76.8%	N.A.	13.6%	50.3%	12.3%

ある。以下では，ここでの推定に基づき中井銀行の史料も加味して同書を分析することで，破綻銀行経営者の思考・行動様式の特質を明確化したい。

2　銀行経営者の思考・行動様式の特質
──家の論理と銀行家としての名声の重視──

(1)　破綻銀行における当該銀行の位置

　以上のように，同書の著者は中井銀行頭取と推定されたのであるが，同行の26年末の預金量は4555万1000円と階層的に都市本店所在の二流銀行であり，金融恐慌期に破綻した銀行の典型とされている。もっとも，日本銀行によれば同行の中井一族向け貸出比重は休業時点で全体の4.7％に過ぎず，「中井一族ハ他ノ休業銀行ノ場合ニ於テ見ルカ如キ重役関係ノ事業会社ナルモノ殆ト絶無ニシ

第5章　銀行合同政策への地方銀行経営の対応　　375

テ」ー中略ー「コノ方面ヨリノ欠陥ハ些少」とされている。このように当時の破綻銀行一般との相違点があることに留意する必要はあるが，それ以外の点では同行は典型的な破綻銀行のひとつと言える。それゆえ同書は破綻銀行経営者の思考・行動様式の特徴を検討できる貴重な史料と言ってよい。以下では本書を用いて，研究史上，未だ検討されていない(95)，この問題を検討する。

(2) 家重視主義的経営思考・行動様式

整理方針に見られる家重視主義的思考・行動様式　　まず，著者の思考・行動の特徴として挙げなければならないのは，家計ないし家産と経営の未分離という状況を前提にして，一族の収入・家産および地域の名家としての「世間体」の維持を最優先することを念頭に，銀行経営・整理に取り組もうとしたことである。

このことは著者の整理に対する姿勢と配当政策について顕著に見出せる。まず，ここでは前者から検討する。著者の整理に際しての基本方針は「どうして自分の財産を減ぜしめないで，而も世間体をよくし一般から悪しざまな言を放たれないように」するかという，著者曰く「矛盾の間」にある考えであった。休業後である27年7月末時点での同行の総資産＝総資本・総負債は＝3942万5000円と巨額であるのに対して(96)，資本金額は500万円・自己資本比率は12％と，在来産業の小規模経営よりも著しく低い比率であった。それゆえに，結果として中井家は652万円という巨額の私財提供を実施し，大資産家として没落するところまで追い込まれる。このような没落の危険性があり，なおかつ，「世間体」に傷がつく恐れがあることが，著者をしてこのような思考に至らせた理由と見てよかろう。

このような方針に即して(97)，著者は半額減資と預金を一律半額出資金に振り替える，年六分配当の優先株を交付するという案を考える。この案ならば，著者らは私財提供を免れることができる。また，著者の主観に過ぎないだけかもしれないが，預金切捨ては行わないので，世間からの批判も一応免れることもできるかも知れない。この意味で，本方針は著者の家産を保持した上で，しかも著者の家に対する評価を傷つけることも避けられるという，上記のような著者の虫のいい整理方針に極めて適合する。これに加えて，中井家では，初代以来，

利潤追求に基づく資産蓄積を絶対視していたと言われており，この精神に基づ
き代々蓄積されてきた富＝家産を，自分の代で失うことは忍びなかったのかも
しれない。

　しかしながら，このような方針も一族からの「自由な銀行経営が出来なくな
る」，「自分等は重役を辞任しなければならぬかも判らぬ，然らば吾々の事業へ
の融通資金が思うやうに使へないようになると共に，貸付資金の厳しい回収さ
へ行われないものでもないだらう，之は危険極まることだ」という批判を受け
実行を躊躇することになる。著者は中井一族の当主であり，当主としての面目
を確保する上でも，一族の要求を無視することはできなかったのであろう。ま
た，前述のように，著者自身も私財提供に伴う家産減少を，最大限，回避しよ
うと考えたことにも見られるように，親族同様，経済的な意味で「我利我利
説」であったことも，整理を躊躇した理由だったのであろう。

　次に指摘しておかねばならないことは，著者が，家産維持とともに「世間
体」維持を最優先に，銀行経営の整理実行を考えていたことである。このよう
な思考の中には，預金者に対する良心の呵責は微塵も見られない。このことは，
現に，著者自身も取付を受けてしばらくは「預金者の無知を罵り，預金者の無
暴を憤つて，私の銀行の破綻の責任は預金者にある」と考えていたとの回顧か
らも裏付けられる。この意味でも著者は自身を含めて，銀行を所有・経営・利
用していた一族の責任を認めず，これを本来は被害者でかつ他者である預金者
に転嫁していた。このように著者の主観においては，自分も含めて一族は銀行
破綻の責任から無縁なものとして位置付けられていた。この意味で著者はこの
ような自己本位な思考をすることで，著者一族の家産，ひいては著者一族の
「世間体」そのものを保護し，自己正当化を図っていた。

　それでは，家産の維持についてはともかく，なぜ，ここまで著者が「世間
体」維持に拘泥したのであろうか。この理由を直接に示す史料は，残念ながら
存在しない。ただ，やや史料は古くなるが，1916年時点の東京府下の大資産家
に関する資産額についての調査によると，著者の家は居住する京橋区の中で
500万円と突出した資産額を誇っていた。また，史料にはわざわざ「開業年月」
として「百五十二年前」と記されていたほか，当時の有力資産家や名士につい
ての情報を記した『人事興信録』(1925年)にも，「当家は其祖江州より出づ二

第5章　銀行合同政策への地方銀行経営の対応　　377

百年来江戸に住し各藩御金御用達を勤め旧家として知られ」ているとの記載がされている。さらに，著者の先代は「日露事件の功に依り勲五等に叙せられる」という名声も得ていた。これらの諸点に見られるように，著者一族は古くからの地域の名家としての「世間体」を築いていたと見てよい。また，著者は慶応義塾大学理財科出のエリートであり，後述のように相当程度自意識が強く，自分の名声に傷がつくことを強く恐れる人間であった。だとすれば，それだけに著者自身も含めて，自らが当主を勤める一族の地域における名家としての「世間体」を維持することに汲々せざるを得まい。このような思考様式が，自己の責任を認めず，取付に来た預金者を罵るという行為の基盤になったことが強く推測される。

　以上，著者の整理に対する基本姿勢を一言で述べれば，地域における名家としての「世間体」と，家産保持を中心とする家重視主義的な整理方針と言ってよい。しかし，著者が重視した名家としての評価に傷がついていることが，現実のものとして理解されたまさにその時に，このような方針は変化を迫られた。すなわち，著者の子供たちが学校で「銀行潰しの子が行くよ」，「預かった金を返さぬは盗人だい」と「悪態を」つかれて泣かされたのである。ここに至って著者が最も憂えていたもののひとつである，著者一族の「世間体」に傷がついたことが明白となった。このために著者は徹底的な不良資産の整理し，私財も提供の上で預金の切捨てを実施しない方針へ転換することを考えるようになった。その結果，前述のように預金・貸付金など中井家の対銀行向け資産との相殺分も含め652万円という巨額の私財提供がされた上で，経営再建＝継続もすることができず，しかもこれが原因となり大資産家としての中井家は没落を余儀なくされた。

　ここで注目すべき点は，家の存続や一族の名声に関わる問題が浮上した時点で，著者が整理方針を改めようと考えたことである。人間が社会的存在である以上，著者の一族とても「世間」との関わり抜きには生きてゆけないし，この問題が生じることは，著者一家の再生産の如何に関わる重大時であることは言うまでもない。これに加えて，己の名声を重視する著者であるから，自分が当主を勤める一族の地域における名家としての「世間体」に傷がつく事は，もっとも回避したい事態であったと見てよかろう。一般に，地域と友好関係を保持

するという意味での,「世間体」を維持することは家の再生産の基本的な条件である。しかも,著者一族は地域の名家としての高い評価=「世間体」も持っている。この著者の場合,「世間体」に傷がつくことは,名家としての「世間体」に加えて,特に当主としての著者自身の名声をも傷つけることを意味する以上,特に経済的な意味で「我利我利」な著者とても,この問題を無視できなかったと見るのは自然なことであろう。このような著者一家の再生産と名声保持に関わる問題が惹起されたことが,上述の整理方針転換の背景だったのであり,この意味で銀行経営に家存続の論理が影響していたと言える。

　このように,総じて,著者の銀行の整理方針は,家産の維持と地域の名家としての「世間体」維持を重視する思考・行動様式に規定されていたのであり,この意味で著者の銀行は,家産と経営の未分離を前提とした家産保持の論理と,地域の名家としての「世間体」維持を最優先した経営だった。

　配当政策に見られる家計重視主義　　上記のように著書の銀行は1927年金融恐慌時に休業・整理に追い込まれたのであるが,表5-8に見られるように状況が悪化した反動恐慌後になるとむしろ配当を増額する。このような事実からすれば,著者の言うように「如何にして毎期の配当を継続して来たかと云ふ点に,誰しも疑問を抱かずには居られないだろう」[104]。以下では,この点を検討する。

　著者自身が「之まで粟を生じる如き危険な,そして無謀な蛸配当を敢えて行つて得々として居た自分の愚かしさを思ふ」と悔恨しているように,このような配当は蛸配当であった。著者は「第一に必要なだけの利益金を計上」し配当歩合を決めた後で,これを前提に損益計算を行ったという。つまり,「普通の決算の仕方とは反対をやつ」たのである[105]。これに加えて,著者は配当に回す現金を得るために,何と預金やコール・マネーで得た現金まで「食つて」いたという[106]。

　では,彼はなぜこのような粉飾決算を,しかも「得々と」やったのであろうか。その理由の一つは,後述するように彼自身の虚栄心を満たすためであった。これと並んで重要な理由は一族への現金収入への配慮であった。この点を著者は次のように回顧している。著者の銀行は「近親一族の株式会社であり」,この点は表5-7からも確認できる。一族は「高配当に慣れて居る人達」であり,これがないと「銀行を無駄に経営して居る」との批判を彼らから受けるおそれ

第5章　銀行合同政策への地方銀行経営の対応　　379

もある。さらには，一族のみならず著者も「銀行を経営するのは，自分たちの利益の為めだとのみ思つて居」り，配当を得るのは「預金者が利子を取る」ように「当然の権利」と思っていた。現に，中井家の事業は，近世以来，一族の共同出資であり[107]，前述のように事業統括を本家に委ねる一方で，他方では出資者は利益分配を受けることになっていた。この伝統が他の一族が利益分配を「当然の権利」とした理由かも知れない。

　今更言うまでも無く，人間の欲望の解放が進み[108]，かつ，その欲望の大半が貨幣により満たされる資本主義社会では，貨幣の獲得は欲望充足の上で死活的重要性をもつ。現に，著者一族も多数の女中を雇った豪邸暮で贅沢三昧な暮らしをしており[109]，彼らとてもその例外ではない。著者とその一族にとって銀行は，一族の欲望充足の手段である貨幣収入をもたらす手段でしかない。また，彼らの中では経営体としての銀行経営の経済計算は一族の家計の経済計算と密接不可分ものとされ，しかも前者は後者により規定されるものと強く思念されている[110]。このように，「家計と経営」が未分離な上にこれと株式会社制度が密接な関係をもつ中で，資本主義下の一般的傾向である貨幣を媒介とする欲望の充足と解放が進展し，しかも欲望充足が優先されるという状況下では，貨幣に対する欲望のおもむくままに，銀行経営の健全性保持を省みず，配当が求められるのは必然であると言ってよい。

　以上の条件の下で，家計における欲望充足を優先するという論理は，貨幣増殖の形式を創出するという行動を，より一層助長することになったのであり，上述の粉飾決算と蛸配当はかかる状況の産物だった。

3　銀行家としての名声重視

　著者の思考・行動様式のもうひとつの重要な特徴は，自らの銀行家としての名声を極めて重要視したことであった。この点は，休業後，債権者である老人に事情説明に行った際に[111]，止むを得ないと「皮肉まじりに」ものを言われて，「何分之まで『若い手腕のある銀行家だ』と偉い物扱ひにされてよい気持ちになつて居た私である。此の子供扱ひの言葉には憤りが胸元まで込み上げてきた」－中略－「私は銀行の破綻よりも老人の嘲笑が念頭に強く響いた」という回顧からも十分すぎるほど伝わってくる。

このような著者の思考は銀行経営にも悪影響を与える。まず，前述の粉飾決算と蛸配当である。「銀行経営者としての」著者の評価基準が「銀行の成績であり配当にあ」るという状況下では，高配当であれば「『彼は若いのに似合わぬ腕のある男だ』」と高評価される一方，他方で無配であれば「無能」呼ばわりされる。次に整理の忘却である。この点を著者は悔やんでいるが，彼は「銀行の整理を為して居ると云はれることを，実に不名誉の極みだと」考えており，「整理も整理に必要な配当減額もよく実行し得なかった」としている。このような思考様式に基づき，著者が無理な高配当を続け整理を先送りし，形式的な経営好成績の「虚栄」を張れば張るほど，「援助をさせ」ようとする「阿附追従」的な新聞・雑誌記者や，貸付依頼に来た「苦労を重ねてきた商人など」の周囲の人物が「賞賛の声を放つ」。このような「賞賛の声」は著者をして盲目化させ，「新時代の実業家気取」らせしめる。このことは「銀行の整理をも，配当の制限をも，行はしめない原因」となり，最終的には不良資産の累積と経営破綻に帰結する。

　このことは表5-9からも明らかである。本表には中井銀行最大の不良貸付先であり，休業時の貸出額891万円・総額の28.6％を占める上毛モスリンへの不良貸付の累積過程を掲げた。同社は反動恐慌後に経営不振に陥っていたにもかかわらず，同行は次々と貸出額を累積させる。これが破綻の重要要因になる。著者は「少しく虫の好い話であるが，今に財界の景気が出るであらう必ず遠からず出るであらう。さすれば一般事業会社の成績も見直て来て，貸付金の回収が容易になること必然であり，預金も増加し，銀行の収益も増すならば，忽ちの間に労せずして整理が出来る」という，過度な状況依存主義的な先送り意識が，著者の「頭脳にこびり付いて離れなかった」ことを回顧している。このようなことが仮に現実化すれば，著者一族の家計に配慮し続けることが可能になる上に，彼の銀行家としての名声にも傷がつかない。しかも，労せずして銀行経営も好転する。著者は「利己的な見方をして居る自分には，それが正当なことだと考」えていた。ここまで見てきた著者の利己心に基づく銀行経営者としての名声の重視が，先送りという方針を選択せしめ，最終的にこの選択が銀行破綻という帰結に導いたのである。

第5章　銀行合同政策への地方銀行経営の対応

表 5 – 9　上毛モスリン（不良貸出先）への貸出状況

(単位：千円)

番号	貸付年月	金額	備考
富士毛織株式会社			
1	1920年6月	330	羅沙担保，番号4に切替。
2	1921年4月	500	豊国銀行と共同，興銀に対する保証債務弁済分担額，工場一番抵当。
3	1920年12月	870	番号4に切替。工場二番抵当。
4	1921年2月	1,200	工場二番抵当，1・3の切替分。
5	1923年5月	190	利息収入に充当するための工場四番抵当貸出。
6	?	711	三井物産からの機械購入代金の保証額上毛株8400と振替。
上毛モスリン			
1	1923年4月	1,890	合併に伴う富士毛織債務継承分。
2	1922年1～5月	1,150	日本毛織株担保貸出。
3	?	500	東京渡辺銀行裏書保証，大阪府所在不動産担保貸出。
4	1922年12月，23年6月	570	担保羊毛（震災のため焼失）
5	?	950	沼津工場運転資金，同工場が担保。
6	1923年8月26～28日	1,130	銀行容認の小切手を振出したもの。重役裏書手形を取得。
7	1923年3月	1,160	機械購入にあたり，この機械を見返りに融通したもの。機械は震災により焼失。
8	?	1,160	未払利息回収と事業資金目的の貸付。
合計		7,850	26年末時点残高5,311千円。

注1）？は不明。
　2）富士毛織は23年4月に上毛モスリンに合併される。
出所）日本銀行「中井銀行ノ破綻原因及其整理」470～472頁より作成。

4　破綻銀行＝中井銀行経営者の思考・行動様式

　反動恐慌以後の状況の中で，中井銀行経営者は粉飾決算・蛸配当を行ない，不良資産整理を先送りし続けた上に，破綻後の整理過程でも当初は私財提供を拒む姿勢を示した。このような行動の背景にあったのは家産ないし「家計と経営」の未分離という状況で，当主として物質的欲望が肥大化した自らも含む一族の所得＝配当要求を充足する必要性，地域の名家の当主としての，あるいは銀行経営者としての名声の確保欲を充足する上で，少なくとも貨幣増殖の形式を整える必要性を強く感じるような意識であった。その結果，このような物質

的・非物質的欲望を充足するためにも，著者の行動は「経営」[117]体の要求する経営の健全性＝継続性確保を度外視した上で，単に貨幣増殖の形式を創出することを至上命題にする方向へと進むことになる。

このような家計・家産と経営との関係，地域社会内部での名家としての位置，当主としての立場が，著者をして貨幣増殖の形式確保を至上命題にせしめたという意味で，著者の貨幣に対する「物神崇拝（Der Fetischismus）」をより一層強烈なものにせしめた。[118]この結果，逆説的に著者は自身の銀行を破綻に導き，その獲得を至上命題視していた貨幣——ひいては財産——を失うことになる。この点に破綻銀行である中井銀行経営者の思考・行動様式の特徴を見出せる。

なお，この問題と銀行合同政策との関連として次の点を指摘したい。[119]上述のように私財提供の上で整理を実行したため，結果的にはそうはならなかったものの，当初，著者は「今回の整理案の第一として，一流銀行への合併及び休業銀行の合同と云ふことを考へた。之は大蔵省の意向に迎合して置けば」[120]，少額預金者を除く預金者の預金額の半額を株式に振り替え，残る半額を株式化することで合併することで，自分が私財提供などの損失を蒙ることもなく，その上預金を切り捨てないから「世間体も頗るよく，且つ私（中井銀行経営者－引用者）は新銀行の重役とな」れるなど，「事が有利に転回して行くものと思」った。このように，本節で明らかにした家計・家産と経営が未分離な状況のもとでは，政策的合同が私財提供を回避するという意味での，破綻銀行経営者の機会主義的行動の温床になる可能性があった。この点にも注意を促しておきたい。

(77) 山崎『昭和金融恐慌』64〜69頁。なお，邉「大蔵省銀行検査体制の形成とその実態」でも，以下で用いる緒方著を，当時，「不正経理」が行われていた根拠に挙げている（131〜132頁）が，中井銀行の経営分析は行っていない。
(78) 「ある頭取の懺悔」『週刊エコノミスト』毎日新聞社，1997年11月4日号から同年12月23日号まで8回の連載。
(79) 「ある頭取の懺悔（第3回）」『週刊エコノミスト』1997年11月18日号の解説（96頁）。
(80) ここでは個人の名誉に配慮し，名前を挙げることは避けた。
(81) 緒方『銀行破綻物語』（以下，前掲書と略記）9頁。

(82) 緒方，前掲書，124頁。
(83) 緒方，前掲書，115頁。
(84) 日本銀行調査局「中井銀行ノ破綻原因及其整理」『日本金融史資料』昭和編第24巻，所収，467頁。
(85) 緒方，前掲書，119〜120頁。
(86) 緒方，前掲書，120〜121頁。
(87) 緒方，前掲書，115頁，中井銀行『営業報告書』。
(88) 緒方，前掲書，115頁。
(89) 日本銀行調査局「中井銀行ノ破綻原因及其整理」471頁及び476頁の重役私財提供の表を参照。
(90) 緒方，前掲書，冒頭部を見よ。
(91) 以下，両行との照合は，日本銀行調査局「中沢銀行ノ破綻原因及其整理」1928年11月，『日本金融史資料』昭和編第24巻，所収，397〜406頁，同「八十四銀行ノ破綻原因及其整理」1928年11月，同上，所収，380〜396頁による。
(92) 以下での家憲などの事実は，江頭恒治『近江商人中井家の研究』雄山閣，1965年，812〜813，907〜908頁による。
(93) 伊牟田「大正期における金融構造」284頁を参照。
(94) 以下での数値・引用は，それぞれ日本銀行調査局「中井銀行ノ破綻原因及其整理」470・467頁。
(95) 同行については，伊牟田「大正期における金融構造」での破綻銀行内での位置付けのほか，山崎『昭和金融恐慌』64〜69頁で破綻要因について概観されているが，経営者の思考・行動様式にまで踏み込んだ検討はされていない。
(96) 日本銀行調査局「中井銀行ノ破綻原因及其整理」474，476頁。なお，在来産業企業の自己資本比率は花井「転換期の在来産業経営」表8（142〜143頁）の田崎醬油の値（60％程度）を念頭に置いている。
(97) 以下での引用は緒方，前掲書，32〜34頁。
(98) 江頭『近江商人中井家の研究』910頁。
(99) 緒方，前掲書，7頁。
(100) 東京実業協会編「東京資産家録」1916年調査，渋谷隆一編『都道府県別資産家地主総覧』東京編1，日本図書センター，1988年，所収，233〜246頁により算出。なお，京橋区のサンプル数は756人であり，中井家は久原房之助とならび資産額500万円で第1位，第3位の者の資産額は300万円であり，中井家の突出した地位が読み取れよう。
(101) 以下に記す著者の学歴も含めて『人事興信録（第七版）』1925年8月，人事興信所，な22頁。先代についての記載は同書第三版，1911年3月，な32頁。
(102) 緒方，前掲書，39〜40頁。
(103) 以下での整理案は，緒方，前掲書，42〜48頁。
(104) 以下での引用は，特に断らない限り緒方，前掲書，49〜58頁。

(105) 本章最後で言及する，不良資産整理に際しての恣意的な担保不動産の評価も含めて，このようなことが可能になった背景には，青地正史氏が明らかにされた「時価主義会計」という戦前日本の会計制度の特質があると思われる（「戦前日本企業のコーポレート・ガバナンスと法制度」『経営史学』第37巻4号，2003年3月，所収，49～75頁）。なお，両大戦間期における金融危機と「時価主義会計」との関連については，青地氏が詳細な研究を行う予定とのことである。
(106) 緒方，前掲書，70頁。
(107) 江頭『近江商人中井家の研究』796～801頁。
(108) この点は佐伯啓思『貨幣・欲望・資本主義』新書館，2000年を参照。
(109) 緒方，前掲書，38～40頁。
(110) ここでの議論は言うまでもなく，Max Weber の Vekehrswirtschaft における「家計と経営の分離（Trennung von Haushalt und Betrieb）」を念頭においている（*Wirtschaft und Gesellschaft*, S.59）。
(111) 緒方，前掲書，20～21頁。
(112) 緒方，前掲書，51～52頁。
(113) 緒方，前掲書，74～77頁。
(114) 緒方，前掲書，79頁。
(115) 以下，同社の経営状況は日本銀行調査局「中井銀行ノ破綻原因及其整理」471～472頁を参照。
(116) 以下の引用は，緒方，前掲書，66～68頁。
(117) ここでの「経営」概念は Max Weber の Erwerbsbetrieb を念頭に置いている（Weber,*op.cit.* S.64）。
(118) 「だから，類例を見だすためには，われわれは宗教的世界の夢幻境に逃げ込まねばならない。ここでは人間の頭脳の産物が，それ自身の生命を与えられて，相互の間でも人間とのあいだでも関係をむすぶ自立的姿態のように見える。商品世界では人間の手の生産物がそう見える」ことを「物神崇拝」とした上で，資本主義社会における「自立的姿態」の完成形態を，商品所有者の欲望充足行動の帰結としての貨幣経済の成立に求め，これにより貨幣経済の創造主である人間が反対にこれに支配されるという，Karl Marx の議論を念頭においている（*Das Kapital*, Erster Band, Dietz Verlag, Berlin, 1867, 34.Auflage, 1993, S.86-87,101,108. 邦訳，新日本出版社新書版 1，1982年，124頁，159頁。なお，引用は原著で確認の上，邦訳のものをもちいた）。
(119) 以下の議論は，緒方，前掲書，27～31頁。
(120) 緒方，前掲書，32頁。

第3節　昭和恐慌期における第百七銀行の整理更正の挫折

1　昭和恐慌波及前の整理再建案

(1)　休業時の第百七銀行

　別稿および本書第4章第1節で明らかにしたように、第百七銀行は反対派で[121]ある民政党系機関紙から度重なる信用毀損を受け28年3月以降預金額を急減させるとともに、ほぼ時を同じくして金融恐慌の影響もあり一般借入金も急激な引上げを受けた。このため地方信用秩序を維持するとの観点から、これら資金の流失に伴う同行の資金繰りを日銀特融が支えることになった。

　この結果、休業時(1928年12月15日)には預金額が767万3000円なのに対して、日銀からの特別融通額が882万6000円と、特融額が預金額を上回る極めて異常な状態になっていた。これに加えて預金及び日銀特融の返済にあてるべき資産の状況も、製糸・羽二重・電力業など地方産業の不振を背景に悪化しており、27年末時点で不動産担保融資と信用貸が総貸出額の半分を占めるという極めて劣悪な担保構成とも相俟って、休業時点での同行の査定によれば貸出金の6割、629万1000円が回収不能状態であり、とても良好とは言えなかった。28年末の同行の総資産＝資本・総負債額は1899万8000円、内公称資本金275万円(払込資本金は143万7000円)であったから、仮に未払込資本金を全額徴収したとしても債務完済は不可能であり、同行は実質的に債務超過状態であったと判断される。

　このように同行の経営状態は極めて劣悪であったが、同行の債権者には特融の出し手である日銀支店および多数の預金者もいたほか、同行は「県下の親銀行」でかつ県金庫であったためにその整理遂行は県下の重要な問題となっていた。このことは福島県中通地方の銀行・金融に関する新聞の報道状況からも明らかであり、前掲表4-16によれば特に1929年1月以降銀行整理・更生に関する記事が大きく増加しているほか、この時期になると銀行・金融関連記事の大半をこの項目が占めるようになった。この記事の内容は必ずしも第百七銀行に関するもののみではないが、第4章第1節で明らかにしたように、新聞紙上で

は同行の整理が大きな問題として取り上げられていた。本表で用いた新聞が政友会・民政党両派のものであることを想起した場合，ここから政党政派を問わず，県下金融の安定回復を図るための第百七銀行も含む諸休業銀行の更生が，福島県中通地方の金融問題の中でも特に重要視されていたことが窺えよう。

　このような状況の中で，同行は上述のように，極めて劣悪な経営状態にあったにもかかわらず，単なる破綻処理にとどまらず更生の上で「県下の親銀行」として復活することを目指して再建を図ることを目的に整理に取り掛かるのである。

(2) 第一次整理案

　第百七銀行は1929年1月28日に株主総会を開き整理案（1928年12月31日の資産・負債状況を基礎）を発表の上で株主の諒解を求めた。同行は同時に日銀福島支店（以下，日銀支店と略記）に対しても，以下に記すような主要内容をもつ特融の回収条件の緩和を求める請願書を提出した。

> 「一．一般預金ハ無利息トシ弐ヵ年据置爾後第壱年弐割，第弐年参割，第参年五割ノ割合ヲ以テ金額払戻ノコト／二．県金庫預金ハ利息ヲ半減シ昭和六年十二月迄据置爾後毎半期分割払戻ヲナシ昭和十年七月迄ニ完済ノコト／三．貴行関係特別融通ハ利息ヲ半減シ昭和六年十二月迄据置爾後毎半期分割返済ヲナシ昭和十二年一月迄ニ完済ノコト」

　この引用に見られるように，第百七銀行は特融の返済条件を基本的に特融とほぼ性格が等しい，公信用である県金庫預金に準じる設定をしていた。ただし，完済期日は県金庫預金に比較して1年半近く遅く設定されている。これは特融残額（718万1000円）の県金庫預金残額（90万3000円）に対する多さによるものであろう。また，一般預金は無利息ではあるものの，預金切捨は盛り込まれておらず，支払期日も県金庫預金・日銀特融に比べれば極めて早い。これに加えて本整理案では，不良資産の回収や重役私財提供・未払込株金の徴収は盛り込まれていない。ここから同行は公的信用に依存して銀行取引先・株主など関係者の負担極小化を図ると同時に，早期の一般預金払戻を企図したと言える。そ

の中でも，同行の日銀支店に対する依存姿勢は際立っていた。同行が日銀支店に出した依頼状では「預金総額以上ノ債権ヲ有セラルル貴行ノ御意向如何ハ直ニ弊行ノ死活ヲ決シ候様ノ事情ニ有之尚多数預金者救済ノ為ニハ他ニ方法モ無之様被存候ニ就テハ特別ノ御詮議ヲ以テ願意御採納相賜リ度切望ニ不堪茲ニ案ヲ具シ情ヲ陳ヘ奉懇願願候」と述べられていた。前述のように，同行は特融額が預金額を上回るという極めて異常な状況にあったから，ここから預金額以上の債権（特融額）を持つ日銀支店の動向如何が整理の帰趨に決定的意味をもつこと，およびそれゆえに同行が日銀支店の協力をなんとしても得ようという姿勢をとっていたことが理解されよう。

これに対して日銀支店側は強く反発する。日銀支店長から本店整理部主事・審査部主事宛の報告には「現ニ回収困難ト認メラルル額四百三万円ニ対シテハ何等ノ対策ヲ講ゼズ甚ダ不徹底ノ整理案ト被認候尚本行ノ補償法ニ依ル特別融通ヲ今後三ヵ年間据置トナシ且ツ利子ヲ半減セラレ度キ旨ノ申出ニ就テハ到底考慮致シ難キ」と述べられていた。回収困難債権に関する対策がないなど，不良資産回収への努力もしないままに，日銀支店に特融利子の減免を求めるといった，同行の安易な整理に対する姿勢がかかる反発を招いた。現に，日銀特別融通整理部のまとめによれば，預金利息，特融利息の減免により，同行経営陣は「昭和八年上半季迄毎半期約二〇〇，〇〇〇総額約一，七〇〇，〇〇〇ノ回収不能債権並営業用不動産ニ付約四八〇，〇〇〇ノ償却ヲ為ス」こと，「一般預金特別融通及其他借入金債務等現在約一六，二〇〇，〇〇〇ハ全部年賦払預金ノ復帰並新規預金（昭和十二年末迄ニ両者総額一六，六〇〇，〇〇〇ニ達スル計算）ニテ之ヲ弁済スル予定」，「内部償却以外貸出ノ回収ハ行ハズ有価証券処分モ為サズ現在回収困難ト見込メル債権約四，〇三〇，〇〇〇ハ昭和六年下半季以降漸次優良貸ニ変化昭和八年下半季以降ニ至リ悉皆優良貸トナル計算ナリ」と考えており，今後の先行きに関しても楽観的な見通しを抱いた上で，滞貸金回収の努力も払わず，所有有価証券の処分もしないという整理姿勢を示していた。しかも，時期は下るが回収が一定進展した1930年3月末時点の不良貸出先・金額を示した表5-10によれば，滞貸金中には福島県是製糸・福島銀行・福島貯蓄銀行・福島倉庫・福島羽二重・武蔵野銀行・日本正準といった吉野周太郎元頭取関係先のほか，福島民友新聞社・須賀川醤油・岩瀬興業銀行・

表5-10 1930年3月末時点の回収不能債権（一万円以上）

(単位：円)

手許債権	金　額	構成比(%)	特融担保分	金　額	構成比(%)
大島要三小計	249,168	18.7	昭和土地	293,155	21.3
川俣信用販売購買組合	202,300	15.2	福島羽二重	200,573	14.6
福島県是製糸	192,383	14.4	緑川水電	141,500	10.3
福島銀行	125,012	9.4	日本正準	94,505	6.9
福島倉庫	70,785	5.3	須賀川醬油	76,861	5.6
福島民友新聞	40,250	3.0	大沼平兵衛	40,950	3.0
安田合資	35,500	2.7	掛田倉庫小計	39,035	2.8
日下金兵衛外九名	35,255	2.6	長沢倉吉	37,124	2.7
福島羽二重	29,046	2.2	星製薬	35,881	2.6
伊藤末之助	28,875	2.2	飯坂倉庫	32,567	2.4
大日本輸出羽二重	27,678	2.1	山十製糸	30,000	2.2
武蔵野銀行	24,302	1.8	福島貯蓄銀行	29,945	2.2
紺野九右衛門	17,191	1.3	小名浜商事	28,499	2.1
佐藤勇三郎	15,497	1.2	岩瀬興業銀行	27,000	2.0
矢部善四郎	15,300	1.1	白清〇〇	23,208	1.7
日下金兵衛外一名	15,000	1.1	佐久間喜助ほか	23,158	1.7
鈴木覚左衛門	15,000	1.1	磐城海岸軌道	20,000	1.5
永山新平後見人小沢八郎	12,515	0.9	鈴木孫三郎	18,970	1.4
日榮商事	12,093	0.9	磐城実業銀行	16,000	1.2
掛田製糸信用利用組合	11,468	0.9	須賀川酒造	15,000	1.1
第百一銀行	11,294	0.8	田代与三九	14,573	1.1
佐藤要次郎・髙橋五兵衛	11,000	0.8	伊藤真・セン	13,508	1.0
寺沢元良・田子健吉	10,500	0.8	髙橋五兵衛	12,823	0.9
1万円以上小計	1,207,412	90.6	一万円以上小計	1,264,835	92.0
合　計	1,333,188	100.0	合　計	1,374,366	100.0

注1）手許債権と特融担保分に区分したのは，第百七銀行の債権が特融担保に供したものとそれ以外のもので区分されているからである。
　2）〇〇は判読不能文字。
出所　株式会社第百七銀行「昭和五年三月三十一日現在　諸貸出金及特融借入金内訳調」日本銀行『自昭和四年至昭和五年　第二別口回議　第百七銀行』に合綴より作成。

磐城実業銀行・須賀川酒造・寺沢元良と田子健吉といった党派関係，同行の不良債権処理のための別働機関である昭和土地株式会社，そして現頭取である田代與三久向け貸出が含まれていた。なお，上記企業中には福島羽二重に見られるように，現取締役小林富吉などが関連しているものもある。これらへの貸出債権の手許債権合計や特融担保分合計に対する比率を見ると，前者は39.5%，後者は49.3%にも達していた。もっとも，この中には掛田信用組合・掛田倉庫

第5章　銀行合同政策への地方銀行経営の対応　　389

や第百一銀行など地域の基幹企業も含まれており，債権回収を全く実施しないという方針は地域経済への配慮という側面は皆無ではなかったのかも知れない。しかしながら，総じて第百七銀行の方針は新旧同行役員関係の貸出先への配慮という側面をも強く包含していた。この点を踏まえた時，第百七銀行経営陣の整理に対する「モラル・ハザード」は極めて重大であったと言わざるを得ない。

このような整理方針に対する日銀支店の反発が原因であろう，1929年3月になると第百七銀行は日銀支店に対して第二次整理案を提出することになる。次にこの整理案を検討する。

(3) 第二次整理案とその修正

日銀支店は，1929年3月22日付けで，審査部主事宛に第二次整理案を送付している。表5-11には本整理案作成時の第百七銀行の純資産・純負債額を示した。これによれば，仮に本表に示されている資産全額を資金化できたとしても，なおも156万1000円の債務超過になる。これについては「一．開業ト同時ニ三割ヲ切捨テタル残額五拾円以下ノ預金者ニ対シ全額ノ仕払ヲ為スコト　但其一部ヲ重役ノ私財提供ヲ以テ之ニ充当ス」とされているほか，公金預金も含めた「三割ヲ切捨テタル残額五拾円以上ノ分ニ対シテハ開業ト同時ニ其一割ノ仕払ヲ為シ」，それ以外は年一回，計八回に分割して支払うとされた。前回の整理案では，預金の全額払戻が謳われていたが，第2回整理案では預金者に大きな負担が課せられることになった。

しかしながら，ここで重要なのは表5-11に示した数値には日銀特融分は盛り込まれておらず，「日銀特融関係ハ之ヲ切リ離シ整理案作成ノコト」とされている点である。この整理案の作成基準日時である1929年2月末時点で，日本銀行からの特別融通額（全額補償法口分，本行口特融は本整理案作成時点までに全額回収済み）は620万3000円にまで達しており，依然として預金額523万9000円を上回る特融額が存在していた。ただし，この整理案では日銀特融利子の減免・特融額の切り捨ては盛り込まれていない。この意味で第百七銀行は整理案の策定にあたり，強い資金回収姿勢を示した日銀支店に強く配慮したのであり，前述した預金切捨てもその帰結であると言えよう。このほか回収不能額から半額の貸付金回収が盛り込まれている点，50円未満の小口預金の支払原資を目的

表 5 - 11　第百七銀行第 2 回整理案樹立時の純資産・純負債

(単位：千円)

資産勘定	金額	金額	右資産勘定ニ対スル純負債勘定	金額	金額
一．純資産勘定			預金勘定	5,239	5,147
現金預け金勘定	891	891	他店借	122	122
手許有価証券勘定	327	327	未払送金手形	44	44
回収確実割引手形	240	240	未払利息	0	96
回収確実貸付金	930	930			
他店貸	5	5			
小　計	2,393	2,393			
二．回収困難ニ属スル債権半額回収	701	701			
三．重役私財提供額	50	106			
四．動産不動産勘定	400	400			
五．特融担保品処分剰余額	300	300			
純資産合計	3,844	3,901			
債務超過額	1,561	1,508			
合　計	5,405	5,409	合　計	5,405	5,409

注）千円未満は切捨て。向かって左側の数値が 3 月整理案，右側が 4 月修正の数値。
出所）日本銀行『昭和四年第二別口回議　第百七銀行』より作成。

とする重役負担が盛り込まれている点，および1928年下期末から29年上期末にかけて所有有価証券も処分が進められている点(131)など，前回整理案で日銀支店から不満を買った点は一定程度是正されている。ここでの改善にあたり重役から私財提供がされている。しかし，大蔵省からの私財提供増額要求に対する「前当務者其他も私財を提供せねばならぬといふが如き無責任なる営業は行はないつもりであるからとて反対意見も相当あるので」「唯々諾々」と受容できないという田代頭取の発言をも踏まえた時(132)，私財提供に対する消極的姿勢を含む前述の「モラル・ハザード」が「前当務者」を含む重役の資産維持志向に基づく側面があったことは特に指摘しておきたい。以上のように，日銀支店の第百七銀行に対する規律付けは確実に効いていたのであり，同行の「モラルハザード」も一定程度是正された。しかしながら，日銀特融の返済計画は具体的に示されておらず，これについては事実上棚上げされたと見てよかろう。このように，この整理案では特融処理を整理案から分離することで預金の早期払出確保を試みたのであるが，特融の具体的返済計画が示されていなかった以上，同行の更生の目処は完全に立てられていなかったと言わねばなるまい。

第 5 章　銀行合同政策への地方銀行経営の対応　391

4月26日付けの日銀支店から本店宛の報告によると，この整理案には若干の修正が加えられた。この修正では債務額が幾らか増加したほか，五十円以上の支払を1年早めて6ヵ年とし重役負担額もほぼ倍増しているが，修正前に比べて大きな変化は見られない。また，日銀特融関係の整理案が独立しており，かつ，策定されていないことも同様である。しかしながら，この整理案が作成されたのとほぼ同時期と見られる1929年3月22日に実施された大蔵省実地検査の結果，大蔵省査定による「欠損見込額ト整理案ニ依ル欠損見込額ト対比スルニ整理案ニ依ル欠損見込額ハ寡少ニ失スルモノト認メラルルニ付更ニ調査ノ上相当訂正スルノ要アルヘシ」とのクレームが大蔵省からつけられた。このため，不良資産の査定と大蔵検査実施後の整理の進展を踏まえて，再度資産査定が実施されることになった。

　その際，注目すべきは大蔵省側が「未払込株金ノ徴収ヲ為シ預金其ノ他ノ支払資源ニ充当スル様相当計画ヲ変更スルヲ適当トスヘシ」として，整理進捗のために「未払込株金ノ徴収」の実施を求めたことである。これに対して，第百七銀行側は既に1928年上半期以降無配当・積立金の取崩・半額減資を実施したほか，休業に伴い「株価ノ激落」が生じたために，株主には「多大ナ犠牲」を払わせていること，大株主である吉野周太郎元頭取関係株式の「帰属」が定まらないこと，これらの事情を無視して大蔵省の要求に応えた場合，「自然失権処分等ノ手続ヲ要スヘク為ニ県下財界ハ極端ニ悪化シ訴訟其他ノ故障続出混乱状態ニ陥」る恐れもあることを主張した。その上で，このような要求は「当行ノ整理復活及財界安定策トハ」相容れないことを理由に，第百七銀行側は大蔵省に対して追加払込は不可能であると回答した。第百七銀行は，主として「多大ナ犠牲」を払った株主たちへの配慮と，預金支払・特融回収を求める預金者・日銀との間で板ばさみにあう中で，株主の利益に最大限配慮する姿勢を示した。

　このように第百七銀行の整理は混乱・遅延したのであるが，かかる状況の中で29年3月になると加瀬清雄福島県知事は県立新銀行を設立し，これを通じて同行を救済することを構想しその実現に着手した。加瀬知事は第百七銀行が属する政友会系の知事であり，県下金融界の早期更正の必要性とともに，知事の政党的立場がこのような救済策をとらせた理由であると見られる。しかしなが

ら，このような構想も同年 6 月の政友会内閣の総辞職＝政権交代に伴い流産することになった。このようにして，結局，第百七銀行は自立更正の道を歩むことになったのであるが，11月になると同行は大蔵省の意向も踏まえて同年 9 月30日現在の資産・負債状況を基準に，三度，第 2 次整理案を改訂した上で日銀支店などとの交渉に臨むことになる。この整理案では従来どおり特融分が切り離されていたが，それでも167万円の債務超過と査定されている。このうち預金（29年 9 月30日現在残高367万5000円）など債務の三割切捨てにより117万6000円，重役私財の提供により12万3000円，当期純利益により10万円を補塡することになっていた。ただし，それでも27万円の補塡不足が生じた。これについては「将来償却債権取立益等ニヨリ償却ナシ得ルモ，開業ノ上適当ノ時期ニ減資ニヨリ補塡ノ見込ナリ」とされており，事実上，先送りされた。また，この時点では減資実行は考えられていない。ここから大蔵省側が前述した第百七銀行側の主張を受容していたことが窺える。なお，特融の返済については，具体的な返済計画は立てられていない。しかし，この整理案では，特融残高367万1000円に対して特融担保の純資産額は442万4000円と査定されており，差引き75万3000円の担保価格過剰額が見込まれていた。

　しかし，その後，上記のような特融担保の査定に関して，今度は日銀支店からクレームがつけられる。1929年11月20日付けの日銀支店長からの特別融通整理部主事宛報告によれば，日銀側は50万円の担保不足を見込んでおり，この点について第百七銀行と同行の整理を監督していた県当局に再検討を要請した。その結果，「結局其ノ金額ヲ査定シ計上スルコトニ話相纏」ったという。同報告では，県当局は第百七銀行の早期の整理更生を図るために，監督官庁である「大蔵省ノ承認ヲ得ルコトヲ取リ急ギ居ル」ようであるとされていたが，11月18日付け報告では野上県商工課長から特融担保不足の整理案で大蔵省の「内諾」を得ており「預金支払ノ為メ預金者ノ同意ヲ求メ和議実行ノ計畫ナル旨申出有之」ったことが指摘されていた。ここから県内信用秩序回復の観点から，県当局が第百七銀行側に立って日銀との交渉に加わっていることが窺える。しかしながら，それにもかかわらず，日銀支店は飽く迄特融の確実な回収にこだわりつつ交渉をすすめ，担保不足の計上・穴埋めを第百七銀行・県当局側に容認させた。

第 5 章　銀行合同政策への地方銀行経営の対応

表 5 - 12 昭和 5 年整理案における欠損補填案
(単位:千円)

債務超過額	金額	補填資源	金額
欠損額	2,817	資本金切捨(減資)	962
		預金其他債務切捨	630
		補償法無担保債務切捨	597
		昭和五年三月末迄の利益	626
合　計	2,817	合　計	2,817

出所) 日本銀行『自昭和四年至昭和五年　第二別口回議　第百七銀行』より作成。ただし、単位未満切捨て。

このように日銀支店の特融回収確保に対する厳しい姿勢と、大蔵省検査による厳格な資産査定は、株主利益に配慮する第百七銀行経営陣の姿勢とも相俟って、同行経営陣や預金者、あるいは県当局の望む同行整理計画の樹立・開業の遅延をもたらすことになったのである。

2　昭和恐慌波及後の整理の行き詰まりと第百七銀行の任意解散

(1)　昭和恐慌波及後における整理案の再樹立

29年11月整理案についての日銀支店と第百七銀行・県当局の話し合いがまとまると、同行は年末から小口預金の払出を実施した。この結果、2月中までに2840口、6万204円、一口あたり平均金額21.1円の預金払出が行われた[139]。また、1930年1月30日付けの日銀支店から特別融通整理部主事宛の報告によれば、11月の整理案について「預金者大多数ノ承諾ヲ得既ニ和議成立ニ必要ナル法定数ヲ獲得シタル趣ナルモ同行トシテハ更ニ預金者全部ノ承諾ニヨリ私ノ整理案ニ依リ開店ノ方針ニテ折角努力中ノ旨発表」していたという[140]。

しかしながら、昭和恐慌の波及により同行は再度整理案の建て直しを迫られることになる。同行は1930年3月31日付けで「再開業ヲ建前トシタル整理案」を樹立し、日銀支店・大蔵省、および預金者などの債権者にこの承認を求めた[141]。この整理案における欠損補填の内容は、表5-12に概略を示してあるが、このほか預金支払(30年3月31日現在残高232万4000円)などのために32万2000円の重役私財提供が盛り込まれている[142]。これに加えて補償法特融(含延滞利息)312万7000円に関しては、担保不足見積額が59万8000円とされており、ほぼこれに匹敵する59万7000円の切捨てが予定されている。本案では預金とともに特融に関しても切捨が盛り込まれている点で、前回までの整理案とは大きく異なる。また、預金・特融などの債務の支払については、開業と同時に切捨て後の債務

394

全額の一割を支払い，2から6回目（年1回）まで1割5分ずつ，そして7回目で1割支払いすべての債務を返済することになっていた。

ところで，このような整理案の提出理由であるが，第百七銀行から大蔵省銀行局長宛に提出された「整理更生ニ付キ御願」では次のように述べられている。[143]

「(前略－引用者)近時経済界ノ不況ハ其極ニ達シ整理進捗上不少打撃ヲ蒙リ為メニ有価証券不動産等ノ担保価格ハ予想外ノ値下リヲ来タシ昭和五年三月三十一日現在ニ於ケル査定ニ基キ算定スルニ却テ五拾九萬八千七百拾壹円ノ担保不足ニヨリ無担保債務ヲ生スヘキ計算ニ有之候従テ是ガ回収不能ニ属スル債権額ニ於テモ亦昭和四年九月三十日ヲ基礎トセル整理案ニ比シ八拾六萬七千〇九拾八円ヲ増加シ尚所有有価証券ニ於テ新ニ七萬八千百六拾八円ノ減価償却ヲ要スヘキ見込ニ有之純資産ノ内容ニ於テモ不良化セル結果支払資源及欠損補塡整理方法等規定ノ整理案ヲ以テハ実行不可能ノ状態ニ立至リ候就テハ是ガ支払資源ノ不足ニ在テハ更ニ重役私財提供ノ増加若クハ債務額免除歩合ノ変更等ニ待ツノ外方法無之候ヘ共支払資源トシテノ重役私財提供ハ到底増加不可能ノ事情ニ有之又一般債権者ニ対スル債務額免除歩合ノ変更ハ既定整理案ノ条件ニ基キ大体承諾ヲ求メタル今日是又変更不可能ノ状況ニシテ已ムヲ得ス日本銀行特別融通無担保債務額前記五拾九萬八千七百拾壹円ハ全額免除ヲ請ヒ御承認ヲ求メ以テ整理案ノ実行ヲ期スルノ外他ニ途ナキ実情ニ有之候」

つまり，昭和恐慌の波及による有価証券・不動産などの資産価格の値下がりゆえに，第百七銀行は日本銀行に対して無担保債務の免除を申し出ざるを得ない状況に追い込まれた。このような整理案について，日銀支店側は特別融通整理部主事宛文書の中で「完全ナルモノトハ考ヘ得サル所ナルモ前記預金者ノ承諾ニ付変更ヲ求ムル時ハ同行整理ヲ不能ニ陥ラシムル虞アリ，又地方当地財界ノ状況並ニ同行ノ情状ヨリスレハ同行整理ハ右案ニ依ル外無之カトモ被考候間右整理案ヲ受理致候ニ付御審議被成下様御取計相成度此段御依頼候也」[144]と論じていた。日銀支店は整理案を不完全なものと考えつつも，預金者との間で預金切捨・整理案が合意に達しており，ここで異議を唱えると第百七銀行は整理不

第5章　銀行合同政策への地方銀行経営の対応　　395

能に陥るおそれがあること，および昭和恐慌による福島地方財界への打撃ぶりに配慮して，本整理案の受容を特別融通整理部に求めたと見られる。ここに至り少なくとも日銀支店側は，第百七銀行及び地域側に対して大きく譲歩する姿勢を示した。

しかしながら，このような第百七銀行からの依頼に対して補償法口特融の処分権をもつ大蔵省は「事情トシテハ同情スヘキ点アルモ尚特別融通金ニ対スル取扱カ預金者ニ比シ甚タ不利ナル点ヨリ見テ承認シ難シト」したという。つまり，日本銀行特別融通及損失補償法に基づき日銀に対して損失補償義務を負う大蔵省側は，財政負担を最小限に止めるべく，「預金者ニ比シ甚タ不利ナ」特融切捨て条件に不満を示したと見られる。これに対して県当局は「盆資金ノ需要ヲ控ヘタル県下ノ事情ニ鑑ミ預金者ニ対スル第一回ノ支払ヲ必要トシ整理案ノ成否ハ後日ノ問題トシテ取敢ヘス其ノ支払開始ヲナシ度意向ヲ有シ」ていたという。県当局は恐慌下の不安定な地域経済状況の下での資金需給の逼迫からくる，地域経済状況のさらなる悪化をおそれて，整理案の確定を先送りにした上で，預金支払を求めたと見られる。このように特融切捨て条件の改善を求める大蔵省と，地域経済のさらなる状況悪化を回避する観点から整理案の早期承認を求める県当局の間に意見の相違が生じたのであるが，かかる状況の中で第百七銀行は整理案の成立前に預金の支払いをするのを「好マ」なかったという。

以上のように整理案の確定は難航するのであるが，最終的には大蔵「大臣ノ意向ニ従ヒ従来自立整理ノ方針ヲ採リシヲ他銀行ニ合併整理スルノ方針ニ改メ同時ニ資本金ヲ一層減少シ之ニヨリテ生スル資産余裕ヲ以テ本行（日本銀行－引用者）特別融通金ニ対スル支払ヲ預金者ニ対スルト略同様トスル整理案ヲ更生スルコトトシ同省ノ内諾ヲ得テ（1930年－引用者）七月十八日預金及無担保負債ニ対スル第一回ノ支払ヲナシタ」という。当時，大蔵省は休業銀行も含めて銀行数の減少を図る方針であったから，大蔵省側は財政負担軽減を図るべく，株主負担の増大を第百七銀行側に認めさせることで特融免除額を圧縮するとともに，特融回収問題を梃子に同行を他行との合同に追い込んだと言えよう。これに伴い第百七銀行は自立更生を断念せざるを得なくなったほか，減資も当初の公称資本金250万円（払込143万7000円）から100万円（同47万5000円）という減資案から50万円（同23万7500円）にまで増加せざるを得なくなった。これに

396

表 5 - 13　第百七銀行の貸付金の分類内訳

(単位：円)

科　目	1930年3月31日現在債権額(a)	回収可能額 手許回収可能	回収可能額 再担保提供分	回収不能見込額	a に対する構成比(%)
商業手形	31,595	2,720	0	28,875	91.4
手形貸付	1,222,187	234,267	47,153	940,769	77.0
証書貸付	350,221	36,810	3,045	310,366	88.6
当座貸越	113,785	38,968	23,530	51,286	45.1
合　計	1,717,789	312,762	73,728	1,331,298	77.5

出所）第百七銀行「昭和五年三月三十一日現在　更生整理案」，日本銀行『自昭和四年至昭和五年　第二別口回議　第百七銀行』に合綴より作成。単位未満切捨で算出。

より同行は株主に大幅な負担を求めざるを得なくなり，かつ銀行法上の無資格銀行への転落を余儀なくされた。さらに，その存続を図るうえでも，同行は合併先を探さざるを得ない状況に追い込まれたのである。

(2)　整理の行き詰まりと第百七銀行の任意解散・特融返済の免除

　こうして第百七銀行は1930年7月18日から預金等の債務の払出を開始した。しかしながら，1932年7月31日期日の「無担保債務年賦金第三回支払」については，「預金者ニ対シ支払猶予ノ懇請ヲナシ」[148]た。表5-13には，史料の制約上，1930年3月末の整理案作成時のものになったが，同行の貸付金の分類内訳を示した。これによれば昭和恐慌に突入しはじめたこの時点で，既に貸付金の77%が回収不能になっていることが確認できる。同行は未払込資本金の徴収は考えていないから，これを30年3月31日時点の資産総額から除外した736万6000円に占める回収不能貸付金の割合は約20%に達することになる。ここから同行の資産内容が著しく劣化していたことが窺えるが，1930年以後の恐慌の深刻化を踏まえた場合[149]，同行の資産内容はさらに悪化しているとの想定には無理はなかろうから，このことが同行の整理行き詰まりの原因と見てよかろう。

　また，話は前後するが，1931年3月になると県当局は県内金融状況の悪化の深刻さと，第百七銀行の整理「渋滞」が目立ってきたことを理由に，再度，県立新銀行を設立し同行を救済することを構想し，同年3月17日には新聞紙上にこれを発表した[150]。当時，県政を担っていたのは民政党であったが，前年には当時営業中の銀行では県下最大規模の銀行であった郡山合同銀行が休業し，県金

第5章　銀行合同政策への地方銀行経営の対応　397

融界は壊滅状態の危機に直面していた。このような危機の深刻さゆえに民政党中心の県当局は，県立新銀行設立による救済策を構想した。しかしながら，県当局は第百七銀行の「整理渋滞ノ主因」認識において，同行経営陣に対して極めて厳しい姿勢を示していた。「整理渋滞ノ主因」として県当局は「財界不況」の深刻化に伴う「不動産（担保融資の－引用者）資金化ノ困難」のほかに，「当事者（第百七銀行の経営陣－引用者）ノ不当ナル自負心ニ駆ラレ今尚半期六万有余円ノ経費ヲ支出シ而モ其ノ多クハ重役関係ノモノニ属ス」という「経費ノ乱費」と「当事者ノ優柔不断」を挙げていた。このような県当局の認識の是非は，史料の制約上，明らかにできない。しかし，ここから，前述のように県当局は日本銀行・大蔵省との間に入って第百七銀行の整理を援助する姿勢を採っていたものの，少なくとも1930・31年頃の時点では同行経営陣の整理姿勢に極めて批判的であったことは明らかであろう。このような認識を示した上で，県当局は1932年1月1日に予定している新銀行設立までの間に，「経費ノ節減ニ対シ厳重ナル監督ヲ加フルコト」，「経営ノ委任ヲ見越シ其ノ間無責任ノ経営振リアルコトノ虞アルヲ以テ之ニ対スル警戒」，「同行支払資源（第二回）ノ資金化ニ相当援助ヲスルコト」に注意する姿勢を示した。第百七銀行の整理が「渋滞」する中で，県当局は監督強化により同行の整理における機会主義的行動を是正しつつ，新銀行設立による同行など県下金融界の更正を図ることを構想した。しかしながら，このような構想は県内の民政・政友両派の対立のために真剣な議論すらされないままに終わった。

　この結果，第百七銀行は単独での整理を余儀なくされたのであるが，前述のようにその後も整理は殆ど進捗しなかった。1932年8月5日の日銀支店から本店宛の電話報告によると，[151]「第百七，唯今手許ニハ二，三万円ノ資金アルノミ，不動産以外ニ資金ヲ得ル手段ナシ，整理案ヲ立テ直スヤ，或ハ預金ヲ買収シテ支払ヲ要スル額ヲ少クスル等ノ手段ヲ講ジ此儘ノ整理案ニテ行クコトトスルヤ，唯今考慮中ノ由」という状況であったという。このため日銀支店としては「預金者ニ対スル方針確定セザルニ付キ特融ニ付テハ今暫ク右ノ方針ニ付テノ様子ヲノ上ノコトニ致度」という方針を示していたほか，預金者に対する方針について第百七銀行側は「未ダ預金者ニ洩ラサザルモ更ニ相当額ノ切捨ヲ懇請スルノ希望ヲモ洩ラシ」ていたという。

このような状況に対して，日銀支店・預金者などの債権者たちは「形静ヲ静観」していたようである(152)。これに対して第百七銀行側は整理行き詰まりを打開すべく，32年9月になると「福島県農工銀行ヨリ本店営業所土地建物ヲ担保トシテ十三万円ヲ借入レ之ヲ資金トシテ預金ノ買得ヲナシ債務ノ減少ヲ計リタル趣」だったようである。しかしながら，33年下期には「主務（大蔵—引用者）省ノ慫慂モアリタル趣ニテ任意解散スルコトニ内定明年一月下旬開催ノ株主総会ニ於テ決議致度旨申出有之」という。大蔵省による解散慫慂は1933年の検査結果に基づくものであるという(153)。また，前述した30年時点の不良貸付比率に見られる資産内容を踏まえた場合，おそらくはその後の恐慌の過程で不良債権も一層増額していたのであろう。以上を理由に同省も経済不振の中で多額の不良債権を抱えた同行の整理更生は不可能と判断したのであろう。これにより第百七銀行は任意解散を決定する運びとなったのであるが，日銀支店は残存特融の回収については「今暫ク形成ヲ観タル上処置スルノ外無之モノト被存候」としており，この時点では回収方針を定めてはいなかった。

　その後，同行は，1934年3月の株主総会で「解散整理案」を発表したようである。当時の状況であるが，解散決議直後の1934年6月30日時点の貸借対照表によれば(154)，総資産＝負債・資本額は522万3000円，残存債務中，預金残額は21万7000円，借用金残額は223万5000円であった。このうち，未払込株金131万2000円，当期損失金（＝引継分）20万3000円は，後述するように前者は全額徴収しないから，合計額151万5000円は全額総資産額から差し引かねばならず，そうなると，少なくとも，同行は，この金額分は債務超過ということになる。これに加えて貸付金等の他の資産勘定も不良部分があったことが十分予想されるから，同行の債務超過額は上記金額を上回り，確実に大幅な債務超過状態にあった。

　なお，借入金の内容であるが，1934年6月27日から38年4月30日までの減少額67万9000円中，特融が53万9000円を占めているところから，その殆どが特別融通であったと判断される(155)。また，史料の制約上，同年9月30日の数値になるが(156)，残存預金の構成を見ると，預金総額21万2000円中，県庁関係で11万9000円（56.1％）を占めたのを筆頭に，県農工銀行関係5万6000円（26.4％），各種団体分1万1000円（5.1％），一般分が1万9000円（8.9％），他銀行関係分

4000円（1.8%）となっており，一般分は低位に止まり，公金預金関係が大宗を占めていた。同案では1934年6月30日時点の資産・負債残高を基礎にして，「未払込株金ヲ徴収セザル清算ノ根本方針ヲ樹立」し[157]，「残債務ニ対シ二割ノ支払ヲナ」し[158]，1937年末までに清算を終えることが計画されていた。

　未払込株金の不徴収については，「当行ノ払込未済株金百三十一万二千五百円中徴収可能額ハソノ数割ニ過ギザルコトハ最近数年間ニ於テ相続出セル破綻銀行ノ実例ニ徴スルモ大方各位ノ首肯セラルル処」であり，「而モ現実ニ之レガ徴収ヲ為サントセバ必ズヤ訴訟執行等ノ手続ニ依ラザルベカラザル情況ニアルヲ以テ夫等ノ費用ヲ控除スル時到底預金者其他ノ債権者ニ対スル配当額ニ於テ敢テ増額ヲ見込難シ而モ之ガ為メニ多年ノ日時ヲ要シ不況ノ極ニ在ル直接ニ又間接ニ諸悪影響ヲ及ボス」ことが理由に挙げられていた。近年の破綻銀行の整理経験から，未払込株金の徴収が極めて難しく，徴収できても総額の数割に過ぎないことと，法的制度に基づき未払込金の徴収を実行した場合，金銭・時間の両面において取引費用が嵩み，残債務の支払額のほか，支払も遅延して「不況ノ極ニ在ル」地域経済にも悪影響が及ぶという弊害が生じることから，少ない徴収額のためにこのような問題を惹起することは非効率であるということが，法制度に基づいて未払込株金を徴収しない理由であった。このことは，同時に，結果論かも知れないが，株主の利益にも配慮したものになったことは改めて指摘するまでもない。なお，残債務の支払割合を二割という，極めて低い比率にまで引き下げた理由は，残念ながら不明である。しかしながら，上掲史料にもあるように同行は地域経済の状況悪化を強調しているし，現に当該期の福島県地域経済の状況は極めて深刻であったから[159]，おそらくは地域経済の状況悪化による資産処分の困難がその理由であると推測される。

　このように，同行の「解散整理案」では，債権者は極めて厳しい条件を突きつけられることになった。これに対する債権者側の対応であるが，日本銀行側の史料によれば「一般債権者殆ト全部承諾，本行（日本銀行－引用者）諾否ヲ表明」しなかったという[160]。後述のように，この整理案には日銀特融全額返済は盛り込まれておらず，預金と同率の切捨てが盛り込まれていたようである。後に見るように，預金者よりも有利な弁済率を確保した時点で日銀支店は第百七銀行からの特融回収を打ち切るところから，預金と特融の切捨て率が同率であ

400

ることが，日銀支店が明確な態度を表明しなかった理由であろう。

　その後も第百七銀行側は清算のための整理を継続する。しかしながら，このような債権者に対する厳しい条件であるにもかかわらず，整理は難航したようであり，早くも1934年10月5日時点で第百七銀行精算人側は「加速度的地方財界不況ノ為メ遺憾充分ノ資金ヲ獲ルコト能ハズ現在ニ於テ資金九万七千五百拾参円五十銭ニシテ総債務第一回支払額ハ金九万六千九百九拾弐円九十九銭差引僅ニ五百弐拾円五拾壱銭ノ現金ヲ残存スルノミノ状態ニ有之候斯クテハ今後ノ清算進捗上種々支障ヲ来ス場合モ相生ズ事ト存候而シ一般債権者ニ一々其若干額ノ支払猶予ヲ乞ヒ候テハ繁雑困難ヲ極メ延イテハ支払停頓ヲ醸ス結果トモ可相成」として，日銀支店に担保不足額22万6017円の二割にあたる4万5203円の(161)うち，5230円を即時に支払い，残額の支払猶予を乞う「嘆願書」を提出していた。これに対して日銀支店側は「今後極力資金調達ヲナサシムルコトトシ」上記金額を「内入金トシテ受入置候」という報告を本店宛に送っていた。このように同行の整理と債務支払いは難航した。史料によれば1938年4月30日時点で(162)433万181円（内特融が大半を占めると見られる借入金155万5679円）の債務が残っており，当初の計画にあった1937年末までの整理完了は実現不能な状況だった。(163)

　しかし，このような状況の中で，1939年になると日銀特融を巡って動きが出てくる。つまり，第百七銀行が設定した担保及び残余財産の範囲内での，特融回収の打切を求める請願が同行から出され，これを受容する決定がなされた。その内容は，一，すべての補償法特融担保の日銀への譲渡，二，預金支払など日銀以外の債務者への支払，ならびに清算終了までの諸経費を差し引いた残余資産，現金4000円以上，不動産抵当権付債権（債務者薮内宇兵衛）元金6000円，昭和土地株式会社（「同行別働体，特融債務者」）株式，120株（全額払込，一株50円，計6000円）を日銀へ譲渡し，これを以って，補償法口特融残高20口，144万8835円の取立を打ち切るというものであった。

　特融担保の金額が不明なので，特融切捨金額全額は不明であるが，日銀支店によれば1934年の「解散整理案」により預金者と同率の弁済を提示されていたが，「同行今回ノ申出ヲ承認スルトキハ前記残余財産丈ハ一般預金者ヨリ有利ナル弁済ヲ受クルコトトナ」ったという。別な文書によるとこれら譲渡を受けた資産の内容は必ずしもよい物とは言えなかったようであるが，ここから預金(164)

第5章　銀行合同政策への地方銀行経営の対応　401

者などの他の債権者に比して有利な弁済を受けていることが窺えよう。このような事実の存在は，34年の「解散整理案」の時には日本銀行側は預金者など他の債権者よりも有利な弁済を求めてこの整理案に納得していなかったこと，および他の債権者よりも有利な条件を得た段階で特融回収の打切りを決定したことを意味している。このように，日本銀行側は，第3章で見た方針に従い飽く迄も他の債権者よりも有利な条件での債権回収を強く追求する姿勢を示していたのである。

3 小 括

　第百七銀行の特融返済姿勢であるが，同行は，当初，主として日銀特融利子の切り捨てや支払期日を長期化することで，預金等債務の全額返済を図るとともに回収不能貸付金の回収努力も払わないという，基本的に公的信用，とりわけ日本銀行に強く依存した整理方針を示していた。このような方針は先行きを楽観視した上で，未払込株金の徴収や重役私財の提供も考慮しておらず，日本銀行に強く依存することで，株主・重役及び預金者負担の極小化＝責任の回避を図り，かつ借り手責任も問わないものだった。それゆえ，基本的に同行取引先や利害関係者の利益に強く配慮した整理姿勢を採ったと言ってよい。
　しかしながら，上記のような整理姿勢に対して，日本銀行やその背後に存在する大蔵省は強く反発した。その結果，第百七銀行は再三にわたり整理案を建て直すことを余儀なくされ，同行経営陣は預金者・株主・重役あるいは借り手責任を追及する姿勢に転換せざるを得なくなった。この意味で日本銀行や大蔵省の回収姿勢は，第百七銀行の経営陣を強く規律付け，預金者等の取引先や株主などの利害関係者の責任を追及させることで，特融の借り手側およびその関係者の機会主義的行動による損失を極小化し，かつ，整理を一定程度促進させたと言える。しかしながら，このような特融回収姿勢は，同時に，県下の中心銀行である第百七銀行の早期開業を図り，地域信用秩序の早期回復を願う県当局や地域世論と矛盾を来たすことになった。つまり，第百七銀行ならびにその関係者に対する厳格な責任追及と地方信用秩序の早期回復とは，一定程度，二律背反の関係にあったのであり，日本銀行・大蔵省が前者を重視した結果，地方信用秩序の回復遅延・混乱長期化という，地方にとって重大な問題がもたら

されることになった。換言すれば，救済に入った日本銀行の存在が，皮肉にも地方金融の更正の遅延という，逆説的とでも言うべき結果をもたらしたのである。そして，昭和恐慌の波及に伴う地域経済の悪化を主因に整理が困難に逢着する過程で，県当局と第百七銀行経営陣の整理に対する認識の齟齬にも見られるように，地域社会内部で混迷の度合が深まる中で遅延を重ねた同行の整理更生は挫折するに至った。

　もっとも，日本銀行・大蔵省といってもその回収方針には相違があり[165]，支店を通じて地域の事情に一定通じている日本銀行は，地域側・第百七銀行側の主張に相対的には理解を示し地方信用秩序の早期回復に配慮しようとしたのに対して，大蔵省は損失＝国庫負担極小化を重視して地域側の要求を拒否して同行の整理方針の帰趨を定めた。この点は特融の回収ひいては第百七銀行の整理更生の如何を，最終的に大蔵省が握っていたことを示すものとして指摘しておかねばなるまい。つまり，特融回収を梃子に地域からの反発を撥ね付けつつ，財政および地方金融の効率性を重視する観点から「地方的利害」[166]の再編成を企図する同省の強い姿勢に見られるように，国庫負担抑制という財政上の論理が地方信用秩序の早期回復・預金者保護という金融問題を犠牲にする形で貫徹していた[167]。この点を踏まえた場合，当該期の日銀特融には預金者保護（「セイフティ・ネット」）という側面は甚だ希薄だったと言わざるを得ない。また，このような日銀特融の預金者保護機能の極端なまでの希薄性は，挫折したものの県当局が再度にわたり，県立新銀行設立による救済という形でその代償──喩えて言えば，「セイフティ・ネット」の「セイフティ・ネット」としての役割──を払おうとせざるを得なかったことも如実に表れている。したがって，たとえパニック鎮静化の作用を一定程度果たしていたとしても，このような信用秩序の回復や預金者を犠牲にする特融を果たして「セイフティ・ネット」と呼びうるのか大いに疑問であると言わざるを得ない[168]。

　以上，第百七銀行経営陣の整理に対する姿勢は，当局の規律付けを受けてようやく真剣さを帯びてくるような極めて受動的なものだったのであり，また，当局の対応も預金者保護と地方金融の早期更正を犠牲にしてまで特融回収を図っていた。このような意味で，同行の場合，地方資産家である経営陣の私財提供は「セイフティネット」としては限界が大きく，ならびに日本銀行の救済融

資は「セイフティ・ネット」と呼ぶことが憚られるような極めて限界の大きい代物であった。つまり，前述した不良貸出の比率や担保面などに見られる休業前の経営状態や昭和恐慌による経営環境の悪化とともに，上述のような経営側の安易な整理姿勢と，これが呼び込んだ当局側の厳しい回収姿勢が，預金者や地域経済に犠牲を強いる要因だった。特に当局の姿勢の背景には，第3章第3節で見た，金解禁問題が影響したことは言うまでもない。この点を踏まえた場合，伊牟田氏の指摘する当局の厳格な回収姿勢とともに，同行経営陣の整理に対する消極的かつ他力本願的姿勢も，このような一連の同行の整理遅延・挫折の要因として重視しなければなるまい。

(121) 以下の数値・事実については，本書第4章第1節および白鳥「製糸・養蚕地帯における金融危機の展開と日銀支店」による。なお，「県下の親銀行」という表現は，表4-16原史料でよく使用されたものである。また，中村五郎「福島県の金融と経済の歩み⑪」『福島の進路』1985年4月号，東邦銀行福島経済研究所，49〜51頁も「休業の直接原因」を論じているが，経営陣の判断の甘さなど常識的かつ既に明らかにされているものを指摘しているに過ぎない。
(122) この点については，本書第4章第1節を参照。
(123) 以下で引用する史料・整理内容は，特に断らない限り日本銀行『昭和四年　第二別口回議　第百七銀行』日本銀行金融研究所所蔵，に合綴された史料による。
(124) 1929年2月4日付け第百七銀行頭取田代與三久より日銀福島支店長菊地亀三郎宛文書。
(125) 1929年2月12日付け日銀福島支店長より本店審査部主事・特別融通整理部主事宛文書。
(126) 日本銀行特別融通整理部「百七提出別紙整理案ノ要項」。
(127) 以下，不良貸出先の構成については，第4章第1節での分析に基づく知見による。整理案作成時の役職構成は，第百七銀行『営業報告書』(1928年下期末。1929年1月28日時点)による。
(128) 日銀福島支店長代「福営秘第一一〇号」1929年3月22日，審査部主事宛。
(129) 株式会社第百七銀行（作成者推定）「整理要項」による。
(130) 以下に示す数値も含めて，株式会社第百七銀行「整理案概要」による。
(131) 有価証券所有額は28年下期末の525万6000円から29年上期末の112万2000円にまで減少している（第百七銀行『営業報告書』各期による）。
(132) 『福島毎日新聞』1929年4月7日。本記事は修正整理案提出後のそれであ

るが，この時点でさえこのような発言があったのだから，整理案修正時はこのような意見はさらに強かったと見られる。
(133) 日銀福島支店長代「福営秘第一六五号」1929年4月26日に添付されている第百七銀行「整理案」による。
(134) 以下での大蔵省検査を巡る大蔵省側と第百七銀行との問答は同上史料による。
(135) 以下，加瀬知事の県立銀行設立構想とその挫折については，本書第4章第1節を参照。
(136) 以下での数値および引用は，日銀福島支店（作成者推定）「第百七銀行提出　整理案ノ概要（昭和四年九月三十日現在）」による。
(137) 日銀福島支店長「福営秘第三四八号」1929年11月20日，特別融通整理部主事宛。
(138) 日銀福島支店長「福営秘第三四六号」1929年11月18日，特別融通整理部主事宛。
(139) 日銀福島支店長「福営秘第七六号」1930年3月3日。本史料も含めて以下で引用する史料は，特に断らない限り日本銀行『自昭和四年至昭和五年　第二別口回議　第百七銀行』に合綴されている。
(140) 日銀福島支店長「福営秘第四四号」1930年1月30日。
(141) 日銀福島支店「第百七銀行ニ対スル特別融通残余金ヲ担保並ニ同行清算残余金限リ打切リ処理ノ件」1939年2月9日，『日本金融史資料』昭和続編付録第1巻，所収。
(142) 以下に示す整理案の内容は，日銀福島支店（作成者推定）「第百七銀行整理案要項（同行作成ニ係ル）」による。
(143) 第百七銀行頭取田代與三久「整理案更生ニ付キ御願」大蔵省銀行局長関場貞次宛，1930年5月10日付け。
(144) 1930年5月14日付け日銀福島支店長より特別融通整理部主事宛文書。
(145) 以下での整理案を巡る大蔵省・県当局・第百七銀行の利害確執に関する引用は，日本銀行「第百七銀行ニ対スル補償法ニ依ル特別融通ノ回収ニ関スル件」1930年8月6日，『日本金融史資料』昭和続編付録第1巻，所収，443頁からのものである。
(146) 当時の政府の銀行数減少方針（銀行合同政策）については，本書第3章を参照されたい。
(147) 日本銀行福島支店「第百七銀行整理案要項（同行作成ニ係ル）」による。
(148) 日本銀行『自昭和六年至昭和七年　第二別口回議　第百七銀行』。なお，この簿冊には，第百七銀行が預金者に配布した支払猶予を求めるビラが合綴されている。
(149) 昭和恐慌期の福島県における経済の状況悪化の深刻化については，安富邦雄『昭和恐慌期救農政策史論』八朔社，1994年，第3章を見よ。

(150) 以下に示す県金融界の危機の深刻化と県立新銀行設立の動きについて，詳細は本書第4章第1節を参照。なお，以下に引用する福島県当局の新銀行設立案からの引用は福島県「新銀行設立ト第百七銀行ノ整理促進案（福島県庁私案）」『日本金融史資料』昭和編第25巻，所収，230頁からのもの。
(151) 日本銀行『自昭和六年至昭和七年　第二別口回議　第百七銀行』に合綴。
(152) 以下での引用は，日銀福島支店「第百七銀行ノ任意解散内定」1933年12月31日，『日本金融史資料』昭和続編付録第1巻，所収，448頁による。
(153) 日本銀行福島支店「福営秘第19号」1934年3月20日に添付の「御参考」日本銀行『自昭和八年至昭和九年　第二別口回議　百七銀行』に合綴。
(154) 解散会社第百七銀行「第七十五期（清算第一期）自六月二十七日至六月三十日報告書」1934年7月24日，日本銀行『第百七銀行解散関係書類』日本銀行金融研究所所蔵，に合綴による。なお，以下で引用する解散関係史料は，特に断らない限り，本簿冊に合綴されている。
(155) 第百七銀行「負債勘定」の1934年6月27日から38年4月30日までの移動額中，備考欄による。
(156) 第百七銀行「別口預金内訳（昭和九年九月三十日）」による。
(157) 解散会社第百七銀行「第七十五期（清算第一期）自六月二十七日至六月三十日報告書」1934年7月23日，「清算事務ノ概況」欄による。
(158) 日本銀行福島支店長「福営秘第二一一号」1934年10月15日付け，特別融通整理部主事宛による。
(159) 安富『昭和恐慌期救農政策史論』第3章。
(160) 以下での引用は日本銀行福島支店「第百七銀行ニ対スル特別融通金ヲ担保並ニ同行清算残余財産限リ打切リ処理ノ件」1939年2月9日，『日本金融史資料』昭和続編付録第1巻，所収，454頁，からのものである。
(161) 株式会社第百七銀行精算人阿部義次「嘆願書」1934年10月5日付け，日本銀行福島支店長柏木純一宛。
(162) 日本銀行福島支店長「福営秘第二一一号」1934年10月15日付け，特別融通整理部主事宛。
(163) 第百七銀行「負債勘定」による。
(164) 「完全譲渡受ケタル担保債権ノ現在残高ハ九五九千円ナルカ此ノ内分割弁済実行中ニテ回収確実ト認メラルルモノ一三〇千円，目下処理進行中ニシテ最近ニ回収見コマルルモノ三一千円，其他評価額約八一千円ノ担保不動産ハ商談弗々ノ程度ニテ急速ニハ処分困難又信用債権ニ就テハ一三千円程度ノ回収ニ止マルヘシ」（日本銀行福島支店『昭和十四年　引継書類　福島支店』に合綴の「補償法特別融通先概況（昭和十六年四月十五日現在）」の「第百七銀行」欄）。
(165) 伊牟田「銀行整理と預金支払」では，以下に示す点が明確に把握されていない。

(166) 石井「地方銀行と日本銀行」147〜148頁。石井氏が指摘した特融先の階層性を通じた「地方的利害」の再編成とともに，本節で指摘した点も特融（回収）を通じた「地方的利害」の再編成の手段であった点には留意する必要があろう。
(167) 補償法融通の実施にあたり，大蔵省当局がこの点を如何に重視していたのかという点は，本書第3章における金融恐慌以後の日銀特融の回収政策についての検討を見よ。
(168) 以上の議論は，伊藤「昭和初年の金融システム危機」，靎見「セイフティ・ネットの再構築」に対する批判を蔵する。

おわりに

　以上，金融危機の克服に成功した両羽銀行による楯岡銀行救済合併，金融恐慌で破綻した中井銀行経営者の思考・行動様式，そして，休業銀行である第百七銀行の整理更正の挫折を検討してきた。ここではこれら三行の経営行動を比較した上で，他の研究者による他銀行の分析をも加味することを通じて，両大戦間期における銀行合同政策と地方銀行経営との関連の特質を仮説的ではあるが簡単に指摘したい。

　まず，この点を考える上で，破綻銀行経営者の思考・行動様式の特性について，小川功氏が仮説的に提起した「負の連鎖とリスク増幅のメカニズム」[169]が重要な見解なので，まずそれを参照し，その上で本章での事例分析との関係を示そう。氏は破綻銀行経営者の特徴として，①投機癖の強さ，②自己顕示欲の強さ，③経営判断時における「深謀」の欠落，④過大な事業欲，⑤放漫・移り気などの「お坊ちゃん的性格」，⑥自己の能力に対する過大評価癖の強さ，⑦誇大妄想，虚栄心の強さ，⑧事業に関する突進主義の強さ，⑨「義侠的性格」の強さ，⑩自由奔放・革新性は強いものの，倫理観が欠落していること，⑪「遠い将来を夢見る」あまり，「足許を軽視する」傾向の強さ，の11点を指摘している。

　小川氏が明らかにした点は，例えば，本章第2節での中井銀行の経営者の分析に見られるように，ほとんどが妥当する。ただし，付け加えることがあると

すれば,「家計（ないし家産－引用者）と経営」（以下，括弧略）の関係性の如何が銀行経営に与える影響である。中井銀行経営者は銀行経営と家計（含家産）を分離した形で「経済計算」を行っておらず，それゆえに自己の経営者としての物質的・非物質的欲望充足のほかに，一族の物質的欲望を充足させる必要が加わり，これにより銀行経営の歪曲が一層加速された。このような事実は家計および家産と経営が未分離な状況下で，小川氏が明らかにした性向をもつ経営者が銀行経営の実権を握った時に，より一層銀行経営の「暴走」が「増幅」されることを示している。

　これに対して，本章第1節で示した両羽銀行頭取三浦新七，同常勤取締役長谷川吉三郎の行動様式は対照的であり，三浦と長谷川はリスクを回避する慎重な経営姿勢を保持しつづけていたほか，常に個別銀行経営の利害はもちろんであるが，地域金融経済全体のことを考慮に入れつつ経営判断を下していた。換言すれば，三浦・長谷川の経営行動はリスク回避志向の強さ＝慎重さと，地域に対する公共性を重視した行動様式に特徴付けられる。なお，楯岡銀行救済にあたり渡辺家による損失補塡を最後まで求めたことに見られるように，三浦・長谷川もまた家計および家産と経営を関連付ける思考を持っていた。しかし，中井銀行経営者と異なる点は，両羽銀行のように経営者が個別銀行・個人の利害を超えて，冷静な姿勢を保持しつづけた場合には，このような思考は銀行経営にとって弊害になりえないどころか，信用秩序の安定に寄与する場合すらあることを示していることである。むしろ，三浦・長谷川のようなリスク回避志向と地域に対する公共性意識の強い経営者の場合には，家計および家産と経営が未分離であることは大資産家としての信用力が銀行経営安定化の支柱にすら成りえる。その意味で，家計ないし家産と経営の関係が銀行経営に与える影響の如何は，最終的には経営者個々人の志向性に基づくといってよい。もっとも，昭和恐慌期に東北地方が全般に深刻な金融危機を経験する中で，三浦らの努力もあり山形県が例外的に銀行取付や銀行破綻を回避していることを想起した場合，三浦新七・長谷川吉三郎のような経営者の存在は稀有な存在であった点には注意する必要がある。以上は小川氏の分析との相違点であり強調しておきたい。

　次に休業銀行である第百七銀行経営者の整理時における行動の特徴である。

この点については既に論じてあるから，ここでは，政策当局なり経済状況など経営者自身以外の要因に依存した他力本願的経営志向の強さ，ならびにこのことを仮に放置しておけば機会主義的行動による特融の焦付き増大を惹起するがゆえに，特融回収にあたり日本銀行・大蔵省が第百七銀行経営陣の行動を強く規律づけせざるを得なくなったことを指摘するにとどめる。その際，重要なのは，当局の規律付けを受けて，同行経営陣がはじめて重役の私財提供の実施や増額を決定していることである。このことは家産防衛がその機会主義的行動の背後に存在した一要因であることを暗示している。類似の事例は第4章補論で指摘した福島県本店所在銀行で1927年6月に休業した福島商業銀行（5月31日時点預金量693万7000円）重役の，日銀支店長からの私財提供要求の拒絶にも見られる。同行の休業決定もまた私財提供回避という家産保全動機に基づく機会主義的行動であった。上記諸行経営者の行動のほか，前述した中井銀行が昭和銀行への合併による整理更正が図られたという事実をも併せ見た時，家計および家産と経営の未分離に基づく銀行経営者の「暴走」や，休業銀行経営者の他力本願主義的姿勢の強さといった，経営者の規律の欠如が政策当局による強度の介入を必至にした重要要因となったと言ってよかろう。このほか休業銀行の場合，大蔵省は特融回収問題を銀行合同実現の梃子に利用していた点も併せて指摘しておきたい。この意味で，大蔵省側は特融と銀行合同との間に補完性を持たせることで，金融構造の効率化・再編成を企図していた。

　最後に，銀行合同と銀行経営との関連について幾つかの点を指摘しておきたい。まず，両羽銀行による楯岡銀行救済合併の事例であるが，銀行経営と家計および家産が未分離な状況は，家産を軸とする関連銀行，資産家相互の利害調整を必要としたことを指摘しておきたい。その上で，救済側の経営者の行動様式が両羽銀行頭取三浦新七や長谷川吉三郎のように，信用秩序維持を重視し，かつ，取引コスト節約の観点から司法手続に訴えることを回避するなど，債務者側への一定の譲歩を見せるものであった場合，被救済側の不良資産問題の解決も含めて銀行合同は比較的円滑に進むことを指摘しておきたい。その際，被救済側の重役は私財提供を回避すべく機会主義的な行動を採り，それゆえに銀行合同は障害にぶち当たったが，このような問題に対して大蔵省の合同勧奨は必ずしも効果的でなかったことも強調しておきたい。

次に，中井銀行の事例に見られるように，政策的銀行合同が，破綻銀行経営者がなるべく整理に際しての私財提供を実施しないという，家産保全動機に基づく機会主義的行動を誘発するおそれがあったことを指摘しておきたい。もっとも，中井銀行の場合，既述した経緯で私財提供をせざるを得なくなり，経営者の思惑は実現しなかったが，このような意味での機会主義的行動の温床になったことを示す幾つかの事例が存在する。吉田賢一氏が検討した[172]，破綻回避が可能になった第百十三銀行の場合，1927年銀行法に基づく規制体系の施行に伴い，重役による銀行の私的利用と劣悪な経営状況が顕在化するのをおそれて，1928年に（旧）北海道銀行（1927年末公称資本金500万円）との合同に踏み切った。第4章補論で見たように，同行の経営は重役個人の大資産家としての信用力に支えられていると経営陣に認識されており，それゆえ経営の劣悪ぶりが表面化した場合，重役の私財提供による損失補塡が不可避だったであろうから[173]，同行が北海道銀行との合同を急いだ背景にも家計および家産と経営の未分離という状況があったことが強く推定される。
　このほか岩間剛城氏の研究によれば[174]，宮城県の七十七銀行（同700万円）も昭和恐慌前の銀行合同過程で，所有不動産の評価を不当に高く評価して不良債権の償却原資を捻出し，それにより当座を凌ぐ行動を採っていた。その後，昭和恐慌以降になると同行の経営状況は悪化するが，これについては日銀当局から「宮城県ノ親銀行ナルニ巨額ノ不良債権（二三，〇〇〇千円ト推算）アル上，毎半期利息手形収受ニヨル利益ノ捻出ヲナササレハ損益面ヲ粉飾スルヲ得ス，其所有スル不動産ハ約一〇，〇〇〇千円ニ及ヒ過半ハ仙台市内宅地建物ナルカ同市内ニハ勧銀（旧農工），仙台信託，宮城銀行等金融機関ノ有セル一〇，〇〇〇千円ヲ超エ　何モ処分ノ体勢ニアレハ価格ハ高騰スルニ由ナク処分極テ困難，収益率年一分四厘弱ノ不良，尤モ先年重役ノ交迭（ママ）ト共ニ高率預金ノ整理，経費節約等懸命ノ努力ヲ始メ居ルモ外科的手術殆ト不可能ナル程悪質状態ナリ」[175]と評価されるほどであった。現に『七十七銀行百二十年史』でも経営状況の自力改善が出来ず，1941年に大蔵省からもこの点に関して指摘を受けたために，氏家清吉頭取・中村梅三副頭取が引責辞任した上で，日本銀行から役員を受容・後援を受けつつ不良資産の整理を行なったということを認めているから[176]，上記の日本銀行史料は信用がおけると判断できる[177]。こうして，傍点部

にも見られるように，充分な償却処理をせずに不良債権とともに多額の不動産を抱え込んだことが同行の経営悪化の要因だった。ここから銀行合同時の機会主義的行動がかかる状況をもたらした一因と推定される。

　このほか，家計および家産と経営の関係は定かではないが，合同後，結果的に破綻した銀行の中でも，杉山和雄氏が明らかにした1928年3月に設立された宮崎県の日向中央銀行（引継ぎ公称資本金500万円）の場合，合同の際に「(参加した－引用者）8行合併が挫折することの危惧がより強く作用したといわれ」[178]ているように，合同を急ぐ余り「各行が不良資産査定を厳格に行ない，それを前提に必要な償却資金を提供する」という望ましい方式ではなく，「償却資金の調達に8行一律方式が採用」されたために，不良資産償却が「不徹底」となり合同後の不良資産増加と昭和恐慌による経営破綻に帰結した。そして，破綻後の整理過程に至って，ようやく重役による50万円の私財提供が実施された。また，同様な事態は1928年4月に新立された長野県の信濃銀行（合併時公称資本金1400万円）にも見られた。西村はつ氏によれば，同行の場合も不良資産整理の不十分さに加えて，高率預金・高率借入金などへの依存度も高く，高コスト体質という問題も抱え込んでいたとされ，同行も昭和恐慌期に破綻することになる。これら事例からも，当座の危機を克服するために，充分な経営整理をせずに合同を実行することがあったことが確認される。その際，要償却査定額の極小化が図られていたが，これは銀行経営に充分な償却原資がなかったことを示唆している。仮に，この状況で充分な償却を実施した場合，このことは重役の私財提供に繋がる可能性も少なくないし，現に日向中央銀行の場合，破綻後になってようやく私財提供がされている。ここから上記両事例も家産保全動機に基づく機会主義的行動であることが推定される。[179]

　このような機会主義的行動の背後には，厳格に不良資産の査定と整理を実施した場合，その割合の如何はともかく重役の私財提供が必要とされるであろうから，その背景にも家計・家産と経営の未分離という経営状況があったことが強く推定される。特に，これら銀行は家計・家産と経営の分離を前提とする株式会社形態をとっており，重役である大株主は有限責任である。したがって，近代法の論理に従えば，株主としては有限責任であるはずであるし，経営者（＝取締役・監査役）としては，株主が訴訟を起こして善管注意義務違反や背任

行為が司法の場で立証されない限り，個人の資産から損失を賠償する責任は生じない。また，預金者などの債権者は法人としての銀行と取引しており，個人としての経営者と取引しているわけでもないから，経営者個人に預金などの債務支払い目的の私財提供を求めることは法的に不可能である。それにも関わらず，公的（近代的）な法制度・司法制度の枠組みを超える形で，無条件に私財提供の履行が社会から求められ，かつ，銀行合同との関連も含めてこの点を巡る問題が生じた点に，家計・家産と経営が未分離であり，大資産家・名望家の個人的信用力に依存していた，当時の――とりわけ株式会社形態の――地方銀行経営，あるいは地方銀行間の合同上の困難の特質を見出すべきであろう。[181]なお，近年の研究で明らかにされている，同様に家計・家産と経営が未分離な醬油醸造業の合資会社形態をとる小経営と比較しても，[182]銀行業の場合，企業形態上は家計・家産と経営の分離が前提とされている株式会社形態をとっていたとしても，公的な法制度を超越する形で私財提供が求められた上に，自己資本比率・総資産＝総資本・総負債規模が事業会社とは根本的に違うがゆえに，大資産家としての地位が脅かされるまでに私財提供が巨額になりかねない。しかも，仮に重役が私財提供を行っても，銀行業の場合，自己資本比率の低位性ゆえに経営継続の如何も疑わしい。これが他の中小企業経営とは異なる，地方銀行経営の特徴であろう。

　以上，個別銀行経営の観点から見ると，当該期における銀行合同政策が必ずしも銀行経営の健全化，ひいては金融の効率化をもたらしたとは言い難い。この点は，日銀特融という救済措置が採られたにもかかわらず，昭和恐慌期に27年12月から29年12月までの合同経験のある営業継続銀行179行中，27行・15％もの銀行が破綻したことからも確認される。[183]以上に関連して，1927年から31年までの銀行合同に伴う役員兼職関係の変化を検討した研究によれば，[184]当該期の合同は専門経営者の雇用には結びつかなかったほか，銀行合同の結果でき上がった銀行（「統合銀行」）数69行に対して，役員兼職数は819件もあったとされる。これに加えて，「統合銀行」への参加数172行，「非統合銀行数」387行で総数に対する前者の比率が，約30％程度に止まることを想起した場合，金融恐慌により多数の「機関銀行」の淘汰が進んだ後に実施された，[185]政策的な銀行合同による役員兼職関係＝「機関銀行」関係の駆逐には大きな限界があったと言わねば

ならない。このような実態は，道府県内の域内小地域の自律性に配慮した政策の結果，当初，想定されていた「一県一行」レベルまでに経営の大規模化が進展しないという，政策不徹底の帰結も影響したと見られる。この点を踏まえた時，政策的効果よりも，特に金融恐慌・昭和恐慌期における市場による「機関銀行」の大きな後退をより強調すべきであるように思える。このほか，仮説の域を出ないが，ここまでの検討から上からの政策的な銀行合同の促進は，銀行経営と家計および家産が未分離であるという状況の下では，銀行経営者の私財提供回避＝家産保全動機に基づく機会主義的行動の温床になるという事態が広く存在していたことが推定される。そうであるとすれば，このような経営改善に対する経営者＝大株主の消極的な姿勢が，既に指摘されている，金融恐慌から昭和恐慌期にかけての時期における，銀行合同政策に応じた銀行──とりわけ，政府の政策の影響を強く受ける形で受動的に銀行合同に参加した銀行──のROA低下の一因ということになろう。

　もっとも，同様に家計および家産と経営が未分離という状況の下であっても，これに規律付けられることで，金融危機・銀行合同に適切に対処したと見られる両羽銀行の事例と他の事例とを比較した場合，銀行経営が健全性を確保し，銀行合同政策が金融の効率性を担保できるか否かは，銀行経営者の思考・行動様式の如何にも大きく依存していたと言うべきであろう。

(169)　以下，小川氏の議論は『企業破綻と金融破綻』513〜546頁による。
(170)　白鳥「反動恐慌後における地方銀行の経営整理と本支店＝地域間資金移動」85頁における長谷川吉三郎両羽銀行常勤取締役（当時）の発言の引用を参照。同行の経営状況も本論文を参照。
(171)　以上の議論は，白鳥圭志「山形県」『日本地方金融史』を参照。
(172)　吉田「北海道における銀行合同」144〜151頁。ただし，吉田論文では銀行合同がもつこのような側面について明示的に論じてはいない。
(173)　現に，反動恐慌後に同行頭取に就任した小熊幸一郎は，経営が悪化した同行を支えるべく，価格が大幅に下落した同行株式を多数引受けるなど，相当程度の「犠牲」を払っていた（白鳥「明治後期から第一次世界大戦後までの地方資産家の事業展開」）。かかる事実はこのような議論の傍証になろう。
(174)　以下の点については，岩間「旧七十七銀行の銀行合同（1）」83〜84頁，「同（2）」45〜46頁を参照。

(175) 日本銀行福島支店「管内地元銀行概況　昭和十四年二月現在」同『昭和十四年　引継書類　福島支店』1939年に合綴。なお，本薄冊史料は栗原るみ氏に提供を受けた。
(176) 同書，1999年，36頁。
(177) なお，邉英治「戦時体制下の大蔵省銀行検査体制」『社会経済史学』第70巻6号，2005年3月，18頁，注(71)でも，本書が用いた史料に基づいて，ほぼ同様な議論をしている。もっとも，本書でこの点を指摘することを伝えた上で，邉氏に本史料を提供し，かつ，この点を教示したのは筆者＝白鳥であった（ただし，氏は自らの論文の中でこの事実には言及していない）。また，この点は，氏の上掲論文公表以前に，社会経済史学会東北部会で報告している（2004年6月27日，於東北大学）。さらには遺憾なことに同論文における両羽銀行の危機脱却の特徴の指摘は筆者の研究『戦時から戦後復興期における地方銀行経営の変容』の盗用である（詳しくは一橋大学日本企業研究センター発行の筆者のワーキング・ペーパーを参照）。以上を踏まえた時，あくまでこの問題への着目は筆者が先であることを，念のため記しておく。
(178) 以下の，日向中央銀行の不良資産問題は，杉山「金融恐慌後の銀行合同と不良資産」『成蹊大学経済学部論集』第30巻2号，2000年3月，所収，1〜31頁；同「宮崎県中核銀行の破綻と県是銀行」石井・杉山編『金融危機と地方銀行』348〜349頁による。なお，杉山氏も指摘しているように，このような不良資産整理が不十分な銀行合同とその破綻の存在自体は，後藤新一氏も指摘している（『昭和期銀行合同史』金融財政事情研究会，1981年，46〜48頁。公称資本金は後藤『銀行合同の実証的研究』584頁）。
(179) 以下，信濃銀行についての記述は，西村「信濃銀行の新立とその整理」石井・杉山編『金融危機と地方銀行』，所収，特に231〜234頁による。
(180) 以下の会社法（商法）に関わる議論は，宮島司『会社法概説〔第三版補正版〕』弘文堂，2003年，244〜245，272〜299頁。
(181) ただし，既述した1934年の両羽銀行による楯岡銀行救済合併契約締結時において，双方が司法手続きを経ずに合併に合意した事例に見られるように，司法手続きを回避して私的な利害調整を実施したことが，比較的早期の問題解決に繋がる面があったことも，念のために指摘しておく。
(182) なお，花井「転換期の在来産業経営」では，戦間期の在来小規模醬油経営の存続要因として，経営者の家産からの私財提供を挙げており，それを家計と経営が未分離な経営体一般に共通する存続要因と考えているようである。しかし，事例に挙げられている田崎醬油は，企業形態が合資会社であり，無限責任社員（田崎家当主と推測される）が入っている。つまり，同社の場合，家計・家産と経営の分離を前提とする株式会社とは異なり，そもそも無限責任社員との家計・家産と経営の未分離を前提とする企業形態をとっている。つまり，経営悪化時に，私財提供を求められたとしても，それが無限責任社

員であるならば，このことは「近代的」な法制度に則った行為と言える。また，自己資本比率が概ね5割台後半から6割程度を維持しており，銀行と比較して著しく高位である。また，総資産＝総資本・総負債規模も3～4万円程度に過ぎない。しかも，これを反映して重役からの私財提供額はわずかに8000円程度に止まり，その結果，致命的なダメージを受けることなく，醬油醸造企業経営も家経済も存続するようである。しかしながら，本文中に示したように，預金等他人からの巨額の負債に依存するがゆえに，自己資本比率が低位に止まらざるを得ず，しかも総資産＝総資本・総負債規模が巨額に達する銀行と，在来産業の小規模経営ではおおよそ問題の位相が異なる（この点は本章第1節も事実の補強として参照）。以上の諸点を考慮しない見解は，著しい謬論であると言わざるを得ない。

(183) ここでの数値は進藤「昭和恐慌期における休業銀行・開店休業銀行の実態と影響」第8表，後藤『銀行合同の実証的研究』より算出。

(184) 以下，兼職関係についての数値などは岡崎哲二・澤田充「銀行統合と金融システムの安定性」25～46頁。ただし，同論文は銀行合同による役員兼職関係＝「機関銀行」の解消の意義を高く評価しているが，本書は同論文が提示した数値を用いつつもこの意見には全く賛同できない。その理由であるが，まずは兼職関係の変化率に基づいて分析することの意味が理解し難い（総役員数の変化率で兼職数の変化率を割るならば分からないでもないが）。次に，合同後の銀行数と兼職数を見てもその比率は相当なものであるから，当時の地方銀行の役員数を想起した場合（多く見積もって10名程度），少なくとも単純計算で全員が最低1つ以上の兼職をしていたことが明らかである。また，仮に兼職関係の解消が進展していたとしても，当時の地方経済の疲弊振りを踏まえた時，企業倒産に基づくものである可能性は大いにあり得るから，政策的銀行合同の意義を強調するのはなお慎重さが必要であろう。また，専門経営者の問題についても序章で示した杉山和雄氏の研究により，その台頭は戦時期であることが既に明確化されているから，この点は研究史上，既知であると言ってよい。このほか，収益性についても，対象時期が昭和恐慌とこれに伴う銀行動揺の真っ只中であるから，合同が預金吸収力や収益性改善に効果がなかったと統計的に出てくるのはある意味で当然である（同論文，表10に示された説明変数の回帰係数に比しての定数項の大きさに注目したい。これはマクロの影響の大きさを示すものと考えられる）。

さらに合同による兼職数の減少を以って，合併参加銀行の旧重役の影響が排除されると考えているようであるが，これに関しても，例えば福島県の第百七銀行は1926年に山形県米沢市の第百二十五銀行を合併しているが，これに伴い後者の取引先である生糸商関連の不良債権を抱え込むことになった（第4章第1節での第百七銀行の不良貸付構成を参照。ここでの生糸商向け不良貸は第5章第3節での用いた日銀史料から米沢生糸商のものであること

が確認される）。また，本書第4章で分析した岩手県下の破綻銀行や本章で依拠した宮崎県の地方銀行に関する杉山和雄氏の分析や，信濃銀行についての西村はつ氏の分析，岩間氏による七十七銀行の分析もほぼ同様の事実を示している。同論文は先行研究をほとんど全く踏まえていないが（そもそも同論文は，「機関銀行」の解消過程を検討した最初の論文であると主張しているが，杉山・西村両氏らの先行研究を踏まえた時，このような主張は適切とは思えない），個別の実証研究を踏まえた時，合同による兼職数減少＝旧重役の影響力排除という前提を，一方的におくことそれ自体，問題であると思われる。

　　以上のように，同論文の結論は疑問であるし，仮に，兼職関係＝「機関銀行」という同論文の基準に即して考えても，金融恐慌期から昭和恐慌期初頭までの政策的銀行合同は，より規模の大きな「機関銀行」を作ったに過ぎず，これでは「機関銀行関係」を解消したとの結論は到底支持されないし，それ以外の議論も研究史との関係などで独創性に欠ける。

(185)　S. Yabushita and A. Inoue, *The Stability of the Japanese Banking System* in *Journal of the Japanese and International Economies*, 7(4), 1993. など。なお，横山和輝氏は金融恐慌による「機関銀行」の淘汰と「市場規律作用」を強調し，政策介入による「機関銀行関係の解消」を論じる見解を批判しているようであるが（一橋大学大学院経済学研究科審査委員会『金融システムの破壊と創造：昭和金融恐慌』審査要旨。横山氏の学位論文の基礎になった「1927年昭和金融恐慌」も参照），ここで論じたような政策の限界は射程外なようである。また，上記審査要旨では，「機関銀行関係」の淘汰における金融恐慌による「市場規律作用」を析出した点に横山氏の研究の意義を見出しているようであるが，大都市部における「機関銀行」の淘汰の問題も含めて，Yabushita and Inoue のほか，伊牟田『昭和金融恐慌の構造』第3・4章や山崎『昭和金融恐慌』なども同様の事実を論じている。

(186)　T. Okazaki et. al., *The Fall of 'Organ Bank'*. ただし，同論文 p.24では，政策効果のほか市場による淘汰・解消も言及しているが，この点の評価は不鮮明である。なお，前述の七十七銀行や第3章で見た福岡県の嘉穂銀行の事例のように，30年代後半に至っても両大戦間期の後遺症が少なからず残っていたことには注意が必要であろう。

(187)　澤田充・岡崎哲二「銀行統合促進政策の効果」10頁および表5。なお，ROAを被説明変数とする両氏の推計（同論文表5）で符号がマイナスのものを見ると，定数項が圧倒的に大きく，ここからマクロ動向の影響がまずもって大きいことが確認される。しかし，統合ダミーも負であり，とりわけ政策的統合ダミーの回帰係数はかなり大きい。以上が本文に記載した推察の根拠であるが，両氏はこの点には言及していない。

(188)　白鳥「反動恐慌後における地方銀行の経営整理と本支店＝地域間資金移

動」における長谷川吉三郎（吉弥）常勤取締役の発言を参照。
(189)　なお，この点は，第4章補論で引用した，悩みながらも，私財提供を行わざるを得ないが故に，「首脳者は皆々真剣だった」との，君島一郎の回顧（『私の銀行ライフ』93〜94頁）とも――どのような意味で「皆々真剣だった」のかは問われる必要があるが――一定程度整合すると言える。ただし，本書で検討した三浦新七や長谷川吉三郎のような誠実な経営者が広汎に存在したかどうかまでは，残念ながら，判断できない。最近の研究では三和銀行の成立について，厳格な不良資産処理が行われたことが指摘されているが（加藤『三和銀行の成立過程』），この点の検討は今後の課題である。しかし，金融恐慌後の銀行合同実施後に破綻した銀行が少なからずあることを想起した時，三浦・長谷川のような経営者は少数派だったのではなかろうか。

第6章　一般向け金融書が叙述した金融危機
――両大戦間期金融危機＝銀行破綻を巡る時代状況の特質叙述――

はじめに

　1990年代からつい最近までの時期において，金融危機が深刻化する中で，政策当局者や業界関係者，金融研究者の間は言うまでもなく，これ以外の人々の間でもこの問題への関心がかつてないほど高まった。このことは，最近の金融危機下において夥しく刊行された，一般向け金融関係書籍を見ても明らかである。この事実は，金融問題を取扱う書物のうち，難解な専門研究者向けのもののみならず，一般向けの書物も検討対象として重要な位置を占めていることを示唆している。

　翻って，歴史研究の側を見てみると，主として専門研究者ないし金融の専門家向けの書物・論文を検討した金融学説史的研究は存在するものの，一般向け金融書の主張を検討したものは皆無である。本書で検討するように，両大戦間期の金融危機を巡っても，少数ながらも一般向けにこの問題を論じたものが見られるが，管見の限りでは，銀行破綻や金融問題を取り扱った一般向け書物が登場したのは，この時期が最初であると判断される。この意味で，この事実は，金融文献史上，画期的であることを示しているが，それにもかかわらず，一般向け金融書の主張内容の検討は蚊帳の外に置かれた。本問題の検討により，政策的対応・経営史的検討も含む金融実態の分析や専門家向け金融学説史研究に偏った，これまでの両大戦間期の金融危機研究の空白を埋めることができると考えられる。

　以上を踏まえて，この本章では分析に際して，一般向け金融書が破綻経営者等銀行内部者によって執筆されたものと，外部者が経営者を批判しその改善策を提起したものの二種類が存在することに着目する。前者の検討を通じて，ま

ずはこれら書物の提示する破綻銀行経営者の思考・行動様式像を明確化する。その際，本書第5章第2節で既に中井銀行頭取の告白本の検討を行っているから，その特徴を纏めるとともに，若干の史料を加味して，この点を明らかにする。その上で，後者の検討を通じて，破綻銀行経営者に対する批判内容と改善策の特徴を明確化する。最後にこれら書物群が総体として提示する，破綻銀行経営者像とその批判・改善策を巡る時代状況（以下，単に時代状況と略記）の特質を明らかにする。これを以って，上記の研究史上の空白を埋めることが本稿の課題となる。

以下では，『日本金融史資料』昭和編第26巻の巻末文献目録での掲載文献中から，幾つかの両大戦間期の金融危機＝銀行破綻について論じた，一般向け書物を取り上げて検討することで上述の課題を果たしたい[5]。なお，当該期には，銀行破綻問題を取り扱った一般向け金融書が刊行されていたとはいえ，今日とは異なり本稿で取り扱う数冊程度しか刊行されておらず，史料数の点で制約があることをお断りしておく。

(1) 一例として，日本経済新聞社編『金融迷走の十年』同社，2000年のみを挙げる。
(2) 代表的研究として加藤編『日本金融論の史的研究』；石井編『日本銀行金融政策史』を挙げておく。また，銀行業者向け雑誌を検討した研究も存在する（代表的研究として岡田和喜・本間靖夫「金融雑誌」杉原四郎・岡田和喜編『日本経済雑誌の源流』有斐閣，1990年，所収を参照）。
(3) 専門書も含む金融書の刊行動向は，『日本金融史資料』昭和編第26巻巻末の目録（1920年以降を掲載）を，明治期については『日本金融史資料』明治・大正編第5巻の「附録 明治時代の金融に関する主要文献目録」をそれぞれ参照。このほか，東大図書館，一橋大学図書館，国会図書館を検索したが，管見の限りでは，該当する文献を見出せなかった。
(4) 周知のように，第一次世界大戦期から両大戦間期の時期は，大衆社会（現代日本社会）への「転形期」と位置付けられている（安田浩ほか編『シリーズ日本近現代史』第3巻，岩波書店，1993年）。本書で検討する一般向け金融書の中のひとつである遠藤著が，朝日新聞の連載記事への一般からの反響の大きさを受けて刊行されたことを想起した時（遠藤「我輩の最新銀行論」『大阪朝日新聞』1922年6月23日から9月9日まで連載。書物化の動機は9月9日のものを参照），この時期に一般向け金融書が刊行され始めたことは

大衆社会への「転形」を反映したものと現時点では推定される。この点の詳細な実証的裏付けは今後の課題である。
（5）　この文献目録記載の一般向け金融書は，ほぼ本稿が検討したものに限られる。

第1節　内部者執筆による一般向け金融書における 破綻銀行経営者たちの思考・行動様式

　既に本書では，銀行内部者が執筆した一般向け金融書である，緒方著『銀行破綻物語』を素材に中井銀行の破綻過程を検討した。それゆえ，第5章第2節の分析の中に，当時刊行された銀行内部者執筆の一般向け金融書が提示した破綻銀行経営者たちの思考・行動様式が表されたと言える。ここではそこでの議論を纏めることで，その特質を提示したい。

　著者にとって至上命題となったものは，家計と経営が未分離な下での一族の経済的欲望を満たすことができ，かつ著者の一家の長としての，地域社会における名家としての，あるいは個人・銀行経営者としての名声・名誉をより一層高らしめることを可能にする貨幣増殖であった。この意味で，通常，経済学理論ないし経営学理論が想定する利潤追求一般とは異質な形で，貨幣増殖を図ることが切実な課題となった。しかし，それにもかかわらず，銀行の経営実態としては貨幣増殖が実現不能な状況が存在した。このように両者の間には深刻な矛盾が存在したのであるが，上述の名誉・名声確保のほか，家産ないし家計と経営が未分離な状況という特殊歴史的な条件の下で，しかも一族の物質的欲望が肥大化している中では，著者の行動は，「経営」体の要求する経営の健全性＝継続性確保を度外視した上で，単に著者らの欲望充足を可能にするために貨幣増殖の形式を創出するという論理に強く規定された。このことは粉飾決算や蛸配当，不良資産整理の先送り，私財提供の回避という形で具現する。以上のような経済学的説明を超えた意味で，著者は貨幣増殖の形式を創出する（あるいは破綻時の私財提供を通じた資産減少を回避する）論理を強く内面化しており，著者にとっての貨幣は「物神崇拝 (Der Fetischismus)」の対象であった。

この点に，同書が描き出す破綻銀行経営者の思考・行動様式の特質が見出される。

それでは，他の書物では，この問題をどのように描いているのであろうか。この点を，同じく金融恐慌期に刊行された，城南隠士著『銀行家の書いた銀行秘話』[7]で確認する。著者は，銀行経営者ではなく，一支店長であったようであり，その勤務先も特定できなかったが，金融恐慌で休業した関西の銀行に勤務していたと推定される。著者の銀行が休業するにあたり，預金払戻のために重役に私財提供を求めたようである。しかしながら，「何人も率先して私財全部を当時預金者の苦痛を除去し銀行の責任を完うせんと発意するものなく，お互いに他人の腹の探りあいをなすに過ぎぬためか，比較的迅速に整理具体案の顕はれさうな模様であつたわが銀行の再起も，恁うした重役連の無誠意に依り，漸く影の薄れゆく」状況であったという。ここには，家産防衛に汲々とする姿が描き出されている。

さらには，経営陣は「戦時好況時代に預り金なることを忘れて放漫な大口貸付をしたり無闇な使い方し」ており，休業原因となった不良貸付先の多くは，「重役なり大株主なりに縁故あるものであった」。また，関連して，「担保に銀行が沢山有価証券を預つてゐるために，日々の変動を知る必要から株屋と懇意になり，その株屋に無担保で金を貸し，自分も一攫千金を夢見て相場をやり出し」，多額の損失を抱えたとの記載もある。こうした経営の内実を隠蔽することを目的とする経営陣による粉飾実施も，中井銀行経営者と同様であった。著者は，この点を，次のように描く。「二重の帳面，某る銀行では重役等が共謀して帳簿を二様につくり，ひとつの帳簿には真実をつけ他の帳簿には虚偽の記帳をなし，巧みに大蔵省の目をかすめ，実際の預金帳簿面から隠して，それを勝手に自分の事業や商売に投資し，花柳界で毎夜の如く札束をバラ撒いていた」。また，同様の記述として，「不良銀行の多くは考課状をからくり，主務官庁の目をごまかし預金者を瞞着すると共に，株主に餌食を与へてその暴露を防いでいる」というものもある。ここにも健全経営の維持を忘却し，富を享受すべく形式的な貨幣増殖を創出することも含めて，貨幣を求める姿が描き出されている。さらに，このような行為の背景として，損失を計上した場合，経営者の「世間体」が悪化することも論じられている。

以上から，金融恐慌期に出版されたある休業銀行支店長の，重役たちの思考・行動様式に関する叙述でも，世間体問題も含めてほぼ緒方著と同様の記載がされている。この意味で，破綻銀行内部者が描く，破綻銀行経営者の思考・行動様式像は共通性を持っていた。

(6)　言うまでもなく，経済学では家計・家産と経営の分離状態が暗黙的にではあれ前提とされているし，いわんや経営者個人ないしは経営者個人の家の名声確保欲などは問題にされていない。この意味で，ここでの議論は単なる経済学理論一般のレベルを超えている。
(7)　城南隠士『転ばぬ先の杖　銀行鑑別法　銀行家の書いた銀行秘話』開明社，1927年，6〜23頁。

第2節　外部者執筆による一般向け金融書における破綻銀行批判とその改善策

1　破綻銀行経営者批判

(1)　1920年代前半——遠藤著『銀行罪悪史』，河瀬『経済困難論』の銀行経営者批判

　銀行内部者が執筆した一般向け金融書が提示した，当該期における破綻銀行の経営者の思考・行動様式像が上記のようなものであるとすれば，当時の一般向け金融書——特に，銀行経営外部者の書いたそれ——ではこれら経営者たちのそれをどのように把握し，どのような批判をしていたのかが問題になる。以下では遠藤婁外婁『銀行罪悪史』(日本評論社，1922年)[8]，河瀨蘇北『経済困難論』(日本評論社，1923年) を取り上げ，上記の諸点を検討する。
　まず，遠藤著から検討する[9]。著者は明治期以来反動恐慌後に至る，北浜銀行など七つの銀行破綻を概説した上で，そこから銀行が破綻する原因として事業と金融の混同のほか，激烈な銀行間競争およびこれに伴う営業方針の放漫，信用調査の不完全さ，「行員の不注意にして且つ綱紀の弛緩甚だしき事」，極端な「営業の秘密主義」を挙げている。これらの諸点は，当時，銀行破綻問題にかかわった政策当局からも破綻要因として指摘を受けており，当時の実態を踏ま

えたものと見てよい。事業と金融の混同については，自己の関係する事業と金融業との間に区別をつけないという，現在でいう「機関銀行的性格」に関する一般論を提起するに止まり，これ以上の踏み込んだ検討はしていない。次に，銀行間競争以下の部分であるが，これについて著者は石井定七事件を事例に挙げその要因を分析する。その際，「一体銀行といふものは，無闇と預金貸出の数字を増加すべく努むるものである」という点が重要な軸にされる。著者の説明によれば，「預金貸出の数字が多くなると如何にも信用が大なるやうに見え，お客を引っ張るのに都合が好いばかりでなく，又頭取や専務の技量凡ならざるを証拠立てる事になり，随つて大株主のお覚えも目出度く，自然半期決算の際に重役賞与金といふ奴が多くなる」ことがその原因であるとされる。そして，「幾億の預金を集めても，これを貸出さない事には商売とならぬ」ため，預金競争が激しいほど「貸出方面における競争も猛烈」となる。このため銀行屋は「ベンベンとお客様の御入来になるのを待たず，進んで貸付を為す事に努力」するが，この結果「割引貸出の条件が寛大になるのは当然でせう」と著者は議論を進める。過度の競争が営業方針放漫の要因と位置付けられているのである。また，やや文書のつながりが不明瞭ではあるが，著者はこのような性向を論じた上で，各銀行が「少し注意すれば」石井定七の「奸計」を見破ることができたことを指摘しており，ここでも過度の競争が「行員の不注意」の原因とされている。

その上で著者の議論では「営業の秘密主義」もこの延長線上に位置付けられる。著者は各行が自分の取引状況を秘密にする結果，取引先の「財政状況を」－中略－「誤信する」としており，「営業の秘密主義」が「信用測定」を誤らせしめ，蹉跌の重要要因になっていると指摘している。ここで著者はこの風潮が強い理由として「これは多分得意先を自分が独占し，タンマリと美味い汁を吸はうと言う商売人根性から来て居るのであろう」と説明している。他行に対して営利を「独占」的に確保することが，「得意先」の秘匿の要因であるとの推定に見られるように，著者は「営業の秘密主義」の背後にある要因も過度な競争に求めていた。

もっとも，「綱紀の弛緩」は行員の物欲に求められているほか，信用調査の不完全さは調査部局がマクロ経済情勢の調査に力を入れすぎていることに求め

られている。また，前述のように経営者としての評価との関係にも若干言及している。これらの諸点は留保すべきであるが，上記の検討を踏まえれば，ほぼ総じて著者は銀行破綻の基底的要因として，周知のような当時の激烈な銀行間競争と，その背景としての経営の健全性＝継続性確保を度外視した利益志向＝「物神崇拝」の論理のなし崩し的内面化を重視していたと言える。この点が著者の批判の要点である。このほか，河瀬蘇北著も，銀行重役の預金者，ブローカーと組んだ詐欺紛いの不正行為による資金引出しと，その投機的利用を問題視する点は異なるものの，[11]自らが株主として関係した扶桑銀行の破綻を事例に，ほぼ遠藤著同様の利益志向が破綻要因になったことを指摘して，「利ある処，而も利に欠陥のある処に，よりたかる虫の執念深さ」を教訓として導出する。その上で，「読者諸君！斯くの如くにして，大銀行も潰れるのです，他の休業や支払停止をした銀行も，間違えば斯くの如き悲惨なる最期を遂げる」ことを訴えかける。この意味では，遠藤著の批判と同様の性格をもっていた。

　以上の批判は，上記のような経営者の利益的志向を指摘している限りでは，緒方著に反映された破綻銀行経営者の思考・行動様式を鋭く把握していた。しかしながら，かかる批判は，前述した内部者執筆の書物が提示した家産ないし家計と経営の未分離，および一族の地域における名声確保欲が，「物神崇拝」を助長している点までは捉えきれていなかった。

(2)　金融恐慌期——岩塚源也『銀行からくり物語』における破綻銀行批判

　ここでは，1927年4月10日発行と金融恐慌の真っ只中に発行された書物である，岩塚源也『銀行からくり物語』（白揚社，1927年）を中心に取り上げる。本書では，主に第3章「銀行近来の過去帳」において，銀行破綻の要因を歴史的に遡って検討している。それゆえ，以下ではこの章に重点を置いて本書の主張を検討する。[12]

　本書で著者が破綻要因として指摘しているのは，[13]銀行経営者の持つ投機性と「喉元すぐれば熱さを忘れる」とも称すべき思考・行動様式であった。著者は北浜銀行の破綻から筆を起こして銀行破綻の歴史を論じる。そこでは岩下の「親分肌」的気質が「銀行と事業の混合」を招き，銀行破綻を惹起したことを論じる。そして，しばらく続いた「表面は無事」な時代を経て，大戦好況の到

来が再び「我銀行家を喚起した」。著者によれば大戦好況期には銀行は「娼婦が客の機嫌を取るやうに，無闇とヤイノヤイノを決め込んで資金の押売りに奔走し，株券担保と云わず何と云わず，その七割所か八割でも平気で融通し，怪しげな手形でも天下晴れて通行した」。このように著者によれば，銀行は投機へ積極的に関わって行ったのであるが，その後，好況をもたらした欧州大戦が終了した「けれども楽な濡手で泡の妙味は忘れられず我国は上下楽天家の気炎で不況に対する準備どころも騒ぎではなく」，「戦争中培われた投機気分は愈々白熱の光景であ」ったという。しかしながら，このような中で反動恐慌が生じる。ここに来て「急に金融界は足許から鳥が飛び立つような騒ぎを始め」銀行破綻も続出するが，周知のようにこれは日銀特融(14)などの政策的措置もありなんとか収束する。「こんな調子で（大正－引用者）九年の一嵐は流石に一般の銀行家の心胆を寒からしめたと見え，その後暫くは只管謹慎の態度を見せた」。「併し小人に閑居は禁物とやら（銀行家たちは－同）不景気による沈黙も最早一年とは我慢でき」なかった。多額の評価損を抱えた担保株式を所有し，かつ遊金も抱えた銀行家たちは，目先の利益欲しさに再び「待って居ましたとばかりに金庫の底をたたいて」株式投機資金を貸出し，投機的な景気が勃興する。しかしながら，日本銀行の「有価証券担保の貸付警戒の警告」を契機に相場は暴落する。また，翌年には石井定七事件，「天晴な肩書きの相場師である」高倉為三が頭取を務める日本積善銀行の破綻を契機とする銀行動揺が生じる。

　以上のような1920年代の金融危機＝銀行破綻の把握を示すことを通じて，著者は投機とその失敗という「同様な蹉跌を同様に繰り返」しているにもかかわらず，「赤子も三年経てば三歳になる何年経っても一向に発育しない不健全な銀行経営者連」という，銀行家たちの特性を厳しく批判した。特に，著者は銀行経営者たちが，目先の利益欲しさに経営の健全性＝継続性確保を度外視して投機に走る傾向の強さを主張していた。この意味で，著者も遠藤著と同様に，銀行経営者たちの「物神崇拝」のなし崩し的な過度な内面化を，銀行破綻の背景にある経営者たちの思考・行動様式の特徴として批判的に論じていた。しかしながら，このような批判は，同時に，遠藤と同様の限界を抱えていた。

2　銀行経営の改善方策

(1) 1920年代前半

　それでは一般向け金融書では，どのような銀行経営改善策が提示されていたのか。以下では，当時の論調をより明確化するために，上記二著のほか，参考史料ながら，史料不足を補うため，緒方著等内部者執筆書における改善方策をも検討してこの点を明確化する。

　まず，『銀行罪悪史』から検討する。著者は「吾銀行屋」の「無節制」さを矯正するには，「法規と道徳の二方面の力」が必要とする。前者について，著者は銀行条例の改正，銀行検査制度の充実，司法制度の強化，銀行の淘汰を主張する。銀行条例の改正についてであるが，著者は現行条例に殆ど銀行行動を規制する規定がないことを，「殊に其品性に於ては，大阪名物の鬼権以下に位する事は縷次実例を以て申述べた通りである。這んな人間を買被つて紳士扱ひを為し，法律に何らの取締りを設けないから彼らはよい事にして色々悪事を企らむ」と批判する。かかる認識に基づき著者は「銀行条例の厳改」の必要性を唱える。その上で，当面の措置として，普通銀行の取締役を貯蓄銀行条例同様に無限責任にし，主として「銀行の営業ぶりや内容に対する批判の能力を全然持」たない，細民の預金が殆どを占める特別当座預金に対して取締役の「全財産を以て其担保と為す」べきことを主張する。

　ここで取締役個人の財産が預金債務支払を担保するものとされていることに見られるように，著者は取締役個人の家産と銀行経営の緊密化を法制化するという，極めて家産重視主義的な改善方策を提示し，これをもって銀行経営者の行動を規律づけることを提示した。さらに銀行検査制度の改善については，検査官の人員不足および金融実務を理解しえない「学校かけだしの小役人」が検査業務に当たっていることを批判する。その上で預金者保護・「一般社会の利益と幸福」擁護のために「案山子のやうな銀行検査官制度を廃止し，現代に於ける複雑極まる諸取引実務の通暁せる紳士を抜擢し，モツトモツト真剣なそして権威ある検査制度を創設する」ことを主張する。このように，著者は検査員そのものの拡充のみならず，検査官制度の専門化を強く求めた。本書でも検討したように，金融恐慌期以降，ほぼ同様の問題意識から大蔵省・日本銀行の検

査・考査制度の拡充が図られており，この批判は一定程度実態を反映していた。
　司法制度について著者は次のように主張する。まず，金融危機が発生すると日銀特融やシンジケート銀行からの融通により深刻化を避ける措置がとられるが，このことは他方で「横着な奴は縮尻つても如何にかなると言う調子で放漫な営業をやるものが続出するのであつて，其結果は何時になつても銀行騒動が止まない」という，一種の不心得な行為を生んでいることを指摘する。この行動を回避するためにも，著者は，当時，実行されていた日銀特融など「第三者が余計なおせつかいをすることは断然見合はし，自分の尻は自分で拭う」ようにすべきことを主張する。これと同時に司法当局にも監視を強化し，「不都合の疑いのある銀行屋は仮借なく検挙し，破邪顕正の職責を尽く」すことを求めた。つまり，著者は不心得な行為を誘発する信用秩序の維持策を撤廃し，市場による規律付けとともに司法制度の強化により，銀行経営者の不心得な経営行動を抑止すること主張した。また，前述のように著者は激烈な銀行間競争が銀行破綻の要因であることを強く主張していたが，これを是正する手段として銀行合同政策などを通じた「銀行の大淘汰」も主張していた。反動恐慌後になると，銀行合同政策の必要性が強く認識されはじめていたから，この議論はかかる状況の反映とみて良かろう。以上の点では，遠藤著は一定の現実性がある改善策提起をしていたが，道徳面については現実性がある改善策を提起していたとは言い難い。著者は，人間の類的性格を論じた上で，近親者の利益のみならず「広く人気（＝人類社会－引用者）を幸福の単位」とする「『横』の道徳」を主張する。しかしながら，その実現手段については何らの提言もなされていない。この意味で制度面での改善策の提起と経営者の思考・行動様式の変革に関する改善策には，実効性という点で重大な乖離が存在した。この点が遠藤著の主張の特質である。
　もっとも，これとは異なり，同時期に刊行された河瀬著では「銀行のよし悪しを予め見る標準」として，「一，経営者の如何なる人かを知ること／二，経営者が事業に関係を有せぬこと／三，貸出金が，預金よりすくなきこと／四，支払準備金の多きこと」を提示するのみで，遠藤著のような改善策は提示しない。この点は，後述する，金融恐慌期の議論に繋がるものがある。また遠藤著の議論と合わせてみたとき，この時点での一般向け金融書の論調は，後述する

金融恐慌期ほど預金者の自己防衛を強調するところに至っていない。この意味で過渡的であったと言えよう。

(2) 金融恐慌期

これに対して，金融恐慌期に発表された著作になると，すべての著作において預金者の自己防衛を強調する論調がより一層濃厚になる。岩塚著は，上述のように銀行経営者の思考・行動様式上の問題点を指摘しつつも，これを改善すべきであるという考えは示さない。また，当然ながら具体的改善策を提示することもしない。その代わり，彼は上掲書「第4章　銀行の良否」で「銀行の診断」方法を提示する[21]。彼は破綻銀行経営者のすべてが「不心得」なものばかりではないこと，群集心理による「些細な風評」などにより破綻せざるを得ないものも少なからずあることを指摘する。その上で，彼は預金者たちに対して①経営者のあり方および事業関係，②手形交換所加入の有無，③預金利子の高低，④営業所の大小並びにその数を銀行選別の基準として提示し，これに加えて考課状の分析方法を解説した。①については，経営者のもつ投機性の有無と関係事業の数の如何を，②については手形交換所への加盟は信用度の高い銀行であることを，③では高金利はリスクの高さの指標であることを，④では営業所の状況は費用ひいては収益性の如何を示すものである，以上4点を解説した。考課状については粉飾されているおそれを指摘しつつも，①払込資本金・積立金の量，②預金量，③負債構成，④資産構成，⑤貸出内容，⑥支払準備の内容が，「銀行の良否」の基準であることを解説した。

以上のように，岩塚の議論は銀行経営者の思考・行動様式の不変性を所与の前提としつつも，「銀行の良否」の判断基準を示すことで，預金者たちに個々人の自助努力による防衛策を示した。もっとも，岩塚自身も指摘するように，考課状の分析については粉飾の危険性は否定できない。まして，彼の議論で言われている「不心得」な銀行家たちならば，なおさらであろう。また，ほぼ同時期に行われていた金融制度調査会でも，大蔵省側も個別銀行経営に関わる計数を一般公開しない方針を表明しており[22]，政策当局も経営計数に関わる預金者との間の「情報の非対称性」を是正する意図を持っていなかった。彼の議論は銀行経営者の思考・行動様式を与件としたがゆえに，預金者の自己防衛策とし

て十分なものを提起できなかったばかりか，専ら預金者の自己防衛問題としての提起であったがゆえに，中央専門官僚による秘密主義にも十全な対応足りえなかった。この点は限界面として指摘しなければならない。なお，この議論は，考課状の検討の必要性を強調していることに見られるように，一定程度ではあるものの，預金者にも金融にかかわる専門知識をもつ必要性を暗示的にではあれ示している点には注意を促したい。

　岩淵の議論に関連して，内部者執筆の書物の銀行選別基準に関する叙述を検討する。まず，最初に，銀行を破綻させた経験者である緒方等の提言を検討する。緒方は著書の18章から20章でこれに関する議論をしている。もっとも，19章は「特殊銀行の整理と監督」について論じているから，以下では18・20章を中心に検討する。緒方は，当時，施行を目の前に控えた1927年銀行法の最低資本金制限，許認可規定を引き合いに出した上で，不良貸付の原因になっていた，他業役員の兼任が大蔵省の許可があればできることを批判し，この点にかかわる法律の内容を厳格化すべきであること，および「内規を定め」「一重役」に資金運用の権限を与えるべきではないという，いわゆる企業統治構造の改革による経営者の規律付けの必要性を論じる。これに加えて，過当競争抑制のための銀行合同の必要性も指摘し，最後に「法律の改正」「政府の行政方針の変革」「銀行の自治的改善」，各種銀行間の分業関係・組織関係の徹底の必要性を提起する。さらに20章では銀行選別の際に，「第一には銀行経営者の顔触を見る，その人格に於ても識見に於ても信用するに足る人であり，他の事業に関係のない純然たる真面目な銀行家である」こと，「第二には銀行の背後には如何なる財的関係があるかを調べる，そしてその事業が確固として居るものとか，日本に於ける大資産家の関係せるもの，純然たる株式銀行で何等の事業関係のないものがよい」こと，「第三に払込資本金額と積立金額を比較して見て，積立金が払込資本金に近いものがよいこと」，第四に預貸率が低い銀行ほどよいこと，第五に銀行と密接な関係にある事業会社の経営成績を検討し，その内容の如何で銀行を信用すること，最後に第六点目として借入金の払込資本金・積立金に対する比率を確認し，低い銀行を信用することを述べその基準を示した。このように，緒方は，自らの経験を踏まえて，銀行選別の基準となる，比較的専門度の高い知識を，読者として想定される大衆に対して説いていた。

このことは，先に見た城南隠士著『銀行家の書いた銀行秘話』[24]でも同様であった。同書では「銀行の選び方」として，「イ，組織に就ての吟味」，「ロ，正味財産と運用資源の関係考察」，「ハ　資金運用の方面の吟味」，「考課状の精査」を挙げる。「イ」については，企業形態上の問題として，個人，合資，株式の四種類あることを指摘した上で，前二者については「其資本主」を，株式会社であれば株主，重役たちの「社会的地位信用声望」と政党関係，ならび彼らの営む事業関係を精査する必要性を論じる。その上で不正実施状況を確認する必要性から，「事務取扱上」＝事務処理方法も精査しなければならないことも論じる。「ロ」については，資本金，払込資本金の大小，「経営確実」性を示すものとしての後期繰越金も含む積立金の状況を精査する必要性が指摘される。「ハ」については，適切な運用方法として，①資金運用先が地元商工業であること，その際，特に貸付先を分散していること，②投機的資金を出していないことを挙げた上で，流動性の高い資産を多くもっているか否か，預金準備率の如何，借入金比率の如何を注視する必要性を論じる。これらを踏まえて，「考課状の精査」方法を論じる。著者は，各営業期の考課状を比較検討する必要性を指摘した上で，①固定資産増加に対して利益増加が見られない場合，②固定資産増加率が運用資金増加率を上回った場合，③借入金が停滞ないし増加した場合，④積立金，後期繰越金が減少した場合には不良銀行と判定すべきであり，預金増減のみで良不良の判断はできないこと，固定負債より資本金勘定が超過している銀行は優良であることを論じる。これらの諸点に着目して，「貸借対照表を根拠として決算報告を解剖」し，「資産及負債残高を清算（精査か－引用者）」し，さらに「資金の運用が停頓して居るや否やを研究」すべきであり，その上で銀行の良否を選別する事を説く。貸借対照表の分析方法の説明に見られるように，一般向け書物であるにもかかわらず，読み手として想定されている大衆に対して，自衛手段として比較的専門的な選別知識を説いていることは注目すべきであろう。

　ここでも法律や行政の改善に見られる，中央専門官僚による信用秩序管理が強く求められていたほか，銀行内部者・外部者執筆の著作ともに，比較的専門度の高い知識に基づく銀行選別の基準が示されることにより，預金者による自衛の必要性が強調されている。岩塚の議論に比して，真新しいのは企業統治に

第6章　一般向け金融書が叙述した金融危機　　431

かかわる問題を提起した程度であろう。もっとも，緒方著等においても中央専門官僚を規律付けする方策や，あるいは取引先の如何といった銀行経営の内部情報を獲得する手段は示されていない。また，各論者が取り上げた粉飾決算の見破り方も示されていない。この意味では限界を抱えていたことも指摘する必要性があろう。このような限界を包含しつつも，金融恐慌期以降，一般向け金融書の論調は，専門的知識に基づく選別基準を提示することで，預金者の自己防衛を求める色彩がより一層濃厚になったのである。

(8) 遠藤著は『戦間期日本金融問題資料叢書』第1巻（大空社，1998年）に収録の復刻版。
(9) 以下での引用は，特に断らない限り遠藤著，180～245頁。
(10) 本書第2章，とりわけ表2-5（79頁）の原史料も参照。当該期における銀行間競争の激化については，さしあたり進藤「わが国地方銀行合同政策の展開（上）」149～153頁，岡崎「戦間期の金融構造変化と金融危機」303～310頁を参照。
(11) 河瀬著「銀行編」1～111頁。引用は，111頁。
(12) 以下での引用と議論は，本書20～36頁による。
(13) このような投機的な経営者は当時広範に存在していた（小川功『企業破綻と金融破綻』に総括された氏の一連の諸研究を参照）。
(14) 検討史料で言及されている，当該期における日銀特融の実態については，本書第2・3章を参照。
(15) 以下での銀行条例改正に関する引用と議論は，遠藤著，246～252頁による。
(16) 以下での銀行検査に関する議論と引用は，遠藤著，252～267頁。
(17) 以下での司法制度に関する議論と引用は，遠藤著，267～272頁。
(18) 以下での銀行淘汰に関する議論と引用は，遠藤著，273～277頁。
(19) 当時の銀行合同政策を巡る議論について，本書第1・2・3章を参照。
(20) 河瀬著，96～97頁。
(21) 以下での引用と議論は，岩塚，前掲書，37～59頁による。
(22) 『日本金融史資料』明治大正編第18巻，74頁。
(23) 以下，緒方，前掲書の当該章による。
(24) 同書，60～79頁。

むすび

　ここでは一般向け金融書群の論調を整理し，これらが総体として提示した時代状況を指摘してむすびとする。

　まず，銀行経営者側の執筆した一般向け金融書からは，一族の当主として家計ないし家産の維持を図る必要性や，地域社会内部での，あるいは経営者としての名声維持を重視する姿勢が経営方針に絡み付くという，特異な形で「物神支配」に取り憑かれ，その結果，粉飾決算・蛸配当・経営整理先送り・破綻後に私財提供回避を行うなど，経営の健全性＝継続性確保を度外視してしまうという思考・行動様式が看取できる。

　これに対して銀行外部者が書いた一般向け金融書では，刊行時期を問わず，上記の破綻銀行経営者の思考・行動様式を，もっぱら経営の健全性＝継続性を度外視した利益志向一般に解消して認識・批判しており，この限りで両者の間には一定の齟齬が生じていた。次に銀行破綻への対応であるが，中央の専門官僚による信用秩序管理を希求ないし事実上容認する点では，強弱はあるものの金融恐慌前後に刊行された書物は共通特徴をもつ。しかし，銀行経営者の内面性改善に関する点では状況が異なる。つまり，金融恐慌前刊行の著作では経営者の内面性改革も含めた銀行経営改善を求める議論と預金者の自己防衛を強調する議論が並存しており，この意味で論調が両義的であった。これに対して，金融恐慌後刊行のものでは，緒方著等内部者執筆のものの提言も含めて，むしろ経営者の内面に関する問題は所与の前提にされており，銀行選別基準を提示しかつ預金者にも銀行経営に関する一定の専門知識をもつことを要求することで，個々の預金者の個別的な対応を強く促す，自己防衛論が決定的になっていた。

　最後に，当該期の一般向け金融書群の論調が総体として提示する，破綻銀行経営者像とその批判・改善策を巡る時代状況を纏めよう。まず，第一に指摘したいのは，家経済との関連，ならびに家内部や地域社会内部での名声確保との関連で破綻銀行経営者側が経営建直しや破綻処理に苦悩するという思考・行動様式の実態と，もっぱら無規律的経営一般に——家計・家産と経営の分離を前

提にするような形で——極めて皮相的に問題を解消してこれを批判するという，一般向け金融書の論調との間に一定の齟齬が存在するような時代状況を提示している点である。第二に指摘したいのは，一貫して中央専門官僚による信用秩序管理を求めつつも，金融危機の深化に伴い専門知識の獲得に基づく預金者の個別的防衛の必要性を求める論調が強まる時代状況を提示している点である。以上の一般向け金融書が提示した時代状況は，表層的な放漫経営批判とともに，その背後で生じていた，1920年代における銀行破綻に伴う銀行経営に携わる大資産家の没落過程の特質や，周知のような預金者の銀行不信の高揚ぶりと専門知識の獲得の必要性に関する議論に見られる自己防衛への動きの強化を描き出すとともに，中央専門官僚による銀行経営への介入・規律付けを容認する風潮の一環をなしているのは容易に理解できよう。[25] 1920年代の金融を巡る状況を踏まえた時，この点に，当該期の一般向け金融書群が提示した時代状況の，特に重要な歴史的特質があると言えよう。

(25) 本書第3章，第4章における金融制度調査会へ参加した民間側委員の発言を参照。なお，後段の議論は，言うまでもなく，注(1)文献にも見られる，中央専門官僚への信頼性が失墜した今日の状況との対比である。

終章　結論と展望
―― 金融構造の再編成と地域の自律性 ――

第1節　両大戦間期における銀行合同政策の歴史的特質

　以上，本書では明治期から第一次世界大戦期に至る歴史的前提条件の形成期も含みつつも，金融構造の再編成と地域の自律性確保との関係という問題に焦点を絞って，両大戦間期における銀行合同政策の展開過程に重点を置いて検討してきた。ここでは，これまでの検討を要約し，これを踏まえてその歴史的特質について論じることにしたい[1]。その上で，第二次世界大戦期以降への展望を示してむすびとする。

1　両大戦間期における銀行合同政策の歴史的特質

　まず，両大戦間期における銀行合同政策の直接の前提条件は，第1章で明らかにしたように，第一次世界大戦期に形成されたと見られる。それをごく簡単に指摘するとすれば，小樽の事例に見られるような，物的・人的に一定の自律性を持った――府県内部の域内小経済圏を単位とする――各地域金融を包含する内国金融＝「重層的金融構造」の確立に伴う，都市銀行群の地方支店を通じた地方資金の域外流失，ならびにこれに対する地方からの批判の顕在化に端的に表れていた，ということになろう。その際に留意しなければならないことは，この場合の地域が府県単位ではなく，郡部など府県内部の小経済圏であったことである。この意味で，「重層的金融構造」は地域的な多様性・自律性が極めて強く，かつ，マネー・センター＝大都市部を中心に金融構造全体の統一性をもちつつも，それ以上に構成要素としての各地域の分散性がより濃厚であったと言わねばなるまい。だからこそ，大都市部を中心に金融構造全体の統一性をより強化する都市銀行群の地方への支店進出の動きと，これに伴う地方資金の

流失＝資産偏在の「重層」性の顕在化は，第一次世界大戦期以降，両大戦間期，とりわけ1920～30年代前半には，この時期に明確化した地方金融の状況悪化——ひいては地域経済の斜陽化を促進しており，それゆえに地域の自律性確保に抵触するとして，地方からの激しい批判を惹起した。第一次世界大戦期，あるいはこれ以降1930年代前半までの間には，この批判が，支持基盤に配慮をして「地方的利益」を重視する，いわゆる政党政治状況に媒介される状況も生じていた。ただし，第一次世界大戦期においては銀行合同政策と，銀行経営規制・日銀特融といった，他の普通銀行制度の改善に関わる諸政策との相互補完性は未だ形成されていない。この意味で，当該期における銀行合同政策のあり方は，原基的なものに止まっていた。

　しかし，反動恐慌以後の金融危機が顕在化する時期になると，政党政治状況に基づく地方利害の媒介という状況は連続するものの，この状況は変化を蒙る。1920年代前半の危機への具体的対応策は，もっぱら金本位制復帰問題に規律付けされた日銀特融による信用秩序維持が中心であった。この過程で銀行合同政策・銀行経営規制に関する通牒が出され，体系性はないものの，この両者の間に補完関係が形成されるとともに，もっぱら銀行経営ならびに信用秩序の安定化を目標に行政的措置が採られた。そして，金解禁問題が切実化した1926年を画期に，一般向け金融書の論調に見られる，政策当局による介入を是認する風潮とも相俟って，1927年銀行法に基づく銀行経営に関わる規制体系と銀行合同政策が形成される。さらに金融恐慌期以降になると，日銀特融も含む形で，より明確かつ体系的な形で政策相互の補完関係が形成され，銀行合同政策を中軸とする普通銀行制度改善政策が展開される。その際，重要なのは，①銀行合同政策および銀行経営規制ともに，単なる銀行経営・信用秩序の安定化のみならず，金解禁実施のための「財界整理」がより重要な政策目標になったこと，②大蔵官僚による集権的な信用秩序の管理・再編成を前提としつつも，より弱小な地域，より弱小な銀行へ配慮することを重視する形で，内国金融を構成する多様な各地域金融の特質と自律性確保に配慮する内容を政策が持ったことである。

　ただし，銀行合同政策に関して言うと，大蔵官僚は地域金融の自律性に配慮した「地方的合同」に必ずしも賛成していた訳ではなく，また，彼らが実際に構想した政策内容も一府県あたりに2・3行という，大蔵官僚側からすれば地

域に配慮したつもりでも,少なくとも地域側から見れば画一的性格が強いものになっていた。その上,大蔵省側は「地方的合同」を重化学工業化に対応した,イギリス型支店銀行制実現のための一階梯として位置付けていた。このほか,銀行合同政策・銀行経営規則の両政策ともに1926年以降になると,国際社会からの圧力増大を要因とする,金本位制復帰問題の切実な政策課題化を背景とする,「財界整理」の実行への寄与という政策目的を包含していた。しかしながら,このような大蔵官僚の方針でさえ,「地方的利益」を重視する政党政治状況により強い牽制を受けたために,金融恐慌以後の具体的な政策展開の過程で,結果的に財政による地方への資金還元と相互補完性をもつ形をとった,地域金融の自律性確保に強く配慮した統合政策的なものに変化した。換言すれば,政党政治状況による地方利害の中央における政策状況への媒介を軸とする,金融の「重層的」性格と地域的特性を踏まえた利害調整の下で,特殊日本的の金融構造である「重層的金融構造」を強く反映する形で,特に金融恐慌以後,郡部など府県域内の小地域に配慮した,「地方分権的性格」を帯びる形で銀行合同政策が展開した。

　以上の特質からして,このような政策は,地方資産家・地方名望家を中心とする地域の自律性を前提として,政党政治状況を媒介にした一種の地方への利益誘導策,ないしは利益確保策と評価することも可能である[3]。かかる政策は,前述した「重層的金融構造」の確立に伴う,金融経済の地方金融経済に対する圧迫とともに,周知のような反動恐慌後以降の地方における在来産業の衰退に伴う,地方資産家・地方名望家たちの活動拠点である地域経済の悪化という事実を想起した場合,地域経済社会の中心的担い手としての彼らの利害という意味での地域の自律性を承認した上で,政策的な利益誘導により彼らの存在基盤である地域経済の状況悪化を可能な限り改善し,彼らを中心とする地域経済秩序の維持・安定化確保を企図した政策と見なければなるまい。その際,地方側,あるいは彼らの利益を媒介した政党側が主張した金融面での「地方分権」は,必ずしも大蔵省による中央集権的な信用秩序管理とは矛盾するものではなく,これを前提にしつつも各地域金融経済の多様性への配慮を求めるものであった点には留意すべきであろう。そして,政策にこのような利害が反映した結果,合同を通じた弱小銀行の整理は不徹底になった[4]。金解禁以後,1933年末までの

休業銀行・開店休業銀行121行中，27年5月以降に合同を経験した銀行数が27行（27年12月から29年末までの合同経験のある営業継続銀行数は179行）・22.3％を占めたこと，ならびに合同経験のない少なからぬ弱小銀行が破綻した事実に見られるように，合同を通じた弱小銀行の整理が不徹底になったことが昭和恐慌による銀行破綻を激化させた重要要因のひとつになったと考えてよかろう。

　さらに，銀行経営規制も，金本位制復帰のための「財界整理」目的を包含しつつも，地域の自律性確保に配慮して金融健全化への誘導を図る側面が濃厚であった。この意味で銀行合同政策と銀行経営規制は方向性を同じくしており，第2・3章で詳述したので詳細は省くが，特に金融恐慌期以降になり銀行合同政策がより一層地域の自律性確保への配慮がより強くなると，この方向で相互に強い補完関係が見出されるようになる。ただし，1927年金融恐慌期以降，上記両政策と補完関係を持つようになる日銀特融の性格は微妙である。すなわち，当該期における日銀特融は，一方ではシステムの安定化維持を通じた銀行合同政策の円滑な進展の下支えという側面を持ちつつも，他方では金解禁問題＝「財界整理」の必要性に伴い，政策的にデフレ圧力をかける必要性に強く影響を受けたために，その融通方針は地方銀行上層以上の「大銀行」中心であり，かつ，その回収も1930年代初頭までは厳格に実施されていた。以上を踏まえた場合，当該期における日銀特融は信用秩序の混乱を抑制することを通じて，一定程度，銀行合同の円滑な進展を下支えした側面をもつものの，特に郡部本店所在の弱小銀行の市場や合同による淘汰を容認する側面がより濃厚だった。この意味で銀行合同促進的であったにせよ，必ずしも地域の自律性に配慮したものだったとは言い難い。特にこの点において，日銀特融と上記両政策の性格は相違を孕んでおり，さらには上述のように銀行合同政策と銀行経営規制も二つの矛盾を孕む政策目的を持っていた。そのため，この時期の普通銀行制度改善政策は，金本位制復帰策としては戦略性が曖昧なものになった。この点には特に注意を促したい。

　なお，銀行合同政策を中軸とする普通銀行制度再編成政策——特にその政策的補完関係が，単なる金融危機への対応としてのみではなく，1926年以降における国際社会からの圧力増大を背景とする，金本位制復帰問題への対応として登場してきた面があることは，欧米先進諸国の再編成政策，とりわけ銀行経営

規制が，管理通貨制とともに専ら世界大恐慌に伴う，金融危機を含む経済危機への対応として出現したのとはその登場理由が大きく異なる。この点に関して，銀行経営規制，あるいは補償法ロ特融の回収・処理策など，早急な金本位制復帰を目的に実施された諸政策が，管理通貨制への通貨制度の移行以後，逆説的にこれと補完性を持つ形で定着ないし機能基盤を得たことに見られるように，当該期の金融制度・金融政策は捻れと逆説性を伴ったある種の連続性を包含していた。この点は，外圧のもとで十分な経済的条件が整わない中で，早急に金本位制復帰をせざるを得ず，なおかつ，それゆえに早期に金輸出を停止せざるを得なかった日本における普通銀行制度改善政策の，特に欧米先進国と比較した際の重要な特徴である。このような規制体系を管理通貨制下の現代的経済政策の一環として把握する見解に対する批判の意味も含めて，特にこの点を強調しておきたい。さらに，関連して「事後的措置」としての日銀特融が金本位制復帰問題の影響で限定的になったこと，ならびに第4章補論や第5章で論じた，銀行破綻時における預金者など債権者保護策としての銀行役員に就任している大資産家への依存とその限界の大きさを考慮した時，両大戦間期の金融危機時の「事後的措置」としての「セイフティ・ネット」には，重大な限界があったことも指摘しなければなるまい。

　さらに，前述のように，主要先進国間で，国際金本位制の再建と維持のための政策協調が十分に行われない中で，内国金融制度の再編成に踏み込むまで積極的な協調姿勢を示した点は，日本の特徴として改めて指摘しておきたい。なお，序章で言及したC. Feinsteinらに代表される欧米での国際的政策協調を巡る動き（と挫折）も含めた，金本位制再建を巡る各国の金融政策史研究，および伊藤正直氏に代表される日本に関する金本位制復帰政策についての研究は，両者ともに対外金融政策に限定して検討するか，ないしはその傾向が強い。本書が明らかにした事実を踏まえた場合，内国金融の再編成にかかわる諸政策と対外金融政策の関連性を，内国金融を巡る諸政策相互の関連性・補完性をも含める形で総体として検討し，この問題を巡る日本ならびに欧米諸国間の国際比較研究を通じた各国の特質の析出と，このことに基づく先進諸国間の金本位制再建を巡る政策協調への動き（とその挫折）の特質把握を行う必要があろう。

　以上，両大戦間期，特に1926年以降1932年ころまでにおける，銀行合同政策

を中軸とする普通銀行制度改善政策を巡る諸利害関係の錯綜は，総じて近世以来の地方資産家を主たる担い手として形成されてきた(6)，各地域経済の多様性と自律性を尊重する形でのソフト・ランディング的な金融構造の再編成か，あるいは旧平価による金解禁問題を強く反映しつつ，各地域経済の自律性を否定して第一次世界大戦期以降顕著な発展を示していた，大都市部における重化学工業中心の経済発展に適合的な形でのハード・ランディング的な再編成か(7)，という経済発展を巡る二つの方向性の鋭い対立を孕んでおり，同時に日本の金本位制復帰問題を巡る国際的な利害関係をも強く反映していた(8)。換言すれば，戦前日本経済の国際経済連関上の脆弱性とともに，大都市部における重化学工業の発展が，そこで生じた利益の地方への再配分を通じて，多様な各地域経済の自律性を保持し，かつ，これを通じて重化学工業主導の発展の中に地方の利害を統合することが可能になるまでに，発展していなかったという限界——さらに言えば当該期における重化学工業の発展や，当時のグローバル・スタンダードとしての金本位制復帰問題が，金融面を通じて地域の自律性を圧殺する方向性を持たざるを得ないという限界——が，両大戦間期における銀行合同政策を中軸とする普通銀行制度改善政策に鋭利に反映していたとも言えよう(9)。この帰結として，当該期における銀行合同政策を中軸とする普通銀行制度改善政策は，「財界整理」策の側面とともに資金分散政策的側面を持つことになった。このことから，重化学工業化に対応した中央主導の「資金の集中利用」という「資金社会化政策」という評価を与えるのは無理がある(10)。このような諸利害の錯綜に規定されて，「重層的金融構造」という特殊日本的な金融構造の特徴を反映することになった点に，両大戦間期における銀行合同政策の歴史的特質が存在する。以上は，序章で示した先行研究では把握されておらず，特に強調しておきたい。

　以上の政策動向を踏まえて，政策の影響を若干の数値から確認すると次のとおりである。1927年末から32年末の銀行数の減少要因を見ると，廃業・解散・破綻は累積で351行，合同による減少は同じく617行であり(11)，普通銀行数も19年末の1345行，27年末1283行，32年末538行と急減している。特に，その多くが郡部に所在する公称資本金100万円未満の銀行の比率は(12)，この間，1155行・85.8%，817行・63.6%，147行・27.3%と，絶対数・構成比ともに急落してい

る。さらに，一府県あた
りの銀行数の平均値，標
準偏差などを示した表終
-1によれば，三大都市
圏を示した系列①，およ
びその他道府県を示した
系列②ともに，26年末か
ら32年末にかけての急激
な縮小ぶりが確認される。
ここまで明らかにしてき

表終-1 銀行数の平均値と標準偏差

	1926年末	1932年末	両年の差	変化率(%)
平均①	60	21	39	65.0
平均②	28.31	10.70	17.61	62.2
標準偏差①	44.23	3.46	40.77	92.2
標準偏差②	25.69	8.70	16.99	66.1

注1) ①は三大都市所在府県のもの，②その他のもの。
 2) 両系列の分散の差の検定（χ^2検定）を行ったところ，1％で統計的に有意な差があるとの結果を得た。平均値の隔絶ぶりもあわせ見た時，標準偏差も含めて両系列には有意な差があると判断される。
出所）『銀行局年報』より算出。

たように，同時代人の認識によれば，一府県あたりの本店銀行数は金融の地域的特性の強さを示す指標足りうるから，本店銀行数の分布状況は金融の地域的特性を示す代理変数と位置付けられる。以上を踏まえた時，このことは，三大都市圏，それ以外の地域ともに，この時期に破綻や合同を通じて急激に域内金融の平準化が進展したことを示す。ただし，とりわけ，系列①の縮小が目立つが，これは，研究史上，指摘されている，金融恐慌による大都市部金融機関への打撃の強さの反映と判断される。なお，表示した数値に見られるように，系列①②の平均値には明確な差が見られるし，標準偏差も1％水準で有意に異なるから，二つの系列に含まれる標本は統計的に異なる性格をもつと判断される。このことは，既に第一次世界大戦期に見られた，域内における地域的特性の強さという面での三大都市圏とそれ以外の地域の格差が，平準化が進展する中で恒常化・定着していったことを示す。特に，その恒常化は，周知のような，金融恐慌後に急激に進んだ，その他地域の預金超過化と大都市圏の貸出超過化とも整合する。これらの事実は，金融危機の激しさとともに，無資格銀行整理（32年末の前者の数120行を見よ）も含む，金融恐慌期以降，本格的に展開された銀行合同政策を中軸とする普通銀行制度改善政策の，銀行産業組織を中心とする金融構造の再編成に対するインパクトの大きさを示している。

　しかしながら，他方で同表の標準偏差，平均値（系列②）に見られるように，32年末時点における一府県あたりの平均本店銀行残存数は約11行，標準偏差で9行近くあり，一府県2ないし3行という政策目標から程遠い。また，標準偏

差が幾何平均値であることを踏まえて，これと加重平均値を比較した時，後者周辺に各府県の数値が収束しているとは見なせない。さらに，前述したデータ系列①と②の間に統計的に優位な差が存在することは，三大都市所在府県とそれ以外の地域との間に大きな金融上の格差があったことを示す。また，前述のように，本店銀行数の分布状況は金融の地域的特性を示す代理変数と位置付けられる。以上の事実を踏まえた時，この間の金融再編成により，三大都市所在府県，それ以外の地域ともに，急激な平準化の進展があったことは認める必要はあるものの，(13) ここからなおも金融の地域的特性が解消したとは言い難い。この意味で，この時期の普通銀行制度改善政策は，金本位制復帰政策としては，当初，政策当局が考えたものよりは不徹底な結果に終わったと言わねばなるまい。以上に加えて，最近の研究では，(14) 同一市場域内で統合された銀行の経営効率性が，域外とのそれに比べて統計的に有意に低いことも指摘されており，銀行合同政策が銀行経営の効率性改善を一定程度犠牲にして実施されたことを示唆している。これらの事実は，地域の自律性確保の問題が，銀行合同政策を含む，この間の金融再編成を限界付けた証左であろう。このような限界が，周知のような，第二次世界大戦期に国債消化とインフレ防圧の必要性から，さらなる銀行合同政策とこれに伴う地域金融の平準化が強烈に進められる歴史的な前提条件となる。

　以上の結果は，個別地域金融のあり方とも整合する。(15) 第1章で見た北九州地域では，既述のように，都市銀行との系列関係に制約を受けながらも，銀行合同が進展していたし，西濃尾地域も第十六銀行と大垣共立銀行を主体とする合同の進展に加えて，同行は名古屋所在の都市銀行支店と見られる預け金を増加させており，同地域金融は一定の地域的特性を残しつつも，平準化を伴う形で名古屋の金融市場圏に統合された。小樽地域も，北海道銀行による函館市所在の第百十三銀行の統合などにより，小樽を中心としつつも，一定の平準化を伴う形でより広域的な金融市場圏が形成されていた。山形県でも米沢や鶴岡などの織物金融，酒田や内陸部での米穀を中心とする商業・農業金融といった金融の地域的特性が残りつつも，両羽銀行による楯岡銀行の統合や両羽銀行の預貸率低下と中央企業の有価証券への運用増に見られるように，一定程度の域内小経済圏の統合と平準化が進んでいた。さらに，都市銀行支店を通じた資金流失

の面でも，前述の東北地方全般に見られるように，昭和金融恐慌前後以降，預金吸収地化という意味での平準化が進展していた。このように地域的特性を残しつつも，その一定の解消進展を見たことを看過すべきではなかろう。[16]

ところで，寺西重郎氏によれば[17]，1928年から32年間の銀行合同により，2億2699万2000円の銀行資本金減少が見られ，推定で16億3200万円の貸出信用が影響を受けたとされる。この点を氏の推計方法に学びつつ，地域および地域階層別に整理した表終-2を用いて地域に着目して検討すれば次のとおりである。まず，下段から各地域・地域階層により影響の度合いは多様であったことが確認される。さらに，これを地域別及び地域階層別に整理すると，推計(1)(2)ともに1926年末から32年末までの貸出金減少額に占める合同の影響（％）では，地域別では主に関東および西日本地域に，地域階層別では市部・県庁所在地に，同じく解散等では関東・九州地域に，地域階層別では郡部と三大都市に総平均以上の強い影響を与えたことが分かる。最後に両者の合計値を見ると地域別では関東，中国・四国（推計(1)のみ）・九州地域に影響を与え，地域階層別では三大都市を除くすべての階層で総平均以上の影響を与えつつも，とりわけ県庁所在地以外の市部，県庁所在地に強い影響を与えたことが分かる。階層面で郡部が解散等の影響を総平均以上に受けたことは，弱小銀行の多いこの階層が銀行法の最低資本金制限ないし金融危機激化に伴う銀行破綻の影響を特に強く受け，郡部に比べれば弱小銀行の比率が小さい県庁所在地以外の市部，県庁所在地など，三大都市以外の都市部ではむしろ合同の影響を強く受けたものであると推測される。また，三大都市が解散等で総平均以上の影響を受けたのは，他地域以上に厳格な最低資本金制限の影響と解釈される。

これに加えて，前述のように，より地域階層面で下位に位置する地域ほど，より上位の地域による資金吸収圧力を受けていたことを想起した場合，政策面の影響も含めたこの間の変化は，特に急激な信用収縮をもたらすことを通じて，地域階層的にはより下位の地域金融経済により大きな打撃を与え，ひいては福島県製糸業，電力業の事例に見られるように，各地方金融のみならず産業面も含めて，各地域の他地域に対する自律性喪失をもたらしたと見られる。[18]以上の結果を踏まえた時，たとえ全体として見た場合[19]，ROAの改善をもたらさず，かつ，「組織調整が困難なケース」では収益性が低下したにしても，預金吸収

終章　結論と展望　443

表終-2　銀行合同・破産及び解散等の貸出減少額

地域・階層別	合同による資本金減少額	解散等払込資本金減	解散等による公称資本金減	合同による貸出減推計(1)	合同による貸出減推計(2)	解散等による貸出減推計(1)
東北北海道計	19,225	4,890	11,054	102,469	37,873	20,196
関東地域計	90,910	32,451	57,024	484,550	179,093	134,023
中部地域計	46,750	13,695	27,234	249,178	92,098	56,560
近畿地域計	48,703	11,704	18,415	259,587	95,945	48,338
中国地域計	17,426	779	1,305	92,881	34,329	3,217
四国地域計	15,590	598	630	83,095	30,712	2,470
九州地域計	19,159	7,207	11,410	102,117	37,743	29,765
地域1計	98,521	36,128	69,802	525,117	194,086	149,209
地域2計	31,132	2,509	6,100	165,934	61,330	10,362
地域3計	54,930	6,631	7,830	292,777	108,212	27,386
地域4計	73,180	26,586	43,870	390,049	144,165	109,800
東北北海道地域1計	8,158	2,515	8,654	43,482	16,071	35,741
東北北海道地域2計	1,550	875	1,800	8,262	3,054	3,614
東北北海道地域3計	9,500	1,500	600	50,635	18,715	6,195
関東地域1計	16,570	8,728	20,109	88,318	32,643	36,047
関東地域2計	7,480	448	1,000	39,868	14,736	1,850
関東地域3計	9,330	1,956	2,930	49,729	18,380	8,078
関東地域4計	57,530	21,319	32,985	306,635	113,334	88,047
中部地域1計	29,323	10,622	16,644	156,292	57,766	43,869
中部地域2計	16,977	901	2,800	90,487	33,445	3,721
中部地域3計	300	530	530	1,599	591	2,189
中部地域4計	150	2,172	7,790	800	296	8,970
近畿地域1計	23,113	7,521	13,270	123,192	45,533	31,062
近畿地域2計	4,800	0	0	25,584	9,456	0
近畿地域3計	5,290	1,088	2,050	28,196	10,421	4,493
近畿地域4計	15,500	3,095	3,095	82,615	30,535	12,782
中国地域1計	6,316	779	1,305	33,664	12,443	3,217
中国地域2計	325	0	0	1,732	640	0
中国地域3計	10,785	0	0	57,484	21,246	0
四国地域1計	8,285	68	100	44,159	16,321	281
四国地域2計	0	530	0	0	0	2,189
四国地域3計	7,305	779	530	38,936	14,391	3,217
九州地域1計	6,739	5,895	9,720	35,919	13,276	24,346
九州地域2計	0	285	500	0	0	1,177
九州地域3計	12,420	1,027	1,190	66,199	24,467	4,242
総平均	10,739	3,026	5,317	57,241	21,157	13,555

注1）推計方法は寺西論文のものを利用したが，各地域別・地域階層別にデータを計算した点は異なる。
　2）銀行合同が複数の階層区分にまたがる場合，資本金額の比に応じて減資額を計算した。
　3）銀行が金融機関以外の事業会社に買収された場合は計算から除外した。また，解散等の中には銀行法の最低
　4）上段中太字は総平均を上回った地域。
　5）地域階層1～4はそれぞれ郡部・市部・県庁所在地・三大都市。
　6）推計(1)は寺西推計中の「解散其の他による資本金増減」を払込資本金を用いて回帰した推計式を，(2)は同じ
　7）影響の推計は各地域・地域階層の貸出減少額に対する推計額の比率で算出した。
出所）『銀行局年報』各年，『銀行総覧』各年，日本銀行「銀行事項月報」（『日本金融史資料』昭和編第9巻，所収），
　　　出」（『経済研究』〔一橋大学経済研究所〕第55巻2号，2004年4月）により算出・作成。

に対するインパクトの推計額（1926年末－32年末）

（単位：千円）

解散等による貸出減推計(2)	貸出金減少額	合同の影響推計(1)	合同の影響推計(2)	解散等の影響推計(1)	解散等の影響推計(2)	推計(1)計	推計(2)計
36,036	243,891	42.01%	15.53%	8.28%	14.78%	50.29%	30.30%
185,898	867,650	**55.85%**	20.64%	**15.45%**	21.43%	71.29%	**42.07%**
88,783	561,797	44.35%	16.39%	10.07%	15.80%	54.42%	32.20%
60,033	590,118	43.99%	16.26%	8.19%	10.17%	52.18%	26.43%
4,254	89,601	**103.66%**	**38.31%**	3.59%	4.75%	**107.25%**	**43.06%**
2,054	106,518	**78.01%**	**28.83%**	2.32%	1.93%	**80.33%**	30.76%
37,197	123,158	**82.92%**	**30.65%**	**24.17%**	**30.20%**	**107.08%**	**60.85%**
227,555	1,003,734	52.32%	19.34%	**14.87%**	22.67%	67.18%	**42.01%**
19,886	186,430	**89.01%**	**32.90%**	5.56%	10.67%	**94.56%**	**43.56%**
25,526	355,165	**82.43%**	**30.47%**	7.71%	7.19%	**90.14%**	37.66%
143,016	804,967	48.46%	17.91%	**13.64%**	**17.77%**	62.10%	35.68%
28,212	110,653	39.30%	14.52%	32.30%	25.50%	71.60%	40.02%
5,868	25,448	32.46%	12.00%	14.20%	23.06%	46.66%	35.06%
1,956	107,790	46.98%	17.36%	5.75%	1.81%	52.72%	19.18%
65,555	158,408	55.75%	20.61%	22.76%	41.38%	78.51%	61.99%
3,260	1,816	2195.40%	811.43%	101.89%	179.52%	2297.28%	990.95%
9,552	62,695	79.32%	29.32%	12.89%	15.24%	92.20%	44.55%
107,531	644,731	47.56%	17.58%	13.66%	16.68%	61.22%	34.26%
54,259	298,492	52.36%	19.35%	14.70%	18.18%	67.06%	37.53%
9,128	82,522	109.65%	40.53%	4.51%	11.06%	114.16%	51.59%
1,728	20,547	7.78%	2.88%	10.65%	8.41%	18.44%	11.29%
25,395	160,236	0.50%	0.18%	5.60%	15.85%	6.10%	16.03%
43,260	251,076	49.07%	18.13%	12.37%	17.23%	61.44%	35.36%
0	34,067	75.10%	27.76%	0.00%	0.00%	75.10%	27.76%
6,683	72,538	38.87%	14.37%	6.19%	9.21%	45.06%	23.58%
10,090	232,437	35.54%	13.14%	5.50%	4.34%	41.04%	17.48%
4,254	55,144	61.05%	22.56%	5.83%	7.71%	66.88%	30.28%
0	36,426	4.76%	1.76%	0.00%	0.00%	4.76%	1.76%
0	−1,969	−2919.45%	−1079.05%	0.00%	0.00%	−2919.45%	−1079.05%
326	38,960	113.34%	41.89%	0.72%	0.84%	114.07%	42.73%
0	10,591	0.00%	0.00%	20.67%	0.00%	20.67%	0.00%
1,728	56,967	68.35%	25.26%	5.65%	3.03%	74.00%	28.29%
31,687	91,001	39.47%	14.59%	26.75%	34.82%	66.22%	49.41%
1,630	−4,440	0.00%	0.00%	−26.51%	−36.71%	−26.51%	−36.71%
3,879	36,597	180.89%	66.86%	11.59%	10.60%	192.48%	77.46%
17,333	107,614	53.19%	19.66%	12.60%	16.11%	65.79%	35.77%

資本金制限の影響とは必ずしも判断できないために破産のケースは除外した。

く公称資本金を用いた推計式を使って算出した数値。

後藤新一『銀行合同の実証的研究』（日本経済評論社，1991年），寺西重郎「1927年銀行法の下での銀行集中と貸

力を強めたことから「政策的統合」が金融危機緩和に効果をもったことを強調する見解には疑問を呈さざるを得ない。貸出面も含めて地域別・地域階層別で見た場合，その影響は一様ではなく，クレジット・クランチを発生させることで，金融危機を激化させた地域も少なからずあった点も看過すべきではなかろう。そして，このことが，周知のような，金融恐慌期以降，とりわけ昭和恐慌期以降の大都市部・地方間の資金ポジションの逆転発生をもたらす重要な要因のひとつとなり，なおかつ，地方で発生した余剰資金が，管理通貨制への移行に伴う積極財政政策を重要要因のひとつにして急拡大を遂げる，重化学工業を中心とする大都市部における資金需要を支える無視し難い要因になった。これらのことを想起した時，金解禁対策としての銀行合同政策を中軸とする普通銀行制度改善政策が，当初の意図とは異なり，結果的に管理通貨制度の実施基盤の形成に寄与したことも看過すべきではなかろう。

2 地方資産家を担い手とする地域金融経済の自律性と銀行合同政策

周知のように，反動恐慌後になると地方金融は基盤である地域経済の脆さを背景に，深刻な危機と構造変動に直面することになった。このことが銀行合同も含む金融再編成が必要とされる一必要条件となったが，しかしながら，この要因だけで金融再編成は円滑に進展したわけではない。つまり，近世後期以降明治期に至る過程で地方資産家・地方名望家中心の地域経済秩序が形成されてきたが，彼らが銀行経営にも携わっており，なおかつ，銀行経営の支柱である信用も彼らの家産＝大資産家としての信用力に依存していたために，地方金融界は地域の自律性確保を巡る彼らの諸利害と密接な関係を持たざるを得なくなった。

さらに，地方資産家・地方名望家たちは党派的分断性を帯びていたほか，府県域内の各小地域の自律性に関わる利害も相違していた。換言すれば，地方金融がその自律性を維持する上で地方資産家・地方名望家に大きく依存していたがゆえに，地方金融市場も分断性を帯びることになり，第4章での検討に見られるように，甚だしい場合には銀行が党派対立による激しい信用毀損にまでも巻き込まれることになった。さらに，銀行経営者である地方資産家・地方名望家の党派的・地域的・経済的利害は相違・対立していたから，自発的に銀行合

同を実施することは極めて難しかった。つまり，地方資産家・地方名望家が同時に銀行経営者であったがゆえに，彼らの利害対立に銀行も巻き込まれてしまったのである。このことは谷本雅之氏が指摘した「『企業家的』要素と『名望家的』要素が同一主体の中」へ「混在」したことと，各々が活動基盤とする各地域（府県内部の域内小地域）の利益確保を至上命題として行動していたことがもたらした帰結であると言えよう[20]。このほか岩手県下の盛・第八十八両行の合併や岐阜県下の実業銀行の事例に見られるように，党派性を帯びていない場合でも府県内小地域金融の自律性確保を求めており，この点でも早急に一府県内の本店銀行存置数を1ないし2行に纏めるのは極めて困難であったと言わねばなるまい。換言すれば，地域を府県という行政単位内部の小経済圏単位で捉えた上で，その利害も含めて地域の自律性確保を主張する地方資産家・地方名望家を中心とする各地域側と，地域を府県単位で捉える大蔵官僚側の対応には重大な懸隔が存在したのであり，このことが金融再編成の阻害要因になるとともに，これを通じて地方金融の不安定性をより一層助長したということになる。この意味で，地方金融の自律性確保を唱える地方資産家・地方名望家たちの存在は，特に金融危機下において地方信用秩序を律して，これを維持するという点では，負の要素としての側面が強かったと言わねばなるまい。以上の諸利害の錯綜に加えて，都市銀行が積極的に進出した地域では，地元銀行の系列化が進んでいたために，前者の意向が地元金融界の再編成の円滑な進展を阻害することにもなった。

　このように都市銀行の進出があまり見られない，換言すれば大都市部に対する自律性が相対的に強いと見られる地域のほか，支店銀行が積極的に進出したために地域の自律性が相対的に弱まった地域でも，銀行合同を通じた金融再編成は必ずしも円滑な進展を見ることはなく，かつ，第4章で論じたので繰り返さないが，政策的な銀行合同による再編成の方向性やそのあり方も地域毎に多様な形をとることになった。つまり，銀行合同政策による地方金融の再編成は地域ごとに固有性を帯びた，諸利害の錯綜関係に基づく諸困難に逢着することになった。それゆえに金融危機下で個別銀行経営の悪化が進展していたにもかかわらず，これへの対応として自発的な銀行合同を実行するのは極めて難しかった。この点に大蔵官僚をはじめとする政策当局が──周知のような自主的な

終章　結論と展望　　447

銀行合同の進展が見られたイギリスとは異なり——利害調整に乗り出さざるを得なくなる重要な一根拠があり，かつ，このような銀行合同を巡る利害の錯綜ゆえに当局の政策も強い制約を受け「強力な」展開を阻まれることになった[21]。このような銀行合同政策を巡る諸困難と再編成の方向性の相違は，前述したので詳論はしないが，地域により形態は異なるとはいえ，地域の自律性確保の問題に密接に関係する地方資産家・地方名望家たちの諸利害関係の錯綜に強く影響されていた点では共通性を帯びていた。

　このほか前述した政党政治状況を媒介とする銀行合同政策の展開に対する制約を加えた場合，政策動向面も含めここまで論じてきたような，地方資産家・地方名望家たちを中心とする地域の自律性を巡る諸利害の錯綜——および，その背後にある「愛郷的」行動——が，政策的合同による金融再編成の阻害要因となることで，両大戦間期における金融の不安定性を増幅したと言わねばなるまい[22]。このような「愛郷的」行動は，資金の「流動性」よりも地域産業の維持・発展のための資金供給を重視して銀行合同の進展を阻害した点において，1870・80年代以降，資金の「流動性」を重視する意識に基づき[23]，地域産業・地方金融の再編成＝大銀行への統合が進展したイギリスとは，大きく異なっていたことも併せて指摘しておきたい。

3　銀行経営から見た銀行合同政策

　銀行経営の側から銀行合同政策を捉えなおした場合，先行諸研究が論じた「機関銀行」関係とその解消の問題に加えて，もうひとつの重要な特徴として，「家計と経営」が未分離で，大資産家の家計や家産が銀行破綻時における「セイフティ・ネット」になっている状況の下で政策的に銀行合同を推進することが，家産保全を目的とする銀行経営者の機会主義的行動の温床にすらなりえたことを強調しておきたい。詳細は第4章補論や第5章で論じたので繰り返さないが，銀行経営者が健全経営や銀行経営の公共的性格の強さを十分認識していない場合，銀行合同は単なる目先の危機を先送りするための，ないしは自らが作り出した経営危機の要因を自らの責任で解決しないための一方便に過ぎなくなってしまう。政策的に銀行経営の状況を強制的に改善できる状態でない以上，銀行合同が実質的な金融制度の健全化をもたらすか，単なる問題の先送りの方

便になるか否かは，銀行経営者個人の思考・行動様式の如何に依存する側面が強かったと言わねばならない。先に言及した岡崎氏らの研究が指摘した，域内での統合を行った多数の銀行の場合，ROAの改善が進まなかったという事実も，銀行合同政策の銀行経営＝金融制度の健全化効果に重大な限界があったことを一定程度裏付ける。

　以上に加えて，第5章で論じたような機会主義的行動を採る経営者の銀行が所在する地域では，銀行破綻が起こりやすく，それゆえに信用秩序を律するという意味での規律性に乏しいことも指摘しておかねばならないであろう。また，第百七銀行の分析に見られるように，金融恐慌以後の日銀特融の返済が滞った場合，大蔵省にとってこのことが当該休業銀行を合同に追い込む梃子になりえたことも併せて指摘しておきたい。このような問題が生じた背景には，地方の信用秩序が地方資産家，地方名望家個人の属人的信用力に強く依存しており，なおかつ，彼らが地方で名声を得ていることに応じた義務として，銀行の経営破綻時には私財提供を通じて預金者に債務を弁済するという義務的慣習が存在した。この意味で，このような銀行合同政策の阻害要因は，このような義務的慣習の履行が求められた，明治期以来，地方資産家・地方名望家たちの作り上げた金融面に関わる秩序の解体過程に特有なものであったと言えよう。

　このほか，第5章で見たように，政策による「機関銀行」的性格の排除や専門経営者化の進展でも重大な限界があった。この点は，政策目的内に地域の自律性確保への配慮という問題が入り込んだ結果，大蔵官僚側が当初構想した一府県2・3行という本店銀行存置目標が達成されず，当初の構想より合同銀行の規模が小規模化したことの帰結と見られる。この点は，専門経営者の雇用基盤創出という，政策意図を限界付けた要因として把握すべきであろう。また，規則と手続に基づく，近代官僚制的な経営組織・管理体制の導入という点であるが，1950年代から60年代にかけてその欠落が改めて重大視され，金融検査と行政指導を通じて政策当局が主導する形で改善が進められるという事実を踏まえた時[24]，1920年代から30年代前半にかけての銀行合同過程においては，根本的な解決は見られなかったと判断される。

　以上を踏まえた時，地方資産家・地方名望家による非合理的な銀行経営のあり方に，政策的に近代官僚制的な合理性・規律性を注入する試みは，当該期に

おいては監査書制度の導入や貸借対照表に代表される財務情報公開の定型化といった点では一定の前進が見られたものの、それ以外の点では十分な成果が得られなかった。もっとも、専門経営者化の進展は第二次世界大戦期以降に進展したことは認めなければならない。しかし、地方銀行経営への近代官僚制的組織的・計画的な経営管理体制の導入は、1950年代から60年代前半にかけて、当時、国家的重要課題であった日本経済の国際競争力強化を目的とする、製造業の調達資金コスト＝貸出金利引下げ実現の前提として、各金融機関の経常収支比率是正を標榜する政策当局からの行政指導に促されつつ、大蔵省の政策を補完する形での業界団体を中心とする個別銀行の体制改善への動きを通じて、次第に実現されることになる。この意味で、両大戦間期における普通銀行制度改善政策を通じた、銀行経営の改革には重大な限界が残されたと言えよう。

（1）　なお、T. Okazaki et. al., *The Fall of 'Organ Bank'* は、1920年代から30年代前半にかけての「機関銀行関係」の解消のみを指摘しており、本書での議論とは着眼点が大きく異なるようである。
（2）　この点を踏まえた場合、アメリカの歴史的経験をもとに金融危機発生時において、大銀行の支店銀行制度が危機——とりわけ、Bank-run——を緩和することを主張する、E. N. White, *A Reinterpretation of the banking Crisis of 1930*, in *Journal of Economic History, 44*, 1984, pp. 119-138 や D. C. Wheelock, *Regulation and Bank Failures: New Evidence from the Agricultural Collapse of the 1920s*, in *Journal of Economic History, 52*, 1992, pp.806-825. の議論には、本書が明らかにした日本の事例を踏まえた場合、bank-run 緩和という中心的主張それ自体は否定しないものの、金融危機全般に関わる議論としては若干の留保が必要であり、歴史的局面や位相の如何によっては、大銀行の支店銀行制度が、資金の域外流失を通じてクレジット・クランチを激化させることにより、金融危機を加速する可能性があることにも留意すべきであろう。
（3）　この意味で、銀行合同政策を中軸とする両大戦間期における金融構造の再編成は、寺西重郎氏の指摘する「中間組織としての地域経済圏の機能」に強く影響を受けて進展した（寺西『日本の経済システム』51〜53頁）。
（4）　以下での議論は、序章注(40)のパネルにおける筆者の報告に対する伊牟田敏充氏のコメントに基づく。数値は進藤「昭和恐慌期における休業銀行・開店休業銀行の実態と影響」、後藤『銀行合同の実証的研究』から算出。
（5）　靎見「金融革新とセイフティ・ネットの再構築」77〜79頁、安部編著『金

融規制はなぜ始まったのか』を念頭に置いた批判である．また，以下の「セイフティ・ネット」の限界に関する批判は靏見論文の「古典的セイフティ・ネット」論を念頭においている．
（6）　この点は，渡辺尚志『近世の豪農と村落共同体』東京大学出版会，1994年を参照．
（7）　この点に関する研究は枚挙に遑(いとま)が無い．それゆえ，代表的研究として，さしあたり，橋本寿郎『大恐慌期の日本資本主義』東京大学出版会，1984年のみを挙げておく．
（8）　なお，岡崎『工業化の軌跡』130〜148頁でも，両大戦間期の金融危機とその対応を重化学工業化への適応不全現象のひとつとして把握しているが，それ以外の本書で把握した銀行合同政策を中軸とする普通銀行制度改善政策の特質は看過されている．このほか，本書での把握を踏まえた場合，いわゆる新平価解禁論は，一定程度，地域の自律性確保問題に配慮したソフト・ランディング路線と評価されうるが，この点の詳細な検討は今後の課題である．
（9）　この点を踏まえた場合，重化学工業部門の発展をもって，当該期における日本資本主義の成長力＝「強靱性」を強調する，1970年代以降，橋本寿朗氏，武田晴人氏らが中心となって作り出してきた研究潮流は，1970年代中盤からバブル期までの日本経済の状況に目を奪われすぎた単純皮相な見解であると言わざるを得ない．
（10）　伊牟田「日本金融構造の再編成と地方銀行」29〜30，110〜117頁．
（11）　以上の数値は，表2-4からの集計値．
（12）　後藤『本邦銀行合同史』表97（209頁），表140（286頁）．
（13）　この時期における地方金融の平準化の進展については，財政史研究の立場から地方債の市場の金利の低位平準化を指摘した金澤史男「預金部地方資金と地方財政（二）」69〜73頁のほか，昭和恐慌以後の都市銀行・地方銀行の資金ポジションの逆転を指摘した伊藤修『日本型金融の歴史的構造』13〜15頁がある．しかしながら，これらの研究では，銀行合同政策を中心とする普通銀行制度改善政策との関係は検討されていない．また，以上の検討に見られるように，金融市場平準化の側面を強調するのは一面的であり，金融の地域的特性の根強い残存も看過すべきではなかろう．また，このような意味で，本書は「大銀行の制覇」を唱える加藤『本邦銀行史論』302〜314頁，「地方的合同」を独占＝大銀行支配の補完と位置づける進藤「わが国地方銀行合同政策の展開」などの見解にも批判的である．
（14）　澤田・岡崎「銀行統合促進政策の効果」12〜13頁．ただし，同論文では「市場内」「市場外」の規定が明示されておらず，どのような基準でデータ処理がされたのかが不明確であるという欠陥がある．
（15）　以下の各個別域の分析は，第1・3・4章で示した，杉山，迎，浅井，吉田各氏の諸研究や，地方金融史研究会著『日本地方金融史』の各地方につい

終章　結論と展望

ての叙述，ならびに白鳥「反動恐慌後における地方銀行の経営整理と本支店＝地域間資金移動」や本書第5章第1節など両羽銀行についての筆者による研究による。
(16) この点は，この時期の変化を，大都市圏と地方の資金ポジションの変化に解消して単純・平板に捉える，伊藤修『日本型金融の歴史的構造』第1章に対する批判を蔵する。
(17) 寺西『日本の経済システム』175〜179頁。
(18) 両大戦間期，とりわけ昭和恐慌期における福島県下の製糸業については，山田「後進県における製糸業の形成と展開」を，同じく水力電力業については，白鳥「戦前期東北地方電力業の形成と展開」140〜142頁を参照。
(19) 澤田充・岡崎哲二「銀行統合促進政策の効果：1927年銀行法の評価」。なお，そこでは，都市部・地方間の資金偏在の影響について，地域ダミー処理による計測が，統計的に有意ではなかったことが指摘されている（9頁）。しかしながら，両氏のような形でダミー処理を用いる計測方法は，都市銀行支店を通じた資金流失以外の要因も含む，大都市部と地方の構造的な相違をも反映することになる。それゆえに，都市部＝地方間の資金移動＝資金偏在を適切に反映する計測方法とは見なし難い。既述のように，問題の焦点は全国的な店舗展開をしている都市銀行，県内郡部にも支店展開を行っている「I群」地方銀行であるから，これにダミーを入れて計測するのがより適切であるように思われる。
(20) 谷本「日本における'地域工業化'と投資活動」1998年，107頁。
(21) この点は，銀行合同の実現にあたり政策当局の役割の大きさを強調する，序章で示した1960年代までの研究に対する批判を蔵している。
(22) この点は同じ資産家の経済行動であっても，周知のJ. M. Keynesの議論に見られるように，資産家たちの証券投資を通じた「貨幣愛」（＝収益性）の発露が，金融の不安定性の要因になった，両大戦間期のイギリス経済との重大な相違として指摘しておかねばなるまい。また，このような把握は，序章で指摘したMinskyのそれとも大きく異なることは言うまでもない。なお，「愛郷的」行動という用語であるが，第4章第1節で検討した福島県の銀行パニックの後，福島高等商業学校の葛西教授が地域有力者の「愛郷的投資」に頼った地域再建の不可能さを論じており（「財界問題座談会⑿」『福島民報』1929年3月31日），これに学んでいる。
(23) A. R. Holmes and Edwin Green, *Midland 150 years of banking business*, A Batford Press, 1986, pp. 63-64.
(24) この点については，白鳥圭志『1950年代における大蔵省の金融機関行政と金融検査』一橋大学大学院商学研究科日本企業研究センター・ワーキング・ペーパー，No. 25, 2006年4月を参照。

第2節　戦時期以降への展望

　しかしながら，よく知られているように，とりわけ昭和恐慌期になると地方産業の打撃に伴い，大都市部－地方間の資金需給バランスが地方預金超過，大都市部貸出超過に逆転・変化し，かつ，その背後で各地域金融の貸出面での特殊性は後退し，各地域とも預金吸収＝中央への資金供給地化という意味での平準化が進展する。この意味で，各地方金融の自律性は大きく後退した。また，地域内部では地方金融を巡る党派的利害関係や，域内小地域の自律性も変容を迫られ，中立的銀行ないし行政主導の県立銀行の設立という形で，道府県を単位にした「上からの」金融の再編成を曲がりなりにも受容する条件が形成される。

　ただし，最近の愛媛県松山五十二銀行（1937年12月新立）についての研究によれば，[25]同行の成立により「一県一行」的状況が成立したものの，内部に民政派・政友派の役員対立を包含し，なおかつ，これが激化したため，頭取不在状況が生じたという。合同した銀行が役員間の党派対立を包含したという点でほぼ類似した状況の存在は，1939年の日本銀行福島支店による管内銀行の経営状況を記載した史料にも，矢吹，磐東両行の事例を見出すことができる。以上を踏まえた時，銀行合同過程で，役員の党派性とこれに基づく対立関係を排除した福島県の事例はやや極端なものであり，合同後も役員間の党派対立を包含した事例が見られた点で，1930年代後半から戦時期にかけての銀行合同には限界があったと考えられる点には注意が必要であろう。

　さらに，第3章で見たように政策当局内部での銀行合同政策の位置付けも，域内小地域の自律性への配慮の側面は次第に後景に退きはじめ，金融統制をより重視したものに変化していく。しかも，この間，周知のように金本位制復帰策は挫折しているから，一面においては金本位制復帰策の側面を持っていた銀行合同政策を中軸とする普通銀行制度改善政策の相互補完関係も，この側面が喪失した点では重大な変化を蒙っていた。このほか，1930年代中葉以降の時点で，周知のように，地方資産家・地方名望家たちの利害を媒介し，中央の政策動向へ反映させていた政党政治状況が消滅していた点でも，銀行合同政策を巡

終章　結論と展望　　453

る利害状況は大きく変化していた。

　このように昭和恐慌期になると，明治以来の地方資産家中心の信用秩序のあり方は大きく変容し，銀行合同政策を巡る状況は変化の兆しを見せるようになる。この意味で，両大戦間期は近代日本経済史上の重大な転換点であったと言える。このような変化は，1936年の馬場蔵相による国債消化の円滑化と低金利浸透を政策目標とする，いわゆる「一県一行主義」声明により決定的なものになる（第3章で既述）。この時期になると，昭和恐慌期の時点で既に各地方金融の預金吸収地化＝有価証券投資を通じた中央への資金供給地化の進展という意味での平準化の方向性が顕在化していたこと と，地方利害を中央の政策形成に媒介する政党政治状況が消滅していたことに加えて，第6章で論じたように両大戦間期における金融危機の過程で，金融に対する中央官僚による支配強化を受容する時代状況が形成されていたと推察されるから，もはや地域——とりわけ，郡部など府県内部の小経済圏——の自律性への配慮を銀行合同政策に反映させることができる状況ではなかったと言わねばならない。このような変化を踏まえて，第二次世界大戦期における銀行合同政策は，域内小地域経済の自律性保持のための資金確保というよりは，むしろ業態としての地方銀行を国債消化などの戦時動員体制へ協力させるために低収益性への耐性を滋養するという，中央専門官僚主導の総力戦体制への統合政策という側面を一気に濃厚化させる。

　同時に，銀行経営者である地方資産家・地方名望家たちも，昭和恐慌期の末葉以降，とりわけ第二次世界大戦期直前以降になると，例えば福島県東邦銀行新立時や山形県の両羽銀行の戦時末の銀行合同に対する姿勢の変化などの事例に見られるように，消極的ながらも管理通貨制に基づく中央政府による総需要管理への適応の必要性を認識したり，戦時統制経済への依存に活路を見出す形で県単位での金融再編成を構想ないし受容するか，あるいはその必要性を主張するようになっており，地域側の地方金融を巡る空間単位とその自律性確保を巡る地域側の志向性のあり方も重大な変容を遂げていた。それゆえ，これ以後，特に日米開戦以後の時期になると，専門官僚を主たる調整者にした形で，軍拡財政を支えるための国債消化・低利資金確保によって軍事経済を金融面から支えることを目的に，日本銀行関係者による系列関係の整理に見られるような，「一県一行主義」，ないし場合によってはそれを超えた——つまり，府県という

範囲を超えた──形での,合同さえも射程に入れる形で銀行合同政策が,一定の実現の基盤を伴う形で展開されることになる。これに加えて,既に明らかにされているように[31],銀行経営規制も軍需部門への資金の「最大限供給に目的が集中」したものに変化する。この結果,地方銀行経営はその自律性を相当程度否定され,もっぱら預金吸収と国債消化を重点化せざるを得ない状況に追いやられる。

さらには,この過程で専門官僚の天下りを中心とする銀行経営者の専門経営者化が進展する[32]。銀行経営者である地方資産家の中には,既に1920年代の時点で函館市の小熊幸一郎のように専門経営者化の必要性を唱え[33],地方金融の自律性の担い手としての役割から撤退する姿勢を示した者もいたが,戦時期における合同過程でこの動きが一層加速された。この結果,地方資産家・地方名望家の大資産家としての信用力に基づく,自律的な地方信用秩序のあり方も大きく変化し,大蔵省・日本銀行出身者ら中央の専門官僚による信用秩序管理の側面が濃厚化する。そして,おそらく,このような経営者のあり方が変化する過程で,地方資産家の家産に依存した「セイフティ・ネット」のあり方も根本的変化を蒙るように推測されるが,この点はさらなる実証的検討が必要とされる[34]。以上,戦時期になると[35],地方金融の担い手のあり方や,彼らの金融経済を巡る空間的単位に対する志向性は大きく変容することになり,なおかつ府県単位での地域の自律性でさえも強く否定される状況になった。

しかしながら,1945年8月15日の日本敗戦を画期に,このような状況は大きく変化する。つまり,これ以後復興期に至るまで,戦時期とは異なり全国的に地方銀行の預貸率が大きく上昇する[36]。その背景には地方産業の復興とこれへの銀行経営の対応の必要性が存在したのであり,この時期になると地方銀行は預金以外の外部からの調達資金に依存するようにすらなる。このように敗戦後になると,地方金融はその空間的単位が府県ないしそれを超えた形になる点では戦時期以降の変化を継承しつつも,戦時とは異なり,再度,その自律性を回復する動きを示す。この点を顧みた場合,戦後日本の金融システムの形成は,単なるメインバンク・システムの形成に還元して考えるのみでは不十分であり[37],敗戦から復興期に至る地域の自律性回復への動きと,その中央・重化学工業中心の経済発展のあり方への再統合という,新たな問題を包含していたように見

終章 結論と展望 455

受けられる。また，敗戦後における地域の自律性回復への動きと言っても，例えば戦時の時点で地域を県単位で考えるようになったこと，あるいはいわゆる農地改革など一連の戦後改革の過程での地方資産家・地方名望家への打撃にも見られるように，戦前における彼ら中心の地域金融の自律性とは歴史的位相が異なることも考えられる。他方で，少なくとも1950年代前半までは，戦前来の地方資産家・地方名望家が地方銀行，信用金庫など地方金融機関の経営の舵取りを，地方産業向け融資を重視する形で行なうなど，戦前と類似の現象が見られた事実も存在する。このように戦後，とりわけ1950年代までの地方金融を中心に見た金融史像は必ずしも明確化されていない。これら諸点の具体的な検討を通じて，第二次世界大戦期から高度成長期における，戦後日本金融システムの形成ならびに変容の過程を検討することは今後の課題としたい。

(25) 愛媛県松山五十二銀行の経営動向を検討した杉山和雄「地方的銀行合同と利害対立」『成蹊大学経済学部論集』第34巻第1号，2003年10月，7～37頁。日本銀行福島支店『引継書類』1939年。
(26) この点については，白鳥「反動恐慌後における地方銀行の経営整理と本支店＝地域間資金移動」における山形県下の分析を参照。なお，有力地方銀行全般の有価証券投資の動向は，麻島昭一「両大戦間における地方銀行の有価証券投資」『地方金融史研究』第9号，1978年3月を参照。
(27) この点については進藤寛「戦時下における地方銀行の合同」『金融経済』第66号，1961年1月；白鳥圭志「戦時体制下における日本銀行の金融調節と地方銀行」『社会経済史学』近刊号に掲載見込（現時点では査読中）による。なお，総力戦体制については山之内靖ほか『総力戦と現代化』柏書房，1997年などを参照。
(28) 例えば，両羽銀行頭取三浦新七は1935年の講演で，このような議論している（「地方銀行ノ低金利時代対策」三浦新七博士記念会，所蔵）。
(29) この点は，1940年前後における郡山商業銀行佐藤安二の会津銀行，白河瀬谷銀行との合同による，東邦銀行設立の構想過程に明らかである（『東邦銀行五十年史』同行，1992年，55～60頁を参照）。また，第4章第1節における昭和恐慌期の県議会における残存銀行統合の必要性の議論も参照。なお，県内各小地域の固有性を理由に「一県一行主義」に反対した山形県の両羽銀行長谷川吉三郎頭取（cf. 後藤『本邦銀行合同史』389頁）も，結果的に実現はしなかったものの，戦時末になると全県単位での合同を受容するようになる（『山形銀行百年史』306～311頁）。また，白鳥圭志「山形県」『日本地方

金融史』では,『山形銀行百年史』に依拠してこの点を概説しているが,一般書という同書の性格上,後藤氏の著作ではなく,最新の研究でかつ比較的に入手が容易な『山形銀行百年史』のみを注記したことをお断りする。
(30) この点について詳細は序章注27に示した佐藤政則氏の一連の諸研究を参照せよ。
(31) 伊藤修『日本型金融の歴史的構造』59・61～94頁。
(32) 杉山「『地方的合同』の人的側面」特に382～390頁を参照。
(33) 白鳥「明治後期から第一次世界大戦期における地方資産家の事業展開」21～23頁。
(34) この意味で,戦時期における事後的措置としての「セイフティ・ネット」は,LLRを中心とする日本銀行の救済措置や大蔵省・日本銀行を中心とする銀行合同などの公的措置に収斂すると推定される。
(35) 当該期の地方銀行の研究として,まずは,伊藤正直「戦時体制下の地方銀行」朝倉編『両大戦間における金融構造』所収を参照。なお,以下に示す敗戦後における地域の自律性回復への動きも含めて,筆者も両羽銀行を対象とする別稿で検討した(白鳥圭志『戦時から戦後復興期における地方銀行経営の変容』を挙げておく)。
(36) 浅井良夫「復興期」地方金融史研究会編『戦後地方銀行史』Ⅰ,東洋経済新報社,1991年,所収,第2‐1図(40頁)。なお,杉浦勢之「占領期日本の中小企業金融と地方銀行」『地方金融史研究』第25号,1994年3月,所収,1～12頁も参照。
(37) この点は,近年における戦後日本金融システム形成史研究に対する批判である。代表的研究として岡崎哲二・奥野正寛編『日本経済システムの源流』日本経済新聞社,1993年;杉浦勢之「戦後復興期の銀行・証券」橋本寿郎編『日本企業システムの戦後史』東京大学出版会,1996年,所収などを参照。
(38) 関東銀行行史編纂委員会編『関東銀行五十年史』関東つくば銀行,2003年。なお,加藤隆「関東地方の新設銀行」地方金融史研究会編『戦後地方銀行史Ⅱ 銀行経営の展開』東洋経済新報社,1994年,60～92頁では,関東銀行の設立過程についての検討がされているので,併せて参照されたい。ただし,そこでも,史料の制約もあってか,白鳥圭志「書評 関東銀行行史編纂委員会編『関東銀行五十年史』」『地方金融史研究』第35号,2004年3月で指摘した,経営者の思考・行動様式の特質に関する点(114頁)は未検討である。信用金庫については,宮城県仙南銀行頭取渡辺貞一が,戦時下の七十七銀行による同行吸収合併後,戦後になって50年6月の仙南信用組合(→51年6月仙南信用金庫)設立の際に,地元「清壮年経済人の集まり」である白石産業同友会からの強い要求を受けて中心的役割を果たし,同金庫の理事長に就任している(仙南信用金庫『地元とともに五十年』同金庫,2000年,31～36頁)。このように,戦前の元地方銀行経営者が,戦後に新設地方銀行,信用金庫な

終章 結論と展望 457

どの役職員に就任し，経営の舵取りを行い，地方金融で重要な役割を果たしている事例はほかにもあるかも知れない。今後の検討課題である。

(39) 在来産業研究の側でも，同様の現象についての指摘があり（中村隆英『明治大正期の経済』東京大学出版会，1985年，183〜185頁），金融面の現象もこの動きに符号したものと見られる。

(40) 現時点での筆者の戦後日本金融システムの形成過程ならびに70年代前半までの変容過程の把握については，極めて不十分ながら，白鳥圭志「大企業と金融システム」鈴木良隆・橋野知子・白鳥圭志著『MBA　日本経営史——20世紀——』有斐閣，2006年近刊予定，所収で概観しているので参照されたい。

あとがき

　本書は，大学院進学以来，約10年間の研究を取り纏めたものである。10年あまりかかってこのようなものしか書けなかったのは，私の非力さと怠慢さの現れとしか言いようがない。恥ずかしい限りである。しかしながら，このような書物でさえ，大変多くの方々のご配慮やご指導とご鞭撻があって，はじめて完成に漕ぎ着けるに至った。

　言うまでもなく，歴史研究には史料が不可欠であり，調査・研究にあたってご協力いただいた方々に，心より厚く感謝を申し上げねばならない。まず，真っ先にお名前を挙げて謝意を表さねばならないのは，三浦新前会長，丹羽厚悦顧問（前頭取），長谷川吉茂頭取，設楽隆元監査役，大江良松前総合企画部主幹をはじめとする，株式会社山形銀行の皆様方である。同行は，歴史研究に対して大変寛容であり，私は御所蔵史料の目録作成までお許し頂く機会に恵まれた。銀行の内部史料を整理できる機会はそうそう与えられるものではないが，このような貴重な経験を通じて銀行業務に対する認識が根本的に変化したのは言うまでもない。さらに，同行は非常に傑出した健全銀行として高い評価を得ているが，三浦前会長，丹羽顧問，長谷川頭取からは，銀行経営者としてサウンド・バンキングを維持するご苦労を直接お伺いできたことも貴重な経験であった。このような貴重な機会を与えていただいた株式会社山形銀行の皆様方には，特に記して心より厚く感謝を申し上げたい。

　また，日本銀行金融研究所研究第三課では，武藤哲前課長，鎮目雅人課長，大宮仁氏をはじめとする，史料整理にあたられている皆さんのお陰もあり，多数の関係史料の閲覧と収集を許していただいた。現時点で約1万点以上という膨大な史料を整理し，しかも，厳しい法的制約条件の下で，最大限，史料公開に便宜を図って下さっている同課の皆さんのご苦労は想像するに余りある。このような史料整理・公開へのお骨折りなくしては，本書の完成は，到底，ありえなかった。同課の皆さんには，普段のご努力に深い敬意を表するとともに，特に記して心から厚く感謝を申し上げたい。

　このほか山形銀行，日本銀行金融研究所，注記した研究者の方のみならず，

以下に示す研究者を除く個人の方・諸機関からも史料調査にあたり，格別のご協力をいただいた。ここでは各個人名・各機関名を記して，心より厚く謝意を表したい。

　小熊咲子様，佐藤惣一郎様，全国地方銀行協会，北海道大学付属図書館，北海道開拓記念館，北海道立図書館，北海道立文書館，市立函館図書館，岩手大学付属図書館，岩手県庁，岩手県立図書館，東北大学付属図書館，東北学院大学付属図書館，山形県庁，山形県立図書館，福島県庁，福島県立歴史資料館，福島県立図書館，福島県立博物館，株式会社東邦銀行，郡山市立図書館，山形県立図書館，埼玉県立文書館，埼玉県立図書館，入間市博物館，国立国会図書館，株式会社第百十四銀行，岡山県庁，岡山県立図書館，岡山商工会議所，岡山県立図書館，香川県立図書館，東京大学付属図書館，東京大学経済学部付属図書館，東京大学史料編纂所付属図書室，一橋大学付属図書館，一橋大学経済研究所付属図書館，一橋大学経済研究所付属日本経済統計資料センター，一橋大学歴史共同研究室，福島大学付属図書館，福島大学地域研究センター，香川大学付属図書館，岡山大学付属図書館。

　そして，当然のことながら，非力な私がなんとかここまで漕ぎ着けることができたのは，多くの諸先生方，先輩友人諸氏のご指導とご鞭撻があってのことである。とりわけ，まず，まっさきにお名前を挙げて御礼を申し上げなければならないのは，学部学生時代以来今日に至るまでご指導をいただいている，吉原泰助，樋口徹，冨沢克美の諸先生方をはじめとする諸先生方である。吉原先生には，学部１年次の「経済学概論Ⅱ」の講義において，単に社会科学や経済学のみならず，学ぶことそれ自体の重要性という根本的なこと教えていただいた。先生の，かの格調高い名講義は，頭の悪い私には完全には理解できなかったものの，それでも確かに強い衝撃を与えられた。講義の度に，「経済学が分かると，かくも違って社会が見えるようになるのか」と，驚愕させられたものである。高校時代にすっかり遊びほうけていた私のようなものが，怠慢ではありながらもそれなりに勉強するようになったのは，このような吉原先生の貴重なご指導があってのことである。

なお，私は，当初，先生のご専攻である経済学史，経済理論を勉強していたが，自らの能力と適正のなさゆえに，吉原先生から，先生の恩師にあたる山田盛太郎先生の名著『日本資本主義分析』を読むように指示されたことを契機にして，途中から日本経済史という別分野を専攻するようになってしまった。しかしながら，それにもかかわらず，吉原先生は今日に至るまでを懇切丁寧にご指導下さっている。なんとも有り難いことである。

　吉原先生からはその人格の高潔さを通じて学問以外の点においても数多の教えをいただくとともに，学問面においては理論・学史・現状分析に関するご指導を通じて，特に現状との緊張関係を維持しつつも，絶えず古典に立ち返ることの重要性，経済分析にあたり政治・社会両面も含めた全構造＝全機構的把握を重視する必要性，マルクス経済学・近代経済学を問わない，あるいは狭く経済学に囚われない多様な分析枠組みを吸収する必要性を御教示いただいた。しかも，諸利害の対抗・錯綜の調整との関係で経済構造の動態分析を試みるという，本書の主要な分析視角は，実は，山田先生の『再生産過程表式分析序論』とともに，吉原先生の講義に基づき，『資本論』『日本資本主義分析』を勉強したことにより得られた。この意味で，本書の背後にある基礎理論は，吉原先生にご教示いただいた経済学なのである。

　本書に至る研究過程では，吉原先生からのご指導を可能な限り生かすべく，最大限，努力したつもりであるが，結果的に，この程度のものしか書けなかったことは大変遺憾極まりなく，かつ申し訳ないことである。吉原先生には，これまでの非礼をお詫び申し上げるとともに，これまでの頂戴した手厚いご指導に心より厚く感謝を申し上げたい。また，先生のご自宅にご招待いただいた際には，奥様からもすき焼きをご馳走になるなど，何かとご配慮をいただいたことも，今となっては学生時代の大変貴重な想い出である。吉原先生ならびに奥様には，ますますのご健康とご多幸を祈念申し上げる次第である。

　樋口先生，冨沢先生には，両先生の恩師にあたる大塚久雄先生の社会科学方法論と語学を中心に，厳しくも暖かいご指導をいただいた。両先生からは大塚先生あるいはマックス・ウェーバーの主体論についてのご指導を通じて，経済分析における主体論への着目の重要性を御教示いただいた。そして，ご指導の際には，樋口先生からは，私の不勉強ぶりを絶えずご叱責いただき，研究者・

教育者としてのあるべき姿と私の現状との落差の大きさを痛感させていだいたほか，冨沢先生からは学問的なご指導はもとより，勉強などが上手くいかなくて落ち込んでいる時には絶えず暖かい激励を頂戴した。今日に至るまで樋口先生に規律付けをいただき，冨沢先生に背中を押していただき，なんとか本書を纏め上げたという意味で，両先生のご指導は補完性をもっていた。両先生には，心より厚く感謝を申し上げたい。また，上述のように，学部学生時代は基本的に日本経済史を専攻するつもりはさらさらなかったために，まじめにお話を聴く機会はなかったが，学生時代の講義の折，あるいは大学院進学後にお手紙などで暖かい励ましとご指導をいただいた，山田舜，星埜淳，宮島宏志郎，中川弘，後藤康夫の諸先生方にも，心より厚く御礼を申し上げたい。

　さらに，大学院進学後には，渡辺治，鈴木良隆，斎藤修，寺西重郎，米山高生，ならびに自称「最後の戦後歴史学」こと池享の諸先生方，そして教職課程でご指導を賜った笠川達男先生からのご指導・ご鞭撻と激励をいただいた。渡辺先生からは日本政治史，政治過程把握の方法について，鈴木先生・米山先生からは経営史・経済史研究の方法について，寺西・斎藤両先生からは数量経済史研究，金融分析の方法について，それぞれご指導を頂くとともに，各先生の研究・教育に対する姿勢にも大変学ばせていただいた。特に，鈴木・米山両先生には，大変有難い事に，毎年ゼミの合宿にも参加させていただき，東京を離れてからも院生時代同様の手厚いご指導まで頂いており，日々喝を入れられているかのような研究生活を継続させていただいている。諸般の事情もあり，商学研究科御所属の両先生からは１単位もいただいていないのはやや心残りであるが，私にとっては単位には代えがたい，事実上の指導教官であり，大学院では最もお世話をいただいた先生である。その上，鈴木先生，米山先生には，仙台に職を得た後も含めて，本書のもとになった論文の大部分について報告の機会をいただいたほか，さらには公表した論文の大部分にも目を通していただき，国際比較の重要性も含めて多数の有益な助言まで賜った。また，笠川先生からは，教育者としての長年のご経験を踏まえたお話を頂戴し，教育者としての心構えを御教示いただいたほか，高校での非常勤講師の職業をご紹介いただき，大変貴重な経験もさせていただいた。池先生には，自称「白鳥君の生活指導担当教官」として，学問分野というよりは，主として私の「素行の矯正」と人生

の善導にご尽力いただいた。さらには，御高著『大名領国制の研究』（校倉書房，1995年）において，学術書において笑いを取る際の「あとがき」の有効性もお示しいただくなど，池先生はいつもユーモアを忘れない方であった。

　さらに，所属大学・大学院の先生ではないが，石井寛治先生から直接ご指導を頂けたことも，私にとって大変幸運なことであった。石井先生には，大変ご多忙であるにもかかわらず，他大学の院生である私の修士論文をご覧いただいた上に，しかも東大の院生と分け隔てない，大変懇切丁寧なご指導をしていただいた。今にして思えば，ぬけぬけと修士論文を先生の所に持参した，自分の図々しさに呆れるばかりであり，大変お恥ずかしい限りであるこのような暴挙まで受け止めて下さった石井先生のお心使いにはなんと御礼を申し上げてよいのか分からない。石井先生には日本金融史研究の現状と方法について初歩からご指導いただいたほか，経済史研究全般に関しても「主体と構造の統一的把握」の重要性をご教示いただいた。また，伊藤正直先生からも大変暖かいご指導を頂く機会に恵まれた。伊藤先生からは，ご多忙にもかかわらず，わざわざお時間をお割き頂いた上で，日銀福島支店関係史料をご提供いただいたほか，折にふれて貴重な御教示を頂戴するなど，大変なご配慮をいただいた。そして，その後も今日に至るまで，金融分析の基本から応用に至るまで，大変懇切丁寧なご指導を賜っている。

　さらに石井・伊藤両先生には，地方金融史研究会へ入会する際の推薦人にまでなっていただき，他では得がたい貴重な経験をする機会を与えていただいた。同研究会では石井・伊藤両先生，銀行合同史研究の先行研究者である進藤寛先生のほか，渋谷隆一，加藤隆，岡田和喜，杉山和雄，伊牟田敏充，西村はつ，波形昭一，高嶋雅明，斎藤寿彦，池上和夫，植田欣次，小川功，佐藤政則，平智之，吉田賢一，黒羽雅子，杉浦勢之，迎由利男，神山恒雄，永江眞夫，中西聡，中林真幸といった，近現代日本金融史の各分野をリードされている諸先生方から，今日に至るまで，身に余るまでの，大変懇切丁寧なご指導と激励を賜り続けている。とりわけ，伊牟田先生，佐藤先生，平先生には，山形銀行の史料調査にも御同行いただいた上，有益な御教示まで頂戴したほか，渋谷先生からは「とにかく論文を書け。研究者の存在意義を示すものは，これしかない」と絶えず檄を飛ばしていただき，史料発掘の重要性をも御教示いただくなど，

研究の厳しさを身に染みる形で御指導いただいた。伊牟田・佐藤両先生からは，これまでの研究を早く書物に取り纏めるようにとの激励までいただいた。波形先生からは研究の視野を広げる必要性をご指摘いただくとともに，絶えず暖かい激励をいただいた。さらに，杉山先生からは，報告のたびに鋭利で，かつ，手厳しい批判を頂戴し，度々，研究の厳しさを痛感させられるとともに，ご多忙にもかかわらず，本書の概要を発表した金融学会歴史部会にまで足をお運びいただきご指導いただいたほか，貴重な御教示をも多数頂戴した。このほか，高嶋先生，吉田先生からは絶えず励ましの言葉をいただき，中林真幸氏からは次々と超高水準な論文を発表される，あの人語を絶する勢いとともに，真摯な研究姿勢・精緻な経済分析に学ばせていただいたほか，研究以外の面も含めて度々叱咤激励をいただいた。これらの諸先生方からのご指導がなければ，金融史研究者として何とかここまで来ることはできなかった。もっとも，どこまで諸先生方のご指導を生かせたのかは，残念ながら大変心もとないところである。厚く御礼を申し上げる次第である。

　このほか，これまでの研究過程で，森芳三，原朗，杉山伸也，沢井実，須藤功，国方敬司，山崎志郎，谷本雅之，岡田知弘，青地正史，中村尚史，伊丹敬之，松島茂，岡崎哲二，阿部武司，渡辺純子の諸先生方からも何かとご配慮とご指導を賜った。特に岡崎先生には関連する諸論文に学ばせていただいたほか，ご執筆されたディスカッション・ペーパーの引用に関して，格別のご高配を賜った。記して厚く御礼を申し上げる次第である。また，仙台では残念ながら刺激を受けることは乏しくなってしまったが，このような中で岩本由輝，原征明，渡辺昭一，坂巻清，佐藤勝則，鈴木俊夫，谷口明丈，平本厚，長谷部弘，小田中直樹の諸先生方，および大学院の先輩にあたる猿渡啓子先生からも，常日頃，何かと貴重なご教示と激励を頂けたことは大変有難いことである。さらに，仙台に戻ってからは会う機会は減ったものの，伊藤武，江口誠一，菊地浩幸，田中ひかる，岡田有功，小湊浩二，橋野知子，堀江孝司，是永隆文，佐藤睦郎，我妻征幸，高橋美由紀，菊池信輝，中島譲，平尾毅，古瀬公博，金承美，山藤竜太郎，藤井英明，山内雄気，曽輝鋒といった，大学院時代の諸先輩・友人諸氏，ならびに岩間剛城・伊藤修一両氏にも公私ともに大変お世話になっている。とりわけ，我妻氏には修士課程時代に頻繁に議論の相手になっていただき，有

益な教示と激励・刺激を度々頂いたほか，古瀬氏とともに本書の草稿にも目を通してもらい，細部にわたり貴重なコメントまでいただいた。さらに我妻氏には原稿の最終チェックでもご助力いただいた。ご指摘をいただいた点をどこまで改善できたかは心許ないが，これにより本書の内容は当初よりは相当改善されたように思われる。特に記して深謝の意を表したい。

　このほかにも寺西先生・久保克行先生のお取り計らいで，一橋大学経済研究所の経済発展研究会（2002年6月17日）において，後藤康夫先生のお取り計らいで土地制度史学会東北部会（同年7月27日）において，さらには佐藤政則先生のお取り計らいで日本金融学会歴史部会（2004年3月13日）において，鈴木俊夫先生の御配慮で社会経済史学会東北部会（2004年6月27日）において，本書のもとになる報告をさせていただく機会を与えていただき，上記諸先生方や，特に社会経済史学会部会においては東京からわざわざ足をお運びいただいた上で，コメンテーターをしていただいた渋谷隆一先生をはじめ，多数の方から有益なコメントを頂戴した。また，本書の作成過程で体調を崩してしまったが，上記諸先生方，諸先輩，友人各位には，大変なご心配とお心遣いをいただいた。心より厚く御礼を申し上げたい。なお本書は，2006年3月末現在で，論文形式（ワーキング・ペーパーを含む）で公刊された研究までしか，参照しえていない（一部，その後，2006年7月までに直接，恵与いただいた論文を除く）。止むを得ないこととはいえ，この点に重大な限界を抱えていることを付記しなければならない。

　なお，本書の出版であるが，吉原泰助先生からのお勧めもあり，吉原ゼミの先輩の片倉和夫氏が社長を務める八朔社にお願いした。出版事情が厳しい中にもかかわらず，出版を御引き受けいただいた片倉氏には，心より厚く御礼を申し上げる次第である。

　最後に，私事で恐縮ながら，大学卒業時に「早く本を書け」とプレッシャーをかけてくれた学生時代の友人たちに感謝するとともに，貧しい家計であるにもかかわらず，大学院進学によりさらに泣きを見てもらうことになってしまった両親にお詫びと謝意を，そして，ここまでの研究生活を含めて，ほぼ人生全般にわたって私の生甲斐でありつづけてくれた五匹の猫たち，故ミーちゃん，故チビちゃん，チーちゃん，ノンちゃん，故クロちゃんに心からの感謝を表し

たい。とりわけ，うちに最初に来てくれたミーちゃんは，私が中学二年生の時以来，今までずっといっしょにいてくれた。最初に出会った時には，私の手のひらに乗るくらい小さな子猫だったミーちゃんは，2003年2月1日に17歳の誕生日を目の前にこの世を去った。当日，仕事があったとはいえ，ミーちゃんの最期を看取ることが出来なかったことは，飼主として大変申し訳なく思う。実は，本書の初出論文の殆どは，ミーちゃんが死ぬ前になんとしても就職しよう，と思って必死になって執筆したものである。この意味で，ミーちゃんは本書を完成に至らせてくれた，重要な立役者の一人である。さらにチビちゃんにも高校時代に朝起こしにきてもらうなど，度々癒してもらった。そして，大変悲しいことに，この8月に入ってすぐに不慮の交通事故でクロちゃんまでもがこの世を去ってしまった。クロちゃんはたった3年と5ヶ月しか生きることができなかった。まことに残念である。末尾ながら，感謝の気持ちをこめて，本書をミーちゃん，チビちゃん，クロちゃんに捧げたい。

   2006年9月

白 鳥 圭 志

   本書は2000年度文部省科学研究費補助金（特別研究員奨励費），2002〜2004年度文部科学省科学研究費補助金若手研究B（研究課題番号1470062），2005年度文部科学省科学研究費補助金若手研究B（研究課題番号177302176806），2004〜2005年度一橋大学大学院商学研究科21世紀COEプログラム助成資金による研究成果の一部であり，出版に際して日本学術振興会から2006年度科学研究費補助金（研究成果公開促進費。課題番号185201）の交付を受けた。関係各位には記して厚く御礼を申し上げたい。

引用文献一覧

邦語文献（50音順）

青地正史「戦前日本企業のコーポレート・ガバナンスと法制度－1920年代の非財閥系企業を中心に－」『経営史学』第37巻4号, 経営史学会, 2003年3月。

青地正史「戦前日本企業と『未払込株金』」『富大経済論集』第51巻2号, 富山大学, 2006年2月。

秋谷紀男「埼玉県における銀行合同の展開－大正九年恐慌下の黒須銀行を中心に－」『埼玉地方史研究』第18号, 埼玉地方史研究協議会, 1992年。

浅井良夫「戦前期日本における都市銀行と地方金融」『金融経済』第154号, 1975年10月。

浅井良夫「地方金融市場の展開と都市銀行」『地方金融史研究』第7号, 全国地方銀行協会, 1976年3月。

浅井良夫「復興期」地方金融史研究会編『戦後地方銀行史』Ⅰ, 東洋経済新報社, 1991年。

浅井良夫「1927年銀行法から戦後金融制度改革へ」伊藤正直ほか編『金融危機と革新』日本経済評論社, 2000年。

浅岡正雄「戦前期の日本銀行特別融通について」『金融学会報告』第68号, 金融学会, 1989年7月。

朝倉孝吉編『両大戦間における金融構造』御茶の水書房, 1980年。

朝倉孝吉「ある頭取の懺悔(1)〜(8)」『週刊エコノミスト』1997年11月4日号から同年12月12日号, 毎日新聞社。

あさひ銀行編『埼玉銀行通史』あさひ銀行, 1993年。

麻島昭一「大正期における東北地方信託業の一考察」『信託』第109号, 信託協会, 1977年1月。

麻島昭一「両大戦間における地方銀行の有価証券投資」『地方金融史研究』第9号, 全国地方銀行協会, 1978年3月。

麻島昭一「岩手県信託業の挫折」『信託』第123号, 信託協会, 1982年8月。

安部悦生編著『金融規制はなぜ始まったのか』日本経済評論社, 2003年。

安藤良雄編『昭和経済史への証言』毎日新聞社, 1976年。

安藤良雄編『近代日本経済史要覧〔第2版〕』東京大学出版会, 1979年。

池上和夫「山梨殖産銀行の成立」有泉貞夫編『山梨近代史論集』岩田書院, 2003年。

石井寛治「地方銀行の成立過程」『地方金融史研究』第3号, 全国地方銀行協会, 1970年3月（後に同『近代日本金融史序説』第5章として収録）。

石井寛治「地域経済の変化」佐伯尚美・小宮隆太郎編『日本の土地問題』東京大学出版会, 1972年。

石井寛治「金融構造」大石嘉一郎編『日本産業革命の研究』上巻, 東京大学出版会,

1976年。
石井寛治「地方銀行と日本銀行」朝倉編『両大戦間における金融構造』御茶の水書房，1980年。
石井寛治『日本の産業革命』朝日新聞社，1997年。
石井寛治『近代日本金融史序説』東京大学出版会，1999年。
石井寛治「近江銀行の救済と破綻」『地方金融史研究』第31号，全国地方銀行協会，2000年3月。
石井寛治「戦間期の金融危機と地方銀行」石井・杉山編『金融危機と地方銀行』2001年。
石井寛治「戦前日本の株式投資とその資金源泉：寺西論文『戦前日本の金融システムは銀行中心であったか』に対するコメント」『金融研究』第25巻1号，日本銀行金融研究所，2006年3月。
石井寛治・杉山和雄編『金融危機と地方銀行』東京大学出版会，2001年。
井手英策「新規国債の日銀引受制度をめぐる日本銀行・大蔵省の政策思想」『金融研究』第20巻3号，日本銀行金融研究所，2001年9月。
伊藤正直「製糸・養蚕業の動揺と地方銀行群の存在形態」『土地制度史学』第75号，土地制度史学会，1975年4月。
伊藤正直「水田単作地帯における『地主的銀行』群の衰退過程」『金融経済』第159号，金融研究所，1976年8月。
伊藤正直「戦時体制下の地方銀行」朝倉孝吉編『両大戦間における金融構造』御茶の水書房，1980年。
伊藤正直「財政・金融」1920年代史研究会編『1920年代の日本資本主義』東京大学出版会，1982年。
伊藤正直「資本蓄積(1)重化学工業」大石嘉一郎編『日本帝国主義史』第2巻，東京大学出版会，1987年。
伊藤正直『日本の対外金融と金融政策　1914～36』名古屋大学出版会，1989年。
伊藤正直「藤田銀行の破綻とその整理」石井・杉山編『金融危機と地方銀行』2001年。
伊藤正直・靎見誠良・浅井良夫編『金融危機と革新』日本経済評論社，2000年。
伊藤修『日本型金融の歴史的構造』東京大学出版会，1995年。
今田治弥編『東北地方金融の展開と構造』時潮社，1978年。
伊牟田敏充「地方銀行と他金融機関の関係」『地方金融史研究』第7号，1976年3月。
伊牟田敏充「大蔵大臣の失言」有沢広巳監修『昭和経済史』日本経済新聞社，1976年。
伊牟田敏充「大正期における金融構造」大内力編『現代資本主義と財政・金融　現代金融』東京大学出版会，1976年。
伊牟田敏充「大正期銀行集中の一考察」石井寛治ほか編『日本資本主義　展開と論

理』東京大学出版会，1978年．
伊牟田敏充「日本金融構造の再編成と地方銀行」朝倉孝吉編『両大戦間における金融構造』1980年．
伊牟田敏充『戦時体制下の金融構造』日本評論社，1990年．
伊牟田敏充「銀行整理と預金支払」石井・杉山編『金融危機と地方銀行』2001年．
伊牟田敏充『昭和金融恐慌の構造』経済産業調査会，2002年．
岩手銀行編『岩手殖産銀行二十五年史』同行，1961年．
岩手県議会編『岩手県議会史』第3巻，岩手県議会事務局，1961年．
岩田規久男編著『昭和恐慌の研究』東洋経済新報社，2004年．
岩間剛城「旧七十七銀行の銀行合同(1)(2)」『研究年報経済学』第63巻第2号，第63号3巻，東北大学，2001年11月，2002年1月．
江頭恒治『近江商人中井家の研究』雄山閣，1965年．
永廣顕「金融危機と公的資金導入」伊藤正直ほか編『金融危機と革新』2000年．
永廣顕「昭和金融恐慌と休業銀行の破綻処理問題」『甲南経済学論集』第43巻2号，甲南大学，2002年9月．
大島清『日本恐慌史論』東京大学出版会，1955年．
岡崎哲二「戦間期の金融構造変化と金融危機」『経済研究』第44巻4号，一橋大学経済研究所，1993年10月．
岡崎哲二『工業化の軌跡』読売新聞社，1997年．
岡崎哲二「銀行業における企業淘汰と経営の効率性」斎藤誠編著『日本の「金融再生」戦略』中央経済社，2002年．
岡崎哲二「三菱銀行の支店展開と資金循環」『三菱史料館論集』第3号，三菱経済研究所，2002年．
岡崎哲二「1920年代における三菱銀行の損益構造」『三菱史料館論集』第4号，三菱経済研究所，2003年．
岡崎哲二「昭和金融恐慌と三菱銀行－日次データから見た金融恐慌」『三菱史料館論集』第5号，三菱経済研究所，2004年．
岡崎哲二「戦前日本における『最後の貸し手』機能と銀行経営・銀行淘汰」CIRJE-J-145，日本銀行金融研究所，2006年1月．
岡崎哲二・奥野正寛編『日本経済システムの源流』日本経済新聞社，1993年．
岡崎哲二・澤田充「銀行統合と金融システムの安定性」『社会経済史学』第69巻3号，社会経済史学会，2003年9月．
岡崎哲二・澤田充「銀行統合促進政策の効果：1927年銀行法の評価」RIETI Discussion Paper Series 04-J-002，2004年．
岡崎哲二・浜尾泰・星岳雄「戦前日本における資本市場の生成と発展」『経済研究』第56巻2号，一橋大学経済研究所，2005年1月．
岡田和喜『預金金利協定の史的分析』有斐閣，1988年．
岡田和喜・本間靖夫「地方産業の発展と地方銀行」『金融経済』第127・129・130号，

金融研究所，1971年4・8・10月。
岡田和喜・本間靖夫「金融雑誌」杉原四郎・岡田和喜編『日本経済雑誌の源流』有斐閣，1990年。
小川功「首位行による共同出資行の機関化と下位行封じ込め」『彦根論叢』第326号，滋賀大学，2000年10月。
小川功「一県一行主義による当局主導の強圧的銀行統合の弊害」『彦根論叢』第328号，滋賀大学，2000年12月。
小川功『地方企業集団の財務破綻と投機的経営者』滋賀大学経済学部，2000年。
小川功『破綻銀行経営者の行動と責任』滋賀大学経済学部，2001年。
小川功『企業破綻と金融破綻』九州大学出版会，2002年。
小川功「日本における金融危機・金融恐慌研究の方向性と課題」『経営史学』第37巻4号，経営史学会，2003年3月。
粕谷誠「日本における預金銀行の形成」『社会科学研究』第43巻3・4号，東京大学社会科学研究所，1991年10月・12月。
粕谷誠「金融制度の形成と銀行条例・貯蓄銀行条例」伊藤正直ほか編『金融危機と革新』2000年。
粕谷誠「信用秩序の維持」石井寛治編『日本銀行金融政策史』東京大学出版会，2001年。
加瀬和俊「金融構造」西田美昭編著『昭和恐慌期における農村社会運動』御茶の水書房，1978年。
加瀬和俊「貸金経営の展開」大石嘉一郎編『近代日本における地主経営の展開』御茶の水書房，1985年。
加藤俊彦『銀行合同史』全国地方銀行協会，1960年。
加藤俊彦『本邦銀行史論』東京大学出版会，1957年。
加藤俊彦編『日本金融論の史的研究』東京大学出版会，1984年。
加藤隆「明治期における一地方銀行家の経営理念」関未代策教授古希記念論文集刊行会編『経済学の発展』白桃書房，1968年。
加藤健太『三和銀行の成立過程』COE-J-38 COE Discussion Paper June 2006，東京大学大学院経済学研究科。
金澤史男「両税委譲論展開過程の研究」『社会科学研究』第36巻1号，東京大学社会科学研究所，1984年。
金澤史男「預金部地方資金と地方財政」『社会科学研究』第37巻3・6号，東京大学社会科学研究所，1985年10月，86年3月。
神山恒雄「財政政策と金融構造」石井寛治・原朗・武田晴人編『日本経済史2　産業革命期』東京大学出版会，2000年。
神山恒雄「1920年代の佐賀百六銀行救済における日本銀行と鍋島家」『佐賀大学経済学論集』第33巻3・4号，佐賀大学，2001年1月。
神山恒雄「佐賀県の銀行合同」石井・杉山編『金融危機と地方銀行』2001年。

関東銀行行史編纂委員会編『関東銀行五十年史』関東つくば銀行，2003年。
岸田真「南満州鉄道外債交渉と日本の対外金融政策，1927～1928年」『社会経済史学』第65巻5号，社会経済史学会，2000年1月。
岸田真「1920年代日本の正貨収支の数量的検討」『三田学会雑誌』第96巻1号，慶応義塾大学，2003年4月。
金融研究会『我国に於ける銀行合同の大勢』金融研究会，1934・35年。
黒崎卓・山形辰史『開発経済学』日本評論社，2003年。
黒田明伸『貨幣システムの世界史』岩波書店，2003年。
後藤新一『本邦銀行合同史』金融財政事情研究会，1968年。
後藤新一『日本の金融統計』東洋経済新報社，1970年。
後藤新一『昭和期銀行合同史』金融財政事情研究会，1981年。
後藤新一『銀行破綻史』日本金融通信社，1983年。
後藤新一『銀行合同の実証的研究』日本経済評論社，1991年。
是永隆文・長瀬毅・寺西重郎「1927年金融恐慌下の預金取付け・銀行休業に関する数量分析」『経済研究』第52巻4号，一橋大学経済研究所，2001年10月。
齊藤憲「浅野昼夜銀行の安田財閥への譲渡」『経済史研究』第6号，大阪経済大学，2002年3月。
齋藤寿彦「日本銀行考査の成立」『創価経営論集』第23巻2号，創価大学，1998年11月。
齋藤寿彦「金融政策」石井寛治編『日本銀行金融政策史』東京大学出版会，2001年。
齋藤寿彦・黒羽雅子「書評 伊藤正直・靎見誠良・浅井良夫編著『金融危機と革新』」『地方金融史研究』第32号，全国地方銀行協会，2001年3月。
斎藤仁『旧北海道拓殖銀行論』農業総合研究所，1957年。
佐伯啓思『貨幣・欲望・資本主義』新書館，2000年。
桜谷勝美「戦間期における地方銀行の破綻と再生に関する史料」『法経論叢』第9巻1号，三重大学，1991年12月。
桜谷勝美「昭和初期における休業銀行の再建と行政指導」『法経論叢』第70巻2号，三重大学，1992年12月。
佐藤政則「合同政策の展開と三和系地方銀行」伊牟田敏充編『戦時体制下の金融構造』日本評論社，1990年。
佐藤政則「日銀支店と銀行合同」『地方金融史研究』第28号，全国地方銀行協会，1998年3月。
佐藤政則「日本銀行の銀行統合構想（1940～45年）」伊藤正直ほか編『金融危機と革新』2000年。
七十七銀行編『七十七銀行百二十年史』七十七銀行，1999年。
渋谷隆一「中小商工金融問題の深刻化と大蔵省」『経済学部研究紀要』第31号，駒澤大学，1973年3月。
渋谷隆一「地主高利貸資本の展開構造」今田編『東北地方金融の展開と構造』1978

年。

渋谷隆一「戦間期の金融制度改善に関する覚書」玉野井昌夫・田中生夫編『戦間期の通貨と金融』有斐閣，1983年。

渋谷隆一・石山昭次郎・齊藤憲「大正初期の大資産家名簿」『地方金融史研究』第14号，全国地方銀行協会，1983年。

渋谷隆一編著『大正期日本金融制度政策史』早稲田大学出版部，1987年。

柴垣和夫「救済と軍縮の財政から『井上財政』へ」宇野弘蔵監修『講座帝国主義の研究』第6巻，青木書店，1973年。

志村嘉一『日本資本市場分析』東京大学出版会，1969年。

白鳥圭志「地方金融の再編と地域利害」『土地制度史学』第160号，土地制度史学会，1998年7月。

白鳥圭志「1920～30年代岩手県下の金融危機と銀行合同」『地方金融史研究』第30号，全国地方銀行協会，1999年3月。

白鳥圭志「両大戦間期における銀行合同政策の形成と変容」『社会経済史学』第66巻3号，社会経済史学会，2000年9月。

白鳥圭志「製糸・養蚕地帯における金融危機の展開と日銀支店」『経営史学』第35巻2号，経営史学会，2000年9月。

白鳥圭志「反動恐慌後における地方銀行の経営整理と本支店＝地域間資金移動」『地方金融史研究』第32号，全国地方銀行協会，2001年3月。

白鳥圭志「1920年代における銀行経営規制の形成」『経営史学』第36巻3号，経営史学会，2001年12月。

白鳥圭志「両羽銀行の債権整理と証券投資」石井・杉山編『金融危機と地方銀行』2001年。

白鳥圭志「昭和恐慌期における一地方『機関銀行』の破綻とその救済」『社会経済史学』第67巻5号，社会経済史学会，2002年1月。

白鳥圭志「昭和恐慌期における休業銀行の整理と日銀特融の回収」『商学論集』第70巻4号，福島大学，2002年3月。

白鳥圭志「解題」山形銀行金融資料室（大江良松・白鳥圭志）編『山形銀行所蔵経営資料目録』山形銀行，2002年。

白鳥圭志「書評　伊牟田敏充著『昭和金融恐慌の構造』」『社会経済史学』第68巻3号，社会経済史学会，2002年9月。

白鳥圭志「1920年代における日本銀行の救済融資」『社会経済史学』第69巻2号，社会経済史学会，2003年7月。

白鳥圭志「明治期から第一次世界大戦期における一地方銀行家の経営観の変容」『地方金融史研究』第35号，全国地方銀行協会，2004年3月。

白鳥圭志「昭和初期における大蔵省銀行検査体制の強化とその実態」『経済史研究』第8号，大阪経済大学，2004年3月。

白鳥圭志「明治後期から第一次世界大戦期における地方資産家の事業展開」『経営

史学』第39巻1号，経営史学会，2004年7月。
白鳥圭志「補償法口特融の回収・処理と日本銀行・大蔵省」『社会経済史学』第70巻6号，社会経済史学会，2005年3月。
白鳥圭志「戦前期東北地方電力業の形成と展開」『アジア流域文化研究・Ⅰ』東北学院大学オープン・リサーチ・センター，2005年3月。
白鳥圭志『戦時から戦後復興期における地方銀行経営の変容』一橋大学大学院商学研究科日本企業研究センター・ワーキング・ペーパー2005-17，一橋大学日本企業研究センター，2005年12月。
白鳥圭志『1950年代における大蔵省の金融機関行政と金融検査』一橋大学大学院商学研究科日本企業研究センター・ワーキング・ペーパー・No.25，一橋大学日本企業研究センター，2006年4月。
白鳥圭志「大企業と金融システム」鈴木良隆・橋野知子・白鳥圭志著『MBA日本経営史』，有斐閣，2006年近刊予定。
白鳥圭志「戦時体制下における日本銀行の金融調節と地方銀行」『社会経済史学』近刊号，社会経済史学会，に掲載見込（現時点では査読中）。
篠塚信義・石坂昭雄・高橋秀行編『地域工業化の比較史的研究』北海道大学図書刊行会，2003年。
柴田善雅「七十四銀行と横浜貯蓄銀行の破綻と整理」横浜近代史研究会・横浜開港資料館編『横浜近郊の近代史』日本経済評論社，2002年。
進藤寛「戦時下における地方銀行の合同」『金融経済』第66号，金融研究所，1961年1月。
進藤寛「わが国地方銀行合同政策の展開」『金融経済』第100・108・115号，金融研究所，1966年12月，68年2月，69年4月。
進藤寛「昭和初期地方銀行の合同過程の実態とそれを巡る論議」『政経学会雑誌』第30号，茨城大学，1973年3月。
進藤寛「大正後期・昭和初期の地方銀行の不動産担保融資」『金融経済』第165・166合併号，金融研究所，1977年10月。
進藤寛「昭和恐慌期における地方貯蓄銀行の破綻と復活」今田治弥編『東北地方金融の展開と構造』時潮社，1978年。
進藤寛「昭和恐慌期における休業銀行・開店休業銀行の実態とその影響」『地方金融史研究』第18号，全国地方銀行協会，1987年3月。
進藤寛「昭和恐慌期における県是銀行の設立」『政経学会雑誌』第55号，茨城大学，1988年3月。
杉浦勢之「占領期日本の中小企業金融と地方銀行」『地方金融史研究』第25号，全国地方銀行協会，1994年3月。
杉浦勢之「戦後復興期の銀行・証券」橋本寿郎編『日本企業システムの戦後史』東京大学出版会，1996年。
杉浦勢之「金融危機下の郵便貯金」石井・杉山編『金融危機と地方銀行』2001年。

杉山和雄「福島県の製糸金融」山口和雄編『日本産業金融史研究』製糸金融編，東京大学出版会，1966年。

杉山和雄「福岡県下の銀行合同問題と三井銀行」朝倉編『両大戦間における金融構造』1980年。

杉山和雄「『地方的合同』の人的側面」朝倉孝吉先生還暦記念論文集『経済発展と金融』創文社，1982年，

杉山和雄「金融恐慌後の銀行合同と不良資産」『成蹊大学経済学部論集』第30巻2号，成蹊大学，2000年。

杉山和雄「宮崎県中核銀行の破綻と県是銀行」石井・杉山編『金融危機と地方銀行』2001年。

杉山和雄「地方的銀行合同と利害対立－頭取不在銀行の出現－」『成蹊大学経済学部論集』第34巻第1号，成蹊大学，2003年10月。

須藤功「アメリカ銀行規制の歴史的展開－大恐慌期の金融制度改革を中心に－」『政経論叢』第71巻5・6号，明治大学政治経済研究所，2003年3月。

仙南信用金庫編『地元とともに五十年』仙南信用金庫，2000年。

全国地方銀行協会編『地方銀行小史』全国地方銀行協会，1960年。

台湾銀行史編纂委員会編『台湾銀行史』台湾銀行史編纂室，1964年。

高嶋雅明「和歌山県域における銀行合同」朝倉編『両大戦間における金融構造』1980年。

高橋亀吉・森垣淑『昭和金融恐慌史』清明会新書版，1968年，講談社学術文庫版，1993年。

武田勝「1920年代における借換債の日銀引受」『証券経済研究』第43号，証券経済研究所，2003年9月。

武田晴人「1920年恐慌と『産業の組織化』」大河内暁男・武田晴人編『企業者活動と企業システム』東京大学出版会，1993年。

武田晴人編『地域の社会経済史』有斐閣，2003年。

田中生夫『戦前戦後日本銀行金融政策史』有斐閣，1980年。

谷沢弘毅『近代日本の所得分布と経済発展』日本図書センター，2004年。

谷本雅之「日本における"地域工業化"と投資活動」『社会経済史学』第64巻1号，1995年5月。

谷本雅之『日本における在来的経済発展と織物業』名古屋大学出版会，1997年。

谷本雅之「在来的発展の制度的基盤」社会経済史学会編『社会経済史学の課題と展望』有斐閣，2002年。

谷本雅之・阿部武司「企業勃興と近代経営・在来経営」宮本又郎・阿部武司編『日本経営史2　経営革新と工業化』岩波書店，1995年。

中国銀行『中国銀行五十年史』中国銀行，1983年。

朝鮮銀行史研究会編『朝鮮銀行史』東洋経済新報社，1987年。

靎見誠良『日本信用機構の確立』有斐閣，1991年。

靎見誠良「金融革新とセイフティ・ネットの再構築」法政大学比較経済研究所・金子勝編『現代資本主義とセイフティ・ネット－市場と非市場の関係性』法政大学出版局，1996年。

寺西重郎『日本の経済発展と金融』岩波書店，1984年。

寺西重郎「不均衡成長と金融」中村隆英・尾高煌之助編『日本経済史6　二重構造』岩波書店，1989年。

寺西重郎『工業化と金融システム』東洋経済新報社，1991年

寺西重郎「戦間期の分配対立を巡る政策と金融システム」『経済研究』第44巻4号，一橋大学経済研究所，1997年10月。

寺西重郎「1927年銀行法の下での銀行集中と貸出」『経済研究』第55巻2号，一橋大学経済研究所，2004年4月。

寺西重郎「戦前日本の金融システムは銀行中心であったか」『金融研究』第25巻1号，日本銀行金融研究所，2006年3月。

東邦銀行『東邦銀行五十年史』東邦銀行，1992年。

中村五郎「福島県の金融と経済の歩み⑪⑫」『福島の進路』1985年4月号，5月号，東邦銀行福島経済研究所。

中村五郎「郡山商業銀行日誌抄　昭和2年前半分　恐慌下の郡山金融界」『郡山文化財研究紀要』第5号，郡山市，1990年3月。

中村隆英『明治大正期の経済』東京大学出版会，1985年。

中村尚史『日本鉄道業の形成　1869～1894年』日本経済評論社，1998年。

中村尚史「後発国工業化と中央・地方」東京大学社会科学研究所編『20世紀システム4　開発主義』東京大学出版会，1998年。

中林真幸『近代資本主義の組織』東京大学出版会，2003年。

西村はつ「普通銀行」加藤俊彦編『日本金融論の史的研究』東京大学出版会，1984年。

西村はつ「信濃銀行の新立とその整理」石井・杉山編『金融危機と地方銀行』2001年。

西村はつ「地方銀行の経営危機と不動産担保融資の資金化」『地方金融史研究』第32号，全国地方銀行協会，2001年3月。

西村はつ「中京金融界の動揺と明治銀行」『地方金融史研究』第33号，全国地方銀行協会，2002年3月。

西村はつ「第一次大戦から昭和恐慌にいたる名古屋有力銀行の経営戦略」『地方金融史研究』第37巻，全国地方銀行協会，2006年3月。

日経金融新聞編・地方金融史研究会著『日本地方金融史』日本経済新聞社，2003年。

日本勧業銀行『日本勧業銀行史』日本勧業銀行，1953年。

日本銀行『日本銀行百年史』第3巻，日本銀行，1983年。

日本銀行福島支店『福島県銀行史』日本銀行福島支店，1957年。

日本銀行福島支店『福島県金融経済の歩み』日本銀行福島支店，1969年。

日本経済新聞社編『金融迷走の十年』日本経済新聞社，2000年。
函館市編『函館市史』通説編第3巻，1997年。
橋口収・佐竹浩『銀行法』有斐閣，1956年。
橋口収・佐竹浩『銀行行政と銀行法』有斐閣，1967年。
橋本寿朗『大恐慌期の日本資本主義』東京大学出版会，1984年。
橋本寿朗「経済政策」大石編『日本帝国主義史』第2巻，東京大学出版会，1987年。
長谷川吉茂『庄司信吾小伝』未公刊。
花井俊介「転換期の在来産業経営」林玲子・天野雅敏編『東と西の醬油史』吉川弘文館，1999年。
速水祐二郎『開発経済学』創文社，1995年
万成滋「日本における銀行集中の過程」『経済評論』3巻2号，日本評論社，1948年。
原朗「1920年代の財政支出と積極・消極両財政路線」中村隆英編『戦間期日本の経済成長分析』山川出版社，1981年。
原朗「景気循環」大石嘉一郎編『日本帝国主義史』第2巻，東京大学出版会，1987年。
坂野潤治・宮地正人・髙村直助・安田浩・渡辺治編『シリーズ日本近現代史』第3巻，岩波書店，1993年。
東谷暁『金融庁が中小企業をつぶす』草思社，2000年。
福島県編『福島県史』20巻文化1，福島県，1965年
福島正夫・拝司静夫「金融法（法体制再編期）」『講座日本近代法発達史』第8巻，勁草書房，1959年。
北海道拓殖銀行『北海道拓殖銀行史』北海道拓殖銀行，1971年。
法政大学比較経済研究所・金子勝編『現代資本主義とセイフティ・ネット』法政大学出版局，1996年。
邉英治「大蔵省検査体制の形成とその実態」『金融経済研究』第20号，日本金融学会，2003年10月。
邉英治「わが国における銀行規制体系の形成と確立」『歴史と経済』第182号，政治経済学・経済史学会，2004年1月。
邉英治「大蔵省検査と不良債権の処理過程」『地方金融史研究』第35号，全国地方銀行協会，2004年3月。
邉英治「戦時体制下の大蔵省銀行検査体制」『社会経済史学』第70巻6号，社会経済史学会，2005年3月。
升味準之助『日本政党史論』第5巻，東京大学出版会，1979年
升味準之助『日本政治史』第3巻，東京大学出版会，1988年。
松村敏『戦間期日本蚕糸業史研究』東京大学出版会，1990年。
南亮進『日本の経済発展　第2版』東洋経済新報社，1992年。
宮島司『会社法概説〔第三版補正版〕』弘文堂，2003年。

宮島宏志郎「金融」『福島県史』政治1，福島県，1968年。
宮島宏志郎「株式会社会津銀行資料と若干の分析(2)」『東北経済』第50・51合併号，福島大学東北経済研究所，1969年3月。
三井高茂「わが国における政府の銀行合同政策」『松商短大論叢』第8号，松商学園短期大学，1960年12月。
三和良一「経済政策と経済団体」『社会経済史学』第33巻6号，社会経済史学会，1968年3月。
三和良一「第一次大戦後の経済構造と金解禁政策」安藤良雄編『日本経済政策史論』上巻，東京大学出版会，1973年（後に同『戦間期日本の経済政策史的研究』東京大学出版会，2003年に収録）。
三和良一「一九二六年関税改正の歴史的位置」石井寛治ほか編『日本資本主義　展開と論理』東京大学出版会，1979年。
三和良一『戦間期日本の経済政策史的研究』東京大学出版会，2003年。
迎由利男「北九州における『都市銀行』と地元銀行」『北九州大学商経論叢』第24巻4号・第25巻1・2号，北九州大学，1989年3月・12月。
迎由里男「福岡県地方銀行の大合同計画」石井・杉山編『金融危機と地方銀行』，2001年。
迎由里男「合同後の安田銀行」『地方金融史研究』第33号，全国地方銀行協会，2002年3月。
山内太「1920年代地域民衆の経済行動意識の変化と地域経済秩序」『日本史研究』417号，日本史研究会，1997年5月。
山形銀行百年史編纂部会編『山形銀行百年史』山形銀行，1997年。
山形銀行百年史編纂部会編『回想・わが心の山形銀行』山形銀行，1998年。
山口和雄編著『日本産業金融史研究』製糸・紡績・織物の各編，東京大学出版会，1966・70・74年。
山口銀行編『山口銀行史』山口銀行，1968年
山崎広明『昭和金融恐慌』東洋経済新報社，2000年。
山田舜「後進県における製糸業の形成と展開」高橋幸八郎編『日本近代化の研究』下巻，東京大学出版会，1972年。
山田盛太郎『日本資本主義分析』岩波書店，1934年。岩波文庫版，1977年『山田盛太郎著作集』第2巻，岩波書店，1984年。
山之内靖・ヴィクター・コシュマン・成田龍一編『総力戦と現代化』柏書房，1997年。
安富邦雄『昭和恐慌期救農政策史論』八朔社，1994年。
横山憲長「小地主経営の展開と農村金融」『土地制度史学』第154号，土地制度史学会，1997年1月。
横山和輝「1927年昭和金融恐慌下の銀行休業要因」『日本経済研究』第51巻3号，日本経済研究センター，2005年3月。

吉岡昭彦『帝国主義と国際通貨体制』名古屋大学出版会，1999年。
吉田賢一「北海道における銀行合同」石井・杉山編『金融危機と地方銀行』2001年。
吉原泰助「『経済表』への路程」『商学論集』第60巻3号，福島大学，1992年1月。
渡辺尚志『近世の豪農と村落共同体』東京大学出版会，1994年。

外国語文献（アルファベット順）

A. Pogany, *Bankers and Families: the case of the Hungarian sugar industry* in P. L. Cottrell et. al. (eds.), *European industry and Banking Between the Wars*, Leicester University Press, 1992.

A. R. Holmes and Edwin Green, *Midland 150 years of banking business*, A Batford Press, 1986

C. Feinstein (ed.) Banking, *Currency, and Finance in Europe Between the Wars*, Oxford University Press, 1995.

C. P. Kindleberger, *The World in Depression 1929-39*, The University of California Press, 1973,. (石崎昭彦・木村一朗訳『大不況化の世界 1929-1939』，東京大学出版会，1982年)

C. W. Calomiris, *U. S. Bank Deregulation in Historical Perspective*, Cambridge University Press, 2000.

D. C. Wheelock, *Regulation and Bank Failures: New Evidence from the Agricultural Collapse of the 1920s*, in *Journal of Economic History 52*, 1992.

E. N. White, *A Reinterpretation of the banking Crisis of 1930*, in *Journal of Economic History 44*, 1984.

E. N. White, *The political economy of banking Regulation, 1864-1933*, in *Journal of Economic History 42*, 1982.

G. D. Feldman, *Banks and Banking in Germany after the First World War: strategies of defense*, in Y. Casis (ed.) *Finance and Financiers*.

H. Minsky, *Stabilizing an unstable Economy*, Yale University Press 1986. (吉野紀ほか訳『金融不安定性の経済学』多賀出版，1989年)

J. J. Van Helten and Y. Cassis (ed.) *Capitalism in a mature economy*, Edward Elgar Publishing 1990.

J. Teranishi, *The Fall of the Taisho economic system*, in M. Aoki and G. R. Saxonhouse (eds.) *Finance, Governance, and Competitiveness in Japan*, Oxford University Press, 2000.

J. W. Markham, *A Financial History of the United States Vol. II*, M. E. Sharp, 2002,

K. Marx, *Das Kapital*, Erster Band Dietz Verlag Berlin, 1867 34. Auflage 1993.

M. Kasuya (ed.) *Coping with Crisis*, Oxford University Press, 2003.

M. Berg and P. Hudson, *Rehabilitating the industrial revolution*, in *The Eco-*

nomic History Review XLV, I, 1992.

M. Weber, *Wirtschaft und Gesellschaft*, J. C. B. MOHR, 1921 (世良晃志郎訳『支配の社会学』 I，創文社，1968年).

M. Collins, *Banks and industrial Finance in Britain, 1800-1939*, Cambridge University Press, 1995.

P. Hudson, *Genesis of Capital*, Cambridge University Press, 1985.

P. L. Cottrell (ed.) *Rebuilding the Financial System in Central and Eastern Europe*, 1918-1994, Scholar Press, 1997.

P. L. Cottrell et al (ed.) *European Industry and Banking Between the Wars*, Leicester University Press, 1992.

P. L. Cottrell, *The domestic commercial banks and the City of London*, 1870-1939, in Y. Cassis (ed.) *Finance and Financiers in European History 1880-1960*, Cambridge University Press, 1992.

P. Milgrom and J. Roberts, *Economics, Organization and Management*, Prentice Hall, 1992. (奥野正寛ほか訳『組織の経済学』NTT出版，1999年)

P. Eigner, *Bank-Industry networks; the Austrian experience, 1895-1940*, in P. L. Cottrell (ed.) *Rebuilding the Financial System*.

P. Bardham and C. Udry, *Development Microeconomics*, Oxford University Press, 1999.

S. Yabushita and A. Inoue, *The Stability of the Japanese Banking System*, in *Journal of the Japanese and International Economies 7 (4)*, 1993.

T. Okazaki and K. Yokoyama, *Governance and Performance of Banks in prewar Japan: Testing the 'Organ Bank' Hypothesis*, Quantitatively CIRJE Discussion Paper, University of Tokyo, April 2001.

T. Okazaki, M. Sawada and K. Yokoyama, *Measuring the extent and implications of Director Interlocking in the Pre-war Japanese banking Industry*, in *Journal of Economic History Vol. 65 no. 4*, Dec. 2005.

T. Okazaki et. al., *The Fall of 'organ bank' relationships During the Wave of Bank failures and Consolidations: Experience in Prewar Japan*, CIRJE Discussion Paper, CIRJE-F-379, October 2005.

T. Hoshi and A. Kashyp, *Corporate financing and Governance in Japan*, The MIT Press, 2001.

X. Freixas and J. Rochet, *Microeconomics of Banking*, The MIT Press 1997.

Y. Casis (ed.) *Finance and Financiers in European History 1880-1960*, Cambridge University Press 1992.

初出一覧

　書き下ろし部分以外は，以下に示す既発表論文に加筆・修正を加えた。その際，明らかなミス，認識不足・勉強不足に基づく誤解などの不十分な点は，可能な限りこれを訂正した。また，これら研究に対しては，＊を除き掲載していただいた各誌のレフリーから有益なコメントをいただいている。審査にあたり，お世話になった方々にも，この場を借りて厚く感謝を申上げたい。

序章　書き下ろし。ただし，一部，「明治後期から第一次世界大戦期における地方資産家の事業展開」『経営史学』第39巻1号，2004年7月，所収；「1920年代における銀行経営規制の形成」『経営史学』第36巻3号，2001年12月，所収。

第1章　書き下ろし。ただし，5は「両大戦間期における銀行合同政策の形成と変容」『社会経済史学』第66巻3号，2000年9月，所収。一部，「明治期から第一次世界大戦期における地方銀行経営者の経営観の変容」『地方金融史研究』第36号，2004年3月。

第2章　「両大戦間期における銀行合同政策の形成と変容」；「1920年代における銀行経営規制の形成」；「1920年代における日本銀行の救済融資」『社会経済史学』第69巻2号，2003年7月，所収；「明治後期から第一次世界大戦後における地方資産家の事業展開」。

第3章　第2章の諸論文のほか，「補償法口特融の回収・処理と日本銀行・大蔵省」『社会経済史学』第71巻，2005年3月，所収；「昭和初期における大蔵省銀行検査の強化とその実態」*『経済史研究』（大阪経済大学日本経済史研究所）第8号，2005年3月，所収。銀行経営規制の箇所のうち，一部は書き下ろし。

第3章補論　書き下ろし。

第4章第1節　「地方金融の再編と地域利害」『土地制度史学』第160号，1998年7月；「名望家的地域経済秩序下の銀行間関係・銀行間市場に関する一考察」『一橋論叢』第121巻6号，1999年6月。

第4章第2節　「1920〜30年代岩手県下の金融危機と銀行合同」『地方金融史研究』第30号，1999年3月，所収。

第4章補論　書き下ろし。

第5章第1節　「昭和恐慌期における一地方「機関銀行」の破綻とその救済」『社会経済史学』第67巻5号，2002年1月，所収。

第5章第2節　書き下ろし。

第5章第3節　「昭和恐慌期における休業銀行の整理と日銀特融の回収」『商学論集』（福島大学）第70巻4号，2002年3月，所収。

第6章　書き下ろし。

終章　書き下ろし。

[著者略歴]

白鳥　圭志（しらとり　けいし）

1972年生まれ．
2000年　一橋大学大学院経済学研究科博士課程単位取得退学．
現　職　東北学院大学経済学部助教授．

主要業績

『金融危機と地方銀行－戦間期の分析－』（共著）東京大学出版会，2001年．
『日本地方金融史』（共著）日本経済新聞社，2003年．
『日本企業研究のフロンティア②』（共著）有斐閣，2006年．
『MBA　日本経営史－20世紀－』（共著）有斐閣，2006年刊行予定．

両大戦間期における銀行合同政策の展開

2006年10月20日　第1刷発行

著　者　　白　鳥　圭　志
発行者　　片　倉　和　夫

発行所　　株式会社　八　朔　社
東京都新宿区神楽坂2-19　銀鈴会館内
振　替　口　座　　東京00120-0-111135番
Tel.03-3235-1553　Fax.03-3235-5910

©白鳥圭志，2006　　　　　　印刷・製本／藤原印刷

ISBN978-4-86014-033-5

― 八朔社 ―

原　薫　戦後インフレーション　昭和20年代の日本経済　七〇〇〇円

野田正穂・老川慶喜　編　日本鉄道史の研究　政策・経営／金融・地域社会　五五〇〇円

梅本哲世　戦前日本資本主義と電力　五八〇〇円

佐藤昌一郎　陸軍工廠の研究　八八〇〇円

佐藤昌一郎　官営八幡製鉄所の研究　六〇〇〇円

伊藤昌太　旧ロシア金融史の研究　七八〇〇円

定価は本体価格です